大專用書

# 統計學

成灝然　著

三民書局　印行

國家圖書館出版品預行編目資料

統計學／成灝然著.－－初版三刷.－－臺北市；　三
民，民90
　　面；　公分

ISBN 957－14－2498－6　（平裝）

1.統計學

510　　　　　　　　　　　　　　　　　85008684

網路書店位址　http://www.sanmin.com.tw

© 統　計　學

著作人　成灝然
發行人　劉振強
著作財
產權人　三民書局股份有限公司
　　　　臺北市復興北路三八六號
發行所　三民書局股份有限公司
　　　　地址／臺北市復興北路三八六號
　　　　電話／二五〇〇六六〇〇
　　　　郵撥／〇〇〇九九九八——五號
印刷所　三民書局股份有限公司
門市部　復北店／臺北市復興北路三八六號
　　　　重南店／臺北市重慶南路一段六十一號
初版一刷　中華民國八十五年九月
初版三刷　中華民國九十年九月
編　號　S 51036
基本定價　拾貳元
行政院新聞局登記證局版臺業字第〇二〇〇號

# 序　言

　　由於電腦科技的發達普及，各學門受此種具有高容量及高運算能力產品的衝擊下，產生很大的影響。統計學也不例外，利用電腦設備，每一個人都可以輕易的獲得各式各樣的統計電腦報表。以往因統計公式的繁雜，計算相當耗時，而視統計為畏途，如今已不復存在。然而所留下的問題是如何正確的使用統計方法，來分析、解釋所得到的資料，才是目前學習統計最重要的課題。

　　本書是以初學者為對象，以應用的觀點來論述現代統計方法的精義。為使初學者容易理解各種統計方法的原理，我們儘可能使用淺顯的高中數學來證明，並省略需要特殊技巧的問題。然而為使所介紹的統計方法具有完整性，在應用上又有全方位的觀念，我們使用電腦模擬方法，讓初學者能具體的去體認統計原理的科學理念。同時，並引用各行各業專家的研究實例，說明統計在實際應用上的成果，而各種統計方法的運算例題，則儘可能使用本土資料，以引起學習者的興趣。

　　八十五年六月在清華大學舉行的統計學術研討會，中研院刁院士錦寰先生所發表有關大氣臭氧預測的專題演說中，將所分析的資料利用簡單的圖形展現方法，由其中可明顯的發現某些規則，依據此規則提供大氣物理學家建立有關大氣的理論學說。此項研究成果一方面說明統計方法的積極功能；另一方面則表示對資料初步檢視工作的重要性。本書前半部，即以加強統計認識，強調資料檢視工作為主。第一章以現代統計方法的特質與在各學門中的應用來認識統計；第二章則說明統計資料取得的方式與資料的類別；第三章至第六章為按所分資料類別單變量與雙變量資料，分別說明統計方法的初步檢視工作，包含資料的展現與特徵

衡量。本書後半部,則說明統計的推論方法,並按統計資料的構成模式分別介紹不同的統計方法。第七章為基本機率理論與機率分配的認識;第八章為常用的機率分配;第九章說明抽樣的機率模式;第十、十一章則為以單變量資料為主的統計估計與檢定方法;第十二章則推廣為兩組樣本資料的統計推論;第十三章為 K 組獨立樣本資料的統計分析——變異數分析;第十四章為相依樣本資料的統計分析——直線迴歸分析;第十五章為類別資料的統計分析——卡方檢定。

對本書編纂有下列幾點說明:

1.屬於實際問題上的應用我們以「實例」作標題,以與其他虛構例子「例」區分。

2.每一「實例」或「例」的結束,均以「■」作區隔。

3.在各章節或習題中,標有「*」符號者,表示為供選擇性的教材,通常為較深入的內容或問題,但若刪除並不影響整體的連續性。

4.全部統計計算或繪圖,包括各項電腦模擬係使用統計軟體 MINITAB 與 StatView。

5.附錄㈠到附錄㈧的各種統計數值均使用 MINITAB 統計軟體所計算完成。

6.書中統計名詞係參酌中國統計學會所出版《統計學名詞》及《幼獅數學大辭典》〈統計學篇〉。

從事統計教學工作二十餘年,一直有一心願,希望能編著一本適合初學者使用,並對統計的應用及統計理論的發展能同時兼顧的書本。在此特別感謝本校同仁的鼓勵與三民書局的協助,使此一心願能完成。本書的寫法與某些章節的安排與其他書籍不同,是一項新的嘗試,希望各界先進不吝指教,以求更合乎理想。

成灝然於國立台中商專

# 統 計 學

# 目 錄

# 第一章　前　言

我們經常在報章雜誌上看到與下面敘述相類似的報導:

第 1 則:「行政院主計處指出,83 年底臺閩地區人口自然增加率由上年 10.3‰ 減為 9.9‰。65 歲以上人口佔總人口 7.4%,……」

第 2 則:「……,本次調查隨機抽樣擇取 12 所大學 1500 人,回收問卷 1360 份,有效問卷 1286 份,訪問成功率 85.73%,以 95% 的信賴水準推估,抽樣誤差不超過正負 3%。」

第 3 則:「由於收視率調查領先友臺 1 個百分點,製作單位特別訂購 1 個大蛋糕至攝影棚慶賀,為工作人員打氣。」

這些報導所涉及的數字、方法與專門術語,就是我們所要討論的主題——統計方法。實際上,統計學已經成為各種學科領域中處理及研究問題的一項利器。它不再只是消極的提供資料,而是積極的直接參與決策的核心。在這一章我們首先以上述 3 則報導為出發點,來了解統計方法究竟是什麼?然後再闡述現代統計方法的特質與現代人對統計學應有的態度及認識。

## 1.1　統計方法處處可見

前面引述的 3 則報導:第 1 則是政府機構所發佈的人口統計資料;第 2 則是民意調查機構公佈調查報告的部份內容;第3則是有關電視收視率的調查問題。在我們日常生活當中,經常會接觸到一些數量性資料,

例如在我們居住的社區有多少人口？有多少家庭戶數？在每天所行經的道路上，有多少輛汽車通過？在交通繁忙的十字路口，一個月內發生多少次車禍？另外在我們周遭所發生的經濟活動中，也經常會出現許多隨著時間而變動的現象，如股票價格、存放款利率、外匯匯率等等。

由於現代科技發達，資訊交流快速，我們隨時可以看到許多形形色色的數據所堆砌的文章。作為一個現代人，我們不但要接受由各方湧來的訊息，而且還須要使用適當的科學方法一一加以過濾、簡化，以吸收擷取不斷爆炸的知識及正確掌握瞬息萬變的狀況。統計方法就是屬於這種科學方法之一。

在不同的場合，統計 (statistics) 有不同的意義，然而此處我們先將它當做是一門科學來看待。基本上，統計學是不受所處理問題資料之背景學科所限制，只要是無法事前預料的現象，都可以在特別的程序安排下，使用統計方法作為分析此一現象的工具。為使初學者對統計方法有較清晰的輪廓，我們先從統計方法的特質來了解統計。

# 1.2 統計方法的特質

## 1.2.1 敘述統計與推論統計

我們要在市場上選購大批水果時，常先從水果籮筐中挑選若干個來檢查，如果認為所檢查的幾個很好的話，就決定購買整筐的水果。這種以一部份觀察的結果來推論全體的過程，就是具有統計的精神。我們把所想要了解的全體現象稱為母體或群體 (population)，它可以是人、事物或其他所感興趣的項目。下面是可以當作母體的例子：

(1)全臺灣地區具有投票資格的選民。

(2)從事於服務業的從業人員。

(3)罹患肝炎的病人。

(4)股票上市的企業。

(5)某公司上年度所生產新開發的乾電池。

(6)高速公路本年度 1 月份至 6 月份所發生的車禍。

　　對我們所想研究的母體，往往集中於其中好幾項特性，例如上面(1)所提的選民，我們想知道他們的年齡、性別、教育程度、黨派及所打算投給的對象等等。這些母體中的各項特性，我們稱之為變量 (variables)。由於對整個母體進行研究，將是非常耗時耗力，因此就從母體中抽選一部份為我們觀察的對象。這種屬於母體當中一部份的對象稱為樣本 (sample)，也就是我們實際所觀測到的資料。以選購水果的例子來看，整筐水果就是母體，而所挑選的若干個水果則為樣本。兩者關係如圖 1.1 所示。

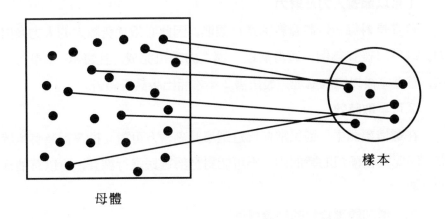

樣本

母體

圖 1.1　母體與樣本

我們再舉兩個例子來看:

(1)選舉

　　某城市候選人想知道目前有多少比率的選民支持他，因此隨機抽選 500 名選民進行調查。母體就是該城市全體的選民，而樣本則為所抽出

的 500 名選民。

(2)產品壽命

　　某公司開發出新式的乾電池，今欲了解電池平均可使用多久？則隨意抽選 20 個電池加以測試。該公司所生產全部新式的電池為母體，而所抽選的 20 個電池為樣本。

　　從前面的例子中可以發現，表示母體範圍的資料大都是未知且無法輕易觀察到的，而樣本則是已知且為可觀察到的。以這種方式所進行的調查或實驗，我們稱為抽樣調查(sampling survey) 或隨機實驗 (random experiment)。反之，若對母體中的每一對象都作調查，則稱為普查 (census)。然而絕大多數的研究問題都是採用抽樣方法。我們大體上可以歸納有下列幾點理由，說明何以抽樣是必要的:

### 1.可以節省人力及財力

　　普查是對每一母體資料都進行觀測，因此必須耗費龐大的人力及財力。以戶口普查為例，通常需以一國之力方可完成，且每 10 年舉行一次，普查完後以電腦處理，最快需 2 年才能出版調查報告。

### 2.可爭取時效

　　在選情預測中，選民常在接近選舉時刻，方可對其投票行為有所確立。因此要在極短的時間內，不可能對全部選民進行調查，所以有抽樣的必要。

### 3.可增加觀測資料的精確程度

　　普查工作需要人力較多，時間較長，因此專業人員可能不足或由於工作時間太長，所引起疲勞與精神不集中，而影響調查資料的準確性。

### 4.普查無法應用於破壞性檢驗的場合

　　檢驗燈泡可使用多少小時或汽車輪胎在行駛多少公里後將發生磨損等這類實驗的樣本，在實驗結束後產品均告報廢。這種檢驗稱為破壞性檢驗，自然不可能對全部產品作檢查。

### 5.常有無法實施普查的場合

檢定一種治療肝炎新藥的效果，所涉及的母體不但是目前全部的肝炎病患，而且還包括未來的病患。在這種情況下，普查就不可能採用。

了解抽樣的必要後，我們將這種特質的精義，用下面的圖形表現：

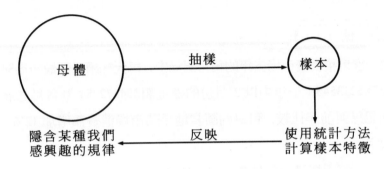

圖 1.2　抽樣的特質

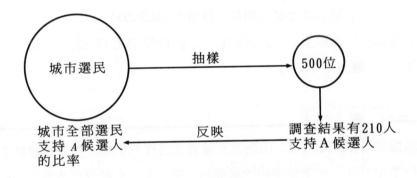

圖 1.3　抽樣的實例

此一圖形顯示統計方法是利用抽樣產生的樣本資料所計算的特徵，去反映隱含在母體中我們所感興趣的規律。例如圖 1.3 所示：從城市選民抽出 500 人調查他們支持 A 候選人的比率。在統計方法中，我們對抽樣產生的樣本所進行的整理、計算等整個過程稱為敘述統計 (descriptive statistics)，而根據樣本所作結果反映出母體規律的程序則稱為推論統計

(inference statistics)。也就是說敘述統計是描述資料本身之特性為主，其結果所作之解釋不超過所觀察到的資料範圍；推論統計則是根據樣本資料的結果，去推論母體現象之特徵，其產生的結論超越了所依據的資料範圍。

**例 1.1**

某地一家果菜批發市場去年的銷售記錄中，每天採購金額最多為$4864150，最少為$213545，一年中以 2 月份的總金額$54372954 為各月之冠。根據這些記錄與前年比較，可以判斷當地果菜市場消費額增加12%。前面 3 個數字

　　　　每天採購金額最多為$4864150

　　　　每天採購金額最少為$213545

　　　　全年最高批發金額是 2 月份的$54372954

是敘述統計的結果；而最後的數字，消費額增加12%則是推論統計的結果。　■

**例 1.2**

酒類飲料開放進口後，市面上充滿各式各樣的酒類。某家葡萄酒進口商想要知道 A、B 兩種廠牌的葡萄酒，究竟那一種較受消費者歡迎？因此隨意抽選 20 位有飲用葡萄酒習慣的消費者，進行盲目的品嚐實驗（將 A、B 兩種廠牌的葡萄酒倒入相同杯子，但不標示品牌而進行實驗）。每一位實驗者品嚐後記錄他所喜歡的酒是那一杯？試問

　　⑴本實驗母體為何？

　　⑵所感興趣的變量為何？

　　⑶本實驗樣本為何？

　　⑷所想推論的結果為何？

【解】

　　(1)全部有飲用葡萄酒習慣的消費者。

　　(2)消費者所喜歡的品牌。

　　(3)被抽選的 20 位消費者。

　　(4)就全部有飲用葡萄酒習慣的消費者來說，$A$、$B$ 兩種廠牌的葡萄
　　　 酒何者較受歡迎及其所受歡迎的比率。　　　■

　　統計最主要的目的就是作推論，是現代統計方法的精髓。也可以說
是一種經由不完備的資料進行分析的藝術。基本上而言，樣本愈小，所
作推論之可靠性愈低。比如說，抽出 5 個資料為樣本所作出之推論，其
可靠程度必較抽出 100 個所作出之推論為差。我們可用圖1.4 來說明。

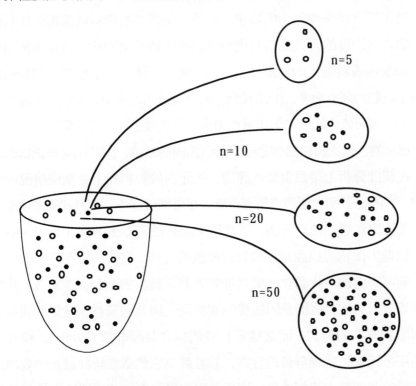

圖 1.4　推論與樣本數大小的關係

左邊代表母體，有 30 個白球，20 個黑球，黑球所佔比率為 0.4; 右邊代表樣本，$n$ 為所抽出之球數（稱為樣本數或樣本大小），當 $n$ 較小時，黑球所佔比率與母體比率 0.4 有明顯的差異（實際上由樣本所產生的比率並非固定不變），一直到 $n$ 的個數與母體相等時，兩者才一致。

雖然樣本數愈大，樣本所表現的特徵愈接近母體的特徵，然而到底兩者有多接近？是不是一定可以保證在某一誤差範圍內？答案是否定的。由於既然是隨機抽樣，就不可能保證樣本一定會出現什麼結果。但是卻可以借助機率的理論，去衡量有多少的機會兩者會有多少的差距？因此整個統計推論就是建立在機率的理論基礎上。

## 1.2.2 　假定與穩健方法

為了符合機率理論上的要求，我們對所獲得的資料通常都要作些假定，如資料取得的方式能夠利用數學的機率觀念來表示，也就是使用機率理論說明資料產生的隨機性。一般來講，正確的假定愈多，則表示資料所給我們的訊息愈多，因此我們作的結論就可愈有力。反之，正確的假定愈少，則所能作出的結論也就愈薄弱。我們要強調的是「假定」必須是「正確」的，否則錯誤的假定亦將導致錯誤的結論。因此如何作正確的假定，在統計分析上是很重要的課題。然而由於資料的不完整或情況的不明確，實際上很難判斷假定是否正確。在這種情況下，我們就要求建立一套不受假定影響的統計方法，這就是所謂的穩健方法(robust methods)。

穩健方法也可以說是一種對抗錯誤的方法，經常即使在正確的假定下，無可避免的，我們會收集到攙雜著若干錯誤的資料，如筆誤、計算錯誤等等。另外有些則是因抽樣的關係產生與其他資料相背離的資料，因而影響原本的假定，而這種資料我們稱之為離群值 (outlier)。穩健方法是用來確認這些離群值的存在，並且避免它們造成統計結論的偏差。與傳統的非穩健方法相比較，兩者差別在穩健方法利用犧牲對資料的敏

感性，因而避開離群值對分析所產生之影響。反之，若資料並未有離群值，則穩健方法將因這種犧牲而造成較不精確的推論。所以兩種方法可相輔相成，先使用穩健方法檢視資料是否有離群值，然後再選擇適當的方法作統計分析。

## 1.2.3　模式化與層級化

對一個複雜的自然現象，科學方法的解決辦法是先將其單純化，求得初步的最佳方案後，再逐步的加入各種限制條件，以符合實際狀況所遭遇的問題。統計方法解決問題的方案是將母體模式化，即利用機率理論建立母體的機率模式。其實有許多的學科也都採取類似的想法處理它們本身的問題。以會計學中對資產折舊之攤提為例，由於資產對企業的貢獻難以正確的衡量，在單純化的處理下，可以將歷年資產對企業的貢獻所形成的關係模式化，例如：

(1)假設資產對企業的貢獻每年均相等，則產生直線攤提法。如圖 1.5 所示。

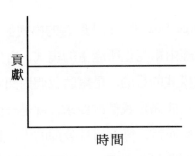

圖 1.5　模式實例一

(2)假設資產對企業的貢獻每年呈遞減的等差級數，則產生年數合計攤提法。如圖 1.6 所示。

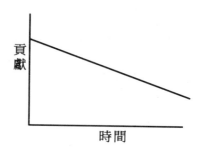

圖 1.6　模式實例二

　　有許多資料是經由某種工具測量而產生。由於受測量精密度限制或使用者的技巧等等因素，造成對真實結果有不同程度的誤差，我們常將它模式化為

$$實際測量結果 = 真實結果 + 誤差 \tag{1.1}$$

若我們所使用的工具有偏誤產生，則我們可將它再模式化為

$$實際測量結果 = 真實結果 + 測量工具的偏誤 + 誤差 \tag{1.2}$$

　　誠如統計學家 George Box 所說：「所有的模式都是錯的，但是有一部份是有用的。」一個經由單純化所產生的模式，自然與實際情況無法完全相同，統計上建立模式的目的，是幫助我們對問題要點的掌握。雖然模式很簡單，但只要它能滿足我們的要求，就是一個有用的模式。例如：醫學研究顯示，平均而言，每天超量吸煙的人，其壽命將會減少。減少的數字雖受個人不同背景的影響，但大都集中於某一數字附近。這項結果可用下面的式子表示：

$$某人減少壽命的時間 = 集中所在處 + 個人背景不同所造成的$$
$$變動 \tag{1.3}$$

（上式中「集中所在處」可以利用所獲得的資料估計）

此一模式雖不考慮個人因性別、年齡、生活習慣等等不同差異所產生的效應，但至少可了解吸煙對健康到底有何影響。

　　假設我們進一步有興趣要知道這些因素對壽命減少的關係，統計上經常使用層級化方法（hierarchical approach）來處理。在步驟上首先使用 (1.3) 式所產生之結果，去計算

　　　　　某人減少壽命的時間 − 集中所在處之估計值

此一數量稱為殘差 (residual)。若有其他重要因素影響「壽命減少的時間」時，在殘差中必含有某些規律的變動。假定我們將年齡的因素考慮在內，則 (1.3) 式變成

　　　　　某人減少壽命的時間＝集中所在處 ＋由年齡不同所產生之影響

　　　　　　　　　　＋個人背景不同所造成的變動　　　　（1.4）

當我們再利用所獲得的資料估計出「由年齡不同所產生之影響」後，再重覆先前求殘差的步驟，審視這些新的殘差，是否還有其他重要因素存在的可能。如此一個個層級式的考慮，將使我們更能掌握資料變動的規律。

# 1.3　統計學之研究與應用

　　從上節的說明可以認識統計方法是以樣本資料為基礎，對整個母體進行推論，同時考慮在不同環境下如何進行更有效率的分析方法。在方法實施過程中，推論結果與實際狀況會有差距存在，如何使這項差距減少到最低，以及如何去衡量有多少可能性發生多大的差距，就成為統計研究的主題。因此統計學可以說是一種控制誤差、衡量誤差的學科。誤差之所以出現是由於所抽選的樣本不可能絕對的代表母體，雖然前面談到過，若將樣本數增加，即可得到較可靠的結果。然而如此一來，成本隨

之增加，並不是一個經濟的方法。我們還可以從資料取得開始作妥善的設計規劃，或使用更適當的推論方法，來控制這些誤差。因此在統計學的課題中，還需要注意如何在最經濟有效的方法下，解決這種衝突現象。此3種問題——誤差控制、誤差衡量以及解決衝突狀況，都是統計理論上的要求，這種統計上的研究領域稱為數理統計 (mathematical statistics)。對於初次接觸統計這門課程的讀者而言，我們介紹的重點是以應用為主，屬於應用統計 (applied statistics) 的範圍。

在不同學科領域應用中，各有不同稱呼的名稱，如商業統計、生物統計、醫藥統計、工業統計、教育測驗統計等等。不論應用的領域有多廣泛，統計的基本觀念與精神是相同的。到底我們使用統計方法可以知道些什麼？以本章一開始的 3 個例子來說：

在第 1 則例子中，可以知道人口自然增加率是如何計算？它代表的意義為何？如何正確的利用這項數據？

在第 2 則例子中，可以了解這項調查是如何抽樣？有效問卷所表示之意義為何？結論中所使用的 95% 信賴水準及抽樣誤差在正負 0.03 以內是如何計算？各具有何種含意？

在第 3 則例子中，可以體認到在抽樣調查的情況下，1 個百分點的差距是否真正可以表示收視率已超過對方？如何作出結論才算合理？

讀者或許聽說過：「統計是用來騙人的！」然而統計並不會說話，說謊的是使用的人。我們不能因為某篇報告充斥著許多統計術語、圖表或計算公式，就相信它的內容一定是對的。換言之，統計是一門應用科學，統計的使用如同調理刀一樣，對善用的人而言，它是一個很好的工具；反之，不善使用或錯誤使用時，則可能變成毫無用處，甚至造成傷害。這裡舉一個令人深省的故事：有一位冒險家乘熱氣球被飄流到不知名的地方，最後著陸在玉米田中。他對向著他走來的人問：「先生！請告訴我，我現在在那裡？」對方回答：「很明顯的，你是在玉米田中的一個

籃子裡。」冒險家說：「你一定是統計學家。」對方很驚訝的回答：「好奇妙啊！你是如何知道的?」冒險家回答說：「很容易！你的答案簡明、正確而且無用。」我們不希望統計只是作到簡明、正確而已，它必須符合使用者的需求，積極參與整個問題的形成與決策，這才是統計應用的基本態度。

# 1.4　對現代統計方法應有的認識

統計學在科學領域中雖然是一門年輕的學科，但經過無數專家學者的研究發展，已形成獨立特有的科學體系，至今仍然在蓬勃成長中，每年出現的研究論文數以萬計。由於時空環境的變遷，我們覺得現代人對現代統計方法應有下列三點認識：

## 一、廣泛的成為其他各學科中有力的研究工具

統計學不但是各學系的必修科目，而且是研究報告中必備的分析工具。以文學方面的研究為例，如 1964 年 Mosteller & Wallace 處理 18 世紀美國 12 篇聯邦文獻作者的爭議；1980 年趙岡教授對《紅樓夢》作者的探討；1992 年謝清俊等所著：《二十五史的文字統計與分析》等等，其中最具戲劇性的要算是「莎士比亞九節詩」的事件。在 1976 年美國史丹福大學統計教授 Bradly Efron 與 Ronald Thisted 研究確認為莎士比亞所作全部劇本（總共包含 884647 個字，其中有 31534 個不同的字）。他在許多的推論中，曾經建立 5 個判斷為莎士比亞作品之判斷公式，其中有一個公式說明若還有莎士比亞作品被發現時，可以估計其中有多少個莎士比亞以前從未使用過的新字。原本並不指望這份報告有被驗證的機會。然而在 1985 年 11 月 14 日一位研究莎士比亞的學者 Gary Taylor 在牛津大學圖書館內，發現疑似莎士比亞所作的九節詩 (nine-stanza poem)

共 429 個字。這份資料從 1755 年就由這個圖書館所持有。結果 Efron 教授使用他過去所作的研究結論，對此作品進行分析，在許多的證據支持下，使那些研究莎士比亞的文學家，不得不相信所發現的作品是莎士比亞所作。我們在此僅提出其中一項結果，利用 Efron 的公式，在 429 個新發現的作品文字中，估計出現的新字為 7 個，而實際觀察結果出現 9 個新字。

## 二、必須與其他學科的專家相互配合，使理論與應用相輔相成

要使統計方法更有效的應用，需要依賴各學科領域專家的合作參與，藉由這些專家對問題的了解，以建立量化技術，來處理問題。也因為有這些實際問題產生，使統計學家發展更新更有效率的統計方法與理論。統計方法並非是一成不變的，任何一種統計理論都有它成立的條件及場合。因此在不同的情況下，都必須要對現有的統計程序進行檢討，尤其是在統計應用方面，使用者與統計學家更應該密切合作，如此才能夠發揮統計的功能。

下面我們簡單的舉出兩個例子來說明。一個是在醫學上發生的「加速安全試驗」(accelerated safety testing)。對具有潛在性致癌物質做動物實驗時，由於安全殘餘劑量範圍非常的小，若在此安全殘餘劑量之範圍做實驗，則必須要進行幾乎是天文數字的實驗次數，方可找出實際上的範圍。因此為節省經費及爭取時效，實驗時必須要將劑量增加 1000 倍進行，然後再將此結果向後推估，找出實際安全殘餘劑量之範圍。此時統計學家必須要與生物化學家、毒物藥理學家共同合作，以尋求適當的推估模式找到安全殘餘劑量之範圍。

另一個是有關工業統計上「設限資料」(censoring data) 的問題。在工業上需要使用特別的設備來檢驗某一零件的壽命。由於實驗設備昂貴，通

常可向學術研究機構租用，在租用期間（例如 4000 小時）由工廠抽選若干零件進行檢驗。實驗進行當中，逐一將失效零件的壽命記錄下來，形成一組樣本資料。但是在租用期間屆滿時，常有若干零件尚未失效，因而無法記錄它們確實的壽命資料。這種資料我們稱為不完全資料 (incomplete data)，因為它們僅提供了部份內容（即壽命只知至少是 4000 小時），也因為受此限制，所以稱為設限資料。以往的實驗者常將這類資料丟棄不用，殊屬可惜。統計學家卻發現雖然它只提供部份情報，但仍然可以使用，而且還能增加統計推論的準確度。

## 三、現代科技（尤其是電腦）對統計不論在理論或應用上均有深遠的影響

藉由電腦高速的運算功能，產生了一些極端依賴電腦計算的統計方法。同時亦經由電腦模擬的技術，提供了理論證明與技術發展。尤其是透過電腦繪圖與動畫及彩色顯示的有利條件，產生一種嶄新的視覺化可見的資料診斷與分析的統計方法。另一方面在應用上，也由於電腦軟硬體的快速發展，它的使用日趨普遍，一些統計的套裝軟體就變成現代人一項便捷的工具。較著名的統計軟體如 MINITAB, SPSS, BMDP, SAS 等等。不論多複雜的資料或多繁瑣的統計公式，已不再是一件困難的事。正因為每一個人都能輕而易舉的得到許多電腦的統計報告，對於如何的了解統計、使用統計就變得更重要了。

## 重要名詞

| | |
|---|---|
| 母體或群體 | 敘述統計 |
| 樣本 | 穩健方法 |
| 隨機實驗 | 模式化 |

殘差　　　　　　　　　　推論統計

應用統計　　　　　　　　離群值

加速安全試驗　　　　　　層級化

統計套裝軟體　　　　　　數理統計

變量　　　　　　　　　　設限資料

抽樣調查　　　　　　　　不完全資料

普查

## 習　題

1.1 列舉若干則你所見過有關的統計報導。

1.2 舉出一個實例說明無法對全部母體做觀察而必須使用抽樣的方法。

1.3 針對下面的情況，說明為何需要使用抽樣來代替普查

(a)檢驗新疫苗的有效性。

(b)估計某一牌香煙尼古丁的含量。

(c)候選人在投票日前欲估計他所能獲得票數之比率。

(d)檢查某一溪流水質受工業污染的程度。

1.4 百貨公司經理想要知道本地的家庭主婦1個月中平均會花多少時間用來逛街買衣服？因此隨機從當地主要街道抽訪500位家庭主婦做訪問。試說明：

(a)母體為何？

(b)所感興趣的變量為何？

(c)樣本為何？

1.5 保險公司想要知道平均每一件交通事故理賠的金額為多少？因此從該公司上年度所經辦的27436件理賠案件中，隨機抽出800件為樣本作分析。試說明：

(a)母體為何？

(b)所感興趣的變量為何？

(c)樣本為何？

1.6 一項肝癌新療法的醫學研究顯示，在對250名病人治療的結果，3個月內有45%的病人癌細胞受到控制。而在過去用以往的方法所進行長期觀察，3個月的治療過程中，有20%的病人癌細胞受到控制，可推斷新的治療方法較以往的有效。試回答：

(a)本研究之母體為何?

(b)所研究的變量為何?

(c)樣本為何?

(d)上面題目敘述中,哪一部份是推論統計的結果?哪一部份是敘述統計的結果?

1.7 (虛構)教育部想要了解全臺灣地區國小學童平均每人有幾顆蛀牙,因此由北、中、南、東部 4 個地方分別隨機各抽出 1500 位學童作檢查,並得到平均每人有 1.26 顆蛀牙的結果。試問:

(a)本研究之母體為何?

(b)所研究的變量為何?

(c)樣本為何?

(d)上面題目所提及 1.26 顆的結果是依據敘述統計方法或推論統計方法?

1.8 以下資料取材自趙蓮菊等著〈關渡地區濱鷸鳥雌雄判別之統計分析〉(民國 80 年《中國統計學報》):「濱鷸鳥為一種普通的冬候鳥,每年約在 10 月下旬至隔年 4 月上旬在關渡地區過冬。由於濱鷸鳥的雌雄無法由外觀得知,本研究根據 77 年 9 月至 78 年 4 月在關渡地區所捕獲 377 隻濱鷸鳥的數據作統計分析。利用統計的分析方法來判斷濱鷸鳥的雌雄,並進一步了解,在關渡過冬的這群濱鷸鳥,有多少比例的鳥是雌鳥和雄鳥?……」試問:

(a)本研究之母體為何?

(b)本研究所感興趣的變量為何?

(c)本研究所依據之樣本為何?

1.9 美洲新聞與世界報導(1982 年 6 月 21 日)描述一項治療中年人眼盲的新方法,過程是使用雷射光束封閉眼內不正常的血管。在對 224 位病人實施後,一年內失明的比率只有 14%。同樣人數的病人,未

接受此種治療方法者有 42%在一年內失明。因此醫學研究者有興趣
要知道這兩個不同母體的病人一年內會失明之比率的差異。試問:

(a)醫學研究者所想要了解的兩個母體為何?

(b)所感興趣的變量為何?

(c)本題之樣本為何?

(d)研究者所想要推論的是什麼?

1.10 建設公司新推出一批住宅，一週來已有628人次來訪，並且銷售了
45%；以此進度推算，到本月底銷售率將可達80%。試說明上述畫
線的 3 個數字，何者是依據敘述統計方法? 何者是依據推論統計方
法?

1.11 中華百貨公司總經理發現近半年來公司每月的營業收入有逐漸下降
之趨勢。因此要各部門主管提出報告，以了解原因。業務部經理認
為營業收入減少的原因是由於附近增加兩家百貨公司所影響。因此
建議對消費者作抽樣調查，以了解顧客對公司的印象並與其它兩家
百貨公司比較。服務部經理表示最近顧客提出許多有關兒童服裝不
滿意的怨言。因此對這些產品之品質作進一步抽樣檢驗，結果由抽
選的 80 件產品中發現 12 件有瑕疵。所以認為公司出售有關童裝之
產品有問題。

(a)業務部經理所打算進行的調查工作，其母體為何?

(b)服務部經理的結論是屬於推論統計抑或敘述統計之統計方法所產
生的結果?

# 第二章 統計資料的取得及其類別

上一章我們從統計方法的特質與應用來了解統計究竟是在作什麼？它是怎麼做的？然而統計方法的另一個主體——統計資料，也就是統計方法所處理的對象，則要在本章詳細說明這些資料是如何取得？由於取得的方式不同，出現的型態也有許多類別，隨之而使得統計處理的方法也有不同。從這一章中，一方面可以知道利用什麼樣的方法與態度來取得統計資料；另一方面更可以知道統計方法在取得資料過程中所隱含的科學理念。

## 2.1 統計資料的取得方式

利用統計方法處理所遭遇的問題，有兩種不同的研究型態，即觀察研究 (observational study) 與設計研究 (designed study)。觀察研究係指研究者不直接控制或決定資料之主體，而是以觀察或歷史記錄取得資料。如下面各例題均屬於觀察研究：

**例 2.1**

從某超級市場銷售帳簿中記錄本年度每日之銷售金額，藉以了解每日銷售量的變化。 ■

**例 2.2**

記錄中正機場每日飛機起降的架次與時間，用以研究機場使用頻率及飛行安全的問題。　　■

**例 2.3**

醫學上研究有 10 年以上吸煙經驗的人與心臟病、肺癌之關係。此時研究者僅能從已有 10 年以上煙齡的人中作觀察，了解他們在心臟病、肺癌的發生狀況，以與沒有吸煙的人作比較。　　■

**實例 2.4**

巧合事件充滿在我們的生活中，它們使得人們高興、困惑、驚訝。研究巧合事件的方法之一是觀察研究。 1919 年法人 Kammerer 寫了一本書，英譯為 *"The Law of Series : A Doctrine of Repetitions in Events in Life and Society"* 記錄他在 15 年間旅行所見所聞的巧合事件。例如：

「我的姻兄 E. V. W. 1910 年 11 月 11 日在維也納 Bosindorfer 大廳觀賞音樂會。他坐 9 號的位子，也拿到 9 號的衣服間兌換單。」

對這些事件作成分類，並衡量在世界上發生這類事情的頻率，且與其他事件作比較。　　■

**實例 2.5**

一項分析死刑對每日殺人案件之嚇阻效果 (1990, 加州大學 Jeffrey Grogger)，研究者根據加州衛生統計部在 1960 至 1963 年間有關死亡證明電腦資料，其中包括非意外性毒死、槍彈擊斃等等所產生之死亡。由此詳細資料可分類出殺人案件中罪犯的種族、性別、行刑日期及其前後發生案件次數。　　■

統計大師 R. A. Fisher 在他有名的著作："*Statistical Methods and Scientific Inference*" (1956) 說:「……統計方法的目的是基於經驗觀察,去改進我們對該系統的了解,……」。這段話充分表示應用統計的精神,從前面所舉的實例可以知道表達真實現象的數據資料,實際上早已存在在各項記錄當中。如何適切的去挖掘事實規律,就是我們學習統計的目的。對一個國家而言,大多數觀察研究所產生的資料是由政府機構所收集、整理、出版的,如各種統計報告、刊物等。其他有一小部份是由學術單位或私人研究組織針對特殊領域作資料的收集。

設計研究則是利用隨機方式選擇或指定被實驗或調查的對象而取得資料。所謂隨機方式係指決定實驗或調查的對象之行為可用數學上的機率來描述,也就是說完全依機會大小產生其對象,事前無法以人為方式判斷何者將為實驗或調查對象。

最簡單的隨機方式就是以擲錢幣的方法產生。假定我們決定有一半的病人被選來參加某種醫學實驗,就可選一枚公平的錢幣,作隨意的投擲。由於投擲行為是任意的,而錢幣本身的構造是公平的,所以沒有理由說那一面的出現機會較大(錢幣有兩面,為方便起見,我們可以指定其中一面稱為正面,另一面為反面)。在這種情況下,機率理論稱正反兩面出現之機會均等。由於機率是衡量某一現象發生可能性大小的指標,而可能性的大小按程度而言,必然發生的現象是最大可能性,最小可能性則是不可能發生的現象。因此對某一現象所衡量的機率值,最大值設為 1,表示該現象必然發生;最小值設為 0,表示該現象不可能發生(即對某現象發生機率衡量的結果,其值必在 0 與 1 之間)。所以正面與反面出現的機率均為 $\frac{1}{2}$。每一個病人以擲錢幣的方法決定他是否參與實驗,而無法事前加以預料,這樣的方法就是屬於隨機方法的產生。

在執行過程中,會產生一個困惑的問題:如何知道這個錢幣是公平的?我們可以實際來丟擲錢幣,設 $n$ 代表投擲錢幣的次數; $x$ 代表在 $n$

次投擲行為中正面出現的累積次數。則 $\frac{x}{n}$ 代表投擲 $n$ 次以後正面出現的比率亦稱相對次數。我們將 $n$ 當作橫坐標，比率當作縱坐標，實際丟擲500 次，繪製成圖 2.1。

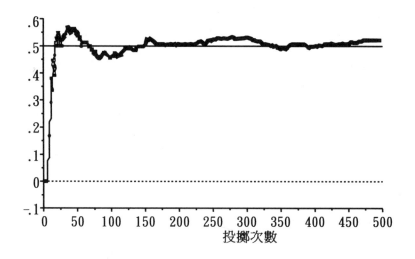

投擲次數

**圖** 2.1  **大數法則**

在圖 2.1 中我們可看出，當 $n$ 逐漸增加時， $\frac{x}{n}$ 將趨近於 $\frac{1}{2}$ 的地方，也就是說這枚錢幣正面出現的機率可估計為 0.5。往往有些現象的發生機率，在可以重覆實驗或觀察的情況下，都是利用這種相對次數的計算方法求算機率。只要實驗或觀察的次數足夠大，我們即可獲得該現象出現機率的訊息，這就是機率理論中有名的大數法則 (the law of large number)。通常我們說利用這樣的方法計算機率的觀念稱為相對次數機率或經驗機率，而前面以直觀的方式，依據每一種可能結果出現機會均等的假設，來判斷該現象的發生機率，即

$A$ 現象結果的個數 ÷ 全部可能結果的個數

這種計算觀念稱為機會均等機率或推理機率。例如 1.2.1 節的圖 1.4, 由 50 個球中, 任意抽出一球, 則所抽之球為黑色之機率等於黑色球的個數 20 除以全部可能有的結果 50, 即為 $\frac{2}{5}$。

　　另一種隨機方式是使用隨機號碼 (random numbers) 或稱亂數表來抽選對象。隨機號碼是由 0, 1, 2,…, 8, 9 等 10 個數字, 以沒有任何規律且出現機率均等的條件所組成。有許多方法可以產生隨機號碼, 下面我們使用電腦的亂數指令, 表列一些結果（300個數字, 需要較多數量時, 可查閱附錄一）:

| | | | | | |
|---|---|---|---|---|---|
| 99769 | 98837 | 04989 | 32725 | 03301 | 79775 |
| 49971 | 57783 | 13489 | 43868 | 78812 | 16925 |
| 45078 | 59886 | 77641 | 99468 | 11921 | 04802 |
| 84851 | 46239 | 76170 | 71511 | 49600 | 00636 |
| 35098 | 57808 | 07187 | 43474 | 88007 | 19836 |
| 14953 | 29176 | 70772 | 80603 | 03405 | 28707 |
| 82090 | 38843 | 35401 | 01083 | 88839 | 84589 |
| 41485 | 06431 | 49389 | 62196 | 51784 | 79283 |
| 25780 | 02173 | 94018 | 90644 | 86061 | 53572 |
| 03612 | 83277 | 99376 | 21772 | 36991 | 14612 |

使用時可隨機決定第幾行第幾列為始點, 向左向右或向上向下依序選出適當的號碼。

## 例 2.6

將本月份購貨憑證 900 張按序編號排列（由 0 號編至 899 號）, 使用隨機號碼表抽出 10 張憑證檢查。

## 【解】

任意選擇一始點，如第6行，第8列，向右每3個數字為一組，如下所示：

| 064 | 314 | 938 | 962 | 196 | 517 | 847 | 928 | 325 | 780 |
|-----|-----|-----|-----|-----|-----|-----|-----|-----|-----|
| 021 | 739 | 401 | 890 | 644 | 860 | 615 | 357 | 203 | 612 |
| 832 | 779 | 937 | 621 | 772 | 369 | 911 | 461 | 229 | 737 |
| 153 | 285 | 176 | 659 | 348 | 766 | 140 | 431 |     |     |

挑選在 900 以內的編號，即為一組樣本

064　314　196　517　847　325　780　021　739　401

---

例 2.7

由個數為 467 的母體中（由 1 號編至 467 號），隨機抽出 15 個資料為樣本。

## 【解】

考慮下面的圖解

任選始點如第 14 行，第 4 列開始

| 707 | 151 | 149 | 600 | 006 | 363 | 509 | 857 | 808 | 071 | 874 |
|-----|-----|-----|-----|-----|-----|-----|-----|-----|-----|-----|
| 347 | 488 | 007 | 198 | 361 | 495 | 329 | 176 | 707 | 728 | 060 |
| 303 | 405 | 287 | 078 | 209 | 038 | 843 | 354 | 010 | 108 | 388 |
| 839 | 845 | 894 | 148 | 506 | 431 | 493 | 896 | 219 | 651 | 784 |
| 792 | 832 | 578 | 002 |     |     |     |     |     |     |     |

按上面圖解選出 15 個編號（超過 500 者減去 500 ）

```
207  151  149  100  006  363  009  357
308  071  374  347  007  198  361
```

　　大部份在抽選對象時，都不允許重複出現，因此所選出的編號應剔
除重複的部分，一直到抽滿為止。這種限制方式稱為不投返抽樣；反之，
若允許有重複對象發生，則稱為重新投返抽樣。

　　上面兩個設計研究（隨機指定實驗方式與隨機抽選調查對象）的隨
機方式，分別代表兩個不同的設計形式：前者稱為實驗研究，被隨機指
定的對象為實驗對象，將給予特定的處理，稱為實驗組，而另一組則稱
為控制組；後者為調查研究，被隨機選定的對象為調查對象，可經由各
種不同方式作調查，如郵寄問卷、電話訪問、面對面交談等等。

　　下面的例子是屬於實驗研究：

## 例 2.8

某房屋仲介公司對所屬的員工打算進行激勵士氣方案。為了解它的實際
功效，決定以隨機方式將員工分成兩組，其中一組實施 6 星期的課程（實
驗組）；另一組則按正常工作時間活動（控制組）。在課程結束後，記錄
3 個月的業績與顧客的反應等等。經比較分析後，以決定此方案對提振
士氣是否有功效？由於兩組對象是隨機產生，因此兩者之間的差異可以
歸之於訓練方案。若實驗對象採用主管指定方式，則會因主觀選擇的偏
差，很可能造成挑選能力較強的參與；若改以自願方式參加時，則由於
自願者的企圖心較強，在表現上也可能較好，由於這些偏差使實驗後兩
組的差異並不能反映出訓練的真正效果。

## 實例 2.9

沙克疫苗實驗——小兒麻痺沙克疫苗正式採用之前，1954 年美國公共衛

生部門決定舉行一次大規模的實驗。由於小兒麻痺的傳染性每年均有不同，因此在進行實驗時，不能僅考慮當年注射疫苗者的狀況，也需要知道未注射疫苗者的情形，以比較出真正的效果。所以接受疫苗注射那一組稱為實驗組，未接受疫苗注射那一組稱為控制組。

在實驗過程中，有許多除了注射疫苗以外的因素干擾實驗的效果，這些因素稱為混淆因素 (confounding factors)。所以所選擇的兩組對象必須是相同的年齡大小、家庭經濟條件、衛生環境等（參與實驗的小孩共750000 人）。為要避免執行實驗者主觀的偏差（如對小孩是否有感染小兒麻痺症狀的判斷），因此採用隨機方式選擇對象，而且是使用雙方未知 (double-blinding) 之實驗法。即以擲錢幣方式決定實驗對象是屬於實驗組或控制組，而且不論是那一組，所注射的均為形狀、顏色相同的針劑（其中控制組注射為鹽水劑）。雙方（小孩及醫務人員）均未知是否注射真正的疫苗，如此一方面可避免接種者的心理因素，另一方面則使醫務人員在診斷時不致發生偏差（醫務人員有期望疫苗有效的主觀看法）。 ■

## 實例 2.10

美國國家健康研究院癌症研究所的外科主任 Steven A. Rosenberg, 在 1992 年出版的書:《細胞轉型: 解開癌症之神秘》 (The Transformed Cell: Unlocking the Mysteries of Cancer) 提到兩個隨機實驗研究的作法:

1. 1974 年他 34 歲時, 接任癌症研究所的外科主任之初, 設立前瞻性臨床研究的執行程序。為保證實驗的客觀性, 堅持要求醫生的病人必須要使用隨機選擇方式決定其治療方法。即事先告知病人目前有若干種未確定醫療效果的治療方法, 然後由病人隨機抽選其中之一作為治療方法。

2. 1977 年在作以白素 2 號培養的殺手 T 細胞對刺殺癌細胞之功效的老鼠實驗時, 對實驗用老鼠的選擇, 要求同一品種的老鼠, 除了性別有差異外, 其他基因都要完全相同。在實驗過程中, 兩組老鼠（實驗組與

控制組）由執行注射 T 細胞以外的工作人員將老鼠貼上號碼籤，在卡片上記錄被注射及未被注射老鼠的號碼，並存放在信封內。老鼠則隨機的分配到不同的籠子裡。每天在記錄觀察結果時，研究人員並不知道那一隻老鼠曾接受過注射。如此一來，可以避免在判讀實驗數據時，產生主觀意識的干擾。也就是說研究人員有傾向於已注射過的老鼠應該有成效的主觀看法，因此當他們知道所觀察的老鼠已注射過藥物時，將會扭曲真實情況。　■

　　下面的例子是屬於調查研究：

### 例 2.11

某公司行銷研究部門就所屬銷售範圍的 8000 名顧客，隨機抽查 500 名，將針對該公司的服務滿意程度意見調查問卷郵寄給被選出的顧客，以分析顧客對該公司的印象。　■

### 實例 2.12

美國總統大選時，有許多單位進行一連串選情預測活動，如 Gallup（蓋洛普）， Roper, ABC–*Washington Post* 及 NBC–*New York Times*。他們大都使用隨機數字撥號 (random digit dialing) 的電話調查技術。藉用電腦利用機率模式隨機產生電話號碼，以進行調查。下表為蓋洛普民意調查公司各屆美國大選前所作抽樣調查當選人之調查結果與實際得票率之比較：

| 年度 | 當選人 | 調查結果 | 實際得票率 |
|------|--------|----------|------------|
| 1968 | 尼克森 | 43.0% | 43.5% |
| 1972 | 尼克森 | 62.0% | 61.8% |
| 1976 | 卡　特 | 49.5% | 51.1% |
| 1980 | 雷　根 | 44.0% | 50.0% |

| 1984 | 雷　　根 | 59.0% | 59.0% |
| 1988 | 布　　希 | 53.0% | 54.0% |
| 1992 | 柯林頓 | 39.4% | 39.3% |

（本表數字選自民國 82 年底中研院統計學
術研討會抽樣調查專題介紹講義）

**實例 2.13**

為明瞭臺灣地區國民之文化素養、行為與未來期望等文化需求面資料；
以及國家文化之資產、設施等文化供給面資料，特由行政院主計處辦理
「中華民國臺灣地區文化調查方案」。由民國 79 年開始，各項分支調查
每隔 1 至 3 年辦理一次。其中「國民時間運用調查」採用抽樣調查，規
劃調查戶數為 18400 戶。主要內容為各時辰作息內容、休閒項目及其所
花時間。

# 2.2　觀察研究與設計研究在使用上應注意的問題

　　上一節所作的區分是為方便了解統計資料取得的方式，事實上有許
多統計工作也可能同時結合這兩種方式獲得資料。重要的是要知道這些
資料形成的特點，如此才能選擇較正確的統計方法作分析。品管大師 W.
E. Deming 早在 1950 年就曾提出使用樣本資料作推論與預測之差別，並
區分這種不同目的的研究，前者稱為列舉式研究 (enumerative studies)，
後者為分析性研究 (analytical studies)。換言之，列舉式研究係考慮對母
體經由抽樣所作之推論，而分析性研究則是依過去的行為過程，對未來
作改進或預測。我們用下面兩個例子來說明兩者之差異：

　　1.記錄某一位棒球選手上半年比賽的打擊率，估計他在上半年的打

擊率（將這位選手的打擊能力視為母體，而他出場比賽的成績則當作樣本），此為列舉式研究；若將每一場的打擊率按發生先後排列，以預測下半年的成績，則屬於分析性研究。

2.針對一城市利用抽樣方法，在不同時間分別進行調查支持某一候選人的比率，則每一次的調查結果均為列舉式研究；由於選民投票行為的易變性，則考慮歷次調查支持比率的變化，以預測在選舉日當天該候選人的得票率，則成為分析性研究。

需要區分列舉式研究與分析性研究這兩種研究方法的主要原因是兩者方法上的立足點不同。由上面的例子可以知道，列舉式研究是將整個現象看成一個時間點，利用樣本資料觀察這個時間點的某種特徵，譬如打擊者在上半年每一次出場是一個樣本資料，利用這些樣本資料目的是在估計這上半年的平均打擊能力；而分析性研究則是對一個連續性的過程作分析，不涉及母體，也不實施抽樣，依據所記錄的資料對未來行為作了解，譬如由打擊者一連串的表現，預測他下一次的打擊能力。最常看到的另一種運用是在工業統計上對產品生產所進行的品質管制分析。它是在一連串生產系統中，觀察產品有關品質數據的變化，以了解未來整個生產過程是否在可控制當中。如果我們對這類問題採用列舉式研究作分析，則必須假設現在的生產過程與以前相同，也就是將此時所獲得的資料（包括以前與現在）視為由同一母體（生產線所生產的全部產品）所抽出之樣本。而所分析的結論則是該生產線的產品有何特徵，如產品的壽命、不良品所佔比率等等。如此一來，與原本分析性研究的目的大相逕庭。

由上面的解說我們知道，不論是列舉式研究或分析性研究，資料的取得與統計方法的使用必須相互配合，才能適切的獲得問題解決的方案。前面棒球打擊率的例子，它的資料取得方式是屬於觀察研究；而得票率的例子，則是為調查研究，兩者均可用列舉式研究或分析性研究，完全

視目的不同而決定所使用的方法。

在釐清資料取得與統計方法使用的觀念後，最重要的是如何掌握資料取得過程以適合統計方法的使用？資料取得是統計方法使用的起步，若一開始資料取得有錯誤，則不論如何作統計分析，最後的結論也必然是錯誤的。我們分別從不同的資料取得方式，列舉若干實例說明錯誤的應用所造成的偏差：

### 實例 2.14

當所抽出之樣本來自非關問題之母體時，則將產生有偏差的結論。在統計發展中，最有名的例子首推 1936 年美國文學摘要雜誌社依據電話簿及各種雜誌訂戶名單所作美國總統大選——共和黨藍登與民主黨羅斯福的抽樣調查。當時發出模擬選票 1000 萬張，在收回的 230 萬張選票計算後，宣布藍登一定會當選。而實際開票結果羅斯福卻以 60% 的選票獲勝。事後有人分析其原因，認為在 30 年代經濟蕭條時期，大部分共和黨員較富裕，因而有能力裝設電話及訂閱雜誌。這些有經濟能力的人大都傾向藍登的經濟主張，因此所抽出之樣本，不能涵蓋全部有投票權的母體。 ■

### 例 2.15

市政府想要知道有游泳習慣的市民，對市立游泳池的新票價是否合理作調查。於是利用星期天假日在市立游泳池畔，隨機抽訪游泳者的看法。以這種方法所產生之樣本並不能代表所想要調查的母體。因為接受調查的對象已認同新票價或至少是可容忍的程度，而有另一部分認為新票價不合理的市民，已不再出現市立游泳池中，所以是一個有偏差的樣本。 ■

## 實例 2.16

若干年前某電視臺在夜間新聞節目中插播「是否贊同與蘇聯進行貿易」的民意調查，由觀眾在 30 分鐘內，以電話向電視臺反映自己的意見，在時間截止後紀錄這項反映結果。這項調查樣本所代表的母體難以掌握，因為我們無法知道他們所來自的階層為何？所以不能據此用來推斷全國民眾的意見。

1983 年 10 月 25 日美國侵入格瑞那達(Grenada) 時，電視臺舉辦觀眾電話意見反映支持或反對。在此同時又作隨機電話抽訪，所產生的調查結果如下：

| 來源 | 支持比率 | 樣本大小（約數） |
|------|---------|----------------|
| 電話打入 | 89% | 500000 |
| 隨機抽訪 | 71% | 1200 |

雖然電話打入的樣本是隨機電話訪問的 400 倍以上，但由於所代表的母體不明確，我們寧可相信隨機電話訪問的調查結果。與此種偏差類似的情況還有如：

1.由觀眾主動以明信片方式票選最受歡迎的歌星。由於歌迷郵寄明信片的張數不受限制，而且亦非經抽樣其結果並不能代表某一母體的狀況。

2.廣播電臺所使用的聽眾電腦語音調查系統，也是屬於母體不明確的情況。 ■

## 實例 2.17

若干次動物實驗發現，超音波照射將產生胎兒出生體重偏低的現象。美國巴爾的摩 Johns Hopkins 醫院曾經使用觀察研究，進行嬰兒在子宮中受

超音波照射，是否會產生體重偏低的分析。結果發現在經過超音波照射後的嬰兒，其出生體重平均較未照射的嬰兒出生體重要低。這是否是超音波照射而產生低出生體重的證據？

討論：婦產科醫生大都在孕婦有某些異常現象時，建議作超音波照射檢驗。所以這些異常現象才是導致超音波檢查與低出生體重的共同原因。其後，1988 年 V. Waldenstrom 等發表在 *Lancet* 的一項隨機實驗報告中指出，超音波檢查（實驗組）反而比未照射（控制組）出生體重要高，真正影響的元凶是有吸煙行為的孕婦。　　■

從上面所舉的例子，可以發現不論是採用何種研究方式，所產生的偏差主要是因為所依據的資料不能代表其母體所造成。因此對我們所獲得的資料，都要審慎評估這些資料的代表性。

# 2.3　統計資料的類型

對我們所感興趣的統計資料，為方便運用起見，常將它們按不同標準分成若干類別。無論如何的分類，基本上不能背離我們的目的——儘可能的由資料中發現有意義的規律。因此任何加諸在資料上的限制，均不是合適的作法。

在此我們依統計資料的衡量尺度 (scales of measurement)，將它簡分成兩種基本類型：

### 1.**類別尺度** (categorical scales)

用以區分統計資料所具備有的性質，在取得之初大都是文字型態，通常為整理及分析的方便（尤其是利用電腦作分析），在某種規則下轉換成數量形式。依其數量資料所含資訊多寡，可再分成：

(1)**無秩序類別** (unordered category)

全然是一種名目尺度 (nominal scales)，僅作某一類別之歸屬而命名，其數量間無任何大小順序之含意，如被調查人戶籍所在地之代碼、身分證統一編號等等。

(2)有秩序類別 (ordered category)

有程度或強弱等差異性存在之類別，例如在醫院裡將病人的狀況分成休養中、穩定中、看護中、病危中等 4 種。為方便起見，按病情嚴重性，依序以 1, 2, 3, 4 表示之。又如，在對顧客作意見反映調查時，將顧客對公司的滿意程度分成非常不滿意(1)、不滿意(2)、普通(3)、滿意(4)、非常滿意(5)等 5 項。由此可看出有秩序類別資料常伴以正整數的型態出現，最常見的要算是名次、等第之類的資料。

(3)二元類別 (binary category)

依二分法所產生之類別，如男女性別、有自用車或無自用車等等。往往我們將具有其中某一性質之類別以 1 表示，反之則以 0 表示，如此一來，數字大小具有意義（具有或不具有之分），且可作運算處理。

## 2.計量尺度 (metric scales)

在某種衡量標準下所產生之資料，如不良品件數、車禍發生次數、長度、重量、溫度等等。

簡單而言，由類別尺度所產生的資料叫做類別資料或稱定性資料 (qualitative data)；由計量尺度所產生之資料叫做計量資料或稱定量資料 (quantitive data)。又由所產生的數量型態不同可分為:

(1)離散資料 (discrete data)

此類資料可一一列舉可能有的狀況，如車禍發生次數可能是 0, 1, 2, 3,… 等等，相鄰兩個數量資料彼此分立，無其他資料存在的可能。前面所提全部的類別資料及計量資料當中的件數、次數等以整數型態出現之資料均為離散資料或稱為不連續資料。

(2)連續資料 (continuous data)

此類資料無法一一列舉可能有的狀況，如衡量對每一位顧客的服務時間，也許 5 分鐘，也許 6 分鐘，也可能是 5 分至 6 分之間任何一個數字。對於這種在某一個範圍內有無限多種可能的資料，通常以區間形式表現這種資料出現的狀況，如成年人的身高大都在 140 公分至180 公分之間。雖然在測量身高時往往僅記錄至公分為止，但那只是為記錄方便，取接近的數量來表示，並非真正的數值。

**例 2.18**

考慮下列 3 個有關宗教的問題：

　　1.你的宗教信仰是什麼？

　　　⑴天主教　⑵基督教　⑶佛教　⑷道教、……或無

　　2.你認為你自己對宗教信仰的篤信程度為何？

　　　⑴非常篤信　⑵某種程度的篤信　⑶一點也不信

　　3.你每個月參加多少次有關宗教的活動？

上述問題所產生之資料，第 1 個問題為名目類別資料；第 2 個問題為有秩序類別資料；第 3 個問題則為計量尺度資料。此 3 種資料均為離散資料。　■

雖然我們對統計資料按上述標準作分類，但不代表某一統計資料必定屬於某一類別，有時會發生同一資料，在目的不同的情況下，其所屬類別將會變動。如下面所舉例子：

**例 2.19**

某單位舉辦越野賽跑，在一個報名場所接受民眾個別報名參加。按報名先後由 1 號開始編起，2 號、3 號、……編至 $N$（總參加人數）號為止。比賽結束後，成績最好的前 5 名，其參加號碼依次為：

45, 165, 473, 256, 104

⑴此 5 個數字代表 5 位得獎人的號碼，屬於名目尺度資料。

⑵若想利用此資料估計參加比賽的總人數時，則變成為計量尺度資料。　■

有時統計資料可能混合著好幾種類型資料在內，如:

---

**例 2.20**

假設某種疾病可能有 $ABCD$ 4 種併發症，對於罹患此種疾病的病人，我們有興趣檢查存在有那些併發症，以 1 代表出現這種併發症，0 則表示沒有出現此種併發症，例如某人經檢查有 $BD$ 2 種併發症，因此可用 0101 表示這個資料（按併發症種類 $ABCD$ 有無出現順序表示）。所有資料的種類可表示如下:

$$
\begin{array}{ccccccc}
 & & & 1111 & & & \\
 & 1110 & 1101 & 1011 & 0111 & & \\
1100 & 1010 & 1001 & 0110 & 0101 & 0011 & \\
 & 1000 & 0100 & 0010 & 0001 & & \\
 & & & 0000 & & &
\end{array}
$$

統計資料表達方式是屬於二元尺度形式；若按每一種情況的水平方向考慮，則表示病人出現有那些併發症，是為名目尺度資料；若以垂直方向考慮，則可發現病人所出現的併發症有多寡的差異，是為計量尺度資料。　■

　　以上我們舉出各種不同狀況下，有關統計資料型態的描述例子。並非是有意將統計資料之類型加以混淆，主要的目的是強調統計資料之類型將隨使用者之觀點或目的而改變。在以後的場合陸續再出現其他不同

的劃分方式，其目的也是按當時的不同需要而設計。

# 2.4　單變量資料與雙變量資料

對所觀察或實驗的對象僅取得單一變量時，此種資料我們稱單變量資料 (univariate data)；若同時取得兩個變量資料時，則稱雙變量資料 (bivariate data)；若同時取得兩個以上變量資料時，則稱多變量資料 (multivariate data)。為方便表示，我們常以 $X$ 、 $Y$ 、 $Z$ 等英文大寫字母表示這些變量，而以下標表示第幾個資料。如 $X_i$ 即代表第 $i$ 個 $X$ 變量資料。因此一組 $n$ 個單變量資料可以

$\{X_1, X_2, X_3, \cdots, X_n\}$ 表示之

也可簡寫為

$\{X_i, i = 1, 2, 3, \cdots, n\}$

所以雙變量資料可以

$\{(X_i, Y_i), i = 1, 2, 3, \cdots, n\}$ 表示

多變量資料可以

$\{(X_i, Y_i, Z_i, \cdots), i = 1, 2, 3, \cdots, n\}$ 表示

**實例 2.21**

單變量資料實例──消費者文教基金會 83 年 4 月公佈市售 12 種感冒藥水的糖度如下：

20.4, 28.0, 31.6, 36.0, 28.6, 23.0, 38.4, 34.0, 32.4, 29.6, 29.0, 32.0

**實例 2.22**

雙變量資料實例——依據中華徵信所之調查，民國 84 年民營企業營收淨額排名前 20 的企業，其連續 2 年的營收淨額資料如下（單位：億元）：

| 排名 | 84 年營收淨額 | 83 年營收淨額 |
|---|---|---|
| 1 | 774 | 647 |
| 2 | 421 | 496 |
| 3 | 406 | 270 |
| 4 | 370 | 308 |
| 5 | 362 | 316 |
| 6 | 358 | 287 |
| 7 | 340 | 272 |
| 8 | 331 | 193 |
| 9 | 319 | 257 |
| 10 | 288 | 220 |
| 11 | 286 | 221 |
| 12 | 276 | 216 |
| 13 | 274 | 255 |
| 14 | 261 | 211 |
| 15 | 251 | 203 |
| 16 | 230 | 239 |
| 17 | 230 | 249 |
| 18 | 199 | 185 |
| 19 | 193 | 123 |
| 20 | 189 | 148 |

**實例 2.23**

多變量資料實例——職棒 5、6 年各隊球員（僅列出連續 2 年有打擊資料

者）打擊率統計表：

| 球員背號 | 球隊 | 5 年打擊率 | 6 年打擊率 |
|---|---|---|---|
| 1 | 味全 | 0.199 | 0.328 |
| 9 | 味全 | 0.215 | 0.267 |
| 3 | 味全 | 0.224 | 0.273 |
| 5 | 味全 | 0.269 | 0.307 |
| 66 | 味全 | 0.318 | 0.260 |
| 7 | 味全 | 0.246 | 0.259 |
| 8 | 味全 | 0.291 | 0.245 |
| 6 | 味全 | 0.190 | 0.179 |
| 16 | 味全 | 0.236 | 0.190 |
| 45 | 味全 | 0.283 | 0.259 |
| 55 | 味全 | 0.264 | 0.320 |
| 1 | 統一 | 0.262 | 0.239 |
| 2 | 統一 | 0.254 | 0.259 |
| 3 | 統一 | 0.331 | 0.128 |
| 5 | 統一 | 0.190 | 0.333 |
| 6 | 統一 | 0.289 | 0.143 |
| 7 | 統一 | 0.316 | 0.292 |
| 8 | 統一 | 0.306 | 0.325 |
| 9 | 統一 | 0.342 | 0.301 |
| 12 | 統一 | 0.275 | 0.167 |
| 16 | 統一 | 0.316 | 0.265 |
| 19 | 統一 | 0.250 | 0.250 |
| 21 | 統一 | 0.240 | 0.259 |
| 22 | 統一 | 0.278 | 0.302 |
| 23 | 統一 | 0.214 | 0.125 |
| 37 | 統一 | 0.330 | 0.333 |

| 68 | 統一 | 0.252 | 0.257 |
| 3 | 三商 | 0.217 | 0.255 |
| 5 | 三商 | 0.220 | 0.225 |
| 6 | 三商 | 0.307 | 0.254 |
| 7 | 三商 | 0.250 | 0.222 |
| 11 | 三商 | 0.129 | 0.351 |
| 12 | 三商 | 0.360 | 0.354 |
| 14 | 三商 | 0.182 | 0.000 |
| 15 | 三商 | 0.274 | 0.083 |
| 22 | 三商 | 0.200 | 0.199 |
| 25 | 三商 | 0.153 | 0.160 |
| 26 | 三商 | 0.250 | 0.273 |
| 28 | 三商 | 0.309 | 0.319 |
| 29 | 三商 | 0.206 | 0.194 |
| 31 | 三商 | 0.305 | 0.303 |
| 33 | 三商 | 0.203 | 0.250 |
| 35 | 三商 | 0.224 | 0.228 |
| 36 | 三商 | 0.222 | 0.228 |
| 2 | 兄弟 | 0.313 | 0.250 |
| 4 | 兄弟 | 0.301 | 0.273 |
| 5 | 兄弟 | 0.291 | 0.256 |
| 12 | 兄弟 | 0.146 | 0.247 |
| 19 | 兄弟 | 0.336 | 0.222 |
| 20 | 兄弟 | 0.118 | 0.253 |
| 23 | 兄弟 | 0.358 | 0.352 |
| 25 | 兄弟 | 0.250 | 0.255 |
| 26 | 兄弟 | 0.297 | 0.316 |
| 28 | 兄弟 | 0.339 | 0.320 |
| 33 | 兄弟 | 0.350 | 0.314 |

| 36 | 兄弟 | 0.260 | 0.220 |
|----|------|-------|-------|
| 44 | 兄弟 | 0.237 | 0.281 |
| 4 | 俊國 | 0.195 | 0.149 |
| 6 | 俊國 | 0.277 | 0.273 |
| 9 | 俊國 | 0.186 | 0.230 |
| 10 | 俊國 | 0.249 | 0.251 |
| 17 | 俊國 | 0.270 | 0.249 |
| 22 | 俊國 | 0.223 | 0.225 |
| 23 | 俊國 | 0.242 | 0.248 |
| 24 | 俊國 | 0.275 | 0.000 |
| 25 | 俊國 | 0.339 | 0.211 |
| 28 | 俊國 | 0.328 | 0.272 |
| 42 | 俊國 | 0.276 | 0.238 |
| 45 | 俊國 | 0.267 | 0.227 |
| 3 | 時報 | 0.180 | 0.136 |
| 5 | 時報 | 0.238 | 0.292 |
| 6 | 時報 | 0.340 | 0.306 |
| 18 | 時報 | 0.297 | 0.289 |
| 19 | 時報 | 0.254 | 0.268 |
| 20 | 時報 | 0.229 | 0.251 |
| 22 | 時報 | 0.303 | 0.063 |
| 25 | 時報 | 0.240 | 0.286 |
| 27 | 時報 | 0.150 | 0.291 |
| 29 | 時報 | 0.296 | 0.262 |
| 32 | 時報 | 0.340 | 0.298 |
| 33 | 時報 | 0.298 | 0.260 |
| 37 | 時報 | 0.213 | 0.210 |
| 89 | 時報 | 0.224 | 0.290 |

　　按所含變量種類的多寡作分類，最容易了解。隨著變量種類增加，則所使用的統計方法就變得愈複雜。對初學者而言，我們僅就單變量資料及雙變量資料作較多的介紹，而多變量的部份則只稍稍提及。

# 重要名詞

| | |
|---|---|
| 觀察研究 | 設計研究 |
| 大數法則 | 相對次數機率或經驗機率 |
| 機會均等機率或推理機率 | 隨機號碼 |
| 重新投返抽樣 | 不投返抽樣 |
| 實驗研究 | 實驗組 |
| 控制組 | 調查研究 |
| 混淆因素 | 雙方未知實驗 |
| 列舉式研究 | 分析性研究 |
| 類別尺度 | 無秩序類別或名目尺度 |
| 有秩序類別 | 二元類別 |
| 計量尺度 | 類別資料 |
| 定性資料 | 計量資料 |
| 定量資料 | 離散資料 |
| 連續資料 | 單變量資料 |
| 雙變量資料 | 多變量資料 |

# 習 題

2.1 消基會依據 81 年全年所接獲 262 件申訴案件分析，3、4 月及 7、8、9 月是 2 個旅遊糾紛發生的高峰期，其中以退款糾紛佔第一位。這項研究分析是屬於觀察研究或設計研究？所使用的方法是推論統計或敘述統計？

2.2 以下資料取材自：詹世煌等著〈重大創傷臨界點之決定〉（《中國統計學報》83 年 3 月）：

使用適當且精確的方法將緊急病患決定他是否為重大創傷，可幫助醫護人員妥適照顧病患，避免醫療資源浪費。作者根據成大醫院急診部，77 年 6 月至 80 年 12 月 1454 個創傷病人，調查下列資料：

⑴年齡，⑵性別，⑶受傷種類，⑷心臟收縮壓，⑸每分鐘呼吸頻率，⑹加護病房天數，⑺病人離院時的生死狀態，……等等，則此項研究分析是屬於觀察研究或設計研究？並說明每一變量所屬之資料種類？

2.3 《天下雜誌》在 83 年 7 月 20 日至 8 月 15 日進行「標竿企業競爭力評估調查」，對所甄選的「受評企業」依據 9 項「競爭力指標」接受評估，每項指標最低分為 1 分，最高分 10 分。調查對象分「同業評估」及「專家評估」，共發出 2849 份問卷，有效收回問卷 1123 份。此種研究是屬於觀察研究或設計研究？詳細說明所取得的資料是屬於何種類別？

2.4 醫學研究中心目前有 A、B、C 3 種實驗，現打算對參與實驗者所選擇的實驗種類進行公平的隨機選定。其方法如下：投擲 1 枚公平錢幣，若出現正面則選 A；若出現反面則再投擲 1 次，此時若出現正面則選 B 種實驗；出現反面則選 C 種實驗。這樣的安排是否可稱

為公平的隨機實驗? 為什麼?

2.5　(續前題) 假設有 $A$、$B$、$C$、$D$ 4 種實驗, 所採取的方法為: 投擲 1 枚公平錢幣, 若出現正面則選 $A$ 及 $B$; 若出現反面則選 $C$ 及 $D$, 如此是否可稱為公平的隨機實驗? 為什麼?

2.6　(續前題) 上題的方法改為: 將大小相同黑、白兩種顏色的球各 20 個, 分別標明 1 至 20 的號碼, 放入不透明的箱內, 經完全混合後, 隨機抽出 1 個球, 若此球是白色且號碼為奇數, 則選 $A$ 實驗; 若此球是白色且號碼為偶數, 則選 $B$ 實驗; 若此球是黑色且號碼為奇數, 則選 $C$ 實驗; 若此球是黑色且號碼為偶數, 則選 $D$ 實驗。如此是否可稱為公平的隨機實驗? 為什麼?

2.7　說明下面各小題所採用的調查方法是否有高估或低估的可能, 並解釋原因:

(a)交通警察在高速公路的交流道上記錄每一輛車的速度, 以估計在高速公路上超速的比率。

(b)某大學就業輔導中心利用推介畢業生就業資料 (包括未推介成功部份) 估計平均的起薪金額。

(c)就畢業後 5 年參加校慶大會上的校友進行調查, 以估計畢業後 5 年的校友平均所得。

(d)欲了解本校同學每天晚上收看何種電視節目, 任選某一上課天上午 7 時半至 8 時, 在校門口隨意抽訪同學進行調查。

2.8　百貨公司常設有顧客意見箱, 試評論以這種方法作為樣本的有利與不利情況。

2.9　有關某公司資料項目如下, 試詳細說明何者為定性資料? 何者為計量資料? 若為計量資料, 則屬於離散資料或連續資料?

(a)營利事業統一編號

(b)每天請假員工人數

(c)每小時電話打進公司次數

(d)公司地址

(e)每位員工服務年資

(f)公司全年銷貨收入

2.10 下表是某次入學考試某校某科錄取榜單新生資料:

| 准考證號碼 | 身分證號字頭 | 總　分 | 准考證號碼 | 身分證號字頭 | 總　分 |
|---|---|---|---|---|---|
| 400056 | N | 554 | 400318 | J | 547 |
| 400825 | M | 536 | 400973 | N | 540 |
| 401019 | N | 563 | 401044 | J | 537 |
| 401045 | N | 539 | 401049 | N | 543 |
| 401069 | N | 548 | 401099 | P | 545 |
| 401155 | N | 537 | 401173 | N | 540 |
| 401183 | N | 543 | 401300 | Q | 549 |
| 401869 | Q | 545 | 401932 | A | 549 |
| 402063 | B | 540 | 402099 | L | 547 |
| 402113 | L | 538 | 402255 | K | 539 |
| 402275 | L | 546 | 402341 | L | 537 |
| 403012 | B | 535 | 403228 | N | 538 |
| 403240 | B | 544 | 403302 | B | 533 |
| 403311 | N | 539 | 403399 | K | 546.5 |
| 404125 | Q | 536 | 404129 | R | 540 |
| 404133 | R | 549 | 404139 | R | 545 |
| 404310 | N | 551 | 404427 | M | 549 |
| 404431 | P | 549 | 404468 | N | 545 |
| 404510 | N | 550 | 404520 | N | 541 |
| 404634 | N | 542 | 404644 | N | 534 |
| 404660 | N | 546 | 404912 | N | 535 |
| 404980 | N | 533 | 404994 | N | 544 |

| 405094 | N | 549 | 405146 | N | 537 |
|---|---|---|---|---|---|
| 405234 | N | 568 | 405238 | N | 553 |
| 405553 | P | 535 | 405757 | L | 536 |
| 406141 | L | 543 | 406165 | L | 545 |
| 406187 | B | 542 | 406197 | L | 533 |
| 406207 | L | 542 | 406211 | P | 549 |
| 406351 | F | 545 | 406487 | L | 542 |
| 406521 | L | 540 | 406618 | L | 549 |
| 406714 | K | 545 | 406938 | N | 552 |
| 407075 | M | 542 | 407197 | L | 536 |
| 407251 | N | 544 | 407257 | N | 536 |
| 407327 | K | 548 | 407383 | N | 548 |
| 407399 | N | 549 | 407401 | Q | 535.7 |
| 407431 | T | 555 | 407433 | C | 557 |
| 407459 | N | 537 | 407485 | N | 537 |
| 407493 | N | 552 | 407533 | N | 534 |
| 407663 | N | 571 | 407691 | N | 571 |
| 407763 | N | 537 | 407967 | Q | 548 |
| 408225 | N | 543 | 408335 | N | 533 |
| 408461 | N | 545 | 408479 | A | 536 |
| 408668 | B | 546 | 408677 | L | 546 |
| 409075 | M | 534 | 409308 | M | 541 |
| 409459 | J | 537 | 409513 | J | 534 |
| 410267 | N | 544 | 410513 | J | 547 |
| 410763 | K | 550 | | | |

試使用隨機號碼表抽出 20 名學生。

2.11 一項新的冷凍食品在百貨公司進行促銷試吃活動，並對每一位試吃

者作下面各項問題之訪問：

(a)你的年齡是＿＿＿＿歲

(b)在你的家庭中這類食物大都是誰購買？＿＿＿＿

(c)你的家庭有多少人？＿＿＿＿

(d)試吃結果你覺得味道如何？＿＿＿＿（填寫代碼）

　　很不喜歡　　不喜歡　　普通　　喜歡　　很喜歡
　　　(1)　　　　(2)　　　(3)　　　(4)　　　(5)

(e)如果上市後你是否會購買？＿＿＿＿

(f)如果你會購買，大約每隔多久會購買一次？＿＿＿＿

詳細說明每題變量所屬之資料種類。

2.12 利用下面各題調查學生在校使用個人電腦的情形：

(a)每週使用的時間。

(b)最常使用的軟體。

(c)一學期在電腦方面的花費金額。

(d)常接觸的電腦雜誌有幾種？

(e)自由上機時間每間教室大約平均有多少人？

(f)較固定使用哪一廠牌的電腦？

詳細說明每題變量所屬之資料種類。

2.13 83 年 6 月份《管理雜誌》舉辦一項「讀者自由回傳問卷」（由讀者利用雜誌所附問卷傳真至該雜誌編輯部），有關員工不滿的調查。7 月份公佈結果，共收到 121 份問卷，並列出那些是員工最感不滿的問題。對於這種調查方式有何評論？

# 第三章　單變量資料之展現

　　不論統計資料是如何取得，我們第一步要對它先作檢視的工作。一方面是作初步的了解，另一方面是檢查它有無異常現象。這項工作也可以說是「讓資料自己說話」，而最簡單的方法是用「看」的方式，將它的形狀「抓」出來。也就是透過圖、表的工具，來觀察資料的特徵。本章介紹對單變量資料的作法，並包括多組單變量資料的比較。

## 3.1　類別資料的展現

### 3.1.1　類別資料之表列

　　由於定性資料無法作運算處理，因此僅能以分類方法作整理。即將全部資料所有類別點計其出現次數，稱之為類別次數 (category frequency)。並按實際需要，計算各類佔資料總數之比率，由此可了解各類在整體資料中的重要程度之差異，此項比率稱為相對次數 (relative frequency)。

**實例 3.1**

楊緒賢（民國 68 年）臺灣區姓氏堂號考中，依民國 67 年臺灣區總人口數 16951904 人，調查共有 1694 個姓氏，出現頻率最多的前 10 名姓氏表列如下：

| 姓　氏 | 出現次數 | 相對次數 |
|:---:|:---:|:---:|
| 陳 | 1850423 | 0.109 |
| 林 | 1381713 | 0.082 |
| 黃 | 1030571 | 0.061 |
| 張 | 906999 | 0.054 |
| 李 | 875595 | 0.052 |
| 王 | 703878 | 0.042 |
| 吳 | 668734 | 0.039 |
| 劉 | 547934 | 0.032 |
| 蔡 | 487332 | 0.029 |
| 楊 | 448367 | 0.026 |

　　上面的實例中，將每一類的發生次數除以總次數，可以顯示各類出現的比重，例如陳姓最多，佔總人數的 10.9%。我們將全臺灣地區的人口（民國 67 年）看成一個母體，以隨機抽取的方式，任意抽出一人。按第二章我們所介紹的機率觀念，在這種抽樣方法下（每一個人被抽出之機會均等），可用機會均等的計算觀念，得到被抽出的人其姓氏為「陳」的機率有 10.9%。也就是說：

$$某現象的發生機率 = \frac{屬於該現象的出現個數}{全部母體的總個數} \qquad (3.1)$$

也許有人會這樣想：是不是我們隨意在街上碰到的任何人，他是姓陳的機率就有 10.9%（當然指的是民國 67 年而言）。這裡涉及到機率使用上的基本問題——應用公式時須注意是否與條件吻合。雖然是「隨意在街上碰到的任何人」，但由於各姓氏大都有群居或至少是活動範圍受居住所在地的影響，因此在街上碰到的任何人並非符合「每一個人被碰到之機會均等」的條件。因此就不能說碰到姓陳的機率有 10.9%。

實例 3.1 只是就其中一項類別（姓氏部份）作整理。事實上，我們常會依需要將類別資料增加欄位，以表達其他資訊。如下面實例：

**實例 3.2**

1973 年秋天，加州柏克萊大學研究所有 12763 人申請入學，其中最熱門的 6 個研究領域之申請人數如下表：

| 研究領域 | 申請人數 |
|---|---|
| *A* | 933 |
| *B* | 585 |
| *C* | 918 |
| *D* | 792 |
| *E* | 584 |
| *F* | 714 |

如果我們對申請者的性別感興趣，則原表可改為

| 研究領域 | 男性 | 女性 | 合計 |
|---|---|---|---|
| *A* | 825 | 108 | 933 |
| *B* | 560 | 25 | 585 |
| *C* | 325 | 593 | 918 |
| *D* | 417 | 375 | 792 |
| *E* | 191 | 393 | 584 |
| *F* | 373 | 341 | 714 |

由於表達的方式有許多，因此需要注意表達的主體與目的，我們看下面的實例：

**實例 3.3**

下表是世界衛生組織 1978 年世界衛生統計年鑑, 有關意外事件死亡率的統計表（單位: 每 10 萬人）:

| 國　　名 | 年　度 | 總死亡人　數 | 意外事件死亡合計 | 交通事故 | 自然因素 | 工業意外 | 自他殺 | 其他 |
|---|---|---|---|---|---|---|---|---|
| 澳大利 | 1975 | 1277.2 | 75.2 | 34.8 | 29.7 | 4.3 | 1.6 | 4.8 |
| 比利時 | 1975 | 1218.5 | 62.6 | 25.0 | 25.8 | 1.5 | 9.0 | 9.4 |
| 加拿大 | 1974 | 742.0 | 62.1 | 30.9 | 18.0 | 3.9 | 2.5 | 6.8 |
| 丹　麥 | 1976 | 1059.5 | 41.1 | 18.3 | 15.6 | 1.0 | 0.7 | 5.5 |
| 芬　蘭 | 1974 | 952.5 | 62.3 | 23.7 | 26.0 | 2.9 | 2.6 | 7.1 |
| 法　國 | 1974 | 1049.5 | 77.8 | 23.8 | 31.0 | 1.0 | 9.0 | 21.1 |
| 西　德 | 1975 | 1211.8 | 66.4 | 24.8 | 31.6 | 1.8 | 1.2 | 7.0 |
| 愛爾蘭 | 1975 | 1060.7 | 48.6 | 19.8 | 20.1 | 1.9 | 1.0 | 5.0 |
| 義大利 | 1974 | 957.8 | 47.2 | 22.8 | 19.2 | 1.9 | 1.1 | 2.2 |
| 日　本 | 1976 | 625.6 | 30.5 | 13.2 | 9.7 | 2.1 | 1.3 | 4.2 |
| 紐西蘭 | 1975 | 832.2 | 40.3 | 17.8 | 18.2 | 1.0 | 7.0 | 2.6 |
| 挪　威 | 1976 | 998.9 | 48.4 | 17.3 | 25.1 | 1.9 | 7.0 | 3.4 |
| 瑞　典 | 1975 | 1076.6 | 55.8 | 17.2 | 27.9 | 1.3 | 1.1 | 8.3 |
| 瑞　士 | 1976 | 904.1 | 48.4 | 20.6 | 20.4 | 2.1 | 9.0 | 4.4 |
| 英　國 | 1976 | 1217.9 | 34.8 | 13.0 | 13.9 | 1.3 | 1.1 | 5.5 |
| 美　國 | 1975 | 888.5 | 60.6 | 23.4 | 15.8 | 2.6 | 10.0 | 8.8 |

附註: 1.年度係按最近一年的資料。

　　　2.自然因素包括中毒、墜落、火災及溺斃。

1993 年 M. Wainer 在 *Chance* 雜誌, 指出這樣的表現有若干缺點:

1.國家名稱按字母排列並不恰當。由於本表的重點在意外事件之死亡率, 因此應該按死亡率的大小來排序較合適。

2.不必要的數據可以用附註說明, 不需表列, 以免太雜亂。

3.應將數字簡化, 以提高可讀性。

依照他的意見, 原表改為下表形式:

| 國　　名 | 意外事件死亡人數 | 交通事故 | 自然因素 | 工業意外 | 自他殺 | 其他 |
|---|---|---|---|---|---|---|
| 法　　國 | 78 | 24 | 31 | 1 | 1 | 21 |
| 澳大利 | 75 | 35 | 30 | 4 | 2 | 5 |
| 西　　德 | 66 | 25 | 32 | 2 | 1 | 7 |
| 比利時 | 63 | 25 | 26 | 2 | 1 | 9 |
| 芬　　蘭 | 62 | 24 | 26 | 3 | 3 | 7 |
| 加拿大 | 62 | 31 | 18 | 4 | 3 | 7 |
| 美　　國 | 61 | 23 | 16 | 3 | 10 | 9 |
| 瑞　　典 | 56 | 17 | 28 | 1 | 1 | 8 |
| 愛爾蘭 | 49 | 20 | 20 | 2 | 1 | 6 |
| 挪　　威 | 48 | 17 | 25 | 2 | 1 | 3 |
| 瑞　　士 | 48 | 21 | 20 | 2 | 1 | 4 |
| 義大利 | 47 | 23 | 19 | 2 | 1 | 2 |
| 丹　　麥 | 41 | 18 | 16 | 1 | 1 | 6 |
| 紐西蘭 | 40 | 18 | 18 | 1 | 1 | 3 |
| 英　　國 | 35 | 13 | 14 | 1 | 1 | 6 |
| 日　　本 | 31 | 13 | 10 | 2 | 1 | 4 |

# 3.1.2　類別資料之圖示──長條圖與圓形圖

前面實例 3.3 的問題, 我們可將各國的意外事件死亡率利用長條圖 (bar chart) 作比較, 整體型態上更能顯示出各國之間的差異狀況。長條圖是以各類別為橫坐標, 其所對應之資料數量為縱坐標, 繪製成長方形, 以其長方形的大小, 顯示各類別之間的差異。如圖 3.1。

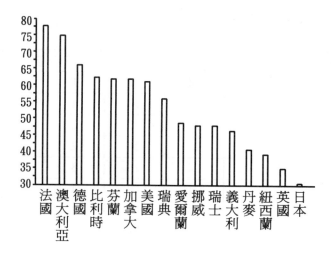

圖 3.1 各國意外事件死亡率長條圖

圖 3.1 的表現雖然明顯清晰，但由於縱坐標並非從零開始，因而會產生誤導作用，詳情將在 3.5 節再談。

當我們較關注各類別在整體所佔比重時，就需要使用圓形圖 (pie chart)，作法是取各類別之圓心角為

$$360° \times （各類別所佔比率）$$

依此圓心角對整圓作分割即可。

**實例 3.4**

依據臺灣省政府農林廳主辦之臺灣地區農業基本調查（調查日期 81 年 12 月 31 日至 82 年 1 月 31 日止）顯示: 各地區農家人口數如下表:

| 地　　　區 | 人口數 | 百分比 (%) |
|---|---|---|
| 北部地區 | 670149 | 16.42 |
| 中部地區 | 1822528 | 44.66 |
| 南部地區 | 1383529 | 33.90 |
| 東部地區 | 204882 | 5.02 |
| 合　　　計 | 4081088 | 100.00 |

計算圓心角如後：

$$360° \times 0.1642=59°$$

$$360° \times 0.4466=161°$$

$$360° \times 0.3390=122°$$

$$360° \times 0.0502=18°$$

可產生圓形圖如圖 3.2。

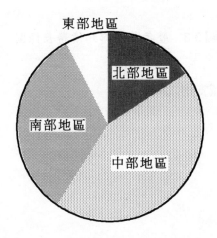

**圖 3.2　臺灣地區農業人口圓形圖**

實例 3.5

1992 年美國總統大選時，候選人裴洛 (Ross Perot) 曾經在電視辯論中，使用精彩的長條圖與圓形圖，為他所提政策作辯護。

1.顯示聯邦債務在雷根與布希時期增加快速

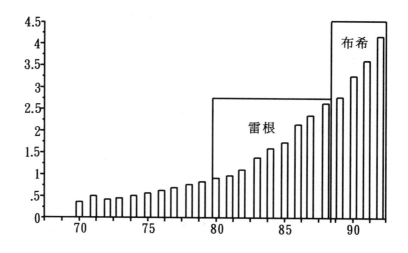

圖 3.3　歷年美國聯邦債務長條圖

2.暗示如何削減支出以減少債務

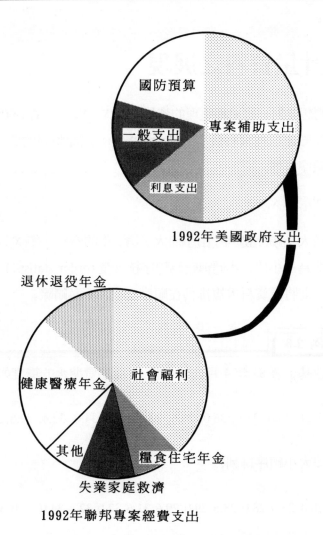

圖3.4　1992 年美國聯邦支出圓形圖

（以上圖形按原資料另行繪製而成）　■

## 3.2 計量資料之展現

當我們想要對一組未經整理的資料 $(X_1, X_2, X_3, \cdots, X_n)$ 有所了解時，首先會想要知道這些資料最小、最大是多少? 因此整理的第一步是將資料按大小順序排列，即

$$X_{(1)} \leq X_{(2)} \leq \cdots \leq X_{(n)}$$

$X_{(i)}$ 代表按大小順序排列（由小而大）第 $i$ 小的資料，如 $X_{(n)}$ 即為最大值， $X_{(1)}$ 即為最小值，我們稱它為順序統計量 (order statistic)。若有重複情況發生，則將原資料重複排列在順序當中，不必刪除。

---

### 實例 3.6

消費者文教基金會 83 年 4 月公佈市售 12 種感冒藥水的糖度如下:

20.4, 28.0, 31.6, 36.0, 28.6, 23.0, 38.4, 34.0, 32.4, 29.6, 29.0, 32.0

我們將它按大小順序排列為

20.4  23.0  28.0  28.6  29.0  29.6  31.6  32.0  32.4  34.0  36.0  38.4  ■

假設資料個數較多，若一一按大小順序排列，則太過於繁瑣。此時可選用表格形式來表達，把重複的部份用出現的次數來說明。如 $n$ 個資料當中，有 $k$ 種不同的數量， $f_i$ 代表第 $i$ 個數量出現的次數，如下表:

| 數　量 | 發生次數 |
|:---:|:---:|
| $X_1$ | $f_1$ |
| $X_2$ | $f_2$ |
| $\vdots$ | $\vdots$ |
| $\vdots$ | $\vdots$ |
| $X_k$ | $f_k$ |
| 合　計 | $n$ |

(此處 $n = f_1 + f_2 + f_3 + \cdots + f_k$)

**例 3.7**

將下列資料編表（單位是個數，負值代表減少）：

　0　1　–1　0　0　2　6　–1　–3　2　–2　4　–3　4　0　–5　2　–4　–2　3

結果為

| 數　量 | 發生次數 |
|:---:|:---:|
| –5 | 1 |
| –4 | 1 |
| –3 | 2 |
| –2 | 2 |
| –1 | 2 |
| 0 | 4 |
| 1 | 1 |
| 2 | 3 |
| 3 | 1 |
| 4 | 2 |
| 6 | 1 |
| 合　計 | 20 |

## 3.2.1 點圖與次數分配表

　　然而在處理更大量的資料或資料重複的情形較少時，以前述方法來作則太過複雜。在此介紹一種對資料可作初步檢視的圖形——點圖(dot-plot)。作法是將全部資料安排在標明有刻度的直線上，由左而右，由小而大排序，出現資料的地方即以點 "·" 表示。若有重複出現時，則以重疊的點代表其出現的個數。如例 3.7 可表示為:

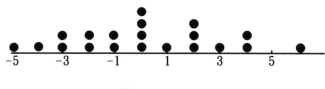

**圖 3.5　點圖**

在此圖形中，我們很容易的看出資料的最小與最大值、資料分布的範圍、資料集中的所在等等特性。若資料非常分散，無法同時表達在一個圖形時，可分段顯示，如下面的例子:

```
實例 3.8
```

按實例 3.1，原本是類別資料，現將每一姓氏的人口數看成計量資料，用以了解各姓氏間人口數之分配差異。今取姓氏人口數在前 200 名（已佔總人數 99.10%）的資料作點圖。由於最多人數是 1850423，最少人數是 1642，資料太過分散，因此分成 3 段，3 個圖形表示於下:

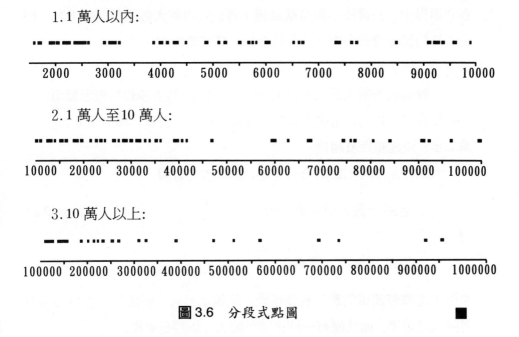

1.1 萬人以內：

2.1 萬人至 10 萬人：

3.10 萬人以上：

圖 3.6　分段式點圖　■

　　雖然這是另一種點圖表達的方法，可是已失去了簡明表現的目的。適當的處理方法是將資料的分布範圍劃分成若干部份，以組別方式計算每組資料出現的個數，如此即可以簡要的形式來表現複雜的資料，這就是次數分配表 (frequency distribution)。

　　所劃分的部份個數稱為組數（以 $k$ 表示）；每一組的範圍稱為組別，其界限為由組下界至組上界；每組的長度是組距（以 $h$ 表示，且等於組上界減組下界）；每組出現的次數稱為組次數（以 $f$ 表示）。在各種文件報告中，常看見種種不同形式的組界表現，如：

| (1) | (2) | (3) | (4) |
|---|---|---|---|
| 195～199 | 194.5～199.5 | 195～小於 200 | 195～200 |
| 200～204 | 199.5～204.5 | 200～小於 205 | 200～205 |
| 205～209 | 204.5～209.5 | 205～小於 210 | 205～210 |
| ⋮ | ⋮ | ⋮ | ⋮ |

各式組界中，左邊較小數量稱為組下界；右邊較大數量稱為組上界。因此表格的製作有許多方式，在此介紹一種較簡單的作法：

## 第一步：決定組數

一般來說組數大都在 5 組至 20 組之間，組數太多資料表現繁瑣，失去整理資料的目的；組數太少容易遮蔽特徵，所含資訊損失太多。

## 第二步：決定組距及組界

大部分是以等組距的方式分組，因此首先計算

$$全距 = 最大值 - 最小值 \qquad (3.2)$$

則

$$組距 = 全距 \div 組數$$

原則上選擇較簡單的數字當作組距。編製組界時，要使每一資料必須有可歸入之組別，而且僅有一個組別可歸入，以避免重複。

## 第三步：歸類及計算組次數

每一資料按組別作歸類，不可遺漏或重複歸類。有時資料恰巧落在組界上，一般有兩種簡單處理方式：其一是將該資料歸入屬於組下界的那一組；另一法是避免這類數量當作組界或將組界的小數點位數比原始資料多取 1 位（若是整數情況，則其位數可向右多取 1 位）。我們以第二章職棒 6 年各隊打擊率為例，說明編製的過程：

原始資料如下：

| | | | | | | | | | | | |
|---|---|---|---|---|---|---|---|---|---|---|---|
| .328 | .267 | .273 | .307 | .260 | .259 | .245 | .179 | .190 | .259 | .320 | .239 |
| .259 | .128 | .333 | .143 | .292 | .325 | .301 | .167 | .265 | .250 | .259 | .302 |
| .125 | .333 | .257 | .255 | .225 | .254 | .222 | .351 | .354 | .000 | .083 | .199 |
| .160 | .273 | .319 | .194 | .303 | .250 | .228 | .228 | .250 | .273 | .256 | .247 |
| .222 | .253 | .352 | .255 | .316 | .320 | .314 | .220 | .281 | .149 | .273 | .230 |
| .251 | .249 | .225 | .248 | .000 | .211 | .272 | .238 | .227 | .136 | .292 | .306 |
| .289 | .268 | .251 | .063 | .286 | .291 | .262 | .2?8 | .260 | .210 | .290 | |

我們選 8 組為組數，最小值為 0，最大值為 0.354，因此

$$h = (0.354 - 0) \div 8 \approx 0.05$$

按此組距作組界，所產生次數分配表如下：

| 組　別 | 組次數 |
|---|---|
| 0.00～0.05 | 2 |
| 0.05～0.10 | 2 |
| 0.10～0.15 | 5 |
| 0.15～0.20 | 6 |
| 0.20～0.25 | 17 |
| 0.25～0.30 | 34 |
| 0.30～0.35 | 14 |
| 0.35～0.40 | 3 |
| 合　計 | 83 |

　次數分配表的目的僅是在了解資料分布的情形，所以只要能適切的表現資料分布的特徵，組數、組距、組界有所差異均無關宏旨。譬如我們將上例改分成 9 組於下：

| 組　別 | 組次數 |
|---|---|
| 0.00～0.04 | 2 |
| 0.04～0.08 | 1 |
| 0.08～0.12 | 1 |
| 0.12～0.16 | 5 |
| 0.16～0.20 | 6 |
| 0.20～0.24 | 13 |
| 0.24～0.28 | 30 |
| 0.28～0.32 | 16 |
| 0.32～0.36 | 9 |
| 合　計 | 83 |

可以看出整個分配形態並沒有太大的不同。

**第四步: 計算組中點及相對次數**

原始資料已無法從表格中看出原貌，因此以每組的中點作為該組的代表值，即

$$組中點 = (組下界 + 組上界) \div 2 \tag{3.3}$$

以方便標明或計算。另外為了與其他分配資料相互比較，需計算各組相對次數（即組次數除以全部資料總數 = $f_i \div n$）。以打擊率為例計算如下:

| 組　　別 | 組次數 | 組中點 | 相對次數 |
|---|---|---|---|
| 0.00～0.05 | 2 | 0.025 | 0.0241 |
| 0.05～0.10 | 2 | 0.075 | 0.0241 |
| 0.10～0.15 | 5 | 0.125 | 0.0602 |
| 0.15～0.20 | 6 | 0.175 | 0.0723 |
| 0.20～0.25 | 17 | 0.225 | 0.2048 |
| 0.25～0.30 | 34 | 0.275 | 0.4096 |
| 0.30～0.35 | 14 | 0.325 | 0.1687 |
| 0.35～0.40 | 3 | 0.375 | 0.0361 |
| 合　　計 | 83 | | 0.9999 |

這裡所計算之相對次數與實例 3.1 的含意不同，姓氏人口數的資料是屬於母體性質，它所計算的相對次數可以看成某一類別在簡單隨機抽樣下所發生的機率。而打擊率資料卻是打擊者若干場比賽的數據，嚴格說它僅僅是樣本資料而已。就如同第二章 2.1 節擲錢幣實驗中所談，每個人的打擊率只是某個 $n$ 次實驗的結果。不能夠當作母體現象的發生機率來看，然而可以作為這項機率的一種推論方法。

## 3.2.2　直方圖

　　經過表格化的資料在閱讀上方便了許多，對資料的分布結構也較容易掌握。發生次數愈多的組別在整體資料中的分配地位就愈重要。因此要凸顯各組間重要性的差異以及整體分配形態的特徵，改以圖示的方法來表現，將使人感覺更清晰、簡明，而且印象深刻。表達次數分配最常用的圖形是直方圖 (histogram)，它是長條圖的一種。

　　由於次數分配之分類是以數量大小來排列，因此我們按連續組界，以組距為寬，各組組次數或相對次數為高，繪製成相連的長方形，這就是次數分配的直方圖。一方面表示各組之間發生次數多寡的差異；另一方面則表示在一連串的組別中各組次數之分配形態。前面所介紹類別資料的長條圖雖然也是利用直長圖形表達某一類別發生數量的多寡，但直方圖最大的不同是以橫坐標表示連貫的數量分組，而以縱坐標來表示發生次數的多寡，如此在視覺上更能強調發生次數差異的特徵。

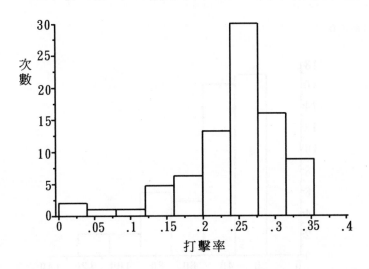

圖 3.7　職棒 6 年各隊打擊率直方圖

　　繪製的方法是縱坐標尺度由零開始至比最多組組次數稍多的數量，如此方不致使直方形太高或太矮；橫坐標則為距離縱坐標 $\frac{1}{2}$ 個組距的寬度開始，按各組界等距分割成直方形的寬，寬度選擇需適當，以免太窄或太寬。圖 3.7 為職棒 6 年各隊隊員打擊率資料的直方圖。

　　直方圖是否能將資料的分配形狀適當表示出來，與次數分配表的製作有密切的關係，有時還需要嘗試作若干種次數分配表來觀察，才能有較好的判斷。我們用下面的例子來說明：

### 例 3.9

隨機抽出 48 個零件，檢驗其使用壽命如下（單位：月）：

| 17 | 21 | 21 | 22 | 23 | 23 | 23 | 24 | 25 | 29 | 29 | 30 |
| 30 | 31 | 31 | 31 | 33 | 35 | 36 | 36 | 37 | 38 | 38 | 40 |
| 40 | 43 | 43 | 44 | 45 | 45 | 45 | 46 | 49 | 56 | 61 | 62 |
| 63 | 66 | 71 | 71 | 72 | 76 | 82 | 88 | 92 | 102 | 110 | 124 |

我們分別按五種情況 $k = 6, 7, 8, 9, 20$, 組編表後，繪製直方圖：

(1) $k = 6$

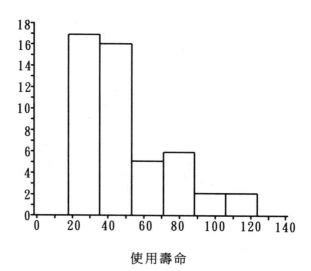

使用壽命

(2) $k = 7$

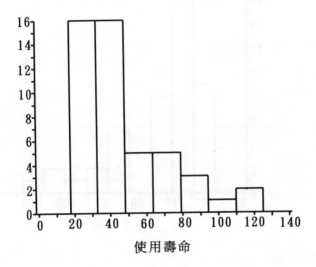

使用壽命

(3) $k = 8$

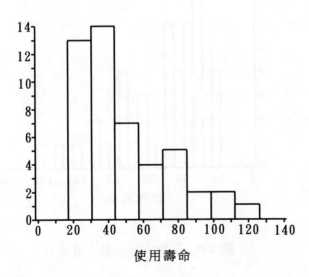

使用壽命

(4) $k = 9$

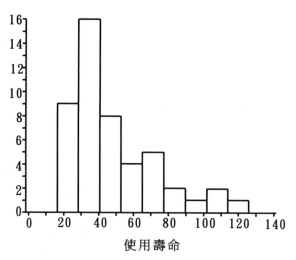

(5) $k = 20$

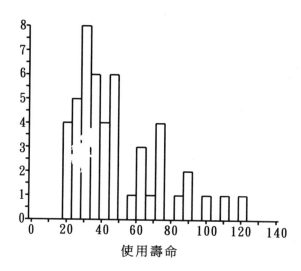

圖3.8　各種不同組數之直方圖

　　由上面不同的表現我們可知，組數以8,9兩種較合適，而6,7兩種無法顯示
左邊的變化；分成 20 組時，很明顯看出形狀很雜亂。　　■

由於各組組距相等，所以各組直方形之面積與各組組次數或各組相對次數的比例關係均一致。因此直方圖縱坐標的尺度採用相對次數時，其所繪製的直方圖與使用組次數為尺度的分配型態均相同，且更有利於多組資料的比較。

## 3.2.3 密度直方圖

密度直方圖 (density histogram) 是一個適用性較廣，但較複雜的一種直方圖。作法是直方形的縱坐標採用密度尺度 (density scale)，即

$$\text{密度尺度}(d_i) = \text{相對次數}(p_i) \div \text{組距}(h_i) \tag{3.4}$$

此種作法主要目的是使整個直方圖的面積等於 1，即

$$\begin{aligned}\text{總面積} &= d_1 \times h_1 + d_2 \times h_2 + \cdots + d_k \times h_k \\ &= p_1 + p_2 + \cdots + p_k = 1\end{aligned}$$

如此可與機率的觀念相結合，以方便統計模式的建立。另一項功能是在組距不相等的情況下，必須要使用密度直方圖，才能正確的表達資料的形狀。

**例 3.10**

將下面次數分配表繪製成直方圖：

| 組　　別 | 組次數 |
|---|---|
| 120~124 | 1 |
| 124~128 | 0 |
| 128~132 | 2 |
| 132~136 | 7 |
| 136~140 | 21 |
| 140~144 | 41 |
| 144~160 | 36 |

若按組次數為縱坐標所畫的圖形為：

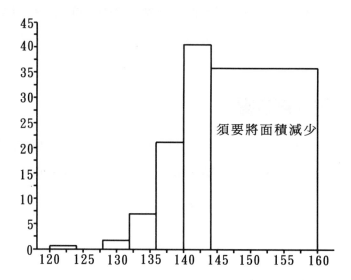

從上圖可看出 144～160 的組別直方形面積很大，整個圖面看起來以為此組資料很重要，而實際上它是在寬度為 16 的組距下，分布有 36 個資料，然而其他的組別僅在寬度為 4 的組距所作之分布。為避免受視覺的影響（資料並沒有錯誤），應採用密度直方圖。

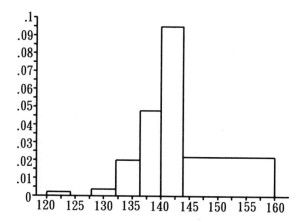

**實例 3.11**

82 年底縣市議員及鄉鎮市長當選人的年齡統計表如下：

| 年齡組別 | 縣市議員 | 鄉鎮市長 |
|---|---|---|
| 23 歲〜未滿 30 歲 | 29(3.5%) | 0 |
| 30 歲〜未滿 40 歲 | 287(34.7%) | 68(23.8%) |
| 40 歲〜未滿 50 歲 | 333(40.3%) | 143(50.0%) |
| 50 歲〜未滿 60 歲 | 148(17.9%) | 67(23.4%) |
| 60 歲〜未滿 70 歲 | 27(3.3%) | 8(2.8%) |
| 70 歲以上 | 2(0.2%) | 0 |
| 合　　計 | 826 | 286 |

由於兩組總人數不同，因此需要計算相對次數以方便比較，而且編製直方圖時，因組距不等須使用密度直方圖，同時年齡組別最右端採用開放式組界（70 歲以上），需作上界為 80 歲的假設（通常按前一組的組距作推論）。結果如下：

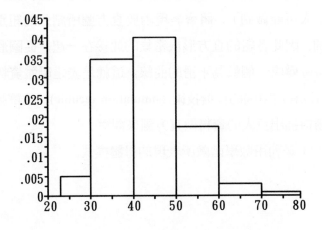

圖 3.9　82 年新當選縣市議員年齡直方圖

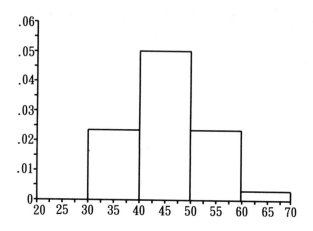

圖3.10  鄉市鎮長當選人之年齡分配直方圖

## 3.2.4  次數多邊圖與次數曲線

　　如果我們對母體龐大的資料以前面所介紹的方式編表並繪製直方圖
（實際上不太可能做到），將會發現由於直方圖所劃分的組別愈多，組
距變得愈細，因此各組的直方形很密集的連接在一起。從圖形的整個輪
廓來看，將會變成一個較為平滑的曲線，這就是表達母體資料的次數曲
線。我們可以利用電腦的模擬技術 (simulation technic)，由電腦所模擬的
理論母體隨機抽出巨大的資料做直方圖來觀察。

　　1.圖 3.11 是利用數學函數所表現的母體模式。

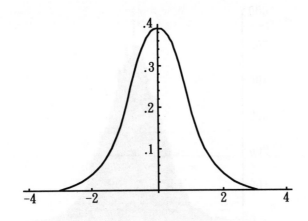

圖 3.11　理論次數曲線舉例一

我們隨機抽出 10000 個資料做直方圖如圖 3.12。

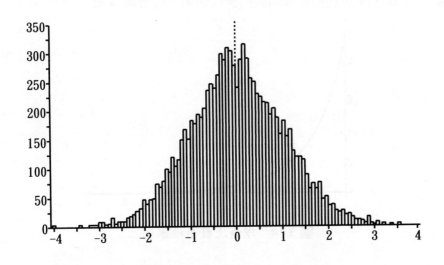

圖 3.12　電腦模擬抽樣 1 萬次之直方圖

我們再隨機抽出 30000 個資料做直方圖如圖3.13。

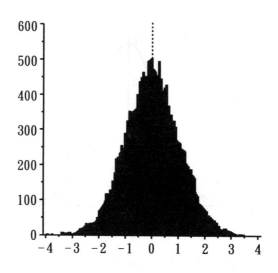

圖 3.13　電腦模擬抽樣 3 萬次之直方圖

2.圖 3.14 是利用數學函數所表現的另一種母體模式。

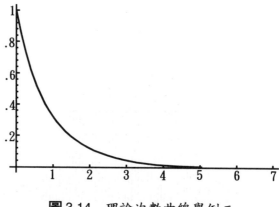

圖 3.14　理論次數曲線舉例二

我們從這個理論母體隨機抽出 10000 個資料做直方圖如圖 3.15。

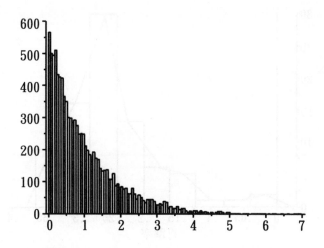

圖 3.15　電腦模擬抽樣 1 萬次之直方圖

　　大部分的樣本資料數量不多，要想從樣本次數分配表去了解母體的
分配型態，則必須將直方圖所表現不夠連貫的地方作適當的調整。這種
方法所產生的圖形叫做次數多邊圖，它是基於下面兩個假設而作：

　　(1)每組資料均集中發生在各組組中點上。

　　(2)以相鄰各組組中點之連線代表其他位置資料發生的可能狀況，並
假定真正最小值是在直方圖左側 $\frac{1}{2}$ 組距的地方；真正最大值是在直方圖
右側 $\frac{1}{2}$ 組距的地方。也就是將各點連線向兩端延伸 $\frac{1}{2}$ 組距。

　　根據上述作法，將職棒 6 年打擊率的直方圖繪製成次數多邊圖如圖
3.16。

　　在這兩種假想下，所繪製成的次數多邊圖其總面積將與直方圖總面
積相等，而各組面積大都僅少許的變動而已。整體而言可維持原來的分
配型式，然而在形狀上顯得更明確，尤其是對母體資料分配型態的認定，
有助於統計推論方法的選擇。

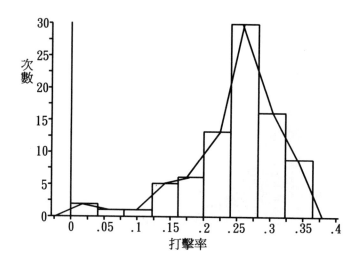

圖 3.16　職棒 6 年各隊打擊率次數多邊圖

常見的分配形狀有下列幾種類型:

⑴對稱型

分配圖形存在一個中心點,資料在此中心點向左右兩端呈對稱擴散,如圖 3.17。

對稱型有許多類型,在統計上我們最常用的,也可以說最重要的是常態分配 (normal distribution)。本節所舉第一個理論模式就是一種常態分配,其他的常態分配列舉如圖 3.18。

如同密度直方圖一樣,每一圖形與 $X$ 軸的面積均等於 1。我們也可以從這個理論母體利用電腦,模擬抽樣不同的樣本($n = 50, 100, 200$ 等 3 種),並以次數多邊圖表現其分配形狀如圖 3.19。

雖然將資料編表、繪圖有助於我們認識母體的分配形狀,但是從前面的例子可以發現,即使母體是常態分配,然而在不同的抽樣情況下,所繪製的圖形與母體分配模式都有差異,因此需要進一步利用統計方法作判斷,並非完全可用目視作決定。

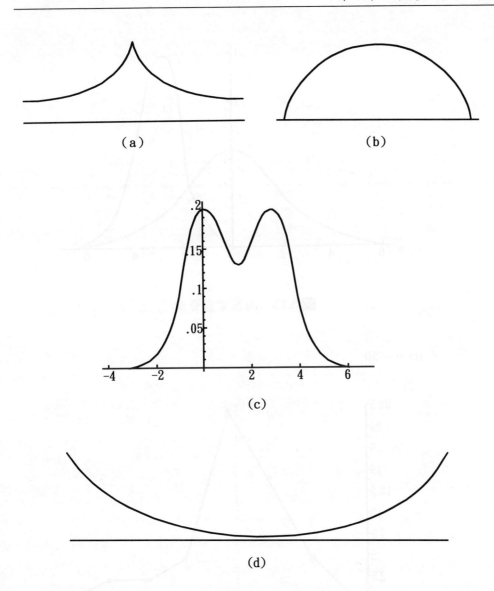

圖 3.17　各種對稱次數曲線圖

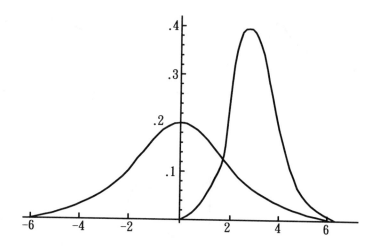

圖 3.18　兩種常態分配

(i) $n = 50$

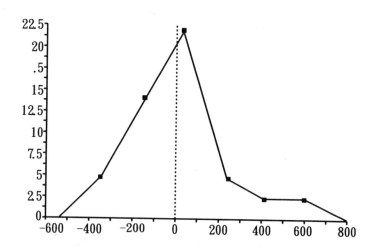

(ii) $n = 100$

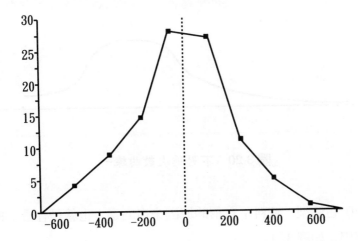

(iii) $n = 200$

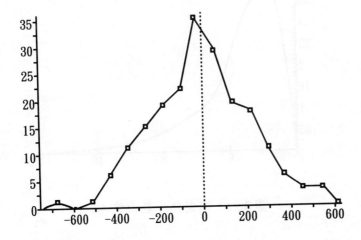

**圖** 3.19　電腦模擬不同樣本數之次數多邊圖

(2)不對稱型

(i) 左偏型: 資料不對稱的原因來自左邊 (以資料分配的中心點,

發生次數最多的位置來看），也就是在圖形的左邊拖著長尾巴，如圖 3.20。

圖 3.20 不對稱次數曲線一

(ii) 右偏型: 資料不對稱的原因來自右邊，也就是在圖形的右邊拖著長尾巴，如圖 3.21。

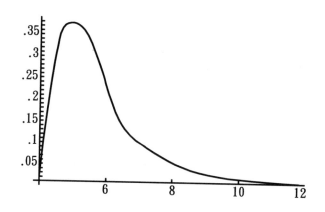

圖 3.21 不對稱次數曲線二

按整個分配形狀之集中處來看，若只有一個集中點時，稱為單峰次數分配 (unimodal distribution)，如圖 3.17(a)、(b)、圖 3.20 及圖 3.21 等；若有 2 個以上集中點時，稱為多峰次數分配 (multimodal distribution)，如圖 3.17(c)、(d)或圖 3.22。

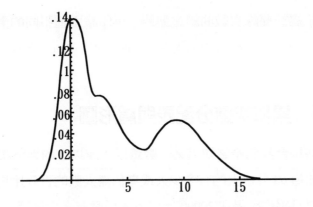

圖 3.22　多峰次數分配

**實例 3.12**

憂鬱症一直是精神病醫師長期研究的問題，某些較嚴重的情況更是造成自殺的主因，同時在許多已開發國家被列入十大死因之一。 1966 年 G. Sandifer, I. C. Wilson & L. Green 利用 15 個 3 類別順序尺度（–1、0、1）之問題，對 129 位病人作測試，求得分數之直方圖如下：

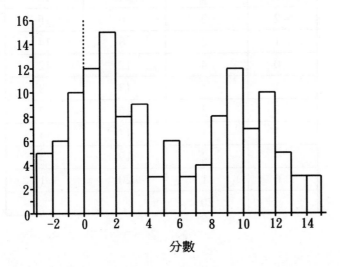

圖形顯示屬於雙峰次數曲線之型態，可印證兩種不同的憂鬱症——燥鬱症 (manic-depressive) 及神經憂鬱症 (neurotic depressive)。 ∎

## 3.2.5 累積次數分配表與肩形圖

有些場合我們希望知道某一數量以下或以上的累積次數，例如某次考試想知道 60 分以上的有多少人或者佔總人數的百分比是多少；某地區的居民每月平均所得在 20000 元以下的戶數有多少等等。

**例 3.13**

依據例 3.7 的資料編製累積次數分配表:

| 數 量 | 發生次數 | 以下累積 | 以上累積 |
|:---:|:---:|:---:|:---:|
| −5 | 1 | 1 | 20 |
| −4 | 1 | 2 | 19 |
| −3 | 2 | 4 | 18 |
| −2 | 2 | 6 | 16 |
| −1 | 2 | 8 | 14 |
| 0 | 4 | 12 | 12 |
| 1 | 1 | 13 | 8 |
| 2 | 3 | 16 | 7 |
| 3 | 1 | 17 | 4 |
| 4 | 2 | 19 | 3 |
| 6 | 1 | 20 | 1 |
| 合 計 | 20 | | |

將累積次數除以總次數即為相對累積次數，設 $F_i$ 代表第 $i$ 個資料的相對以下累積次數，則

$$F_i = \frac{小於等於 \ X_i \ 的資料個數}{n} \tag{3.5}$$

累積次數多邊圖或稱肩形圖 (ogive) 即是以 $X_i$ 為橫坐標，$F_i$ 為縱坐標所繪製的圖形。以例 3.7 說明作法，首先求算 $F_i$。

| $X_i$ | −5 | −4 | −3 | −2 | −1 | 0 | 1 | 2 | 3 | 4 | 6 |
|---|---|---|---|---|---|---|---|---|---|---|---|
| 以下累積 | 1 | 2 | 4 | 6 | 8 | 12 | 13 | 16 | 17 | 19 | 20 |
| $F_i$ | .05 | .1 | .2 | .3 | .4 | .6 | .65 | .8 | .85 | .95 | 1 |

依 $\{X_i, F_i)$ 坐標點繪圖:

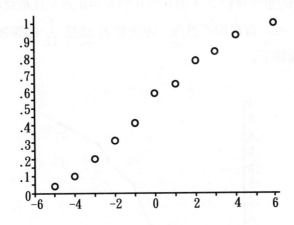

由於 $X_i$ 屬於離散變量，因此所繪製之多邊圖為階梯式圖形如下:

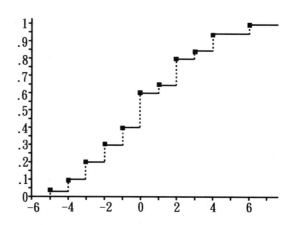

若 $X_i$ 屬於連續變量，在處理上則改為相鄰兩點之連線為其多邊圖。以實例 3.6 的甜度資料 20.4 23.0 28.0 28.6 29.0 29.6 31.6 32.0 32.4 34.0 36.0 38.4 為例，每一資料均不重複，因此其 $F_i$ 係按 $\frac{1}{12}$ 的等差級數遞增，其累積多邊圖如下。

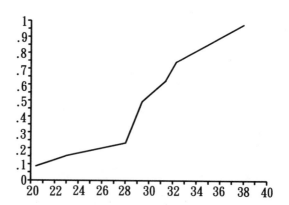

這是由樣本資料所產生的圖形，現在改以電腦模擬 1 萬個常態分配資料來繪製，其結果如圖 3.23。

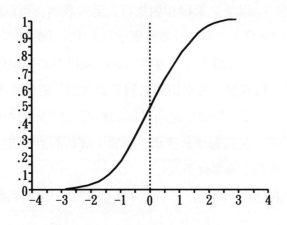

圖 3.23　理論累積曲線之一

　　很明顯的可以看出圖的形狀像肩膀，所以稱它為肩形圖。不同的理論模式所產生的肩形圖並不相同，圖 3.24 是使用第 2 個理論模式（圖 3.14）所製，資料個數仍然為 1 萬個。

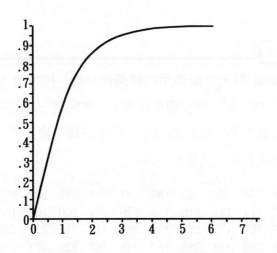

圖 3.24　理論累積曲線之二

$F_i$ 是指在 $X_i$ 以下之累積相對次數，另外我們也可以從大於 $X_i$ 之角度來觀察。這就是在工業統計或醫學統計上所常用的倖存函數 (survival function)。設 $T$ 代表母體中每一零件的壽命或患有某種絕症病人的存活時間， $t$ 為某一特定值，通常研究者對於 $T$ 大於 $t$ 的個數所佔比率較感興趣，如產品設計部門想要知道所發展的新產品有多少比率它的使用壽命超過 1000 小時？又如醫學研究單位想要了解新的治療方法可使病人超過 6 個月的存活期之機率有多大？

設 $S(t)$ 為在任何 $t$ 時間， $T$ 大於 $t$ 所佔比率，則倖存函數即等於

$$S(t) = 1 - F(t) \tag{3.6}$$

（此處 $F(t)$ 代表 $T$ 小於等於 $t$ 的比率）

我們可以使用 $n$ 個樣本資料作計算，即

$$S_n(t) = 1 - F_n(t) = 大於 \ t \ 的資料個數 \div n \tag{3.7}$$

（此處 $F_n(t) = F_i$， $S_n(t)$ 稱為經驗倖存函數）

**實例 3.14**

1960 年 T. Bjerkdal 對天竺鼠使用結核菌作實驗，按劑量多寡分成 5 組──Ⅰ、Ⅱ、Ⅲ、Ⅳ、Ⅴ（由少而多排序），並另選一組為控制組（不注射結核菌）。超過 2 年的實驗過程中，分別記錄每隻天竺鼠的壽命，其中控制組的壽命資料如下（單位：天）：

```
 18   36   50   52   86   87   89   91  102  105
114  114  115  118  119  120  149  160  165  166
167  167  173  178  189  209  212  216  273  278
279  292  341  355  367  380  382  421  421  432
446  455  463  474  506  515  546  559  576  590
603  607  608  621  634  634  637  638  641  650
663  665  688  725  735
```

將此資料繪製成經驗倖存函數圖如圖 3.25。

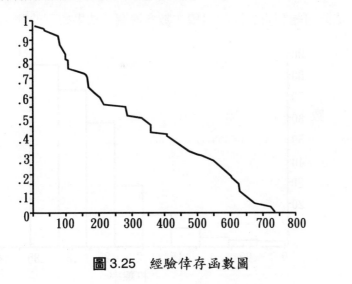

圖 3.25　經驗倖存函數圖　■

根據次數分配表求算累積次數時，只能夠正確的知道在組下界以上或以下的累積次數，但是可以比例插補法估算其他位置的累積次數。我們以職棒 6 年打擊率的例子作說明，首先計算累積次數。

| 組　　別 | 組次數 | 以下累積 | 以上累積 |
|---|---|---|---|
| 0.00～0.04 | 2 | 2 | 83 |
| 0.04～0.08 | 1 | 3 | 81 |
| 0.08～0.12 | 1 | 4 | 80 |
| 0.12～0.16 | 5 | 9 | 79 |
| 0.16～0.20 | 6 | 15 | 74 |
| 0.20～0.24 | 13 | 28 | 68 |
| 0.24～0.28 | 30 | 58 | 55 |
| 0.28～0.32 | 16 | 74 | 25 |
| 0.32～0.36 | 9 | 83 | 9 |
| 合　　計 | 83 | | |

表中的「以下累積」是指各組組上界的以下累積次數（不包含組上

界）；表中的「以上累積」是指各組組下界的以上累積次數（包含組下
界）。依此可繪製直方圖與累積次數多邊圖，結果如下：

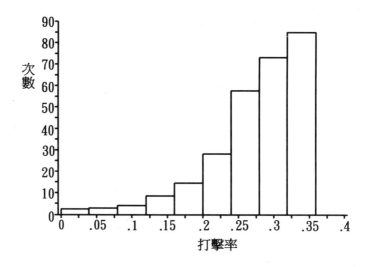

圖3.26 以下累積直方圖

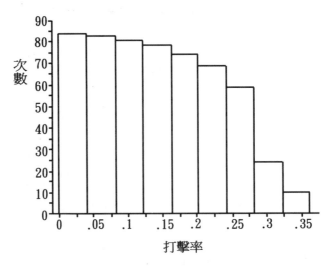

圖3.27 以上累積直方圖

假設每一組資料都均勻分布在各組組距上，則累積次數將形成直線遞增（以下累積）或遞減（以上累積）的型態。例如在以下累積的場合，由最左邊組下界開始，遞增到其組上界，以此類推至最右邊的組上界，這些線段的連線就是以下累積次數多邊圖，反之，則為以上累積次數多邊圖。圖 3.28 即為職棒 6 年打擊率的2 種累積次數多邊圖。

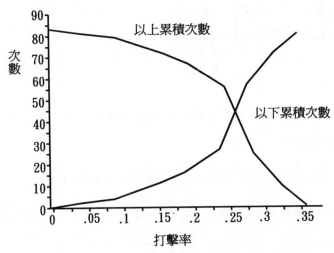

圖 3.28　以上累積與以下累積次數多邊圖

### 實例 3.15

**累積次數多邊圖的應用──**

按職棒 6 年打擊率之次數分配表推算打擊率在0.235 以下的人數有多少？

【解】

使用以下累積次數多邊圖，首先找出屬於 0.235 的組別為 0.20～0.24 則由此橫軸位置向多邊圖縱軸作平行線交於 A、B、C 3 點，如下圖所示。

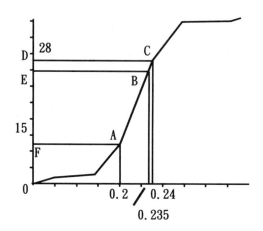

再由 $A$、$B$、$C$ 3 點分別作平行於橫軸的線段交縱軸於 $F$、$E$、$D$，依平面幾何的原理可知

$$(0.235 - 0.2) : (0.24 - 0.235) = AB : BC = EF : DE$$

$$0.035 : 0.005 = EF : DE，又 DE = DF - EF = 13 - EF，故$$

$$0.035 : 0.005 = EF : (13 - EF)，則$$

$$0.005 \times EF = 0.035 \times (13 - EF) = 0.455 - 0.035 \times EF，所以$$

$$0.04 \times EF = 0.455，因此$$

$$EF = 11.375 近似於 11，則所求之解為$$

$$原點至 E 點的距離 = 原點至 F 點的距離 + EF = 15 + 11 = 26$$

此法係按平面幾何的比例原理所作，故稱比例插補法。若按第 62 頁職棒 6 年打擊率之原始資料計算，打擊率在 0.235 以下的真正人數也是 26 人。若按 63 頁分成 8 組之次數分配表來估計，則為

$$15 + 17 \times (0.235 - 0.2) \div 0.05 = 27 \quad ■$$

# 3.3　枝葉圖

　　次數分配表的最大缺點是當資料歸類後，原來資料就無從考查，因此造成資訊的流失，尤其是需要使用資料作各種運算時，更容易發生誤差。枝葉圖 (stem-and-leaf) 就是一種圖與表合併表達資料的方法，基本上是以資料本身替代直方圖中封閉的直方形，可適用於資料個數不太多的場合。此法屬於 J. W. Tukey (1977) 所發展的探索性資料分析 (exploratory data analysis)，它不但能將資料完整的表達出來，而且還可以進一步的檢查資料之品質與資料之描述。我們以下面的例子來說明它的製作構想。

**例 3.16**

某公司記錄 30 天每天所收到信件的份數如下：

> 63　62　45　72　51　58　67　47　54　57　51　83　64
> 69　45　78　53　59　74　51　58　54　67　78　51　69
> 45　51　62　42

按次數分配表的作法其結果為

| 組　　　界 | 組次數 | 資　　料　　內　　容 |
|---|---|---|
| 40 至未滿 50 | 5 | 47 45 45 42 45 |
| 50 至未滿 60 | 12 | 57 54 58 51 51 51 59 53 58 54 51 51 |
| 60 至未滿 70 | 8 | 63 62 67 69 64 62 69 67 |
| 70 至未滿 80 | 4 | 72 74 78 78 |
| 80 至未滿 90 | 1 | 83 |

我們發現可將組次數與原始資料相結合，選擇資料數值當中，重複出

現的部份作為枝幹，以取代組界的地位。就本例而言，資料十位數可做
「枝」；而組次數則以每個資料之個位數表示，並按大小順序排列，稱
之為「葉」，此即枝葉圖名稱之由來。

如下所示：

| 枝 | 葉 |
|---|---|
| 4 | 2 5 5 5 7 |
| 5 | 1 1 1 1 3 4 4 7 8 8 9 |
| 6 | 2 2 3 4 7 7 9 9 |
| 7 | 2 4 8 8 |
| 8 | 3 |

　　每一葉的每個數字代表出現一個資料，因此將此圖形倒轉來看，即
形成直方圖的樣子。

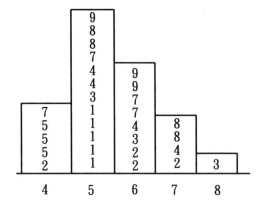

　　若資料稍多，所分枝太少時，則可將每一枝分成 2 列，以符號「＊」
代表葉為 0,1,2,3,4 之數字；以「·」代表葉為 5,6,7,8,9 之數字。則本例之
結果為

| 枝 | 葉 |
|---|---|
| 4* | 2 |
| 4· | 5 5 5 7 |
| 5* | 1 1 1 1 1 3 4 4 |
| 5· | 7 8 8 9 |
| 6* | 2 2 3 4 |
| 6· | 7 7 9 9 |
| 7* | 2 4 |
| 7· | 8 8 |
| 8* | 3 |

■

　　若資料過於集中或個數較多時，可將每一枝分成 5 列，即以「*」代表葉為 0,1；以「$t$」代表葉為 2,3；以「$f$」代表葉為 4,5；以「$s$」代表葉為 6,7；以「·」代表葉為 8,9（其中「$t$」為 two, three 的第一個字母；「$f$」為 four, five 的第一個字母；「$s$」為 six, seven 的第一個字母）。不論採用那一種方法，彼此間的更替交換均很方便快速，資料的資訊並沒有任何損失，主要是選擇能將資料分配型態表現出來的方式即可。

### 例 3.17

根據下列資料編製枝葉圖

| | | | | | | |
|---|---|---|---|---|---|---|
| 0.06116 | 0.06241 | 0.06266 | 0.06296 | 0.06301 | 0.06309 | 0.06483 |
| 0.06362 | 0.06397 | 0.06428 | 0.06430 | 0.06445 | 0.06458 | 0.06499 |
| 0.06585 | 0.06611 | 0.06320 | 0.06329 | 0.06359 | 0.06399 | |

【解】

有下列 3 種不同表現方法

　⑴將小數點第 4 位捨去，僅列出前 3 位數字

| 枝 | 葉 |
|---|---|
| .061 | 1 |
| .062 | 4 6 9 |
| .063 | 0 0 2 2 5 6 9 9 |
| .064 | 2 3 4 5 8 9 |
| .065 | 8 |
| .066 | 1 |

(2)加註單位 =0.0001 表示葉的位置，可簡化表達的內容

| 枝 | 葉 （單位 = 0.0001） |
|---|---|
| 61 | 1 |
| 62 | 4 6 9 |
| 63 | 0 0 2 2 5 6 9 9 |
| 64 | 2 3 4 5 8 9 |
| 65 | 8 |
| 66 | 1 |

(3)葉的部份全部列出，以兩個位數為一資料

| 枝 | 葉 （單位 = 0.00001） |
|---|---|
| 61 | 16 |
| 62 | 41 66 96 |
| 63 | 01 09 20 29 59 62 97 99 |
| 64 | 28 30 45 58 83 99 |
| 65 | 85 |
| 66 | 11 |

**實例 3.18**

將職棒 6 年各隊選手打擊率作成枝葉圖，其結果如下：

| 枝 | 葉 | （單位 = 0.001） |
|---|---|---|
| 0* | 00　00 | |
| t | | |
| f | | |
| s | 63 | |
| · | 83 | |
| 1* | | |
| t | 25　28　36 | |
| f | 43　49 | |
| s | 60　67　79 | |
| · | 90　94　99 | |
| 2* | 10　11 | |
| t | 20　22　22　25　25　27　28　28　30　38　39 | |
| f | 45　47　48　49　50　50　50　51　51　53　54　55　55　56　57　59　59　59　59 | |
| s | 60　60　62　65　67　68　72　73　73　73　73 | |
| · | 81　86　89　90　91　92　92　98 | |
| 3* | 01　02　03　06　07　14　16　19 | |
| t | 20　20　25　28　33　33 | |
| f | 51　52　54 | ■ |

# 3.4　多組單變量資料之比較

　　將不同資料所形成的相對次數分配表或直方圖均可很清楚的顯示兩者分配上的差異，下面舉出 3 個實例作說明，雖然只是個很簡單的方法，但卻有意想不到的功效。

**實例 3.19**

選自 "*Statistics: A Guide to the Unknown*"——美國獨立戰爭結束後，倡議憲政體制的浪潮熱烈展開。在紐約有若干人以共同筆名發表了 85 篇聯邦文獻，相隔 100 多年後，歷史學家證實了其中 70 篇是個別作品， 3 篇是共同執筆，但有 12 篇則認為可能是漢彌頓或麥迪生所作。經過各種不同

角度的比較，發現以麥迪生所作的可能性最大。我們就其中兩個情況來看，首先選出確定是這兩個人的作品（漢彌頓 48 篇，麥迪生 50 篇），計算每一篇作品每千字使用 "by" 及 "to" 的次數，編製以相對次數為縱坐標的直方圖如圖 3.29 及圖 3.30。

(1) by

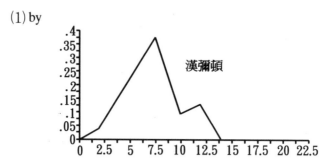

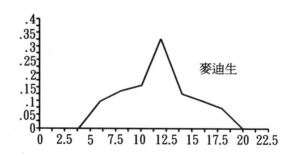

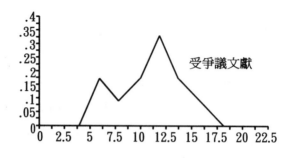

圖 3.29　使用 "by" 次數分配圖

(2) to

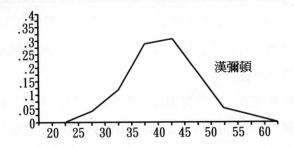

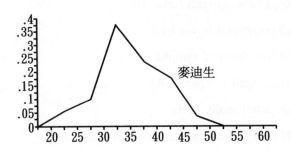

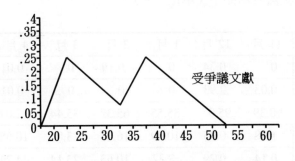

**圖 3.30　使用 "to" 次數分配圖**

我們可以看出麥迪生使用 by, to 的頻率特徵與受爭議的文獻較相像，自然由他執筆的可能性很大。　■

**實例 3.20**

加拿大 Alberta 省規定合法的美洲麋鹿狩獵季節是由 8 月末至 11 月末。
1982 年 3 月法院受理一件疑似偷獵的案件。獸皮持有人辯稱他是在合法
期間內獵殺後存放至現在。

通常在水鹿與麋鹿身上均可發現寄生的冬蝨，對於冬蝨生命週期的
一項研究顯示（從 7 年間捕獲的 66 頭麋鹿所捉到 327425 隻冬蝨資料為
基礎），將冬蝨分成為 7 類，即

未充血幼蟲 (unengorged larva, UL)

充血幼蟲 (engorged larva, EL)

未充血蛹 (unengorged rympha, UR)

充血蛹 (engorged rympha, ER)

雄性成蟲 (adult male, AM)

未充血雌性成蟲 (unengorged adult female, UAF)

充血雌性成蟲 (engorged adult female, EAF)

按月份並以相對次數表示如下（單位: %）：

| 分　類 | 11 月 | 12 月 | 1 月 | 2 月 | 3 月 | 4 月 |
|--------|-------|-------|------|------|------|------|
| UL | 0 | 0.34 | 0 | 0.19 | 0 | 0.01 |
| EL | 0.03 | 2.93 | 0 | 0 | 0 | 0.01 |
| UR | 98.39 | 95.9 | 85.55 | 65.32 | 35.44 | 12.07 |
| ER | 1.38 | 0.35 | 10.19 | 16.07 | 23.06 | 10.68 |
| AM | 0.14 | 0.29 | 3.22 | 10.63 | 23.14 | 44.24 |
| UAF | 0.05 | 0.19 | 1.04 | 6.76 | 17.67 | 26.75 |
| EAF | 0 | 0 | 0 | 1.03 | 0.69 | 6.24 |

而由嫌疑犯所持有的獸皮中找出 875 隻冬蝨，並分析各類的比率為 UL(0),
EL(0), UR(26.2), ER(28.3), AM(31.2), UAF(14.1), EAF(0) 可以發現與 3、

4 月份的情況較接近，顯示嫌疑犯是在 2 月份以後獵殺的。　■

**實例 3.21**

（續實例 3.14）對天竺鼠所作之實驗，在結核菌劑量為 I 的情況下，實驗鼠的壽命為

| | | | | | | | | | | | | |
|---|---|---|---|---|---|---|---|---|---|---|---|---|
| 76 | 93 | 97 | 107 | 108 | 113 | 114 | 119 | 136 | 137 | 138 | 139 | 152 |
| 154 | 154 | 160 | 164 | 164 | 166 | 168 | 178 | 179 | 181 | 181 | 183 | 185 |
| 194 | 198 | 212 | 213 | 216 | 220 | 225 | 225 | 244 | 253 | 256 | 259 | 265 |
| 268 | 268 | 270 | 283 | 289 | 291 | 311 | 315 | 326 | 326 | 361 | 373 | 373 |
| 376 | 397 | 398 | 406 | 452 | 466 | 592 | 598 | | | | | |

所繪製之經驗倖存函數與控制組相比較如下：

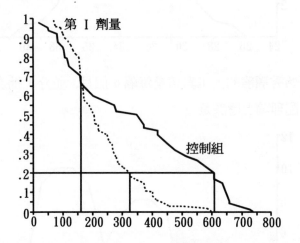

可看出約在 160 天以後，控制組的倖存比率較高；2 組壽命最強的前 20%，壽命相差大約 280 天，也可以說第 I 劑量之結核菌在此情況下所產生的效應。　■

實例 3.22

在《侏羅紀公園》（*Jurassic Park*）科幻小說中，有一個利用次數多邊圖作判斷的例子。為控制公園內人工繁殖的恐龍，除以基因使它們理論上無繁殖能力外，並有監控儀器掌握全園每隻動物的生長狀態。評估小組發現全部始秀顎龍的身高次數多邊圖為

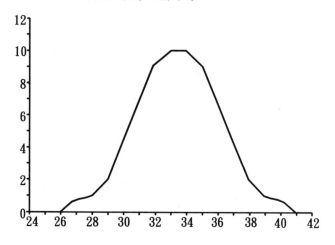

然而始秀顎龍的人工繁殖是每隔 6 個月，並分 3 批進行，因此他們的身高分配理論上應該是

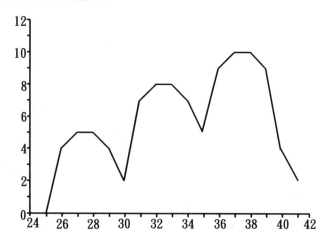

　　由此發現批與批之間有自然繁殖的恐龍存在，並非如原先所規劃可完全控制的結果。　■

　　上面所舉實例是選擇較明顯的狀況，來說明將資料作適當的處理後，即可發現有意義的結果。但我們要了解統計方法並非以觀察作最後結論，其中還要依賴許多推論的理論為基礎，對不是很明顯的部份作判斷。

# 3.5　統計圖形的誤導

　　在繪製直方圖時須注意縱坐標的尺度必須由零開始，以免誇大各類別或各組之間分配差異。舉例而言，下面的圖形是在正常尺度上所製作

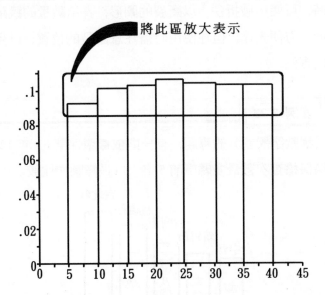

各組資料間所表示之差異並不明顯，但若將縱坐標尺度改為不從零開始，則圖形的顯示無形中將差異誇大，如下圖：

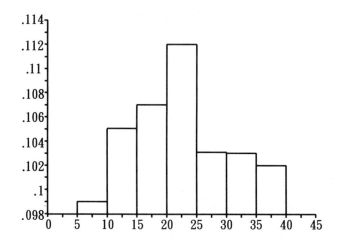

以長條圖作各類數量間之比較, 若數量相差懸殊, 無法顯示在同一圖面時, 可使用破折法, 以斷裂的圖形, 表示數量的跳躍情況, 用以縮短圖面, 方便表達。但在使用時需注意斷裂的位置, 以免產生誤導, 如下面的實例:

**實例 3.23**

某報〈讓數字說話〉的專題, 有一則依據環保署 81 年 12 月資料, 對各縣市環保稽查次數最多縣市前 5 名, 以長條圖作比較。

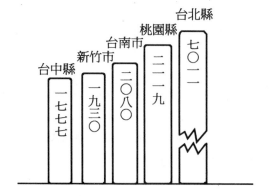

臺北縣資料有表達偏低的嫌疑，破折的位置應移至較明顯的數量跳躍的
地方，如下圖：

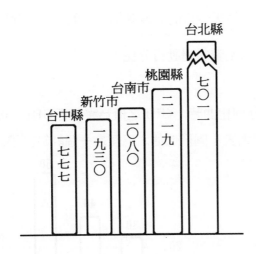

　　然而從「讓數字說話」的觀點來看，各縣市面積、人口、工廠大小
多寡不一，純粹以稽查次數作比較並不公平，能「讓數字說話」的作用有
限。　■

**實例 3.24**

依據 1974 年 A. Paivio 在 *"Spacing of Repetitions in the Incidental and Inten-
tional Free Recall of Pictures and Words"* 所作之研究顯示，人類對視覺樣
式的記憶遠超過文字與表格。因此利用圖形表達數據資料變成最普遍的
工具。然而往往由於使用者的私心，以有利於自己的立場，用不正確的
圖形表達。1986 年 B. G. Taylor & L. K. Anderson 在 *"Misleading Graphs:
Guidelines for the Accountant"* 首度引進 Tulte's 作假因素 (lie factor) 對不
正確圖形計算圖形偏離指數 (GDI, graph discrepancy index)：

$$GDI = \left(\frac{a}{b} - 1\right) 100\%$$ (3.8)

*a*=圖形描述變動（公分）百分比

＝（最後一行的高度減第一行的高度）除以第一行的高度

*b*=原始資料變動百分比

當圖形沒有任何扭曲時，GDI 之值為零；若 GDI > 0, 則表示圖形誇大；若 GDI < 0, 則表示圖形低估。下面是一個計算例子，圖形如下：

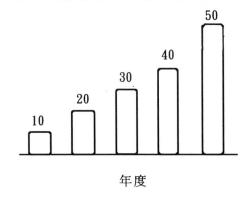

年度

圖形偏離指數為

$$a = \frac{3.45 - 0.6}{0.6} = 4.75$$

$$b = \frac{50 - 10}{10} = 4$$

$$\text{GDI} = \left( \frac{4.75}{4} - 1 \right) \times 100\% = 18.75\%$$

1992 年 V. Beattie & M. J. Jones 發表一項調查研究，依據英國 1989 年 3 月底列名在股票交易所 500 家公司，抽樣出 240 家的年度報告書作分析，其中有關圖形偏離指數的分析結果為（共有 465 個圖形）

| 組　別 | 次數 | 百分比 |
|---|---|---|
| GDI ≦ −50 | 1 | 0 |
| −50 < GDI ≦ −25 | 4 | 1 |
| −25 < GDI ≦ −10 | 15 | 3 |
| −10 < GDI ≦ −5 | 19 | 4 |
| −5 < GDI ≦ 5 | 323 | 70 |
| 5 < GDI ≦ 10 | 30 | 6 |
| 10 < GDI ≦ 25 | 30 | 6 |
| 25 < GDI ≦ 50 | 15 | 3 |
| 50 < GDI ≦ 100 | 12 | 3 |
| 100 ≦ GDI | 16 | 4 |
| 合　計 | 465 | 100 |

平均 GDI 分數為 +10.7%($N = 465$)，若選重要的偏離情況作計算（即圖形偏離指數的絕對值超過 5%的部份），其平均 GDI 分數為 +34.3%($N = 142$，以絕對值計算）。 ∎

# 重要名詞

| | |
|---|---|
| 類別次數 | 密度直方圖 |
| 長條圖 | 次數多邊圖 |
| 順序統計量 | 單峰次數分配 |
| 次數分配表 | 累積次數分配表 |
| 組別 | 肩形圖 |
| 組下界 | 經驗倖存函數 |
| 組次數 | 比例差補法 |
| 組中點 | 圖形偏離指數 |

相對次數　　　　　　　　　　密度尺度

圓形圖　　　　　　　　　　　次數曲線圖

點圖　　　　　　　　　　　　多峰次數分配

組數　　　　　　　　　　　　相對累積次數

組上界　　　　　　　　　　　倖存函數

組距　　　　　　　　　　　　累積次數多邊圖

全距　　　　　　　　　　　　枝葉圖

直方圖

# 習題

3.1　依據習題 2.10 資料，按身分證統一編號字母為類別，將全部學生作成單向分類表。

3.2　環境保護協會從事一項垃圾分類研究，從某地某天 8000 公斤垃圾中發現，各類的垃圾如下所示：

| | |
|---|---|
| 建築廢棄物 | 2700 公斤 |
| 玻璃類 | 600 公斤 |
| 金屬類 | 1050 公斤 |
| 紙與紙製品 | 800 公斤 |
| 塑膠類 | 1500 公斤 |
| 木製類 | 400 公斤 |
| 橡膠與羽毛 | 140 公斤 |
| 紡織品 | 150 公斤 |
| 食品 | 560 公斤 |
| 其他 | 100 公斤 |

使用適當圖形表現垃圾各類別間之差異。

3.3　下表為 72 年與 82 年 2 個年度國內各業生產毛額（單位：新臺幣億元）：

| 年　度 | 農林漁牧業 | 工　業 | 服務業 |
|---|---|---|---|
| 72 | 1533 | 9447 | 10020 |
| 82 | 1978 | 23209 | 31939 |

資料來源：行政院主計處。

選擇適當的圖形表現 2 個年度國內各業生產毛額結構上的改變。

3.4 下面為某位運動選手 27 次 400 公尺的賽跑成績（秒）：

$$93\ 94\ 92\ 91\ 91\ 89\ 87\ 88\ 87\ 86\ 87\ 86\ 85\ 83$$

$$83\ 84\ 84\ 82\ 82\ 81\ 79\ 82\ 81\ 78\ 77\ 76\ 75$$

使用點圖說明該選手成績的分配狀況。

3.5 下面為歷屆奧運男子百公尺金牌的成績（單位：秒）：

$$12,\ 10.8,\ 10.8,\ 11,\ 10.8,\ 10.8,\ 10.6,\ 10.8,\ 10.3,\ 10.3,\ 10.3,$$

$$10.4,\ 10.5,\ 10.2,\ 10.0,\ 9.9,\ 10.14,\ 10.06,\ 10.25,\ 9.99,\ 9.92$$

(a)排成順序統計量

(b)繪製成點圖

3.6 一項對檢測儀器準確性的實驗，今進行 15 次測試，發現誤差情況如下（單位：公分，"+" 代表高估，"−" 代表低估）：

$$+0.03\ +0.08\ +0.06\ -0.06\ -0.07\ -0.02\ +0.10\ +0.05$$

$$+0.02\ -0.03\ -0.11\ -0.05\ +0.01\ +0.01\ +0.03$$

繪製點圖，並說明其分配形狀。

3.7 對某工廠 30 箱（每箱 100 件裝）產品作實驗，發現各箱產品的不良數如下：

$$0\ 0\ 2\ 2\ 2\ 1\ 1\ 1\ 0\ 0\ 1\ 1\ 1\ 2\ 1\ 3\ 0\ 5\ 2\ 2\ 1\ 1\ 1\ 0\ 0\ 0\ 1\ 1\ 4\ 1$$

試編製成次數分配表。

3.8 一所大學附近的自助餐店將每位顧客的消費額，按下面的分組方式，作成次數分配表（每次支付以元為最小計價單位）：

$$\$0\sim\$19,\ \$20\sim\$49,\ \$50\ 以上$$

試回答下面各問題是否可利用上面所編製的次數分配，求出確實的

人數：

(a)小於 50 元的人數

(b)小於或等於 50 元的人數

(c)大於 20 元的人數

(d)大於或等於 20 元的人數

3.9 調查 120 輛次公車的乘客人數（假設每輛車最多可乘坐 45 位旅客，超過的人數則須站立），其結果如下：

56 44 42 50 59 43 38 52 46 53 45 63 53 46 52 47 46 52 46 49 55 50

51 49 49 33 57 42 48 37 47 45 53 38 48 54 55 68 50 56 53 48 53 43

44 57 47 51 39 53 55 45 51 44 50 45 51 49 64 52 61 43 53 54 36 49

40 54 45 41 50 31 48 55 45 51 40 45 56 35 51 47 55 52 54 36 49 39

54 50 43 47 48 56 43 46 46 53 51 58 47 41 48 54 32 37 49 52 42 48

54 33 50 52 51 41 50 49 57 42

試編製組數為 8 組之次數分配表。

3.10 下圖為某公司 205 位應徵者所進行某項測驗成績的直方圖（滿分為 40 分，每題 1 分）：

試說明下列各問題：

(a)此圖分成多少組

(b)組距為多大

(c)每組的組中點為何

(d)組次數最多的是那一組

(e)每組的組次數是多少

(f)有多少的百分比分數超過 10 分

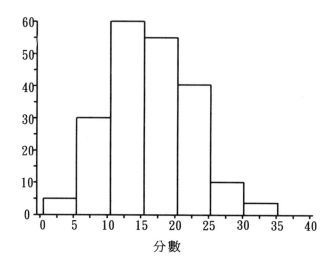

分數

3.11 根據下面次數分配表, 繪製成直方圖及次數多邊圖:

| 組　界 | 組次數 |
|---|---|
| 30~40 | 3 |
| 40~50 | 1 |
| 50~60 | 8 |
| 60~70 | 10 |
| 70~80 | 7 |
| 80~90 | 7 |
| 90~100 | 4 |

3.12 依據習題 3.9 所編製之次數分配表, 試作:

(a)繪製成直方圖及次數多邊圖。

(b)繪製以下累積次數多邊圖。

(c)利用上面結果估計有站立乘客的輛次, 並與實際資料比較。

3.13 下面資料為臺灣地區主要及次要河川的幹流長度 (單位: 公里):

| 73.06 | 23.70 | 63.40 | 58.30 | 95.76 | 82.00 | 75.87 | 80.86 | 30.20 | 87.34 |
| 65.18 | 34.00 | 44.00 | 42.19 | 84.35 | 81.15 | 57.28 | 39.85 | 8.45 | 21.89 |
| 19.30 | 26.81 | 14.46 | 30.73 | 36.70 | 24.17 | 22.50 | 15.30 | 12.00 | 54.14 |
| 32.11 | 50.00 | 29.66 | 22.33 | 25.67 | 20.38 | 31.91 | 14.94 | 32.00 | 39.25 |
| 37.68 | 20.50 | 11.40 | 19.58 | 58.37 | 48.20 | 124.20 | 119.13 | 186.40 | 138.47 |

按此資料編製次數分配表。

3.14 根據觀光局 82 年度調查興建中 22 家國際觀光旅館的房間數,如下:

422 265 169 309 154 148 245 299 238 409 200

348 240 449 441 712 109 345 343 216 287 232

試繪製成點圖及枝葉圖。

3.15 下圖為英文打字檢定成績所繪製的肩形圖:

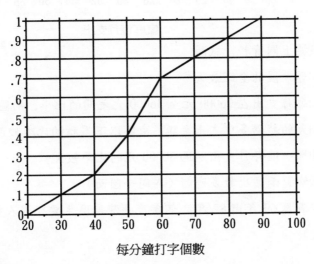

每分鐘打字個數

試求(約數即可):

(a)每分鐘多少字以下的檢定成績約佔全部 50%?

(b)成績排名在前 5%的人,其成績每分鐘至少要打多少字?

(c)成績每分鐘在 32 字以上的人佔百分之多少?

3.16 某百貨公司市場調查部門將該地東、西兩區分別隨機各抽出 250 戶家庭, 調查其每月平均支出, 並繪製成以下累積次數多邊圖如下 (單位: 千元):

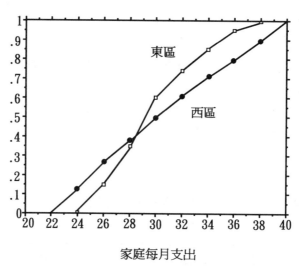

家庭每月支出

根據上圖資料, 試問:

(a)那一區的全距最大?

(b)每月支出在 26000 元至 36000 元之間的比率, 兩區各多少?

(c)大約超過多少支出金額, 東區以下累積的比率較西區多?

(d)那一區每月支出超過 30000 元的比率較大?

(e)繪製兩區次數多邊圖 (在同一圖面)。

3.17 下表為 69 年與 82 年 2 個年度臺灣地區主要死因人數統計 (單位: 人):

| 主 要 死 因 | 69 年 | 82 年 |
|---|---|---|
| 惡性腫瘤 | 13247 | 22319 |
| 腦血管疾病 | 13293 | 13680 |

| 意外事故及不良影響 | 11290 | 13270 |
|---|---|---|
| 心臟疾病 | 7652 | 12506 |
| 糖尿病 | 1396 | 5367 |
| 慢性肝病及肝硬化 | 2985 | 3755 |
| 腎炎、腎徵候群及腎變性病 | 1339 | 2859 |
| 肺炎 | 3396 | 2815 |
| 高血壓性疾病 | 3250 | 2285 |
| 支氣管炎、肺氣腫及氣喘 | 2595 | 1854 |
| 結核病 | 2478 | 1686 |

選用適當圖形，以顯現 2 個年度間之差異。

3.18 下表為 69 年與 82 年 2 個年度臺灣地區 5 歲年齡組人口統計（單位：千人），試分別繪製直方圖，並說明兩者人口結構上之變遷。

| 年齡組別 | 69 年 | 82 年 |
|---|---|---|
| 0～未滿 5 歲 | 1990 | 1611 |
| 5～未滿 10 歲 | 1810 | 1665 |
| 10～未滿 15 歲 | 1914 | 1990 |
| 15～未滿 20 歲 | 2001 | 1990 |
| 20～未滿 25 歲 | 1917 | 1828 |
| 25～未滿 30 歲 | 1731 | 1908 |
| 30～未滿 35 歲 | 1172 | 1942 |
| 35～未滿 40 歲 | 905 | 1786 |
| 40～未滿 45 歲 | 884 | 1510 |
| 45～未滿 50 歲 | 815 | 926 |
| 50～未滿 55 歲 | 809 | 889 |
| 55～未滿 60 歲 | 644 | 776 |
| 60～未滿 65 歲 | 452 | 729 |
| 65～未滿 70 歲 | 350 | 623 |

| 70～未滿 75 歲 | 217 | 420 |
|---|---|---|
| 75～未滿 80 歲 | 118 | 246 |
| 80～未滿 85 歲 | | 135 |
| 85～未滿 90 歲 | 77 | 46.7 |
| 90～未滿 95 歲 | | 12.1 |
| 95 歲以上 | | 2.4 |

3.19 某班數學考試成績形成下列次數多邊圖，試解釋何以會出現2個高峰的現象？

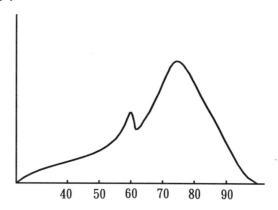

3.20 下圖為 A、B 2 組家庭主婦血壓之次數多邊圖， A 組為生育過 2 個小孩之家庭主婦； B 組為生育過 4 個小孩之家庭主婦：

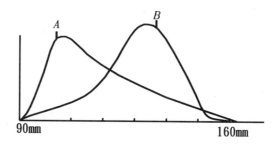

那一組的血壓較高？是否可以說由於出生小孩個數不同而造成較高

血壓?

3.21 中華百貨公司採購部門選擇某家罐頭食品公司為合作對象，今欲了
解該公司所生產 300 公克裝的草菇罐頭，標示重量是否實在，隨機
抽出若干個罐頭，測量盛裝物的重量（即不含空罐之重量），並編
製成枝葉圖如下：

| 枝 | 葉 |
|---|---|
| 29*t* | 2 3 |
| *f* | 4 4 4 4 5 5 |
| *s* | 6 6 7 7 7 7 7 |
| · | 8 8 8 8 9 9 |
| 30* | 0 0 0 1 1 |
| *t* | 2 2 3 |
| *f* | 4 |

回答下列各小題：

(a)採購部門抽出多少個罐頭？

(b)與標示重量完全相符的罐頭有幾個？

(c)未達到標示重量的罐頭有幾個？

(d)超過標示重量最多的罐頭有多重？

(e)假設每罐重量允許的誤差為 ±4 公克，則所抽樣本中，有多少比
率的罐頭在允許的重量範圍內？

3.22 已知一幅長條圖第一行高度為 1.5 公分，最後一行高度為 9 公分；
第一行原始資料為 800，最後一行原始資料為 3000，試求其 GDI。

# 第四章 單變量計量資料特徵之衡量

在第三章所談的敘述統計方法是利用表格、圖形來顯示資料的特徵。我們從前一章所舉的例子中可發現大部份資料有集中於某一位置的現象，然而僅從圖表無法很明確的指出在那一點上，尤其是在不很對稱的情況，如職棒 6 年各隊打擊率、實例3.11 縣市議員年齡等情況。本章則是介紹以計算的方式產生對資料這種特徵值的衡量，也就是利用若干數值來簡化或摘述我們所處理的全體資料，其中包括集中趨勢及離勢的衡量。

## 4.1　集中趨勢的衡量

以計算方法來表現資料的特徵，基本上需考慮所感興趣的特性以及如何將此特性量化? 因此針對不同的問題與不同的情況，分析資料特性的方法均有所不同。以本章所處理的計量資料而言，雖然每一個資料的來源不同，但它必須是在同一環境條件下所產生的資料。例如產生資料的時間必須相同，或者所相差的時間不至於造成任何時間效應的偏差。譬如調查一群學童體重，我們可以在 1、2 個星期內陸續完成，但時間不可以相差超過 2、3 個月以上。基於對資料的這種要求，我們可以按資料的發生情況，也就是它的次數分配型態來衡量其特徵。以此觀點來看，發生資料愈集中的地方，就是代表這地方的資料在整個分配上佔有重要的地位，也可以說是最典型的資料，或者說最具代表性的資料。因此單

變量計量資料特性之描述，第 1 件工作就是如何找出整個資料集中的**趨勢**或者說表現出這種集中狀況的位置數量。例如下面有 3 種不同分布情況的資料

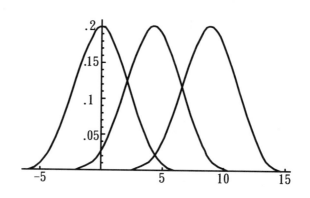

圖 4.1　不同集中方位的次數分配

　　如何用簡單的方法去區分它們？很明顯的，它們的分配形狀都一樣，只是整個分配位置不同，因此我們可以選用一個最具代表性的位置來表達它們的不同，也就是說用它來「敘述」它們。由不同角度對集中**趨勢**的位置作衡量，會產生許多不同的計算方法，以下我們將介紹一些常用的算法，包括算術平均數、中位數、眾數。無論用什麼方法作計算，我們要注意兩個問題：

　　(1)所使用的方法是否適合所處理的分配情況，如要考慮資料分配是否對稱？資料分布存在長尾巴或短尾巴的現象？資料中是否含有離群值？……等等。

　　(2)計算結果作何使用，也就是我們所面臨的問題是要處理何種對象？在不同的背景環境中（如經濟、生物、醫學、教育、工業……）會有不同的考慮方向。例如在人壽保險中，所使用的平均壽命，是考慮各種不

同情況下的平均壽命，如不同年齡、性別、健康狀況等等。

我們對衡量母體資料之特徵值稱為母數(parameter)；而衡量樣本資料之特徵值稱為統計量 (statistic)。這樣的區分在推論統計上有重要的意義，為了方便表達，以大寫 $N$ 代表母體資料個數，因此 $\{X_1, X_2, X_3, \cdots, X_N\}$ 就代表母體資料；而以小寫 $n$ 代表抽樣的樣本資料個數，因此 $\{X_1, X_2, X_3, \cdots, X_n\}$ 就代表樣本資料。

# 4.2　算術平均數

## 4.2.1　算術平均數的計算方法

算術平均數 (mean) 是一個經常在各種場合被使用的方法。它的意義很清楚，計算方法很簡單。求算公式我們按母體資料與樣本資料之不同而分別表示，在統計學中習慣上以希臘字母 $\mu$（發音 mu）代表母體算術平均數，以 $\overline{X}$（發音 x–bar）代表樣本算術平均數，即

$$\mu = \frac{\sum_{i=1}^{N} X_i}{N} \quad \text{或簡寫為} \quad \frac{\Sigma X}{N} \tag{4.1}$$

$$\overline{X} = \frac{\sum_{i=1}^{n} X_i}{n} \quad \text{或簡寫為} \quad \frac{\Sigma X}{n} \tag{4.2}$$

**例 4.1**

依據實例 3.6 資料計算 12 種感冒藥水的平均糖度。

【解】

平均糖度 =(20.4+28+31.6+36+28.6+23+38.4+34+32.4+29.6+

29+32) ÷ 12

$$=30.25$$

表示所抽查 12 種感冒藥水的平均糖度為 30.25 度。 ■

## 例 4.2

依據實例 2.23 職棒 6 年各隊打擊率資料計算平均打擊率。

【解】

$$平均打擊率=(0.328 + 0.267 + \cdots + 0.210 + 0.290) \div 83$$
$$=20.397 \div 83 = 0.246 \quad ■$$

## 例 4.3

續前題，按不同球隊計算其平均打擊率。

【解】

$$味全平均打擊率=(0.328 + \cdots + 0.320) \div 11$$
$$=0.262$$
$$統一平均打擊率=(0.239 + \cdots + 0.257) \div 16$$
$$=0.249$$
$$三商平均打擊率=(0.255 + \cdots + 0.228) \div 17$$
$$=0.229$$
$$兄弟平均打擊率=(0.250 + \cdots + 0.281) \div 13$$
$$=0.274$$
$$俊國平均打擊率=(0.149 + \cdots + 0.217) \div 12$$
$$=0.214$$
$$時報平均打擊率=(0.136 + \cdots + 0.290) \div 14$$
$$=0.25$$

（附註說明：原始資料中，為使職棒5、6年均有打擊資料，因此刪
除某些僅有單一年度打擊資料，所以各隊人數不一，或
多或少對各隊打擊率的衡量有所影響。而且每人上場次
數不一，不能據此說明各隊打擊率的好壞。） ■

在計算 $\Sigma X$ 的過程中，如有許多資料重複出現，我們可以利用它們
出現次數以乘法來計算，此時

$$\overline{X} = \frac{\sum\limits_{i=1}^{k} X_i f_i}{n} \tag{4.3}$$

$X_i$, $i = 1, 2, \cdots, k$ 代表有 $k$ 種不同的資料； $f_i$ 則表示它們重複出現的次
數，在本質上它只是計算形式的不同而已。

### 例 4.4

依據例 3.7 的表列資料計算其平均數。

【解】

首先製作計算表如下：

| 數量 $(X_i)$ | 發生次數 $(f_i)$ | $X_i f_i$ |
|:---:|:---:|:---:|
| −5 | 1 | −5 |
| −4 | 1 | −4 |
| −3 | 2 | −6 |
| −2 | 2 | −4 |
| −1 | 2 | −2 |
| 0 | 4 | 0 |
| 1 | 1 | 1 |
| 2 | 3 | 6 |
| 3 | 1 | 3 |
| 4 | 2 | 8 |
| 6 | 1 | 6 |
| 合計 | 20 | 3 |

平均數為 $3 \div 20 = 0.15$。　■

---
### 例 4.5

假設一母體資料含有 $k$ 個1，$N - k$ 個0，則其算術平均數為何？

【解】

$$\mu = \frac{k \times 1 + (N - k) \times 0}{N} = \frac{k}{N}　■$$

## 4.2.2　算術平均數的計算原理

何以我們可以使用算術平均數當作對集中趨勢位置的衡量？這個原因就要從母體分配觀點來看，假設母體中每一個資料都是同樣的重要，也可以說每一個資料都是一樣的多，因此它的次數曲線可以圖 4.2 來表示。

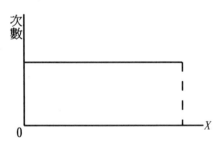

圖 4.2　每一資料均同等重要之次數曲線圖

在這種情況下，這些資料就根本沒有集中趨勢。所以當我們要求計算資料的集中趨勢位置時，就是已經假定它存在有這種趨勢。這在對稱型態的單峰次數曲線中最明顯而且地位也最重要。然而在其他非單峰的分配型態，這樣的衡量就失去了意義，如下面多峰分配形狀：

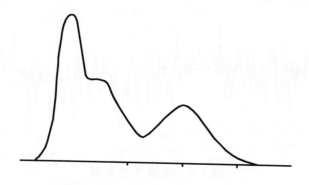

圖 4.3　多峰不對稱分配圖形

圖的本身根本無法找到一個適當的集中趨勢值為代表值。

　　假設母體資料有一個具有代表性的 A 值存在，由於我們實際所觀察到的資料 X，受到許多因素影響，造成一些隨機性的變化，但大都是圍繞在 A 附近。比如說 A 代表成年男子的一般身高，而某一個人受遺傳、環境等因素的影響，使他的身高較一般身高要高出或矮一點。對於這種隨機性變化我們用 $\varepsilon$（希臘字母，發音為 epsilon）代表。所以 X 與 A 之間就形成

$$X_i = A + \varepsilon_i \tag{4.4}$$

的關係（i 表示第 i 個人），這種模式就像第一章 1.2.3 節所提的 (1.1) 式相同。由於 A 是最具代表的一般性數量，因此每一個 X 減除 A 以後的殘差（也就是前面所指不規則變化 $\varepsilon$），就形成了隨機性變動（因其不規則性無法預測），可表示為

$$\varepsilon_i = X_i - A, \qquad i = 1, 2, 3, \cdots, N \tag{4.5}$$

由於殘差已扣除 A 對它的影響，所以這些數量將圍繞在零附近，如圖 4.4 所示。

圖 4.4 隨機性變動圖

因此整體來說 $\varepsilon$ 的平均值應該等於零, 所以

$$0=\frac{\sum\limits_{i=1}^{N}\varepsilon_i}{N}=\frac{\sum\limits_{i=1}^{N}(X_i-A)}{N}=\frac{\sum\limits_{i=1}^{N}X_i-\sum\limits_{i=1}^{N}A}{N}$$

$$=\frac{\sum\limits_{i=1}^{N}X_i-NA}{N}=\frac{\sum\limits_{i=1}^{N}X_i}{N}-A=\mu-A$$

也就是 $A=\mu$, $\mu$ 即為此母體模式之代表值。

何以在 $X$ 扣除 $A$ 的影響後, 會有此種結果, 我們可以對 $\mu$ 的計算方式作觀察:

$$\frac{\sum\limits_{i=1}^{N}X_i}{N}=\mu$$

$$\sum\limits_{i=1}^{N}X_i=N\mu$$

$$X_1+X_2+X_3+\cdots+X_N=\mu+\mu+\mu+\cdots+\mu$$

算術平均數的計算是將每一個 $X$ 變量都增減成每一變量均相等的 $\mu$ 值。我們可用圖 4.5 表示 (為方便起見, 假設有 5 個變量 $X_1, X_2, X_3, X_4, X_5$):

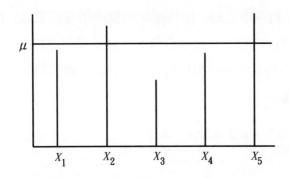

圖 4.5　原始資料與 $\mu$ 之關係圖

$\mu$ 的計算方法是將大於 $\mu$ 的資料全部加在小於 $\mu$ 的資料中，即

$$\Sigma(X - \mu) = \Sigma(\mu - X)$$

    $X$ 大於 $\mu$ 的部份　　$X$ 小於 $\mu$ 的部份

　　因此對一個對稱的分配圖形而言，對稱的中心點即可滿足此一條件，所以分配的對稱中心點即等於此分配之算術平均數 $\mu$。我們首先用圖 4.6 來解釋在非對稱分配的情況：

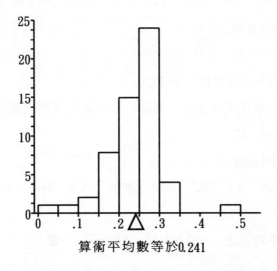

算術平均數等於0.241

圖 4.6　不對稱情況下原始資料與 $\mu$ 之關係圖

圖 4.6 並無對稱中心點，而算術平均數的所在位置△，恰好使左邊資料與△之差異的總和等於右邊資料與△之差異的總和。因此算術平均數可以說是使左右兩邊資料數值均衡的位置。此時資料有重複出現情況下，因此等式變為

$$\underset{X \text{ 大於 } \mu \text{ 的部份}}{\Sigma(X - \mu)f} = \underset{X \text{ 小於 } \mu \text{ 的部份}}{\Sigma(\mu - X)f}$$

## 4.2.3 線性變換下的算術平均數

資料在某些場合需要經過一定規律轉換成另一種形式的資料。例如，衡量尺度的改變，由公尺改為呎、磅改為公斤等等。我們看下面有關溫度最典型線性變換的例子：

**例 4.6**

某地 10 天的每日氣溫如下（攝氏）：

28　30.5　30　31.5　29.5　32　30.5　29　30　31

計算此 10 天平均溫度。

【解】

算術平均溫度 $\overline{X} = 302 \div 10 = 30.2℃$

今欲將結果改以華氏溫度表示，則按華氏與攝氏溫度之變換公式

F= 1.8C+32

此 10 天溫度資料改成

82.4　86.9　86　88.7　85.1　89.6　86.9　84.2　86　87.8

因此

算術平均溫度 $= 863.6 \div 10 = 86.36℉$ ■

新變量 $(Y)$ 與舊變量 $(X)$ 之間的變換關係屬於這種一次形式 $Y =$

$aX + b$ 我們稱為線性變換, 而其算術平均數的計算可經由代數處理, 建立一般公式, 即

$$\overline{Y} = \frac{\Sigma Y}{n} = \frac{\Sigma(aX + b)}{n} = \frac{\Sigma aX + \Sigma b}{n} = \frac{a\Sigma X + nb}{n} = a\overline{X} + b \qquad (4.6)$$

如上題 $\overline{Y} = 1.8 \times 30.2° + 32° = 86.36°\mathrm{F}$。此項關係亦可使用於母體資料, 即

$$\mu_Y = a\mu_X + b \qquad\qquad\qquad (4.7)$$

對於這種變換可將它分解成兩種型態:

(1)平行變換 $(Y = X + b)$

新資料各變量間形成向左 $(b < 0)$ 或向右 $(b > 0)$ 的水平移動。如圖 4.7 所示。

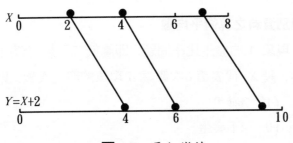

圖 4.7　平行變換

(2)伸縮變換 $(Y = aX)$

新資料各變量間形成擴散 $(a > 1)$ 或縮小 $(a < 1)$ 的伸縮變動。如圖 4.8 所示。

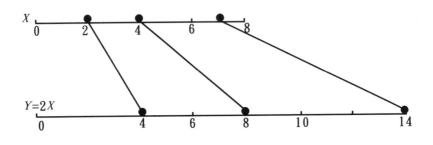

**圖 4.8 伸縮變換**

## 4.2.4 特殊型態的算術平均數

非計量資料亦可使用算術平均數作特定用途，以下舉出若干實例說明。

### 1.二元類別資料之算術平均數

某一特定現象 $A$ 的發生比率問題，即屬於二元類別資料之計算。考慮 $n$ 次觀察中，設 $X_i$ 代表第 $i$ 次觀察 $A$ 現象的發生次數，則

$$X_i = \begin{cases} 1 & A發生 \\ 0 & A不發生 \end{cases}$$

因此 $A$ 現象的發生比率即為 $X$ 的算術平均數，也就是

$$\overline{X} = \frac{\Sigma X}{n} = \frac{n_A}{n}$$

（$n_A$ 代表 $A$ 現象在 $n$ 次觀察中出現的次數）

如同例 4.5 的計算方式。在母體資料的情況下，此項算術平均數可當作 $A$ 現象的發生機率，即

$$\mu = \frac{\Sigma X}{N} = \frac{N_A}{N}$$

（$N_A$ 代表 $A$ 現象在母體資料中出現的次數）

通常以 $P(A)$ 表示之。

### 2.有秩序類別資料之算術平均數

　　對於非計量之有秩序類別資料，以加總再平均的處理，基本上，僅作為程度或狀況之參考，並無實質數值差異之意義。以第二章病人的病情 1,2,3,4 為例。假設有同一類病患 20 人，他們的病情程度算術平均數為 2.89。此項數字是否可說明大部分病人病情狀況，須另視資料之分配而定，留待本章末再解說。就數值本身而言，由於病情程度數值之間的差異並非如計量數值那麼精確及有意義，2.89 能否表示為接近 3 的程度，則無法明確界定（除非病情程度有明確的標準如體溫、血壓等數值來量化）。

#### 例 4.7

由一所商校隨機抽出 10 名學生，調查其珠算能力如下：

　　　　三級　二級　二級　二級　一級　一級

　　　　初段　二段　二段　三段

試使用算術平均數求其平均珠算能力。

【解】

珠算能力的評定順序如下：

| 1 | 2 | 3 | 4 | 5 | 6 |
|---|---|---|---|---|---|
| 三級 | 二級 | 一級 | 初段 | 二段 | 三段 |

首先將原始資料按其能力順序訂定合理數值（不受起始值之影響），改為

　　　1, 2, 2, 2, 3, 3, 4, 5, 5, 6

　　　算術平均數 $= (1 + 2 + 2 + \cdots + 6) \div 10 = 3.3$

由於珠算能力係根據題目的複雜程度（大致是按涉及數字多寡而定）及

分數來評定，因此所得平均結果可說比一級稍強。　　■

# 4.3　加權平均數

由算術平均數的計算公式可發現

$$\overline{X} = \frac{\Sigma X_i}{n} = \Sigma X_i \times \frac{1}{n}$$

表示每一個資料對所產生的結果均提供相同比率的貢獻，也就是說將每一個資料看成相同的重要。在 4.2 節我們曾經介紹，若將資料重複的部份整理後，算術平均數的計算公式變成

$$\overline{X} = \frac{\Sigma X_i f_i}{n} = \Sigma X_i \times \frac{f_i}{n} \tag{4.8}$$

我們可以把它看成對 $(X_1, X_2, X_3, \cdots, X_k)$ 這 $k$ 種不同資料分別給予不同比率 $\dfrac{f_i}{n}$，也就是以其發生次數多寡之比率區分每一資料之重要性。這樣的算法稱之為加權平均數 (weighted mean)，以 $\overline{X}_w$ 表示之。

在本質上，(4.8) 式與 $\dfrac{\sum\limits_{i=1}^{n} X_i}{n}$ 並沒有不同，只不過以前的 $\sum\limits_{i=1}^{n} X_i$ 代表全部 $n$ 個資料的總和，而 $\sum\limits_{i=1}^{k} X_i f_i$ 裡的 $X_i$ 代表其中 $k$ 個不同的資料種類。所謂重要性不同的看待，僅是對這 $k$ 種資料出現次數多寡的表徵。一般計算公式可寫成

$$\overline{X}_w = \Sigma X_i W_i \tag{4.9}$$

其中 $0 < W_i < 1$，且 $\Sigma W_i = 1$，$W_i$ 所表達的資料重要性含意，則須視資料背景而定。

## 例 4.8

一家公司有 4 個廠房，各廠工人每天工資分別是 1200 元、1600 元、1400

元、1500 元。已知 4 個廠房工人人數的比例為 2:1:1:2。試求該公司的工
人平均每天工資為多少元?

【解】

$$\overline{X}_w = 1200 \times \frac{2}{6} + 1600 \times \frac{1}{6} + 1400 \times \frac{1}{6} + 1500 \times \frac{2}{6}$$

$$= \frac{8400}{6} = 1400（元）\quad \blacksquare$$

**實例 4.9**

趙蓮菊等著:〈關渡地區濱鷸鳥雌雄判別之統計分析〉（民國 80 年《中
國統計學報》29 卷 2 期）依據 1988 年 9 月至 89 年 4 月在臺北關渡地區
捕獲 377 隻濱鷸鳥之數據作統計分析, 其中不同時間捕獲的數目及體重
平均值如下表:

| 捕獲日期 | 數目 | 體重平均值 (g) |
|---|---|---|
| 88/9, 10 | 25 | 54.84 |
| 88/11 | 173 | 57.93 |
| 88/12 | 43 | 55.14 |
| 89/1 | 58 | 56.64 |
| 89/2 | 26 | 54.27 |
| 89/3, 4 | 52 | 63.13 |

試求全部 377 隻濱鷸鳥的平均體重。

【解】

$$平均體重 = \frac{54.84 \times 25 + 57.93 \times 173 + 55.14 \times 43 + 56.64 \times 58 + 54.27 \times 26 + 63.13 \times 52}{25 + 173 + 43 + 58 + 26 + 52}$$

$$= \frac{21742.81}{377} = 57.67(g) \quad \blacksquare$$

**例 4.10**

某生上學期的成績單如下:

| 科　　目 | 學分數 | 成績 |
|---|---|---|
| 國　　文 | 2 | 89 |
| 英　　文 | 2 | 82 |
| 會 計 學 | 3 | 78 |
| 微 積 分 | 3 | 75 |
| 國父思想 | 2 | 92 |
| 統 計 學 | 3 | 84 |

則該生上學期的學業成績平均多少分?

【解】

$$學業平均成績 = \frac{89 \times 2 + 82 \times 2 + 78 \times 3 + 75 \times 3 + 92 \times 2 + 84 \times 3}{2 + 2 + 3 + 3 + 2 + 3}$$

$$= \frac{1237}{15} = 82.47 \,(分) \quad ■$$

**實例 4.11**

本實例續實例 3.2, 原選自 Bickel & O'Connell: "Is there a sex bias in graduate adimission?" 發表於 1975 年 *Science* 雜誌。當年男性申請人 8442 人中有 44%核准入學; 女性申請人 4321 人中有 35%核准入學。這項結果是否顯示有性別歧視的現象? 首先檢查那 6 個熱門科系的個別情況:

| 研究領域 | 男　性 | | 女　性 | |
|---|---|---|---|---|
| | 申請人 | 核准比率 | 申請人 | 核准比率 |
| A | 825 | 62% | 108 | 82% |
| B | 560 | 63% | 25 | 68% |
| C | 325 | 37% | 593 | 34% |
| D | 417 | 33% | 375 | 35% |
| E | 191 | 28% | 393 | 34% |
| F | 373 | 6% | 341 | 7% |

就個別情況來看，女性並非不佔優勢，除了 C 類以外，其他各類核准比率都比男性為高，但與全體合併的核准比率相比較，似乎有點矛盾。實際上女性在 A、B 兩類所佔優勢，其申請人遠較 C 類要少。對於這項比率的計算，應使用加權平均數（以申請人數為權數）才合適。即

核准比率＝Σ(各系核准比率)×(各系申請人數)÷申請總人數

（附註說明：原論文僅列出六個科系資料，因此無法實際作數值運算。）

　但就標題所點明的問題來看，由於這些資料僅是對某一年某一校的觀察而產生，它並非是在完整的實驗控制下（即每一系均有相同的男性與女性申請人數）所出現的隨機性資料。因此我們無法對是否有性別歧視作結論。　■

### 例 4.12

某人以每小時 2 公里的速度上山，沿原路以每小時 5 公里的速度下山，求此人行山路之平均速度。

【解】

由於行山路之平均速度 ＝ 所行走總路程 ÷ 所耗用總時數，所以兩種速度的使用次數將會影響計算結果，因此需要以使用次數為權數計算平均。

設山路的距離為 $d$ 公里，因此上山的速度使用了 $d \div 2$ 次；下山的速度使用了 $d \div 5$ 次，平均速度為

$$\overline{X}_w = \frac{2 \times \dfrac{d}{2} + 5 \times \dfrac{d}{5}}{\dfrac{d}{2} + \dfrac{d}{5}} = \frac{2d}{d\left(\dfrac{1}{2} + \dfrac{1}{5}\right)} = \frac{2}{\dfrac{1}{2} + \dfrac{1}{5}} = \frac{20}{7} \text{（公里）}$$

■

以上所舉 5 個例子，我們作進一步解釋:

⑴在例 4.8 中的 4 個工資 1200、1600、1400、1500，並非只有 4 個資料，而是各自重複出現的次數佔總次數比率分別為 $\dfrac{2}{6}, \dfrac{1}{6}, \dfrac{1}{6}, \dfrac{2}{6}$。

⑵在實例 4.9 中，每一批的平均體重分別代表不同數目的濱鷸鳥體重，因此須使用每批數目為權數計算全部濱鷸鳥平均體重。一般公式形式為: 設 $\overline{X}_i$ 代表第 $i$ 組資料算術平均數，其資料個數為 $n_i$，則

$$\text{全部資料算術平均數} = \frac{\Sigma n_i \overline{X}_i}{\Sigma n_i} \tag{4.10}$$

⑶在例 4.10 的資料內容並非是次數分配資料，加權平均的使用是基於以學分數代表各學科的重要性，而計算其平均成績。

⑷各類所觀察到的核准比率，經常會誤以同等重要看待，而實際上由於申請人數不同，對整體核准比率的影響就有差異。

⑸嚴格說來，這個問題是屬於不完全資料的型態，如果我們以算術平均數的方式 $(2 + 5) \div 2 = 3.5$ 來計算，即表示此兩種速度的重要性相同，因而違反了實際使用程度不同的狀況。本題有一個重要的假設「沿原路下山」，若改以不同路途，即設上山走 $d_1$ 公里，下山走 $d_2$ 公里，因此

$$\overline{X}_w = \frac{2 \times \dfrac{d_1}{2} + 5 \times \dfrac{d_2}{5}}{\dfrac{d_1}{2} + \dfrac{d_2}{5}} = \frac{d_1 + d_2}{\dfrac{d_1}{2} + \dfrac{d_2}{5}}$$

無法解出答案。

# 4.4　截尾算術平均數

　　前一節談到算術平均數是將每一資料看成相等重要，以母體平均數的計算來看 $\mu = \Sigma X_i \times \dfrac{1}{N}$，每一個資料都有相同的比重 $\dfrac{1}{N}$，然而屬於集中方位的資料出現的次數必然較多，因此在這個部位累積的比重也就較大。反之，非屬於集中方位的資料累積的比重也就較小，如此正可藉由此公式計算反映資料集中趨勢。所以 $\mu$ 的計算將自動按資料分配的特徵調整，不致有所偏差。然而對樣本資料計算而言，由於 $n$ 的個數有限，無法像母體資料一樣能按分配特徵自行調整。假設一組 $(n = 5)$ 按大小順序排列的資料出自於下面次數曲線，

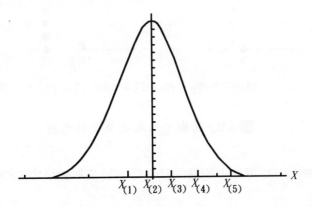

由上圖可知 $X_{(1)}$、$X_{(2)}$、$X_{(3)}$、$X_{(4)}$ 大都集中於中央，每一資料均以 $\dfrac{1}{5}$ 的比率計算，彼此相互彌補結果不致有太大偏差，然而 $X_{(5)}$ 在分配位置右端發生次數較少的地方，卻仍然給予同樣 $\dfrac{1}{5}$ 的比率。因此對此資料偏

高的比重，造成 $\overline{X}$ 的計算結果產生高估。這也就是算術平均數的弱點，容易受到這種偏離大多數資料集中所在數量的影響，這類資料稱之為離群值 (outlier)。

從下面兩個算術平均數的特質可以了解離群值的影響：

## 1.集中效應

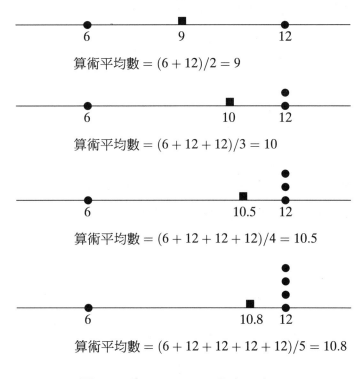

算術平均數 $= (6 + 12)/2 = 9$

算術平均數 $= (6 + 12 + 12)/3 = 10$

算術平均數 $= (6 + 12 + 12 + 12)/4 = 10.5$

算術平均數 $= (6 + 12 + 12 + 12 + 12)/5 = 10.8$

**圖**4.9　算術平均數之集中效應圖

由上面的實例可知算術平均數的結果傾向於資料較集中的位置。

## 2.分散效應

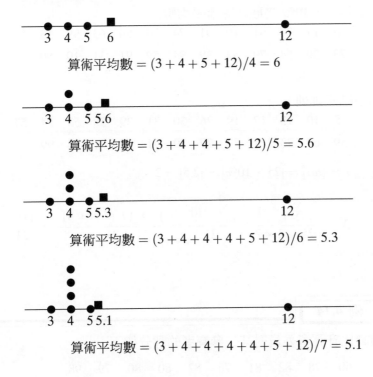

算術平均數 = (3 + 4 + 5 + 12)/4 = 6

算術平均數 = (3 + 4 + 4 + 5 + 12)/5 = 5.6

算術平均數 = (3 + 4 + 4 + 4 + 5 + 12)/6 = 5.3

算術平均數 = (3 + 4 + 4 + 4 + 4 + 5 + 12)/7 = 5.1

**圖**4.10　算術平均數之分散效應圖

由上面的實例可知，當有離群值存在時，對算術平均數的影響會因集中的程度增加而減少。然而對一般的資料來說，我們不能期望這種情況出現。如何避免這項缺點，在此介紹一種稱為截尾算術平均數 (trimmed mean) 的計算，以 $\overline{X}_t$ 表示之。

設 $0 < \alpha \leq 0.5$，$[x]$ 代表其值不大於 $x$ 的最大整數，取 $r = [n\alpha]$

$$\overline{X}_t = \frac{\sum\limits_{i=r+1}^{n-r} X_{(i)}}{n - 2r} \tag{4.11}$$

### 例 4.13

求下列資料 $\alpha = 10\%$ 之截尾算術平均數：

8　17　77　91　19　91　74　26　50　63　99　13　57

73　30　54　79　53　39　94　59　91　31　10　80

【解】

先按大小順序排列

8　10　13　17　19　26　30　31　39　50　53　54　57

59　63　73　74　77　79　80　91　91　91　94　99

$$r = [n\alpha] = [25 \times 10\%] = [2.5] = 2$$

$$\overline{X}_t = \frac{\sum\limits_{i=2+1}^{25-2} X_{(i)}}{25 - 2 \times 2} = \frac{\sum\limits_{i=3}^{23} X_{(i)}}{21} = \frac{13 + 17 + \cdots + 91}{21} = \frac{1167}{21} = 55.6$$

### 例 4.14

一項演講比賽評審委員對某一參賽者的評分如下：

60　78　82　81　76　82　80　80　79　98

試以 $\alpha = 10\%$ 計算其截尾算術平均數，並說明其意義。

【解】

$$r = [10 \times 10\%] = [1] = 1$$

$$\overline{X}_t = \frac{\sum\limits_{i=2}^{9} X_{(i)}}{10 - 2 \times 1} = \frac{76 + \cdots + 82}{8} = \frac{638}{8} = 79.75$$

使用截尾算術平均數可避免因主觀所產生的偏差。　■

# 4.5　中位數

本節介紹另一種角度所產生的集中趨勢值，想法是在一組資料當中選擇一個最具有代表性的資料，當作這組資料的集中趨勢值。以樣本資料 $(X_1, X_2, X_3, \cdots, X_n)$ 來看每一個 $X_i$ 都有各種不同的可能性，我們無法分辨何者最具有代表性。因此以大小順序排列

$$X_{(1)} \leq X_{(2)} \leq X_{(3)} \leq \cdots \leq X_{(n-2)} \leq X_{(n-1)} \leq X_{(n)}$$

如果選擇 $X_{(1)}$ 或 $X_{(2)}$ 作代表，將產生偏低的結果；若選擇 $X_{(n-1)}$ 或 $X_{(n)}$ 作代表，則將產生偏高的結果，因此我們逐步的往中間作選擇，如圖 4.11 之程序：

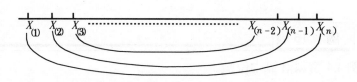

**圖** 4.11　中位產生圖數

可知由資料分布的兩端向中間選擇，一直到

(1)當 $n$ 為奇數時，則留下最中間的數值 $X_{\left(\frac{n+1}{2}\right)}$。

(2)當 $n$ 為偶數時，則最後選出的是兩個相鄰的資料 $X_{\left(\frac{n}{2}\right)}$ 及 $X_{\left(\frac{n}{2}+1\right)}$。

由於這些數值不偏高也不偏低，因此就以這個資料作為集中趨勢值稱為中位數 (median)，以 $M_e$ 表示之。計算公式可整理為

$$M_e = \begin{cases} X_{\frac{(n+1)}{2}} & n\text{為奇數} \\ \frac{1}{2}[X_{(\frac{n}{2})} + X_{(\frac{n}{2}+1)}] & n\text{為偶數} \end{cases} \qquad (4.12)$$

（附註說明: 當 $n$ 為偶數時，取最中間兩個數之平均為代表。）

由前面解釋的圖形可發現，大於 $M_e$ 的資料個數等於小於 $M_e$ 的資料個數。

### 例 4.15

計算例 4.1 感冒藥水糖度的中位數。

【解】

將原資料先按大小順序排列如下:

20.4　23　28　28.6　29　29.6　31.6　32　32.4　34　36　38.4

$n = 12$，所以 $M_e = \frac{1}{2}(X_{(6)} + X_{(7)}) = \frac{1}{2}(29.6 + 31.6) = 30.6$。∎

### 例 4.16

依據例 4.4 資料計算中位數。

【解】

將原資料次數分配表計算以下累積次數

| 數量 $(X_i)$ | 發生次數 $(f_i)$ | 以下累積次數 |
|:---:|:---:|:---:|
| $-5$ | 1 | 1 |
| $-4$ | 1 | 2 |
| $-3$ | 2 | 4 |
| $-2$ | 2 | 6 |
| $-1$ | 2 | 8 |
| 0 | 4 | 12 |
| 1 | 1 | 13 |
| 2 | 3 | 16 |
| 3 | 1 | 17 |

| 4 | 2 | 19 |
|---|---|---|
| 6 | 1 | 20 |
| 合計 | 20 | |

$$M_e = \frac{1}{2}(X_{(10)} + X_{(11)}) = \frac{1}{2}(0 + 0) = 0 \quad \blacksquare$$

中位數我們也可以看成是在 $\alpha = 0.5$ 的情況下的一種截尾算術平均數。如設 $n = 123$，則 $r = [0.5 \times 123] = [61.5] = 61$，因此

$$\overline{X}_t = \frac{\overset{123-61}{\underset{i=62}{\Sigma}} X_{(i)}}{123 - 2 \times 61} = X_{(62)} = M_e$$

在使用上中位數可以特別有利於處理下列兩種情況：

(1)分組資料中含有開放式組別

**例 4.17**

實例 3.11 縣市議員及鄉鎮長年齡分配就是屬於這種開放式組別資料，若在原始資料不能完整取得的情況下，就需要應用中位數來處理。

**【解】**

首先決定中位數所在組別

| 年齡組別 | 縣市議員 | 鄉鎮市長 |
|---|---|---|
| 23 歲～未滿 30 歲 | 29 | 0 |
| 30 歲～未滿 40 歲 | 287 | 68 |
| 40 歲～未滿 50 歲 | *333 | *143 |
| 50 歲～未滿 60 歲 | 148 | 67 |
| 60 歲～未滿 70 歲 | 27 | 8 |
| 70 歲以上 | 2 | 0 |
| 合計 | 826 | 286 |

兩者均在 40 歲～未滿 50 歲組別中。

然後再使用第三章例 3.15 的比例差補法，推算中位數的數值。下面舉縣市議員為例說明其計算方法:

由於 $M_e = \frac{1}{2}(X_{(413)} + X_{(414)})$，因此需要先推算 $X_{(413)}$ 及 $X_{(414)}$ 之值。

$$X_{(413)} = 40 + \frac{413 - (287 + 29)}{333} \times 10 = 42.91$$

$$X_{(414)} = 40 + \frac{414 - (287 + 29)}{333} \times 10 = 42.94$$

所以　　$M_e = \frac{1}{2}(X_{(413)} + X_{(414)}) = 42.925$（歲）　■

(2)設限資料

**例 4.18**

民國 15 年某小學同班畢業同學有 15 名，今年調查其壽命，結果已有 10 位去世，享年分別為 43, 60, 67, 72, 72, 74, 75, 78, 78, 80; 另 5 位現年分別為 81, 82, 84, 84, 86。如何求出此班同學的代表性壽命?

【解】

本資料屬於不完全資料，如同第一章第 14～15 頁所談零件壽命檢驗問題。如果以算術平均數作計算，很明顯造成偏低（因為其中有 10 個數字所知不完整），改以中位數計算即可避免此種缺點，即此班同學的代表性壽命等於排名在第 8 位，即 78 歲。　　■

以中位數為中心點，將全部資料分割成個數相等的兩個部份。按此觀點延伸，我們可以推廣為分割成任意等分，以便了解其他位置的狀況。常用的分割數有四分位數（以 $Q$ 表示），十分位數（以 $D$ 表示），百分位數（以 $P$ 表示）。今以四分位數為例，介紹其計算方法，基本構想是

如何將全部資料分割成四等分，有下面四種情形：

● ● ●│● ● ●│● ● ●│● ● ●

● ● ● ●│● ● ● ● ● ● ●│● ● ●

● ● ● ● ● ● ● ●│● ● ● ● ● ● ●

● ● ● ● ● ● ● ● ● ● ● ● ● ● ● ● ●

根據上面分割的想法，為計算方便產生下面的公式：

　　由左邊開始第一個分割數稱為第一四分位數，以 $Q_1$ 表示之；第二個分割數即為中位數；第三個分割數稱為第三四分位數，以 $Q_3$ 表示之。計算方法為（觀察值按大小順序排列）

$$Q_1 = 第\ \frac{n+1}{4}\ 個觀察值$$

$$Q_3 = 第\ \frac{3(n+1)}{4}\ 個觀察值 \tag{4.13}$$

位數含小數點時，若為 0.25 則左鄰資料佔 $\frac{3}{4}$，右鄰資料佔 $\frac{1}{4}$；若為 0.75 則左鄰資料佔 $\frac{1}{4}$，右鄰資料佔 $\frac{3}{4}$；若為 0.5 則以其所在位置前後相鄰資料之平均數來計算。

## 例 4.19

依據例 4.1 資料計算其 $Q_1$ 及 $Q_3$。

【解】

$$Q_1 = 28 \times 0.75 + 28.6 \times 0.25 = 28.15$$

$$Q_3 = 32.4 \times 0.25 + 34 \times 0.75 = 33.6 \quad ■$$

# 4.6　眾數

　　以全部資料發生次數最多的數量當作是集中趨勢值，此數量稱為眾數 (mode)，以 $M_o$ 表示之。它是計算最簡單的一種方法，僅需要點計發生次數即可，而且意義很明確。假設母體分配為下圖：

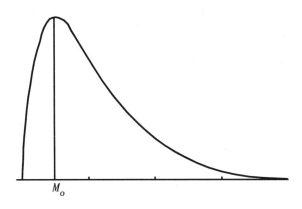

　　則發生次數最高的位置即為眾數。以例 4.4 資料來看，在資料為 0 時，發生次數 4 次為最多，因此 $M_o = 0$。

　　眾數特別適用於類別資料，如實例 3.1 的姓氏資料，陳姓出現最多，因此眾數即為「陳氏」。然而眾數最大缺點是若樣本資料中每一資料只出現一次時，則無法找到眾數，因此眾數變成不存在。如調查 6 個人的身高為（單位：公分）：

168.3　　169.2　　173.5　　172.4　　171.8　　175.4

可發現眾數不存在，但若把原資料改為計算至整數部份，則為

168　　169　　174　　172　　172　　175

其中 172 發生 2 次，所以 $M_o = 172$ 公分。這種因測度單位的改變所產生的困擾，使眾數的應用缺乏穩定性，尤其是受分組不同的影響最明顯。

如下列資料

$$65 \quad 65 \quad 70 \quad 72 \quad 73 \quad 81 \quad 82 \quad 86 \quad 87$$

$M_o = 65$，若分組為

| 組　別 | 65~69 | 70~74 | 75~79 | 80~84 | 85~89 |
|---|---|---|---|---|---|
| 組次數 | 2 | 3 | 0 | 2 | 2 |

$M_o$ 在 70 至 74 之間；若分組為

| 組　　別 | 60~69 | 70~79 | 80~89 |
|---|---|---|---|
| 組次數 | 2 | 3 | 4 |

$M_o$ 在 80 至 89 之間。眾數還有一項缺點是有時會產生不只一個眾數的情形，而這種結果並不代表母體有多重眾數（如第三章第 81 頁圖 3.22 所示），它只不過是因抽樣的關係，使出現次數造成相同的多。

# 4.7　離勢的衡量

　　衡量一組資料的集中趨勢，僅能了解這組資料的中心點或平均結果，對其他資料的狀況並不認識。例如我們評估某部機器的性能說：「這部機器的性能平均每小時的產量可以達 1000 件的水準。」然而我們並不知道實際上有多少情況產量會少於 1000 件。也就是說我們不但要知道機器的性能是否能達到所要求的水準，而且也要知道它的穩定性——是否能有大多數的結果集中在所要求水準的附近。又如當我們看到宣傳海報說某勝地全年平均溫為 24℃，是不是就會覺得這個地方很適合旅行呢？我們可以看看下面兩個全年每月氣溫比較圖（橫坐標為月份，縱坐標為溫度）：

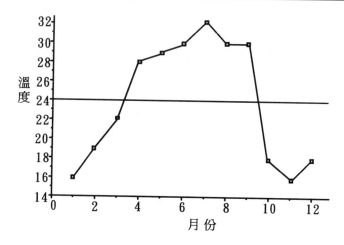

圖 4.12 溫度變化較大之勝地

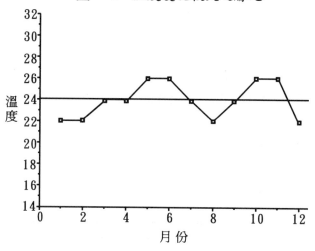

圖 4.13 溫度變化較小之勝地

　　兩個圖形平均溫度都是 24℃，但卻是兩個完全不一樣的氣候狀況。因此我們還需要進一步的知道一組資料是如何分布或者說是如何的由中心點向兩端擴散。這就是我們接下去要討論的離勢(dispersion)。衡量的方式也因不同的角度而產生不同的方法，大致可分成 3 種類型：

　　⑴觀察資料分布的範圍。

(2)衡量每一資料與中心代表值之平均差異。

(3)每一資料彼此間之平均差異。

# 4.7.1　全距

下面是兩家公司在最近 6 年來每股所發放的股利：

| | | | | | | |
|---|---|---|---|---|---|---|
| 甲公司 | 5.20 | 4.30 | 3.90 | 4.80 | 5.20 | 5.40 |
| 乙公司 | 7.40 | 5.90 | 1.50 | 8.90 | 2.60 | 2.50 |

平均每股發放的股利都是 $28.8 \div 6 = 4.80$，但甲公司歷年來的股利是由 3.90 變動到 5.40；乙公司則是由 1.50 變動到 8.90，在兩者平均結果相同的情況下，甲公司的變動範圍是 1.50（5.40 - 3.90），而乙公司的變動範圍是 7.40（8.90 - 1.50）。因此我們可以說甲公司的變動較乙公司小。這種衡量的方法叫做全距(range)，以 $R$ 表示之。即

$$R = 最大值 - 最小值 \tag{4.14}$$

此方法以資料分布的範圍來衡量資料的變動意義明顯且計算簡單。但應用並不廣泛，主要的缺點是僅依賴兩個極端值來衡量，並不能真正的顯示反映全體資料的分離狀況。例如下面 3 組資料：

| | | | | | | | |
|---|---|---|---|---|---|---|---|
| $A$ 組資料： | 4 | 16 | 16 | 16 | 16 | 16 | 16 | 16 |
| $B$ 組資料： | 4 | 4 | 4 | 4 | 16 | 16 | 16 | 16 |
| $C$ 組資料： | 4 | 6 | 8 | 10 | 12 | 14 | 16 | 16 |

全距都是 16 - 4 = 12，但是他們的分離狀況很明顯並不相同。我們也可用下面圖形來解說：

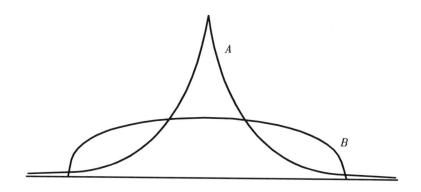

$A$ 次數曲線所計算的全距較 $B$ 次數曲線長，但是我們並不能說 $A$ 曲線的資料較 $B$ 曲線分散。一般來說在樣本數不大，樣本資料受抽樣誤差小（如母體資料較集中）時，可使用全距來衡量離勢較方便，例如工業生產的品質管制、股票價格的變動等。

## 4.7.2　標準差

我們以 $\mu$ 為中心，考慮每一個資料與 $\mu$ 的差距，即

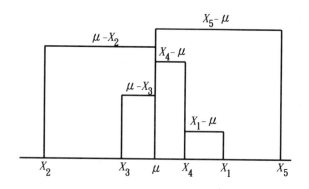

**圖** 4.14　資料與 $\mu$ 之差異

假若全部資料均相等，則

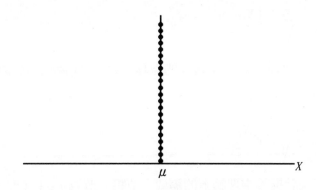

圖 4.15　每一資料均相等的情況

即 $X_1 = X_2 = X_3 = \cdots = X_N = \mu$，由於所有資料均集中於一點，可以說資料間沒有任何差異，也就是差異總和等於零。當我們以 $\sum\limits_{i=1}^{N}(X_i-\mu)$ 來衡量母體資料之差異時，由於正負符號數值會相互抵銷，雖然結果等於零，但並非代表資料沒有差異。因此為了避免這種缺點而能讓差異累積起來，以求得平均每一資料與平均數 $\mu$ 之間的差異。我們選擇平方的方式來處理，乃是基於理論上的需要所作的安排，即求出差異平方和 $\sum\limits_{i=1}^{N}(X_i-\mu)^2$。在這種方法衡量下，若資料全部相等，則平方和等於零；當 $X_i$ 與 $\mu$ 的差距愈大，平方和的數值亦隨之而大，也就說明資料較分散。為使不同個數資料仍可相互比較，所以取平均結果表示之，這種數值稱為變異數 (variance)，以 $\sigma^2$ 表示（$\sigma$ 為希臘字母，發音為 sigma，為總和符號 $\Sigma$ 的小寫字），即

$$\sigma^2 = \frac{\sum\limits_{i=1}^{N}(X_i-\mu)^2}{N} \tag{4.15}$$

由於 $\sigma^2$ 的單位是 $X$ 單位的平方，如 $X$ 的單位是公斤，則其變異數的單位是公斤平方與原資料單位不一致。因此我們將變異數開平方，稱之為標準差 (standard deviation)，即

$$\sigma = \sqrt{\frac{\sum\limits_{i=1}^{N} (X_i - \mu)^2}{N}} \tag{4.16}$$

以上面的觀點對樣本資料作同樣的處理，以 $\overline{X}$ 代替 $\mu$，樣本數改為 $n$，且以 $S'$ 表示之，即

$$S' = \sqrt{\frac{\sum\limits_{i=1}^{n} (X_i - \overline{X})^2}{n}} \tag{4.17}$$

然而由於在統計推論中理論上的需要，須將 $n$ 改為 $n-1$（理由將留在第十章再說明），因此樣本標準差為

$$S = \sqrt{\frac{\sum\limits_{i=1}^{n} (X_i - \overline{X})^2}{n-1}} \tag{4.18}$$

$S^2$ 則為樣本變異數。

---

### 例 4.20

根據例 4.6 資料計算 10 天溫度的標準差。

【解】

$$\overline{X} = 30.2$$

$$\Sigma(X - \overline{X})^2 = (28 - 30.2)^2 + (30.5 - 30.2)^2 + \cdots + (31 - 30.2)^2$$

$$= (-2.2)^2 + 0.3^2 + \cdots + 0.8^2$$

$$= 12.6$$

所以　　$S = \sqrt{\dfrac{12.6}{10-1}} = \sqrt{1.4} = 1.18°\mathrm{C}$ ∎

## 例 4.21

（續例 4.5）假設一母體資料含有 $k$ 個 1，$N-k$ 個 0，則其標準差為何？

【解】

$$\sigma = \sqrt{\frac{k\left(1-\dfrac{k}{N}\right)^2 + (N-k)\left(0-\dfrac{k}{N}\right)^2}{N}}$$

$$= \sqrt{\frac{k\left(1-\dfrac{2k}{N}+\dfrac{k^2}{N^2}\right)+(N-k)\dfrac{k^2}{N^2}}{N}}$$

$$= \sqrt{\frac{k-\dfrac{k^2}{N}}{N}} = \sqrt{\frac{k}{N}\left(1-\frac{k}{N}\right)} \quad \blacksquare$$

在計算過程中，若 $\overline{X}$ 不是一個整齊的數字，則 $(X_i-\overline{X})^2$ 的計算較複雜，而且也容易產生誤差（由於四捨五入的關係），我們可經由代數演算轉變為另一種形式，即

$$\Sigma(X_i-\overline{X})^2 = \Sigma(X_i^2 - 2X_i\overline{X} + \overline{X}^2)$$

$$= \Sigma X_i^2 - 2\overline{X}\Sigma X_i + n\overline{X}^2$$

$$= \Sigma X_i^2 - 2\frac{(\Sigma X_i)^2}{n} + n\left(\frac{\Sigma X_i}{n}\right)^2$$

$$= \Sigma X_i^2 - \frac{(\Sigma X_i)^2}{n}$$

因此

$$S = \sqrt{\frac{\Sigma X_i^2 - \dfrac{(\Sigma X_i)^2}{n}}{n-1}} \quad \text{或} \quad S = \sqrt{\frac{\Sigma X_i^2 - n\overline{X}^2}{n-1}} \qquad (4.19)$$

---

## 例 4.22

將例 4.20 資料改用公式 (4.19) 處理。

**【解】**

$$\Sigma X_i^2 - n\overline{X}^2 = (28^2 + \cdots + 31^2) - 10 \times 30.2^2$$

$$= 12.6 \quad \blacksquare$$

對於統計推論上所要求的計算公式 $S$ 我們也可從資料間彼此平均之差異平方來產生 (證明省略),

$$\frac{1}{2n(n-1)} \sum_{i=1_{i\neq j}}^{n} \sum_{j=1}^{n} (X_i - X_j)^2 = \frac{n \sum\limits_{i=1}^{n} X_i^2 - n^2 \overline{X}^2}{n(n-1)} = \frac{\sum\limits_{i=1}^{n} X_i^2 - n\overline{X}^2}{n-1} = S^2$$

在使用上若為對母體標準差作推論時, 則採用 $S$ 計算; 若純為計算資料之離勢狀態則可用 $S'$ 公式。

與算術平均數相同, 我們也考慮變數作線性變換以後對標準差計算的影響, 設 $Y = aX + b$, 則 $\overline{Y} = a\overline{X} + b$, 因此

$$S_Y^2 = \frac{\Sigma(Y - \overline{Y})^2}{n-1}$$

$$= \frac{\Sigma(aX + b - a\overline{X} - b)^2}{n-1}$$

$$= \frac{\Sigma(aX - a\overline{X})^2}{n-1}$$

$$= a^2 \frac{\Sigma(X - \overline{X})^2}{n-1}$$

$$= a^2 S_X^2$$

所以

$$S_Y = |a|S_X \tag{4.20}$$

( $a$ 有時為負值, 但 $S_Y$ 必定 $\geq 0$。)

在 $Y = X + b$ 的情況下，根據上面的結果可得 $S_Y = S_X$，一方面說明當每一個資料都增加相同的常數後，並不影響各資料彼此間的差異，因此對衡量差異大小的標準差並沒有改變；另一方面可提供我們計算標準差的簡捷方法，即將原始資料同減一數，使運算過程較簡單，亦不會影響所求的結果。

**例 4.23**

依據例 4.20 資料，取 $Y = X - 30$ 計算，則

| $X:$ | 28 | 30.5 | 30.0 | 31.5 | 29.5 | 32.0 | 30.5 | 29.0 | 30.0 | 31.0 |
|------|-----|------|------|------|------|------|------|------|------|------|
| $Y:$ | $-2$ | 0.5 | 0 | 1.5 | $-0.5$ | 2.0 | 0.5 | $-1.0$ | 0 | 1.0 |

所以 $\Sigma Y = 2$，$\Sigma Y^2 = 13$

因此  $S^2 = \dfrac{1}{9}\left(13 - \dfrac{2^2}{10}\right) = \dfrac{12.6}{9} = 1.4$  ∎

最後我們考慮 $\sigma$ 的大小是否有界限？很明顯，當資料全部相同時，$\sigma = 0$ 表示資料沒有任何離勢。將一組按大小順序排列的資料 $X_{(1)}, X_{(2)}, X_{(3)}, \cdots X_{(N)}$，改變成差異最大的情況，為方便起見設 $N$ 為偶數，即 $N = 2K$，取 $X_{(1)}$ 及 $X_{(N)}$ 各 $K$ 個，構成一組新的資料：

$$X_{(1)}, X_{(1)}, X_{(1)}, \cdots, X_{(1)}, X_{(N)}, X_{(N)}, X_{(N)}, \cdots, X_{(N)}$$

即將原資料改成分別向兩端集中的新資料，則原始資料的變異數必定不超過此一新資料之變異數，所以

$$\sigma^2 \leq \frac{K\left(X_{(1)} - \dfrac{X_{(1)} + X_{(N)}}{2}\right)^2 + K\left(X_{(N)} - \dfrac{X_{(1)} + X_{(N)}}{2}\right)^2}{2K}$$

$$=\frac{\left(\dfrac{X_{(1)}-X_{(N)}}{2}\right)^2+\left(\dfrac{X_{(N)}-X_{(1)}}{2}\right)^2}{2}$$

$$=\frac{R^2}{4}$$

因此可以說任一組資料的變異數最大約為 $\dfrac{R^2}{4}$，標準差最大約為 $\dfrac{R}{2}$（當 $N$ 為奇數時稍有不同，留作習題）。

# 4.8　平均數與標準差之使用

在這一節中我們要討論平均數與標準差使用的問題，首先對 3 種集中趨勢衡量方法——算術平均數、中位數、眾數的一般使用情形作概括性的認識:

⑴資料分配是對稱或接近對稱以及沒有異常情形時，可使用算術平均數。由於使用機會較頻繁，常簡稱為平均數。

⑵有離群值存在或極端值不明確時，可考慮使用截尾算術平均數或中位數。

⑶資料很明顯的集中在一處或多處，或產生代表值的目的是為適應大多數情況之需要，或者所處理的資料屬於類別資料時，可使用眾數。

三者間的關係在單峰對稱次數分配中，三者均相等，如圖 4.16。

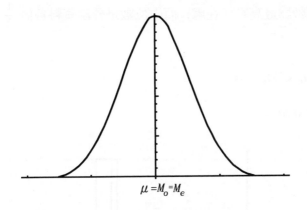

圖 4.16　單峰對稱次數分配

在不對稱的次數分配中，要分成兩種情形來看：

(1)右偏分配

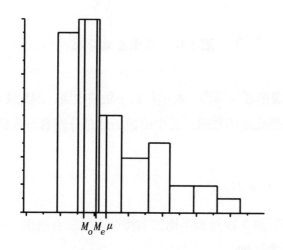

圖 4.17　單峰右偏分配

如圖 4.17，右邊拖著長尾巴，表示有較大數值出現，因此使得算術平均

數偏高；眾數為最高點所在處；而中位數是分割資料各佔 $\frac{1}{2}$ 的數值，所以

$$M_o < M_e < \mu$$

⑵**左偏分配**

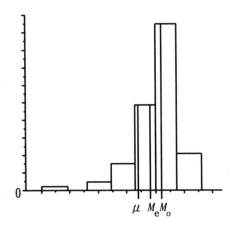

**圖** 4.18  **單峰左偏分配**

如圖 4.18，左邊拖著長尾巴，表示有較小數值出現，因此使得算術平均數偏低；眾數為最高點所在處；而中位數仍然是分割資料各佔 $\frac{1}{2}$ 的數值，所以

$$\mu < M_e < M_o$$

下面我們討論 3 種算術平均數與標準差的綜合應用：

**1.資料分布法則**

⑴對任何一個次數分配（母體或樣本），資料分布的情況，可滿足下式：

$$F_n(\overline{X} + kS') - F_n(\overline{X} - kS') \geq 1 - \frac{1}{k^2}$$

或 $\qquad F(\mu + k\sigma) - F(\mu - k\sigma) \geq 1 - \frac{1}{k^2}$ $\hfill$ (4.21)

這就是在機率理論中很有名的柴比希夫定理 (Chebyshev's theorem)。

證明過程如下（以母體資料為例）：

首先將資料分割成 3 個部份，如下圖：

因此

$$\Sigma(X - \mu)^2 = \sum_{X < \mu - k\sigma}(X - \mu)^2 + \sum_{\mu - k\sigma \leq X \leq \mu + k\sigma}(X - \mu)^2 + \sum_{X > \mu + k\sigma}(X - \mu)^2$$

$$\geq \sum_{X < \mu - k\sigma}(X - \mu)^2 + \sum_{X > \mu + k\sigma}(X - \mu)^2 = \sum_{|X - \mu| > k\sigma}(X - \mu)^2$$

$$\geq \sum_{|X - \mu| > k\sigma}(k\sigma)^2 = k^2\sigma^2 N(1 - F(\mu + k\sigma) + F(\mu - k\sigma))$$

所以

$$\sigma^2 = \frac{\Sigma(X - \mu)^2}{N} \geq k^2\sigma^2(1 - F(\mu + k\sigma) + F(\mu - k\sigma))$$

$$\frac{1}{k^2} \geq (1 - F(\mu + k\sigma) + F(\mu - k\sigma))$$

$$F(\mu + k\sigma) - F(\mu - k\sigma) \geq 1 - \frac{1}{k^2}$$

**例 4.24**

依據職棒 6 年各隊打擊率資料，計算 $F_n(\overline{X} + 3S') - F_n(\overline{X} - 3S')$ 之值。

【解】

$$\overline{X} = 0.246, \ S' = 0.069$$

$$F_n(0.246+3\times0.069)=F_n(0.246+0.207)=F_n(0.453)=\frac{83}{83}=1$$

$$F_n(0.246-3\times0.069)=F_n(0.246-0.207)=F_n(0.039)=\frac{2}{83}=0.0241$$

$$F_n(\overline{X}+3S')-F_n(\overline{X}-3S')=0.9759 \quad \blacksquare$$

(2)單峰近似對稱資料之經驗法則

在一個近似對稱的單峰分配中,

大約有67%資料落在 $\mu$ 附近 1 倍標準差範圍內;

大約有95%資料落在 $\mu$ 附近 2 倍標準差範圍內;

幾乎全部的資料落在 $\mu$ 附近 3 倍標準差範圍內。 (4.22)

這些數值都是近似值,在確定次數曲線的形狀後,可利用機率理論確實的計算它們的數值。

### 例 4.25

依據職棒 6 年各隊打擊率資料,分別計算
$$F_n(\overline{X} + S') - F_n(\overline{X} - S') \ 及 \ F_n(\overline{X} + 2S') - F_n(\overline{X} - 2S')$$
之比值。

【解】

$$F_n(0.246 + 0.069) = F_n(0.315) = \frac{72}{83} = 0.8675$$

$$F_n(0.246 - 0.069) = F_n(0.177) = \frac{11}{83} = 0.1325$$

$$F_n(\overline{X} + S') - F_n(\overline{X} - S') = 0.7350$$

$$F_n(0.246+2 \times 0.069) = F_n(0.246+0.138) = F_n(0.384) = \frac{83}{83} = 1$$

$$F_n(0.246-2 \times 0.069) = F_n(0.246-0.138) = F_n(0.108) = \frac{4}{83} = 0.0482$$

$$F_n(\overline{X} + 2S') - F_n(\overline{X} - 2S') = 0.9518 \quad \blacksquare$$

### 2.相對離差──變異係數之使用

考慮 $A$、$B$ 2 種股票價格的變動情形，在同一段時間分別隨機抽出一組樣本後，求得 $S_A = \$10$，$S_B = \$150$，可知 $B$ 股票的標準差較 $A$ 股票大，是否就可以認為 $B$ 股票的價格波動較大？對投資人而言，投資的標的物應儘量避免價格變化較大的股票（保守原則），以減少風險。然而若選擇 $A$ 股票是否真的恰當？結果發現 $\overline{X}_A = \$30$，$\overline{X}_B = \$1500$，所以 $A$ 股票的標準差雖然小，但是卻佔平均數的33.3%，而 $B$ 股票的標準差雖然大，但僅佔其平均數的10%，因此以變動程度來說，$A$ 股票的變動程度比較嚴重。這種將原帶有名數（測量單位）的離差，以其資料之代表值相除而轉換為不名數（同單位相除結果為不名數）所算出來的離差叫做相對離差 (relative deviation)，而利用（標準差 ÷ 算術平均數）所產生的相對離差稱為變異係數 (coefficient of variance)，以 $CV$ 表示，通常用百分比為單位，即

$$CV = \frac{\sigma}{\mu} \times 100\% \tag{4.23}$$

而樣本的變異係數則為

$$\frac{S}{\overline{X}} \times 100\% \quad \text{或} \quad \frac{S'}{\overline{X}} \times 100\% \tag{4.24}$$

這樣的處理尤其方便於不同單位資料之比較。

### 3.標準值之應用

已知某生期中考的成績是 80 分，若僅依據這項資料，我們無法判斷

該生的成績是好是壞；如果又知道這次考試全班平均成績為 62 分，則我們就可以說此生的成績較一般水準高，且多出 18 分。可是我們仍然不曉得所高出的 18 分，究竟是高出很多，還是並沒有多少？又假設該生期末考試成績為 82 分，而全班平均成績為 64 分，如此 2 次考試的成績同樣是比一般水準高 18 分，那麼是不是可以說該生 2 次的表現都一樣？在回答這個問題之前，我們先看下面 2 個分配圖形：

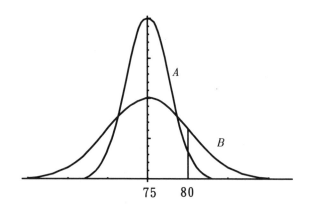

在 $A$、$B$ 2 個次數曲線中，我們發現同樣的 80 分相距中心點（$\mu = 75$ 分）都是 5 分，然而在 $A$ 曲線中可看出已經很少再有資料比 80 分高，若以 $B$ 曲線來看，可知仍有許多資料超過 80 分。這就是說明 80 分在 $A$ 曲線是很高的成績，而在 $B$ 曲線卻是普通的成績。主要的原因是 $A$ 曲線的資料分配較集中，而 $B$ 曲線則較分散。所以想要真正掌握資料的分配位置需要同時考慮平均數與標準差。前面談過在近似對稱資料中，可判斷有多少資料在平均數附近 1 倍或 2 倍標準差範圍內，而且可知很少有資料距離 $\mu$ 超過 3 倍標準差以上。因此我們可以計算一個資料究竟距離 $\mu$ 是多少倍的標準差，來說明這個資料在分配的地位。這個倍數稱之為標準值 (standard value)，即

$$Z = \frac{X - \mu}{\sigma} \quad 或 \quad Z = \frac{X - \overline{X}}{S} \tag{4.25}$$

將資料作這種處理的過程稱為標準化 (standardize)。前面某生考試成績，假設期中考成績的 $S$ 為 4 分，而期末考成績的 $S$ 為 8 分，則該生期中考分數的 $Z$ 值是 $\dfrac{78-62}{4}=4$；而期末考分數的 $Z$ 值是 $\dfrac{82-66}{8}=2$，所以我們可以說該生期中考的表現較期末考要好。

## 例 4.26

由於每一門課程難易程度不一，卷面分數的評定，並不能代表考生真正的表現。一般來說數學考 60 分比國文考 60 分要難一些。因此在教育測驗的評量上有許多方法，是應用標準值作轉換，使每一種科目成績的考核化成同一標準。在本例中我們介紹 $T$ 標準分數，即 $T = 10Z + 50$。假設某次入學考試各科的成績統計及甲、乙兩生的分數如下表：

| 科　目 | 平均數 | 標準差 | 甲生 | 乙生 |
|---|---|---|---|---|
| 國　文 | 62 | 9 | 71 | 80 |
| 英　文 | 38 | 6 | 34 | 24 |
| 數　學 | 25 | 5 | 39 | 26 |
| 歷　史 | 60 | 8 | 72 | 64 |
| 地　理 | 71 | 10 | 61 | 91 |
| 合　計 | | | 277 | 285 |

乙生的總分較甲生高，然而以誰的表現較佳？現將每個人的成績標準化，然後再計算其 $T$ 分數，如下表：

| 科　目 | 甲 –$Z$ | 甲 –$T$ | 乙 –$Z$ | 乙 –$T$ |
|---|---|---|---|---|
| 國　文 | 1 | 60 | 2 | 70 |
| 英　文 | −0.67 | 43.3 | −2.33 | 26.7 |
| 數　學 | 2.8 | 78 | 0.2 | 52 |
| 歷　史 | 1.5 | 65 | 0.5 | 55 |
| 地　理 | −1 | 40 | 2 | 70 |
| 合　計 | | 286.3 | | 273.7 |

此時甲生的 $T$ 分數較乙生高，也就是說在整體表現上看，甲生較乙生為優。　■

綜合而言，標準值的性質有下列兩點：

(1) $Z$ 代表距離平均數多少個標準差的倍數，而 $Z > 0$ 表示原資料較平均數大；$Z < 0$ 表示原資料較平均數小。

(2) 不論是由母體或樣本資料所計算的 $Z$ 值，它的算術平均數為 0，標準差為 1，與原資料的算術平均數及標準差無關，此即何以稱它為「標準」值的原因。理由說明如下（以樣本計算為例）：

依據線性變換的原理

$$Y = aX + b \ \text{時,} \ \overline{Y} = a\overline{X} + b, \ S_Y = |a|S_X$$

今　　　$Z = \dfrac{X - \overline{X}}{S_X}, \ \text{即} \ a = \dfrac{1}{S_X}, \ b = -\dfrac{\overline{X}}{S_X},$

因此　　$\overline{Z} = \dfrac{1}{S_X}\overline{X} - \dfrac{\overline{X}}{S_X} = 0, \ S_Z = \dfrac{1}{S_X}S_X = 1,$ 故得證。

# 4.9　箱形圖及其應用

本節是繼續第三章 3.3 節的枝葉圖之資料分析方法，並討論它的應用。以例 3.16 資料所作枝葉圖如下：

| 枝 | | | | 葉 | | | |
|----|---|---|---|---|---|---|---|
| 4* | 2 | | | | | | |
| 4˙ | 5 | 5 | 5 | 7 | | | |
| 5* | 1 | 1 | 1 | 1 | 1 | 3 | 4 | 4 |
| 5˙ | 7 | 8 | 8 | 9 | | | |
| 6* | 2 | 2 | 3 | 4 | | | |
| 6˙ | 7 | 7 | 9 | 9 | | | |
| 7* | 2 | 4 | | | | | |
| 7˙ | 8 | 8 | | | | | |
| 8* | 3 | | | | | | |

　　我們從資料分布的兩端最大值與最小值向中間看，每一個資料距離分配中心有多遠？所謂中心是指全部資料數值大小不偏不倚的中位數，而以距離中心的深入程度來表示，我們稱它為深度 (depth)。深度值愈小表示深度愈淺，也就是距離中位數愈遠；深度值愈大表示深度愈深，也就是距離中位數愈近。如深度值為 1 的是 $X_{(1)}$ 及 $X_{(n)}$；深度值為 2 的是 $X_{(2)}$ 及 $X_{(n-1)}, \cdots$ 以此類推。因此每一個資料都有其深度值，而其值必不超過資料總數 $n$（樣本數）的一半。在枝葉圖中僅表示出該列資料最大的深度值，將上例計算其深度值如下：

| 深度 | 枝 | | | | 葉 | | | |
|------|----|---|---|---|---|---|---|---|
| 1 | 4* | 2 | | | | | | |
| 5 | 4˙ | 5 | 5 | 5 | 7 | | | |
| 13 | 5* | 1 | 1 | 1 | 1 | 1 | 3 | 4 | 4 |
| (4) | 5˙ | 7 | 8 | 8 | 9 | | | |
| 13 | 6* | 2 | 2 | 3 | 4 | | | |
| 9 | 6˙ | 7 | 7 | 9 | 9 | | | |
| 5 | 7* | 2 | 4 | | | | | |
| 3 | 7˙ | 8 | 8 | | | | | |
| 1 | 8* | 3 | | | | | | |

深度計算類似次數分配中以上累積次數及以下累積次數的計算，由於深度值不超過 $\frac{n}{2}$，因此在包含中位數那一列另以括弧表示該列的次數而非累積次數，所以總次數 = 括弧中次數 + 上下兩列之深度值（如上例 30 = 4 + 13 + 13）。根據這項結果能夠很容易算出中位數 $M_e = \frac{1}{2}(X_{(15)} + X_{(16)}) = \frac{1}{2}(58 + 58) = 58$。

枝葉圖的分析都是以深度值為計算依據，接下來我們要介紹 $H$ 值的計算（可以說相當於四分位數），分上 $H$ 值及下 $H$ 值，與中位數的相關位置如圖 4.19。

最小值　　　下 $H$ 值　　中位數 $M$ 值　　上 $H$ 值　　最大值

**圖 4.19**　$M$ 值、上 $H$ 值及下 $H$ 值位置圖

中位數 $M$ 值（為 $M_e$ 之簡化）將全部資料分割為兩半，上 $H$ 值及下 $H$ 值如同 $Q_3$ 及 $Q_1$ 一樣將全部資料再分割為 4 份。計算步驟如下：

設 $d(M)$、$d(H)$ 分別為 $M$ 值、$H$ 值的位置（資料的深度），則

$$d(M) = \frac{n+1}{2}$$

$$d(H) = \frac{[d(M)]+1}{2} \tag{4.26}$$

$[d(M)]$ 代表不大於 $d(M)$ 的最大整數。如前例，$n = 30$，則 $d(M) = 15.5$，$d(H) = \frac{[15.5]+1}{2} = 8$。因此上 $H$ 值及下 $H$ 值分別是深度為 8 的資料（若含有點 5 的情況，則計算此數值前後深度所代表資料之平均）。所以

下 $H$ 值 = 由上端計算深度為 8 的資料 = 51

上 $H$ 值 = 由下端計算深度為 8 的資料 = 67

又設上 *H* 值與下 *H* 值之差距為 *H* 寬度, 即

$$H \text{ 寬度} = 上 H \text{ 值} - 下 H \text{ 值} \tag{4.27}$$

代表最中間 50% 的資料所分布之範圍。如前例 *H* 寬度 = 67 − 51 = 16。

　　根據前面所計算之中位數、上 *H* 值、下 *H* 值及 *H* 寬度可繪製成箱形圖 (boxplot), 主要作用是一方面了解資料分布的狀況, 包括資料的對稱性及其離勢; 另一方面是判斷資料有無離群值。

　　製作方法如下:

### 第一步──界定離群值內限與外限之範圍

$$資料分布內限之上界 = 上 H \text{ 值} + 1.5 \times H \text{ 寬度}$$

$$資料分布內限之下界 = 下 H \text{ 值} - 1.5 \times H \text{ 寬度}$$

$$資料分布外限之上界 = 上 H \text{ 值} + 3 \times H \text{ 寬度}$$

$$資料分布外限之下界 = 下 H \text{ 值} - 3 \times H \text{ 寬度} \tag{4.28}$$

資料落在內限的範圍內稱為正常資料; 資料落在內限與外限之間稱為溫和離群資料; 落在外限範圍之外則稱為嚴重離群資料。如圖 4.20 所示。

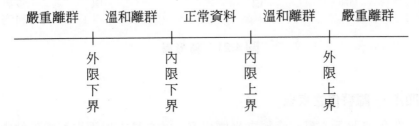

圖 4.20　離群值位置圖

### 第二步──以下 *H* 值、*M* 值及上 *H* 值繪成一長方形, 如下:

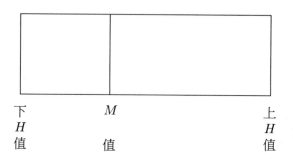

下　　　　　　　M　　　　　　　上
H　　　　　　　　　　　　　　　H
值　　　　　　　值　　　　　　　值

### 第三步──正常資料之範圍

在長方形的兩端於中間處向外延伸 2 條直線至代表正常值之範圍，即左邊至實際資料不小於內限下界，右邊至實際資料不大於內線上界。可用圖 4.21 表示如下：

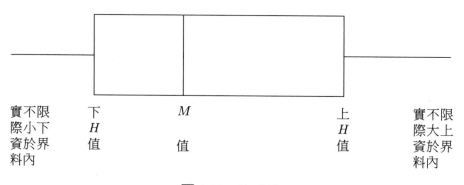

實不限　下　　　　　　M　　　　　　上　　　　實不限
際小下　H　　　　　　　　　　　　　H　　　　際大上
資於界　值　　　　　　值　　　　　　值　　　　資於界
料內　　　　　　　　　　　　　　　　　　　　料內

**圖 4.21　箱形圖**

### 第四步──離群值之表現

在長方形下方畫出資料之坐標尺度，並在長方形兩端直線延伸處，按實際資料尺度以 "＊" 符號標明溫和離群資料；以 "○" 符號標明嚴重離群資料。如前例可計算如下：

內限範圍

下限 $= 51 - 1.5 \times 16 = 27$

上限 $= 67 + 1.5 \times 16 = 91$

外限範圍

下限 $= 51 - 3 \times 16 = 3$

上限 $= 67 + 3 \times 16 = 115$

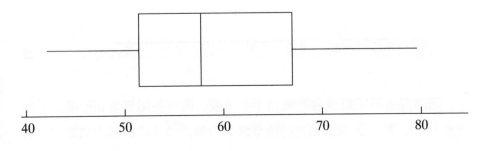

**圖** 4.22　*例* 3.16 *箱形圖*

由上面的箱形圖可看出資料在左邊較集中，右邊拖得較長，是一個右偏分配，沒有離群值。

**實例 4.27**

將職棒 6 年各球員打擊率資料繪製成箱形圖。

【解】

$$d(M) = (83 + 1)/2 = 42, M = X_{(42)} = 0.256$$

$$d(H) = (42 + 1)/2 = 21.5$$

下 $H$ 值 $= (0.225 + 0.225)/2 = 0.225$

上 $H$ 值 $= (0.291 + 0.290)/2 = 0.2905$

$H$ 寬度 $= 0.2905 - 0.225 = 0.0655$

內限上界 $= 0.2905 + 1.5 \times 0.0655 = 0.38875$

內限下界 $= 0.225 - 1.5 \times 0.0655 = 0.12675$

外限上界 $= 0.225 + 3 \times 0.0655 = 0.4215$

外限下界 $= 0.225 - 3 \times 0.0655 = 0.0285$

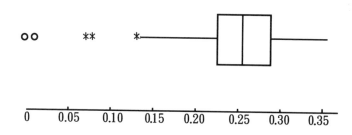

　　若離群值不明顯或者判斷並不很重要，則可採用簡易箱形圖，不須計算 $H$ 值，長方形兩端的直線繪至實際資料之極小值與極大值即可。整個箱形圖亦可反轉 90° 來表現，尤其適合多組資料之比較。

## 例 4.28

將一個 45 名學童的班級隨機平分成 5 組，每組 9 人，分別施以 5 種不同的教材或方法（以 $A$、$B$、$C$、$D$、$E$ 表示），經過一段時間後測試每個學童的成績如下：

| 組別 | 成 | | | | | 績 | | | |
|---|---|---|---|---|---|---|---|---|---|
| $A$ | 14 | 24 | 20 | 24 | 23 | 16 | 15 | 24 | 17 |
| $B$ | 23 | 13 | 19 | 21 | 13 | 20 | 19 | 16 | 21 |
| $C$ | 28 | 30 | 29 | 24 | 27 | 30 | 28 | 28 | 23 |
| $D$ | 19 | 28 | 26 | 26 | 19 | 24 | 24 | 23 | 22 |
| $E$ | 14 | 13 | 21 | 15 | 15 | 19 | 20 | 18 | 10 |

這個表的內容告訴我們不同的教學方法有什麼差異？

【解】

將 5 組資料繪製成簡易箱形圖，同時陳列如下：

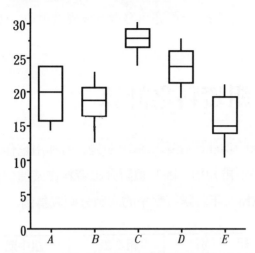

我們可以很清楚的發現，$C$ 組與 $E$ 組資料均無重疊；$B$ 組與 $C$ 組僅有一點接觸，顯現不同的教學方法會產生不同的成績。　■

**實例 4.29**

將每一個月統一發票開獎的頭獎號碼末尾 3 個數字視為一組資料，下圖為 83 年 1 月至 8 月共 8 組資料之箱形圖：

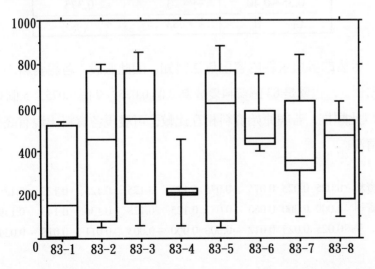

多組資料之箱形圖排列在一起，可以同時比較各組資料分布狀況，一方面可知分布之隨機性，另一方面亦可發現有無異常現象（如4月及6月）。

# 4.10 分組資料之計算

次數分配表的功能已在第三章說明過，若利用它作為計算依據時，則由於原始資料不再知道，因此須對分組資料作某種假設，以求得近似值。以第三章職棒6年各隊打擊率的次數分配表為例

| 組　　別 | 組次數 | 組中點 |
|---------|-------|-------|
| 0.00～0.05 | 2 | 0.025 |
| 0.05～0.10 | 2 | 0.075 |
| 0.10～0.15 | 5 | 0.125 |
| 0.15～0.20 | 6 | 0.175 |
| 0.20～0.25 | 17 | 0.225 |
| 0.25～0.30 | 34 | 0.275 |
| 0.30～0.35 | 14 | 0.325 |
| 0.35～0.40 | 3 | 0.375 |
| 合　　計 | 83 | |

分組後的各組資料內容已無法得知，因此假設「各組資料均集中於組中點上」，也就是83個資料變成為2個0.025，2個0.075，5個0.125，……以此類推，若與原始資料相互比較，可發現各資料出現有高估或低估的情況：

| 假設資料 | 0.025 | 0.025 | 0.075 | 0.075 | 0.125 | 0.125 | 0.125 | 0.125 | 0.125 | 0.175 |
|---------|-------|-------|-------|-------|-------|-------|-------|-------|-------|-------|
| 原始資料 | 0.000 | 0.000 | 0.063 | 0.083 | 0.125 | 0.128 | 0.136 | 0.143 | 0.149 | 0.160 |
| 誤　　差 | 0.025 | 0.025 | 0.012 | −0.008 | 0.000 | −0.003 | −0.011 | −0.018 | −0.024 | 0.015 |

一般來說只要分組適當這種偏誤可相互抵銷，而使整個計算誤差不會太
大。因此計算公式可表示為

$$\overline{X} = \frac{\sum\limits_{i=1}^{n} X_i}{n} \cong \frac{\sum\limits_{i=1}^{k} X_i f_i}{n}$$

（$X_i$ 為各組組中點）　　　　　　　　　　　　　　　　　　　　（4.29）

在使用組中點作計算時，由於次數分配表大都為等組距，因此各組組中
點之間的差數均為組距的倍數，即

$$X_i - X_j = h(i - j) \tag{4.30}$$

所以我們可以依據線性變換的規則，將分組資料的計算簡化，取

$$d_i = \frac{X_i - A}{h}$$

（$A$ 可任選某一組的組中點，通常是選較中間且組次數較大的組中
　點）

此時 $d_i = \cdots$、$-3$、$-2$、$-1$、$0$、$1$、$2$、$3$、$\cdots$ 形成很簡單的數量。由
於 $X = A + hd$，所以可先計算 $\overline{d}$ 及 $S_d$，此時

$$\overline{d} = \frac{\Sigma df}{n}, \; S_d = \sqrt{\frac{\Sigma d^2 f - \dfrac{(\Sigma df)^2}{n}}{n-1}} \tag{4.31}$$

然後再依 $\overline{X} = A + h\overline{d}$ 及 $S_X = h S_d$ 產生所欲求之結果。

### 例 4.30

依據職棒 6 年各隊打擊率的次數分配表計算平均數及標準差。

【解】

| 組　　別 | 組次數 | 組中點 | $d$ | $df$ | $d^2f$ |
|---|---|---|---|---|---|
| 0.00~0.05 | 2 | 0.025 | −5 | −10 | 50 |
| 0.05~0.10 | 2 | 0.075 | −4 | −8 | 32 |
| 0.10~0.15 | 5 | 0.125 | −3 | −15 | 45 |
| 0.15~0.20 | 6 | 0.175 | −2 | −12 | 24 |
| 0.20~0.25 | 17 | 0.225 | −1 | −17 | 17 |
| 0.25~0.30 | 34 | 0.275 | 0 | 0 | 0 |
| 0.30~0.35 | 14 | 0.325 | 1 | 14 | 14 |
| 0.35~0.40 | 3 | 0.375 | 2 | 6 | 12 |
| 合　　計 | 83 | | | −42 | 194 |

所以 $\bar{d} = \dfrac{-42}{83} = -0.506$, $S_d = \sqrt{\dfrac{\Sigma d^2 f - \dfrac{(\Sigma df)^2}{n}}{n-1}} = \sqrt{\dfrac{194 - \dfrac{42^2}{83}}{82}} =$

$\sqrt{\dfrac{172.747}{82}} = 1.45144$, 則平均數 $= 0.275 - 0.05 \times 0.506 = 0.2497$, 標準差

$= 0.05 \times 1.45144 = 0.0726$ 與使用原始資料之結果作比較 $\overline{X} = 0.246$,

$S = 0.07$ 沒有多大的差別。

再以另一種次數分配表作計算:

| 組　　別 | 組次數 | $d$ | $df$ | $d^2f$ |
|---|---|---|---|---|
| 0.00~0.04 | 2 | −5 | −10 | 50 |
| 0.04~0.08 | 1 | −4 | −4 | 16 |
| 0.08~0.12 | 1 | −3 | −3 | 9 |
| 0.12~0.16 | 5 | −2 | −10 | 20 |
| 0.16~0.20 | 6 | −1 | −6 | 6 |
| 0.20~0.24 | 13 | 0 | 0 | 0 |
| 0.24~0.28 | 30 | 1 | 30 | 30 |
| 0.28~0.32 | 16 | 2 | 32 | 64 |
| 0.32~0.36 | 9 | 3 | 27 | 81 |
| 合　　計 | 83 | | 56 | 276 |

所以 $\bar{d} = \dfrac{56}{83} = 0.6747$, $S_d = \sqrt{\dfrac{\Sigma d^2 f - \dfrac{(\Sigma df)^2}{n}}{n-1}} = \sqrt{\dfrac{276 - \dfrac{56^2}{83}}{82}} =$

$\sqrt{\dfrac{238.2169}{82}} = 1.70443$, 則平均數 $= 0.22 + 0.04 \times 0.6747 = 0.247$, 標準

差 $= 0.04 \times 1.70443 = 0.0682$ 編表雖然不同, 但結果相差有限。　∎

　　使用次數分配表作計算依據, 雖然有誤差存在, 然而在下列幾種情

況下有時不得不使用:

　　⑴最初所取得的資料就是分組資料型態。

　　⑵被整飾過的測度資料, 如 60 公斤實際上是 59.5 公斤至 60.5 公斤

之間。

　　⑶某些被設限之資料, 如疾病復發時間, 僅知在連續 2 次診斷時間

之間。

# 重要名詞

| | |
|---|---|
| 集中趨勢 | 位置量數 |
| 母數 | 統計量 |
| 算術平均數 | 隨機性變動 |
| 線性變換 | 平行變換 |
| 伸縮變換 | 加權平均數 |
| 截尾算術平均數 | 集中效應 |
| 分散效應 | 中位數 |
| 分割數 | 四分位數 |
| 百分位數 | 眾數 |
| 離勢 | 標準差 |

變異數　　　　　　　　　　　右偏分配

左偏分配　　　　　　　　　　柴比希夫定理

相對離差　　　　　　　　　　變異係數

標準值　　　　　　　　　　　$T$ 標準分數

深度　　　　　　　　　　　　上 $H$ 值

下 $H$ 值　　　　　　　　　　$H$ 寬度

箱形圖　　　　　　　　　　　內限範圍

外限範圍　　　　　　　　　　溫和離群

嚴重離群　　　　　　　　　　正常資料

# 習 題

4.1 隨機選出 5 個家庭，調查他們在當地居住的時間如下：

　　　　4 年　8 個月　2 年　27 年　14 個月

試求其算術平均數。

4.2 一輛貨車最高載重量是 3000 公斤，今考慮下列甲、乙、丙 3 種載貨情形，其中何者會超載？

甲、20 箱零件，每箱平均重量為 160 公斤。

乙、10 包肥料，每包重 40 公斤及 30 綑鮮花，每綑 30 公斤，再加上 40 盒種子，每盒重 40 公斤。

丙、38 袋水泥，每袋重 50 公斤及 24 塊石板，每塊重 82 公斤。

4.3 在一次公司宴會上，有 100 名賓客，侍者準備好每份 200 公克的沙拉，結果發現少了 20 份。今欲使全部賓客每人都能有 1 份沙拉，則每份應減少多少公克才夠？

4.4 製造公司抽查 400 批產品（每批件數相同），其不良品件數產生下面的統計表：

| 不良數 | 批　數 | 不良數 | 批　數 |
|--------|--------|--------|--------|
| 0 | 53 | 7 | 12 |
| 1 | 106 | 8 | 9 |
| 2 | 82 | 9 | 3 |
| 3 | 58 | 10 | 1 |
| 4 | 35 | 11 | 2 |
| 5 | 20 | 12 | 1 |
| 6 | 18 | | |

試求每批平均有多少不良品？假設每批 1000 件，所抽查的全部產品，不良品以 "1" 代表，良品以 "0" 代表，則此項資料的平均數及標準差分別為多少？

4.5 下表為一家公司近 3 年來每季的生產量：

| 季別<br>年度 | 1 | 2 | 3 | 4 |
|---|---|---|---|---|
| 81 | 1048 | 964 | 833 | 1265 |
| 82 | 1117 | 848 | 769 | 1306 |
| 83 | 1083 | 968 | 812 | 1240 |

試計算下列各問題：

(a) 3 年來同一季的平均產量（按第 1、2、3、4 季分別計算）。

(b) 3 年來每年每季平均產量（按 81、82、83 年度分別計算）。

(c) 3 年來哪一年各季產量較集中？

4.6 就業輔導單位常使用「全部廠商求才人數÷求職者申請人數」的結果，宣布：「平均每一位申請者有 2.45 個工作機會讓他選擇。」試評論這種說法。

4.7 一家連鎖商店在甲地有 5 家分店，4 月 4 日 5 家分店的銷售額（單位：萬元）如下：

4.5　8.6　7.4　3.2　4.5

(a) 求當日銷售額之算術平均數、中位數及眾數。

(b) 已知 3 月 29 日此 5 家分店銷售額之算術平均數為 63000 元，中位數為 58000 元，眾數為 53000 元，則此 2 天該連鎖商店總銷售額相差多少元？

4.8 某人持有某種股票，分 3 次購入，中途未曾再售出，3 次價格分別是（按購買先後）$120, $100, $80，試按下列各情況分別計算其算

術平均價格:

(a) 3 次購入股數分別是 2000 股、3000 股、5000 股。

(b) 3 次購入的金額分別是 $180000、$250000、$480000。

(c) 僅知 3 次購入之股數相等。

(d) 僅知 3 次購入之金額相等。

4.9 對下列各樣本資料計算其算術平均數、中位數、眾數、全距及標準差:

(a) 2, 5, 7, 11, 13

(b) 1, 4, 4, 7, 8, 8

(c) 5, 5, 5, 5, 5

(d) 0, 4, 2, 6, −4, 0, −6, 2, 4

(e) 0, −3, 1, 2, −2, 3, 1, 2, 0

4.10 經過市區中心時，記錄4處電子數位溫度顯示器的結果如下:

$$29.1°C \quad 28.6°C \quad 29.3°C \quad 23.7°C$$

如何計算當天該市區之平均溫度?

4.11 調查20 個家庭的子女人數如下表:

| 子女人數 | 家數 |
|---|---|
| 0 | 4 |
| 1 | 6 |
| 2 | 5 |
| 3 | 3 |
| 4 | 1 |
| 5 | 1 |

試求 $\overline{X}, M_e, M_o$ 及 $S$。

4.12 隨機由全球抽出 5 個國家，其去年人口增加率分別是（單位: 千分比）:

$$20 \quad 18 \quad 15 \quad 25 \quad 22$$

這些數字的算術平均是否是世界人口增加狀況的良好指標? 並說明其理由。

(人口增加率 = 人口增加數 ÷ 人口總數 ×1000‰)

4.13 甲、乙兩選手100公尺5次測驗成績如下 (單位: 秒):

甲　　12.3 12.2 12.2 17.0 12.3

乙　　12.5 12.6 12.6 12.7 12.6

(a)分別計算2人成績之算術平均數。

(b)若知甲第4次為中途不慎跌倒所致, 則應如何計算2人平均成績較合適?

4.14 工業研究院接受某製造乾電池公司的委託, 檢驗該公司所生產電池的耗用壽命, 16件產品的檢驗結果如下:

$$425 \quad 375 \quad 416 \quad 623 \quad 325 \quad 483 \quad 1064 \quad 652$$

$$534 \quad 287 \quad 504 \quad 270 \quad 495 \quad 565 \quad 302 \quad 316$$

(a)計算其 $\overline{X}, M_e$, 及 $S$。

(b)應使用哪一種結果提供給製造廠商較合適? 為什麼?

4.15 隨機由某家自助餐廳中午時刻抽訪15位顧客, 其消費額為

$$35 \quad 40 \quad 40 \quad 50 \quad 55 \quad 70 \quad 75 \quad 90 \quad 45 \quad 45 \quad 50 \quad 40 \quad 50 \quad 45 \quad 50$$

(a)計算 $\overline{X}, M_e, M_o$ 及 $S$。

(b)若知當天中午在該餐廳用餐的顧客有140位, 則如何使用(a)的結果, 估計中午的總收入?

4.16 研究員調查某一政府機構160名員工的財產, 得知每一員工財產價值由$150000至$25000000, 並求得算術平均數為$1680000, 中位數為$400000。今假設在資料輸入時, 誤將$25000000打為$250000000, 則對所計算之算術平均數及中位數有何影響?

4.17 考慮下列兩組資料:

| 第1組 | | | 第2組 | | |
|---|---|---|---|---|---|
| 28 | 18 | 20 | 56 | 23 | 13 |
| 30 | 24 | 16 | 16 | 14 | 3 |
| 19 | 22 | 13 | 26 | 8 | 9 |
| 23 | 9 | 18 | 9 | 32 | 31 |

(a)繪製成點圖，是否可判斷何者較集中？

(b)計算每組之 $\overline{X}$ 及 $S$。

(c)說明上述(a)與(b)的結果是否一致？

(d)是否每組資料都包括在平均數附近3倍標準差範圍內？

4.18 評論下列敘述是否正確？如果是錯的，並將其修正：

(a)一個對稱資料所計算的 $\overline{X}$、$M_e$ 及 $M_o$ 均相同。

(b)一個對稱資料所計算的全距大約是標準差的3倍。

(c)如果標準差等於零，則每一資料必均為零。

(d)若一組資料之標準差與變異數相等，則表示這組資料每個均相
　等。

(e)資料分布之左方有一些特別小的資料，則其算術平均數將低於中
　位數。

4.19 是否可就下列各問題所產生之次數分配，說明其可能形成對稱分配
　或右偏分配或左偏分配或其他可能？

(a)一項非常簡單的測驗成績。

(b)一項非常困難的測驗成績。

(c)一項問題很難的測驗所耗費的時間（限時1小時）。

(d)某一規模很大歷史悠久的企業員工之薪資。

(e)全校學生上週看電視所花費的時間。

(f)一百對結婚滿5年的家庭其組成份子之年齡。

(g)所有小汽車車身高度。

4.20 一次電腦鼠走迷宮大賽，15 位參加者成績如下（$N$ 代表規定時間已到尚未走出）：

$$2'45" \quad 3'05" \quad 2'55" \quad 3'10" \quad 3'15" \quad 2'53" \quad 3'02" \quad 3'48"$$
$$3'27" \quad 3'49" \quad 3'54" \quad 2'57" \quad 3'37" \quad N \quad N$$

試說明本次比賽之平均成績如何？

4.21*按 4.7 節證明方式求算當 $n = 2k + 1$ 時，$\sigma$ 的界限為何？

4.22*（續前題）在上述假設資料中，平均數附近最少多少倍的標準差範圍內可包含全部的資料？

4.23*以例 4.21 的母體資料，在何種情況下，$\mu \pm 3\sigma$ 可包含全部的資料？

4.24 木材公司採購部經理打算購買每根至少 10 公尺的木材 25 根。他到一處林場，負責人提出林場木材狀況簡報，500 棵樹木，平均高度 8 公尺，標準差為 0.5 公尺，分配接近對稱。此時該公司經理應做何決策？

4.25 假設在滿分 400 分的測驗中，你考得 350 分，而全部成績之算術平均數為 280 分，標準差為 20 分。你覺得你的表現理想嗎？為什麼？

4.26 已知同一科目測驗，甲生分數 78 分，乙生分數 62 分，使用 $T$ 標準分數換算所得 $T$ 分，甲生為 68 分，乙生為 54 分。試求該項測驗分數之平均數及標準差。

4.27 依據習題 4.4 的結果，分別計算下列 3 個區間內所含資料的百分比，並與經驗法則相比較：

(a) $(\overline{X} - S, \overline{X} + S)$

(b) $(\overline{X} - 2S, \overline{X} + 2S)$

(c) $(\overline{X} - 3S, \overline{X} + 3S)$

4.28 兩種廠牌的棒球（$A$、$B$）及不同製品的球棒（木製、鋁製），做不同組合之打擊實驗，結果如下（單位：英呎）：

| 木製、$A$ 球 | 230 | 242 | 242 | 250 | 248 |
| 木製、$B$ 球 | 258 | 264 | 265 | 275 | 270 |
| 鋁製、$A$ 球 | 265 | 270 | 277 | 282 | 280 |
| 鋁製、$B$ 球 | 290 | 302 | 310 | 318 | 305 |

(a)將每組實驗結果繪製成點圖及箱形圖。

(b)計算每組實驗結果的 $\overline{X}$、$M_e$ 及 $R$、$S$。

(c)計算使用木製球棒時之 $\overline{X}$、$M_e$ 及 $R$、$S$。

(d)計算使用鋁製球棒時之 $\overline{X}$、$M_e$ 及 $R$、$S$。

(e)計算使用 $A$ 球棒時之 $\overline{X}$、$M_e$ 及 $R$、$S$。

(f)計算使用 $B$ 球棒時之 $\overline{X}$、$M_e$ 及 $R$、$S$。

(g)是否可看出哪一種組合的實驗結果較集中？

4.29 依據習題 3.9 所編次數分配表，計算其 $\overline{X}$、$M_e$ 及 $S$，並分別計算下列 3 個區間內所含資料的百分比，並與經驗法則相比較：

(a) $(\overline{X} - S, \overline{X} + S)$

(b) $(\overline{X} - 2S, \overline{X} + 2S)$

(c) $(\overline{X} - 3S, \overline{X} + 3S)$

4.30 依據習題 3.13 資料，編製箱形圖，並作離群值判斷。

4.31 按習題 2.10 所抽樣本計算每人分數之 $\overline{X}$、$M_e$ 及 $S$。

4.32 （續前題）按統一身分號碼之字母，分 $B$、$L$、$M$、$N$、$K$ 及其他等 6 類分別計算 $\overline{X}$ 及 $S$。

4.33 一百貨公司營業部門針對某家罐頭公司所提供的草菇罐頭，擬定各種銷售價格及其預計每月銷售量如下：

| 每罐價格 | 預計銷售量 |
|---|---|
| 45 | 15000 |
| 50 | 12000 |
| 60 | 8000 |

假設每罐成本為 30 元, 試依據下列各情況作答:

(a)3 種價格政策以何者的估計總銷售金額最多?

(b)3 種價格政策以何者的估計總利潤額為最多 (不考慮其他因素)?

(c)欲使總利潤額為25 萬元, 銷售量為 1 萬罐, 則每罐定價應為多少元?

4.34 某次統計學測驗二年級 3 個班級的成績與有關數據如下表:

| 班級 | 班級人數 | 平均分數 | 中位數 | 標準差 | 上 H 值 | 下 H 值 | 最高分 | 最低分 |
|---|---|---|---|---|---|---|---|---|
| 甲 | 40 | 70.25 | 74 | 12.6 | 82 | 66 | 96 | 52 |
| 乙 | 32 | 76.5 | 78 | 14.5 | 82.5 | 71.5 | 92 | 40 |
| 丙 | 35 | 82.2 | 80 | 16.8 | 90 | 72 | 98 | 60 |

(a)以變異係數觀點來看, 哪一班分數較集中?

(b)某生考 85 分, 這個分數在哪一班可以排得較好的名次?

(c)下圖應當屬於哪一個班級的箱形圖?

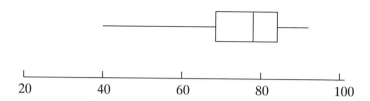

(d)以箱形圖來看, 哪一班的分數最對稱? (不需繪出圖形)

(e)將甲班的分數作成枝葉圖後, 其深度為 1 的資料是什麼?

(f)若將全二年級分數合併編製枝葉圖, 則其深度為 1 的資料是什麼?

# 第五章　雙變量資料之展現

本章乃延續第三章單變量資料的展現進入到雙變量資料，首先從資料的整理開始，討論定性資料及計量資料在雙變量情況下的表列方式，然後再詳述有關圖示的方法。

## 5.1　關聯表

大部分原始資料經初步整理後的基本架構如同下面的形式：

| 編號 | 身分 | 性別 | 年齡 | 住址距離 | 住院與否 | 初診否 |
|------|------|------|--------|----------|----------|--------|
| 1 | 榮眷 | 女 | > 45 | 臺北 | 住院 | 複診 |
| 2 | 榮眷 | 女 | 25～45 | 臺北 | 住院 | 複診 |
| 3 | 榮民 | 男 | > 45 | 臺北 | 住院 | 複診 |
| 4 | 榮民 | 男 | 25～45 | 臺北 | 住院 | 複診 |
| 5 | 投保 | 女 | 25～45 | 臺北 | 住院 | 複診 |
| ⋮ | ⋮ | ⋮ | ⋮ | ⋮ | ⋮ | ⋮ |

資料來源：趙蓮菊、王迺聖著：〈臺北榮總病歷數據之邏輯回歸分析〉《中國統計學報》28 卷一期民國 79 年。

屬於多變量資料形式，各變量有定性資料，亦有計量資料。若對其中兩項定性類別的資料進行交叉表格整理，則此種表格稱為關聯表 (contingency table)，也稱交叉分類表 (cross categorical table)。

**例 5.1**

記錄某一時期高速公路所發生的 100 次車禍，其中駕駛人不幸喪生的有
30 人，未死亡的則有 70 人。按此結果可表列如下：

| 類別 | 駕駛人死亡 | 駕駛人未死亡 |
|------|-----------|-------------|
| 人數 | 30 | 70 |

此種以單一分類所產生的關聯表稱為單向關聯表。若同時再考慮車禍發
生當時駕駛人有無繫安全帶，則可形成雙向關聯表：

| 類　別 | 駕駛人死亡 | 駕駛人未死亡 | 合計 |
|--------|-----------|-------------|------|
| 未繫安全帶 | 20 | 30 | 50 |
| 繫安全帶 | 10 | 40 | 50 |
| 合　　計 | 30 | 70 | 100 |

若再加上車禍發生當時是否超速，則形成三向關聯表：

| 類　別 | 駕駛人死亡 | | 駕駛人未死亡 | | 合計 |
|--------|------|--------|------|--------|------|
| | 超速 | 未超速 | 超速 | 未超速 | |
| 未繫安全帶 | 18 | 2 | 12 | 18 | 50 |
| 繫安全帶 | 6 | 4 | 4 | 36 | 50 |
| 合　　計 | 24 | 6 | 16 | 54 | 100 |

但我們常將它分割成兩個雙向關聯表來表示：

(1)超速

| 類　別 | 駕駛人死亡 | 駕駛人未死亡 | 合計 |
|--------|-----------|-------------|------|
| 未繫安全帶 | 18 | 12 | 30 |
| 繫安全帶 | 6 | 4 | 10 |
| 合　　計 | 24 | 16 | 40 |

(2)未超速

| 類　別 | 駕駛人死亡 | 駕駛人未死亡 | 合計 |
|---|---|---|---|
| 未繫安全帶 | 2 | 18 | 20 |
| 繫安全帶 | 4 | 36 | 40 |
| 合　　計 | 6 | 54 | 60 |

■

在數據表達方面，以雙向關聯表為例，可利用行或列的總和或全部總和為基礎作比率計算。以例 5.1 之雙向關聯表來說明：

(1)以行的總和計算比率

| 類　別 | 駕駛人死亡 | 駕駛人未死亡 | 合計 |
|---|---|---|---|
| 未繫安全帶 | 0.67 | 0.43 | 0.5 |
| 繫安全帶 | 0.33 | 0.57 | 0.5 |
| 合　　計 | 1.00 | 1.00 | 1.00 |

(2)以列的總和計算比率

| 類　別 | 駕駛人死亡 | 駕駛人未死亡 | 合計 |
|---|---|---|---|
| 未繫安全帶 | 0.4 | 0.6 | 1.00 |
| 繫安全帶 | 0.2 | 0.8 | 1.00 |
| 合　　計 | 0.3 | 0.7 | 1.00 |

(3)以全部的總和計算比率

| 類　別 | 駕駛人死亡 | 駕駛人未死亡 | 合計 |
|---|---|---|---|
| 未繫安全帶 | 0.2 | 0.3 | 0.5 |
| 繫安全帶 | 0.1 | 0.4 | 0.5 |
| 合　　計 | 0.3 | 0.7 | 1.00 |

將上面的資料形式以一般化的格式來表達:

| $i$ / $j$ | 1 | 2 | 3 | $\cdots$ | $c$ | 合　計 |
|---|---|---|---|---|---|---|
| 1 | $n_{11}$ | $n_{21}$ | $n_{31}$ | $\cdots$ | $n_{c1}$ | $n_{.1}$ |
| 2 | $n_{12}$ | $n_{22}$ | $n_{32}$ | $\cdots$ | $n_{c2}$ | $n_{.2}$ |
| 3 | $n_{13}$ | $n_{23}$ | $n_{33}$ | $\cdots$ | $n_{c3}$ | $n_{.3}$ |
| $\vdots$ | $\vdots$ | $\vdots$ | $\vdots$ | | $\vdots$ | $\vdots$ |
| $\vdots$ | $\vdots$ | $\vdots$ | $\vdots$ | | $\vdots$ | $\vdots$ |
| $r$ | $n_{1r}$ | $n_{2r}$ | $n_{3r}$ | $\cdots$ | $n_{cr}$ | $n_{.r}$ |
| 合　計 | $n_{1.}$ | $n_{2.}$ | $n_{3.}$ | $\cdots$ | $n_{c.}$ | $n$ |

圖5.1　雙向關聯表一般格式

其中

$$n_{i.} = \sum_{j=1}^{r} n_{ij} \ , \ n_{.j} = \sum_{i=1}^{c} n_{ij}, \ n = \sum_{i=1}^{c} \sum_{j=1}^{r} n_{ij} \tag{5.1}$$

以行的總和計算比率為例, 利用一般化格式來表達如下, 其餘以此類推:

| $i$ / $j$ | 1 | 2 | $\cdots$ | $c$ | 合　計 |
|---|---|---|---|---|---|
| 1 | $n_{11}/n_{1.}$ | $n_{21}/n_{2.}$ | $\cdots$ | $n_{c1}/n_{c.}$ | $n_{.1}/n$ |
| 2 | $n_{12}/n_{1.}$ | $n_{22}/n_{2.}$ | $\cdots$ | $n_{c2}/n_{c.}$ | $n_{.2}/n$ |
| 3 | $n_{13}/n_{1.}$ | $n_{23}/n_{2.}$ | $\cdots$ | $n_{c3}/n_{c.}$ | $n_{.3}/n$ |
| $\vdots$ | $\vdots$ | $\vdots$ | | $\vdots$ | $\vdots$ |
| $\vdots$ | $\vdots$ | $\vdots$ | | $\vdots$ | $\vdots$ |
| $r$ | $n_{1r}/n_{1.}$ | $n_{2r}/n_{2.}$ | $\cdots$ | $n_{cr}/n_{c.}$ | $n_{.r}/n$ |
| 合　計 | 1 | 1 | $\cdots$ | 1 | 1 |

圖5.2　雙向關聯表比率計算格式

實際應用時，須注意所計算結果的意義，並選擇適合於問題解釋的方式計算。

## 例 5.2

4 家汽車銷售商上週所銷售的車輛按型式及數量所製作的關聯表如下：

| 車型 ＼ 銷售商 | 甲 | 乙 | 丙 | 丁 | 合計 |
|---|---|---|---|---|---|
| 小　型　車 | 152 | 67 | 180 | 13 | 412 |
| 中　型　車 | 121 | 84 | 141 | 50 | 396 |
| 大　型　車 | 53 | 47 | 59 | 33 | 192 |
| 合　　　計 | 326 | 198 | 380 | 96 | 1000 |

我們考慮以行的總和作基礎計算比率，以說明每家銷售商出售每種車型所佔百分比，結果如下（單位：%）：

| 車型 ＼ 銷售商 | 甲 | 乙 | 丙 | 丁 | 合計 |
|---|---|---|---|---|---|
| 小　型　車 | 47 | 34 | 47 | 14 | 41 |
| 中　型　車 | 37 | 42 | 37 | 52 | 40 |
| 大　型　車 | 16 | 24 | 16 | 34 | 19 |
| 合　　　計 | 100 | 100 | 100 | 100 | 100 |

最右邊一欄的比率數字 41%, 40%, 19% 是 4 家銷售商合併計算對各型車輛的銷售比率，如果 4 家的銷售狀況一致的話，那麼每家各車型銷售比率應當都很接近這個數量（如同第四章實例 4.11 一樣屬於一種加權平均數）。然而我們發現各銷售商的比率數量彼此互有高低差異，無法一眼就能比較出他們所存在的差別，為凸顯這種現象的特質，我們可用下面的圖形來表達：

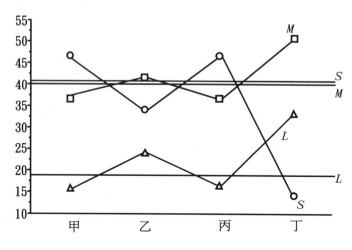

圖5.3　多組類別資料比較圖

水平線代表合併計算的各車型銷售比率，並以 $S$、$M$、$L$ 代表小型、中
型、大型車種；各銷售商的各車型銷售比率則分別以 ○、□、△ 表示 $S$、
$M$、$L$。從圖形中可以發現甲、乙、丙 3 家的狀況大都圍繞在水平線附
近，而獨有丁的比率在大型車與中型車方面遠超過水平線。　　■

**實例 5.3**

由唐朝及宋朝選出 9 位詩人——李白、杜甫、韓愈、白居易、李商隱、
蘇軾、黃庭堅、楊萬里、陸游，從他們的詩作中，計算使用數目字的次
數（即一、二、三、……、九等數字，但屬於地名、人名除外，資料來
源：莊嚴出版社《中國文學欣賞全集》），形成如下之雙向關聯表：

| 姓　名 | 一 | 二 | 三 | 四 | 五 | 六 | 七 | 八 | 九 |
|---|---|---|---|---|---|---|---|---|---|
| 李　白 | 73 | 54 | 64 | 14 | 33 | 10 | 4 | 7 | 18 |
| 杜　甫 | 86 | 41 | 49 | 33 | 28 | 5 | 5 | 14 | 17 |
| 韓　愈 | 52 | 32 | 17 | 15 | 6 | 6 | 2 | 6 | 11 |
| 白居易 | 126 | 59 | 44 | 26 | 34 | 15 | 13 | 17 | 27 |
| 李商隱 | 36 | 14 | 24 | 9 | 15 | 6 | 4 | 5 | 9 |
| 蘇　軾 | 40 | 24 | 22 | 8 | 5 | 2 | 3 | 2 | 4 |
| 黃庭堅 | 48 | 15 | 28 | 11 | 7 | 5 | 3 | 8 | 10 |
| 楊萬里 | 50 | 18 | 9 | 7 | 1 | 3 | 1 | 1 | 4 |
| 陸　游 | 63 | 21 | 26 | 14 | 17 | 5 | 4 | 5 | 11 |
| 合　計 | 574 | 278 | 283 | 137 | 146 | 57 | 39 | 65 | 111 |
| 比　率 | .34 | .16 | .17 | .08 | .09 | .03 | .02 | .04 | .07 |

可以看出 9 個數字的使用頻率有明顯的不同。　　■

**實例 5.4**

依據行政院主計處《國民生活型態與倫理調查報告》臺灣地區 15 歲以上民間人口欣賞電視節目之情形如下表（單位：%）：

中華民國 80 年 3 月

| 性別 | 每日收看 | 2、3 日收看一次 | 僅週末假日收看 | 每週1、2 次 | 未曾收看 | 合計 |
|---|---|---|---|---|---|---|
| 男性 | 78.12 | 15.25 | 2.52 | 3.23 | 0.88 | 100.00 |
| 女性 | 78.86 | 14.76 | 2.34 | 2.95 | 1.08 | 100.00 |
| 全部 | 78.49 | 15.01 | 2.43 | 3.09 | 0.98 | 100.00 |

本表縱向類別屬於二元類別；橫向則為有秩序類別。　　■

　　當統計資料除了類別變數外，還有其他計量變數時，則在表達上有

更多的方式來處理。

例 5.5

調查某公司 20 名職員的教育程度、年齡及月薪如下：

| 編　號 | 教育程度 | 年齡 | 月　薪 |
|---|---|---|---|
| 1 | 高中程度 | 20 | 22000 |
| 2 | 大專程度 | 24 | 28000 |
| 3 | 碩士程度 | 25 | 30000 |
| 4 | 高中程度 | 27 | 28000 |
| 5 | 碩士程度 | 29 | 33500 |
| 6 | 碩士程度 | 31 | 37500 |
| 7 | 大專程度 | 32 | 34000 |
| 8 | 大專程度 | 32 | 33000 |
| 9 | 高中程度 | 35 | 32000 |
| 10 | 大專程度 | 35 | 38000 |
| 11 | 碩士程度 | 38 | 45000 |
| 12 | 碩士程度 | 41 | 47500 |
| 13 | 大專程度 | 42 | 41500 |
| 14 | 大專程度 | 42 | 41000 |
| 15 | 大專程度 | 46 | 48000 |
| 16 | 高中程度 | 50 | 42000 |
| 17 | 大專程度 | 51 | 62000 |
| 18 | 大專程度 | 55 | 56000 |
| 19 | 高中程度 | 57 | 34000 |
| 20 | 高中程度 | 59 | 35000 |

將年齡分成甲（未滿 30 歲）、乙（30 歲至未滿 40 歲）、丙（40 歲至未滿 50 歲）、丁（50 歲至未滿 60 歲）等 4 類，與教育程度形成雙向關聯表：

| 年齡＼教育程度 | 甲 | 乙 | 丙 | 丁 | 合計 |
|---|---|---|---|---|---|
| 高中程度 | 2 | 1 | 0 | 3 | 6 |
| 大專程度 | 1 | 3 | 3 | 2 | 9 |
| 碩士程度 | 2 | 2 | 1 | 0 | 5 |
| 合　　計 | 5 | 6 | 4 | 5 | 20 |

針對每種教育程度或年齡層均可計算其平均月薪：

| 年齡層 | 甲 | 乙 | 丙 | 丁 | 全體 |
|---|---|---|---|---|---|
| 平均月薪 | 28300 | 36583 | 44500 | 45800 | 38400 |
| 標準差 | 4177 | 4779 | 3764 | 12617 | 9776 |

| 教育程度 | 高中 | 大專 | 碩士 | 全體 |
|---|---|---|---|---|
| 平均月薪 | 32167 | 42389 | 38700 | 38400 |
| 標準差 | 6765 | 11118 | 7438 | 9776 |

亦可對雙向關聯表中每一個情況計算其平均月薪：

| 年齡＼教育程度 | 甲 | 乙 | 丙 | 丁 | 合計 |
|---|---|---|---|---|---|
| 高中程度 | 25000 | 32000 | 無 | 37000 | 32167 |
| 大專程度 | 28000 | 35000 | 43500 | 59000 | 42389 |
| 碩士程度 | 31750 | 41250 | 47500 | 無 | 38700 |
| 合　　計 | 28300 | 36583 | 44500 | 45800 | 38400 |

## 實例 5.6

根據行政院主計處《受雇員工動向調查報告》顯示，臺灣地區有酬工作者對其每月工作收入滿意程度，按工作者年齡區分，其結果如下（單位：

千人）：

中華民國 78 年 1 月

| 年　　齡 | 非常滿意 | 滿　　意 | 不甚滿意 | 合　計 |
|---|---|---|---|---|
| 15～19 歲 | 4 (.008) | 238 (.469) | 265 (.523) | 507 (1.0) |
| 20～24 歲 | 13 (.014) | 494 (.527) | 430 (.459) | 937 (1.0) |
| 25～29 歲 | 34 (.026) | 751 (.577) | 516 (.396) | 1302 (1.0) |
| 30～34 歲 | 44 (.035) | 745 (.601) | 451 (.364) | 1240 (1.0) |
| 35～39 歲 | 37 (.035) | 655 (.615) | 372 (.349) | 1065 (1.0) |
| 40～44 歲 | 26 (.040) | 382 (.595) | 234 (.364) | 642 (1.0) |
| 45～49 歲 | 20 (.034) | 356 (.598) | 218 (.366) | 595 (1.0) |
| 50～54 歲 | 18 (.038) | 261 (.557) | 190 (.405) | 469 (1.0) |
| 55～59 歲 | 13 (.033) | 227 (.570) | 158 (.397) | 398 (1.0) |
| 60～64 歲 | 12 (.045) | 155 (.581) | 99 (.371) | 267 (1.0) |
| 65 歲以上 | 5 (.053) | 54 (.568) | 36 (.379) | 95 (1.0) |
| 合　　計 | 226 (.030) | 4320 (.575) | 2969 (.395) | 7515 (1.0) |

附註：(1)括弧中的數字為以列的總和所計算之比率。
　　　(2)因受單位千人整飾之影響，表列數各細數與總和數之間有稍許出入。

對表明「不甚滿意」態度工作者調查其希望增加之工作收入，其結果如下表：

| 年　　齡 | 2999 元以下 | 3000-4999 元 | 5000-9999 元 | 10000 元以上 | 平均數 |
|---|---|---|---|---|---|
| 15 - 19 歲 | 64 | 91 | 92 | 18 | $4308 |
| 20 - 24 歲 | 83 | 142 | 167 | 38 | $4657 |
| 25 - 29 歲 | 71 | 128 | 228 | 89 | $5797 |
| 30 - 34 歲 | 49 | 103 | 188 | 112 | $6550 |
| 35 - 39 歲 | 36 | 76 | 162 | 98 | $6453 |
| 40 - 44 歲 | 26 | 50 | 91 | 67 | $6894 |
| 45 - 49 歲 | 28 | 43 | 86 | 62 | $6863 |
| 50 - 54 歲 | 18 | 36 | 86 | 50 | $6546 |
| 55 - 59 歲 | 19 | 30 | 72 | 36 | $6370 |
| 60 - 64 歲 | 11 | 21 | 44 | 23 | $6347 |
| 65 歲以上 | 6 | 8 | 12 | 9 | $6391 |
| 合　　計 | 411 | 728 | 1229 | 601 | $5972 |

# 5.2 散布圖

對雙變量資料 $\{(X_i, Y_i),\ i = 1, 2, 3, \cdots, n\}$ 形式的初步檢視工作，最常用的方法是將資料繪製成平面坐標的圖形，以了解兩資料在平面上的分布狀況及其可能存在的關係，這就是散布圖 (scattered diagram)。

**例 5.7**

將例 5.5 中，設年齡為 $X$ 坐標，月薪為 $Y$ 坐標所產生的散布圖如圖 5.4。

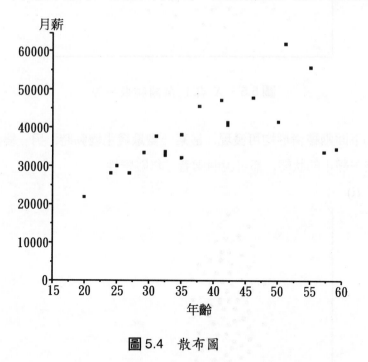

圖 5.4 散布圖

由散布圖各點所排列的型態可初步了解 $X$ 與 $Y$ 變量之間所存在的關係，下面我們使用各種圖例來說明這些可能存有的關係：

### 1.可能沒有關係的情況

(1)資料點圍繞在一起，看不出 X 與 Y 之關聯。

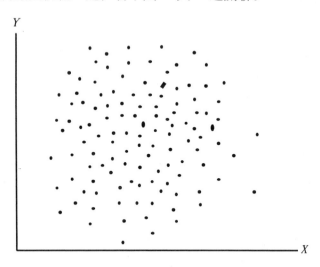

圖 5.5　X 與 Y 無關聯散布圖

(2)下面兩種情形均可發現，當某一變量發生變動時，另一變量仍然呈現幾乎靜止的狀態，都可說明兩者之無關聯性。

(i)

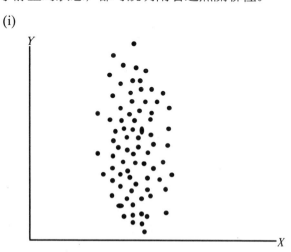

圖 5.6　X 與 Y 無關聯散布圖

(ii)

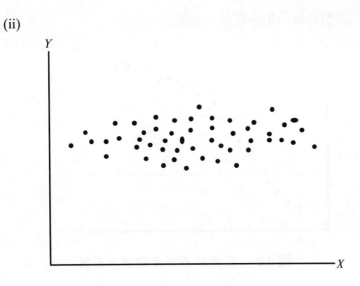

圖 5.7　$X$ 與 $Y$ 無關聯散布圖

## 2.有高度關聯的情況

(1)大部份資料均集中在某一直線上。

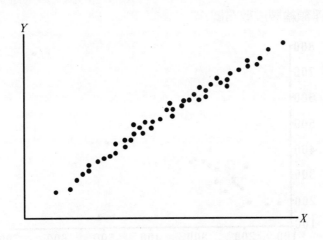

圖 5.8　$X$ 與 $Y$ 有高度關聯散布圖

⑵大部份資料均集中在某一曲線上。

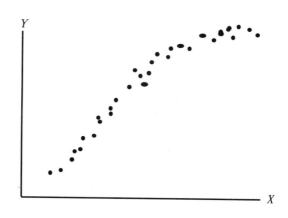

圖5.9　X與Y有高度關聯散布圖

下面我們介紹一些散布圖實際的應用來說明它的功效:

**實例 5.8**

將實例 2.22 之 20 家民營企業連續 2 年（83 年為橫坐標，84 年為縱坐標）營收淨額繪製成散布圖:

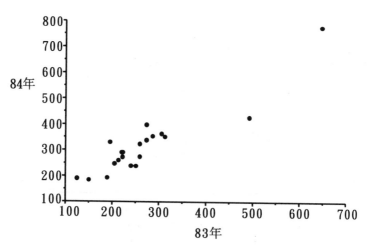

圖5.10　連續 2 年營收淨額散布圖

可以發現各企業連續兩年的營收淨額大都有密切的關聯性。　■

**實例 5.9**

1986 年 1 月 28 日挑戰者太空梭升空發生爆炸。事後調查發現是圓環墊片 (O-ring) 的問題，工程師事前就曾提出警訊，但未被太空總署主管重視。當時雖然曾提出天氣溫度與發生意外次數資料的散布圖，如圖 5.11，

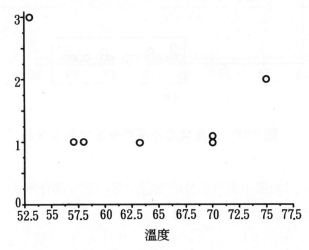

**圖** 5.11　溫度與意外事件發生次數散布圖（未含不發生部份）

但被認為天氣寒冷與圓環墊片損壞不具充分證據。然而若將全部資料（包含未發生意外部份）繪製成散布圖（圖 5.12）：

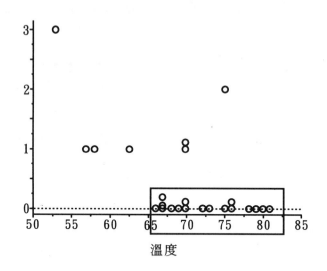

圖 5.12 溫度與意外事件發生次數散布圖

由圖 5.12 可以知道未發生意外的情況天氣溫度大都在華氏 66° 以上（事件發生當天氣溫 31° F）。 ■

　　若雙變量計量資料含有另一個類別資料時，亦可使用平面的散布圖來表現此三變量資料。一般的方法係將散布圖當中的散布點，用代表不同類別的符號區分，以顯示各類別在散布圖中的位置，我們可以從整體上的分布觀察，這些資料的分布位置與類別之間的關係。

**實例 5.10**

將職棒 5、6 年各隊打擊率按隊區分繪製散布圖。

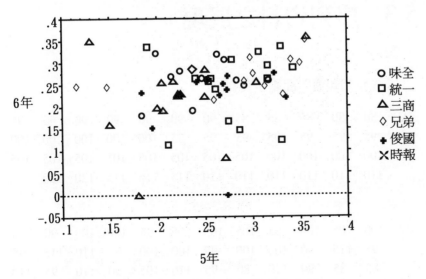

圖 5.13　職棒 5、6 年各隊打擊率散布圖

由各隊集中位置之不同，可以了解各隊這兩年打擊率的變化，我們可與未使用類別變數時的散布圖作比較。

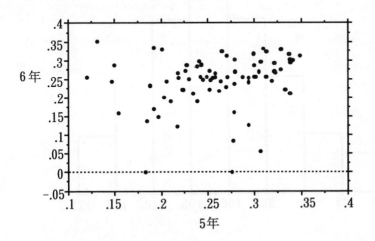

圖 5.14　職棒 5、6 年各隊打擊率散布圖（未分隊顯示）　■

# 5.3   序列資料之展現

首先我們觀察下面兩組資料:

(A)  80   80   85   85   85   90   90   90   90   90   90   95   95
     95   95   95   95   95   95   95  100  100  100  100  100  100
    100  100  100  100  105  105  105  105  105  105  105  105  105
    110  110  110  110  110  110  115  115  115  120  120

(B) 100  105  100   85  105  105  105   95  100  100   90   80   95
     95  115   90  105  100   95  100  100   95  110  115   95  110
     85   85   90  120   80   95  110  105   90  110   95  110  120
    100  105  100  115  100   90   95  110   90  105  105

上面兩組資料所產生的次數分配表及平均數、標準差均為:

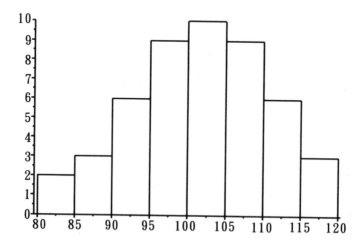

$$\overline{X} = 100, \quad S = 9.689$$

然而我們若按資料發生先後順序，分別繪圖: 以資料順序 1,2,3,…,50 為橫坐標，資料本身為縱坐標，如下所示。

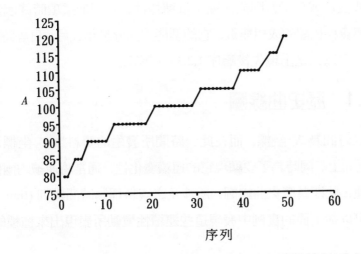

圖 5.15　*A* 組資料散布圖

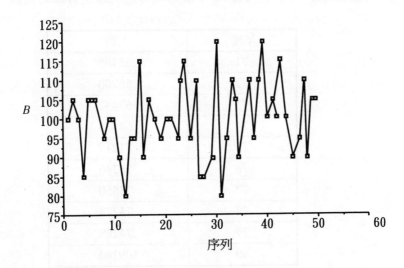

圖 5.16　*B* 組資料散布圖

從上面虛構的例子可以知道，當資料出現隨伴著發生時間先後的因素時，它們的特徵就反應在連續性變化的特性上。此時若仍使用單變量的方式表達或分析，則無法顯示這種特性。我們把這項時間因素當成另一個與資料相配的成對變數，它的型態大部分是年、月、日等時間單位，甚至也可以只是出現先後順序 1,2,3,… 等等。

## 5.3.1 歷史曲線圖

以時間為 $X$ 坐標，而在此一時間所發生的資料為 $Y$ 坐標，繪製在 $XY$ 平面上。同時為了要顯現它的連續變化性，通常將連續的兩個點以線段相連，此即為歷史曲線圖，所涉及之資料稱為時間數列 (time series)。我們可以從下面的實例中發現這些連續性變動所表現出來種種的規律。

**實例 5.11**

下表是由民國 71 年至民國 80 年臺灣地區判決確定有罪的人數：

| 年度 | 人數 |
|------|--------|
| 71 | 55465 |
| 72 | 56268 |
| 73 | 63447 |
| 74 | 64835 |
| 75 | 71217 |
| 76 | 76246 |
| 77 | 73550 |
| 78 | 75774 |
| 79 | 74298 |
| 80 | 109163 |

資料來源：法務部《犯罪狀況及其分析報告》。

將此資料繪製成歷史曲線圖。

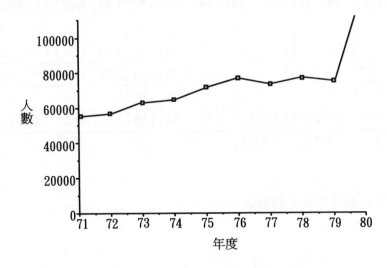

圖 5.17　歷年判決有罪人數歷史曲線圖　■

**實例 5.12**

下表為我國從 68 年至 83 年每月之失業率

| 年度 | 1 月 | 2 月 | 3 月 | 4 月 | 5 月 | 6 月 | 7 月 | 8 月 | 9 月 | 10 月 | 11 月 | 12 月 |
|---|---|---|---|---|---|---|---|---|---|---|---|---|
| 68 | 1.29 | 1.30 | 1.19 | 1.09 | 1.18 | 1.14 | 1.55 | 1.55 | 1.41 | 1.17 | 1.20 | 1.23 |
| 69 | 0.95 | 1.10 | 1.06 | 0.93 | 1.19 | 1.30 | 1.52 | 1.62 | 1.36 | 1.26 | 1.20 | 1.25 |
| 70 | 0.96 | 1.43 | 1.09 | 0.86 | 1.01 | 1.33 | 1.48 | 1.79 | 1.69 | 1.73 | 1.55 | 1.32 |
| 71 | 1.36 | 1.62 | 1.32 | 1.49 | 1.98 | 1.95 | 2.21 | 2.65 | 2.68 | 2.77 | 2.71 | 2.79 |
| 72 | 2.73 | 3.45 | 2.91 | 2.61 | 2.42 | 2.50 | 2.88 | 2.90 | 2.70 | 2.79 | 2.34 | 2.27 |
| 73 | 2.34 | 2.75 | 2.09 | 2.00 | 2.11 | 2.23 | 2.51 | 3.03 | 3.03 | 2.77 | 2.25 | 2.21 |
| 74 | 2.03 | 2.15 | 2.49 | 2.28 | 2.57 | 2.53 | 3.44 | 4.10 | 3.62 | 3.45 | 3.28 | 2.91 |
| 75 | 2.53 | 3.33 | 2.79 | 2.34 | 2.34 | 2.72 | 2.93 | 3.11 | 2.96 | 2.61 | 2.33 | 1.98 |
| 76 | 1.92 | 2.37 | 2.03 | 1.72 | 1.94 | 1.75 | 2.02 | 2.08 | 2.07 | 2.01 | 1.86 | 1.82 |
| 77 | 1.77 | 1.70 | 1.79 | 1.59 | 1.74 | 1.83 | 1.94 | 1.87 | 1.62 | 1.54 | 1.48 | 1.41 |

| 78 | 1.35 | 1.88 | 1.46 | 1.31 | 1.50 | 1.68 | 1.76 | 1.87 | 1.72 | 1.48 | 1.45 | 1.36 |
| 79 | 1.31 | 1.60 | 1.51 | 1.32 | 1.48 | 1.67 | 1.96 | 2.10 | 1.98 | 1.73 | 1.80 | 1.52 |
| 80 | 1.37 | 1.35 | 1.39 | 1.40 | 1.43 | 1.37 | 1.82 | 1.78 | 1.79 | 1.56 | 1.49 | 1.39 |
| 81 | 1.37 | 1.54 | 1.38 | 1.33 | 1.40 | 1.54 | 1.76 | 2.65 | 1.72 | 1.55 | 1.36 | 1.27 |
| 82 | 1.23 | 1.32 | 1.34 | 1.34 | 1.29 | 1.40 | 1.71 | 1.90 | 1.58 | 1.58 | 1.39 | 1.24 |
| 83 | 1.20 | 1.66 | 1.52 | 1.38 | 1.43 | 1.53 | 1.85 | 1.99 | 1.65 | 1.62 | 1.48 | 1.41 |

資料來源:《中華民國統計月報》

將此資料繪製成歷史曲線圖。

單位：%

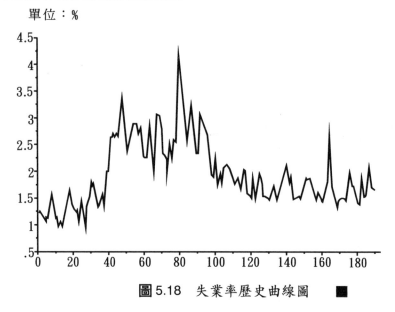

圖5.18　失業率歷史曲線圖　　■

對於同一時間所發生多變量資料，亦可同時表現在同一圖面上，相互比較彼此的變化趨勢。

**實例 5.13**

將實例 5.10 資料與下面歷年臺灣地區文藝季活動出席人數繪製成歷史曲線圖。

| 年　度 | 人　數 |
|---|---|
| 71 | 42000 |
| 72 | 25000 |
| 73 | 33000 |
| 74 | 28000 |
| 75 | 21000 |
| 76 | 29000 |
| 77 | 92000 |
| 78 | 151000 |
| 79 | 132539 |
| 80 | 222404 |

資料來源：行政院文化建設委員會《民國 81 年
　　　　　文化統計彙編》

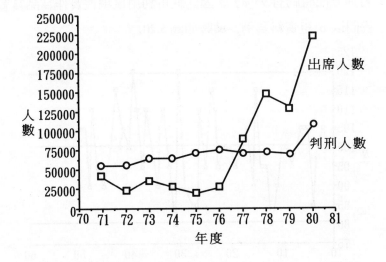

圖 5.19　文藝季參加人數及判刑人數歷史曲線圖　■

## 5.3.2 品質管制圖

在生產過程中，一連串按序出現的產品數據，通常都隱含著生產程序是否穩定的訊息。一般來說，產品製造允許在一定範圍內變動，然而受到許多因素的影響，如機件故障、工人操作疏忽、電力不穩等等，常發生無法控制的生產狀況。若能在事前了解產品的變動情況，則可能防止因這種情形突然發生，而造成需停工檢查的重大損失。因此由生產過程中，對產品進行抽樣檢測，再依據所得到的序時資料，以發生順序為橫坐標，檢測資料為縱坐標，所繪製的圖形即為工業統計的品質管制圖之初步。如本節開始所舉 $A$、$B$ 兩組資料，圖 5.15 表示 $A$ 組資料的變動呈向上增長的趨勢；而圖 5.16 表示 $B$ 組資料的變動屬於隨機性變動。

簡單的品質管制圖以資料的集中趨勢值或規格設定值為中心線，另以表現資料離勢之數量來建立資料變動之最大範圍。例如第四章 4.8 節所提到資料分布之經驗法則，很少有資料超過平均數二倍標準差（在資料近似對稱分配時約有 95%），因此就可利用這項性質作為品質管制的依據。我們以 $B$ 組資料為例，繪製如圖 5.20。

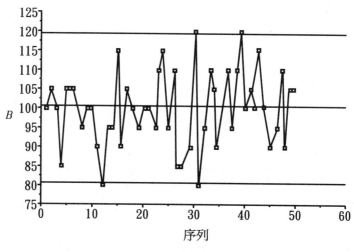

圖 5.20 品質管制圖

由管制圖所表現的某些特性，可說明產品的生產狀況，如圖 5.21。

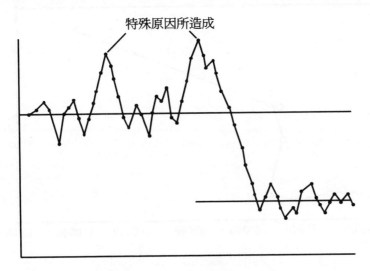

圖 5.21　品質管制圖之應用

　　最上面兩個異常點是由特殊原因所造成（如生產不正常等），而右下方整個產品向下滑動，則可認為是生產系統改變所造成。

　　常有一些與時間有關的雙變量資料，亦可以散布圖的方式表達，然後再以有箭頭線段，依發生先後次序加以連串，可說明在序時情況下兩者關係的變化。

**實例 5.14**

依據實例 5.11 及 5.13 資料，將民國 71 年至民國 80 年臺灣地區判決確定有罪的人數與文藝季活動出席人數繪製在同一張散布圖，並以箭頭說明兩者關係的變化，結果如下：

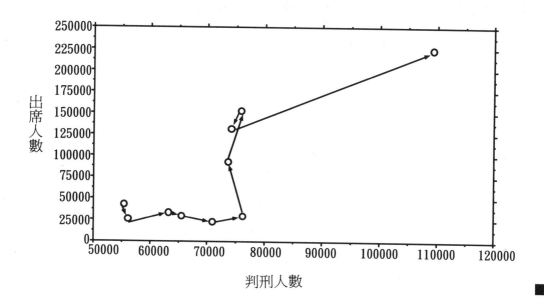

## 重要名詞

關聯表　　　　　　　交叉分類表

單向關聯表　　　　　雙向關聯表

散布圖　　　　　　　無關聯

高度關聯　　　　　　歷史曲線圖

時間數列　　　　　　品質管制圖

# 習　題

5.1 對某校六年級 200 名學童進行假日休閒活動的調查，報告如下：

「全部學生 75%假日經常看電視；20%偶爾看電視；其餘則不看電視。以性別區分，男生 70%假日經常看電視；25%偶爾看電視；其餘則不看電視。」

已知男生人數佔 60%，試編製假日看電視頻率與性別之雙向分類表。

5.2 測試 15 名家庭主婦的體重與血壓，結果如下：

| 編　　號 | 體　　重 | 收縮血壓 |
|:---:|:---:|:---:|
| 1 | 52 | 112 |
| 2 | 48 | 124 |
| 3 | 56 | 118 |
| 4 | 42 | 108 |
| 5 | 50 | 110 |
| 6 | 55 | 120 |
| 7 | 62 | 135 |
| 8 | 68 | 137 |
| 9 | 54 | 116 |
| 10 | 57 | 120 |
| 11 | 50 | 110 |
| 12 | 53 | 114 |
| 13 | 55 | 117 |
| 14 | 45 | 102 |
| 15 | 56 | 128 |

假設一般性判斷超過 130 為高血壓，121 至 130 之間為疑似高血壓，120 至 105 之間為正常值；少於 105 則為低血壓。今將體重分成 49 以下；50 至 59；60 以上 3 類。試編製體重與血壓之雙向分類表。

5.3 下表為 4 部機器上半年所生產之零件的品質狀況：

| 機 器 | A | B | C | D |
|---|---|---|---|---|
| 合 格 件 數 | 18000 | 21000 | 24000 | 36000 |
| 不合格件數 | 150 | 140 | 180 | 240 |

計算上表行與列的相對次數，並說明其意義。

5.4 甲、乙、丙、丁、戊 5 人期中考與期末考成績的散布圖如下：

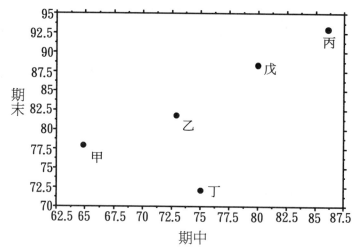

(a)哪一位學生期中考成績最高？

(b)哪一位學生期末考成績最高？

(c)哪一位學生期末考成績進步最多？

(d)哪一位學生期末考成績退步最多？

(e)哪一次考試平均分數較高？

(f)哪一次考試分數離勢較大？

(g)兩次考試成績的關連性如何？

5.5　下表為83年度前3季各縣市之出生率與死亡率：

| 縣　市 | 出生率（‰） | 死亡率（‰） |
|--------|-----------|-----------|
| 臺北縣 | 14.82 | 4.14 |
| 宜蘭縣 | 16.70 | 6.85 |
| 桃園縣 | 16.34 | 5.05 |
| 新竹縣 | 18.68 | 6.19 |
| 苗栗縣 | 16.47 | 6.56 |
| 臺中縣 | 16.24 | 5.06 |
| 彰化縣 | 15.61 | 5.96 |
| 南投縣 | 16.47 | 7.00 |
| 雲林縣 | 15.82 | 7.67 |
| 嘉義縣 | 16.17 | 7.45 |
| 臺南縣 | 14.62 | 6.73 |
| 高雄縣 | 15.07 | 6.02 |
| 屏東縣 | 15.57 | 7.09 |
| 臺東縣 | 16.00 | 9.87 |
| 花蓮縣 | 15.77 | 8.95 |
| 澎湖縣 | 12.92 | 8.38 |
| 基隆市 | 14.93 | 6.00 |
| 新竹市 | 15.46 | 5.58 |
| 臺中市 | 14.98 | 4.24 |
| 嘉義市 | 13.38 | 5.55 |
| 臺南市 | 13.34 | 5.00 |
| 臺北市 | 12.46 | 4.40 |
| 高雄市 | 12.87 | 4.60 |

將上面資料繪製成散布圖（橫坐標為出生率）。

5.6　一項針對1224位糖尿病患的醫學研究 (Knuiman and Speed, 1988)，
下表是病人糖尿持續時間與是否有網膜症 (retinopathy) 現象：

| 病人糖尿持續時間（年） | 是 | 否 |
|---|---|---|
| 0 ～ 2 | 46 | 290 |
| 3 ～ 5 | 52 | 211 |
| 6 ～ 8 | 44 | 134 |
| 9 ～11 | 54 | 91 |
| 12 ～14 | 38 | 53 |
| 15 ～17 | 39 | 53 |
| 18 ～20 | 23 | 23 |
| 21 以上 | 52 | 32 |

試使用散布圖來顯示兩者關係之重要性。

5.7 下表為臺灣地區歷年就業者之行業人數統計表（單位：千人）：

| 行業 年度 | 農、林、漁、牧業 | 工業 | 服務業 |
|---|---|---|---|
| 67 | 1553 | 2460 | 2219 |
| 68 | 1380 | 2676 | 2375 |
| 69 | 1277 | 2784 | 2487 |
| 70 | 1257 | 2828 | 2587 |
| 71 | 1284 | 2813 | 2713 |
| 72 | 1317 | 2909 | 2844 |
| 73 | 1286 | 3088 | 2934 |
| 74 | 1297 | 3089 | 3044 |
| 75 | 1317 | 3215 | 3201 |
| 76 | 1226 | 3431 | 3366 |
| 77 | 1113 | 3443 | 3551 |
| 78 | 1066 | 3476 | 3717 |
| 79 | 1064 | 3382 | 3837 |
| 80 | 1093 | 3370 | 3977 |
| 81 | 1065 | 3419 | 4148 |
| 82 | 1005 | 3418 | 4323 |
| 83 | 980 | 3501 | 4432 |

試分別繪製 3 種行業之歷史曲線圖。

5.8　下表為歷年工廠登記開工家數與申請註銷家數統計表，試依照實例

　　5.14 的方法繪製圖形。

| 年　度 | 開工家數 | 註銷家數 |
|:---:|:---:|:---:|
| 76 | 10721 | 2201 |
| 77 | 10312 | 3658 |
| 78 | 7933 | 4331 |
| 79 | 6543 | 7468 |
| 80 | 7288 | 4873 |
| 81 | 7259 | 6988 |
| 82 | 6718 | 4664 |
| 83 | 7115 | 6917 |

資料來源：行政院主計處。

# 第六章　雙變量計量資料特徵之衡量

本章針對雙變量資料中計量資料部份作有關特徵衡量之介紹，包括非序時資料以及序時資料兩大部份。

## 6.1　直線配合

從第五章例 5.5 年齡與月薪資料中可發現，當年齡層增加時，職員的平均薪資亦隨之而增加，如下表：

| 年齡層 | 甲 | 乙 | 丙 | 丁 | 全體 |
|--------|-------|-------|-------|-------|-------|
| 平均月薪 | 28300 | 36583 | 44500 | 45800 | 38400 |

因此我們有興趣想知道年齡每增加 1 歲待遇平均將會增加多少？是否可以從職員的年齡來預測他的月薪？另外由圖 5.8 $X$ 與 $Y$ 的散布圖中也可發現，當 $X$ 增加時，$Y$ 很明顯的跟著也增加，如圖 6.1。所以對雙變量計量資料衡量的第一步是尋求一個最基本的模式來代表全部資料的構成。在單變量資料時我們找一個集中趨勢值為代表值，而在雙變量資料時，則考慮在某一自變數或稱已知變數（例如選擇 $X$ 變量）情況下，尋找其所對應的應變數或稱被預測變數（例如是 $Y$ 變量）的代表值。例如上面的兩個例子，所表現 $X$ 與 $Y$ 之間的關係是：

當 $X$ 增加時, $Y$ 隨之增加

當 $X$ 減少時, $Y$ 隨之減少

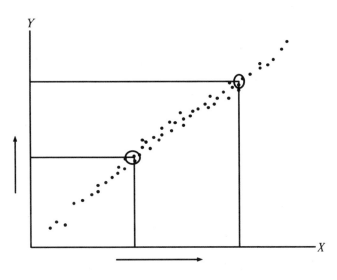

圖 6.1    $X$ 與 $Y$ 變動比較

而顯示這種特性的基本模式就是直線方程式, 以 $X$ 為自變數, $Y$ 為應變數, 可書寫為

$$Y = a + bX \qquad\qquad (6.1)$$

式中直線的斜率 "$b$" 就是表示當 $X$ 增加 1 單位時, $Y$ 平均增加 $b$ 單位; 若已知 $X = X_0$ 時, 則可預測 $Y' = a + bX_0$。

如何找到一條最適合代表全部資料的直線? 也就是如何決定 $a$、$b$ 之值? 基本構想是利用資料本身, 去檢驗那一條直線所得到的預測值與實際觀察值最接近? 即衡量 $Y_i$ 與 $Y_i'$ 之間的差異。然而每一個資料代表一種預測情況, 為求得整體的預測效果, 需要累積每一個預測值與實際觀察值之差異。為避免差異值正負相互抵銷 ($Y_i$ 有時大於 $Y_i'$, 有時小於 $Y_i'$),

通常有兩種方法來處理:

1. $\Sigma |Y_i - Y_i'|$

2. $\Sigma (Y_i - Y_i')^2$ (6.2)

要決定用哪一種方法之前, 首先比較圖 6.2 的(a)、(b)兩個圖形:

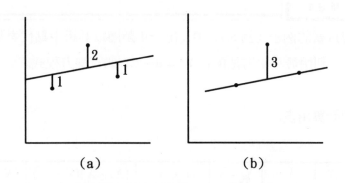

(a)　　　　　　　　　(b)

**圖 6.2　實際資料與預測值差異比較**

很明顯可看出(a)圖形所配合之直線較能均勻的通過 3 個點中間。然而以絕對值計算的累積差距(a)圖為 4, 大於(b)圖的 3; 若改採平方和計算, 則(a)圖為 6, 小於(b)圖的 9。因此我們選擇第二個式子 $\Sigma (Y_i - Y_i')^2$ 來判斷所配合直線的好壞, 而問題也就變成如何決定 $a$、$b$ 之值, 使 $\Sigma (Y_i - Y_i')^2 = \Sigma (Y_i - a - bX_i)^2$ 為極小的數學問題, 這就是有名的最小平方法 (the method of least squares)。利用微積分的技巧可得到使 $\Sigma (Y_i - Y_i')^2$ 為極小的 $a$、$b$ 之值須滿足下列兩個方程式

$$na + b\Sigma X = \Sigma Y$$

$$a\Sigma X + b\Sigma X^2 = \Sigma XY \qquad (6.3)$$

解此方程式可得

$$b = \frac{\Sigma(X - \overline{X})(Y - \overline{Y})}{\Sigma(X - \overline{X})^2} \text{或} \frac{\Sigma XY - \dfrac{\Sigma X \Sigma Y}{n}}{\Sigma X^2 - \dfrac{(\Sigma X)^2}{n}}$$

$$a = \overline{Y} - b\overline{X} \tag{6.4}$$

### 例 6.1

將年齡與月薪的例子（例5.5）中，每一年齡層以其組中點代表為 $X$，月薪則為 $Y$，利用最小平方法配合 $Y' = a + bX$ 的直線方程式。

【解】

首先編製計算用表：

| 變量 | $X$ | $Y$ | $X - \overline{X}$ | $Y - \overline{Y}$ | $(X - \overline{X})(Y - \overline{Y})$ | $(X - \overline{X})^2$ |
|---|---|---|---|---|---|---|
| 樣 | 25 | 28300 | −15 | −10495.75 | 157436.25 | 225 |
| | 35 | 36583 | −5 | −2212.75 | 11063.75 | 25 |
| | 45 | 44500 | 5 | 5704.25 | 28521.25 | 25 |
| 本 | 55 | 45800 | 15 | 7004.25 | 105063.75 | 225 |
| 合計 | 160 | 155183 | 0 | 0 | 302085 | 500 |

$$\overline{X} = \frac{160}{4} = 40, \overline{Y} = \frac{155183}{4} = 38795.75$$

$$b = \frac{302085}{500} = 604.17, a = 38795.75 - 604.17 \times 40 = 14628.95$$

所以　　　$Y' = 14628.95 + 604.17X$

將此直線與散布圖繪製在一起：

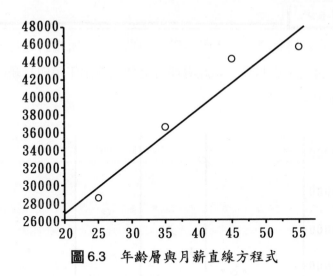

**圖 6.3　年齡層與月薪直線方程式**

我們可進一步觀察每一年齡所預測的結果：

| 變量 | $X$ | $Y$ | $Y' = 14628.95 + 604.17X$ | $Y - Y'$ | $(Y - Y')^2$ |
|---|---|---|---|---|---|
| 樣 | 25 | 28300 | 29733.2 | $-1433.2$ | 2054062.2 |
| | 35 | 36583 | 35774.9 | 808.1 | 653025.6 |
| | 45 | 44500 | 41816.6 | 2683.4 | 7200635.5 |
| 本 | 55 | 45800 | 47858.3 | $-2058.3$ | 4236598.8 |
| 合計 | 160 | 155183 | | 0 | 14144322 |

在上面例子計算過程中發現對 $Y - Y'$ 所作之總和為 0, 其結果為必然, 證明如下：

$$\begin{aligned}
\Sigma(Y - Y') &= \Sigma(Y - a - bX) \\
&= \Sigma(Y - \overline{Y} + b\overline{X} - bX) \\
&= \Sigma(Y - \overline{Y}) - b\Sigma(X - \overline{X}) \\
&= 0
\end{aligned} \tag{6.5}$$

═══ 例 6.2 ═══════════════════════════

前面例 6.1 的資料是將每一年齡層以組中點表示，所相對之月薪則為屬
於這一層職員之平均月薪。如此處理可清楚的看出年齡與月薪的直線關
係。如下圖所示：

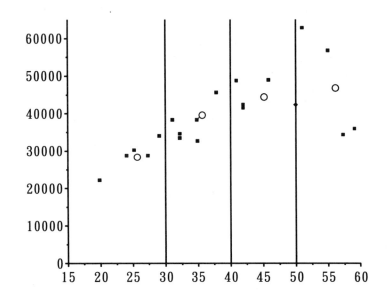

在每一年齡層以平均的方式消除波動，使直線關係的狀態更明顯，然而
也因此損失了一些內容。我們參考下面的表格：

| 年齡層 | 甲 | 乙 | 丙 | 丁 | 全　體 |
|--------|-----|-----|-----|-----|--------|
| 平均月薪 | 28300 | 36583 | 44500 | 45800 | 38400 |
| 教育程度 | 高中2<br>大學1<br>研究所2 | 高中1<br>大學3<br>研究所2 | 高中0<br>大學3<br>研究所1 | 高中3<br>大學2<br>研究所0 | 高中6<br>大學9<br>研究所5 |

每一層職員教育程度不一，平均以後自然無法看出教育程度對月薪所產
生的影響。現以完整的 20 個資料作直線配合，計算如下：

| 變量 | $X$ | $Y$ | $X - \overline{X}$ | $Y - \overline{Y}$ | $(X - \overline{X})(Y - \overline{Y})$ | $(X - \overline{X})^2$ |
|---|---|---|---|---|---|---|
| 樣 | 20 | 22000 | $-18.55$ | $-16400$ | 304220 | 344.1025 |
| | 24 | 28000 | $-14.55$ | $-10400$ | 151320 | 211.7025 |
| | 25 | 30000 | $-13.55$ | $-8400$ | 113820 | 183.6025 |
| | 27 | 28000 | $-11.55$ | $-10400$ | 120120 | 133.4025 |
| | 29 | 33500 | $-9.55$ | $-4900$ | 46795 | 91.2025 |
| | 31 | 37500 | $-7.55$ | $-900$ | 6795 | 57.0025 |
| | 32 | 33000 | $-6.55$ | $-5400$ | 35370 | 42.9025 |
| | 32 | 34000 | $-6.55$ | $-4400$ | 28820 | 42.9025 |
| | 35 | 38000 | $-3.55$ | $-400$ | 1420 | 12.6025 |
| | 35 | 32000 | $-3.55$ | $-6400$ | 22720 | 12.6025 |
| | 38 | 45000 | $-0.55$ | 6600 | $-3630$ | 0.3025 |
| | 41 | 47500 | 2.45 | 9100 | 22295 | 6.0025 |
| | 42 | 41000 | 3.45 | 2600 | 8970 | 11.9025 |
| | 42 | 41500 | 3.45 | 3100 | 10695 | 11.9025 |
| | 46 | 48000 | 7.45 | 9600 | 71520 | 55.5025 |
| | 50 | 42000 | 11.45 | 3600 | 41220 | 131.1025 |
| | 51 | 62000 | 12.45 | 23600 | 293820 | 155.0025 |
| 本 | 55 | 56000 | 16.45 | 17600 | 289520 | 270.6025 |
| | 57 | 34000 | 18.45 | $-4400$ | $-81180$ | 340.4025 |
| | 59 | 35000 | 20.45 | $-3400$ | $-69530$ | 418.2025 |
| 合計 | 771 | 768000 | 0 | 0 | 1415100 | 2532.95 |

$$\overline{X} = \frac{771}{20} = 38.55, \overline{Y} = \frac{768000}{20} = 38400$$

$$b = \frac{1415100}{2532.95} = 558.677, a = 38400 - 558.677 \times 38.55 = 16863$$

所得直線方程式為

$$Y' = 16863 + 558.677X$$

將此直線畫入散布圖中

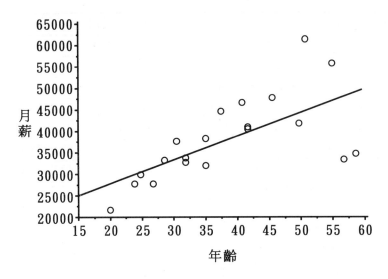

**圖6.4 年齡與月薪之直線方程式**

可以發現各點與直線之間有較大的差異，這就說明年齡只能解釋一部份職員月薪的差異，另外還有教育程度的因素。我們使用第一章所談過的模式與層級化的觀念來討論，即

$$某人每月薪資 = 集中所在處 + 由年齡不同所產生之影響$$

$$+ 個人其他背景不同所產生之變動 \qquad (6.6)$$

對應由最小平方法所產生之結果，因為

$$Y' = a + bX = \overline{Y} - b\overline{X} + bX = \overline{Y} + b(X - \overline{X})$$

所以利用 $\overline{Y}$ 來估計「集中所在處」（與第四章對代表值的估計相同）；$b$ 代表每增加一年齡單位平均所增加的月薪，且以 $\overline{X}$ 為中心點計算月薪之增減額。依此結果就可衡量殘差，也就是

　　殘差＝某人每月薪資 – 集中所在處之估計值 – 年齡不同所產生

　　　　之影響

　　　　＝$Y - Y'$ 　　　　　　　　　　　　　　　　　　　(6.7)

圖 6.5 即為每一職員月薪的殘差與年齡所形成的散布圖。

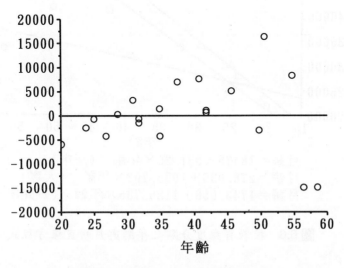

**圖 6.5　年齡與殘差散布圖**

由圖 6.5 可發現殘差的變動並非是隨機（殘差隨著年齡增加而有較大的
變化），表示另有因素影響月薪，因此我們把原始資料分成 3 種狀況來
處理，即將資料按教育程度分成 3 組，高中程度、大專程度、研究所程
度，每一組資料分別以最小平方法配合直線方程式，其結果如圖 6.6。

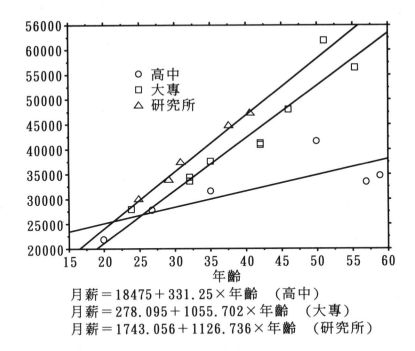

月薪＝18475＋331.25×年齡　（高中）
月薪＝278.095＋1055.702×年齡　（大專）
月薪＝1743.056＋1126.736×年齡　（研究所）

**圖 6.6　按教育程度分類之年齡與月薪直線方程式**

利用分類後所配合的直線作預測，再比較三者的誤差如下：

### 1.高中程度

| $X$ | $Y$ | $Y' = 18475 + 331.25X$ | $Y - Y'$ | $(Y - Y')^2$ |
|---|---|---|---|---|
| 20 | 22000 | 25100 | −3100 | 9610000 |
| 27 | 28000 | 27419 | 581 | 337561 |
| 35 | 32000 | 30069 | 1931 | 3728761 |
| 50 | 42000 | 35038 | 6962 | 48469444 |
| 57 | 34000 | 37356 | −3356 | 11262736 |
| 59 | 35000 | 38019 | −3019 | 9114361 |
| 合計 | | | | 82522863 |

### 2.大專程度

| $X$ | $Y$ | $Y' = 278.095 + 1055.7X$ | $Y - Y'$ | $(Y - Y')^2$ |
|---|---|---|---|---|
| 24 | 28000 | 25615 | 2385 | 5688225 |
| 32 | 33000 | 34060 | −1060 | 1123600 |
| 32 | 34000 | 34060 | −60 | 3600 |
| 35 | 38000 | 37228 | 772 | 595984 |
| 42 | 41000 | 44617 | −3617 | 13082689 |
| 42 | 41500 | 44617 | −3117 | 9715689 |
| 46 | 48000 | 48840 | −840 | 705600 |
| 51 | 62000 | 54119 | 7881 | 62110161 |
| 55 | 56000 | 58342 | −2342 | 5484964 |
| 合計 | | | | 98510512 |

### 3.研究所程度

| $X$ | $Y$ | $Y' = 1743.056 + 1126.736X$ | $Y - Y'$ | $(Y - Y')^2$ |
|---|---|---|---|---|
| 25 | 30000 | 29911 | 89 | 7921 |
| 29 | 33500 | 34418 | −918 | 842724 |
| 31 | 37500 | 36672 | 828 | 685584 |
| 38 | 45000 | 44559 | 441 | 194481 |
| 41 | 47500 | 47939 | −439 | 192721 |
| 合計 | | | | 1923431 |

由於各類次數不一樣多，因此以平均方式表現每一直線的預測效果（即
$\frac{\Sigma(Y - Y')^2}{n}$）：

1.高中程度　　　$\frac{82522863}{6} = 13753810$

2.大專程度　　　$\frac{98510512}{9} = 10945612$

3.研究所程度　　　$\dfrac{1923431}{5} = 384696$

以研究所程度該類別所配的直線表現最好。　　　■

　　由上面的例子可引伸出一個新的問題：「高中程度」類別所配直線表現並不好，因此單獨將此類別資料做觀察，可發現有拋物線的趨向，即

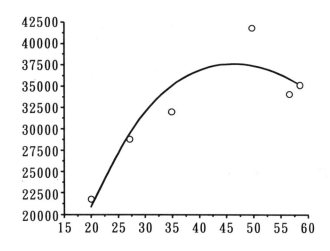

**圖** 6.7　年齡與月薪之拋物線方程式

此時設 $Y' = a + b_1 X + b_2 X^2$ 屬於二次拋物線的方程式，仍然可使用最小平方法求算 $a$ 、$b_1$、$b_2$ 3 個未知數，依據微積分的技巧須滿足下面聯立方程式：

$$na + b_1 \Sigma X \ + b_2 \Sigma X^2 = \Sigma Y$$
$$a \Sigma X + b_1 \Sigma X^2 + b_2 \Sigma X^3 = \Sigma XY$$
$$a \Sigma X^2 + b_1 \Sigma X^3 + b_2 \Sigma X^4 = \Sigma X^2 Y \tag{6.8}$$

解此方程式即可求得 $a$ 、$b_1$ 、$b_2$，計算過程較複雜，通常可借助電腦處理。本題的結果為

$$Y' = -12254.791 + 2102.628X - 22.006X^2$$

而其 $\dfrac{\Sigma(Y-Y')^2}{n} = \dfrac{28462177.394}{6} = 4743696.233$ 較直線配合時要小。然而對一現象的分析並非單純僅就曲線配合好壞來考慮。就本例而言，高中程度職員當年齡在某一程度以後，薪水反而下降，有違常理。可能的原因是年齡大的幾位職員擔任職務階級較低所致或者是在公司的資歷較淺，也可能是資料太少恰巧所導致。因此選擇適當的方程式配合資料，必須考慮是否可以合理解釋現象的背景知識，這才是統計應用的基本精神。

以母體資料觀點來看，我們可以將 $X$ 對 $Y$ 的直線關係，加上隨機性變動來表現 $Y$ 資料，即

$$Y = \alpha + \beta X + \varepsilon \tag{6.9}$$

為了解這樣的模式所表達的母體，在散布圖中的樣子，假設 $\alpha=2, \beta=0.5$，而其中 $\varepsilon$ 假設屬於第三章所介紹的某一個常態分配，利用電腦模擬的技巧，產生 300 對 $(X,Y)$ 資料，所繪製之散布圖如圖 6.8。

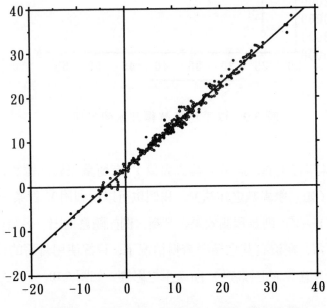

圖 6.8　電腦模擬雙變量母體資料散布圖

# 6.2　直線相關係數

　　利用最小平方法求出一條最能代表 $X$ 與 $Y$ 之間平均關係的直線方程式，主要目的是希望能夠經由對 $X$ 的觀察去了解 $Y$，也就是按不同的 $X$ 值去解釋 $Y$ 資料所發生之差異。我們使用年齡層（$X$）與月薪（$Y$）的例子來說明，首先僅以 $Y$ 本身的變動來考慮，如圖 6.9。

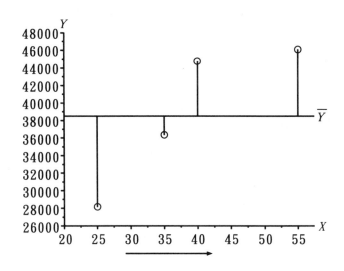

圖6.9　以平均數解釋月薪的不同

　　$Y$ 資料存有差異，通常以其代表值 $\overline{Y}$ 來衡量差異之總和，即計算 $\Sigma(Y-\overline{Y})^2$（如同變異數之作法）。我們也可以說利用 $\overline{Y}$ 對某一個 $Y$ 作預測，而 $\Sigma(Y-\overline{Y})^2$ 則為預測效果之判斷。例如隨意抽出一名職員，想要估計他的月薪，在沒有其它參考資料情況下，只好使用月薪的代表值來估計。如今考慮 $X$ 的因素對 $Y$ 所產生之影響，如圖 6.10。

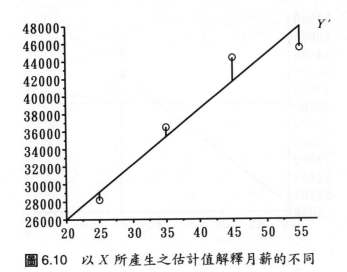

**圖** 6.10　以 *X* 所產生之估計值解釋月薪的不同

比較兩個圖形可發現, 以 $Y'$ 來估計 $Y$, 他們之間的差距小了很多, 這就是表示使用 $X$ 說明了一部分 $Y$ 資料的差異狀況。實際上利用代數可證明下面的關係式

$$\Sigma(Y - \overline{Y})^2 = \Sigma(Y - Y')^2 + \Sigma(Y' - \overline{Y})^2 \tag{6.10}$$

也就是

$Y$ 資料的總差異＝無法使用 $X$ 資料解釋之差異

　　　　　　　　＋使用 $X$ 資料預測所減少之差異　　　(6.11)

可用圖 6.11 來表示。

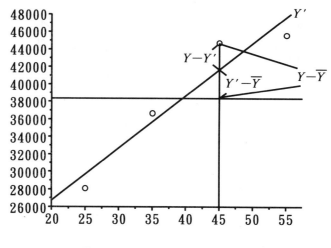

圖6.11　$Y$、$\overline{Y}$ 與 $Y'$ 關係圖

利用這個關係式可得到衡量預測效果的數值，即

$$\Sigma(Y - \overline{Y})^2 = \Sigma(Y - Y')^2 + \Sigma(Y' - \overline{Y})^2$$

$$\frac{\Sigma(Y - \overline{Y})^2}{\Sigma(Y - \overline{Y})^2} = \frac{\Sigma(Y - Y')^2}{\Sigma(Y - \overline{Y})^2} + \frac{\Sigma(Y' - \overline{Y})^2}{\Sigma(Y - \overline{Y})^2}$$

（兩邊同除以 $\Sigma(Y - \overline{Y})^2$）

因此

$$1 = \frac{\Sigma(Y - Y')^2}{\Sigma(Y - \overline{Y})^2} + \frac{\Sigma(Y' - \overline{Y})^2}{\Sigma(Y - \overline{Y})^2}$$

$$1 \geq \frac{\Sigma(Y' - \overline{Y})^2}{\Sigma(Y - \overline{Y})^2} = 1 - \frac{\Sigma(Y - Y')^2}{\Sigma(Y - \overline{Y})^2}$$

若 $X$ 資料的預測效果愈好，則 $Y$ 與 $Y'$ 愈接近。則上式右邊的數值將愈趨近於1，因此可用來說明 $X$ 與 $Y$ 之間的關係很密切，這個數值稱為判定係數 (coefficient determination) 並以 $R^2$ 表示之。即

$$R^2 = \frac{\Sigma(Y' - \overline{Y})^2}{\Sigma(Y - \overline{Y})^2} = 1 - \frac{\Sigma(Y - Y')^2}{\Sigma(Y - \overline{Y})^2} \tag{6.12}$$

對於 $R^2$ 的意義我們可以把它看成兩個模式的比較:

模式一　$Y' = a + bX$

模式二　$Y' = \overline{Y}$

而 $\Sigma(Y - Y')^2$ 為衡量模式一以 $Y'$ 觀察 $Y$ 的效果;　$\Sigma(Y - \overline{Y})^2$ 則為衡量模式二以 $\overline{Y}$ 觀察 $Y$ 的效果,　$\dfrac{\Sigma(Y - Y')^2}{\Sigma(Y - \overline{Y})^2}$ 之比值愈小則表示模式一的效果愈佳, 也就是說使用自變數 $X$ 來觀察 $Y$, 改善了單獨以 $Y$ 看自己所產生較大的變動。

在 $X$ 與 $Y$ 是具有直線關係時,　$R^2$ 可再簡化, 並為有所區分起見, 改以 $r^2$ 表示, 即

$$r^2 = \frac{\Sigma(Y' - \overline{Y})^2}{\Sigma(Y - \overline{Y})^2} = \frac{\Sigma(a + bX - \overline{Y})^2}{\Sigma(Y - \overline{Y})^2} = \frac{\Sigma(\overline{Y} - b\overline{X} + bX - \overline{Y})^2}{\Sigma(Y - \overline{Y})^2}$$

$$= \frac{b^2\Sigma(X - \overline{X})^2}{\Sigma(Y - \overline{Y})^2} = \frac{\dfrac{[\Sigma(X - \overline{X})(Y - \overline{Y})]^2}{[\Sigma(X - \overline{X})^2]^2} \times \Sigma(X - \overline{X})^2}{\Sigma(Y - \overline{Y})^2}$$

$$= \frac{[\Sigma(X - \overline{X})(Y - \overline{Y})]^2}{\Sigma(X - \overline{X})^2 \Sigma(Y - \overline{Y})^2} \tag{6.13}$$

由於 $r^2 \leq 1$, 所以,

$$-1 \leq r = \frac{\Sigma(X - \overline{X})(Y - \overline{Y})}{\sqrt{\Sigma(X - \overline{X})^2 \Sigma(Y - \overline{Y})^2}} \leq 1 \tag{6.14}$$

此時正負符號的意義可用圖 6.12 來說明。

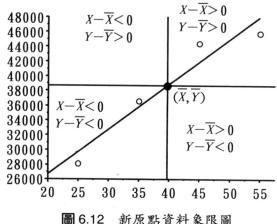

圖6.12 新原點資料象限圖

從圖形中可以知道:

(1)直線 $Y' = a + bX$ 必通過點 $(\overline{X}, \overline{Y})$, 證明如下:

將 $(\overline{X}, \overline{Y})$ 代入直線方程式, 則

$$Y' = a + b\overline{X} = \overline{Y} - b\overline{X} + b\overline{X} = \overline{Y}$$

故得證。

(2)以新原點 $(\overline{X}, \overline{Y})$ 所形成的四個象限, 使

| | |
|---|---|
| 第一象限 | $X - \overline{X} > 0, Y - \overline{Y} > 0$ |
| 第二象限 | $X - \overline{X} < 0, Y - \overline{Y} > 0$ |
| 第三象限 | $X - \overline{X} < 0, Y - \overline{Y} < 0$ |
| 第四象限 | $X - \overline{X} > 0, Y - \overline{Y} < 0$ |

因此產生在第一、三象限時, $(X - \overline{X})(Y - \overline{Y}) > 0$; 而在第二、四象限時, $(X - \overline{X})(Y - \overline{Y}) < 0$。所以整體而言, 若 $\Sigma(X - \overline{X})(Y - \overline{Y}) > 0$, 則表示資料在一、三象限比較多, 資料所形成的直線關係是屬於 $X$ 與 $Y$ 呈同

方向變化（即 $X$ 增加時 $Y$ 隨之增加；$X$ 減少時 $Y$ 隨之減少），我們稱為兩者形成正相關 (positive correlation)。反之，若 $\Sigma(X-\overline{X})(Y-\overline{Y})<0$，則表示資料在二、四象限比較多，資料所形成的直線關係是屬於 $X$ 與 $Y$ 呈異方向變化（即 $X$ 增加時 $Y$ 隨之減少；$X$ 減少時 $Y$ 隨之增加），我們稱為兩者形成負相關 (negative correlation)。而在 $\Sigma(X-\overline{X})(Y-\overline{Y})=0$ 時，則稱兩者無直線相關。所以綜合而言：

(1) $r$ 的絕對值愈接近 1，則 $X$ 與 $Y$ 的相關程度愈大；反之，$r$ 愈接近 0，則 $X$ 與 $Y$ 愈無直線關係。

(2) 在 $|r|=1$ 時，稱 $X$ 與 $Y$ 具有完全相關（此時利用 $X$ 預測 $Y$ 時沒有誤差）；而 $r=1$，稱 $X$ 與 $Y$ 為完全正相關；$r=-1$，稱 $X$ 與 $Y$ 為完全負相關。可用下面的圖形表示:

(i) 完全相關

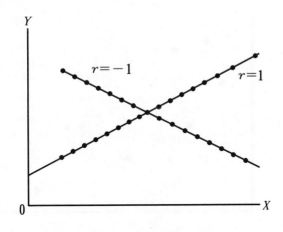

**圖 6.13　完全相關散布圖**

(ii) $r=0.99$

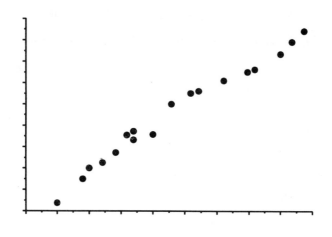

圖 6.14　高度正相關散布圖

(iii)$r = -0.78$

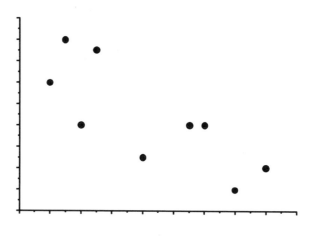

圖 6.15　中度負相關散布圖

例 6.3

將前面兩個例題有關資料計算其直線相關係數。

【解】

1.年齡層與平均月薪資料

$$\Sigma(Y - \overline{Y})^2 = 196655016.75$$

則　　　$r = \dfrac{302085}{\sqrt{500 \times 196655016.75}} = 0.9634$

2.年齡與月薪資料

$$r = \dfrac{1415100}{\sqrt{2532.95 \times 1815800000}} = 0.6598$$

3.不同教育程度之年齡與月薪資料

(1)高中程度　　$r = 0.7994$

(2)大專程度　　$r = 0.9487$

(3)研究所程度 $r = 0.9955$　■

## 例 6.4

直線相關係數在類別資料之應用——我們考慮最簡單的雙向分類表，即

| 類別 | $A_1$ | $A_2$ | 合計 |
|------|-------|-------|------|
| $B_1$ | $a$ | $b$ | $a + b$ |
| $B_2$ | $c$ | $d$ | $c + d$ |
| 合計 | $a + c$ | $b + d$ | $n$ |

將 $A$、$B$ 類別改以二元尺度表示，取 $A_1 = 1, A_2 = 0, B_1 = 1, B_2 = 0$，因此原始資料變成如下表之雙變量資料：

| $A$ | 11……11 | 11……11 | 00……00 | 00……00 |
|-----|---------|---------|---------|---------|
| $B$ | 11……11 | 00……00 | 11……11 | 00……00 |

　　　　　$a$ 個　　$c$ 個　　$b$ 個　　$d$ 個

　　仿照直線相關係數的計算方式，可得

$$\Sigma A = a + c, \Sigma B = a + b, \Sigma A^2 = a + c, \Sigma B^2 = a + b,$$

$$\Sigma AB = a$$

$$
r = \frac{\Sigma AB - \dfrac{\Sigma A \Sigma B}{n}}{\sqrt{\left[\Sigma A^2 - \dfrac{(\Sigma A)^2}{n}\right]\left[\Sigma B^2 - \dfrac{(\Sigma B)^2}{n}\right]}}
$$

$$
= \frac{a - \dfrac{(a+c)(a+b)}{n}}{\sqrt{\left[(a+c) - \dfrac{(a+c)^2}{n}\right]\left[(a+b) - \dfrac{(a+b)^2}{n}\right]}}
$$

$$
= \frac{na - (a+c)(a+b)}{\sqrt{(a+c)(a+b)[n-a-c][n-a-b]}}
$$

$$
= \frac{ad - bc}{\sqrt{(a+c)(a+b)(b+d)(c+d)}}
$$

考慮下列 3 種特殊情況：

　　(1) $ad = bc, r = 0$，表示 $A$、$B$ 兩分類無關連。

　　(2) $b = c = 0, r = 1$，表示 $A$、$B$ 兩分類有完全正相關。

　　(3) $a = d = 0, r = -1$，表示 $A$、$B$ 兩分類有完全負相關。

如第五章例題 5.1，184 頁雙向關聯表資料，可計算為

$$
\frac{20 \times 40 - 30 \times 10}{\sqrt{50 \times 50 \times 30 \times 70}} = \frac{500}{2291.3} = 0.22
$$

表示車禍發生駕駛人有無繫安全帶與是否死亡之間僅有少許正相關。　■

# 6.3 使用直線配合與直線相關係數應注意的問題

⑴本章 6.1 節所介紹的直線配合方法基本上是先假設散布點形成直線狀態，若此種假設有誤，則配合情況自然不好。以圖 6.16 來看：

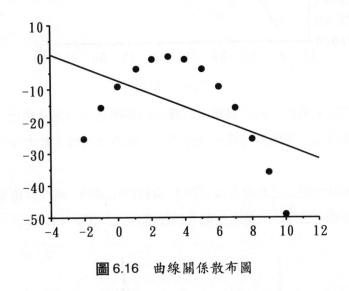

**圖 6.16 曲線關係散布圖**

一個很明顯的曲線關係，卻用直線去配合，預測效果當然不好 ($r^2 = 0.267$)。因此使用 $r$ 所判斷的關係是「直線關係」，在 $r$ 的數值接近零的情況下，我們只能說 $X$ 與 $Y$ 兩變量沒有直線關係，它們是否無關係則要由散布圖來決定。然而決定 $X$ 與 $Y$ 之間的關係，除了根據散布點判斷外，還需要依靠資料本身的專業背景以及樣本資料之品質。例如按教育程度分類之年齡與月薪資料中，高中程度部份若以直線配合其 $r^2 = 0.639$，今改以曲線配合（二次拋物線），則 $r^2 = 0.876$，而所配合之曲線結果如下：

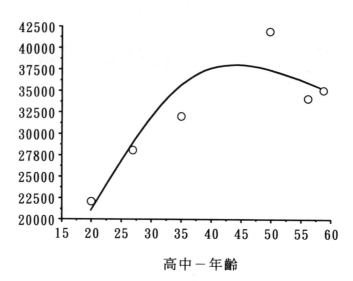

高中－年齡

雖然預測效果較佳，但是很難去解釋何以年齡愈高待遇會愈低，實際上可能的原因之一是職務階級不同所造成，或者是因樣本數太少偶然變動所致。

　　(2)使用所配合之直線方程式對 $Y$ 資料作預測時，需注意儘量在原 $X$ 資料之範圍內進行，以免產生較大的預測誤差。如圖 6.17 所示。

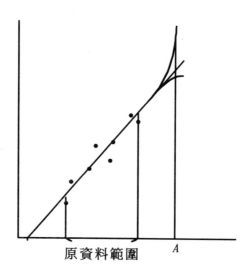

原資料範圍　　　　　$A$

圖 6.17　超越原始資料範圍之預測

由於 $X = A$ 時，超過原 $X$ 資料範圍，因此無法確定 $Y$ 資料的變化，是沿原來的直線變化？或不同的曲線向上或向下變化？除非有明顯的證據支持後續的發展是延續不變，否則在使用時必須小心。

　　(3)直線相關係數的絕對值愈大，表示 $X$ 與 $Y$ 兩變量間之數值變化有很密切的關聯，但並不代表它們之間一定有高度的因果關係。兩者是否有因果關係，必須依據原始資料的專業知識背景才可做判斷。例如調查若干年來夏季軟性飲料的消費量（$X$）與同時期流行性感冒感染的人數（$Y$），由於兩者都跟人口數有關，因此 $X$ 與 $Y$ 的相關程度必定很高，但我們絕不能說由於汽水飲用太多而引發了流行性感冒。

# 6.4* 　離群值的影響與穩健程序

　　在第四章談到處理計量資料有時會遇到離群值，對某些特徵值的衡量產生影響。同樣的情況也會發生在雙變量資料中，如圖 6.18：

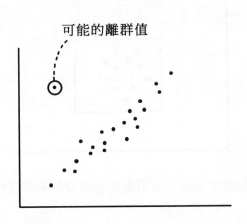

可能的離群值

**圖 6.18　含有離群值之散布圖**

它的出現也許是樣本品質不佳（包含筆誤、衡量錯誤等等）或者是特殊

資料分配所造成，例如圖 6.19。

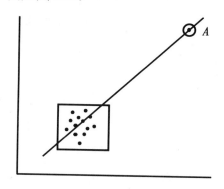

**圖** 6.19　含有離群值之散布圖

在此圖形中，右上角的 A 點遠離左下角的一群資料，整體所配合的直線
看起來很理想。然而 A 點或許是離群值，或許是不屬於左下角那群資料
之分配。如此一來，若將它們單獨表現，則不難發現它們並沒有高度的
直線關係，參考下圖：

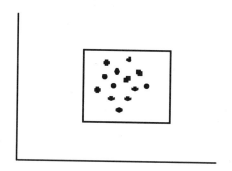

因此是否可將 A 點合併考慮，則須審慎檢視資料專業背景知識。

**實例 6.5**

下表為 80 年度臺灣區各縣市房地產每坪價格（單位：千元）及各類短期
補習班結業人數（單位：千人）：

| 縣市別 | 房地產每坪價格 | 各類短期補習班結業人數 |
|---|---|---|
| 臺北市 | 154 | 390 |
| 高雄市 | 70 | 121 |
| 基隆市 | 56 | 16 |
| 新竹市 | 62 | 30 |
| 臺中市 | 112 | 88 |
| 臺南市 | 57 | 55 |
| 嘉義市 | 58 | 25 |
| 臺北縣 | 69 | 150 |
| 桃園縣 | 48 | 72 |
| 新竹縣 | 35 | 7 |
| 宜蘭縣 | 34 | 16 |
| 苗栗縣 | 41 | 16 |
| 臺中縣 | 46 | 45 |
| 彰化縣 | 36 | 53 |
| 南投縣 | 31 | 17 |
| 雲林縣 | 30 | 13 |
| 嘉義縣 | 30 | 4 |
| 臺南縣 | 33 | 24 |
| 高雄縣 | 45 | 41 |
| 屏東縣 | 29 | 32 |
| 澎湖縣 | 33 | 0 |
| 花蓮縣 | 24 | 12 |
| 臺東縣 | 27 | 6 |

資料來源: 80 年臺灣地區國富調查報告。

以全部資料所計算之直線方程式及判定係數與散布圖表示如圖 6.20。

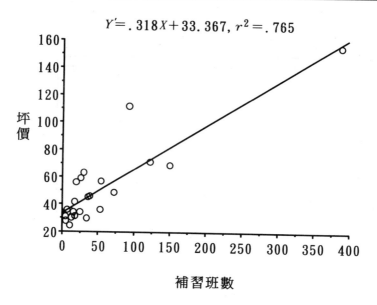

圖 6.20 補習班數與房價之散布圖

若刪除臺北市資料則為:

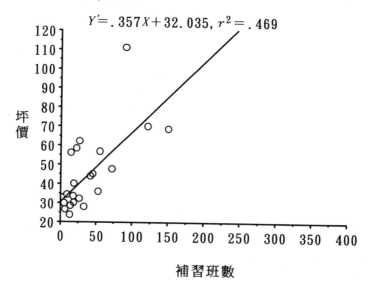

　　一地區房屋價格的高低與當地人口密集程度有關; 而補習班結業人數雖然與人口數有關連, 但尚需考慮當地教育設施情況。現在由於臺北市資料數值較大, 使得其他地區無法反應本身的變動, 因此將此一有影響力的資料刪除, 則產生兩種相差很懸殊的結果。今再把房屋單價超過 65000 元的 4 個地區刪除, 則更凸顯兩者關連不強的現象, 如下圖:

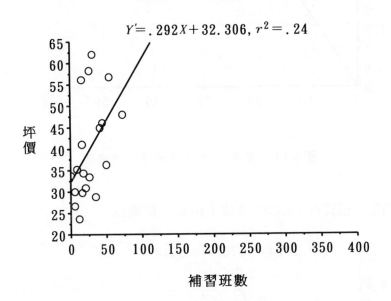

$$Y'=.292X+32.306, r^2=.24$$

　　我們可以使用下面一系列虛設資料來了解離群值所產生的影響, 原始資料如下表:

| X | 4 | 10 | 12 | 14 | 18 | 24 |
|---|-----|-----|-----|-----|-----|-----|
| Y | 0.9 | 1.8 | 2.6 | 3.0 | 3.8 | 4.9 |

可配出效果很好的直線方程式:

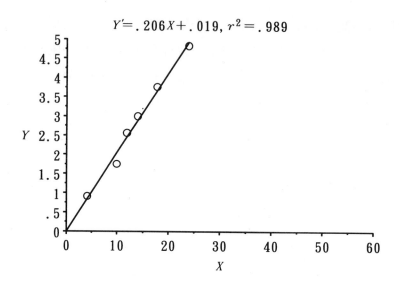

圖6.21　X 與 Y 正常情況下之散布圖

我們將第一組資料（4, 0.9）改成（16, 0.9）則變為

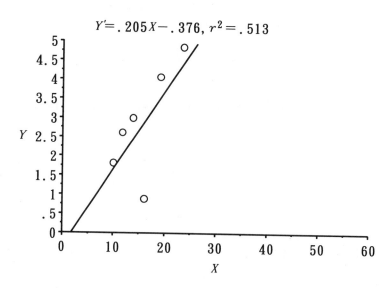

圖6.22　X 與 Y 稍微異常情況下之散布圖

若再將第一組資料改成（55,0.9）則原結果劇變為

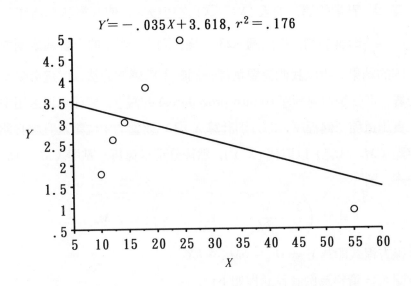

$$Y' = -.035X + 3.618, \ r^2 = .176$$

圖 6.23　$X$ 與 $Y$ 十分異常情況下之散布圖

由此可發現最小平方法容易受到某一特異觀察值之影響，為避免這種偏差發生，最簡單的方法就是把這種很明顯的特異觀察值如（55,0.9）刪除，然而在（16,0.9）情況下就不太容易判斷它是否是離群值，因此我們需要再詳細的檢視最小平方法所產生的公式。

由於直線方程式之斜率 $b$ 可改寫為

$$b = \frac{\Sigma (X_i - \overline{X})(Y_i - \overline{Y})}{\Sigma (X_i - \overline{X})^2} = \frac{\Sigma (X_i - \overline{X})^2 \dfrac{(Y_i - \overline{Y})}{(X_i - \overline{X})}}{\Sigma (X_i - \overline{X})^2}$$

$$= \frac{\Sigma W_i \dfrac{(Y_i - \overline{Y})}{(X_i - \overline{X})}}{\Sigma W_i} \tag{6.15}$$

此時 $W_i = (X_i - \overline{X})^2$ 為對任意點 $(X_i, Y_i)$ 通過一定點 $(\overline{X}, \overline{Y})$ 的斜率 $\dfrac{(Y_i - \overline{Y})}{(X_i - \overline{X})}$

所作之加權, $b$ 即以此為權數之加權平均數。若某一點 $X_j$（如離群值）距離 $\overline{X}$ 異常的遠，則因 $(X_j - \overline{X})^2$ 之值較大，使其對該點所產生斜率 $\dfrac{(Y_i - \overline{Y})}{(X_j - \overline{X})}$ 影響加劇，如同圖 6.23 一樣，因「一點」的影響造成兩種截然不同的結果。所以我們需要選擇一個較不敏感的方法，以避免受此點的影響，這就是穩健程序 (robust procedures) 的觀念。譬如可以選用中位數來實施這種穩健程序，即分別計算 $X$ 與 $Y$ 變量的中位數為直線必通過的定點（$M_{e_x}, M_{e_y}$）以取代 $(\overline{X}, \overline{Y})$，然後分別求算每一點與（$M_{e_x}, M_{e_y}$）的斜率，則

$$b = M_e \left( \frac{Y_i - M_{e_y}}{X_i - M_{e_x}}, i = 1, 2, \cdots, n \right) (X_i \neq M_{e_x}) \tag{6.16}$$

直線方程式即為 $Y = M_{e_y} - bM_{e_x} + bX$

以圖 6.23 資料為例計算過程如下：

| $X$ | $Y$ | $X - M_{e_x}$ | $Y - M_{e_y}$ | $(Y - M_{e_y}) \div (X - M_{e_x})$ |
|---|---|---|---|---|
| 55 | 0.9 | 39 | $-1.9$ | $-0.0487179$ |
| 10 | 1.8 | $-6$ | $-1$ | $0.16666667$ |
| 12 | 2.6 | $-4$ | $-0.2$ | $0.05$ |
| 14 | 3 | $-2$ | $0.2$ | $-0.1$ |
| 18 | 3.8 | 2 | 1 | $0.5$ |
| 24 | 4.9 | 8 | 2.1 | $0.2625$ |
| 16 | 2.8 | | | $0.10833333$ |

（最後一列為中位數計算）

所以方程式為

$$Y' = 2.8 - 0.1083 \times 16 + 0.1083X = 1.0672 + 0.1083X$$

其圖形為

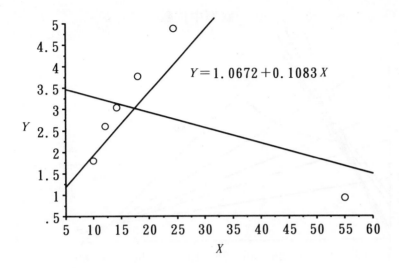

在此處僅提出一個較容易了解而且計算簡單的方法，藉以說明穩健程序的基本精神，並不作理論評價。另外我們也可將直線方程式斜率的分子分母部份可分別改寫為（證明省略）：

$$b = \frac{\Sigma\Sigma_{i \neq j} W_{ij} \frac{(Y_i - Y_j)}{(X_i - X_j)}}{\Sigma\Sigma_{i \neq j} W_{ij}} \tag{6.17}$$

此時 $W_{ij} = (X_i - X_j)^2$ 為對任意兩點 $(X_i, Y_i)$ 與 $(X_j, Y_j)$ 的斜率 $\frac{(Y_i - Y_j)}{(X_i - X_j)}$ $(X_i \neq X_j)$ 所作之加權，$b$ 即以此為權數之加權平均數。同樣的情況，若有離群值存在，對此種加權平均亦將產生較大的影響。避免這種情形發生，最簡單的方法是選擇敏感性較差的中位數來處理。即

$$b = M_e \left( \frac{Y_i - Y_j}{X_i - X_j}, i, j = 1, 2, \cdots, n, i \neq j \right) \tag{6.18}$$

也就是對所有兩點所決定的斜率（$X_i = X_j$ 除外）取其中位數，而所求直線方程式即為通過此兩點的直線。如下圖所示：

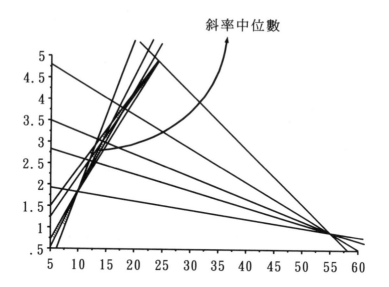

如此則產生另一種穩健程序，但計算較複雜，所得結果為

$$Y' = 0.2996 + 0.1917X$$

這兩種方法是否理想？有無別的方法？如何評估其他眾多方法的好壞，須考慮使用的目的、模式假設之條件等等，則屬於統計推論的範圍，此處僅就直線配合觀點作基本觀念了解。

# 6.5　時間數列傳統的分析方法

前一章我們將伴隨著發生時間先後所出現的一系列資料稱為時間數列，嚴格來說，時間數列是考慮在每一等間隔時間所出現的一系列資料，如連續的每一小時或每一天、每一年等等。因此 $T$ 時間單位的時間數列資料可表示為

$$Y_t, \ t = 1, 2, 3, \cdots, T$$

對此 $Y_t$ 的觀察與分析，最簡單的想法是將它看成圍繞在某一平均水準所形成的隨機變動，如圖 6.24 所示。

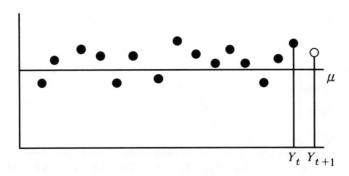

**圖 6.24　時間數列資料**

如果我們要預測下一時期 $T + 1$ 的觀察值，可以 $\mu$ 為基準，考慮與 $Y_{t+1}$ 最接近的時期 $Y_t$ 對它所產生的影響，也就是 $Y_{t+1} - \mu$ 與 $Y_t - \mu$ 之間形成比率關係，即 $Y_{t+1} - \mu = \phi(Y_t - \mu)$，由於假定全部資料圍繞在 $\mu$ 附近，因此 $|\phi| < 1$，再加上某些平均結果為 0 之機率性變動數量 $\varepsilon_{t+1}$，則可將 $Y_{t+1}$ 模式化為

$$Y_{t+1} - \mu = \phi(Y_t - \mu) + \varepsilon_{t+1} \tag{6.19}$$

然而實際上我們所觀察到的資料並非完全圍繞在 $\mu$ 附近，如實例 5.11，臺灣地區歷年判決有罪的人數；實例 5.12，歷年失業率等資料。傳統的分析方法，是將時間數列的變動因素分解成 4 種成分，即

### 1.長期趨勢變動 (trend variations)

　　以長期的觀點解釋時間數列變動的趨向，所謂長期觀點則是忽略輕微變動所形成穩定一致的結果。例如人口的成長，經濟的發達，使得百貨公司之業績形成直線增加的趨勢，如圖 6.25。

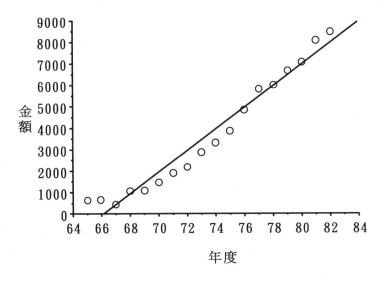

圖 6.25　長期趨勢變動

## 2.季節變動 (seasonal variations)

　　每一年在相同的時間（月、季或週等）內均發生相同的上升或下降，這種規則性的變動是在一年內受春、夏、秋、冬氣候之影響或各種節慶、寒暑假等等因素所產生。例如依據百貨公司每月的銷售記錄所繪製之歷史曲線圖，即可很明顯的看出這種變動，如圖 6.26 所示。

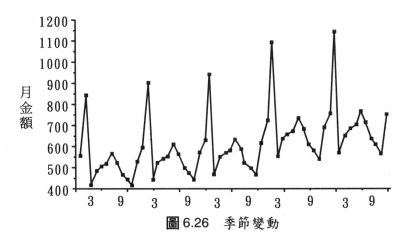

圖 6.26　季節變動

### 3.循環變動 (cyclical variations)

如同季節變動一樣，但超過 1 年以上有規則性週而復始的變動，通常是由經濟循環因素以及其他自然現象等因素之影響所造成，循環的週期 3 年 5 年長短不等，有時更超過 7 年。

### 4.不規則變動 (irregular variations)

不屬於前面所介紹的 3 種變動，通常是指扣除那 3 種變動後所殘存的一些事前無法預料的變動。一般而言，包括機率性的偶然變動以及突發性的意外事件，如天災、戰爭等因素所造成。它的變動形狀如同圖 6.27。

圖 6.27　不規則變動

上面所舉的圖形大都可明顯得看出是屬於那一種變動，有時會有不同變動因素混合所構成，如圖 6.28 即是由代表長期趨勢的直線與季節變動混合而成。

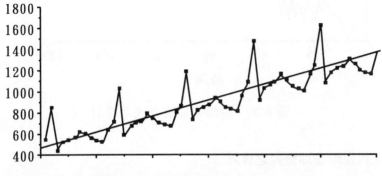

圖 6.28　長期趨勢與季節變動

　　時間數列的傳統分析方法就是要將這 4 種變動分解，而產生資料變動趨向較容易看出之結果。例如下面一系列歷史曲線圖。

### 1.原始觀察資料

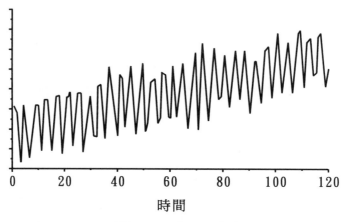

時間

**圖**6.29　原始觀察資料

### 2.扣除季節變動後之資料

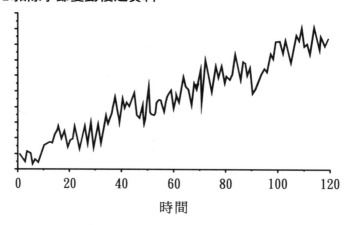

時間

**圖**6.30　扣除季節變動後之資料

### 3.再扣除長期變動之資料

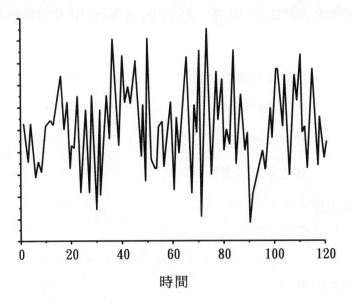

時間

圖 6.31　扣除長期變動、季節變動後之資料

**4.再扣除循環變動之曲線**

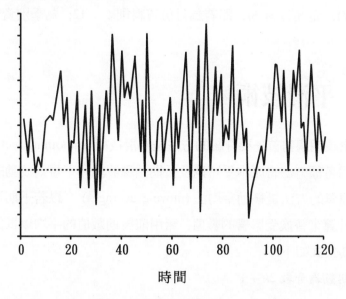

時間

圖 6.32　再扣除循環變動之曲線

由於各項變動因素交互錯雜在一起，因此需要假設這些變動因素結合的模式，設

$m_t$ 代表長期趨勢變動

$S_t$ 代表季節變動

$C_t$ 代表循環變動

$I_t$ 代表不規則變動

傳統所假設模式為

加法模式 $Y_t = m_t + S_t + C_t + I_t$

當我們利用各種方法估計或萃取每一時間的長期趨勢值 $m_t$ 後，可繼續求出其他變動因素，即

$$Y_t - m_t = S_t + C_t + I_t$$

此時 $S$、$C$ 為與 $Y$ 同單位數值，且在不失一般性情況下，設 $\Sigma S_i = 0(i = 1, 2, \cdots, \ell)$，而 $S_{t+\ell} = S_t$，即若為月份資料則 $\ell = 12$；為季別資料則 $\ell = 4$。

# 6.6 平滑技術

衡量長期趨勢首先要介紹的方法是平滑技術 (smoothing technique)。就是利用各種方法將原本受短期及長期循環波動和不規則波動的影響消除。最簡單的方法是移動平均法 (moving averages)，以若干期連續算術平均的計算來替換受影響的數值，藉用前後期數值的平均以抵銷所受的波動。其公式如下：

(1)期數為奇數 $2k + 1$

$$\overline{Y}_t = \frac{Y_{t-k} + Y_{t-k+1} + \cdots + Y_{t-1} + Y_t + Y_{t+1} + \cdots + Y_{t+k}}{2k+1}$$

$$= \frac{\sum\limits_{i=-k}^{k} Y_{t+i}}{2k+1} \tag{6.20}$$

(2)期數為偶數 $2k$

由於期數為偶數，所求得之移動平均值屬於 2 期之中點，因此須再作 2 期之移動平均，以調整所求的結果

$$\overline{Y}_t = \frac{0.5Y_{t-k} + Y_{t-k+1} + \cdots + Y_{t-1} + Y_t + Y_{t+1} + \cdots + Y_{t+k-1} + 0.5Y_{t+k}}{2k} \tag{6.21}$$

公式使用的方法：

舉例而言，設作 5 期移動平均，則 $k=2$，因此

$$\overline{Y}_t = \frac{Y_{t-2} + Y_{t-1} + Y_t + Y_{t+1} + Y_{t+2}}{5}$$

（此時 $3 \le t \le$ 資料期數 $-2$，即首尾各減少 2 期資料）

設作 8 期移動平均，則 $k=4$，因此

$$\overline{Y}_t = \frac{Y_{t-4} + 2(Y_{t-3} + Y_{t-2} + Y_{t-1} + Y_t + Y_{t+1} + Y_{t+2} + Y_{t+3}) + Y_{t+4}}{16}$$

（此時 $5 \le t \le$ 資料期數 $-4$，即首尾各減少 4 期資料）

各期的移動平均，可連續重複進行若干次，以使平滑的效果更明顯。

此時假設時間數列模式為

$$Y_t = m_t + S_t + \varepsilon_t$$

而 $S_t$ 屬於 $2k+1$ 或 $2k$ 期之季節變動，$\varepsilon_t$ 則為圍繞在零附近之機率性變動，因此

$$\frac{1}{2k+1} \sum\limits_{i=-k}^{k} Y_{t+i} = \frac{1}{2k+1} \left( \sum\limits_{i=-k}^{k} m_{t+i} + \sum\limits_{i=-k}^{k} C_{t+i} + \sum\limits_{i=-k}^{k} \varepsilon_{t+i} \right)$$

$$\approx m_t$$

（此處以 $2k+1$ 期為例，上式右邊 $S$ 及 $\varepsilon$ 部份均自動消失）

則長期趨勢估計值為

$$\hat{m}_t = \frac{1}{2k+1} \sum_{i=-k}^{k} Y_{t+i} \tag{6.22}$$

**實例 6.6**

將第五章實例 5.12 失業率的資料進行 12 期移動平均，並繪製於歷史曲線圖上，了解平滑後之效果。

【解】

可發現由於 12 期的移動平均將每月的季節變動消除，與原始資料比較已無短期的波動，整體曲線較平滑，所呈現的長期趨勢很明顯並非是直線的狀態。

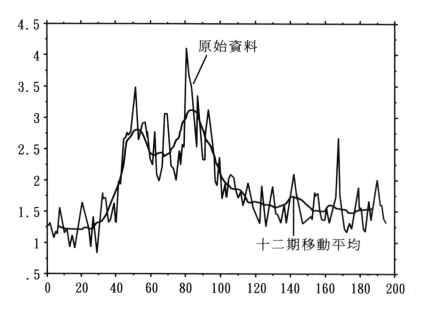

圖 6.33  失業率之 12 期移動平均

上述移動平均的平滑方式係以 $t$ 期為中心, 利用兩端 $k$ 期資料, 作均等權數平均, 以產生 $t$ 期之長期趨勢預測值。然而有許多情形愈接近的時期, 影響應當愈大, 也就是說需要採用加權移動平均, 最簡單的方式為指數加權移動平均, 亦稱為單邊移動平均 (one-sided moving averages) 即

$$\hat{m}_t = \alpha Y_t + (1-\alpha)\hat{m}_{t-1} \qquad (t=2,3,\cdots,n) \qquad (6.23)$$

且設 $\hat{m}_1 = Y_1$, $0 < \alpha < 1$, 則可連續遞迴代入, 產生一種遞減指數型態之加權移動平均

$$\hat{m}_t = \alpha Y_t + \alpha(1-\alpha)Y_{t-1} + \alpha(1-\alpha)^2 Y_{t-2} + \cdots + \alpha(1-\alpha)^{t-2}Y_2 + (1-\alpha)^{t-1}Y_1$$

$$= \alpha Y_t + \alpha \sum_{j=1}^{t-2}(1-\alpha)^j Y_{t-j} + (1-\alpha)^{t-1}Y_1 \qquad (6.24)$$

上式每一 $Y$ 值前之權數總和可證明為 1。而 $\alpha$ 之值有時可按過去資訊為參考, 大都在 0.05 至 0.30 之間。另一種合理的方法類似最小平方法, 係選擇一 $\alpha$ 值使每一估計長期趨勢值與實際值之間誤差的平方和為最小, 即

$$S(\alpha) = \sum_{i=1}^{t}(Y_i - \hat{m}_i)^2 \qquad (6.25)$$

然而會涉及到解高次方程式的數學難題。

# 6.7 長期趨勢方程式

移動平均法的結果一方面可衡量過去各期之長期趨勢值; 另一方面則可使趨勢更明顯, 也就是比較容易判斷長期趨勢的模式 (有些資料不須經由移動平均平滑的過程, 亦可看出趨勢)。為了對未來作更具體的預測, 如果平滑後可確定長期趨勢的模式, 則可使用最小平方法求出代

表此模式之數學方程式，如

$$Y_t = m_t + \varepsilon_t$$

$$m_t = a + bt$$

直線方程式形式。

---
### 例 6.7
---

某種股票在最近連續幾個交易天的收盤價格如下表:

| 交易日 | 價格 |
|:---:|:---:|
| 1 | 37.75 |
| 2 | 44.00 |
| 3 | 46.25 |
| 4 | 44.00 |
| 5 | 51.25 |
| 6 | 49.00 |
| 7 | 58.50 |
| 8 | 58.00 |
| 9 | 70.25 |

試用最小平方法的直線方程式估計第10個交易日該股票的長期趨勢值。

【解】

設方程式為 $\hat{m}_t = a + bt$, 則

$$b = \frac{\Sigma(t - \bar{t})(Y - \overline{Y})}{\Sigma(t - \bar{t})^2}, a = \overline{Y} - b\bar{t}$$

因此列計算表如下（最後一列為合計數）:

| $t$ | $Y$ | $t-5$ | $Y-51$ | $(t-5)^2$ | $(t-5)(Y-51)$ |
|---|---|---|---|---|---|
| 1 | 37.75 | $-4$ | $-13.25$ | 16 | 53 |
| 2 | 44.00 | $-3$ | $-7$ | 9 | 21 |
| 3 | 46.25 | $-2$ | $-4.75$ | 4 | 9.5 |
| 4 | 44.00 | $-1$ | $-7$ | 1 | 7 |
| 5 | 51.25 | 0 | 0.25 | 0 | 0 |
| 6 | 49.00 | 1 | $-2$ | 1 | $-2$ |
| 7 | 58.50 | 2 | 7.5 | 4 | 15 |
| 8 | 58.00 | 3 | 7 | 9 | 21 |
| 9 | 70.25 | 4 | 19.25 | 16 | 77 |
| 45 | 459.00 | 0 | 0 | 60 | 201.5 |

$$\bar{t}=\frac{45}{9}=5,\ \overline{Y}=\frac{459}{9}=51,\ b=\frac{201.5}{60}=3.358,$$

$$a=51-3.358\times5=34.21$$

方程式為 $\hat{m}_t = 34.21 + 3.358t$

第 10 個交易日該股票的長期趨勢值為

$$34.21 + 3.358 \times 10 = 67.79$$

其歷史曲線圖及直線方程式如下:

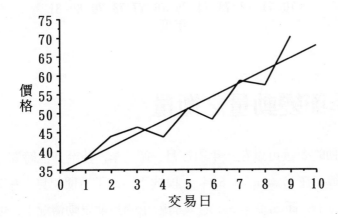

---

**實例 6.8**

依據實例 5.13 歷年臺灣地區文藝季活動出席人數資料，以最小平方法配合適當之長期趨勢方程式。

【解】

由圖 5.19 可看出長期趨勢為二次拋物線形式，依最小平方法所配出之方程式及其圖形如下：

方程式為

$$\hat{m}_t = a_0 + a_1 t + a_2 t^2$$

$$= 23585167 - 642865.7t + 4384.5t^2$$

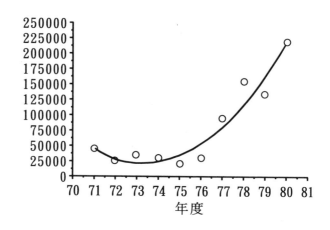

# 6.8 季節變動量之衡量

　　季節變動的衡量可以在一年內按月、週、季，甚至其他時間單位，為基礎作計算。在 $Y_t = m_t + S_t + \varepsilon_t$ 模式下，為了方便起見，令 $\Sigma S_i = 0(i = 1, 2, \cdots, \ell)$ ，而 $S_{t+\ell} = S_t$。在具有較小的長期變動情況下，可使用

簡單的同期平均法，即將歷年來同期之各時間單位資料求得平均，以此
為基礎作中心化計算季節變動數量。

**例 6.9**

下表為 79 年至 83 年每季之銷售金額（單位: 百萬元）:

| 年　度 | 第 1 季 | 第 2 季 | 第 3 季 | 第 4 季 |
|---|---|---|---|---|
| 79 | 16 | 21 | 9 | 18 |
| 80 | 15 | 20 | 10 | 18 |
| 81 | 17 | 24 | 13 | 22 |
| 82 | 17 | 25 | 11 | 21 |
| 83 | 18 | 26 | 14 | 25 |

使用同期平均法求出各季之季節變動量。

【解】

計算表如下:

| 年　度 | 第 1 季 | 第 2 季 | 第 3 季 | 第 4 季 |
|---|---|---|---|---|
| 79 | 16 | 21 | 9 | 18 |
| 80 | 15 | 20 | 10 | 18 |
| 81 | 17 | 24 | 13 | 22 |
| 82 | 17 | 25 | 11 | 21 |
| 83 | 18 | 26 | 14 | 25 |
| 合　計 | 83 | 116 | 57 | 104 |
| 平　均 | 16.6 | 23.2 | 11.4 | 20.8 |

$$總平均 = \frac{16.6 + 23.2 + 11.4 + 20.8}{4} = \frac{72}{4} = 18$$

計算各季變動量:

第 1 季變動量 $= 16.6 - 18 = -1.4$

第 2 季變動量 $= 23.2 - 18 = 5.2$

第 3 季變動量 $= 11.4 - 18 = -6.6$

第 4 季變動量 $= 20.8 - 18 = 2.8$ ■

若有明顯的長期趨勢時，則無法使用同期平均來處理，適當的程序為：

(1)使用 4 期移動平均（因 $\ell = 4$）消除季節變動（公式（6.21）），即

$$\hat{m}_t = \frac{0.5Y_{t-2} + Y_{t-1} + Y_t + Y_{t+1} + 0.5Y_{t+2}}{4}$$

(2)估計季節變動量

對每一組 $Y_{i+4j} - \hat{m}_{i+4j}(i = 1, 2, 3, 4; \ 2 < i + 4j < n - 2)$ 求平均為 $w_i(i = 1, 2, 3, 4$，實際計算時按所有同季個數作平均。），然後再中心化，即

$$\hat{S}_i = w_i - \overline{w}(i = 1, 2, 3, 4; \ \overline{w} = \frac{\Sigma w_i}{4})$$

(3)我們亦可使用上述季節變動估計量由觀察值扣除，求得不含季節變動之資料，再利用最小平方法求長期趨勢值，因而形成另一種求法。我們看下面的應用：

### 例 6.10

使用上述步驟將例 6.9 資料求長期趨勢方程式及季節變動量，並估計 84 年第 3 季之銷售金額。

【解】

第一步：連續進行 4 期及 2 期移動平均

| 年度 (1) | 季別 (2) | 銷售額 (3) | 4 期移動平均 (4) | 2 期移動平均 $(\hat{m}_t)$ | $(3)-\hat{m}_t$ |
|---|---|---|---|---|---|
| 79 | I | 16 | | | |
| | II | 21 | | | |
| | III | 9 | 16 | 15.875 | −6.875 |
| | IV | 18 | 15.75 | 15.625 | 2.375 |
| 80 | I | 15 | 15.50 | 15.625 | −0.625 |
| | II | 20 | 15.75 | 15.75 | 4.25 |
| | III | 10 | 15.75 | 16 | −6 |
| | IV | 18 | 16.25 | 16.75 | 1.25 |
| 81 | I | 17 | 17.25 | 17.625 | −0.625 |
| | II | 24 | 18 | 18.5 | 5.5 |
| | III | 13 | 19 | 19 | −6 |
| | IV | 22 | 19 | 19.125 | 2.875 |
| 82 | I | 17 | 19.25 | 19 | −2 |
| | II | 25 | 18.75 | 18.625 | 6.375 |
| | III | 11 | 18.5 | 18.625 | −7.625 |
| | IV | 21 | 18.75 | 18.875 | 2.125 |
| 83 | I | 18 | 19 | 19.375 | −1.375 |
| | II | 26 | 19.75 | 20.25 | 5.75 |
| | III | 14 | 20.75 | | |
| | IV | 25 | | | |

第二步：同季合併後求平均

| 年　度 | 第1季 | 第2季 | 第3季 | 第4季 |
|---|---|---|---|---|
| 79 | | | −6.875 | 2.375 |
| 80 | −0.625 | 4.25 | −6 | 1.25 |
| 81 | −0.625 | 5.5 | −6 | 2.875 |
| 82 | −2 | 6.375 | −7.625 | 2.125 |
| 83 | −1.375 | 5.75 | | |
| 合　計 | −4.625 | 21.875 | −26.5 | 8.625 |
| 平　均 | −1.156 | 5.469 | −6.625 | 2.156 |

第三步：求出季節變動量

總平均 $= (-1.156 + 5.469 - 6.625 + 2.156)/4 = -0.039$

第 1 季變動量 $= -1.156 + 0.039 = -1.117$

第 2 季變動量 $= 5.469 + 0.039 = 5.508$

第 3 季變動量 $= -6.625 + 0.039 = -6.586$

第 4 季變動量 $= 2.156 + 0.039 = 2.195$

第四步：由原始資料扣除季節變動後，再使用最小平方法估計長期趨勢值

| 年度<br>(1) | 季別<br>(2) | 銷售額<br>(3) | 季節變動量<br>(4) | 消除季節變動<br>(5)=(3)-(4) |
|---|---|---|---|---|
| 79 | I | 16 | −1.117 | 17.117 |
| | II | 21 | 5.508 | 15.492 |
| | III | 9 | −6.586 | 15.586 |
| | IV | 18 | 2.195 | 15.803 |
| 80 | I | 15 | −1.117 | 16.117 |
| | II | 20 | 5.508 | 14.492 |
| | III | 10 | −6.586 | 16.586 |
| | IV | 18 | 2.195 | 15.805 |
| 81 | I | 17 | −1.117 | 18.117 |
| | II | 24 | 5.508 | 18.492 |
| | III | 13 | −6.586 | 19.586 |
| | IV | 22 | 2.195 | 19.805 |
| 82 | I | 17 | −1.117 | 18.117 |
| | II | 25 | 5.508 | 19.492 |
| | III | 11 | −6.586 | 17.586 |
| | IV | 21 | 2.195 | 18.805 |
| 83 | I | 18 | −1.117 | 19.117 |
| | II | 26 | 5.508 | 20.492 |
| | III | 14 | −6.586 | 20.586 |
| | IV | 25 | 2.195 | 22.805 |

將消除季節變動後資料繪製成歷史曲線圖以了解方程式的型態。

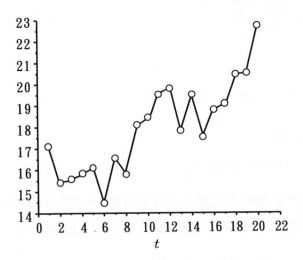

可以直線方程式配合, 計算表如下:

| 年　度 | 季　　別 | 時間 (t) | $t-10.5$ | $(t-10.5)^2$ | $(Y_t-\hat{S}_t)$ | $(Y_t-\hat{S}_t)(t-10.5)$ |
|---|---|---|---|---|---|---|
| 79 | I | 1 | −9.5 | 90.25 | 17.117 | −162.6115 |
|  | II | 2 | −8.5 | 72.25 | 15.492 | −131.682 |
|  | III | 3 | −7.5 | 56.25 | 15.586 | −116.895 |
|  | IV | 4 | −6.5 | 42.25 | 15.805 | −102.7325 |
| 80 | I | 5 | −5.5 | 30.25 | 16.117 | −88.6435 |
|  | II | 6 | −4.5 | 20.25 | 14.492 | −65.214 |
|  | III | 7 | −3.5 | 12.25 | 16.586 | −58.051 |
|  | IV | 8 | −2.5 | 6.25 | 15.805 | −39.5125 |
| 81 | I | 9 | −1.5 | 2.25 | 18.117 | −27.1755 |
|  | II | 10 | −0.5 | 0.25 | 18.492 | −9.246 |
|  | III | 11 | 0.5 | 0.25 | 19.586 | 9.793 |
|  | IV | 12 | 1.5 | 2.25 | 19.805 | 29.7075 |
| 82 | I | 13 | 2.5 | 6.25 | 18.117 | 45.2925 |
|  | II | 14 | 3.5 | 12.25 | 19.492 | 68.222 |
|  | III | 15 | 4.5 | 20.25 | 17.586 | 79.137 |
|  | IV | 16 | 5.5 | 30.25 | 18.805 | 103.4275 |
| 83 | I | 17 | 6.5 | 42.25 | 19.117 | 124.2605 |
|  | II | 18 | 7.5 | 56.25 | 20.492 | 153.69 |
|  | III | 19 | 8.5 | 72.25 | 20.586 | 174.981 |
|  | IV | 20 | 9.5 | 90.25 | 22.805 | 216.6475 |
| 合　計 |  | 210 | 0 | 665 | 360 | 203.395 |

$$\bar{m}_t = \frac{360}{20} = 18$$

$$b = \frac{\Sigma(t - \bar{t})(Y_t - S_t)}{\Sigma(t - \bar{t})^2} = \frac{203.395}{665} = 0.306$$

$$a = 18 - 0.306 \times 10.5 = 14.787$$

所求長期趨勢直線方程式為

$$\hat{m}_t = 14.787 + 0.306t$$

按 265 頁消除季節變動後的歷史曲線圖觀察,可發現有拋物線的趨勢,因此利用電腦配合二次多項式長期趨勢方程式,結果如下:

$$\hat{m}_t = 15.662 + 0.068t + 0.011t^2$$

將此兩種方法所產生的結果,分別求算殘差,以作比較:

| 年度 | 季別 | 銷售額 | $\hat{S}_t$ | $\hat{m}_t(1)$ | 殘差(1) | $\hat{m}_t(2)$ | 殘差(2) |
|------|------|--------|-------------|----------------|---------|----------------|---------|
| 79 | I | 16 | −1.117 | 15.741 | 1.376 | 15.093 | 2.024 |
|  | II | 21 | 5.508 | 15.843 | −0.351 | 15.399 | 0.093 |
|  | III | 9 | −6.586 | 15.967 | −0.381 | 15.705 | −0.119 |
|  | IV | 18 | 2.195 | 16.114 | −0.311 | 16.011 | −0.206 |
| 80 | I | 15 | −1.117 | 16.284 | −0.167 | 16.317 | −0.2 |
|  | II | 20 | 5.508 | 16.476 | −1.984 | 16.623 | −2.131 |
|  | III | 10 | −6.586 | 16.691 | −0.105 | 16.929 | −0.343 |
|  | IV | 18 | 2.195 | 16.929 | −1.124 | 17.235 | −1.43 |
| 81 | I | 17 | −1.117 | 17.189 | 0.928 | 17.541 | 0.576 |
|  | II | 24 | 5.508 | 17.473 | 1.019 | 17.847 | 0.645 |
|  | III | 13 | −6.586 | 17.778 | 1.808 | 18.153 | 1.433 |
|  | IV | 22 | 2.195 | 18.107 | 1.698 | 18.459 | 1.346 |
| 82 | I | 17 | −1.117 | 18.458 | −0.341 | 18.765 | −0.648 |
|  | II | 25 | 5.508 | 18.832 | 0.660 | 19.071 | 0.421 |
|  | III | 11 | −6.586 | 19.229 | −1.643 | 19.377 | −1.791 |
|  | IV | 21 | 2.195 | 19.648 | −0.843 | 19.683 | −0.878 |
| 83 | I | 18 | −1.117 | 20.090 | −0.973 | 19.989 | −0.872 |
|  | II | 26 | 5.508 | 20.555 | −0.063 | 20.295 | 0.197 |
|  | III | 14 | −6.586 | 21.042 | −0.456 | 20.601 | −0.015 |
|  | IV | 25 | 2.195 | 21.552 | 1.253 | 20.907 | 1.898 |

以序列散布圖比較兩種方法之殘差如下:

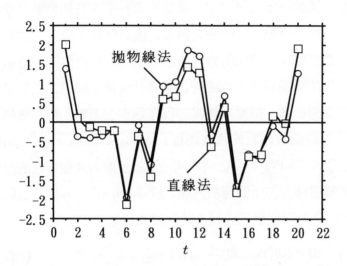

可以發現兩種方法所產生的殘差大都圍繞在零附近, 但以拋物線法的結果變動較小, 可使用類似公式 (6.25) 的計算作比較, 即

$$1.376^2 + (-0.351)^2 + \cdots + 1.253^2 = 22.237$$

$$2.024^2 + 0.093^2 + \cdots + 1.898^2 = 24.517$$

利用此兩法分別作預測結果如下:

84 年第 3 季 $t = 23$ , 所以估計為

直線法　　$14.787 + 0.306 \times 23 - 6.586 = 15.236$(百萬元)

拋物線法　　$15.662 + 0.068 \times 23 + 0.011 \times 23^2 - 6.586$

$$= 16.417 （百萬元） \quad \blacksquare$$

# 6.9*　傳統分析方法之檢視

在時間數列分析當中, 最困難衡量的部份就是循環變動。由於它循

環的期間超過一年，而且沒有固定的型態可參考，通常需要較多時間之
資料。例如上一節的例題結果可知，當原始資料扣除長期趨勢及季節變
動後所餘殘差，無法發現循環變動之跡象。因此想要了解它的循環週期
及振幅大小，都需要運用特別的數理方法來處理。然而傳統的分析方法
是界定在很明顯的變動規律下作處理，當變動規律不明確，尤其是各項
變動因素大都交錯影響，很難以適當的程序逐步去剖析。時間數列現代
的分析方法是將時間數列看成隨機過程 (stochastic processes)，如同圖
6.24 所示，以公式（6.19）為例，我們利用電腦模擬方式觀察它的歷史曲
線圖，可以了解這種方法所展現的內涵。設 $\phi = 0.8$，$\mu = 50$，並假設第
1 期資料為 50，即此時間數列資料之隨機模式為

$$Y_{t+1} - 50 = 0.8(Y_t - 50) + \varepsilon_{t+1}, \, t = 1, 2, 3, \cdots, 300 \qquad （模式一）$$

且 $\varepsilon$ 假設為第三章圖 3.12 的常態分配，模擬 300 期資料的歷史曲線圖如
下：

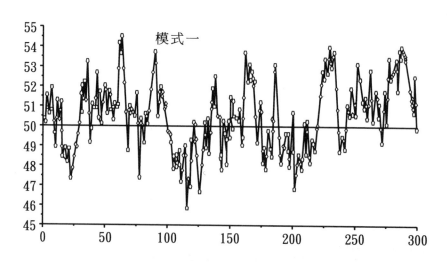

若將 $\phi$ 的比率改成 0.2，即

$$Y_{t+1} - 50 = 0.2(Y_t - 50) + \varepsilon_{t+1}, t = 1, 2, 3, \cdots, 300 \qquad (\text{模式二})$$

則圖形為

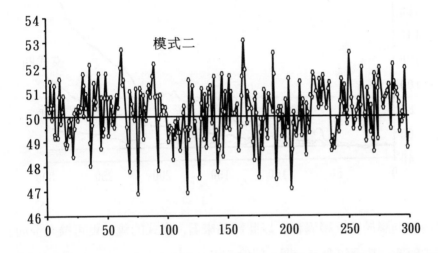

此兩種圖形都是圍繞在 $\mu$ 附近, 稱之為平穩過程 (stationary process), 若將 $\phi$ 所取之值大於 1, 則時間數列呈上升的現象, 產生爆炸性上漲 (explosive)。

公式（6.19）取第 $t$ 期所產生的影響為 $\phi$, 今亦可考慮第 $t-1$ 期所產生的影響, 則公式改寫成

$$Y_{t+1} - \mu = \phi_1(Y_t - \mu) + \phi_2(Y_{t-1} - \mu) + \varepsilon_{t+1}, t = 1, 2, 3, \cdots, 300$$

現以電腦模擬下列 3 個模式（模式三、四、五）：

$$Y_{t+1} - 50 = 0.6(Y_t - 50) + 0.4(Y_{t-1} - 50) + \varepsilon_{t+1}$$

$$Y_{t+1} - 50 = 0.6(Y_t - 50) + 0.41(Y_{t-1} - 50) + \varepsilon_{t+1}$$

$$Y_{t+1} - 50 = 1.01(Y_t - 50) + \varepsilon_{t+1}$$

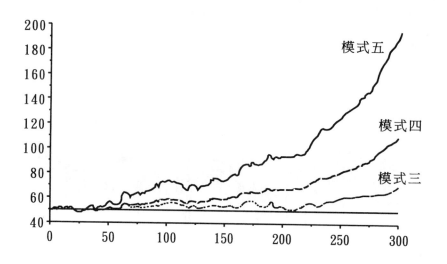

可發現均屬於非平穩過程，以此觀點來看，模式的建立更可擴充至前 $p$ 期的影響，甚至包含前 $q$ 期 $\varepsilon$ 部份，如

$$Y_{t+1}-\mu=\phi_1(Y_t-\mu)+\cdots+\phi_p(Y_{t-p+1}-\mu)+\varepsilon_{t+1}+\theta_1\varepsilon_t+\cdots+\theta_q\varepsilon_{t-q+1}$$

如何決定 $p$、$q$ 以及如何估計這些 $\phi$、$\theta$ 之值，則屬於時間數列分析的專門課程，此處僅作觀念的介紹。

## 重要名詞

| | |
|---|---|
| 自變數或已知變數 | 應變數或被預測變數 |
| 最小平方法 | 判定係數 |
| 直線相關係數 | 正相關 |
| 負相關 | 完全相關 |
| 穩健程序 | 長期趨勢變動 |
| 季節變動 | 循環變動 |

不規則變動　　　　　　　　加法模式

平滑技術　　　　　　　　　移動平均法

單邊移動平均　　　　　　　同期平均法

隨機過程　　　　　　　　　平穩過程

爆炸性上漲

習 題

6.1 一組雙變量資料的散布圖如下:

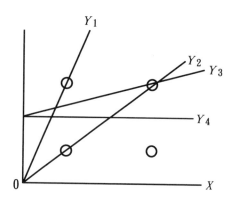

$Y_1, Y_2, Y_3, Y_4$ 4 條直線何者為最小平方法所配合之直線?

6.2 試評論下面的說法:

由於一個人若沒有身高（0公分），則沒有體重（0公斤），因此體重與身高的雙變量資料所配合的直線方程式必須通過原點。

6.3 依據習題 5.2 原始資料繪製散布圖，並以體重為自變數，收縮血壓為應變數配合直線方程式。

6.4 計算習題 5.5 各縣市出生率與死亡率之直線相關係數。

6.5 依據習題 5.6 資料，將每組病人糖尿病持續時間的組中點為自變數，每組患有網膜症的比率為應變數，配合出直線方程式，並預測已知某人糖尿病持續時間為 20 年，則此人患有網膜症的機率為多少?

6.6 行銷訓練部門對 10 名結業學員調查他們結訓成績 $(T)$ 及訓練 1 年後的銷售量 $(S)$，如下:

| $T$ | 46.8 | 66.6 | 43.2 | 81.0 | 46.8 | 90.0 | 50.4 | 54.0 | 72.0 | 61.2 |
|-----|------|------|------|------|------|------|------|------|------|------|
| $S$ | 95 | 140 | 85 | 180 | 100 | 195 | 115 | 136 | 175 | 150 |

試求：

(a)以結訓成績估計銷售量之直線方程式。

(b)結訓成績每增加 1 分，對其 1 年後之銷售量有何影響？

6.7　由經濟學原理可知，當價格（$P$）提高時，銷售量（$Q$）將下降。今對某公司所銷售之產品作調查，求得在各種價格下的銷售量：

| $P$ | 10.0 | 4.7 | 8.5 | 8.0 | 4.5 | 4.0 | 3.0 | 2.0 |
|-----|------|-----|-----|-----|-----|-----|-----|-----|
| $Q$ | 100 | 150 | 128 | 120 | 162 | 170 | 180 | 200 |

(a)求出最小平方法的直線方程式 $Q = a + bP$。

(b)價格每上升 1 元，銷售量平均有何變化？

(c)求算兩者相關係數。

6.8*　一項以溫度（攝氏）為自變數，孑孓繁殖個數為應變數，所得直線方程式為 $Y = 200 + 50X$，今若將溫度的測量單位改成華氏，則直線方程式為何？

6.9　一項汽車電子絕緣體壽命的研究 (Nelsson, 1986)，實驗者使用加速壽命檢驗，在 4 種溫度（攝氏）下，分別測試 10 個絕緣體的壽命，其結果如下：

| 溫　度 | 壽 | | | 命（小時） | | | | | |
|-------|------|------|------|------|------|------|------|------|------|
| 190 | 7228 | 7228 | 7228 | 8448 | 9167 | 9167 | 9167 | 9167 | 10511 | 10511 |
| 220 | 1764 | 2436 | 2436 | 2436 | 2436 | 2436 | 3108 | 3108 | 3108 | 3108 |
| 240 | 1175 | 1175 | 1521 | 1569 | 1617 | 1665 | 1665 | 1713 | 1761 | 1953 |
| 260 | 600 | 744 | 744 | 744 | 912 | 1128 | 1320 | 1464 | 1608 | 1896 |

(a)繪製成散布圖。

(b)計算直線相關係數。

6.10*（續 6.9）將上述資料溫度取倒數，壽命取自然對數值如下表：

| 溫度倒數 | 壽命自然對數值 | | | | | | | | |
|---|---|---|---|---|---|---|---|---|---|
| 0.0053 | 8.8857 | 8.8857 | 8.8857 | 9.0417 | 9.1234 | 9.1234 | 9.1234 | 9.1234 | 9.2602 | 9.2602 |
| 0.0045 | 7.4753 | 7.7981 | 7.7981 | 7.7981 | 7.7981 | 7.7981 | 8.0417 | 8.0417 | 8.0417 | 8.0417 |
| 0.0042 | 7.0690 | 7.0690 | 7.3271 | 7.3582 | 7.3883 | 7.4176 | 7.4176 | 7.4460 | 7.4736 | 7.8771 |
| 0.0038 | 6.3969 | 6.6120 | 6.6120 | 6.6120 | 6.8156 | 7.0282 | 7.1854 | 7.2889 | 7.3827 | 7.5475 |

(a)繪製成散布圖。

(b)計算直線相關係數。

6.11 在某一道路上，進行汽車速度與停車距離（$Y$）的研究。資料如下：

| 速度（公里／小時） | 30 | 30 | 50 | 65 | 80 | 90 |
|---|---|---|---|---|---|---|
| 停車距離（公尺） | 5 | 4 | 10 | 22 | 34 | 43 |

(a)繪製成散布圖。

(b)計算直線相關係數。

6.12*（續 6.11）將上述資料 $Y$ 改為 $\sqrt{Y}$，即

| 速度（公里／小時） | 30 | 30 | 50 | 65 | 80 | 90 |
|---|---|---|---|---|---|---|
| 停車距離之平方根 | 2.236 | 2 | 3.162 | 4.69 | 5.831 | 6.557 |

(a)繪製成散布圖。

(b)計算直線相關係數。

6.13 依據第五章習題 5.7 資料，以最小平方法配合直線方程式求 3 種行業的長期趨勢方程式，並分別預測 84 年長期趨勢值。

6.14 下面資料為某汽車經銷商由 55 年至 84 年之銷售量:

$$
\begin{array}{cccccccccc}
144 & 132 & 120 & 132 & 168 & 156 & 168 & 168 & 180 & 204 \\
216 & 252 & 216 & 288 & 276 & 324 & 336 & 336 & 348 & 408 \\
360 & 372 & 444 & 420 & 384 & 420 & 384 & 396 & 300 & 348
\end{array}
$$

(a)以 3 年移動平均計算平滑結果。

(b)將(a)的結果連同原始資料分別繪製歷史曲線圖。

6.15 對某公司銷貨收入所計算之長期趨勢方程式為

$$
\hat{m}_t = 9.4 + 0.6t \quad (t = 0 代表 1983 年)
$$

(a)求 1995 年之長期趨勢值。

(b)欲將 $t = 0$ 代表 1990 年，則長期趨勢方程式為何?

6.16 下表為 1981 年至 1985 年各月某地之稻米產量. (單位: 萬公噸):

| 月份 | 1981 | 1982 | 1983 | 1984 | 1985 |
|------|------|------|------|------|------|
| 1 | 4.4 | 5.0 | 5.9 | 8.3 | 5.4 |
| 2 | 8.3 | 6.8 | 7.1 | 4.9 | 3.9 |
| 3 | 7.5 | 7.8 | 5.3 | 5.2 | 6.2 |
| 4 | 2.7 | 7.0 | 3.6 | 3.5 | 3.6 |
| 5 | 1.4 | 5.5 | 3.2 | 2.3 | 2.3 |
| 6 | 0.8 | 4.1 | 2.2 | 1.4 | 1.8 |
| 7 | 1.8 | 4.3 | 1.4 | 1.1 | 1.8 |
| 8 | 15.0 | 12.0 | 9.5 | 7.0 | 9.0 |
| 9 | 33.1 | 32.8 | 23.3 | 25.6 | 28.8 |
| 10 | 17.0 | 15.1 | 13.4 | 19.3 | 15.5 |
| 11 | 8.5 | 7.1 | 7.3 | 9.6 | 6.7 |
| 12 | 7.7 | 7.2 | 9.3 | 6.5 | 7.4 |

試以同期平均法求算各月之季節變動量。

# 第七章　機率概論與機率模式

　　前面幾章陸陸續續介紹過機率的計算觀念，這一章則要有系統的認識機率，並詳細說明機率的運算法則及其使用。同時進一步解釋，在統計上如何使用機率來建立母體模式。

## 7.1　機率基本概念

　　任何一個人都不能避免與機率在一起，在這錯綜複雜的社會中，我們經常會碰到許多巧合的事，只是有些並不一定能引起自己的注意罷了。例如當我們搭車到別處去時，坐在你鄰近位子的人，並沒有把你列入他的計劃中；在街上摩肩接踵的人群中，雖然我們並不一定重視他們存在，可是畢竟在這一時刻，他是與你在同一條街上，然而若是碰到多年不見的同學時，則會異口同聲的說：「多麼巧啊！……」。事前並沒有約定，卻不期而遇，我們會覺得這是冥冥中的安排，這冥冥中的安排就是機率。

　　一次偶而的錯失，可能使你要在醫院住些時日；一次偶而的機會，使你選擇了你的職業，甚至於終身伴侶。這些由許多無法分辨的原因所造成的事實，我們常把它歸之於命運。因此對於一些不能確定的事情，必須要作一個判斷時，我們常用「或許」、「可能」、「大約」等不明確的字眼來表達。我們從個人生活瑣事推廣到整個社會人際時，那就不能用如此不科學的語詞來表達我們所存在的社會。保險公司無法預測某一個人的生死，但是對一個社會群體而言，它必須要知道某一個人在某一年

齡及健康情況下，能夠再活若干年的機會是多少？否則又怎能合理的計算人壽保險的費率？公司管理當局雖然無法了解每一個消費者的經濟狀況及其喜愛傾向，然而它必須要知道在它的營業區域內，究竟有多少百分比的居民有足夠的購買能力？有多大的可能性會購買該公司的產品？否則它如何能評估自己的銷售計劃，作更有效的改進呢？

　　機率的理論就是對這些不確定的現象作明確的衡量，在前面各章節中，已經配合實際需要引用許多機率的觀念，如在 1.2.1 節介紹推論統計時，利用抽球問題說明機率與推論的關係；在 2.1 節介紹隨機實驗及隨機抽樣時，說明對某一現象所衡量的機率值須要在 0 與 1 之間，並提出兩種機率的計算方法：

　　⑴機會均等的機率計算觀念

　　在每一種可能結果出現機會均相等的假設下，$A$ 現象的發生機率（簡寫成 $P(A)$）為

$$P(A) = A 現象結果的個數 \div 全部可能結果的個數 \qquad (7.1)$$

　　（可用 $n$ 代表全部可能結果的個數，$n_A$ 代表 $A$ 現象結果的個數，則 $P(A) = \dfrac{n_A}{n}$）

　　⑵相對次數的機率計算觀念

$$P(A) = A 現象的發生次數 \div 全部觀察次數 \qquad (7.2)$$

例如考慮由民國 65 年及 72 年至 83 年臺灣地區出生人口數中，男嬰、女嬰所佔比率：

| 年度 | 男嬰人數 | 女嬰人數 | 男嬰所佔比率 |
|---|---|---|---|
| 65 | 218655 | 204701 | 0.516480 |
| 72 | 197569 | 184584 | 0.516989 |
| 73 | 191390 | 178335 | 0.517655 |
| 74 | 177735 | 167318 | 0.515095 |
| 75 | 159689 | 148498 | 0.518156 |
| 76 | 162687 | 150375 | 0.519664 |
| 77 | 177179 | 163875 | 0.519504 |
| 78 | 163759 | 150794 | 0.520609 |
| 79 | 175638 | 159234 | 0.524493 |
| 80 | 168527 | 152749 | 0.524555 |
| 81 | 168150 | 152813 | 0.523892 |
| 82 | 169159 | 155785 | 0.520579 |
| 83 | 168444 | 154494 | 0.521599 |
| 84 | 171118 | 158463 | 0.519199 |

資料來源：行政院主計處中華民國 85 年統計年鑑。

從長期觀點來看，男嬰比率大都在 0.52 附近。

　　從上面的計算方式可以發現，某一現象發生機率的衡量都是利用此現象在整個問題中，出現可能性的優勢比率作判斷。不論那一種計算方法，首先要了解的是如何正確的面對機率，例如我們投擲 1 枚公平的錢幣，雖然說出現正面的機率為 $\frac{1}{2}$，但不能保證 10 次當中一定有 5 次出現或者 100 次當中一定有 50 次出現；又如，某種手術的成功機率為 0.6（由過去經驗累積而產生），但這機率對一個已知要進行這種手術的病人來說，並沒有任何保障，也不能對他有所安慰，因為他所關心的是他自己是否能成功。由經驗所產生的機率，是經由某一大數所形成的結果，並不能對某一次行為有確定的預測，我們所稱對某一病人手術成功之機率是指對一平均人而言，而非某一特定的病人。我們常說某人的槍法是「百發

百中」，那就是 100 次射擊中， 100 次射中，但是否能保證他可以「千發千中」或者「萬發萬中」？因此雖然 $\frac{20}{100}, \frac{200}{1000}, \frac{2000}{10000}$ 在數值上均相等，然而 100 次有 20 次發生， 1000 次有 200 次發生與 10000 次有 2000 次發生的意義是不相同的。機率是對現象發生之全貌作一個平均的描述，並不是對某一特例作判斷。正如同氣象報告說某地下雨的機率是 0.9，意思是指在預測地區任何一點，在預測時間內（通常是未來 12 個小時），將有 90% 的機會至少會下 0.2 毫米 (millimeter) 的雨量。

# 7.2 機率計算及其運算法則

## 7.2.1 機率加法法則

機率理論屬於數學的範疇，統計藉助機率而在理論上的發展，則形成應用數學的一支。然而站在統計應用的立場，我們僅需要使用由機率所延伸出來的統計理論即可。因此對機率的問題我們以最容易理解的「機會均等機率」為出發點，來了解機率的一般運算法則。

在實例 3.1 提到，從民國 67 年全臺灣人口中，任意抽出 1 人，其姓氏為「陳氏」的機率是 0.109，以此類推，所抽之人其姓氏為

「林氏」的機率是 0.082

「黃氏」的機率是 0.061

「張氏」的機率是 0.054

「李氏」的機率是 0.052

我們也可針對這五大姓，問：「所抽之人其姓氏為此五大姓的機率是多少？」或者說問：「所抽之人其姓氏為「陳氏」或是「林氏」或是「黃氏」或是「張氏」或是「李氏」的機率是多少？」（在機率理論中，我們將所發生的現象稱為事件，通常以英文大寫字母 A、B、C、… 表示

之。）按機會均等的機率計算方法，

所求事件的發生次數＝1850423＋1381712＋1030571

+906999＋875595＝6045301

$$發生機率＝\frac{6045301}{16951904}＝\frac{1850423＋\cdots＋875595}{16951904}$$

$$＝\frac{1850423}{16951904}＋\cdots＋\frac{875595}{16951904}$$

$$＝0.109＋0.082＋0.061＋0.054＋0.052＝0.358$$

也就是個別發生機率的總和，即

$P$（所抽之人其姓氏為「陳氏」或是「林氏」或是「黃氏」或是「張氏」或是「李氏」）＝$P$（所抽之人其姓氏為「陳氏」）＋$P$（所抽之人其姓氏為「林氏」）＋$P$（所抽之人其姓氏為「黃氏」）＋$P$（所抽之人其姓氏為「張氏」）＋$P$（所抽之人其姓氏為「李氏」）

這樣的運算方法稱為機率加法法則。

### 例 7.1

一新社區有 400 戶人家，每家的子女人數如下表：

| 子女人數 | 戶　　數 |
|:---:|:---:|
| 0 | 94 |
| 1 | 136 |
| 2 | 125 |
| 3 | 34 |
| 4 | 8 |
| 5 | 3 |
| 合　　計 | 400 |

隨機由該社區任抽一戶，其子女人數以 $X$ 表示，求下列各事件之機率：

$$P(X \geq 3), P(2 \leq X \leq 4), P(X為偶數)$$

【解】

$$P(X \geq 3) = \frac{34+8+3}{400} = \frac{9}{80}$$

$$P(2 \leq X \leq 4) = \frac{125+34+8}{400} = \frac{167}{400}$$

$$P(X為偶數) = \frac{94+125+8}{400} = \frac{227}{400} \quad \blacksquare$$

### 例 7.2

某社區共有居民 1335 人，其年齡分配表如下：

| 年齡組別 | 人　　數 |
|---|---|
| $0 \sim 10$ | 335 |
| $10 \sim 20$ | 200 |
| $20 \sim 30$ | 350 |
| $30 \sim 40$ | 250 |
| $40 \sim 50$ | 200 |
| 合　　計 | 1335 |

隨機由該社區任抽一人，其年齡設為 $Y$ 歲，求下列各事件的機率：

$$P(Y \geq 10), P(Y < 40)$$

【解】

$$P(Y \geq 10) = \frac{200+350+250+200}{1335} = \frac{1000}{1335} = \frac{200}{267}$$

$$P(Y < 40) = \frac{250 + 350 + 200 + 335}{1335} = \frac{1135}{1335} = \frac{227}{267} \quad \blacksquare$$

直方圖是以次數為基礎所繪製之直方形，其各組面積大小與其次數成正比，因此我們也可使用直方圖的面積來計算機率，如上例，以直方圖表示機率如下：

$P(Y \geq 10)$ 可表示為圖 7.1 陰影面積所佔全部直方圖面積之比率。

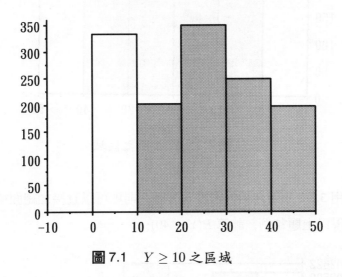

**圖** 7.1 　 $Y \geq 10$ 之區域

其結果為

$$P(Y \geq 10) = \frac{10 \times 200 + 10 \times 350 + 10 \times 250 + 10 \times 200}{10 \times 335 + 10 \times 200 + 10 \times 350 + 10 \times 250 + 10 \times 200}$$

$$= \frac{10000}{13350} = \frac{200}{267}$$

$P(Y < 40)$ 可表示為圖 7.2 陰影面積所佔全部直方圖面積之比率。

其結果為

$$P(Y < 40) = \frac{10 \times 335 + 10 \times 200 + 10 \times 350 + 10 \times 250}{10 \times 335 + 10 \times 200 + 10 \times 350 + 10 \times 250 + 10 \times 200}$$

$$= \frac{11350}{13350} = \frac{227}{267}$$

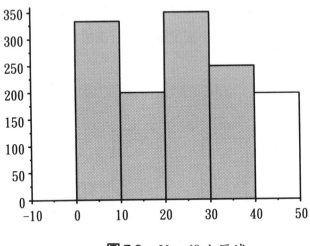

圖 7.2　$Y < 40$ 之區域

如果使用 3.2.2 節所介紹的密度直方圖，則更可以直接加總面積方式計算機率。現以上題為例，計算 $P(Y < 40)$:

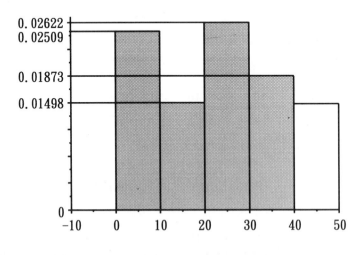

圖 7.3　$Y < 40$ 之區域

則

$$P(Y < 40)=10 \times 0.02509 + 10 \times 0.01498 + 10 \times 0.02622$$

$$+10 \times 0.01873 = 0.8502$$

在第三章曾經提過，統計上所使用的母體模式都屬於密度直方圖的形式，如 3.2.2 節所介紹。實際的母體資料不可能繪製出它的密度直方圖（由於母體資料未知），但是我們可以借助數學的方法找出最能表示它的理論母體模式，如圖 3.11 之於圖 3.13；圖 3.14 之於圖 3.15。因此假設要求 $X > 1$ 的機率，即為 $X = 1$ 右邊開始的曲線下方與 $X$ 軸上方所覆蓋的面積，如圖 7.4 所示。

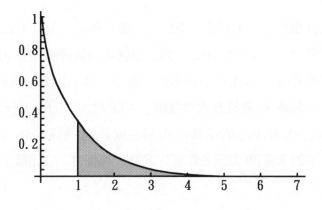

**圖 7.4　在理論母體模式下 $X > 1$ 之區域**

此時若要精確計算機率，則必須要使用微積分來求算。

對母體內每一對象，我們可以同時考慮若干不同角度所產生之特性，譬如某家公司員工共有 200 人，按年齡區分為「未滿 30 歲」、「30歲到未滿 50 歲」、「50歲以上」3 種（以 $A_1, A_2, A_3$ 表示之）；按教育程度區分為「高中程度」、「大專程度」、「研究所程度」等 3 種（以 $B_1, B_2, B_3$

表示之），可將全體員工編製成第五章所介紹過的雙向分類表，如下面例 7.3。

━━━ 例 7.3 ━━━━

某公司 200 位員工年齡與教育程度雙向分類表：

| 教育＼年齡 | $A_1$ | $A_2$ | $A_3$ | 合計 |
|---|---|---|---|---|
| $B_1$ | 30 | 60 | 10 | 100 |
| $B_2$ | 30 | 25 | 5 | 60 |
| $B_3$ | 20 | 15 | 5 | 40 |
| 合計 | 80 | 100 | 20 | 200 |

若由該公司任意抽出一名員工，則此人必屬於年齡 $A_i(i = 1, 2, 3)$ 中之一類及教育程度 $B_j(j = 1, 2, 3)$ 中之一類，也就是說他同時具有 $A_i$ 及 $B_j$ 的特性，我們通常用「$A_i$ 且 $B_j$」表示此一事件；如「由該公司任意抽出一名員工，此人未滿 30 歲且為大專程度」可以 $P(A_1$ 且 $B_2)$ 表示，其值為 $\frac{30}{200}$。我們以「$A_i$ 或 $B_j$」表示具有 $A_i$ 特性或者 $B_j$ 特性，如「$A_1$ 或 $B_2$」即表示此人年齡未滿 30 歲或者教育程度為大專程度。它的發生機率可表示為

$$P(A_1或B_2) = \frac{30 + 30 + 20 + 25 + 5}{200} = \frac{80 + 60 - 30}{200}$$

$$= \frac{80}{200} + \frac{60}{200} - \frac{30}{200}$$

$$= P(A_1) + P(B_2) - P(A_1且B_2) \quad ■$$

此為另一種形式的機率加法法則，兩者的差異在於 $A_1$ 與 $B_2$ 有同時發生的機會，而前述有關姓氏的問題，則不可能有人同時姓兩個姓。我們將兩個不可能同時發生的事件稱之為互斥事件，如投擲一粒骰子出現

的點數是奇數或是偶數，兩者即為互斥事件。若考慮 3 個以上事件的加法法則，在事件彼此均為互斥事件的情況下，可很簡單的推廣，即設 $A_i$，$i = 1, 2, 3, \cdots, n$ 此 $n$ 個事件彼此互斥（也就是任何 $A_i$，$A_j$，$i \neq j$ 均不可能同時發生），則

$$P(A_1 或 A_2 或 A_3 或 \cdots 或 A_n) = P(A_1) + P(A_2) + P(A_3) + \cdots + P(A_n)$$

$$= \sum_{i=1}^{n} P(A_i) \tag{7.3}$$

在兩事件為互斥情況下的加法法則，最基本的應用是求算某事件不發生的機率：設 $A'$ 代表 $A$ 事件不發生，則很明顯的可知 $A$ 與 $A'$ 為互斥事件，因此

$$P(A 或 A') = 1$$

$$P(A) + P(A') = 1$$

所以　　$$P(A') = 1 - P(A) \tag{7.4}$$

若 $A_i$ 彼此間並非互斥事件，當 $i$ 超過 2 時，推廣時則較複雜，今以 $A$、$B$、$C$ 3 個事件為例說明：

$$P(A 或 B 或 C) = P(A 或 B 或 C) = P(A 或 B) + P(C) - P((A 或 B) 且 C)$$

$$= P(A) + P(B) - P(A 且 B) + P(C) - P((A 且 C) 或 (C 且 B))$$

$$= P(A) + P(B) + P(C) - P(A 且 B) - P((A 且 C))$$

$$- P((C 且 B)) + P(A 且 B 且 C) \tag{7.5}$$

## 7.2.2　條件機率與乘法法則

在第三章實例 3.1 中，我們說明過：「以全臺灣地區居民當作一個

母體，隨機抽出一人」與「在某一條街上，隨意碰到一人」並非是相同的事件。嚴格的來說，在街上隨意碰到一人是在某種條件已發生的情況下（某城市的某條街）所作的隨機抽樣。譬如說，在一個群居「林」姓的村莊，所碰到的人大都是林姓，自然屬於這個姓氏的機率就會較大；反之，其他的姓氏機率就會較少。在機率問題中，也常需要考慮在某一事件已知發生的情況下作處理，這就是條件機率，我們通常用 $P(A|B)$ 表示（即已知 $B$ 事件發生，出現 $A$ 事件的機率）。在機會均等的計算觀念下，它的基本算法為 $P(A|B) = \dfrac{n_{AB}}{n_B}$ （其中 $n_{AB}$ 代表 $AB$ 兩事件同時發生的個數）。

### 例 7.4

（續例 7.3）假設已知所抽之人的教育程度為大專，求此人年齡分別為 $A_1, A_2, A_3$ 之機率。

【解】

$$P(A_1|B_2) = \frac{30}{60}$$

$$P(A_2|B_2) = \frac{25}{60}$$

$$P(A_3|B_2) = \frac{5}{60} \quad ■$$

由上面的例子引申，我們可以發現兩個在條件機率下的特性：

(1)考慮在已知相同事件發生情況下的條件機率。

如上題， $B_2$ 為已知條件，則

$$P(A_1|B_2) + P(A_2|B_2) + P(A_3|B_2) = \frac{30}{60} + \frac{25}{60} + \frac{5}{60} = 1$$

這項結果表示，在已知 $B_2$ 事件發生的情況下，必然會出現 $A_1, A_2, A_3$ 3 個事件中的某一事件，即 $P(A_1 \text{ 或 } A_2 \text{ 或 } A_3|B_2) = 1$ 。

(2)考慮在已知不同事件發生情況下，出現某一事件的條件機率。

如：

$$P(A_1|B_1) = \frac{30}{100}$$

$$P(A_1|B_2) = \frac{30}{60}$$

$$P(A_1|B_3) = \frac{20}{40}$$

在不同的出現條件 $B_1, B_2, B_3$ 下，發生 $A_1$ 事件的機率有大小不同的差異。而 $A_1$ 在沒有任何已知條件下的發生機率是 $P(A_1) = \frac{80}{200} = 0.4$。所以會有這樣的差別乃是由於在不同的發生條件下，同時出現 $A_1$ 事件的機率大小不一。我們可以從原始公式來了解：

$$P(A_i|B_j) = \frac{n_{A_iB_j}}{n_{B_j}} = \frac{\frac{n_{A_iB_j}}{n}}{\frac{n_{B_j}}{n}} = \frac{P(A_i 且 B_j)}{P(B_j)} \tag{7.6}$$

由此可發現 $P(A_1)$ 是基於 $B_j$ 發生條件下，衡量 $P(A_1 且 B_j)$ 與 $P(B_j)$ 的比值，我們以 $P(B_j)$ 為權數，計算 $P(A_1|B_j) j = 1, 2, 3$ 的加權平均數，可得

$$\frac{\Sigma P(A_1|B_j)P(B_j)}{\Sigma P(B_j)} = \Sigma P(A_1 且 B_j) = P(A_1)$$

此處涉及到幾個關係式：

(1)由於公式 (7.6)，可求得 $P(A_1|B_j)P(B_j) = P(A_1 且 B_j)$ 的結果。

(2)因 $B_j$ 共有 $i = 1, 2, 3$ 3 種情形，所以 $\Sigma P(B_j) = 1$。

(3) $A_1$ 被 $B_j i = 1, 2, 3$ 所分割，因此

$$(A_1 且 B_1) 或 (A_1 且 B_2) 或 (A_1 且 B_3) = A_1$$

我們可用圖式來說明這種關係：以長方形代表全部可能結果的範圍，每一事件均發生在此長方形中，因此

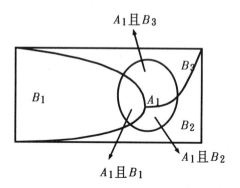

圖7.5 事件分割圖

所以可得

$$P[(A_1且B_1)或(A_1且B_2)或(A_1且B_3)]$$

$$= P[(A_1且B_1)] + P[(A_1且B_2)] + P[(A_1且B_3)]$$

$$= P(A_1)$$

**例 7.5**

假設一群人受到某種疾病的感染比率為 0.005，今有一項檢驗方法可正確檢驗出有無感染到這種疾病的比率為 0.99，即知

   $P($檢驗出被感染 | 被疾病感染$)$

   $= P($檢驗出未被感染 | 未被疾病感染$)= 0.99$

今隨機由這群人中抽出一人作檢驗，試求此人被檢驗出有疾病的機率為多少?

【解】

$$0.005 \times 0.99 + 0.995 \times 0.01 = 0.0149 \qquad \blacksquare$$

為方便了解起見，常使用樹形圖來解釋整個計算過程：

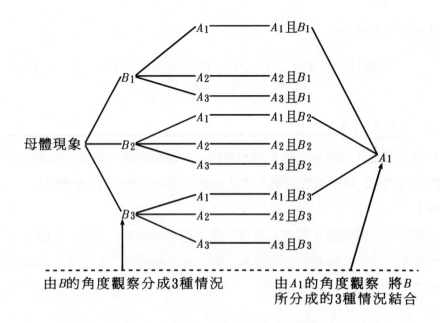

圖7.6　事件樹形圖

我們將

$$P(A_i|B_j)P(B_j) = P(A_i 且 B_j) \tag{7.7}$$

的結果稱之為乘法法則，同樣的，也可得到

$$P(B_j|A_i)P(A_i) = P(A_i 且 B_j) \tag{7.8}$$

可敘述成

A、B同時發生的機率

= A出現的機率乘以已知A出現B的條件機率

= B出現的機率乘以已知B出現A的條件機率

按此規律可推廣為

$$P(A_1 且 A_2 且 A_3 且 \cdots) = P(A_1)P(A_2|A_1)P(A_3|A_1 且 A_2) \cdots \cdots \ (7.9)$$

## 例 7.6

一打盒裝燈泡，已知其中有 2 個是壞的。今隨機的逐一檢查（檢查完後不放回盒內），試求檢查到第 3 個就把全部壞的燈泡找出來的機率。

【解】

由題意可知，檢查第 3 個時，發現了第 2 個壞的燈泡。因此，在前 2 次的檢查中，有 1 次檢查到壞的燈泡，可分成 2 種情況，各以 A、B 事件表示之：

| | 第 1 次檢查 | 第 2 次檢查 | 第 3 次檢查 |
|---|---|---|---|
| A | × | ○ | × |
| B | ○ | × | × |

設 $D_i$ 代表第 $i$ 次檢查時出現壞的燈泡；$G_i$ 代表第 $i$ 次檢查時出現好的燈泡，所求答案

$$P(A 或 B) = P(A) + P(B) = P(D_1 且 G_2 且 D_3) + P(G_1 且 D_2 且 D_3)$$

$$= P(D_1)P(G_2|D_1)P(D_3|D_1 且 G_2)$$

$$+P(G_1)P(D_2|G_1)P(D_3|G_1 \text{且} D_2)$$

$$=\frac{2}{12}\times\frac{10}{11}\times\frac{1}{10}+\frac{10}{12}\times\frac{2}{11}\times\frac{1}{10}=\frac{1}{66}\times 2=\frac{1}{33} \quad \blacksquare$$

## 7.2.3 獨立事件

在例 7.4 後面所引申的部份可發現，有些已知條件的發生可使 $A_1$ 的發生機率較 $P(A_1)$ 大（與條件機率的差別是 $P(A_1)$ 表示不論其他事件是否發生出現 $A_1$ 的機率）；有時較 $P(A_1)$ 小，這些已知條件的出現多少都影響了 $P(A_1)$ 的發生機率。假設已知 $D$ 事件出現，不影響 $A_1$ 的發生機率，即 $P(A_1|D) = P(A_1)$，我們就稱呼它們為獨立事件。又可按乘法法則的方式，可改成

$$P(A_1\text{且}D) = P(A_1|D)P(D) = P(A_1)P(D)$$

由於

$$P(D|A_1)=P(A_1\text{且}D) \div P(A_1) = P(A_1)P(D) \div P(A_1)$$

$$=P(D)$$

表示 $A_1$ 事件的出現也不會影響 $D$ 事件，所以我們可以說 $A_1$ 與 $D$ 彼此相互獨立，只要 $P(A_1|D) = P(A_1)$ 或 $P(D|A_1) = P(D)$ 其中有一式成立， $A_1$ 與 $D$ 即為獨立事件。

### 例 7.7

將例 7.3 資料變更如下：

| 教育 ＼ 年齡 | $A_1$ | $A_2$ | $A_3$ | 合計 |
|---|---|---|---|---|
| $B_1$ | 40 | 50 | 10 | 100 |
| $B_2$ | 24 | 30 | 6 | 60 |
| $B_3$ | 16 | 20 | 4 | 40 |
| 合計 | 80 | 100 | 20 | 200 |

隨機抽出 1 名職員，假設已知所抽之人的教育程度為大專，求此人年齡分別為 $A_1, A_2, A_3$ 之機率。

【解】

$$P(A_1|B_2) = \frac{24}{60} = \frac{80}{200} = P(A_1)$$

$$P(A_2|B_2) = \frac{30}{60} = \frac{100}{200} = P(A_2)$$

$$P(A_3|B_2) = \frac{6}{60} = \frac{20}{200} = P(A_3)$$

所以 $A_i$ 與 $B_2$，$i = 1, 2, 3$ 均為獨立事件，以同樣的方式可以得知 $A_i$ 與 $B_1$，$i = 1, 2, 3$ 及 $A_i$ 與 $B_3$，$i = 1, 2, 3$ 亦均為獨立事件，因此可以說 $A_i$ 與 $B_j$，$i, j = 1, 2, 3$ 為獨立事件。也就是說，由公司任意抽出 1 名職員，此人屬於某一年齡階層的發生機率，不受已知此人是否屬於某一教育程度的影響；反過來說，此人屬於某種教育程度的發生機率，也不受已知此人的年齡是否屬於某一階層的影響。　■

　　只要 $P(A \text{ 且 } B) = P(A)P(B)$ 成立，即可判斷 $A, B$ 為獨立事件，看來很單純的定義，但在實際問題中，並不很容易去判斷。 1968 年 4 月 26 日出刊的《時代雜誌》，有篇記載如下（為方便起見，人名、地名均省略，並稍加改寫）：

　　　在人行道上有位老太太被搶之後，一位目擊者看到一個梳有馬尾

的金髮女郎，從這人行道跑開，然後跳上一輛黃色小車，疾駛而去，駕駛的是一位留有鬍子的黑人。最後在法院有一名嫌犯被審問，她正有上述特徵：白人、金髮並紮有馬尾，她的黑人丈夫擁有一輛黃色小車，並留著鬍鬚。檢察官對陪審團指出：這些現象均為獨立，它們同時發生的機率就是個別機率的連乘，他並表示依保守估計（如汽車是黃色的機率為 $\frac{1}{10}$、有汽車的夫婦中是黑白通婚的機率是 $\frac{1}{1000}$ 等等），這些特徵同時出現於一人身上的機率為 $\frac{1}{12000000}$，這比瞎貓碰到死老鼠還難，因此必與搶犯為同一人。

　　然而這些特徵果真如檢察官所說的一定是獨立的嗎？特徵是否一定表示與搶案有關暫且不談。純粹以事件獨立性觀點來看，黑白通婚的黑人是留鬍子的機率與黑人是留鬍子的機率一定相同嗎？黃色的汽車於金髮的顏色一定沒有關聯嗎？以此看來，完全獨立的假設實在很難成立。所以兩個事件是否是獨立事件，在實際應用上的確不易判斷。譬如，感冒與中彩券一定沒有關係嗎？假設某人中了彩券，心情很高興，邀約好友慶祝，結果多喝點酒，受了涼，感冒了。當然只要 $A$、$B$ 兩事件獨立性可以成立，則 $A$、$B$ 兩事件同時發生的機率就很容易計算。同時也很容易推廣：設 $A$、$B$、$C$ 3 個事件彼此獨立（包含其中兩個事件同時發生與另一事件亦為獨立），則

$$P(A 且 B 且 C) = P(A 且 B 且 C) = P(A 且 B)P(C) = P(A)P(B)P(C)$$

這就是獨立事件的乘法法則。

### 例 7.8

子曰：「三人行必有我師焉。」設 $A$、$B$、$C$ 代表任意 3 個人，$P(A)$、

$P(B)$、$P(C)$ 分別表示 $A$、$B$、$C$ 可做我的老師之機率，而且彼此均為獨立，其機率亦應相等（由於是任意的 3 個人），設其值為 $x$。依據「三人行必有我師焉」可得 $P(A 或 B 或 C)=1$，再按加法法則及獨立事件的乘法法則，可知

$$P(A或B或C)=P(A) + P(B) + P(C) - P(A且B) - P(B且C)$$

$$-P(A且C) + P(A且B且C)$$

$$=P(A) + P(B) + P(C) - P(A)P(B) - P(B)P(C)$$

$$-P(A)P(C) + P(A)P(B)P(C)$$

$$=3x - 3x^2 + x^3 = 1$$

因此 $(x-1)^3 = 0$，表示 $x = 1$，即 $P(A) = P(B) = P(C) = 1$，也就是說任何人皆可為我師。無怪樊遲請學種五穀，而孔子曰：「吾不如老農」，請學種菜，孔子曰：「吾不如老圃」。　■

考慮一項隨機實驗：任意投擲一枚公平錢幣 2 次，設 $H$ 代表正面，$T$ 代表反面。第 1 次投擲有 $H_1$ 及 $T_1$ 2 種情形；第 2 次投擲有 $H_2$ 及 $T_2$ 2 種情形，按投擲次數與出現情形可得下列雙向分類表（表中符號按第五章（5.1）式規定）：

| 第2次＼第1次 | $H_1$ | $T_1$ | 合計 |
|---|---|---|---|
| $H_2$ | $n_{11}$ | $n_{21}$ | $n_{.1}$ |
| $T_2$ | $n_{12}$ | $n_{22}$ | $n_{.2}$ |
| 合計 | $n_{1.}$ | $n_{2.}$ | $n$ |

$n$ 代表整個母體實驗次數，由於錢幣是公平的，出現正反兩面的機會均

等，依據大數法則（第二章 2.1 節）可知：

$$\frac{n_{11}}{n} = \frac{n_{12}}{n} = \frac{n_{21}}{n} = \frac{n_{22}}{n} = \frac{1}{4}$$

$$\frac{n_{.1}}{n} = \frac{n_{.2}}{n} = \frac{n_{2.}}{n} = \frac{n_{1.}}{n} = \frac{1}{2}$$

因此

$$P(H_1 且 H_2) = P(H_1 且 T_2) = P(T_1 且 T_2) = P(T_1 且 H_2) = 0.25$$

$$P(H_1) = P(T_2) = P(T_1) = P(H_2) = 0.5$$

所以可得

$$P(H_1 且 H_2) = P(H_1)P(H_2)$$

$$P(H_1 且 T_2) = P(H_1)P(T_2)$$

$$P(T_1 且 T_2) = P(T_1)P(T_2)$$

$$P(T_1 且 H_2) = P(T_1)P(H_2)$$

可以說第 1 次出現任何結果與第 2 次出現任何結果均為獨立事件，事實上我們也可從實驗行為來假定，第 1 次與第 2 次由於行為所產生的結果是獨立的（同一枚錢幣，任意投擲），因此 $H_1$ 與 $T_2$ 、 $H_1$ 與 $H_2$、$T_1$ 與 $T_2$、$T_1$ 與 $H_2$ 均為獨立事件。所以在某些可確定的場合，我們可以從隨機實驗的行為來認定事件間是否為獨立。在已知各事件間是彼此獨立的情況下，乘法法則可推廣為：

設　　　$A_i, i = 1, 2, 3, \cdots, k$ 為 $k$ 個彼此獨立的事件，則

$$P(A_1 且 A_2 且 A_3 且 \cdots 且 A_k) = P(A_1)P(A_2)P(A_3) \cdots P(A_k) \quad (7.10)$$

　　　（注意：在 $k = 2$ 時，由 $P(A_1 且 A_2) = P(A_1)P(A_2)$ 可推知 $A_1$ 與

$A_2$ 為獨立事件，但當 $k > 2$ 時，公式（7.10）成立，並不能代表它們是彼此獨立，須要滿足的成立條件太複雜，已超出本書範圍，在此略去不提。）

---

### 例 7.9

一棟大樓有 4 部自動火警系統，假設火災發生因故障而失靈的機率是 0.02，且彼此獨立。今大樓發生火災，求至少有 1 部火警系統發生作用之機率為何（假定每部系統均可同時受到感應）？

【解】

設 $A_i$ 代表第 $i$ 部系統失靈之事件，則 $A_i'$ 代表第 $i$ 部系統有效之事件，因此

至少有 1 部火警系統發生作用之機率

$= P(A_1' 或 A_2' 或 A_3' 或 A_4')$

$= 1 - P(全部系統都失靈)$

$= 1 - P(A_1 且 A_2 且 A_3 且 A_4)$

$= 1 - P(A_1)P(A_2)P(A_3)P(A_4)$

$= 1 - 0.02^4$

$= 0.99999984$ ■

# 7.3 機率模式

在本章前面所討論過的機率問題中，有些事件伴隨著以數值型態出

現的變數，如例 7.1 子女人數。這些按一定機率規則出現的變數，我們稱之為隨機變數 (random variable)，通常以 $X, Y, Z, \cdots$ 等大寫字母表示，小寫字母 $x, y, z, \cdots$ 等則表示為某一特定值。在該例題中，子女人數 $X$ 為一隨機變數，而 $x$ 可以等於 0,1,2,3,4,5 中的任一個數字，這些數字出現的規律，則按下列的機率發生

$P(X = 0)$=0.235

$P(X = 1)$=0.34

$P(X = 2)$=0.3125

$P(X = 3)$=0.085

$P(X = 4)$=0.02

$P(X = 5)$=0.0075

我們可以想像在 400 戶的社區中，將每一家庭的子女人數彙集在一起，就變成了一個充滿著 0,1,2,3,4,5 數字的母體資料，如圖 7.7。

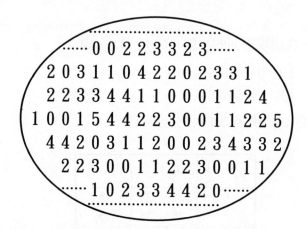

圖 7.7　機率分配與母體資料

對這樣的母體資料在作隨機觀察（如進行抽樣調查）時，可以使用機率觀點描述每一資料被抽出的機會，也就是說 $X$ 是由全部社區任意抽出 1 戶所得家庭子女人數，而它的變動遵循下面的機率規則：

| $x$ | 0 | 1 | 2 | 3 | 4 | 5 | 合計 |
|---|---|---|---|---|---|---|---|
| $P(X=x)$ | .235 | .34 | .3125 | .085 | .02 | .0075 | 1 |

因此對於母體資料以機率方式表達，這就是母體的機率模式，一方面說明每一母體資料出現的頻率（以次數觀點來看也代表該資料之重要性），另一方面在推論統計中，所涉及到的抽樣與統計量的機率模式，就有了理論推展的基礎。

由於將全部隨機變數所發生之機率相加總和為 1，即 $\Sigma P(x) = 1$，且說明每一 $x$ 的發生機率，所以被稱為 $X$ 的機率分配 (probability distribution)，通常以 $P(X=x)$ 表示之，或簡寫為 $P(x)$。

## 例 7.10

1 枚公平的錢幣投擲 2 次，$X$ 代表出現正面的次數，試求 $X$ 的機率分配。

【解】

設 $X_i$ 代表第 $i$ 次出現正面的次數（$i=1$、$2$），則

$$X_i = \begin{cases} 0 & 出現反面 \\ 1 & 出現正面 \end{cases}$$

令 $X = X_1 + X_2$，則由第 296 頁的結果可知

| $x_2$ ＼ $x_1$ | 0 | 1 | 合　計 |
|---|---|---|---|
| 0 | .25 | .25 | .5 |
| 1 | .25 | .25 | .5 |
| 合　計 | .5 | .5 | 1 |

而　　　　　$P(X=0)=P(X_1=0且X_2=0)=0.25$

$P(X=1)=P([X_1=0且X_2=1]或[X_1=1且X_2=0])$

$=P(X_1=0且X_2=1)+P(X_1=1且X_2=0)=0.25+0.25=0.5$

$P(X=2)=P(X_1=1且X_2=1)=0.25$

所以 $X$ 的機率分配為

| $x$ | 0 | 1 | 2 | 合計 |
|------|------|-----|------|------|
| $P(x)$ | 0.25 | 0.5 | 0.25 | 1 |

　　當隨機變數都是一些分立的，可一一列舉的變數，我們稱它為離散隨機變數 (discrete random variables) 或稱不連續隨機變數，這種隨機變數所形成的機率分配則稱為離散機率分配，如例 7.10。其他情形如：

(1)投擲 15 枚錢幣出現正面的個數 0,1,2,3,…,15。

(2)投擲 1 粒骰子 2 次，觀察其點數之和為 2,3,4,……,12。

(3)投擲 1 粒骰子 2 次，觀察 2 點數之差為 0,1,2,3,4,5。

(4)訪問 100 位家庭主婦，偏愛某牌洗衣粉的比例為 0, 0.01, 0.02, 0.03, 0.04,…, 0.98, 0.99, 1。

(5)百貨公司每天進入的顧客人數 0,1,2,3,…。

(6)公司職員每日請假人數 0,1,2,3,…,$n$ （$n$ 為公司職員總人數）。

　　有些隨機變數無法一一列舉，例如衡量對每一顧客的服務時間，也許 8 分鐘，也許 9 分鐘，也可能是 8 分鐘到 9 分鐘之間任何一個數字。雖然在記錄上只是如 8.2 分或 8.5 分等等，但那只是為記錄方便，取最接近的數量來表示，並非是它真正的數量。對於這種在某一區間內，可假設有無數種出現可能性之變數，稱之為連續隨機變數 (continuous random variables) （如同第二章 2.3 節對統計資料的區分）。例如：

⑴工人維修 1 部機器所費時間。

⑵ 1 個油井每小時打出來的油量。

⑶ 1 條土司麵包的重量。

⑷標示為 5cc的藥水瓶真正的容量。

這種隨機變數所形成的機率分配則稱為連續機率分配，如同我們在第三章 3.2.4 節所提圖 3.11 及圖 3.14 的母體模式。由於不同情況的機率模式其表達與衡量方式不一樣，因此區分隨機變數是離散或是連續為一很重要的過程。

# 7.4　離散機率分配

離散隨機變數 $X$ 的機率分配 $P(x)$ 必須要滿足下列兩個條件，才符合機率理論的要求：

(1)$P(x) \geq 0$(機率值為非負值)。

(2)$\Sigma P(x) = 1$(每一離散隨機變數機率值的總和必須等於 1)。

$$(7.11)$$

**例 7.11**

投擲 1 枚公平的骰子 2 次，以橫坐標 $X_1$ 代表第 1 次投擲的結果；以縱坐標 $X_2$ 代表第 2 次投擲的結果，此隨機實驗全部的結果如圖 7.8。

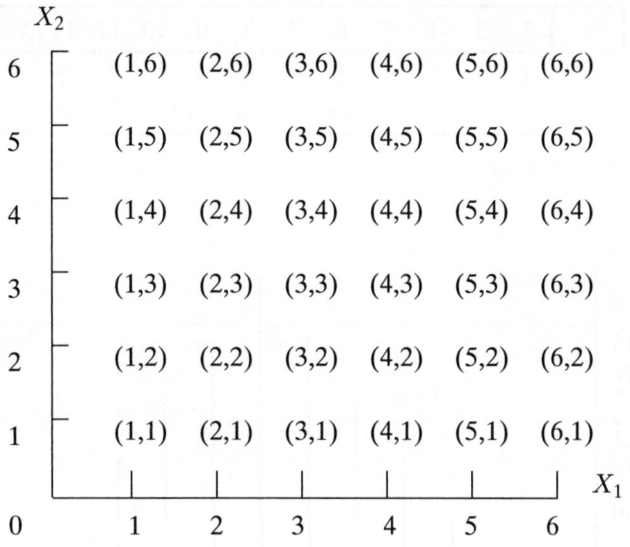

$X_2$

| | | | | | | |
|---|---|---|---|---|---|---|
| 6 | (1,6) | (2,6) | (3,6) | (4,6) | (5,6) | (6,6) |
| 5 | (1,5) | (2,5) | (3,5) | (4,5) | (5,5) | (6,5) |
| 4 | (1,4) | (2,4) | (3,4) | (4,4) | (5,4) | (6,4) |
| 3 | (1,3) | (2,3) | (3,3) | (4,3) | (5,3) | (6,3) |
| 2 | (1,2) | (2,2) | (3,2) | (4,2) | (5,2) | (6,2) |
| 1 | (1,1) | (2,1) | (3,1) | (4,1) | (5,1) | (6,1) |

$X_1$

0　1　2　3　4　5　6

**圖 7.8 投擲公平骰子 2 次**

每一結果出現的機率均為（$X_1$、$X_2$ 兩變數所出現的數值彼此獨立）：

$$P(X_1 = x_1 且 X_2 = x_2) = P(X_1 = x_1)P(X_2 = x_2) = \frac{1}{6} \times \frac{1}{6} = \frac{1}{36}$$

設 $X$ 為 2 次點數之和，即 $X = X_1 + X_2$，如 $X = 6$ 時，則包含 (1,5) (2,4) (3,3) (4,2) (5,1) 等 5 種情形所構成，所以

$$P(X = 6) = P((1,5)或(2,4)或(3,3)或(4,2)或(5,1))$$

$$= P((1,5)) + P((2,4)) + P((3,3)) + P((4,2)) + P((5,1))$$

$$= \frac{1}{36} \times 5 = \frac{5}{36}$$

其他情形以此類推，可得 $X$ 的機率分配表如下：

| $x$ | 2 | 3 | 4 | 5 | 6 | 7 | 8 | 9 | 10 | 11 | 12 | 合計 |
|---|---|---|---|---|---|---|---|---|---|---|---|---|
| $P(x)$ | $\frac{1}{36}$ | $\frac{2}{36}$ | $\frac{3}{36}$ | $\frac{4}{36}$ | $\frac{5}{36}$ | $\frac{6}{36}$ | $\frac{5}{36}$ | $\frac{4}{36}$ | $\frac{3}{36}$ | $\frac{2}{36}$ | $\frac{1}{36}$ | 1 |

也可用下面條形圖表示:

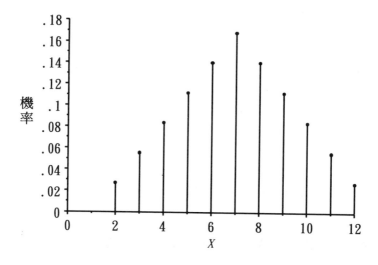

圖 7.9　離散機率分配圖

另設 $Y = |X_1 - X_2|$ 代表 2 次投擲結果之差距, 如 $Y = 0$, 係由 (1,1) (2,2) (3,3) (4,4) (5,5) (6,6) 所構成, 所以

$$P(Y=0)=P((1,1)或(2,2)或(3,3)或(4,4)或(5,5)或(6,6))$$

$$=P((1,1))+P((2,2))+P((3,3))+P((4,4))+P((5,5))+P((6,6))$$

$$=\frac{1}{36} \times 6 = \frac{1}{6}$$

因此全部情況可表列如下:

| $y$ | 0 | 1 | 2 | 3 | 4 | 5 | 合計 |
|---|---|---|---|---|---|---|---|
| $P(y)$ | $\dfrac{6}{36}$ | $\dfrac{10}{36}$ | $\dfrac{8}{36}$ | $\dfrac{6}{36}$ | $\dfrac{4}{36}$ | $\dfrac{2}{36}$ | 1 |

**例 7.12**

一家零售店貨物陳列架上有 6 個工具箱，其中有 2 個瑕疵品。今有一顧客隨機由架上選購 2 個，設 $X$ 為他所選到有瑕疵品的個數，求其機率分配。

【解】

由貨架上 6 個中任選 2 個，所產生的結果個數是屬於不考慮秩序的組合數（基本公式為 $n$ 取 $r$ 的組合數等於 $\dbinom{n}{r} = \dfrac{n!}{r!(n-r)!}$），因此

$$P(X=0) = \frac{\dbinom{4}{2}}{\dbinom{6}{2}} = \frac{6}{15}$$

$$P(X=1) = \frac{\dbinom{2}{1}\dbinom{4}{1}}{\dbinom{6}{2}} = \frac{8}{15}$$

$$P(X=2) = \frac{\dbinom{2}{2}}{\dbinom{6}{2}} = \frac{1}{15}$$

可整理成機率分配表為

| $x$ | 0 | 1 | 2 | 合計 |
|---|---|---|---|---|
| $P(x)$ | $\dfrac{6}{15}$ | $\dfrac{8}{15}$ | $\dfrac{1}{15}$ | 1 |

**例 7.13**

一項旋轉盤射標遊戲，每次支付店主 15 元，旋轉盤上分成 5 個扇形面積，射中時分別可獲得 60 元、30 元、15 元、6 元及空白。每一扇形所對應的圓心角依序分別為 15°、45°、90°、120°、90°。設 X 代表參加者每次所得之利益，試求其機率分配。

**【解】**

所得利益為獲得的金額減去每次所付的 15 元，因此有 45 元、15 元、0元、−9 元及 −15 元等 5 種情形。在快速旋轉下，射中任何一位置假定均為隨機現象，所以 5 種結果發生可能性的大小，可依其扇形面積大小來決定，而扇形面積與所對應的圓心角成正比。因此 X 的機率分配為

| $x$ | 45 | 15 | 0 | −9 | −15 | 合計 |
|------|------|------|------|------|------|------|
| $P(x)$ | $\dfrac{15}{360}$ | $\dfrac{45}{360}$ | $\dfrac{90}{360}$ | $\dfrac{120}{360}$ | $\dfrac{90}{360}$ | 1 |

**例 7.14**

某生參加一項有 3 題 4 選 1 的選擇題測驗，設 X 代表答對的題數，試在下列各情況下，求其機率分配。

　⑴完全以隨機方式作答。

　⑵考前已獲悉 3 題的答案有兩個 2 及一個 4，該生按此答案 2,2,4 作隨機選答。

**【解】**

　⑴完全以猜測方式作答時，答對的機率為 $\dfrac{1}{4}$，答錯則為 $\dfrac{3}{4}$。以 "×" 代表答錯，以 "○" 代表答對，因此 $x = 0$，表示 3 題均錯，即按序為×××，由於各題答對或答錯彼此獨立，其機率為每題答錯機率相連乘，即

$$P(X = 0) = \frac{3}{4} \times \frac{3}{4} \times \frac{3}{4} = \frac{27}{64}$$

$x = 1$，表示有 2 題錯及 1 題對，即按序為○××或×○×或××○，則

$$P(X = 1) = \frac{1}{4} \times \frac{3}{4} \times \frac{3}{4} + \frac{3}{4} \times \frac{1}{4} \times \frac{3}{4} + \frac{3}{4} \times \frac{3}{4} \times \frac{1}{4} = \frac{27}{64}$$

$x = 2$，表示有 1 題錯及 2 題對，即按序為○○×或×○○或○×○，則

$$P(X = 2) = \frac{1}{4} \times \frac{1}{4} \times \frac{3}{4} + \frac{3}{4} \times \frac{1}{4} \times \frac{1}{4} + \frac{1}{4} \times \frac{3}{4} \times \frac{1}{4} = \frac{9}{64}$$

$x = 3$，表示 3 題均對，即按序為○○○，則

$$P(X = 3) = \frac{1}{4} \times \frac{1}{4} \times \frac{1}{4} = \frac{1}{64}$$

其機率分配為

| $x$ | 0 | 1 | 2 | 3 | 合計 |
|------|------|------|------|------|------|
| $P(x)$ | $\frac{27}{64}$ | $\frac{27}{64}$ | $\frac{9}{64}$ | $\frac{1}{64}$ | 1 |

　　(2)兩個 2 及一個 4 的隨機安排有 224,242,422 等 3 種，標準答案是其中之一，則答對題數分別有 3 題、1 題、1 題等 3 種情形且機率均相等，因此 $x$ 的機率分配為

| $x$ | 1 | 3 | 合計 |
|------|------|------|------|
| $P(x)$ | $\frac{2}{3}$ | $\frac{1}{3}$ | 1 |

# 7.5 機率分配的特徵值

機率分配既然可表示為一個母體資料的模型，那麼母體資料的特徵
——平均數與變異數，自然也可經由機率分配來求算。例如

$$\mu = \frac{\Sigma x_i}{N} = \Sigma x_i \times \frac{1}{N}$$

假設每一個資料 $x_i$ 被抽出之機會均相等，因此令 $X_i$ 為代表所抽資料之
隨機變數，則

$$P(X_i = x_i) = \frac{1}{N}, i = 1, 2, 3, \cdots, N$$

所以

$$\mu = \frac{\Sigma x_i}{N} = \Sigma x_i \times \frac{1}{N} = \Sigma x_i P(X_i = x_i) \tag{7.12}$$

同樣的，

$$\sigma^2 = \frac{\Sigma(x_i - \mu)^2}{N} = \Sigma(x_i - \mu)^2 \times \frac{1}{N} = \Sigma(x_i - \mu)^2 P(X_i = x_i) \tag{7.13}$$

然而經由機率分配所產生的特徵值，因它隱含資料形成的機率型態，在
使用上有更多的價值。

## 7.5.1 期望值

依據例題 7.13 的問題，假設某人進行了 $N$ 次遊戲，各種收益的發生
次數分別為 $N_1, N_2, N_3, N_4, N_5$ 而 $N = N_1 + N_2 + N_3 + N_4 + N_5$, 利用這項結
果計算每次的平均收益額為

$$\frac{45N_1 + 15N_2 + 0N_3 - 9N_4 - 15N_5}{N}$$

然而這個平均數受 $N$ 的大小不同的影響，並不是一個穩定的數值。但依據大數法則可知

$$\lim_{N \to \infty} \frac{45N_1 + 15N_2 + 0N_3 - 9N_4 - 15N_5}{N}$$

$$=45 \lim_{N \to \infty} \frac{N_1}{N} + 15 \lim_{N \to \infty} \frac{N_2}{N} + 0 \lim_{N \to \infty} \frac{N_3}{N} - 9 \lim_{N \to \infty} \frac{N_4}{N}$$

$$-15 \lim_{N \to \infty} \frac{N_5}{N}$$

$$=45P(X = 45) + 15P(X = 15) + 0P(X = 0) - 9P(X = -9)$$

$$-15P(X = -15)$$

$$=45 \times \frac{15}{360} + 15 \times \frac{45}{360} + 0 \times \frac{90}{360} - 9 \times \frac{120}{360} - 15 \times \frac{90}{360}$$

$$=-3$$

$$=定數$$

這種平均數可以說是一種最終極的平均數，是對某一隨機實驗重複實施無數次以後的平均結果，其數值可經由每一隨機變數之發生機率計算產生。然而實際上並不可能真正的進行無數次實驗，其平均結果完全按理論機率來衡量，只能說在一次一次的實驗後，我們期待這種平均結果發生，因此稱此數量為隨機變數 $X$ 的期望值 (expected value) 或稱理論期望值或數學期望值，以 $E(X)$ 表示之，即

$$E(X) = \sum_X xP(x) \tag{7.14}$$

（$\sum_X$ 係指對全部離散隨機變數作連加）

與（7.12）公式相同，因此隨機變數 $X$ 的期望值就等於這個機率分配或母體的算術平均數。例如例題 7.13 的射標問題，$X$ 為參加者每次的收益額，$E(X)$ 的計算結果等於 $-3$，表示由此隨機實驗所構成的母體（即指

有無數多的 45,15,0,−9,−15 所形成的母體）的算術平均數為 −3，或者說參加者長期的進行這項遊戲，最後每次平均收益額為 −3。

在同一問題中，我們設 $Y$ 代表射中時所獲得的金額，則 $Y = X+15$，考慮其發生機率，當 $X = 45$ 時，$Y$ 必然為 60，所以 $P(X = 45) = P(Y = 60)$，因此可列表如下：

| $x$ | $y$ | $P(x) = P(y)$ |
|---|---|---|
| 45 | 60 | $\dfrac{1}{24}$ |
| 15 | 30 | $\dfrac{1}{8}$ |
| 0 | 15 | $\dfrac{1}{4}$ |
| −9 | 6 | $\dfrac{1}{3}$ |
| −15 | 0 | $\dfrac{1}{4}$ |

而 
$$E(Y) = \Sigma y P(y) = \Sigma(x + 15)P(x) = \Sigma x P(x) + 15\Sigma P(x)$$

$$= E(X) + 15$$

$$= -3 + 15 = 12$$

將上述結果推廣至 $X$ 的線性變換，即設 $Y = aX + b$，而 $y = ax + b$，由於

$$P(Y = y) = P(aX + b = y) = P\left(X = \frac{y - b}{a}\right)$$

$$= P\left(X = \frac{ax + b - b}{a}\right) = P(X = x)$$

因此

$$E(Y) = \Sigma y P(y) = \Sigma(ax + b)P(x)$$

$$=a\Sigma xP(x) + b\Sigma P(x)$$

$$=aE(X) + b \tag{7.15}$$

其結果與第四章 $\overline{Y} = a\overline{X} + b$ 或 $\mu_Y = a\mu_X + b$ 相同。由此在觀念上我們更可將 $X$ 的線性函數推廣為 $g(X)$，如此則形成隨機變數函數的期望值，也就是

$$E[g(X)] = \underset{X}{\Sigma} g(x)P(x) \tag{7.16}$$

## 例 7.15

彩券共發行 1000 張，第一獎 1 名獨得 10 萬元，第二獎 2 名各得 5 萬元，第三獎 3 名各得 1 萬元，試求購買 1 張彩券之期望獲獎額為多少？

【解】

$$期望獲獎額 = 100000 \times 0.001 + 50000 \times 0.002 + 10000 \times 0.003$$

$$+ 0(1 - 0.001 - 0.002 - 0.003)$$

$$= 230元 \quad \blacksquare$$

## 例 7.16

一家麵包店每日準備有生日蛋糕出售，依據以往記錄，每日銷售機率分配如下：

| 出售量 | 0 | 1 | 2 | 3 | 4 | 5 |
|--------|-----|-----|-----|-----|-----|-----|
| 機　率 | 0.1 | 0.1 | 0.2 | 0.2 | 0.3 | 0.1 |

假設蛋糕成本每個 80 元，售價為 150 元，但若當天無法賣出時，則每個

以 50 元售出（假定剩餘的可全數賣完）。今該麵包店準備 4 個蛋糕，試
求期望利益為多少?

【解】

考慮各種發生狀況的結果為:

(1)銷售量（亦可視為需求量）為 0, 利益為

$$(50 - 80) \times 4 = -120$$

(2)銷售量為 1, 利益為

$$(50 - 80) \times 3 + (150 - 80) \times 1 = -20$$

(3)銷售量為 2, 利益為

$$(50 - 80) \times 2 + (150 - 80) \times 2 = 80$$

(4)銷售量為 3, 利益為

$$(50 - 80) \times 1 + (150 - 80) \times 3 = 180$$

(5)銷售量 $\geq 4$, 利益為

$$(150 - 80) \times 4 = 280$$

則

期望利益$=-120 \times 0.1 - 20 \times 0.1 + 80 \times 0.2 + 180 \times 0.2 + 280 \times (0.3 + 0.1)$

$=150$ 元　■

**例 7.17**

求算例題 7.14 (1)及(2)兩個機率分配之期望值。

【解】

$$(1)\; 0 \times \frac{27}{64} + 1 \times \frac{27}{64} + 2 \times \frac{9}{64} + 3 \times \frac{1}{64} = \frac{3}{4}$$

$(2)\, 1 \times \dfrac{2}{3} + 3 \times \dfrac{1}{3} = \dfrac{5}{3}$　∎

## 7.5.2　變異數

對 $(X-\mu)^2$ 所作的期望值即為此機率分配的變異數，並以 $V(X)$ 表示之，即

$$V(X) = E[(X-\mu)^2] = \sum_X (x-\mu)^2 P(x) \tag{7.17}$$

### 例 7.18

（續例 7.16）每日準備 4 個蛋糕所發生收益的變異數。

【解】

$X$ 代表收益，根據例 7.16 結果 $\mu = 150$，則

| $x$ | $P(x)$ | $x-150$ | $(x-150)^2$ | $(x-150)^2 P(x)$ |
|---|---|---|---|---|
| $-120$ | 0.1 | $-270$ | 72900 | 7290 |
| $-20$ | 0.1 | $-170$ | 28900 | 2890 |
| 80 | 0.2 | $-70$ | 4900 | 980 |
| 180 | 0.2 | 30 | 900 | 180 |
| 280 | 0.4 | 130 | 16900 | 6760 |
| 合計 | | | | 18100 |

所以 $V(X) = 18100$。　∎

利用期望值的特性可將變異數的計算改成另一種形式，以方便使用：

$$V(X) = E[(X-\mu)^2]$$

$$= E[X^2 - 2\mu X + \mu^2]$$

$$=E(X^2) - 2\mu E(X) + \mu^2$$

$$=E(X^2) - \mu^2 \tag{7.18}$$

## 例 7.19

（續例 7.18）使用公式（7.18）計算變異數。

【解】

| $x$ | $P(x)$ | $x^2$ | $x^2 P(x)$ |
|---|---|---|---|
| $-120$ | 0.1 | 14400 | 1440 |
| $-20$ | 0.1 | 400 | 40 |
| 80 | 0.2 | 6400 | 1280 |
| 180 | 0.2 | 32400 | 6480 |
| 280 | 0.4 | 78400 | 31360 |
| 合計 | | | 40600 |

所以 $V(X) = 40600 - 150^2 = 18100$。 ■

　　如同期望值一樣，在 $X$ 的線性變換下 $Y = aX + b$ ，考慮 $V(Y)$ 的計算（已知 $\mu_Y = a\mu_X + b$），則

$$
\begin{aligned}
V(Y) &= E[(Y - \mu_Y)^2] \\
&= E[(aX + b - a\mu_X - b)^2] \\
&= E[(aX - a\mu_X)^2] \\
&= a^2 E(X - \mu)^2 \\
&= a^2 V(X)
\end{aligned}
\tag{7.19}
$$

結果與第四章相同 $S_Y^2 = a^2 S_X^2$ 或 $\sigma_Y^2 = a^2 \sigma_X^2$ 。

# 7.6*　雙變量機率分配及其特徵之衡量

我們將 7.2.3 節投擲一枚錢幣 2 次的問題重新考慮，設 $X_1$ 代表第一次出現正面的次數，因此 $x_1 = 0$ 或 1；$X_2$ 代表第 2 次出現正面的次數，因此 $x_2 = 0$ 或 1。按各隨機變數發生機率重編雙向分類表為：

| $x_2$ \ $x_1$ | 1 | 0 | 合　計 |
|---|---|---|---|
| 1 | 0.25 | 0.25 | 0.5 |
| 0 | 0.25 | 0.25 | 0.5 |
| 合　計 | 0.5 | 0.5 | 1 |

表中說明 $X_1$、$X_2$ 兩隨機變數在不同情況下同時出現的機率，例如 $P(X_1 = 1$ 且 $X_2 = 1) = 0.25$，此即為 $x_1$、$x_2$ 兩變量之機率分配。

## 例 7.20

（續例 7.12）另設 $Y$ 為他所選到非瑕疵品的個數，求 $X$ 與 $Y$ 的雙變量機率分配。

【解】

由於 $Y$ 必等於 $2 - X$，因此 $P(Y = y) = P(X = 2 - y)$，所以

| $y$ \ $x$ | 0 | 1 | 2 | 合　計 |
|---|---|---|---|---|
| 0 | 0 | 0 | 1/15 | 1/15 |
| 1 | 0 | 8/15 | 0 | 8/15 |
| 2 | 6/15 | 0 | 0 | 6/15 |
| 合　計 | 6/15 | 8/15 | 1/15 | 1 |

例 7.21

（續例 7.3）由該公司任抽 2 名職員, 設 $X$ 代表教育程度為高中程度的人數; $Y$ 代表教育程度為大專程度的人數, 求 $X$ 與 $Y$ 的雙變量機率分配。

【解】

$$P(X=0,Y=0) = \frac{\binom{40}{2}}{\binom{200}{2}} = \frac{39}{995}$$

$$P(X=0,Y=1) = \frac{\binom{60}{1}\binom{40}{1}}{\binom{200}{2}} = \frac{120}{995}$$

$$P(X=1,Y=0) = \frac{\binom{100}{1}\binom{40}{1}}{\binom{200}{2}} = \frac{200}{995}$$

$$P(X=1,Y=1) = \frac{\binom{100}{1}\binom{60}{1}}{\binom{200}{2}} = \frac{300}{995}$$

$$P(X=2,Y=0) = \frac{\binom{100}{2}}{\binom{200}{2}} = \frac{99}{398}$$

$$P(X=0,Y=2) = \frac{\binom{60}{2}}{\binom{200}{2}} = \frac{177}{1990}$$

亦可簡化列式為

$$P(X=x,Y=y)=\frac{\dbinom{100}{x}\dbinom{60}{y}\dbinom{40}{2-x-y}}{\dbinom{200}{2}}, x,y=0,1,2$$

但　　　$x+y\le 2$。　■

又依據前面 3 個例子可發現，按行或列加計總和，所出現的機率值，即為 $X$ 與 $Y$ 個別的機率分配，因此

$$P(x)=\sum_{Y}P(x,y)$$

$$P(y)=\sum_{X}P(x,y) \qquad\qquad (7.20)$$

今將期望值的定義推廣為雙變量機率分配，直覺上我們將函數 $g(x,y)$ 看成當 $X=x, Y=y$ 時的結果，而其發生機率為 $P(x,y)$，因此

$$E[g(X,Y)]=\sum_{X}\sum_{Y}g(x,y)P(x,y) \qquad\qquad (7.21)$$

在實際問題中，我們常會遇到諸如下列的問題：

(1)入學考試共 5 科，分數為 $X_1, X_2, X_3, X_4, X_5$, 總分 $X=\sum_{i=1}^{5}X_i$。

(2)調查各公司的負債總額（$X$）、股東權益（$Y$）及其資產總額 $Z=X+Y$。

(3)某農場種植 3 種蔬菜，收穫量分別為 $Y_1, Y_2, Y_3$, 則總收穫量 $Y=Y_1+Y_2+Y_3$。

所以有時我們需要處理若干個隨機變數之總和的問題，因此設 $g(X,Y)=X+Y$，則期望值為

$$E(X+Y)=\sum_{X}\sum_{Y}(x+y)P(x,y)=\sum_{X}\sum_{Y}(xP(x,y)+yP(x,y))$$

$$=\sum_{X}\sum_{Y}xP(x,y)+\sum_{X}\sum_{Y}yP(x,y)$$

$$=\sum_X x \sum_Y P(x,y) + \sum_Y y \sum_X P(x,y)$$

$$=E(X) + E(Y) \tag{7.22}$$

以此類推，可推廣至 $n$ 個隨機變數：

$$E(X_1 + X_2 + \cdots + X_n) = E(X_1) + E(X_2) + \cdots + E(X_n) \tag{7.23}$$

變異數的計算則較複雜

$$V(X+Y)=E[X + Y - E(X+Y)]^2$$

$$=E[X - E(X) + Y - E(Y)]^2$$

$$=E[X-E(X)]^2+E[Y-(Y)]^2+2E[\{X-E(X)\}\{Y-E(Y)\}]$$

$$=V(X) + V(Y) + 2COV(X,Y) \tag{7.24}$$

式中 $COV(X,Y)$ 稱為 $X,Y$ 的互變異數 (covariance)，定義為

$$COV(X,Y) = E[\{X - E(X)\}\{Y - E(Y)\}] \tag{7.25}$$

利用期望值的性質可化簡成

$$COV(X,Y) = E(XY) - E(X)E(Y) \tag{7.26}$$

兩變量的母體直線相關係數可定義為

$$\rho_{xy} = \frac{COV(X,Y)}{\sqrt{V(X)V(Y)}} \tag{7.27}$$

**例 7.22**

將例 7.10、例 7.20、例 7.21 的雙變量分配按定義計算其直線相關係數。

【解】

(1)例 7.10

$$E(X_1) = E(X_2) = 0.5, V(X_1) = V(X_2) = 0.25,$$

$$E(XY) = \Sigma\Sigma xyP(x,y) = (0 + 0 + 0 + 1) \times 0.25 = 0.25$$

$$COV(X,Y) = 0.25 - 0.5 \times 0.5 = 0$$

所以直線相關係數等於零。

(2)例 7.20

$$E(X) = \frac{2}{3}, E(Y) = \frac{4}{3}$$

$$V(X) = V(Y) = \frac{16}{45}$$

$$E(XY) = \frac{8}{15}, COV(X,Y) = \frac{8}{15} - \frac{2}{3} \times \frac{4}{3} = \frac{-16}{45}$$

$$\rho = \frac{\frac{-16}{45}}{\sqrt{\frac{16}{45} \times \frac{16}{45}}} = -1$$

(3)例 7.21

$$E(X) = 1, E(Y) = \frac{3}{5}$$

$$V(X) = \frac{99}{199}, V(Y) = \frac{2079}{4975}$$

$$E(XY) = \frac{300}{995}, COV(X,Y) = \frac{-297}{995}$$

$$\rho = \frac{\frac{-297}{995}}{\sqrt{\frac{99}{199} \times \frac{2079}{4975}}} = -\frac{\sqrt{21}}{7} \approx -0.655 \quad \blacksquare$$

在 $X$ 與 $Y$ 為獨立隨機變數時, 即 $P(X = x$ 且 $Y = y) = P(X =$

$x)P(Y = y)$ ，我們可發現

$$E(XY) = \sum_X \sum_Y xyP(x,y) = \sum_X \sum_Y xyP(x)P(y)$$

$$= \sum_X xP(x) \sum_Y yP(y)$$

$$= E(X)E(Y) \tag{7.28}$$

也就是 $\rho_{xy} = 0$ 兩變量無直線相關（但逆定理並不成立）。此時，

$$V(X + Y) = V(X) + V(Y) \tag{7.29}$$

在 $X_1, X_2, \cdots, X_n$ 為獨立隨機變數情況下，亦可推廣為

$$V(X_1 + X_2 + \cdots + X_n) = V(X_1) + V(X_2) + \cdots + V(X_n) \tag{7.30}$$

一個機率分配所產生的期望值與變異性，我們可以用在第一章 1.2.3 節中所提模式來說明，即

隨機實驗結果 = 期望值 + 機率性變動

我們利用電腦模擬投擲一枚公平的錢幣 40 次，每次出現正面的次數為一個實驗結果，對這樣的實驗重複進行 100 次，其結果如下：

28 20 17 21 16 21 19 14 18 20 21 23 17 18 17 24 22 21 17 22 18 19 21 23
20 16 26 18 17 23 15 17 24 21 22 21 19 19 19 20 21 23 17 19 19 22 28 20
26 17 18 16 24 18 21 17 12 20 19 20 16 24 20 23 19 17 23 13 14 21 19 17
18 17 22 16 17 17 24 19 17 20 19 22 24 20 18 17 15 26 22 20 18 20 19 20
18 19 21 22

就此 100 次的實驗結果（樣本）可計算出 $\overline{X} = 19.64, S = 3.063$，然而在理論上，投擲 40 次所出現的期望正面次數可使用公式（7.23）來處

理。設 $X_i$ 為每次出現正面的次數（$i = 1, 2, 3, \cdots, 40$），其機率分配為

$$P(x_i) = \begin{cases} \dfrac{1}{2} & x_i = 0 \\[2mm] \dfrac{1}{2} & x_i = 1 \end{cases}$$

此機率分配之期望值為 $E(X_i) = 0 \times 0.5 + 1 \times 0.5 = 0.5$。今獨立重複進行 40 次時，設出現正面次數為 $X$，則 $X = X_1 + X_2 + \cdots + X_{40}$，因此

$$E(X) = E(X_1 + X_2 + \cdots + X_{40}) = E(X_1) + E(X_2) + \cdots + E(X_{40})$$
$$= 40 \times 0.5 = 20$$

而　　$$V(X_i) = E(X_i^2) - [E(X_i)]^2 = 0 \times 0.5 + 1 \times 0.5 - 0.25$$
$$= 0.25$$

因此 $V(X_1 + X_2 + \cdots + X_{40}) = 40 \times 0.25 = 10$（公式（7.30）），標準差 $= \sigma = \sqrt{10}$（約 3.1623），將此項結果繪製成以期望值為中心的序列統計圖，以了解期望值與標準差在資料分配的地位，如下：

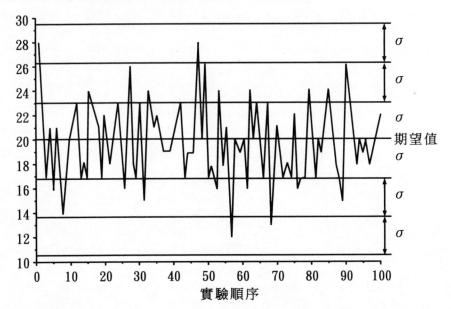

可以發現每次的實驗結果都是圍繞在期望值附近，作隨機性變動，而與
標準差形成一定倍數的關係（參考第四章資料分配經驗法則）。

## 重要名詞

事件                    機率加法法則

互斥事件                條件機率

樹形圖                  乘法法則

獨立事件                隨機變數

機率分配                離散隨機變數

連續隨機變數            離散機率分配

期望值                  變異數

雙變量機率分配          互變異數

母體直線相關係數

# 習　題

7.1　一筆資金分成 3 等分，隨機由 A、B、C、D、E 5 種股票任意抽選 3 種投資，試求可有多少種不同投資方式？投資於 A、B 兩種股票資金超過一半之機率為何？

7.2　（續前題）一筆資金分成 3:2:1 3 份，隨機由 A、B、C、D、E 5 種股票任意抽選 3 種投資，試求可有多少種不同投資方式？投資於 A、B 2 種股票資金超過一半之機率為何？

7.3　一空軍基地的飛行員中，50 名曾經飛過戰鬥機，8 名曾經飛過運輸機（假設已無其他情況）。已知飛過戰鬥機的飛行員有 10%的人飛過運輸機。試求該基地全部有多少飛行員？

7.4　盒裡裝有 20 個乒乓球，其中紅色與白色各一半，並分別標上由 1 至 10 的號碼。今隨機由盒中抽出 1 球，求下列各事件之機率：

(a)紅色乒乓球。

(b)偶數號乒乓球。

(c)是紅色且偶數號。

(d)是紅色或偶數號。

7.5　石油公司正在北部及南部分別進行鑽油，依據資料統計北部地方成功的機率為 0.8，南部地方成功的機率為 0.6（兩地是否成功可視為獨立）。求下列各事件之機率：

(a)兩地都成功。

(b)僅一地成功。

(c)兩地均不成功。

(d)至少有一地成功。

7.6　一項對 1500 名擁有信用卡的人進行社會階層與信用卡使用目的之

調查結果，如下表：

| 使用目的<br>社會階層 | 為了方便 (A) | 為了分期付款 (B) |
|---|---|---|
| 上　層 (C) | 36 | 39 |
| 中上層 (D) | 114 | 186 |
| 中　層 (E) | 174 | 426 |
| 中下層 (F) | 72 | 228 |
| 下　層 (G) | 41 | 184 |

今任意由該群人抽出 1 名持卡者，試計算

$P(A), P(B), P(E), P(F), P(A$ 且 $F), P(B$ 且 $G), P(A$ 且 $B), P(B$ 且 $F),$
$P(B$ 或 $F), P(A$ 或 $B), P(A$ 或 $C|D), P(C|A)$。

7.7 假設零件箱有 20 個零件，其中有 5 個是壞的，如今 1 次抽出 1 個來
檢查，需要檢查 10 次才將全部 5 個壞零件找出來的機率為多少？

7.8 （續前題）檢查方法改成 1 次抽出 10 個來檢查，試求發現其中有
5 個壞零件之機率，並與上題結果比較，說明理由。

7.9 輸油管有 A、B、C 3 處裝置開關閥，以備在漏油時使用，每一處
均可獨立操作。A 閥發生故障的機率有 0.07，B 閥發生故障的機
率有 0.1，C 閥發生故障的機率有 0.05。今有 1 次漏油事件發生，
試求下列各機率：

(a) 3 處均能正常操作。

(b) 僅有 1 處可正常操作。

(c) 至少有 1 處能正常操作。

7.10 公司記錄顯示有 80 名員工曾受過 1 次的懲戒，而有 300 名員工從
未被懲戒過。今公司有 400 位員工，在沒有被懲戒過的員工中，女
性員工佔 60%，只被懲戒 1 次的員工中，男女員工人數相等；而在
懲戒次數超過或等於 2 次的員工中，男性佔 75%。今任選 1 名員

工，試求下列各機率

(a)是被懲戒過 1 次的女性員工。

(b)是男性員工。

(c)已知是男性員工，則是 1 名未被懲戒過的。

7.11　一家具公司依據過去記錄發現，38%的顧客是來自都市，其餘來自鄉下。公司按成交金額大小分成高、中、低 3 類，分別佔 10%、30%、60%。而高交易額中的顧客 80% 來自都市，中交易額中的顧客 60% 來自鄉村，試求在低交易額中有多少比率來自鄉村？

7.12*　一項研究報告如下（虛擬）：「依據某年 400 萬戶家庭的調查資料顯示，當年在廚房裡受傷的意外事件有 1200 件，在家中樓梯上受傷的意外事件有 1300 件，因此各項的發生機率分別為

$$P\,(在廚房中受傷) = 1200/4000000$$

$$P\,(在樓梯上受傷) = 1300/4000000$$

可以得到結論是：在樓梯上比在廚房中容易受到傷害。」

試評述此項報告之結論。

7.13　指出下面陳述有誤的地方：

「投擲 1 枚公平的錢幣 2 次，可分成 3 種情況：第 1 次出現正面、第 2 次出現正面、全部都不出現正面，由於錢幣是公平的，因此每種情況的發生機率均為 $\frac{1}{3}$。」

7.14　下表為 73 年至 82 年臺灣地區票據交換張數及因存款不足的退票張數統計表（單位：萬張）：

| 年　度 | 73 | 74 | 75 | 76 | 77 | 78 | 79 | 80 | 81 | 82 |
|---|---|---|---|---|---|---|---|---|---|---|
| 交換張數 | 8076 | 7998 | 8162 | 8946 | 9917 | 10743 | 11257 | 12350 | 13679 | 15002 |
| 退票張數 | 54 | 60 | 32 | 35 | 36 | 38 | 48 | 48 | 59 | 82 |

平均每年交換張數為 10613 張, 平均退票張數為 49.2 張, 若以 49.2÷ 10613 = 0.0046 的比率作為對未來所發生每張交換票據的退票機率, 對此有何評論。

7.15* 甲、乙、丙 3 人聚餐, 並抽籤決定何人付帳, 現分別考慮下列 2 種方式:

1.每人均投擲同一枚錢幣, 若某人出現與其他 2 人不同結果時, 則此人付帳; 若 3 人均得相同結果, 則重新來過。

2.作 3 個籤, 其中 1 個加 "×" 記號, 抽中者付帳。

某甲認為第 1 種方法中, 第 1 人投擲最有利; 第 2 種方法中, 最後 1 人抽最有利。試評論之。

7.16 某經濟研究機構對各行業負責人進行未來經濟狀態意見調查, 求得下列結果:

| 通貨膨脹 | 失業率 | 機率 |
|---|---|---|
| 上升 | 上升 | 0.15 |
| 上升 | 下降 | 0.35 |
| 下降 | 下降 | 0.20 |
| 下降 | 上升 | 0.30 |

求下列各事件之機率:

(a)通貨膨脹上升。

(b)失業率上升。

(c)若已知失業率上升, 則通貨膨脹會上升。

(d)判斷兩者是否獨立?

7.17 長期觀察一項科學實驗, 連續作 2 次後成功或失敗情況的機率如下:

| 實驗情況 | 機率 |
|:---:|:---:|
| $SS$ | 0.08 |
| $SF$ | 0.22 |
| $FS$ | 0.26 |
| $FF$ | 0.44 |

設 $A$ 事件 $=2$ 次均成功，$B$ 事件 $=$ 至少有 1 次成功，求 $P(A), P(B), P(A \text{ 且 } B), P(A|B), P(B|A)$。

7.18　82 年臺灣地區人口資料如下（單位：萬人）：

| 年　　齡 | 男性 | 女性 | 合計 |
|:---:|:---:|:---:|:---:|
| $0 \sim 14$ | 275 | 257 | 532 |
| $15 \sim 29$ | 290 | 276 | 566 |
| $30 \sim 44$ | 264 | 253 | 517 |
| $45 \sim 59$ | 130 | 127 | 257 |
| $60 \sim 74$ | 99 | 77 | 176 |
| 75 以上 | 21 | 21 | 42 |
| 合　　計 | 1079 | 1011 | 2090 |

由臺灣地區全人口中，任意抽出 1 人，求下列各事件之機率：

(a)此人為女性。

(b)此人為年齡未滿 30 歲之男性。

(c)此人年齡為 40 歲以上之女性。

(d)已知此人年齡為 15 歲到未滿 60 歲之間，則此人為男性。

(e)已知此人為女性，則此人年齡在 45 歲以上。

7.19　下表是 83 年 10 月、11 月 2 個月份各地區之失業率（‰）：

| 地 區 | 83 年 10 月 | 83 年 11 月 |
|---|---|---|
| 臺北市 | 1.52 | 1.56 |
| 臺北縣 | 1.56 | 1.35 |
| 桃園縣 | 1.71 | 1.05 |
| 新竹縣 | 1.24 | 1.04 |
| 新竹市 | 2.71 | 1.88 |
| 臺中縣 | 1.62 | 1.48 |
| 臺中市 | 2.32 | 2.64 |
| 彰化縣 | 1.11 | 0.89 |
| 嘉義縣 | 1.34 | 1.03 |
| 嘉義市 | 1.49 | 1.15 |
| 臺南縣 | 1.47 | 1.26 |
| 臺南市 | 2.31 | 2.06 |
| 高雄縣 | 2.24 | 2.15 |
| 高雄市 | 1.90 | 2.02 |

任意由此 14 個縣市中抽出 1 個地區，求下列各事件之機率：

(a)此地區屬於北部。

(b)此地區 11 月失業率為下降。

(c)此地區失業率 10 月份在 1.8 以上，而 11 月份在 2.00 以下。

7.20 假設有一項安非他命尿液檢查方法的結果：對有吸食者作檢查有 99% 可檢查出來；對無吸食者作檢查將誤判為吸食者的機率為 0.5%。 假設有一群人中 0.1% 的人有吸食安非他命，今隨意抽出 1 人，利用 此方法作檢查，則將有多少機率被檢查為吸食者？

7.21 1 盒中裝有 6 個燈泡，已知其中有 1 個是壞的，今進行逐一檢查， 設 $X$ 代表需要檢查的個數，始可將壞的燈泡找出來。求 $X$ 的機率 分配。

7.22* （續前題）1 盒中裝有 12 個燈泡，已知其中有 4 個是壞的，今進行

逐一檢查，設 $X$ 代表需要檢查的個數，始可將壞的燈泡找出來。

求 $X$ 的機率分配。

7.23　決定下列各式是否為一機率分配：

(a) $P(x) = \dfrac{x+1}{14}, x = 1, 2, 3, 4$

(b) $P(x) = \dfrac{\binom{2}{x}}{4}, x = 0, 1, 2$

(c) $P(x) = \dfrac{x^2+1}{8}, x = 1, 2, 3$

(d) $P(x) = \dfrac{1}{5}, x = -8, -6, -4, -2, -1$

7.24　一家西餐店提供每客 380 元的自助餐，讓顧客任意取用。觀察一段時間後，發現有一半的顧客食用 300 元，$\dfrac{1}{4}$ 顧客食用 420 元，另 $\dfrac{1}{4}$ 則食用 500 元。試問該店經理應如何調整每客價格使期望消費額與定價相平衡？

7.25　依據例題 7.16 的資料，分別計算當訂貨量為 2 個、3 個、5 個時的期望利益各是多少？連同例題結果，比較哪一種訂貨量期望利益最大？

7.26　設老鼠通過迷宮所需時間 $T$（單位：秒），為隨機變數，其機率分配如下：

| $t$ | 2 | 3 | 4 | 5 | 6 | 7 |
|------|-----|-----|-----|-----|-----|-----|
| $P(t)$ | 0.1 | 0.1 | 0.3 | 0.2 | 0.2 | 0.1 |

試求：

(a) $E(T)$ 及 $V(T)$。

(b) 若老鼠所費時間較 6 秒每快 1 秒，可得 1 塊餅乾作報酬（$S$），

求 $S$ 的機率分配。

(c) $E(S)$ 及 $V(S)$ 。

7.27 價值 30 萬元的汽車責任保險，依過去記錄 1 年內保險公司在 5000 件中要賠償 3 件。欲使收入的保費與期望賠償金額相平衡，則一年應收取多少保費？

7.28 一名推銷員每天分別有 $\frac{1}{3}$ 及 $\frac{2}{3}$ 的機率與 1 位及 2 位顧客洽談。每位顧客洽談後有 0.15 的機率可完成 2 萬元交易，有 0.25 機率可完成 1 萬元交易，其餘均無。假設每天與顧客洽談人數及每位顧客所能完成之交易額彼此獨立。求此推銷員平均每天可完成多少交易額。

7.29 一項工作需要經過 3 個步驟才完成，即 $\longrightarrow A \longrightarrow B \longrightarrow C$，每項工作的完成日期彼此獨立，其機率分配如下：

(A)

| 完工日數 | 6 | 10 |
|---|---|---|
| 機 率 | 0.4 | 0.6 |

(B)

| 完工日數 | 8 | 12 |
|---|---|---|
| 機 率 | 0.8 | 0.2 |

(C)

| 完工日數 | 5 | 7 |
|---|---|---|
| 機 率 | 0.3 | 0.7 |

試求此項工作完工日數之機率分配及其期望值。

7.30 （續前題）假設此項工作所分 $A$、$B$、$C$ 3 項部份可同時進行（不須按順序），則此時完工日數之機率分配及其期望值為何？

# 第八章　常用的機率模式

　　本章介紹統計上常用的幾個機率模式及其特徵，一方面了解如何用機率模式來表達母體資料；另一方面藉機率模式的產生過程來說明母體資料構成的原由。

## 8.1*　離散均等分配

　　第二章 2.1 節所提過的亂數表，是由 $0, 1, 2, \cdots, 9$ 十個數字，以出現機率均等的條件所組成，此即為一種離散均等機率分配，其隨機變數為 $0, 1, 2, \cdots, 9$，每一隨機變數之發生機率均為 0.1，此所以稱之為均等分配。第三章 3.1.1 節所提「將全臺灣地區的人口看成一個母體，以隨機抽取的方式，任意抽出 1 人」，假設每一個人有一個代號，這些由 1 至 16951904 的數字就是隨機變數，其發生機率亦相等，也是一種離散均等分配。此機率分配之一般式為

$$P(x) = \frac{1}{N} \qquad x = 1, 2, 3, \cdots, N \tag{8.1}$$

其特徵值可計算出為

$$E(X) = 1 \times \frac{1}{N} + \cdots + N \times \frac{1}{N} = \frac{1 + 2 + \cdots + N}{N}$$

$$= \frac{\frac{1}{2} N(N+1)}{N} = \frac{N+1}{2} \tag{8.2}$$

$$E(X^2) = 1^2 \times \frac{1}{N} + \cdots + N^2 \times \frac{1}{N} = \frac{1^2 + 2^2 + \cdots + N^2}{N}$$

$$= \frac{\frac{1}{6}N(N+1)(2N+1)}{N} = \frac{(N+1)(2N+1)}{6}$$

$$V(X) = \frac{(N+1)(2N+1)}{6} - \left(\frac{N+1}{2}\right)^2$$

$$= \frac{(N+1)(N-1)}{12} \tag{8.3}$$

# 8.2   Bernoulli 分配

第七章 7.6 節投擲錢幣的實驗，$X_i$ 為每次出現正面的次數，其機率分配為

$$P(x_i) = \begin{cases} \dfrac{1}{2} & x_i = 0 \\[2mm] \dfrac{1}{2} & x_i = 1 \end{cases}$$

此機率分配只有一次行為，隨機變數不是 0 就是 1 ，即屬於一種 Bernoulli 分配。它的一般形式可寫成

$$P(x) = \begin{cases} p & x = 1 \\ 1-p & x = 0 \end{cases} \tag{8.4}$$

其特徵值可計算為

$$E(X) = 0 \times (1-p) + 1 \times p = p$$
$$V(X) = [0^2 \times (1-p) + 1^2 \times p] - p^2 = p - p^2 = p(1-p) \tag{8.5}$$

依第四章例 4.5 及例 4.21 的問題來看，假設進行某項實驗，$X$ 代表每次實驗成功的次數（即 $X = 0$ 或 1），$N$ 為實驗次數，當 $N$ 趨近無限大時，按大數法則可知每次實驗成功的機率為一定數（即 $\dfrac{k}{N} = p$），則此

母體資料之機率模式即為 Bernoulli 分配所構成，兩者特徵值之比較可知
為相等，即

$$E(X) = \lim_{N \to \infty} \frac{k}{N} = p$$

$$V(X) = \lim_{N \to \infty} \frac{k}{N} \left( 1 - \frac{k}{N} \right) = p(1-p)$$

# 8.3 二項分配

將Bernoulli 分配的隨機實驗重複獨立進行 $n$ 次，觀察 $n$ 次中發生成
功的次數 $(X)$，則 $X$ 的機率分配即為二項分配(binomial distribution)。
例如下面數個問題隨機變數之機率分配均屬於二項分配：

(1)投擲一枚錢幣 20 次，觀察出現正面的次數。$(n = 20)$

(2)投擲一粒骰子 10 次，觀察出現 6 點的次數。$(n = 10)$

(3)隨機由一大批產品中，抽出 15 件產品來檢查，觀察其中不合格產
品的件數。$(n = 15)$

(4)一天內推銷員與10 位顧客交談，假設每位顧客成交的機率相同且
彼此獨立，結果將可談成交易的人數。$(n = 10)$

又如第七章例 7.14 問題中的完全以隨機方式作答，即為 $n = 3$ 的二項分
配。我們以此為出發點，求出二項分配：

首先可以發現，當 $x = 0$ 時，只有一種情況 "×××"，相當於 3 個
位置都不選 "○"，可以用組合數 $\binom{3}{0} = 1$ 表示；當 $x = 1$ 時，有3 種情
況 "○××"、"×○×"、"××○"，相當於 3 個位置選 1 個位置為
"○"，可以用組合數 $\binom{3}{1} = 3$ 表示；當 $x = 2$ 時，有 3 種情況："○○
×"、"×○○"、"○×○"，相當於 3 個位置選 2 個位置為 "○"，

可以用組合數 $\binom{3}{2} = 3$ 表示; 當 $x = 3$ 時, 只有一種情況 "○○○",

相當於 3 個位置都選 "○", 可以用組合數 $\binom{3}{3} = 1$ 表示, 而且每一種

$x$ 情況, 均表示有 $x$ 題答對, $3 - x$ 題答錯, 在獨立的假設下, 其發生機

率均為 $\left(\dfrac{1}{4}\right)^x \left(\dfrac{3}{4}\right)^{3-x}$, 因此原機率分配可表示為:

$$P(x) = \binom{3}{x}\left(\frac{1}{4}\right)^x \left(\frac{3}{4}\right)^{3-x}, \quad x = 0, 1, 2, 3$$

每做一個題目可視為 Bernoulli 分配的實驗, 重複獨立做 3 個問題, 則答
對題數之機率分配即為 $n = 3$ 的二項分配。

現考慮在 $n$ 次重複獨立實驗, 而每次成功機率為 $p$ 的情況下, 仍設
$x$ 為 $n$ 次中的成功次數, 則以 "$S$" 代表成功; "$F$" 代表失敗, $n$ 次實驗
中有 $x$ 次成功的情況如:

在獨立的假設下, 其發生機率為 $p^x(1-p)^{n-x}$, 而發生的種類亦為 $n$ 取 $x$
之組合數 $\binom{n}{x}$, 所以隨機變數 $X$ 的機率分配為

$$P(x) = \binom{n}{x}p^x(1-p)^{n-x}, \quad x = 0, 1, 2, 3, \cdots, n \tag{8.6}$$

此即為二項分配。

### 例 8.1

一位推銷員分別與 8 位顧客洽談, 假設洽談是否成功彼此獨立, 依以往
經驗與 1 位顧客洽談成功的機率為 0.3。設 $X$ 代表洽談成功的人數, 求

$X$ 的機率分配。

【解】

$n = 8, \ p = 0.3,$ 所以機率分配為

$$P(x) = \binom{8}{x} 0.3^x 0.7^{8-x}, \quad x = 0, 1, 2, 3, \cdots, 8$$

如 $x = 1$ 時,

$$P(x = 1) = \binom{8}{1} 0.3^1 0.7^7 = 0.19765$$

如 $x = 3$ 時,

$$P(x = 3) = \binom{8}{3} 0.3^3 0.7^5 = 0.25412$$

各種情況機率值可表列如下:

| $x$ | 0 | 1 | 2 | 3 | 4 | 5 | 6 | 7 | 8 | 合計 |
|------|------|------|------|------|------|------|------|------|------|------|
| $P(x)$ | .0576 | .1977 | .2965 | .2541 | .1361 | .0467 | .0100 | .0012 | .0001 | 1.0000 |

亦可繪圖為圖 8.1。

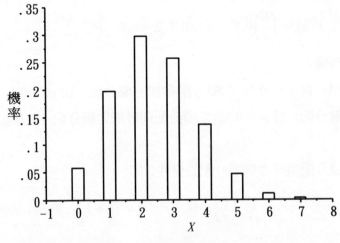

圖 8.1　右偏二項分配

利用上面的例題說明二項分配的形狀，取 $p = 0.8$, $n = 8$, 則

$$P(x) = \binom{8}{x} 0.8^x 0.2^{8-x}, \quad x = 0, 1, 2, \cdots, 8$$

其圖形為圖 8.2。

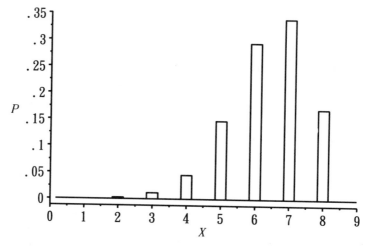

圖 8.2　左偏二項分配

取 $p = 0.5$, $n = 8$, 則

$$P(x) = \binom{8}{x} 0.5^8, \quad x = 0, 1, 2, \cdots, 8$$

其圖形為圖 8.3。

可以發現: 當 $p < 0.5$, 二項分配形成右偏分配; 當 $p > 0.5$, 二項分配形成左偏分配; 當 $p = 0.5$, 二項分配則形成對稱分配（數學證明部份省略）。

二項分配須符合機率分配的條件, 即

$$\sum_{x=0}^{n} P(x) = \sum_{x=0}^{n} \binom{n}{x} p^x (1-p)^{n-x} = (p + 1 - p)^n = 1$$

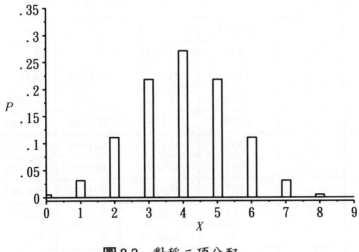

圖 8.3 對稱二項分配

它的特徵值可以利用第七章公式 (7.23) 及 (7.30) 來計算，可避免複雜的代數處理：

設 $X_i$ 為第 $i$ 次實驗的成功次數，則二項分配之隨機變數 $X$ 將等於此 $n$ 個 Bernoulli 分配之隨機變數的總和，因此再依公式(8.5)，可得二項分配之期望值與變異數為

$$E(X) = E(X_1 + X_2 + \cdots + X_n) = E(X_1) + E(X_2) + \cdots + E(X_n) = np$$
$$V(X) = V(X_1 + X_2 + \cdots + X_n) = V(X_1) + V(X_2) + \cdots + V(X_n) = np(1-p)$$
$$(8.7)$$

我們亦可使用電腦模擬方法求算二項分配的機率，下面列印出一部份電腦模擬出 $n = 8$，$p = 0.3$ 的隨機變數：

1 2 0 2 3 2 1 3 1 4 2 1 3 2 1 2 2 2 4 3 0 2 2 2 4 3 4 1 2 2 5 3 2 3 2 0 1 1

2 1 4 1 1 1 3 2 4 3 2 3 3 2 2 1 3 2 2 2 1 2 3 4 1 0 1 1 3 4 4 3 3 4 3 2 2 2

2 3 2 2 3 4 4 2 1 3 4 2 1 3 4 3 2 3 3 1 4 2 3 3

重複模擬 1 萬個這樣的隨機變數, 整理成下面次數分配表:

| $x$ | 出現次數 | 相對次數 | $xp$ | $x^2p$ |
|---|---|---|---|---|
| 0 | 597 | 0.0597 | 0 | 0 |
| 1 | 1923 | 0.1923 | 0.1923 | 0.1923 |
| 2 | 3016 | 0.3016 | 0.6032 | 1.2064 |
| 3 | 2494 | 0.2494 | 0.7482 | 2.2446 |
| 4 | 1359 | 0.1359 | 0.5436 | 2.1744 |
| 5 | 491 | 0.0491 | 0.2455 | 1.2275 |
| 6 | 105 | 0.0105 | 0.0630 | 0.3780 |
| 7 | 15 | 0.0015 | 0.0105 | 0.0735 |
| 8 | 0 | 0.0000 | 0 | 0 |
| 合　計 | 10000 | 1.0000 | 2.4063 | 7.4967 |

此表與例 8.1 比較兩者相差不遠, 且所計算之特徵值相差亦有限, 如下所示 (將此 1 萬個資料視為母體):

$$\mu = \Sigma xp = 2.4063 (二項分配結果 E(X) = np = 8 \times 0.3 = 2.4)$$

$$\sigma^2 = \Sigma x^2 p - \mu^2 = 7.4967 - 2.4063^2 = 1.7064$$

$$(二項分配結果 V(X) = np(1 - p) = 8 \times 0.3 \times 0.7 = 1.68)$$

依照此觀念可以運用在成功機率的估計上, 當我們獲得足夠多的二項分配之變數時, 利用其平均數估計此分配之成功機率, 即為 $\dfrac{\overline{X}}{n}$。如第四章習題 4.4 資料, 平均數為 2.5475, 因此可估計不良率為 0.0025475。

## 例 8.2

(抽樣檢驗問題) 由一大批產品中抽出 10 件來檢查, 若發現有 1 件以上不合格時, 則將退貨。試按下列兩種情況計算所要求的機率:

(1)假設該批產品不良率為 0.02, 求此批貨物被退貨的機率。

(2)假設該批產品不良率為 0.1, 求此批貨物被接受的機率。

**【解】**

(1)被退貨的機率 $= P(x > 0) = \sum\limits_{x=1}^{10} \binom{10}{x} 0.02^x 0.98^{10-x}$

$$= 1 - \binom{10}{0} 0.02^0 0.98^{10}$$

$$= 1 - 0.817073 = 0.182927$$

(2)被接受的機率 $= P(x = 0) = \binom{10}{0} 0.1^0 0.9^{10} = 0.348678$ ■

一般二項分配之機率可按不同的 $n$ 與 $p$ 值, 設計為二項分配機率表, 以方便使用者查考。本書在附錄二有 $n = 2, 3, \cdots, 20, 24, 25, \cdots, 30$; 若干個 $p \le 0.5$ 的 $p$ 值。查表時僅需根據 $n$ 及 $p$ 值, 再查閱 $x$, 即可求得 $P(X = x)$ 之值。當 $p > 0.5$ 時, 由於 $\binom{n}{x} = \binom{n}{n-x}$, 因此可作下列調整再查表:

$$P(X = x) = \binom{n}{x} p^x (1-p)^{n-x} = \binom{n}{n-x} (1-p)^{n-x} p^x \tag{8.8}$$

**例 8.3**

(續例 8.2) 將抽樣改為 30 件, 重做所要求的問題。

**【解】**

(1)被退貨的機率 $= P(x > 0) = 1 - 0.545484 = 0.454516$

(2)被接受的機率 $= P(x = 0) = 0.042391$ ■

**例 8.4**

(選擇題倒扣問題) 有 $n$ 個 $k$ 選一的選擇題, 為公平起見, 如何對答錯

題部份計算倒扣分數，以使猜題者無法投機取巧？

**【解】**

欲使猜題者無法投機取巧，即須將隨機答對題數之期望值定為零，設答對一題為 1，答錯時倒扣 $m$，因此

$$E(X) = 1 \times \frac{1}{k} - m \times \frac{k-1}{k} = 0$$

$$m = \frac{1}{k-1}$$

所以每錯一題倒扣（假設滿分一百分）$\dfrac{100}{n(k-1)}$。 ■

# 8.4* 超幾何分配

此種機率分配即為說明第七章例 7.12 的隨機現象，一般的情形為：設一母體含有 $N$ 個物品，其中具有特定性質的物品有 $K$ 個。今隨機從母體中抽出 $n$ 個，設 $X$ 為具有特定性質物品的件數，則 $X$ 的機率分配就是超幾何分配 (hypergeometric distribution)

$$P(x) = \frac{\binom{K}{x}\binom{N-K}{n-x}}{\binom{N}{n}}, \ x = 0, 1, 2, \cdots, \min(n, K) \tag{8.9}$$

如該題機率分配即可寫為

$$P(x) = \frac{\binom{2}{x}\binom{4}{2-x}}{\binom{6}{2}}, \quad x = 0, 1, 2$$

超幾何分配之隨機變數亦可看成像二項分配一樣是 $n$ 個 Bernoulli 分配之隨機變數的總和，然而超幾何分配的抽樣方式屬於不投返抽樣，每一變量彼此間並不獨立。為避免複雜的數學過程，我們經由 $i = 1, 2$ 來了解此

時之 Bernoulli 分配，設第 $i$ 次所得隨機變數為

$$X_i = \begin{cases} 1 & \text{抽出具有特定性質之物品} \\ 0 & \text{未抽出具有特定性質之物品} \end{cases}$$

很明顯可知 $P(X_1 = 1) = \dfrac{K}{N}, \quad P(X_1 = 0) = \dfrac{N-K}{N}$，而（使用第七章 7.2.2 節原理）

$$\begin{aligned} P(X_2 = 1) &= P(\{X_1 = 1 \text{ 且 } X_2 = 1\} \text{ 或 } \{X_1 = 0 \text{ 且 } X_2 = 1\}) \\ &= P(\{X_1 = 1 \text{ 且 } X_2 = 1\}) + P(\{X_1 = 0 \text{ 且 } X_2 = 1\}) \\ &= P(X_1 = 1)P(X_2 = 1|X_1 = 1) + P(X_1 = 0)P(X_2 = 1|X_1 = 1) \\ &= \frac{K}{N}\frac{K-1}{N-1} + \frac{N-K}{N}\frac{K}{N-1} = \frac{K}{N} \end{aligned}$$

因此可知 $X_i$ 的分配為

$$P(x_i) = \begin{cases} \dfrac{K}{N} & x_i = 1 \\ \dfrac{N-K}{N} & x_i = 0 \end{cases} \tag{8.10}$$

則 $E(X_i) = \dfrac{K}{N}$, $V(X_i) = \dfrac{K}{N}\dfrac{N-K}{N}$，所以 $E(X) = n\dfrac{K}{N}$，由於不獨立的關係，依據第七章公式 (7.24) 推廣的結果，可求出（此處省去證明細節）

$$V(X) = \Sigma V(X_i) + 2\sum_{i \neq i}\Sigma COV(X_i, X_j) = \frac{N-n}{N-1}n\frac{K}{N}\frac{N-K}{N} \tag{8.11}$$

若取 $\dfrac{K}{N}$ 為 $p$, $\dfrac{N-K}{N}$ 為 $1-p$, 則超幾何分配之特徵值與二項分配很類似（僅變異數多出 $\dfrac{N-n}{N-1}$ 項），事實上兩者有下列的極限關係

$$\lim_{\substack{N \to \infty \\ K/N \to p}} \frac{\dbinom{K}{x}\dbinom{N-K}{n-x}}{\dbinom{N}{n}} = \binom{n}{x}p^x(1-p)^{n-x} \tag{8.12}$$

**例 8.5**

一箱有 200 個相同的球，其中有 50 個標有記號。今隨機抽出 5 個球，設 $X$ 為標有記號的球數，試分別用超幾何分配及近似二項分配求算，並作比較。

【解】

超幾何分配為（正確的）

$$P(x) = \frac{\binom{50}{x}\binom{150}{5-x}}{\binom{200}{5}}, \quad x = 0, 1, 2, 3, 4, 5$$

二項分配為（近似的）

$$P(x) = \binom{5}{x}0.25^x 0.75^{5-x}, \quad x = 0, 1, 2, 3, 4, 5$$

兩者數值比較

| $x$ | 超幾何機率 | 二項機率 |
|---|---|---|
| 0 | 0.233313 | 0.237305 |
| 1 | 0.399509 | 0.395508 |
| 2 | 0.266339 | 0.263672 |
| 3 | 0.086380 | 0.087891 |
| 4 | 0.013624 | 0.014648 |
| 5 | 0.000836 | 0.000977 |

# 8.5* Poisson 分配

在二項分配問題中，有時發生的機率很小，如意外事件、病菌感染、文件校對錯誤等等，由於觀察的次數很大，如工廠全體員工、一個大住

宅區、一本書, 在計算機率時將會很繁雜, 也無法查表。因此我們借助
數學極限的技巧, 將二項分配化成另一種適合查表的機率分配, 即

$$\lim_{\substack{n \to \infty \\ np \to \lambda}} \binom{n}{x} p^x (1-p)^{n-x} = \frac{\lambda^x}{x!} e^{-\lambda}, \quad x = 0, 1, 2, 3, \cdots \tag{8.13}$$

（此處 $e = 2.71828 \cdots$, 為一無理數, 像圓周率 $\pi$ 一樣的數學常數）
稱為 Poisson 分配。按附錄㈢Poisson 分配機率表, 只要根據 $\lambda$ 值即可查
出每一個隨機變數 $X$ 的機率。

　　除上述 $n$ 數很大的情況外, 在一定期間內所發生的事件個數, 亦可
使用Poisson 分配。我們考慮下面的圖形:

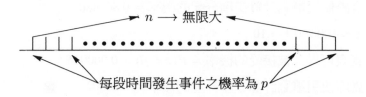

**圖** 8.4　*Poisson 分配之產生*

將一定期間分割成無數個小區間（$n$ 個區間, 視為觀察次數, 理論上是
趨近無限大）, 每一個區間會發生事件之機率為 $p$（數值很小, 理論上趨
近於零）, 而且彼此是獨立的, 設 $X$ 為此一定期間內事件發生的個數,
$X$ 的機率分配即為Poisson 分配。例如:

　⑴在一定時間內交換機接受訊號的個數。

　⑵在一段已知時間內, 放射性物質所釋放 $\alpha$ 質子數量。

　⑶某地區一部自動提款機, 每一小時要提款的人數。

　　有關 Poisson 分配的特徵, 可利用數學方法（微積分）證明出:

$$\sum_{x=0}^{\infty} \frac{\lambda^x}{x!} e^{-\lambda} = 1$$

$$E(X) = \sum_{x=0}^{\infty} x \frac{\lambda^x}{x!} e^{-\lambda} = \lambda \tag{8.14}$$

$$V(X) = E(X^2) - [E(X)]^2 = \sum_{x=0}^{\infty} x^2 \frac{\lambda^x}{x!} e^{-\lambda} - \lambda^2 = \lambda$$

### 例 8.6

（續例 8.2）將抽樣改為 100 件，以 Poisson 分配近似求法，重做所要求的問題。

【解】

(1)$\lambda = 100 \times 0.02 = 2$

查表可得　被退貨的機率 $= P(x > 0) = 0.864665$

實際使用電腦計算二項分配的機率為 0.867480

(2)$\lambda = 100 \times 0.1 = 10$

查表可得　被接受的機率 $= P(x = 0) = 0.000045$

實際使用電腦計算二項分配的機率為 0.000027 ■

### 實例 8.7

歷史上有 2 件有名的與 Poisson 分配有關的例子:

(1)選自 J. M. Keynes: *A Treatise on Probability*(1921)

記錄普魯士騎兵隊 20 個軍團， 10 年來，每年被馬踢死的人數，如下表（200個資料並計算其相對次數）:

| 每年死亡人數 | 實際發生次數 | 相對次數 |
|:---:|:---:|:---:|
| 0 | 109 | 0.545 |
| 1 | 65 | 0.325 |
| 2 | 22 | 0.11 |
| 3 | 3 | 0.015 |
| 4 | 1 | 0.005 |

由此 200 個資料可算出其平均數為

$$(0 \times 109 + 1 \times 65 + 2 \times 22 + 3 \times 3 + 4 \times 1) \div 200 = 0.6$$

因此取 $\lambda = 0.6$ 所配合之 Poisson 分配的機率如下

| $x$ | 0 | 1 | 2 | 3 | 4 |
|-----|-----|-----|-----|-----|-----|
| $P(x)$ | 0.549 | 0.329 | 0.099 | 0.020 | 0.003 |

可發現兩者非常接近。

(2)數據取自 R. D. Clark: *An Application of the Poisson Distribution*(1946)

將二次世界大戰受火箭彈攻擊的倫敦南區，按每 $\frac{1}{4}$ 平方哩為一區域，共分割成 576 塊，分別計算被攻擊的數目，得如下之統計表：

| 每區被攻擊數目 | 0 | 1 | 2 | 3 | 4 | $\geqq 5$ |
|-----|-----|-----|-----|-----|-----|-----|
| 次　　數 | 229 | 211 | 93 | 35 | 7 | 1 |
| 相對次數 | 0.3976 | 0.3663 | 0.1615 | 0.0608 | 0.0122 | 0.0017 |

由此 576 個資料可算出其平均數為

$$(0 \times 229 + 1 \times 211 + 2 \times 93 + 3 \times 35 + 4 \times 7 + 7) \div 576 \approx 0.93$$

因此取 $\lambda = 0.93$ 所配合之 Poisson 分配的機率如下：

| $x$ | 0 | 1 | 2 | 3 | 4 | $\geq 5$ |
|-----|-----|-----|-----|-----|-----|-----|
| $P(x)$ | 0.3946 | 0.3669 | 0.1706 | 0.0529 | 0.0123 | 0.0027 |

兩者亦非常接近。　　■

### 實例 8.8

依據哈佛大學 F. Mosteller & C. Youtz (1992) 對職業高爾夫大賽 (PGA) 成績的研究報告，顯示每一選手每回合成績形成下列模式

$$X = 63 + \varepsilon \qquad (8.15)$$

$X$ 為選手成績，$\varepsilon$ 為平均數是 9.3 的 Poisson 分配。他們是根據 1990 年 33 次 4 回合大賽第 3、第 4 回合成績作分析，下表顯示實際成績次數與所配合 Poisson 分配的比較：

| 成績 $X$ | 次數 | 相對次數 | Poisson 分配 $(\lambda = 9.3)$ 機率 $X - 63$ |
|---|---|---|---|
| 61 | 1 | 0.0002 | |
| 62 | 1 | 0.0002 | |
| 63 | 4 | 0.0008 | 0.0001 |
| 64 | 7 | 0.0014 | 0.0008 |
| 65 | 31 | 0.0061 | 0.0040 |
| 66 | 65 | 0.0129 | 0.0123 |
| 67 | 133 | 0.0264 | 0.0285 |
| 68 | 263 | 0.0521 | 0.0530 |
| 69 | 425 | 0.0842 | 0.0822 |
| 70 | 546 | 0.1082 | 0.1091 |
| 71 | 634 | 0.1256 | 0.1269 |
| 72 | 717 | 0.1421 | 0.1311 |
| 73 | 586 | 0.1161 | 0.1219 |
| 74 | 506 | 0.1003 | 0.1031 |
| 75 | 391 | 0.0775 | 0.0799 |
| 76 | 286 | 0.0567 | 0.0572 |
| 77 | 177 | 0.0351 | 0.0380 |
| 78 | 108 | 0.0214 | 0.0235 |
| 79 | 68 | 0.0135 | 0.0137 |

| 80 | 48 | 0.0095 | 0.0075 |
| 81 | 27 | 0.0054 | 0.0039 |
| 82 | 11 | 0.0022 | 0.0019 |
| 83 | 9 | 0.0018 | 0.0009 |
| 84 | 0 | 0 | 0.0004 |
| 85 | 1 | 0.0002 | 0.0002 |
| 86 | 0 | 0 | 0.0001 |
| 87 | 1 | 0.0002 | 0.0000 |
| 合　計 | 5046 | 1.0000 | 1.0000 |

# 8.6　連續機率分配

當隨機變數為連續時，其機率分配即為連續機率分配（以 $f(x)$ 表示之），如第三章 3.2.4 節所提及的兩個母體模式。對於一個連續隨機變數所形成的分配模式，其存在範圍通常用區間來表示，如 $a \leq x \leq b$ 或 $x \geq 0$ 或 $-\infty < X < \infty$ 等等。由於隨機變數 $X$ 有無數多個可能，因此對於某一特定值的發生機率 $P(X = x)$ 幾乎等於零，否則若每一點都有機率值時，無限多個機率值的總和必將超過 1，不符合機率理論的要求。機率分配的形狀就像第三章圖 3.13 及 3.15 模擬母體資料直方圖之輪廓，$f(x)$ 的起伏現象代表次數發生的多寡，如同密度直方圖一樣，設計使總面積為 1 的 $f(x)$，$f(x)$ 比較高的地方，在此附近的面積比較多，發生機率也就比較大，就像 7.2.1 節以面積計算機率（圖 7.1 及 7.2）。所以此時 $f(x)$ 只是分配圖形的縱坐標，並不是機率值，也就是 $f(x) \neq P(X = x)$。因此滿足連續機率分配的條件是

(1) $f(x) \geq 0$。

(2) $f(x)$ 與 $X$ 軸所圍面積為 1 。　　　　　　　　　　　　(8.16)

**例 8.9**

一個有故障的時鐘，可能在任何位置停止，試問時針將停留在 3 至 9 的機率為多少?

**【解】**

設 $X$ 為在時鐘上停止的位置，因此隨機變數的範圍是 $0 \leq x < 12$。由於在任何一個位置均可能停止，也就是說由 0 到 12 之間發生的可能性均相等，因此 $f(x)$ 是一個水平線，表示母體資料的發生情況在任何位置均相同，如下圖:

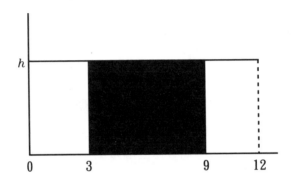

為使 0 到 12 之間與 $f(x)$ 所圍面積為 1，則 $h$ 值必須等於 $\dfrac{1}{12}$。所以 $X$ 的機率分配為

$$f(x) = \frac{1}{12}, \quad 0 \leq x < 12$$

所求機率為

$$P(3 \leq x \leq 9) = (9 - 3) \times \frac{1}{12} = \frac{1}{2} \quad \blacksquare$$

連續機率分配特徵值的衡量須使用積分處理，此處僅列示計算方式:

$$(1)E(X)=\int\limits_{-\infty}^{\infty} xf(x)dx$$

$$(2)V(X)=\int\limits_{-\infty}^{\infty} (x-\mu)^2 f(x)dx \qquad (8.17)$$

# 8.7 常態分配

在統計領域中最常用的連續機率分配是常態分配(normal distribution)，這種分配型態經常存在於許多自然現象之中。它的函數形式如下：

$$f(x) = \frac{1}{\sqrt{2\pi}\sigma}e^{-\frac{(x-\mu)^2}{2\sigma^2}},\ -\infty < x < \infty,\ -\infty < \mu < \infty,\ \sigma > 0 \ (8.18)$$

其中 $\pi = 3.14159\cdots$，$e = 2.71828\cdots$，$\mu$ 與 $\sigma^2$ 即為常態分配的期望值與變異數，也就是

$$\mu = \int\limits_{-\infty}^{\infty} \frac{1}{\sqrt{2\pi}\sigma}xe^{-\frac{(x-\mu)^2}{2\sigma^2}} dx$$

$$\sigma^2 = \int\limits_{-\infty}^{\infty} \frac{1}{\sqrt{2\pi}\sigma}(x-\mu)^2 e^{-\frac{(x-\mu)^2}{2\sigma^2}} dx \qquad (8.19)$$

一般可以 $N(\mu,\sigma^2)$ 表示（隨機變數 $X$ 之機率分配為常態分配，可簡單以 $X \sim N(\mu,\sigma^2)$ 表示之），例如一個平均數為 3，標準差為 1 的常態分配，其機率分配即為

$$f(x) = \frac{1}{\sqrt{2\pi}}e^{-\frac{(x-3)^2}{2}} \qquad (8.20)$$

其圖形如圖 8.5。

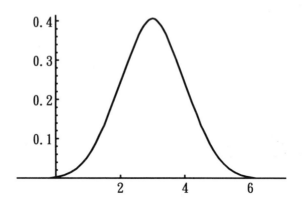

圖 8.5 常態分配 $N(3,1)$

第三章 3.2.4 節我們曾經使用電腦模擬 3 萬個常態分配資料，並繪製成直方圖（圖 3.13）。從直方圖的輪廓來看，它的形狀正如同上面常態機率模式的圖形。

**實例 8.10**

White, Riethof, & Kushnir (1960) 對蜜蠟作化學測試，衡量每一樣本所含碳氫化合物之百分比。結果如下：

14.27 14.80 12.28 17.09 15.10 12.92 15.56 15.38 15.15 13.98 14.90 15.91
14.52 15.63 13.83 13.66 13.98 14.47 14.65 14.73 15.18 14.49 14.56 15.03
15.40 14.68 13.33 14.41 14.19 15.21 14.75 14.41 14.04 13.68 15.31 14.32
13.64 14.77 14.30 14.62 14.10 15.47 13.73 13.65 15.02 14.01 14.92 15.47
13.75 14.87 15.28 14.43 13.96 14.57 15.49 15.13 14.23 14.44 14.57

將此資料繪製成直方圖，並與常態分配曲線比較，兩者相當接近（如下所示）。

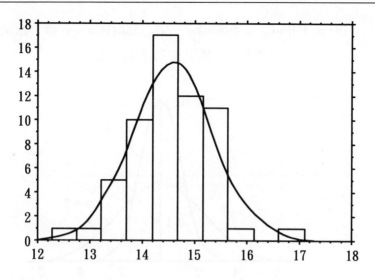

我們將常態分配有關統計方面的特點略述於下:

(1) 以 $\mu$ 為中心, 形成左右對稱的鐘形分配。

(2) 平均數、中位數、眾數均相等。

(3) 同樣是常態分配, 只要 $\mu$ 與 $\sigma$ 相等即表示為完全相同的分配, 因此依據 $\mu$ 及 $\sigma$ 即可比較不同的常態分配:

　(i) $\sigma$ 相同, $\mu$ 不同時——形狀大小相同, 僅中心位置按不同的 $\mu$ 值, 呈左右排列。

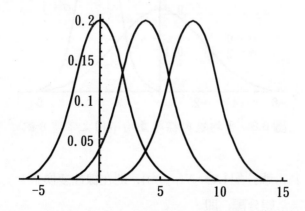

圖8.6　平均數不同之常態分配

(ii) $\sigma$ 不相同，$\mu$ 相同時——中心點均在 $x = \mu$ 處，標準差愈小，
表示資料愈集中，因此圖形呈垂直排列。

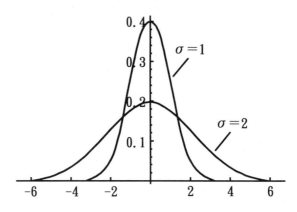

圖 8.7　標準差不同之常態分配

綜合上述結果可以混合作比較，如圖 8.8。

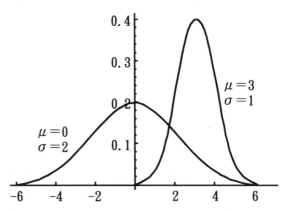

圖 8.8　平均數與標準差均不同之常態分配

(4) 若 $X$ 為常態分配 $(X \sim N(\mu, \sigma^2))$，則在線性變換下 $Y = aX + b$ 時，
$Y$ 亦為常態分配，即

$$Y \sim N(a\mu + b, a^2\sigma^2) \tag{8.21}$$

(5) 若有兩個常態分配的隨機變數 $X$、$Y$，且彼此獨立（連續隨機變數 $X$、$Y$ 為獨立的條件是滿足 $P(a \leq X \leq b$ 且 $c \leq Y \leq d) = P(a \leq X \leq b)P(c \leq Y \leq d)$），設

$$X \sim N(\mu_x, \sigma_x^2)$$
$$Y \sim N(\mu_y, \sigma_y^2)$$

則依據機率理論（第七章 7.6 節）可知

$$E(X + Y) = \mu_X + \mu_Y$$
$$V(X + Y) = \sigma_X^2 + \sigma_Y^2$$

而且

$$X + Y \sim N(\mu_X + \mu_Y, \sigma_X^2 + \sigma_Y^2) \tag{8.22}$$

這項結果亦可推廣至 $n$ 個獨立的隨機變數，假設均來自相同的常態分配，即

$$X_i \sim N(\mu, \sigma^2), \quad i = 1, 2, \cdots, n$$

則　　$\sum\limits_{i=1}^{n} X_i \sim N(n\mu, n\sigma^2)$ $\tag{8.23}$

**例 8.11**

假設一般人的體重形成 $N(55, 12^2)$ 的分配，今有 10 人乘坐 1 部電梯，試求此時電梯載重量之機率分配。

【解】

$n\mu = 10 \times 55 = 550$，$n\sigma^2 = 10 \times 144 = 1440$，則電梯載重量之機率分配為 $N(550, 1440)$。　■

# 8.8 常態分配的應用

一般常態分配 $N(\mu, \sigma^2)$ 的隨機變數 $X$ 經過標準化以後, 即 $Z = \dfrac{X - \mu}{\sigma}$, 屬於線性變換的形式, 其中 $E(Z) = 0$, $V(Z) = 1$, 依據上一節常態分配的性質可知, $Z$ 亦為一 $\mu = 0$, $\sigma^2 = 1$ 的常態分配, 我們稱為標準常態分配 (standard normal distribution), 可用 $N(0, 1)$ 表示, 其函數形式為

$$f(z) = \frac{1}{\sqrt{2\pi}} e^{-\frac{z^2}{2}}, \quad -\infty < z < \infty \tag{8.24}$$

其圖形如圖 8-9。

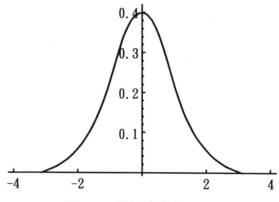

**圖** 8.9 標準常態分配

利用標準化性質, 將各種 $Z$ 值所對應的機率值, 即 $P(0 \le Z \le z)$, 編製成表, 以查表的方式求出一般常態分配之機率。也就是

$$P(a \le X \le b) = P(a - \mu \le X - \mu \le b - \mu)$$

$$= P\left( \frac{a - \mu}{\sigma} \le \frac{X - \mu}{\sigma} \le \frac{b - \mu}{\sigma} \right)$$

$$=P\left(\frac{a-\mu}{\sigma} \le Z \le \frac{b-\mu}{\sigma}\right)$$

在附錄(四)列出由 0.00 開始每隔 0.01 至 3.99 的 $z$ 值及 $P(0 \le Z \le z)$。

在使用時要運用標準常態分配對稱的特性來計算機率, 如

$$P(Z \ge a) = P(Z \le -a)$$

$$P(-a \le Z \le 0) = P(0 \le Z \le a)$$

$$P(-a \le Z \le a) = 2P(0 \le Z \le a)$$

$$P(|Z| \ge a) = 2P(Z \ge a) = 2P(Z \le -a)$$

…… 等等

**例 8.12**

查表求下列各機率值:

(1) $P(0.52 < Z < 2.41)$

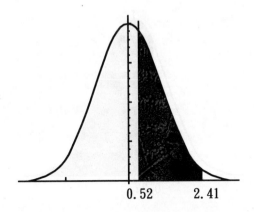

$$= P(0 < Z < 2.41) - P(0 < Z < 0.52)$$

$$= 0.492024 - 0.198468$$

$$= 0.293556$$

(2) $P(Z > 1.10)$

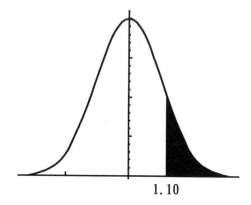

$=0.5 - P(0 < Z < 1.10)$

$=0.5 - 0.364334$

$=0.135666$

(3) $P(Z > -0.37)$

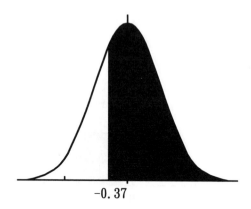

$=0.5 + P(-0.37 < Z < 0)$

$=0.5 + P(0 < Z < 0.37)$

$=0.5 + 0.144309$

$=0.644309$

(4) $P(-1.00 < Z < 1.96)$

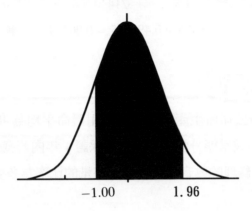

$$=P(-1.00 < Z < 0) + P(0 < Z < 1.96)$$

$$=P(0 < Z < 1.00) + 0.4750$$

$$=0.341345 + 0.475002$$

$$=0.816347 \qquad ■$$

### 例 8.13

找出 $z_0$ 值使 $P(-z_0 \le Z \le z_0) = 0.95$

【解】

$$P(-z_0 \le Z \le z_0) = 2P(0 \le Z \le z_0) = 0.95$$

可知 　　$P(0 \le Z \le z_0) = 0.475$

因此 　　$z_0 = 1.96$（由常態機率表反查 $Z$ 值）　　■

### 例 8.14

（續例 8.11）假設電梯限制載重量為 650 公斤，試求此時電梯超載之機率為多少?

【解】

$$P(X > 650) = P\left(Z > \frac{650 - 550}{\sqrt{1440}}\right) = P(Z > 2.64)$$

$$= 0.5 - 0.495855 = 0.004145 \quad \blacksquare$$

## 例 8.15

一家電器製造公司所生產的收音機使用壽命平均為 48 個月，標準差為 16 個月，且形成常態分配。今該公司保證 1 年內若發生故障，則免費修理。試求免費修理的收音機佔全部銷售量的比率為多少？

【解】

設使用壽命為 $X$，則所求答案為

$$P(X < 12) = P\left(Z < \frac{12 - 48}{16}\right)$$

$$= P(Z < -2.25) = 0.5 - P(-2.25 < Z < 0)$$

$$= 0.5 - P(0 < Z < 2.25) = 0.5 - 0.487776$$

$$= 0.012224 \quad \blacksquare$$

## 例 8.16

（續前例）該公司經過研究改進，預計可使平均壽命增加到 54 個月，標準差則減少為 12 個月。公司當局決定免費修理的比率在 1% 較合適，因此保證期間應定為多久？

【解】

設 $a$ 為保證期間 $(a < 54)$，則

$$P(X < a) = P\left(Z < \frac{a - 54}{12}\right) = 0.01$$

由於 $a - 54 < 0$，查表可得

$$P(0 < Z < 2.33) = 0.49 = P(-2.33 < Z < 0)$$

因此 $P(Z < -2.33) = 0.01$，所以

$$\frac{a - 54}{12} = -2.33$$

$$a \approx 54 - 28 = 26$$

保證期間應定為 26 個月。　■

　　在第四章 4.8 節所介紹的經驗法則，現在我們可以計算在已知母體是常態分配的情況。

(1)資料在 $\mu$ 附近 1 倍標準差所佔比率

$$
\begin{aligned}
P(\mu - \sigma \le X \le \mu + \sigma) &= P(-1 \le Z \le 1)\\
&= 2P(0 \le Z \le 1) = 2 \times 0.341345\\
&= 0.68269 = 68.269\%
\end{aligned}
$$

(2)資料在 $\mu$ 附近 2 倍標準差所佔比率

$$
\begin{aligned}
P(\mu - 2\sigma \le X \le \mu + 2\sigma) &= P(-2 \le Z \le 2)\\
&= 2P(0 \le Z \le 2) = 2 \times 0.477250\\
&= 0.9545 = 95.45\%
\end{aligned}
$$

(3)資料在 $\mu$ 附近 3 倍標準差所佔比率

$$
\begin{aligned}
P(\mu - 3\sigma \le X \le \mu + 3\sigma) &= P(-3 \le Z \le 3)\\
&= 2P(0 \le Z \le 3) = 2 \times 0.49865\\
&= 0.9973 = 99.73\%
\end{aligned}
$$

# 8.9* 常態分配的判斷

　　常態分配在統計上佔有很重要的地位，尤其是在初級統計中，我們大都假設所處理的母體資料為常態母體。因此有興趣要了解如何判斷一組資料是否來自常態母體？前面雖然有多次提及常態母體資料的形狀，但都是以電腦模擬方式產生，實質上它原本就設計為常態分配，主要目的是說明常態母體直方圖與常態曲線的關係。由於樣本資料為數不多，無法使用相同方法做觀察，如第三章 3.2.4 節圖 3.19 所示，即使母體是常態分配，在樣本數分別是 50，100，200 的情況下，將產生各種不同結果。本節將介紹利用第三章及第六章的方法來判斷資料的常態性，然而真正的理論要求與基礎是屬於推論統計，此處僅就可簡單理解的部分作說明。

　　假設資料 $X$ 為一 $N(\mu, \sigma^2)$ 的常態分配，因此 $Z = \dfrac{X - \mu}{\sigma}$ 為標準常態分配，所以 $X = \mu + \sigma Z$，也就是說 $X$ 與 $Z$ 形成直線關係，只要我們找到適當成對的 $(X, Z)$ 值，即可根據它們的散布圖是否形成直線關係來判斷是否是常態資料。方法是

**第一步**: 將資料按大小順序排列

$$X_{(1)} < X_{(2)} < \cdots < X_{(n)}$$

**第二步**: 由於

$$P(X \leq X_{(i)}) = P\left(Z \leq \frac{X_{(i)} - \mu}{\sigma}\right)$$

利用第三章 3.2.5 節的 $F_{(i)}$ 稍作修改為 $F_{(i)} - \dfrac{0.5}{n}$，即 $\dfrac{i - 0.5}{n}$ 當作對 $P(X \leq X_{(i)})$ 的估計，以此數值依據常態機率表查出相對應的 $z_{(i)}$ 值，即

$$P(Z \le z_{(i)}) = \frac{i - 0.5}{n}$$

（對 $P(X \le X_{(i)})$ 的估計有許多方式，此處選較常用者）

**第三步**: 將 $(X_{(i)}, z_{(i)})$ 繪製成散布圖

為了方便查閱起見，我們按不同的 $n$ 值，表列各種 $\dfrac{0.5}{n}$, $\dfrac{1.5}{n}$, $\dfrac{2.5}{n}$, $\cdots$,

$\dfrac{n - 0.5}{n}$ 所對應的 $z_{(i)}$ 在附錄㈤。

有下列二種方式可作初步判斷是否為常態分配:

(1)觀察散布圖是否呈直線?

(2)以最小平方法配合直線方程式 $(X_{(i)} = \mu + \sigma Z_{(i)})$，觀察 $a$ 是否等於 $X$ 的平均數? $b$ 是否等於標準差? （此時 $X = a + bY$ ）

下面以電腦模擬方式，隨機產生 $n$ 等於 50 及 200 兩組常態樣本資料（母體為 $N(50, 25)$），利用上述方法處理，說明在母體為常態的情況時，所表現的結果:

(i)$n = 50$

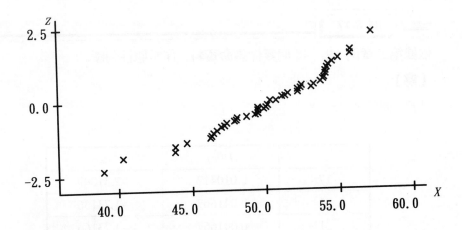

所得直線相關係數為 $r = 0.981$

直線方程式為 $X = 50.2 + 3.80Z$，而原始資料之平均數為 50.234，標準差

為 3.865。

(ii)$n = 200$

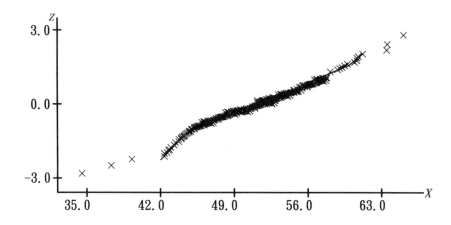

所得直線相關係數為 $r = 0.995$

直線方程式為 $X = 50.5 + 5.09Z$，而原始資料之平均數為 50.473，標準差

為 5.114。

### 例 8.17

依據第三章例 3.9，48 個零件壽命資料，作常態性判斷。

【解】

計算表如下：

| $x$ | $P(x)$ | $z$ |
|-----|--------|-----|
| 17 | 0.010417 | $-2.31099$ |
| 21 | 0.041667 | $-1.73166$ |
| 21 | 0.041667 | $-1.73166$ |
| 22 | 0.072917 | $-1.45441$ |
| 23 | 0.114583 | $-1.20251$ |

| | | |
|---|---|---|
| 23 | 0.114583 | −1.20251 |
| 23 | 0.114583 | −1.20251 |
| 24 | 0.156250 | −1.00999 |
| 25 | 0.177083 | −0.92654 |
| 29 | 0.208333 | −0.81222 |
| 29 | 0.208333 | −0.81222 |
| 30 | 0.250000 | −0.67449 |
| 30 | 0.250000 | −0.67449 |
| 31 | 0.302083 | −0.51842 |
| 31 | 0.302083 | −0.51842 |
| 31 | 0.302083 | −0.51842 |
| 33 | 0.343750 | −0.40225 |
| 35 | 0.364583 | −0.34623 |
| 36 | 0.395833 | −0.26415 |
| 36 | 0.395833 | −0.26415 |
| 37 | 0.427083 | −0.18380 |
| 38 | 0.458333 | −0.10463 |
| 38 | 0.458333 | −0.10463 |
| 40 | 0.500000 | 0.00000 |
| 40 | 0.500000 | 0.00000 |
| 43 | 0.541667 | 0.10463 |
| 43 | 0.541667 | 0.10463 |
| 44 | 0.572917 | 0.18380 |
| 45 | 0.614583 | 0.29129 |
| 45 | 0.614583 | 0.29129 |
| 45 | 0.614583 | 0.29129 |
| 46 | 0.635417 | 0.34623 |
| 49 | 0.677083 | 0.45956 |

| 56 | 0.697917 | 0.51842 |
|---|---|---|
| 61 | 0.718750 | 0.57913 |
| 62 | 0.739580 | 0.64205 |
| 63 | 0.760417 | 0.70764 |
| 66 | 0.781250 | 0.77642 |
| 71 | 0.812500 | 0.88715 |
| 71 | 0.812500 | 0.88715 |
| 72 | 0.843750 | 1.00999 |
| 76 | 0.864583 | 1.10115 |
| 82 | 0.885417 | 1.20251 |
| 88 | 0.906250 | 1.31801 |
| 92 | 0.927083 | 1.45441 |
| 102 | 0.947917 | 1.62498 |
| 110 | 0.968750 | 1.86273 |
| 124 | 0.989583 | 2.31099 |

計算說明: 將 $X$ 資料排序時, 有些資料重複出現, 其順序以所佔數值之平均值計算, 如 $X = 71$, 所佔順序為 39、40, 因此以 39.5 為 $i$ 作計算, 即 $(39.5 - 0.5) \div 48 = 0.8125$。

繪製散布圖如下:

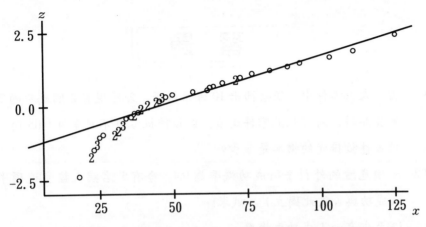

（附註：散布圖中的數字代表重疊的資料個數）

從圖形上可發現，資料左邊部份呈曲線，由第三章圖 3.8 對照得知本資料的不對稱性。此處僅就較明顯的情況作解說，有關推論的部分留待以後章節再談。　■

# 重要名詞

離散均等分配　　　　　　　　Bernoulli 分配

二項分配　　　　　　　　　　抽樣檢驗

超幾何分配　　　　　　　　　Poisson 分配

連續機率分配　　　　　　　　常態分配

標準常態分配　　　　　　　　常態機率表

# 習題

8.1 由一大批零件中，任意抽出 10 件來檢查，若發現有 2 個或超過 2 個不良品時，則將此批零件退貨。假設該批零件不良率為 0.05 時，這批零件被接受的機率是多少？

8.2 一項危險的外科手術成功機率為 0.4。今有 5 名病人接受這項手術（成功與否彼此獨立）。試求：

(a)至少有一人成功之機率。

(b)恰好有兩人成功之機率。

8.3 由一大批零件中，任意抽出 20 件來檢查，若發現有 4 個或超過 4 個不良品時，則將此批零件退貨。假設該批零件不良率為 0.05 時，這批零件被接受的機率是多少？

8.4 某一廠牌的產品在市場上的知名度為 0.6，今訪問 15 名消費者，試求下列各問題：

(a)知道此產品之期望人數為多少？

(b)超過 9 個人知道該產品之機率。

8.5 有 7 個職員在同一辦公室工作，已知其中有 4 個人想離職。今隨機抽出 3 人，試求下列各機率：

(a)所抽 3 人都想離職。

(b)其中有 2 人想離職。

8.6 15 封在郵局待投遞的信件當中，有 5 封是地址不明的。今隨機抽出 4 封來投遞，試求不需要將信再帶回郵局之機率。

8.7 判斷下列各圖形何者是連續機率分配？

(a)

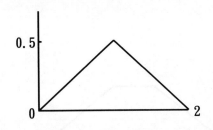

(b)

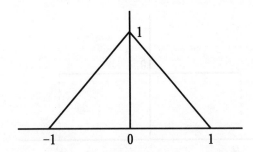

(c)

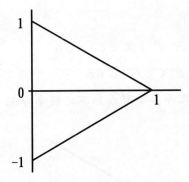

(d)

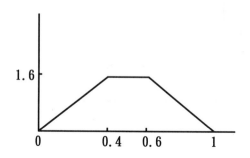

8.8 一個連續機率分配如下圖:

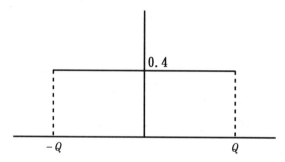

試求下列各問題:

(a) $Q$ 之值

(b) $P(-1 < X < 5)$

(c) 決定 $C$ 值, 使 $P(-C < X < C) = 0.6$

(d) 決定 $C'$ 值, 使 $P(X < C') = 0.8$

8.9 某公司所生產之零件壽命形成如下之機率分配 (單位: 年)

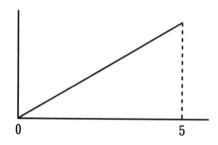

(a)有多少比率之零件壽命在 3 年以上?

(b)欲使在保證期間內有 2% 的產品給予免費修理, 則該公司應訂保
　證期間為多久?

8.10 某人由家中出發搭車至上班地點, 所耗費時間按以往經驗形成由最
　　快 30 分至最慢 50 分之等腰三角形的機率分配。若此人早上 7 點 25
　　分出發, 求其將遲到之機率為多少 (上班時間為 8 點)? 欲使遲到
　　機率減少一半, 則此人應提早多久出發?

8.11 求算下列各機率值:

(a) $P(Z \geq 1)$

(b) $P(-0.25 \leq Z \leq 0.75)$

(c) $P(-1.96 \leq Z \leq -1.5)$

(d) $P(-0.38 \leq Z \leq 1.42)$

8.12 決定下列各 $C$ 值, 使滿足其機率:

(a) $P(Z \geq C) = 0.025$

(b) $P(Z \leq C) = 0.0287$

(c) $P(-C \leq Z \leq C) = 0.99$

(d) $P(|Z| \geq C) = 0.01$

8.13 顧客在一個售票櫃臺等候的時間形成平均數為 8 分, 標準差為 2 分
　　的常態分配, 試求某人到達櫃臺後,

(a)至少等 10 分鐘的機率。

(b)最多等 12 分鐘的機率。

8.14 自動販賣機所使用的紙杯最大容量為 320cc, 販賣機的流量形成
　　$N(250, 25^2)$ 之分配, 試求:

(a)紙杯可裝滿 200cc 至 300cc 之機率。

(b)使紙杯發生溢出的機率。

(c)欲使發生溢出的機率減少一半, 則紙杯容量要增加多少?

8.15 已知零件使用壽命 $(X)$ 為一常態分配，且 $P(X > 2160$ 小時 $) =$ 0.925， $P(X > 17040$ 小時 $) = 0.0392$。試求此零件之 $\mu$ 及 $\sigma$。

8.16 5 分制的計分方法是將名次在前10% 的給 5 分；依次 20% 的給 4 分； 40% 的給 3 分； 20% 的給 2 分； 10% 的給 1 分。今有一考試成績形成 $N(75, 15^2)$ 之分配，則試訂定 5 分制的給分標準。

# 第九章　抽樣的機率模式

推論統計依據的資料是由母體抽樣產生的樣本資料所計算之統計量，所欲推論的則是代表母體特徵的母數，屬於性質固定的常數，統計量隨樣本不同而改變，本質上是屬於隨機變數。欲以會變動的統計量去推論固定的母數，必須先了解統計量變動的情況，這種變動情況的規律就是它的機率模式。

## 9.1　簡單隨機抽樣

由大小為 $N$ 的母體中，隨機抽出 $n$ 個為樣本，根據組合公式可產生 $\binom{N}{n}$ 個不同的樣本，若每一種樣本出現的機率均相等，即為 $\dfrac{1}{\binom{N}{n}}$ 時，則此種抽樣方法稱為簡單隨機抽樣 (simple random sampling)，所得到的樣本稱為隨機樣本 (random sample)，如第二章 2.1 節使用隨機亂數表所產生的樣本。換句話說，簡單隨機抽樣的方法是一種抽樣設計，使得母體中的每一份子被抽選為樣本的機率均相等，即等於 $\dfrac{\binom{N-1}{n-1}}{\binom{N}{n}} = \dfrac{n}{N}$。例如由全班 50 名同學中，隨機抽出 5 名同學，則可出現 $\binom{50}{5} = 2118760$ 種，每種樣本出現之機率為 $\dfrac{1}{2118760}$，每 1 名同學被選中的機率是 $\dfrac{5}{50} = 0.1$。

在這樣的抽樣設計中，是採取不投返抽樣（第二章 2.1 節），也就是每一被抽到的資料不會重複出現，如同超幾何分配的產生一樣；若允許重複出現，則為重新投返抽樣。例如：一個母體由 {2, 4, 6, 8, 12} 5 個數字所組成，現隨機抽出兩個資料為一樣本 $(X_1, X_2)$，則

⑴不投返抽樣，所得樣本為

| | | | | | | | |
|---|---|---|---|---|---|---|---|
| (2,4) | (2,6) | (2,8) | (2,12) | (4,2) | (4,6) | (4,8) | (4,12) |
| (6,2) | (6,4) | (6,8) | (6,12) | (8,2) | (8,4) | (8,6) | (8,12) |
| (12,2) | (12,4) | (12,6) | (12,8) | | | | |

每一樣本出現機率均為 1/20。

⑵重新投返抽樣，所得樣本為

| | | | | | | | |
|---|---|---|---|---|---|---|---|
| (2,2) | (2,4) | (2,6) | (2,8) | (2,12) | (4,2) | (4,4) | (4,6) |
| (4,8) | (4,12) | (6,2) | (6,4) | (6,6) | (6,8) | (6,12) | (8,2) |
| (8,4) | (8,6) | (8,8) | (8,12) | (12,2) | (12,4) | (12,6) | |
| (12,8) | (12,12) | | | | | | |

每一樣本出現機率均為 1/25。

兩者所產生之樣本最大的差別是：

不投返抽樣所得樣本資料為不獨立，如

$$P(X_2 = 4|X_1 = 2) = \frac{1}{4} \neq P(X_2 = 4) = \frac{1}{5} \neq P(X_2 = 4|X_1 = 4) = 0$$

重新投返抽樣所得樣本資料為獨立，如

$$P(X_2 = 4|X_1 = 2) = \frac{1}{5} = P(X_2 = 4) = \frac{5}{25} = P(X_2 = 4|X_1 = 4) = \frac{1}{5}$$

簡單隨機抽樣是最基本的一種抽樣形式，在統計上，為因應各種不同需要及目的，有許多不同的抽樣設計與方法，另有專門的課程來探討，此處不作詳談。

# 9.2　抽樣的機率誤差

　　第四章 4.1 節說明過，代表母體特徵的數值稱為母數；代表樣本特徵的數值稱為統計量，由於統計量隨不同之隨機樣本而變動，因此統計量是屬於由樣本資料所構成的隨機變數。推論統計是選擇適當的統計量對所感興趣的母數作推論，既然統計量是隨機的，它與母數之間存有某種程度的誤差，所以我們需要先知道這些誤差發生的情況，也就是誤差的機率規律。

　　我們首先利用第一章 1.2.1 節「推論與樣本大小的關係」之問題來看。母體有 50 個球，其中白色比率佔 $\frac{3}{5}$，今隨機抽出 5 球為一樣本，欲據此推論白球所佔比率。設 $X$ 為每一樣本白球個數，則樣本比率 $\hat{p} = \frac{X}{5}$ 為一隨機變數，且將有 0, 0.2, 0.4, 0.6, 0.8, 1 等 6 種情況，每種情況之發生機率為

$$P(\hat{p} = 0) = \frac{\binom{20}{5}}{\binom{50}{5}} = 0.007317$$

$$P(\hat{p} = 0.2) = \frac{\binom{30}{1}\binom{20}{4}}{\binom{50}{5}} = 0.068601$$

$$P(\hat{p} = 0.4) = \frac{\binom{30}{2}\binom{20}{3}}{\binom{50}{5}} = 0.234051$$

$$P(\hat{p} = 0.6) = \frac{\binom{30}{3}\binom{20}{2}}{\binom{50}{5}} = 0.364080$$

$$P(\hat{p} = 0.8) = \frac{\binom{30}{4}\binom{20}{1}}{\binom{50}{5}} = 0.258689$$

$$P(\hat{p} = 1) = \frac{\binom{30}{5}}{\binom{50}{5}} = 0.067259$$

由上面的結果可以知道: 抽樣所產生的 $\hat{p}$ 與真正的 $p$ 值 0.6 之間的差距,有各種不同情況的發生機率, 可寫成如下的形式:

$$P(-0.2 \leq \hat{p} - 0.6 \leq 0.2) = .258689 + .36408 + .234051 = .85682$$
$$P(-0.4 \leq \hat{p} - 0.6 \leq 0.4) = .85682 + .068601 + .067259 = .99268$$
$$\cdots\cdots\cdots$$

當樣本數增加為 20 時, 為計算方便起見, 使用二項分配求近似值, 即 $n = 20$, $p = 0.6$, $x$ 為白球個數, 則

$$P(-0.1 \leq \hat{p} - 0.6 \leq 0.1) = P(10 \leq X \leq 14) = .124412 + .165882$$
$$+.179706 + .159738 + .117142$$
$$= .746880$$

$$P(-0.2 \leq \hat{p} - 0.6 \leq 0.2) = P(8 \leq X \leq 16) = .746880 + .034991$$
$$+.074647 + .070995 + .035497$$
$$= .963010$$

$$P(-0.3 \leq \hat{p} - 0.6 \leq 0.3) = P(6 \leq X \leq 18) = .963010 + .01235$$
$$+.003087 + .014563 + .004854$$
$$= .997864$$

一方面可印證第一章所談「當樣本數增加, 可使樣本所表現的特徵與母

體的特徵愈接近」；另一方面則說明樣本大小會影響 $\hat{p}$ 的機率變動情況。

除樣本大小對抽樣誤差有影響外，不同的抽樣方法也有關係，以 9.1

節所舉例子來說，現考慮每一樣本資料的平均數，即 $\overline{X} = \dfrac{1}{2}(X_1 + X_2)$，

分別按兩種方法表列各種情況如下：

⑴不投返抽樣

| 樣　本 | 機　率 | 平均數 |
|--------|--------|--------|
| (2,4) | 0.05 | 3 |
| (2,6) | 0.05 | 4 |
| (2,8) | 0.05 | 5 |
| (2,12) | 0.05 | 7 |
| (4,2) | 0.05 | 3 |
| (4,6) | 0.05 | 5 |
| (4,8) | 0.05 | 6 |
| (4,12) | 0.05 | 8 |
| (6,2) | 0.05 | 4 |
| (6,4) | 0.05 | 5 |
| (6,8) | 0.05 | 7 |
| (6,12) | 0.05 | 9 |
| (8,2) | 0.05 | 5 |
| (8,4) | 0.05 | 6 |
| (8,6) | 0.05 | 7 |
| (8,12) | 0.05 | 10 |
| (12,2) | 0.05 | 7 |
| (12,4) | 0.05 | 8 |
| (12,6) | 0.05 | 9 |
| (12,8) | 0.05 | 10 |

將各樣本平均數的變動整理成下表：

| $\overline{x}$ | 3 | 4 | 5 | 6 | 7 | 8 | 9 | 10 |
|------|-----|-----|-----|-----|-----|-----|-----|-----|
| $P(\overline{x})$ | 0.1 | 0.1 | 0.2 | 0.1 | 0.2 | 0.1 | 0.1 | 0.1 |

因 $\mu = (2+4+6+8+12)/5 = 6.4$，所以樣本平均數與 $\mu$ 之間的關係可表示成如下：

$$P(-1 \le \overline{X} - 6.4 \le 1) = 0.3$$

$$P(-2 \le \overline{X} - 6.4 \le 2) = 0.6$$

$$P(-3 \le \overline{X} - 6.4 \le 3) = 0.8$$

(2)重新投返抽樣，所得樣本為

| 樣　本 | 機　率 | 平均數 |
|:---:|:---:|:---:|
| (2,2) | 0.04 | 2 |
| (2,4) | 0.04 | 3 |
| (2,6) | 0.04 | 4 |
| (2,8) | 0.04 | 5 |
| (2,12) | 0.04 | 7 |
| (4,2) | 0.04 | 3 |
| (4,4) | 0.04 | 4 |
| (4,6) | 0.04 | 5 |
| (4,8) | 0.04 | 6 |
| (4,12) | 0.04 | 8 |
| (6,2) | 0.04 | 4 |
| (6,4) | 0.04 | 5 |
| (6,6) | 0.04 | 6 |
| (6,8) | 0.04 | 7 |
| (6,12) | 0.04 | 9 |
| (8,2) | 0.04 | 5 |
| (8,4) | 0.04 | 6 |
| (8,6) | 0.04 | 7 |
| (8,8) | 0.04 | 8 |
| (8,12) | 0.04 | 10 |
| (12,2) | 0.04 | 7 |
| (12,4) | 0.04 | 8 |
| (12,6) | 0.04 | 9 |
| (12,8) | 0.04 | 10 |
| (12,12) | 0.04 | 12 |

將各樣本平均數的變動整理成下表:

| $\overline{x}$ | 2 | 3 | 4 | 5 | 6 | 7 | 8 | 9 | 10 | 12 |
|---|---|---|---|---|---|---|---|---|---|---|
| $P(\overline{x})$ | .04 | .08 | .12 | .16 | .12 | .16 | .12 | .08 | .08 | .04 |

所以樣本平均數與 $\mu$ 之間的關係可表示成如下:

$$P(-1 \leq \overline{X} - 6.4 \leq 1) = 0.28$$

$$P(-2 \leq \overline{X} - 6.4 \leq 2) = 0.56$$

$$P(-3 \leq \overline{X} - 6.4 \leq 3) = 0.76$$

前面的例子是說明不同抽樣方式 (不同樣本大小、投返或不投返) 所產生的機率變動, 對每一樣本所描述的機率變動稱為樣本分配 (sample distribution) ; 依據每一樣本資料所計算之統計量 (如 $\overline{X}$、$\hat{p}$) 所描述的機率變動稱為統計量的抽樣分配 (sampling distribution), 如樣本平均數、樣本比率的抽樣分配。然而在統計應用上我們需要依據母體的機率模式, 按機率理論導出樣本分配及統計量的抽樣分配。下面我們先利用一個簡單的情況作說明:

一公司某天售出 2 批貨物, 均由同一大倉庫隨機抽選, 第 1 批售出 $m$ 件, 其中有 $x_1$ 件為不良品; 第 2 批售出 $n$ 件, 其中有 $x_2$ 件為不良品, 設當天所售貨物不良品數為 $X$, 則設 $X = X_1 + X_2$, 此時 $(X_1, X_2)$ 可視為由比率為 $p$ 的二項分配抽樣所產生的樣本, 因此

$$P(X_1 = x_1) = \binom{m}{x_1} p^{x_1} (1-p)^{m-x_1}$$

$$P(X_2 = x_2) = \binom{n}{x_2} p^{x_2} (1-p)^{n-x_2}$$

所以樣本分配即為 ( $X_1, X_2$ 彼此獨立)

$$P(x_1, x_2) = P(X_1 = x_1 \text{ 且 } X_2 = x_2)$$

$$= P(X_1 = x_1)P(X_2 = x_2)$$

$$= \binom{m}{x_1} p^{x_1} (1-p)^{m-x_1} \binom{n}{x_2} p^{x_2} (1-p)^{n-x_2}$$

$X$ 的抽樣分配為

$$P(x) = P(X = x_1 + x_2) = P(x_1 = 0 \text{ 且 } x_2 = x) + P(x_1 = 1 \text{ 且 }$$

$$x_2 = x - 1) + \cdots + P(x_1 = m \text{ 且 } x_2 = x - m)$$

$$= P(x_1 = 0)P(x_2 = x) + P(x_1 = 1)P(x_2 = x - 1) + \cdots$$

$$+ P(x_1 = m)P(x_2 = x - m)$$

$$= \sum_{x_1=0}^{m} P(X_1 = x_1)P(X_2 = x - x_1)$$

$$= \sum_{x_1=0}^{m} \binom{m}{x_1} p^{x_1} (1-p)^{m-x_1} \binom{n}{x-x_1} p^{x-x_1} (1-p)^{n-x+x_1}$$

$$= p^x (1-p)^{m+n-x} \sum_{x_1=0}^{m} \binom{m}{x_1} \binom{n}{x-x_1}$$

$$= \binom{m+n}{x} p^x (1-p)^{m+n-x}$$

仍然是母體比率為 $p$ 之二項分配。

# 9.3 母體為常態之抽樣分配

一組樣本資料 $X_1, X_2, X_3, \cdots, X_n$ 由同一常態母體 $N(\mu, \sigma^2)$ 獨立隨機抽樣產生，利用此組資料所計算的統計量，可依據機率理論導出其抽樣分配。例如將樣本資料全部連加，即 $\Sigma X_i$，按第七章公式 (7.23) 及 (7.30) 可知

$$E\left(\sum_{i=1}^{n} X_i\right) = n\mu$$

$$V\left(\sum_{i=1}^{n} X_i\right) = n\sigma^2$$

又根據第八章公式 (8.22) 常態分配的性質，可得

$$\sum_{i=1}^{n} X_i \sim N(n\mu, n\sigma^2) \tag{9.1}$$

這就是樣本總和之抽樣分配。

**例 9.1**

一電梯載重量限制為 600 公斤，假設人的體重形成 $N(54, 15^2)$ 之分配。今有 9 人進入電梯內，求可能超載之機率？

【解】

因　　$\sum_{i=1}^{9} X_i \sim N(9 \times 54, 9 \times 15^2)$

所以

$$超載機率 = P(\Sigma X > 600) = P\left(Z > \frac{600 - 486}{\sqrt{9 \times 15^2}}\right)$$

$$= P\left(Z > \frac{114}{45}\right) = P(Z > 2.53)$$

$$= 0.5 - P(0 < Z < 2.53)$$

$$= 0.5 - 0.494297$$

$$= 0.005703 \quad \blacksquare$$

設 $T = \Sigma X_i$，則樣本平均數 $\overline{X} = \dfrac{T}{n}$，依據第八章公式 (8.21)，可知

$$E(\overline{X}) = E\left(\frac{T}{n}\right) = \frac{E(T)}{n} = \mu$$

$$V(\overline{X})=V\left(\frac{T}{n}\right) = \frac{V(T)}{n^2} = \frac{n\sigma^2}{n^2} = \frac{\sigma^2}{n} \tag{9.2}$$

而且

$$\overline{X} \sim N\left(\mu, \frac{\sigma^2}{n}\right) \tag{9.3}$$

這就是樣本平均數的抽樣分配。

## 例 9.2

某次考試成績形成 $N(75, 15^2)$ 之分配，今任意抽選 4 人，試求

(1)每人均及格的機率

(2) 4 人平均成績超過 60 分之機率

【解】

(1)設 $X_i$ 代表第 $i$ 位之成績，則

$$P(X_i \geq 60)=P\left(Z \geq \frac{60-75}{15}\right) = P(Z \geq -1)$$

$$=0.5 + P(0 \leq Z \leq 1) = 0.5 + 0.341345$$

$$=0.841345$$

$$4 \text{ 人均及格之機率}=P(X_1 \geq 60 \text{ 且 } \cdots \text{ 且 } X_4 \geq 60)$$

$$=P(X_1 \geq 60) \cdots P(X_4 \geq 60)$$

$$=0.841345^4$$

$$\sim 0.5$$

$$(2)\overline{X} \sim N\left(75, \frac{15^2}{4}\right)$$

$$P(\overline{X} \geq 60)=P\left(Z \geq \frac{60-75}{15/2}\right) = P(Z \geq -2)$$

$$=0.5 + P(0 \leq Z \leq 2)$$

$$=0.9772 \quad \blacksquare$$

# 9.4　中央極限定理

　　假若母體不是常態分配，則統計量的抽樣分配不易求出，然而只要樣本數夠大，它的抽樣分配將近似於常態分配，這就是在機率理論中有名的定理——中央極限定理。我們以電腦模擬方式，由不是常態分配之母體，按不同樣本大小抽樣，計算每一樣本之平均數，在重複 5000 次後，觀察其次數直方圖。

1.**母體為均等分配（對稱型）**

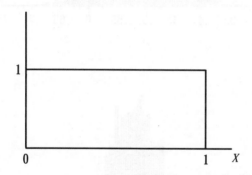

(1) $n = 2$

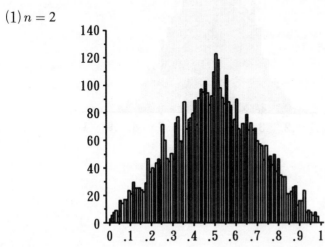

(2) $n = 5$

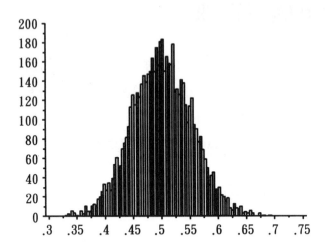

(3) $n = 30$

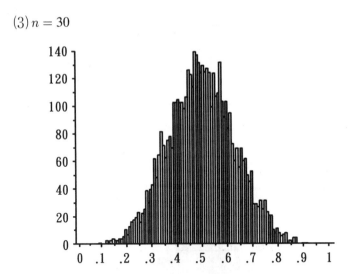

## 2.母體為右偏分配

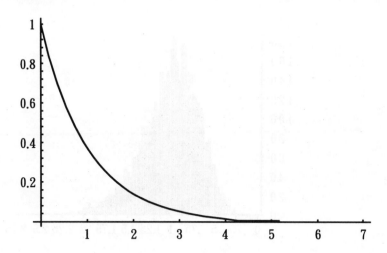

(1) $n = 5$

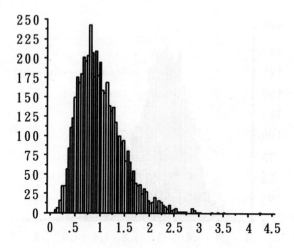

(2) $n = 10$

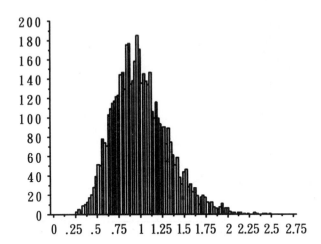

(3) $n = 30$

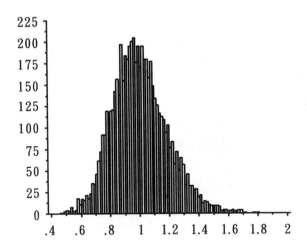

(4) $n = 50$

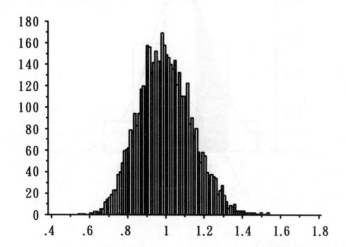

所以由非常態母體所抽樣產生的樣本平均數，只要母體的 $\mu$ 及 $\sigma^2$ 存在，則當 $n \longrightarrow \infty$ 時，

$$\frac{\overline{X} - \mu}{\sigma/\sqrt{n}}$$ 之抽樣分配將趨近於 $N(0,1)$

最常應用的情況是二項分配，利用數學極限理論，可證明出

$$\lim_{\substack{n \to \infty \\ np \to \eta \\ np(1-p) \to \sigma^2}} \binom{n}{x} p^x (1-p)^{n-x} \longrightarrow \frac{1}{\sqrt{2\pi}\sigma} e^{-\frac{(x-\mu)^2}{2\sigma^2}}$$

我們選用較小的 $n$ 值，比較以常態分配近似求算二項分配之機率值。然而由於 $n$ 值較小，須先作連續性修正，理由如下：

二項分配屬於離散隨機變數之分配，今改以連續機率分配使用面積計算機率，則將原變數 $\pm 0.5$ 為界限，每一隨機變數之機率則以此直方形表示，例如 $x = 1$，則改為 0.5 至 1.5，其機率值與原來相等。由下圖可發現，此直方形面積與常態分配由 0.5 至 1.5 之機率相差不遠。

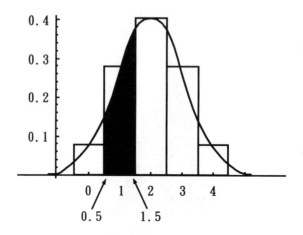

### 例 9.3

設 $n = 16$，$p = 0.5$ 之二項分配，以常態分配求 $P(X = 7)$ 的近似值，並與真正值作比較。

【解】

$np = 16 \times 0.5 = 8$，$np(1-p) = 8 \times 0.5 = 4$，則

$$P(X = 7) \approx P(6.5 \leq X \leq 7.5) = P\left(\frac{6.5-8}{2} \leq Z \leq \frac{7.5-8}{2}\right)$$

$$= P(-0.75 \leq Z \leq -0.25) = P(0 \leq Z \leq 0.75) - P(0 \leq Z \leq 0.25)$$

$$= 0.273373 - 0.098706$$

$$= 0.174667$$

根據二項分配機率表可得 0.174561，相差僅 0.000106。　■

　　依據中央極限定理我們可以應用於樣本比率的抽樣分配，因二項分配之隨機變數 $X$ 除以 $n$ 後，即為樣本比率，所以 $\hat{p}$ 本質上亦屬於一種二項分配，而

$$E(\hat{p}) = E\left(\frac{X}{n}\right) = \frac{E(X)}{n} = \frac{np}{n} = p$$

$$V(\hat{p}) = V\left(\frac{X}{n}\right) = \frac{V(X)}{n^2} = \frac{np(1-p)}{n^2} = \frac{p(1-p)}{n}$$

所以

$$\frac{\hat{p} - p}{\sqrt{\dfrac{p(1-p)}{n}}}$$ 之抽樣分配將趨近於 $N(0,1)$

### 例 9.4

某百貨公司調查他們的顧客有 60% 為女性。今有 400 名進入該公司, 則女性比率將超過 65% 的機率為多少?

【解】

$$E(\hat{p}) = 0.6, \quad V(\hat{p}) = \frac{0.6 \times 0.4}{400} = 0.0006$$

$$P(\hat{p} > 0.65) = P\left(Z > \frac{0.65 - 0.6}{\sqrt{0.0006}}\right)$$

$$= P(Z > 2.04)$$

$$= 0.5 - 0.479325$$

$$= 0.020675$$

附註: 嚴格說來 $\hat{p}$ 也是一不連續的變數, 理論上須要作連續性修正, 即對每一個 $\hat{p} \pm \dfrac{1}{2n}$, 然而在 $n$ 足夠大的情況下可忽略。 ■

## 9.5* 其他抽樣分配

9.1 節討論過, 不同的抽樣方法會影響其統計量的抽樣分配, 自然不

同的統計量，其統計量的抽樣分配當然也各異其趣，往後各章節中，將適時依需要介紹相關的抽樣分配。基本而言，抽樣分配係根據機率理論導出，因此有許多場合需要使用各種較高深的數學技巧，此處儘量運用機率分配之性質來說明抽樣分配，以避開艱澀的數學證明。例如下面的例題：

### 例 9.5

甲乙兩校某次考試成績分別形成為 $N(78, 12^2)$，$N(74, 8^2)$ 之常態分配。今分別由兩校個別抽出 16 名學生，計算其平均數，試求甲校平均分數將大於乙校平均分數之機率。

【解】

設 $\overline{X}_1$ 表示甲校所抽樣本之平均數，$\overline{X}_2$ 則為乙校所抽樣本之平均數，今欲求 $\overline{X}_1 > \overline{X}_2$ 之機率，也就是求 $\overline{X}_1 - \overline{X}_2 > 0$ 之機率，須先知道 $\overline{X}_1 - \overline{X}_2$ 的機率分配，也就是它的抽樣分配。由於 2 個平均數都是常態分配，依據常態分配的性質第八章公式 (8.22) 可知

$$\overline{X}_1 \sim N\left(\mu_1, \frac{\sigma_1^2}{n_1}\right) = N\left(78, \frac{12^2}{16}\right)$$

$$\overline{X}_2 \sim N\left(\mu_2, \frac{\sigma_2^2}{n_2}\right) = N\left(74, \frac{8^2}{16}\right)$$

$$\overline{X}_1 - \overline{X}_2 \sim N\left(\mu_1 - \mu_2, \frac{\sigma_1^2}{n_1} + \frac{\sigma_2^2}{n_2}\right) = N\left(4, \frac{208}{16}\right)$$

因此

$$P(\overline{X}_1 - \overline{X}_2 > 0) = P\left(Z > \frac{0 - 4}{\sqrt{13}}\right) = P(Z > -1.11)$$

$$= 0.5 + P(0 < Z < 1.11)$$

$$= 0.5 + 0.366500 = 0.866500 \quad \blacksquare$$

　　依上題相同情況，使用中央極限定理，可應用在兩個母體比率之間差數的問題。例如：市政府隨機由南、北兩區分別抽出 $n_1$ 及 $n_2$ 居民，調查他們贊成某項市政措施的情況，結果分別有 $X_1$ 及 $X_2$ 贊成。假設南北兩區居民贊成之比率分別為 $p_1$、$p_2$，則在 $n_1$ 及 $n_2$ 均很大時，$\hat{p}_1 = \dfrac{X_1}{n_1}$ 的抽樣分配近似於 $N\left(p_1, \dfrac{p_1(1-p_1)}{n_1}\right)$，而 $\hat{p}_2 = \dfrac{X_2}{n_2}$ 的抽樣分配近似於 $N\left(p_2, \dfrac{p_2(1-p_2)}{n_2}\right)$，因此 $\hat{p}_1 - \hat{p}_2$ 的抽樣分配近似於 $N\left(p_1 - p_2, \dfrac{p_1(1-p_1)}{n_1} + \dfrac{p_2(1-p_2)}{n_2}\right)$，也就是

$$\frac{\hat{p}_1 - \hat{p}_2 - (p_1 - p_2)}{\sqrt{\dfrac{p_1(1-p_1)}{n_1} + \dfrac{p_2(1-p_2)}{n_2}}} \sim N(0,1)$$

## 重要名詞

| | |
|---|---|
| 簡單隨機抽樣 | 隨機樣本 |
| 樣本分配 | 抽樣分配 |
| 樣本總和抽樣分配 | 樣本平均數抽樣分配 |
| 中央極限定理 | 連續性修正 |
| 樣本比率抽樣分配 | 兩樣本平均數差之抽樣分配 |
| 兩樣本比率差之抽樣分配 | |

## 習　題

9.1　假設一母體分配如下：

$$f(x) = \frac{1+x}{6}, \; x = 0, 1, 2$$

隨機獨立抽出 2 個資料為樣本，試求 $\overline{X}$ 的抽樣分配。

9.2　一有限母體為 {2, 2, 3, 3, 6} 所組成，今分別使用投返與不投返兩種抽樣方法，隨機抽出 2 個資料為樣本，試求 $\overline{X}$ 的抽樣分配。

9.3　一有限母體為 {2, 6, 10, 12, 16} 所組成，今分別使用投返與不投返兩種抽樣方法，隨機抽出 2 個資料為樣本，試求 $R$ 及 $S^2$ 的抽樣分配。

9.4*　一病患每隔 1 小時測量體溫 1 次，並將上升或下降結果記錄如下：

上升　上升　下降　下降　上升　上升　下降

相同的變化為一組，稱為連串 (run)，因此上面的結果有 4 個連串（即 <u>上升上升</u>　<u>下降下降</u>　<u>上升上升</u>　<u>下降</u>）。今有 4 個上升，3 個下降作任意排列（共有 $\frac{7!}{4!3!} = 35$ 種排法，每一排列機會均等）。試求連串數的抽樣分配。

9.5*　甲、乙兩母體分別抽出 $X_1, X_2, X_3$ 及 $Y_1, Y_2, Y_3, Y_4$ 2 組資料，現將 2 組資料按大小混合排序，並以小至大給與等級（假定無相同數量），結果如下：

$$Y_{(1)} < X_{(1)} < X_{(2)} < Y_{(2)} < X_{(3)} < Y_{(3)} < Y_{(4)}$$

屬於甲母體所抽出樣本之等級總和即為

$$T = r_{(1)} + r_{(2)} + r_{(3)} = 2 + 3 + 5 = 10$$

現考慮 3 個 $X$ 資料與 4 個 $Y$ 資料作任意排列（共有 $\dfrac{7!}{4!3!} = 35$ 種排法，每一排列機會均等），此時屬於甲母體所抽出樣本之等級總和 $(T)$ 成為隨機變數，試求其抽樣分配。

9.6　製造魚罐頭的食品公司宣稱他們的產品按標示平均每罐淨重 300 公克而生產，且標準差為 10 公克，並形成常態分配。

(a)今隨機抽出 1 罐檢查其重量，試求少於 293 公克的機率為多少？

(b)任選 10 罐來檢查，試求其平均重量少於 293 公克的機率為多少？

(c)如果你買了 1 罐，結果其重量是 293 公克，你會認為製造公司的宣稱是錯的嗎？說明理由。

(d)如果你買了 10 罐，結果其平均重量是 293 公克，你會認為製造公司的宣稱是錯的嗎？說明理由。

9.7　假若喜歡 A 牌的消費者佔 25%。今隨機抽選 100 名消費者進行調查，結果喜歡 A 牌消費者的比率低於 15% 的機率為多少？

# 第十章　統計推論──估計

　　前面兩章有關母體機率模式及統計量的抽樣分配是介紹在已知機率分配與母數的情況下，求算隨機變數或某一統計量在某一範圍出現的機率。當我們想依據所獲得的樣本資料對母體特徵作推論時，可以說是一種前述機率問題的反向操作。也就是在已知實際觀察資料和某種程度的對推論正確或錯誤可能性（由第一章 1.2.1 節及第九章 9.2 節可知抽樣誤差存在的情況）的要求下，去反映母體特徵的推論狀態。一般來說，按需要推論的狀態分成兩種: 估計（推論出母數之值或可能存在之範圍）與檢定（對母數之假設作判斷）。如第二章實例 2.12 蓋洛普民意調查所作美國總統大選候選人得票率的抽樣調查，就是一種估計；實例 2.17 超音波照射是否使胎兒出生體重偏低的觀察研究，就是一種檢定。本章先討論估計的方法，下一章再介紹檢定方法。

# 10.1　點估計的方法

　　估計的第一步是利用樣本資料所含有的信息，對母體特徵作了解，選擇適當的一個統計量，對未知的母數作估計，這種估計方法稱為點估計 (point estimate)。點估計的方法有很多種，但大多數需要借助數學技巧產生，此處僅介紹幾種較易理解的方法。

## 10.1.1　動差法

最古老與最直覺的估計方法是動差法 (moment methods)，即依對母體特徵值的衡量方法，同樣的使用在樣本資料上，也就是

設 $\mu_r = \dfrac{\Sigma X^r}{N}$，對 $\mu_r$ 的點估計即為

$$\hat{\mu}_r = \frac{\Sigma X^r}{n} \tag{10.1}$$

（此處 $N$ 代表母體資料個數，$n$ 代表樣本資料個數）。

例如：我們可使用樣本平均數對 $\mu$ 作點估計，即

$$\hat{\mu} = \overline{X} = \frac{\Sigma X}{n} \tag{10.2}$$

使用樣本變異數對 $\sigma^2$ 作點估計，即

$$\hat{\sigma}^2 = S'^2 = \frac{\Sigma(X - \overline{X})^2}{n} = \frac{\Sigma X^2}{n} - \overline{X}^2 \tag{10.3}$$

---

### 例 10.1

已知 $x_1, x_2, \cdots, x_k$ 為由二項分配 $P(x) = \dbinom{n}{x} p^x (1-p)^{n-x}$ 所抽出之樣本資料，$n$、$p$ 均未知，試以動差法求兩者的點估計。

【解】

由二項分配之 $E(X) = np$，$V(X) = np(1-p)$，所以 $\overline{X} = \hat{n}\hat{p}$，$S'^2 = \hat{n}\hat{p}(1-\hat{p})$，解此聯立方程式可得

$$\hat{n} = \frac{\overline{X}^2}{\overline{X} - S'^2}$$

$$\hat{p} = \frac{\overline{X}}{\hat{n}} \tag{10.4}$$

依第八章 8.3 節電腦模擬 1 萬個 $n = 8$, $p = 0.3$ 二項分配之隨機變數（將此資料看成樣本），可對 $n$、$p$ 作估計為

$$\overline{X} = 2.4063, \ S'^2 = 1.7064$$

$$\hat{n} = \frac{2.4063^2}{2.4063 - 1.7064} = 8.27 \approx 8$$

$$\hat{p} = \frac{2.4063}{8.27} = 0.29 \approx 0.3$$

若使用第四章習題 4.4 資料作應用（第八章 8.3 節曾應用過，但當時假設 $n$ 為已知），按原始資料可算出

$$\overline{X} = 2.547, \ S'^2 = 4.9053$$

$$\hat{n} = \frac{2.547^2}{2.547 - 4.9053} < 0$$

此時估計雖然失敗，但卻可說明樣本資料變異太大，或者說原始資料不屬於二項分配機率模式。 ∎

　　由上面例子可看出動差法所產生的結果，並不能保證它一定在合理的範圍內，但可以給我們一個初步的結果，仍然可對母數有所了解。

### 例 10.2

按第二章 2.3 節例 2.19 資料，假設民眾報名的編號為隨機，且彼此獨立，且與成績好壞無關。因此可設 $X =$ 參加越野賽跑之號碼，並服從下面離散均等分配之機率模式

$$P(x) = \frac{1}{N} \qquad x = 1, 2, 3, \cdots, N$$

由於母體平均數為 $(N+1)/2$, 以樣本平均數作估計

$$\overline{X} = \frac{45 + 165 + 473 + 256 + 104}{5} = \frac{1043}{5} = 208.6 = \frac{\hat{N} + 1}{2}$$

$$\hat{N} = 2\overline{X} - 1 = 2 \times 208.6 - 1 = 416.2 \cong 416$$

因此可估計參加越野賽跑人數為 416 人。然而可發現這個估計結果並不理想，因為樣本資料中就有一數量 473 已超過它。　■

## 10.1.2* 最大概似法

最常用，也可以說在統計理論中最重要的方法是最大概似法 (maximum likelihood methods)。本法需要使用微積分的技巧，求解有關極大值的問題，此處僅利用簡單的代數處理，說明此法的精神。最大概似法的基本精神是就所獲得的樣本資料，如何選擇對此樣本的處理方式，以使與所感興趣的母數最相像。至於如何判斷與母數最相像，我們可以用下面 3 個例子作說明。

**例 10.3**

（續例 10.2）在所獲得的樣本資料中與母體極大值 ($N$) 最相像的必然是樣本極大值 $X_{(n)}$，也就是

$$\hat{N} = X_{(n)} = 473$$

然而由於 $X_{(n)} \leq N$，因此 473 的結果可能會偏低。　■

**例 10.4**

隨機抽訪 20 位家庭主婦是否看過電視節目某項廣告的播出，結果有 12 位表示曾經看過。假設母體比率為 $p$（曾看過電視廣告的比率），在抽訪 20 人的情況（假設彼此獨立）下，$X$ 為曾經看過的人數，則其機率分配為

$$P(x) = \binom{20}{x} p^x (1-p)^{n-x}, \ x = 0, 1, 2, \cdots, 20$$

的二項分配。

依實際觀察的資料， 20 人中可能有的 $x$ 值為 $0, 1, 2, \cdots, 20$， 因此樣本比率 $\hat{p}$ 可能為 $0, \ 0.05, \ 0.1, \ 0.15, \ 0.2, \cdots, 0.95, \ 1$ 等 21 種情況。在此21種情況中，何者發生 $x = 12$ 的機率最大（因它實際已經發生），將 $p$ 視為未知數， $n = 20, \ x = 12$， 即

$$h(p) = \binom{20}{12} p^{12} (1-p)^8$$

將各種可能的 $p$ 值代入，列表於下:

| $p$ | $h(p)$ |
|------|--------|
| 0 | 0 |
| 0.05 | 0.0000 |
| 0.1 | 0.0000 |
| 0.15 | 0.0000 |
| 0.2 | 0.0001 |
| 0.25 | 0.0008 |
| 0.3 | 0.0039 |
| 0.35 | 0.0136 |
| 0.4 | 0.0355 |
| 0.45 | 0.0727 |
| 0.5 | 0.1201 |
| 0.55 | 0.1623 |
| 0.6 | 0.1797 |
| 0.65 | 0.1614 |
| 0.7 | 0.1144 |
| 0.75 | 0.0609 |
| 0.8 | 0.0222 |
| 0.85 | 0.0046 |
| 0.9 | 0.0004 |
| 0.95 | 0.0000 |
| 1 | 0 |

可看出當 $p = 0.6$ 時，$h(0.6) = 0.1797$ 為最大（事實上可利用微積分證明，對所有的 0 至 1 之間的 $p$ 值，在 $p = 0.6$ 時，$h(0.6)$ 為最大），也就是說，在樣本結果可能有的 21 種情況中，選擇使實際的樣本資料發生機率最大的 $p$ 值，為與母體比率最相像。

將此結果推廣至一般情況，即變成一數學求極大值的問題，

$$h(p) = \binom{n}{x} p^x (1-p)^{n-x}$$

可得在 $p = \dfrac{x}{n}$ 時，$h(p)$ 為最大，也就是對母體比率 $p$ 的點估計為

$$\hat{p} = \frac{x}{n} \tag{10.5}$$

∎

對於連續隨機變數的母體資料，我們可以利用它的機率分配作為選擇與母數最相像的依據。雖然連續機率函數並不是機率，但由第三章母體直方圖可知機率模式與次數分配的關係，機率分配 $f(x)$ 愈大的地方，就表示資料愈多的地方。因此在已知一組樣本資料發生的情況下，使 $f(x)$ 最大的某一母數的估計，就是與該母數最相像。以母體為 $N(\mu, 1)$ 的常態分配為例，當一組資料 $x_1, x_2, \cdots, x_n$ 已知，則即

$$L(x_1, x_2, \cdots, x_n; \mu) = P(X_1 = x_1) P(X_2 = x_2) \cdots P(X_n = x_n)$$

$$= f(x_1) f(x_2) \cdots f(x_n)$$

$$= \prod_{i=1}^{n} \frac{1}{\sqrt{2\pi}} e^{-\frac{(x_i - \mu)^2}{2}}$$

（此處 $L(x_1, x_2, \cdots, x_n; \mu)$ 稱為概似函數 (likelihood function)，$\prod$ 為連乘符號）

由於　$\displaystyle\prod_{i=1}^{n} \frac{1}{\sqrt{2\pi}} e^{-\frac{(x_i - \mu)^2}{2}} = \left(\frac{1}{\sqrt{2\pi}}\right)^n e^{-\frac{\Sigma(x_i - \mu)^2}{2}}$

$$= \left(\frac{1}{\sqrt{2\pi}}\right)^n e^{-\frac{\Sigma(x_i - \overline{X})^2 + n(\overline{X} - \mu)^2}{2}}$$

所以當 $\mu$ 等於 $\overline{X}$ 時，$L(x_1, x_2, \cdots, x_n; \mu)$ 為最大，因此 $\mu$ 的點估計為

$$\hat{\mu} = \overline{X} \tag{10.6}$$

## 10.1.3　最小平方法

第六章 6.1 節所介紹的最小平方法也是一個點估計的方法。假設母體模式為 $X = \mu + \varepsilon$，其中 $\varepsilon$ 服從某一機率分配，因此一組樣本資料即為

$$X_i = \mu + \varepsilon_i, \; i = 1, 2, \cdots, n \tag{10.7}$$

以最小平方法求 $\mu$ 的點估計，即是要求 $\Sigma(X_i - \mu)^2$ 為最小，也就是說，依現有的資料，如何將誤差項 $\varepsilon_i$ 的平方和控制為最低。

由於

$$\Sigma(x_i - \mu)^2 = \Sigma(x_i - \overline{X})^2 + n(\overline{X} - \mu)^2 \tag{10.8}$$

因此當 $\mu$ 等於 $\overline{X}$ 時，$\Sigma(X_i - \mu)^2$ 為最小，所以 $\mu$ 的點估計為

$$\hat{\mu} = \overline{X}$$

（與前述最大概似法在母體假設為常態情況下的結果相同）。

## 10.1.4*　其他的估計方法

從不同的角度與方法可以產生對同一母數的估計有不同的形式，下面幾節將陸續介紹有關點估計的評價標準。經由對點估計方法的評價後，再作適當的調整，亦可產生新的估計方法。此處另舉若干情況，說明統計方法在考慮點估計時的科學理念，有些是由另外的觀點作估計；有些須配合實驗的安排或特殊的設計而產生新的估計方法，此處並非對所有

的點估計方法作檢視，主要目的在強調統計的思維方式，而非作全盤的
陳述。

## 個案一　間隙估計(gap estimate)

前述對參加越野賽跑人數的估計，所舉方法都存有缺點。我們重新
按順序統計量來考慮，如下圖：

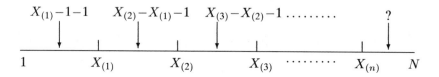

對 $N$ 的估計我們使用 $x_{(n)}$ 加上由 $x_{(n)}$ 至 $N$ 之間估計的人數 +1，而
由 $x_{(n)}$ 至 $N$ 之間的人數則由左邊 $n$ 個段落平均人數來估計，即

$$\frac{X_{(1)}-1-1+X_{(2)}-X_{(1)}-1+X_{(3)}-X_{(2)}-1+\cdots+X_{(n)}-X_{(n-1)}-1}{n}$$

$$=\frac{X_{(n)}-1-n}{n}$$

因此

$$\hat{N} = X_{(n)} + \frac{X_{(n)} - 1 - n}{n} + 1 = \frac{n+1}{n}X_{(n)} - \frac{1}{n} \tag{10.9}$$

依前述例子估計參加人數為 $\hat{N} = \dfrac{5+1}{5}473 - \dfrac{1}{5} \approx 567$ 人。

## 個案二　簡易實驗設計下的估計方法

第一章 1.2.3 節模式 (1.2) 中，設

$X = $ 實際測量結果　　　$\mu = $ 真實結果　　　$b = $ 測量工具的偏誤

$\varepsilon = $ 誤差且為 $N(0, \sigma^2)$ 之常態分配，則

$$X_k = \mu_k + b + \varepsilon_k, \quad k = 1, 2, \cdots, n \tag{10.10}$$

（$X_k$ 代表使用某一測量工具對第 $k$ 個物品所作的測量結果）

此一模式無法分別估計每一個 $\mu_k$ 及 $b$ 與 $\sigma^2$，若我們僅對此工具的穩定性（精確程度）感興趣，即 $\sigma^2$，或比較兩種工具偏誤的大小。則可經由簡單的實驗設計而產生其估計結果。選擇兩套同一目的的測量工具或方法，對相同物品作測量，兩者僅偏誤有所不同，其他假設均一致，即

$$X_{ik} = \mu_k + b_i + \varepsilon_{ik}, \quad i = 1,2 \quad k = 1,2,\cdots,n \qquad (10.11)$$

對每一項物品的測量結果計算其差數，如此可依此差數對 $\sigma^2$ 作估計，即由於

$$d_k = X_{1k} - X_{2k} = \mu_k + b_1 + \varepsilon_{1k} - (\mu_k + b_2 + \varepsilon_{2k})$$

$$= (b_1 - b_2) + (\varepsilon_1 - \varepsilon_2)$$

在實驗 $n$ 次情況下，取其平均則為

$$\bar{d} = (b_1 - b_2) + (\bar{\varepsilon}_1 - \bar{\varepsilon}_2)$$

$$\bar{\varepsilon}_i = \frac{\Sigma \varepsilon_{ik}}{n}, \quad i = 1,2$$

$\bar{\varepsilon}_i$ 為機率誤差項，可忽略不計，因此利用 $\bar{d}$ 作兩種工具偏誤大小 $b_1 - b_2$ 的點估計。又因 $b_1 - b_2$ 為常數，所以在 $\varepsilon_{ik}$ 彼此獨立情況下

$$V(d) = V(\varepsilon_1 - \varepsilon_2) = 2\sigma^2$$

因此可使用動差法求出 $\sigma^2$ 的點估計，即

$$\hat{\sigma}^2 = \frac{\sum\limits_{k=1}^{n} (d_k - \bar{d})^2}{2n} \qquad (10.12)$$

### 個案三　敏感性問題的調查

在作面對面調查訪問時，若對被訪問者詢問較敏感的問題時，往往因被訪問者有所顧慮而得不到答案或得到錯誤的結果。例如：訪問市民是否支持某項市政措施？因面對面詢問使被調查者不好意思回答不支持，

因而所得到的支持比率偏高（雖然以不記名問卷調查可避免此種偏差，但面對面調查較可獲得深入的答案或意見，因而有其必要性）。

我們可以設計一個隨機方式，使被訪問者有一定的比率 $\pi(\neq 0.5)$ 選出下面 $A$、$B$ 兩題中之 $A$ 題（如用抽籤或擲骰子等等）：

$A$ 題：是否支持某項市政措施？

$B$ 題：是否不支持某項市政措施？

假設全市支持該項市政的比率為 $p$，則訪問 $n$ 個人中，期望得到「是」的答案之人數為

$$\pi np + (1 - \pi)n(1 - p)$$

今以實際樣本結果回答「是」的人數為 $X$，對 $p$ 作估計（相當於動差法），即

$$\pi n\hat{p} + (1 - \pi)n(1 - \hat{p}) = X$$

$$\hat{p} = \frac{X - n(1 - \pi)}{2n\pi - n} = \frac{\dfrac{X}{n} - (1 - \pi)}{2\pi - 1} \tag{10.13}$$

## 個案四　重複捕取技術 (capture-recapture techniques)

1982 年 M. C. Conner 研究在北佛羅里達州浣熊的個數，以魚頭為餌，誘捕 48 隻為樣本（捕獲），並注射微量放射性同位素後放回。然後在研究地區密集收尋浣熊的糞便樣本數（再捕獲），並以特殊儀器測量有記號（含有放射性物質）的糞便樣本數。如此每週進行 1 次，共作 5 次，結果資料如下：

| 週　次 | 有記號個數 $n$ | 再捕獲糞便數 $k$ | 有記號糞便數 $m$ |
|:---:|:---:|:---:|:---:|
| 1 | 48 | 71 | 31 |
| 2 | 48 | 22 | 11 |
| 3 | 48 | 74 | 35 |
| 4 | 48 | 28 | 9 |
| 5 | 48 | 35 | 19 |

假設母體浣熊個數為 $N$，則母體具有記號的比率為 $\dfrac{n}{N} = \dfrac{48}{N}$，今以

樣本比率 $\dfrac{m}{k}$ 為母體比率之點估計，因此 $N$ 的點估計為

$$\frac{n}{\hat{N}} = \frac{m}{k}$$

$$\hat{N} = \frac{nk}{m} = \frac{48k}{m}$$

按此公式 5 次樣本資料的估計結果，分別為

| 109.9 | 96.0 | 101.5 | 149.3 | 88.4 |

雖然此種方法須要假設某些條件成立方可實施（主要是誤差估計），但基本精神是對一未知總個數之母體，如何經由特殊設計產生對它的推論，通常可應用於動物族群數量估計，如鰈、水鳥、鱒魚等，以及某朝代古錢幣數量、某城市無家可歸之人數等等。

# 10.2　點估計的評價方法

對眾多點估計方法所產生的結果，我們可以從不同的標準或要求來評價，但首先要區分所評價的對象，即估計式 (estimator) 與估計值 (estimate)：

估計式──是一個隨機變數，被用來估計未知母數的統計量，代表一種計算公式、一種估計方法。

估計值──將實際觀察到的樣本資料應用於估計式中，所產生的一個用來估計未知母數之數值。

估計值只是某一次抽樣所估計的結果，我們自然不能以一次成敗來論斷它的好壞，除非是經過長時間重複多次使用，然而很少有這樣的實際經驗可作判斷，一般是透過電腦模擬來處理。但是在理論上我們卻可經由對估計值的方法──估計式，作全盤的考慮，也就是它的抽樣分配，

觀察這些統計量（估計式）無數次使用後的表現，再來論斷估計式的好
壞。評價的方法我們考慮下列各種估計情況：中心圈代表母數，小黑點
代表估計式所產生的各種估計值。

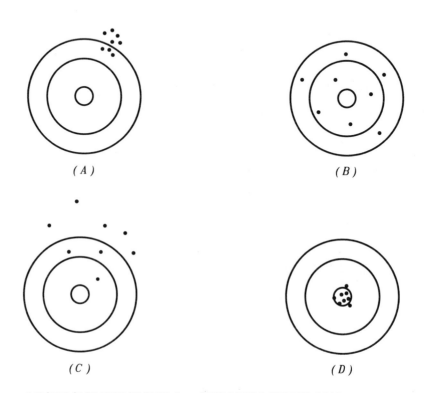

(A)表示各個估計值很集中，但與目標有明顯的偏差。

(B)大都圍繞在目標圈周圍，但各個結果分布很分散。

(C)每次結果不但遠離目標而且很分散。

(D)估計較準確而且每次結果均很集中。

## 10.2.1 不偏性

設 $\theta$ 為一母數，$\hat{\theta}$ 為其估計式，要判斷它是否是 $\theta$ 的優良估計式，可
以由表達 $\theta$ 之特性的抽樣分配來觀察，如果 $\hat{\theta}$ 的分配集中於 $\theta$ 的位置，則

我們有較大的機會得到與 $\theta$ 相接近的估計值。滿足這種性質的估計式，我們稱為不偏估計式(unbiased estimator)，即

$$E(\hat{\theta}) = \theta \tag{10.14}$$

如圖 10.1 所示。

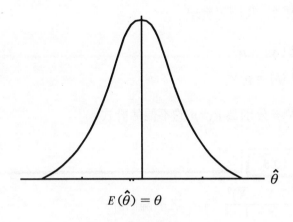

$$E(\hat{\theta}) = \theta$$

**圖 10.1　不偏的估計式**

圖 10.1 之 $\hat{\theta}$ 為 $\theta$ 之不偏估計式，也就是說 $\hat{\theta}$ 的分配中心在 $\theta$ 的地方，有較多的 $\hat{\theta}$ 值將在所欲估計之母數 $\theta$ 附近。

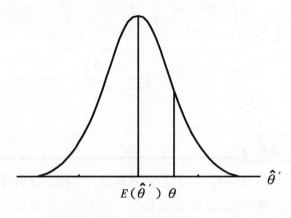

$$E(\hat{\theta}')\ \theta$$

**圖 10.2　有偏的估計式**

由圖 10.2 可看出 $\hat{\theta}'$ 所集中的位置 $E(\hat{\theta}')$，偏離了我們所欲估計的母數 $\theta$，自然所產生與 $\theta$ 相接近的估計值就較少。對於這種估計式我們稱為有偏誤的估計式，其偏誤可衡量為

$$\text{bias}(\hat{\theta}') = |E(\hat{\theta}') - \theta| \qquad (10.15)$$

依此衡量標準，我們可發現

$$E(\overline{X}) = \mu$$
$$E(\hat{p}) = p$$

也就是說 $\overline{X}, \hat{p}$ 分別為 $\mu$、$p$ 的不偏估計式。

### 例 10.5

證明 $S^2 = \dfrac{\Sigma(X - \overline{X})^2}{n - 1}$ 為 $\sigma^2$ 之不偏估計式。

【解】

因 $\Sigma(X - \overline{X})^2 = \Sigma X^2 - n\overline{X}$，而且

$$\sigma^2 = E(X^2) - \mu^2, V(\overline{X}) = E(\overline{X}^2) - \mu^2 = \frac{\sigma^2}{n}, \text{ 所以}$$

$$E(S^2) = E\left(\frac{\Sigma X^2 - n\overline{X}^2}{n-1}\right) = \frac{E(\Sigma X^2 - n\overline{X}^2)}{n-1} = \frac{\Sigma E(X^2) - nE(\overline{X}^2)}{n-1}$$

$$= \frac{n(\sigma^2 + \mu^2) - n\left(\dfrac{\sigma^2}{n} + \mu^2\right)}{n-1} = \frac{n\sigma^2 - \sigma^2}{n-1} = \sigma^2 \qquad \blacksquare$$

### 例 10.6

一位農夫有塊正方形田地，自行測量其邊長 2 次，分別得到 $X_1$, $X_2$ 的結果。假設真正邊長為 $\mu$，且 $E(X_i) = \mu$, $V(X_i) = \sigma^2$, $i = 1, 2$。現欲估計田

地面積，即 $\mu^2$。試比較下列兩種估計方法之偏誤情況：

(1)$\hat{\theta}_1 = \dfrac{X_1^2 + X_2^2}{2}$

(2)$\hat{\theta}_2 = \left(\dfrac{X_1 + X_2}{2}\right)^2 = \overline{X}^2$

## 【解】

依據上一題所根據的關係式，可證明如下：

$$E(\hat{\theta}_1)=E\left(\frac{X_1^2 + X_2^2}{2}\right) = E(X^2) = \mu^2 + \sigma^2$$

$$E(\hat{\theta}_2)=E(\overline{X}^2) = \mu^2 + \frac{\sigma^2}{2}$$

因此 $\text{bias}(\hat{\theta}_1) = \sigma^2 > \text{bias}(\hat{\theta}_2) = \dfrac{\sigma^2}{2}$，所以 $\hat{\theta}_2$ 較 $\hat{\theta}_1$ 為佳。　■

　　前面所舉的例子，僅需根據隨機變數期望值與變異數的性質產生對估計式不偏性的判斷。然而大多數的估計式都需要經由它的抽樣分配，方可得到結果，例如雖然已經知道 $E(S^2) = \sigma^2$，但是 $E(S)$ 就不容易求得，不但要知道母體的機率分配，而且還需要使用較高深的數理方法。此處我們仍然藉用電腦模擬的方式，來理解某些估計方法的不偏性。例 10.3 提到，以 $X_{(n)}$ 對最大值作估計結果會偏低，同樣情形以樣本全距 $(R = X_{(n)} - X_{(1)})$ 對母體全距作估計時也將產生偏低的結果。現在利用電腦模擬由 0 至 1 的均等分配，隨機抽出 15 個資料為一樣本，並求出其樣本全距，如此重複進行 2000 次模擬抽樣，下圖為 2000 個樣本全距之直方圖：

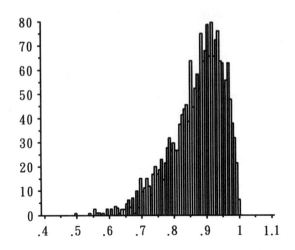

真正的全距為 1，可以很明顯的看出樣本全距有偏低的現象。在 4.7.2 節中，曾介紹過任何一組資料的標準差最大為全距的一半；在 4.8 節中，討論過標準差在資料分布的地位。因此有時可利用全距對標準差作粗略的估計，例如一個單峰近似對稱的資料，95% 的資料在最中間 4 個標準差的範圍內；幾乎全部的資料在最中間 6 個標準差的範圍內，所以我們可利用樣本全距的 $\frac{1}{4}$ 或 $\frac{1}{6}$ 為標準差的估計式。究竟那一個方法較好？我們考慮在常態母體的情況下，以電腦模擬方式隨機由 $N(0,1)$ 抽出 15 個資料為一樣本，計算其樣本全距，分別用 $\frac{1}{4}$ 與 $\frac{1}{6}$ 作標準差的估計，如此重複進行 2000 次。將此 2000 個結果繪製成直方圖如下：

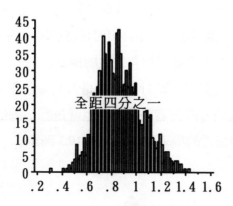

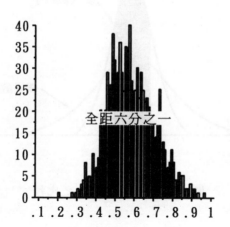

由圖形上即可發現以全距的 $\frac{1}{4}$ 所作的估計偏誤較小。

## 10.2.2　相對有效性

　　由對估計式不偏性的衡量，可獲知對母數的估計方向是否有偏差。
然而滿足不偏性的估計式並非只有一個，例如加權平均數 $\overline{X}_w = \Sigma X_i W_i$，
只要 $\Sigma W_i = 1$，則

$$E(\overline{X}_w) = E(\Sigma X_i W_i) = \Sigma E(X_i)W_i = \mu\Sigma W_i = \mu$$

所以亦為 $\mu$ 之不偏估計式，甚至於 $n$ 個資料當中，任選一個資料 $X_i$，也是 $\mu$ 之不偏估計式，即 $E(X_i)=\mu$。如何對這些眾多的不偏估計式再進行評價，就是本節第二個重點相對有效性的探討。

　　估計式的不偏性是從所估計的結果是否有偏差作考慮，當估計的方向沒有偏誤時，就要考慮何者較集中，也就是哪一個估計式的變異數最小，如此 $\hat{\theta}$ 與 $\theta$ 相接近的機率較大，如圖 10.3 所示。

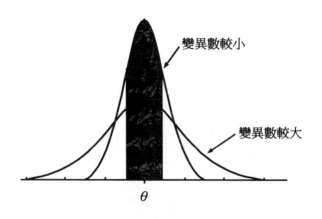

圖 10.3　相對有效性之比較

因此我們說：若 $\hat{\theta}_1,\hat{\theta}_2$ 均為 $\theta$ 之不偏估計式，而 $V(\hat{\theta}_1) < V(\hat{\theta}_2)$，則稱 $\hat{\theta}_1$ 為較 $\hat{\theta}_2$ 相對有效之估計式（相對的意思係由於僅根據與另一個比較所產生的結果）。

**例 10.7**

$(X_1, X_2)$ 為一獨立隨機樣本，試比較下列對母體平均數 $\mu$ 的估計式：

$$\hat{\theta}_1=X_1$$

$$\hat{\theta}_2 = \frac{3}{4}X_1 + \frac{1}{4}X_2$$

$$\hat{\theta}_3 = \frac{9}{10}X_1 + \frac{1}{10}X_2$$

$$\hat{\theta}_4 = \overline{X}$$

## 【解】

檢查各估計式之不偏性

$$E(\hat{\theta}_1) = E(X_1) = \mu$$

$$E(\hat{\theta}_2) = \frac{3}{4}E(X_1) + \frac{1}{4}E(X_2) = \frac{3}{4}\mu + \frac{1}{4}\mu = \mu$$

$$E(\hat{\theta}_3) = \frac{9}{10}E(X_1) + \frac{1}{10}E(X_2) = \mu$$

$$E(\hat{\theta}_4) = E(\overline{X}) = \mu$$

以上 4 個估計式均為不偏估計式，再比較個別之變異數如下：

$$V(\hat{\theta}_1) = V(X_1) = \sigma^2$$

$$V(\hat{\theta}_2) = V\left(\frac{3}{4}X_1 + \frac{1}{4}X_2\right) = \frac{9}{16}V(X_1) + \frac{1}{16}V(X_2) = \frac{10}{16}\sigma^2$$

$$V(\hat{\theta}_3) = \frac{81}{100}V(X_1) + \frac{1}{100}V(X_2) = \frac{82}{100}\sigma^2$$

$$V(\hat{\theta}_4) = V(\overline{X}) = \frac{\sigma^2}{n} = \frac{\sigma^2}{2}$$

因此可知

$$V(\hat{\theta}_4) < V(\hat{\theta}_2) < V(\hat{\theta}_3) < V(\hat{\theta}_1)$$

所以 $\hat{\theta}_4$ 為較其他 3 個估計式相對有效。　　■

---

### 例 10.8

比較下列 2 個 $\mu$ 的估計式之有效性：

$$\hat{\theta}_1 = \frac{X_1 + X_2 + \cdots + X_{90}}{90}$$

$$\hat{\theta}_2 = \frac{X_1 + X_2 + \cdots + X_{100}}{100}$$

【解】

$\hat{\theta}_1$ 與 $\hat{\theta}_2$ 均為樣本平均數的形式，僅前者含 90 個資料，後者含 100 個資料的差別。今比較其期望值與變異數如下：

$$E(\hat{\theta}_1) = E\left(\frac{X_1 + X_2 + \cdots + X_{90}}{90}\right) = \mu$$

$$E(\hat{\theta}_2) = E\left(\frac{X_1 + X_2 + \cdots + X_{100}}{100}\right) = \mu$$

$$V(\hat{\theta}_1) = V\left(\frac{X_1 + X_2 + \cdots + X_{90}}{90}\right) = \frac{\sigma^2}{90}$$

$$V(\hat{\theta}_2) = V\left(\frac{X_1 + X_2 + \cdots + X_{100}}{100}\right) = \frac{\sigma^2}{100}$$

因此

$$\frac{V(\hat{\theta}_1)}{V(\hat{\theta}_2)} = \frac{\dfrac{\sigma^2}{90}}{\dfrac{\sigma^2}{100}} = \frac{100}{90} = 111.11\%$$

由於兩種估計式方法相同，僅所含資料個數不同，因此只要 $\hat{\theta}_1$ 再增加 11.11% 的資料，即可與 $\hat{\theta}_2$ 相同。利用這種結果可以用來解釋，當 $\hat{\theta}_2$ 為較 $\hat{\theta}_1$ 相對有效的估計式時，我們可以說 $\hat{\theta}_1$ 需要再增加 $\dfrac{V(\hat{\theta}_1)}{V(\hat{\theta}_2)} - 1$ 的樣本，始能與 $\hat{\theta}_2$ 相同；反過來說，在相同樣本數下，$\hat{\theta}_1$ 僅能達到 $\hat{\theta}_2$ $\dfrac{V(\hat{\theta}_2)}{V(\hat{\theta}_1)}$ 之比率的效率。　■

## 例 10.9

分別向 2 位經濟學專家諮詢有關未來景氣的變動，因而得到 $X_1$ 及 $X_2$ 2 個結果。假設真正的結果為 $\mu$，依以往經驗可知 2 人所預測的結果分別形成 $N(\mu, \sigma^2)$, $N(\mu, k\sigma^2)$ 之分配，且彼此獨立。則應如何使用 2 位經濟學家對景氣變動所作的估計值？

### 【解】

由於 2 人結果均為不偏，因此考慮兩者組合後的變異數，即取

$$X = wX_1 + (1-w)X_2$$

則

$$V(X) = V(wX_1 + (1-w)X_2) = w^2 V(X_1) + (1-w)^2 V(X_2)$$

$$= w^2\sigma^2 + (1-w)^2 k\sigma^2 = \sigma^2(w^2 + k - 2kw + kw^2)$$

$$= \sigma^2[(1+k)w^2 - 2kw + k]$$

$$= (1+k)\sigma^2\left[\left(w - \frac{k}{1+k}\right)^2 + \frac{k}{(1+k)^2}\right]$$

因此當 $w = \dfrac{k}{1+k}$ 時，$V(X)$ 為最小，所以取 $\dfrac{k}{1+k}X_1 + \dfrac{1}{1+k}X_2$ 的方式，作為對景氣變動的估計式。 ■

# 10.3 區間估計

點估計是依據樣本資料選擇一個合理的計算方法對母數作估計，它僅是一個數值，因而我們無法衡量它的準確性，甚至可以說幾乎不太可能會與母數恰巧相等。所以需要將這種點估計擴大成為區間，使得我們對所作的推論能更具體的衡量出我們的把握，這就是區間估計 (interval estimate)。

區間估計的方法是使用樣本資料求得一個區間 $(L, U)$，使得此區間可將所感興趣的母數 $\theta$ 包含在內的可能性為 $1 - \alpha$，即

$$P(L \leq \theta \leq U) = 1 - \alpha$$

此處 $1 - \alpha$ 稱為信賴水準 (confidence level) 或信賴係數 (confidence coefficient)， $(L, U)$ 稱為對 $\theta$ 所作估計之信賴區間(confidence interval)， $U$ 稱為信賴區間上限 (upper confidence limit)，而 $L$ 稱為信賴區間下限 (lower confidence limit)。由於 $L$ 及 $U$ 是依據樣本資料所作計算，因此屬於隨機變數，所以此信賴區間可稱為隨機區間。也就是說隨著不同的樣本產生種種不同的區間，這些無數會變動的區間（假設母體很大）有 $1 - \alpha$ 的比率可估計正確（將 $\theta$ 包含在區間內）。如圖 10.4 所示。

我們可以說依據這種方法所作的區間估計有 $1 - \alpha$ 之機率可估計正確，然而當已獲得某一實際樣本資料時，則不能稱呼 $1 - \alpha$ 為估計正確的機率，即如

$$P(120 \leq \theta \leq 160) = 1 - \alpha$$

是錯誤的表示，因為 $\theta$ 為一母數，一個固定值，它是否在 120 至 160 的區間內是一個必然的事件，而非機率的事件，也就是說 $120 \leq \theta \leq 160$ 不是對就是錯，因此 $1 - \alpha$ 的含意只能改以主觀的態度表明我們對這種方法的信心或把握。

如何求出 $L$ 及 $U$ 的區間界限，首先要了解信賴區間的精確程度。令信賴區間長度 $= U - L$，當信賴水準 $1 - \alpha$ 固定的情況下，區間長度愈短，則我們稱此區間估計精確程度愈高。譬如：在信賴程度為 95% 時，有下列 3 種不同方法求得信賴區間為

$$59 \leq \theta \leq 61$$

$50 \leq \theta \leq 70$

$40 \leq \theta \leq 80$

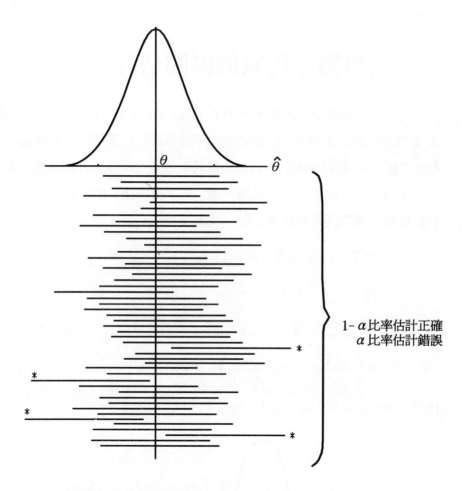

"*"記號代表估計錯誤的區間

**圖 10.4　信賴區間之含意圖解**

在相同估計正確的把握下，對 $\theta$ 了解或掌握的愈透徹，表示估計的準確
度愈高，也就是 $\theta$ 可能的變動愈小，我們對它的了解就愈清楚。反之，

若 $\theta$ 的變動範圍很大，就愈不能掌握它。因此上述 3 種估計結果以第一個方法 $59 \leq \theta \leq 61$ 的結果較精確。以下各節我們針對 $\mu$ 及 $p$ 的區間估計作介紹。

# 10.4 母體平均數的區間估計

對 $\mu$ 作區間估計，就是要求出 $L,\ U$ 使 $P(L \leq \mu \leq U) = 1 - \alpha$。由於 $\overline{X}$ 是很好的對 $\mu$ 之點估計，我們自然不能排除它在區間內。再則基於合理的推斷，$\overline{X}$ 附近連續的各數值均較其他位置之值作估計要理想，因此我們選擇 $\overline{X} \pm e$ 的形式作為區間界限，為了要求出 $e$ 的計算方法，需要假設母體的機率模式為常態分配，因此

$$P(\overline{X} - e \leq \mu \leq \overline{X} + e) = 1 - \alpha$$

$$P(-e \leq \mu - \overline{X} \leq e) = 1 - \alpha$$

$$P(-e \leq \overline{X} - \mu \leq e) = 1 - \alpha$$

$$P\left(-\frac{e}{\sigma/\sqrt{n}} \leq Z \leq \frac{e}{\sigma/\sqrt{n}}\right) = 1 - \alpha$$

由於 $P(-z_{\alpha/2} \leq Z \leq z_{\alpha/2}) = 1 - \alpha$，即

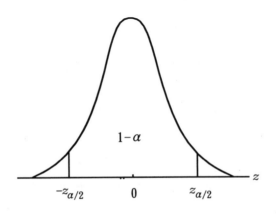

因此

$$\frac{e}{\sigma/\sqrt{n}} = z_{\alpha/2}$$

$$e = z_{\alpha/2}\frac{\sigma}{\sqrt{n}}$$

所以對 $\mu$ 之區間估計為

$$P\left(\overline{X} - z_{\alpha/2}\frac{\sigma}{\sqrt{n}} \le \mu \le \overline{X} + z_{\alpha/2}\frac{\sigma}{\sqrt{n}}\right) = 1 - \alpha$$

習慣上，我們常將 $1 - \alpha$ 取為 0.9, 0.95, 0.98, 0.99 等 4 種， $z_{\alpha/2}$ 之值可查表求出如下：

| $1 - \alpha$ | $z_{\alpha/2}$ |
|:---:|:---:|
| 0.9 | 1.645 |
| 0.95 | 1.96 |
| 0.98 | 2.33 |
| 0.99 | 2.575 |

當我們實際求出某一數值結果後，則稱「我們有 $1 - \alpha$ 的把握或信心，母數 $\mu$ 將被 $\left(\overline{X} - z_{\alpha/2}\frac{\sigma}{\sqrt{n}}, \overline{X} + z_{\alpha/2}\frac{\sigma}{\sqrt{n}}\right)$ 之區間所包含」。以信賴程度 95% 為例，使用圖 10.5 來說明。只要樣本平均數由 $\left(\mu - 1.96\frac{\sigma}{\sqrt{n}}, \mu + 1.96\frac{\sigma}{\sqrt{n}}\right)$ 之區間抽樣產生，則對 $\mu$ 的區間估計為正確。

　　然而上面的計算公式中，母數 $\sigma$ 通常大都未知，因此在求算區間時，需要使用樣本標準差 $S$ 來代替。此時求算 $e$ 的過程就變成

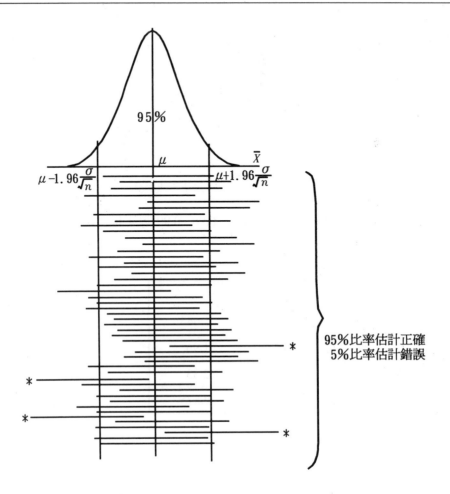

圖 10.5　95%信賴區間之含意圖解

$$P(-e \le \overline{X} - \mu \le e) = 1 - \alpha$$

$$P\left(-\frac{e}{S/\sqrt{n}} \le \frac{\overline{X} - \mu}{S/\sqrt{n}} \le \frac{e}{S/\sqrt{n}}\right) = 1 - \alpha$$

而式中 $\dfrac{\overline{X} - \mu}{S/\sqrt{n}}$ 已非原 $\dfrac{\overline{X} - \mu}{\sigma/\sqrt{n}}$ 可利用常態分配的特性，得到它屬於標準

常態分配的抽樣分配。機率理論證明了 $\dfrac{\overline{X} - \mu}{S/\sqrt{n}}$ 統計計量之抽樣分配，被

稱為 $t$ 分配，此統計量稱為 $t$ 值。此機率函數 $f(t)$ 並非我們所熟悉的樣子，此處列出一些 $t$ 分配重要的特徵，以方便將來應用：

　　1. $f(t)$ 是一個單峰對稱的圖形。

　　2. $E(t) = 0$, $V(t) = (n-1)/(n-3)$

由此可發現，$t$ 分配以0為對稱中心；隨 $n$ 值增加，變異數將趨近於 1（也可說愈接近標準常態分配）。所以 $t$ 分配是受 $n$ 的大小影響，形成一系列不同的圖形。為了方便了解與查表，由機率分配的構成中發現，它的特徵與某一與樣本數 $n$ 有關的數量十分密切，這個數量稱為自由度 (degree of freedom)，以希臘字母 $\nu$ 代表，查表時只要依據不同的 $\nu$ 值查閱即可。

　　我們先從較簡單的情況來了解自由度的意義：設由一母體隨機抽出 2 個資料 $(X_1, X_2)$ 為樣本，在沒有任何限制條件下，資料可在平面上自由隨機產生，因此這種隨機樣本自由度等於 2（相當於二維空間的意思）。可以平面坐標來表示所有樣本 $(X_1, X_2)$ 如圖 10.6。有無數多組樣本分布在一平面上。若對所抽出之樣本要求 $\overline{X} = 5$，即 $X_1 + X_2 = 10$，則受此條件限制隨機樣本的分布將侷限在此直線上，即如圖 10.7。雖然還有無限多組樣本（直線上的每一點均為一種可能的樣本），但僅能在此直線上自由產生，因此自由度等於 $2 - 1 = 1$（相當於一維空間的意思）。

　　假設在加上另一個限制條件 $X_1 - X_2 = 0$ 時，即所抽出之樣本須滿足下列聯立方程式：

$$X_1 + X_2 = 10$$
$$X_1 - X_2 = 0$$

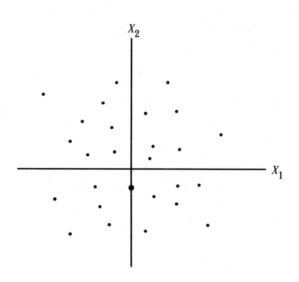

圖 10.6　$n = 2$ 隨機樣本分布圖

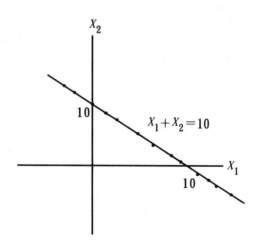

圖 10.7　$n = 1$ 隨機樣本分布圖

則此樣本為一定點 $(5,5)$，已不再是隨機樣本，自由度等於 $0(2-2=0)$，自然也不是統計資料。所以自由度的計算可表示如下：

$$自由度 = 樣本數 n - 所受限制條件的個數 \qquad (10.16)$$

而在應用時，所受限制條件即是以統計量替代母數時，隨機樣本即受此方程式之限制，如以 $S^2$ 來替代 $\sigma^2$，則我們的隨機樣本必須受下列方程式的限制：

$$\Sigma(X - \overline{X})^2 = (n-1)S^2$$

（此處 $S^2$ 為一已觀察到的樣本資料所計算之結果）。

因此我們給自由度一個更方便使用的定義：

$$自由度 = 樣本數 n - 以統計量替代母數的個數 \qquad (10.17)$$

所以當 $t = \dfrac{\overline{X} - \mu}{S/\sqrt{n}}$ 時，即為自由度 $\nu = n-1$ 的 $t$ 分配（此時 $V(t)$ 應改寫為 $\dfrac{\nu}{\nu - 2}$），它的圖形可與標準常態分配比較如圖 10.8。

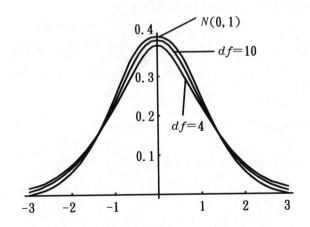

圖 10.8　$t$ 分配與標準常態分配之比較

在使用時，大部分是求算滿足下列的機率形式：

$$P(-t_{\alpha/2}(\nu) \le t \le t_{\alpha/2}(\nu)) = 1 - \alpha$$

可依據自由度查閱附錄五 $t$ 分配機率表，例如當 $1 - \alpha = 0.95$ 時，則 $\alpha = 0.05$，$t_{\alpha/2}(\nu) = t_{0.025}(\nu)$，在不同的自由度下，可查出其值為下表：

| $\nu$ | $t_{0.025}(\nu)$ |
|---|---|
| 2 | 4.303 |
| 5 | 2.571 |
| 10 | 2.228 |
| 15 | 2.131 |
| 20 | 2.086 |
| 30 | 2.042 |
| 40 | 2.021 |
| $\infty$ | 1.96 |

了解 $t$ 分配之性質及查表方法後，我們回到對 $\mu$ 的區間估計，即在前述的假設條件下，區間估計的過程改為

$$P\left(-\frac{e}{S/\sqrt{n}} \le \frac{\overline{X} - \mu}{S/\sqrt{n}} \le \frac{e}{S/\sqrt{n}}\right) = 1 - \alpha$$

$$P\left(-\frac{e}{S/\sqrt{n}} \le t \le \frac{e}{S/\sqrt{n}}\right) = 1 - \alpha$$

由於　　$P(-t_{\alpha/2}(\nu) \le t \le t_{\alpha/2}(\nu)) = 1 - \alpha$

因此　　$t_{\alpha/2}(\nu) = \dfrac{e}{S/\sqrt{n}} \Longrightarrow e = t_{\alpha/2}(\nu)\dfrac{S}{\sqrt{n}}$

所以

$$P\left(\overline{X} - t_{\alpha/2}(\nu)\frac{S}{\sqrt{n}} \le \mu \le \overline{X} + t_{\alpha/2}(\nu)\frac{S}{\sqrt{n}}\right) = 1 - \alpha \qquad (10.18)$$

### 例 10.10

假設某種汽車每加侖之耗油量形成常態分配。今隨機抽出這種汽車 15 輛；在定速測試下，得到每輛車每加侖可行駛之里程資料如下（單位：公里）：

| | | | | |
|---|---|---|---|---|
| 62.0 | 61.4 | 59.8 | 62.2 | 60.3 |
| 60.4 | 59.4 | 60.2 | 60.4 | 60.8 |
| 61.8 | 59.2 | 61.1 | 60.4 | 60.9 |

試求該種汽車每加侖平均里程數 95% 之信賴區間。

【解】

$$\overline{X} = \frac{910.3}{15} = 60.69$$

$$S = \sqrt{\frac{\Sigma X^2 - \frac{(\Sigma X)^2}{15}}{14}} = \sqrt{0.81} = 0.9$$

$$1 - \alpha = 0.95, \ t_{0.025}(14) = 2.145$$

$$t_{0.025}(14)\frac{S}{\sqrt{n}} = 2.145 \times \frac{0.9}{\sqrt{15}} = 0.498$$

$$\overline{X} \pm t_{0.025}\frac{S}{\sqrt{n}} = 60.69 \pm 0.498$$

因此該種汽車每加侖平均里程數 95% 之信賴區間為

(60.192, 61.188) 公里　∎

### 例 10.11

由 1982 年美國高所得家庭中隨機抽出 15 戶，調查其能源支出金額如下：

$1153　$1249　$1126　$1053　$1689　$1514　$1420　$807
$1130　$1268　$1610　$1192　$1104　$1250　$1084

假設每年每一高所得家庭的能源支出形成常態分配，試求母體平均數99%之信賴區間。

【解】

$$\overline{X} = \frac{18649}{15} = 1243.27$$

$$S = \sqrt{\frac{23932721 - \frac{(18649)^2}{15}}{14}} = 231.00$$

$$1 - \alpha = 0.99, \quad t_{0.005}(14) = 2.977$$

$$t_{0.05}(14)\frac{S}{\sqrt{n}} = 2.977 \times \frac{231}{\sqrt{15}} = 177.56$$

$$\overline{X} \pm t_{0.005}\frac{S}{\sqrt{n}} = 1243.27 \pm 177.56$$

所求信賴區間為

($1065.71, $1420.83)　■

### 例 10.12

由某一行業隨機抽出 50 名工人，調查其年齡，結果如下：

22　58　40　42　43　32　34　45　38　19　33　16　49　29　30　43　37
19　21　62　60　41　28　35　37　51　37　65　57　26　27　31　33　24
34　28　39　43　26　38　42　40　31　34　38　35　29　33　32　33

試求母體工人平均年齡 90% 的信賴區間。

【解】

在 $n = 50$ 時，$t$ 分配與標準常態分配很接近，因此可使用 $Z$ 值來處理，

即

$$\overline{X} = \frac{1819}{50} = 36.38$$

$$S = \sqrt{\frac{72179 - \dfrac{(1819)^2}{50}}{49}} = 11.07$$

$$1 - \alpha = 0.90, \ Z_{0.05} = 1.645$$

$$z_{0.05}\frac{S}{\sqrt{n}} = 1.645 \times \frac{11.07}{\sqrt{50}} = 2.575$$

$$\overline{X} \pm z_{0.05}\frac{S}{\sqrt{n}} = 36.38 \pm 2.575$$

所求信賴區間為

　　$(33.805, 38.955)$ 歲　　∎

　　依據 10.1 節公式（10.7）的模式

$$X = \mu + \varepsilon$$

$X$ 表示某一觀察值，並假設 $\varepsilon$ 具有 $N(0, \sigma^2)$ 之分配。已知 $\overline{X}$ 為 $\mu$ 之點估計，今欲對某一特定觀察值作估計，則其估計值為

$$\hat{X} = \overline{X} + \varepsilon \tag{10.19}$$

由於 $\varepsilon$ 是一隨機變數，無從估計起，因此仍然以 $\overline{X}$ 作為對 $X$ 的點估計。而其期望值、變異數可計算為（假設 $\overline{X}$ 與 $\varepsilon$ 為獨立）

$$E(\hat{X}) = E(\overline{X} + \varepsilon) = E(\overline{X}) + E(\varepsilon) = \mu$$

$$V(\hat{X}) = V(\overline{X} + \varepsilon) = V(\overline{X}) + V(\varepsilon) = \frac{\sigma^2}{n} + \sigma^2$$

$$= \sigma^2\left(1 + \frac{1}{n}\right) \tag{10.20}$$

因為 $\overline{X}$、$\varepsilon$ 均為常態分配之變數，所以 $\hat{X}$ 的抽樣分配亦為常態分配，在 $\sigma^2$ 未知的情況下，可使用 $t$ 分配，即

$$t = \frac{\hat{X} - \mu}{S\sqrt{1 + \dfrac{1}{n}}}$$

因此 $X$ 估計值的 $1 - \alpha$ 信賴區間為

$$\left(\overline{X} - t_{\alpha/2}(\nu)S\sqrt{1 + \frac{1}{n}}, \overline{X} + t_{\alpha/2}(\nu)S\sqrt{1 + \frac{1}{n}}\right) \qquad (10.21)$$

以例 10.11 的實例來看，隨機由高所得家庭抽出 1 戶，則此家庭能源支出金額 99% 的信賴區間可計算如下：

$$1 - \alpha = 0.99, \quad t_{0.005}(14) = 2.977$$

$$t_{0.005}(14)S\sqrt{1 + \frac{1}{n}} = 2.977 \times 231\sqrt{1 + \frac{1}{15}} = 710.24$$

$$\overline{X} \pm t_{0.005}\frac{S}{\sqrt{n}} = 1243.27 \pm 710.24$$

所求信賴區間為

($533.03, $1953.51)

# 10.5　母體比率的區間估計

對母體比率 $p$ 的區間估計，由於已知的樣本資料為 $n$（觀察次數）、$X$（發生次數），因此所產生的信賴區間形式為

$$P(L(n, X) \le p \le U(n, X)) = 1 - \alpha$$

在樣本數 $n$ 不大的時候，區間界限不易產生，此處僅考慮在較大樣本時，可應用中央極限定理來導出 $p$ 的信賴區間。思考的方式如同對 $\mu$ 作區間估計一樣，由於 $\hat{p}$ 為 $p$ 的一個良好的點估計，因此

$$P(\hat{p} - e \le p \le \hat{p} + e) = 1 - \alpha$$

$$P(-e \le p - \hat{p} \le e) = 1 - \alpha$$

$$P(-e \le \hat{p} - p \le e) = 1 - \alpha$$

$$P\left(-\frac{e}{\sqrt{\dfrac{p(1-p)}{n}}} \le Z \le \frac{e}{\sqrt{\dfrac{p(1-p)}{n}}}\right) = 1 - \alpha$$

所以

$$z_{\alpha/2} = \frac{e}{\sqrt{\dfrac{p(1-p)}{n}}}$$

$$e = z_{\alpha/2}\sqrt{\frac{p(1-p)}{n}}$$

所求 $p$ 的 $1 - \alpha$ 信賴區間為

$$P\left(\hat{p} - z_{\alpha/2}\sqrt{\frac{p(1-p)}{n}} \le p \le \hat{p} + z_{\alpha/2}\sqrt{\frac{p(1-p)}{n}}\right) = 1 - \alpha$$

式中標準差部份 $p$ 為未知, 在較大樣本情況下, 以 $\hat{p}$ 代替 $p$, 所產生的信賴區間是

$$\left(\hat{p} - z_{\alpha/2}\sqrt{\frac{\hat{p}(1-\hat{p})}{n}},\ \hat{p} + z_{\alpha/2}\sqrt{\frac{\hat{p}(1-\hat{p})}{n}}\right) \tag{10.22}$$

### 例 10.13

檢驗人員由倉庫中一大批產品抽出 100 件來檢查, 結果發現有 8 個不良品。試求母體不良率 95% 的信賴區間。

【解】

$$n = 100,\ x = 8,\ \hat{p} = \frac{8}{100} = 0.08$$

$$\hat{p} \pm z_{\alpha/2}\sqrt{\frac{\hat{p}(1-\hat{p})}{n}} = 0.08 \pm 1.96\sqrt{\frac{0.08 \times 0.92}{100}}$$

$$= 0.08 \pm 0.053$$

不良率 95% 的信賴區間為

$$(0.027, 0.133) \quad \blacksquare$$

# 10.6　樣本大小的決定

　　考慮對 $\mu$ 的信賴區間，$\overline{X} \pm z_{\alpha/2}\dfrac{\sigma}{\sqrt{n}}$，依據 10.3 節對信賴區間精確程度的判斷，在一定的信賴程度下，我們希望區間長度愈短愈好。因此影響信賴區間精確程度的兩個因素是標準差 ($\sigma$) 及樣本大小 ($n$)，標準差愈大，表示母體資料愈分散，估計自然較不準確；樣本數愈多，區間長度將愈短，估計自然較準確。由於母體特徵 $\sigma$ 我們無法控制，在這種情況下，可能提高精確度的方法只有增加樣本的大小。換言之，當我們對區間估計的精確度有一定的要求時，可以產生所必須要抽取的樣本數。所謂估計區間的精確度是指希望在多少的信賴程度下，抽樣產生的結果與真實情況之間的差距少於某一選定的允許誤差（以 $e$ 表示）。以對母數 $\mu$ 之估計為例，可寫成

$$P(|\overline{X} - \mu| \le e) = 1 - \alpha$$

或

$$P(-e \le \overline{X} - \mu \le e) = 1 - \alpha$$

由於

$$P\left(-\frac{e}{\sigma/\sqrt{n}} \le Z = \frac{\overline{X} - \mu}{\sigma/\sqrt{n}} \le \frac{e}{\sigma/\sqrt{n}}\right) = 1 - \alpha$$

因此

$$z_{\alpha/2} = \frac{e}{\sigma/\sqrt{n}}$$

$$n = \left(\frac{z_{\alpha/2}\sigma}{e}\right)^2 \qquad\qquad (10.23)$$

根據這項決定有助於進行抽樣調查時經費預算的制定。

### 例 10.14

百貨公司經理想要估計他的顧客平均每月在百貨公司的賒購金額。他希望估計的結果有 95% 的可能性與真實結果之間的誤差不超過500 元。依以往經驗可知顧客每月賒購金額之標準差為 2200 元，該經理應抽選出多少位客戶來調查？

【解】

$$z_{\alpha/2} = z_{0.025} = 1.96$$

$$\sigma = 2200$$

$$e = 500$$

$$n = \left(\frac{1.96 \times 2200}{500}\right)^2 \cong 75 \quad \blacksquare$$

若標準差無過去可供參考之結果時，可嘗試下列方法：

　　(1)事前進行小規模的調查，利用此樣本所計算之標準差來代替。

　　(2)以全距的 $\frac{1}{4}$ 作為對 $\sigma$ 之估計。

　　當我們對母體比率 $p$ 作估計時，也可有精確度的要求，即希望在 $1-\alpha$ 的信賴程度下，樣本結果 $\hat{p}$ 與真實結果 $p$ 之間的差距不超過允許誤差 $e$。可表示為

$$P(|\hat{p} - p| \le e) = 1 - \alpha$$

$$P(-e \leq \hat{p} - p \leq e) = 1 - \alpha$$

或

$$P\left(-\frac{e}{\sqrt{\dfrac{p(1-p)}{n}}} \leq \frac{\hat{p} - p}{\sqrt{\dfrac{p(1-p)}{n}}} \leq \frac{e}{\sqrt{\dfrac{p(1-p)}{n}}}\right) = 1 - \alpha$$

在大樣本情況下，可使用常態分配，因此產生對 $p$ 的估計下，樣本大小的決定公式：

$$\frac{e}{\sqrt{\dfrac{p(1-p)}{n}}} = z_{\alpha/2}$$

$$n = \frac{z_{\alpha/2}^2}{e^2} p(1-p) \tag{10.24}$$

然而 $p$ 為未知母數，有下列幾種情況可對 $p$ 作初步估計，以產生 $n$ 的計算結果：

(1)根據過去經驗或記錄所得之比率，或者在事前進行小規模調查而取得的 $\hat{p}$，則

$$n = \frac{Z_{\alpha/2}^2}{e^2} \hat{p}(1-\hat{p}) \tag{10.25}$$

(2)若對 $p$ 無任何可供參考之資料時，可取 $p(1-p)$ 之極大值 $\frac{1}{4}$，即

$$n = \frac{Z_{\alpha/2}^2}{4e^2} \tag{10.26}$$

**例 10.15**

依過去經驗顯示某公司所從事的各種通訊調查回收率大約在 0.6 左右。現在他們進行一項消費者行為的試行調查 (pilot survey)，希望回收率與真實結果之間的誤差有 90% 的可能性在 0.06 以內時，他們需要選出多

少位消費者來進行這項調查？

【解】

$$n = \left( \frac{1.645}{0.06} \right)^2 \times 0.6 \times 0.4 \approx 181 （人）\qquad ■$$

# 10.7*　非常態母體下的區間估計

前述有關母體平均數的區間估計所使用的方法可總結如下：

(1)母體為常態分配，$\sigma$ 未知，可使用 $t$ 分配。

(2)母體為非常態分配，但樣本數足夠大時，可依據中央極限定理，使用近似常態分配，如對母體比率之推論。

有許多統計學者已證明，即使母體不是常態分配，如不對稱分配或有長尾巴的對稱分配等，雖然樣本平均數與標準差都容易受離群值影響，然而兩者組合在一起，即統計量 $\frac{\overline{X} - \mu}{S/\sqrt{n}}$ 仍然具有 $t$ 分配的性質，也就是說仍可使用 $t$ 分配作統計推論，它屬於一種穩健的統計方法。除非是在極端的非常態或有明顯的離群值的情況下，通常我們可放心的使用 $t$ 分配。下面以電腦模擬方式來說明這種穩健性：

首先我們假設的母體是第三章圖 3.21 的右偏分配，由此母體隨機抽出 15 個資料為一樣本，並計算其樣本平均數及標準差，　則統計量 $\frac{\overline{X} - \mu}{S/\sqrt{n}}$（此處 $\mu = 14$ 為理論母體模式所設定之值）的模擬分配如下（在重複抽樣1000 次情況下完成）：

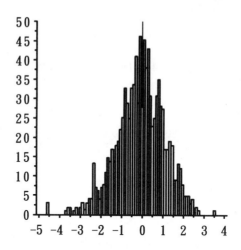

可看出屬於單峰對稱的分配型態（與 $t$ 分配很接近）。

如果有嚴重的離群值存在，則對資料集中趨勢的衡量就需要考慮使用中位數。由於母體分配型態的特殊或未知，無法適切的選擇或掌握分配模式，因此須要使用不需假設母體分配的穩健方法，來處理中位數的推論問題。以 $M$ 代表母體中位數，所求信賴區間區須滿足

$$P(L \leq M \leq U) = 1 - \alpha$$

的形式，而 $L$、$U$ 為依據樣本資料所計算的區間界限。一種合理的選擇是將 $L$、$U$ 取為兩個順序統計量，使得

$$P(X_{(l)} \leq M \leq X_{(u)}) = 1 - \alpha$$

由於

$$P(X \leq M) = P(X \geq M) = \frac{1}{2}$$

因此可以使用二項分配機率，求算與信賴水準相對應的 $X_{(l)}$，$X_{(u)}$ 值。計算的想法為：在此區間 $(X_{(l)}, X_{(u)})$ 內的樣本資料均有可能是母體中位

數，而我們希望在此區間外的樣本資料是母體中位數的可能性只有 $\alpha$ 大小，即

$$P(M \leq X_{(i-1)}) + P(M \geq X_{(u+1)}) = \alpha$$

使用 $n$, $p = 1/2$ 的二項分配，而且在對稱的情況下，上式可改寫為

$$\sum_{i=0}^{l-1} \binom{n}{i} \left(\frac{1}{2}\right)^i = \frac{\alpha}{2}$$

由於機率無法恰好等於所要求的信賴水準，因此只能求得較接近的結果。

---

### 例 10.16

依據第四章例 4.18 資料，以此為樣本，求該校當時畢業生壽命中位數 95% 的信賴區間。

【解】

此處 $n = 15$，查表可知

$$\sum_{i=0}^{3} \binom{15}{i} \left(\frac{1}{2}\right)^i = 0.013885$$

因此可得

$$P(X_{(4)} \leq M \leq X_{(11)}) = 0.97223$$

所以我們得到母體中位數 97.223% 之信賴區間為

$$72 \leq M \leq 81 \ （歲）$$

（說明）此處 81 雖然是屬於設限資料，但與二項分配機率計算無關，因此不受影響。　■

　　為方便查表使用，我們依 $n$ 的不同，將上下界的資料順序值及信賴水準表列如下：

| 樣本數 | 下界順序 | 上界順序 | 信賴水準 |
|---|---|---|---|
| 8 | 2 | 6 | 0.9375 |
| 9 | 2 | 7 | 0.9648 |
| 10 | 3 | 7 | 0.9121 |
| 11 | 3 | 8 | 0.9463 |
| 12 | 3 | 9 | 0.9678 |
| 13 | 4 | 9 | 0.9302 |
| 14 | 4 | 10 | 0.9556 |
| 15 | 4 | 11 | 0.9722 |
| 16 | 5 | 11 | 0.9445 |
| 17 | 5 | 12 | 0.9637 |
| 18 | 6 | 12 | 0.9346 |
| 19 | 6 | 13 | 0.9556 |
| 20 | 7 | 13 | 0.9241 |
| 25 | 9 | 16 | 0.9355 |
| 30 | 11 | 19 | 0.9440 |

# 重要名詞

估計 信賴區間上限

動差法 母體平均數的區間估計

概似函數 自由度

估計值 母體比率的區間估計

不偏估計式 穩健統計方法

偏誤 點估計

區間估計 最大概似法

信賴係數 估計式

不偏性　　　　　　　　　　　　　信賴區間下限

有偏誤估計式　　　　　　　　　　$t$ 分配

相對有效性　　　　　　　　　　　某一觀察值的區間估計

信賴水準　　　　　　　　　　　　樣本大小的決定

信賴區間　　　　　　　　　　　　中位數的區間估計

## 習 題

10.1  根據下面由常態母體所產生之樣本結果，試求 $\mu$ 及 $\sigma^2$ 之點估計：

(a) $n = 9$, $\Sigma X_i = 36$, $\Sigma(X_i - \overline{X})^2 = 288$

(b) $n = 5$, $\Sigma X_i = 500$, $\Sigma X_i^2 = 124000$

10.2  根據下面各組由常態母體所產生之樣本資料，試求 $\mu$ 及 $\sigma$ 之點估計：

(a) 6, 15, 3, 12, 6, 21, 15, 18, 12

(b) 6676, 6678, 6681, 6680, 6681, 6679

10.3  由某地各醫院隨機抽選若干嬰兒為一組樣本，調查其出生時體重如下：（單位：磅）

| | | | | | | | | | | | |
|---|---|---|---|---|---|---|---|---|---|---|---|
| 7.4 | 7.9 | 7.3 | 7.3 | 10.9 | 10.7 | 7.6 | 3.0 | 8.0 | 6.0 | 4.0 | 7.0 |
| 6.6 | 6.3 | 9.7 | 6.5 | 7.3 | 10.3 | 8.6 | 3.3 | 6.3 | 5.2 | 3.8 | 6.0 |
| 7.1 | 7.1 | 6.9 | 4.5 | 5.9 | 8.1 | 9.8 | 5.0 | 6.8 | 5.8 | 8.0 | |

試回答下列各問題：

(a) 此項抽樣之樣本大小為多少？

(b) 此地區出生嬰兒平均體重的點估計為何？

(c) 估計該地區有多少比率之嬰兒其出生體重超過 9 磅？

10.4*  說明若母體分配為 Poisson 分配時，對其母數 $\lambda$ 使用動差法作點估計，其結果不只一個。

10.5*  假設一枚錢幣出現正面的機率為下列 3 種情況之一： $\frac{1}{4}$, $\frac{2}{4}$, $\frac{3}{4}$。今將此錢幣投擲 4 次，$X_i$ 為第 $i$ 次出現正面的次數，設 $p = $ 正面出現之機率，則

$$P(x_i) = p^{x_i}(1-p)^{1-x_i}, \quad x_i = 0,1, \quad i = 1,2,3,4$$

因此概似函數為

$$P(x_1, x_2, x_3, x_4|p) = p^{\Sigma x_i}(1-p)^{4-\Sigma x_i}$$

試以最大概似法找出 $p$ 的點估計。（提示: 按 $\Sigma x_i$ 各種不同情況作估計）

10.6　一份手稿共 35 頁，每頁最多 27 行，分章節段落書寫。今打算估計全份手稿的字數，下列各方法何者為不偏? 為什麼?

(a)計算第 1 頁的字數，然後乘以 35。

(b)計算每 1 頁最後 1 行的字數，加以總和後乘 27。

(c)計算每 1 頁第 5 行的字數，加以總和後乘 27。

(d)隨機由全部手稿抽選 7 頁，再由此 7 頁中，每頁隨機各抽出 1 行，計算其字數後，加以總和再乘 135。

10.7*　我們有 $k$ 組樣本，每組樣本個數分別為 $n_i, \; i = 1,2,\cdots,k$。今已分別求出每組樣本之 $S_i'^2, \quad i = 1,2,\cdots,k$，試求如何組合這些 $S_i'^2$，而產生對 $\sigma^2$ 之不偏點估計（假設 $k$ 組樣本均來自同一母體）。

10.8*　設 $X_1, X_2,\cdots,X_n$ 為 Bernoulli $(P)$ 所抽出之 $n$ 個獨立隨機變數。令 $T = \Sigma X_i$, 試證 $T(T-1)/n(n-1)$ 為 $p^2$ 之不偏估計。

10.9*　已知 $T_1$, $T_2$ 為 $\theta$ 之兩個不偏估計式，其變異數分別為 $\sigma_1^2, \sigma_2^2$，今考慮此兩個估計式之線性組合 $\hat{\theta} = \alpha T_1 + (1-\alpha)T_2$ 對 $\theta$ 作估計，若 $COV(T_1, T_2) = \rho\sigma_1\sigma_2$，試找出 $\alpha$ 之值，使 $V(\hat{\theta})$ 為最小。

10.10　實驗室對某項實驗重複獨立進行 9 次，其結果如下:

　　　成功，失敗，失敗，成功，成功，失敗，成功，成功，成功

試求此項實驗成功機率之點估計。

10.11　某工廠就所出廠的零件隨機抽出 12 箱（每箱有 25 個零件），測試

每一零件的使用壽命，並求得每箱之平均壽命如下（單位：日）：

| | | | | | |
|---|---|---|---|---|---|
| 163.4 | 176.8 | 171.8 | 170.8 | 167.6 | 168.6 |
| 169.2 | 168.4 | 165.8 | 172.6 | 174.2 | 167.8 |

試依此資料求出零件壽命變異數之點估計。

10.12 由某地區隨機抽出 500 戶家庭，調查其家庭人數結果如下表：

| 家庭人數 | 戶　數 |
|:---:|:---:|
| 2 | 198 |
| 3 | 118 |
| 4 | 101 |
| 5 | 59 |
| 6 | 12 |
| 7 | 3 |
| 8 | 8 |
| 9 | 1 |
| 合　計 | 500 |

試求此地區平均每戶家庭人數 95% 之信賴區間。

10.13 由一大樣本資料所計算 $\mu$ 的 90% 之信賴區間為 (5.43,16.27)。試據此求算 $\mu$ 的 95% 之信賴區間。

10.14 隨機抽出 40 戶家庭，每家子女人數如下：

3 5 2 1 1 0 2 3 1 1 2 1 2 0 1 5 4 1 0 1
3 1 0 1 0 1 8 0 1 2 2 2 2 1 5 3 1 4 1 0

假設母體標準差為 1.95，試求母體平均家庭子女人數 90% 之信賴區間。

10.15 已知母體為常態分配，試分別依據下列情況作答：

(a)若 $n = 16$, $\sigma = 8$, 區間長度為 3.29 單位, 則信賴程度應為多少？

(b)若 $\sigma^2 = 100$, 對 $\mu$ 的95% 之信賴區間為 (17.2, 22.8), 則 $n$ 之值為何？

10.16 欲估計糖尿病患者之平均年齡, 今隨機抽選 15 名患者, 調查其年齡如下：（母體假設為常態）

　48　61　54　64　10　41　38　23　45　60　55　77　61　70　43

(a)試求母體糖尿病患者之平均年齡90% 之信賴區間。

(b)將(a)之信賴水準改為 99%, 求其信賴區間。

(c)解釋(a)(b)兩者信賴區間長度不同之意義。

10.17 隨機調查某一馬場供遊客乘用的 6 隻馬匹之重量如下（單位：公斤）：

　　　　444　　516　　448　　455　　532　　484

試求此母體平均重量95% 之信賴區間。（母體假設為常態）

10.18 根據習題 10.12 資料, 求算此地區每戶家庭人數超過 4 人的比率之 90% 信賴區間。

10.19 由某一地區抽查 6841 戶家庭, 了解家中擁有小汽車的戶數, 結果發現有 4870 戶有轎車。試求此地區的家庭擁有轎車比率 90% 及 95% 之信賴區間。

10.20 某製造廠商宣稱在他們努力改良生產後, 產品的不良率降低為1%。今欲了解這項產品的不良率, 應抽選多少產品來檢查, 方可使樣本結果與真正母數之間的誤差不超過 0.005 的機率有95%？

10.21 依據習題 10.3 資料, 計算當地嬰兒平均體重95% 之信賴區間。欲使這項調查結果的區間長度減少一半, 則應再抽選多少樣本？

10.22*已知母體機率模式為 $N(\mu, \mu^2)$, 試仿照 10.4 節的作法, 求出 $\mu$ 在

信賴水準為 $1 - \alpha$ 時之信賴區間。

10.23*設 $X_1, X_2, \cdots, X_m$ 為二項分配 $b(x;\ n,p)$ 所抽出之 $m$ 個獨立隨機變數。試利用第四章 Chebyshev's 定理，求出 $a$，$b$，使得

$$p(a \le p \le b) \ge 1 - \alpha$$

# 第十一章　統計推論──檢定

在前一章估計推論中，我們利用抽樣的結果對所感興趣的母數，估計其可能存在的情況。這種推論方法是將母數視為完全未知，而以樣本結果在某種信賴程度下，產生對此母數的機率描述。然而實際上，我們有很多場合，在抽樣或實驗以前，對母數有某種程度的認識，依據這種事前情報，再配合決策目標，就可建立有關母數的假設 (hypothesis)。例如：醫學研究中心宣布，研發成功一種新藥，使 60%的肝癌病患的癌細胞受控制。在實驗此新藥的療效時，我們只要判斷是否有 60% 以上肝癌病患的癌細胞受到控制即可，表示該醫學研究中心的宣布是可信的。我們從相關母體中抽出樣本或進行隨機實驗，檢定這項假設是否可成立，這就是統計的假設檢定 (statistical hypothesis testing)。就好比是：當一個嫌疑犯被送上法院時，基本上假設他是無辜的；而那些檢察官所提出的各項證據（就如同樣本資料一樣），用來檢定此嫌疑犯是否無罪。

在本章中，我們將介紹統計假設檢定的基本概念，並以母體平均數及母體比率為對象，說明如何建立假設及檢定假設，同時討論在這種檢定方式下，將可能發生何種誤差及其發生機率的計算。

## 11.1　機率證據與稀有事件觀念

某一現象發生的機率是依該現象出現可能性大小的優勢比率所作之衡量，此一數值可說明這種不確定情況發生可能性的比重。因此我們常

可依據此項比重大小表達某一情況的判斷。例如第七章例 7.5 的問題，當某人被檢驗出有疾病時，他真正被感染的機率為

$$\frac{0.005 \times 0.99}{0.0149} = 0.3322$$

反之，並未被感染的機率為 $1 - 0.3322 = 0.6678$，因此可判斷檢驗出有病的可靠性並不大。若假設使用較精密的儀器作檢驗，其正確率為 0.9999 時，則檢驗出有病，而真正被感染的機率則高達

$$\frac{0.005 \times 0.9999}{0.005 \times 0.9999 + 0.995 \times 0.00001} = 0.9805$$

在醫學上常有這樣的應用：假設某一地區罹患癌症的比率為 0.6%，而在癌症病患當中，有 85% 的人是吸煙者。又假設此地區吸煙的人佔 30%。今隨機抽出 1 人，若已知此人為吸煙者，則將罹患癌症的機率為

$P$（罹患癌症｜此人為吸煙者）

$= P$（罹患癌症且為吸煙者）$\div P$（此人為吸煙者）

$= P$（罹患癌症）$P$（吸煙者｜此人罹患癌症）

$\div P$（此人為吸煙者）

$= 0.006 \times 0.85 \div 0.3 = 0.017$

反之，

$P$（罹患癌症｜此人不吸煙）$= 0.006 \times 0.15 \div 0.7 = 0.00129$

我們可以說吸煙者罹患癌症的機率是不吸煙者的 13 倍。

第八章例 8.2 的抽樣檢驗問題，也是機率應用的實例。假設合乎規格的產品不良率不可超過 0.02，因此若生產者所生產的產品不良率為 0.02 時，在抽樣檢驗 10 件產品中，發現有 1 件以上不合格將被退貨之機率為 0.1829（可稱之為生產者風險）；反之，若不良率為 0.1，在此抽樣計劃中，消費者被接受的機率為 0.3487（可稱之為消費者風險）。由於雙方

所負擔的風險均不小，因此將抽樣個數改為 30 件，此時生產者風險變為 0.454516，消費者風險則為 0.042391，如此對生產者而言將不滿意，雙方須再協商。

又如，例 7.9 的警報系統及習題 7.9 輸油管開關的可靠程度均可使用機率作不同設計上的考慮。因此在許多決策問題中，經常以機率的大小作選擇的依據。在統計假設檢定中，我們也是使用機率作判斷，說明隨機抽樣所得的資料是否有足夠的證據支持或推翻假設。我們首先用較容易理解的例子來說明統計檢定的概念。

假設你的一位朋友拿 1 枚錢幣，要同你作遊戲，方式是由你投擲此枚錢幣（事前約定好正面及反面的情況），若投擲為正面時，你可獲得 10 元；反之，則須付出 10 元。這個遊戲是否公平，端視出現正反面的機率是否相等。因此首先假設出現正面的機率 $p$ 等於 $\frac{1}{2}$，在進行遊戲前，先作幾次實驗，我們以直覺的想法，敘述對下列情況的反應：

| 發生情況（連續狀態） | 直覺反應 |
|---|---|
| (1)第 1 次投擲得反面 | 沒有特殊的感覺 |
| (2)第 2 次投擲仍然得反面 | 覺得運氣不太好 |
| (3)第 3 次投擲還是得反面 | 覺得有點奇怪 |
| (4)第 4 次投擲依舊得反面 | 對錢幣的公平性感到懷疑 |
| (5)第 5 次投擲還是得反面 | 不相信錢幣是公平的 |

為什麼會有這樣的想法？這是基於錢幣是公平的假設下 ($p = 0.5$)，所產生的結果。以下我們按機率的原理求算上述各情況的發生機率：（實質上，是屬於 $n = 5$, $p = 0.5$ 的二項分配）

(1) $n = 1$　$P(X = 0) = 0.5$　　　機會很大
(2) $n = 2$　$P(X = 0) = 0.5^2 = 0.25$　　機會不算小
(3) $n = 3$　$P(X = 0) = 0.5^3 = 0.125$　機會不能說很大了

$(4)\ n = 4\ P(X=0) = 0.5^4 = 0.0625$　　機會很小

$(5)\ n = 5\ P(X=0) = 0.5^5 = 0.03125$　　機會太小，然而事
　　　　　　　　　　　　　　　　　　情卻發生，因此懷
　　　　　　　　　　　　　　　　　　疑 $p=0.5$ 的假設

上面直覺的想法，即是統計檢定的基本構想：

實際觀察到的樣本結果，若在對 $p = 0.5$ 的假設下，出現的機率太小時，則此種假設即不被支持。也就是說當 $n = 5,\ p = 0.5$ 時，發生 $x = 0$ 的現象是一種稀有的事件，在樣本資料所呈現的證據下，相對的稀有事件不一定會那麼湊巧發生，因此權衡樣本證據與稀有事件的可能性，我們就不支持 $p = 0.5$ 的假設。

# 11.2　假設的建立

依據某些情況可產生對母數的事前情報，如果這項情報的正確性被懷疑，我們將配合決策目標，建立對此母數的假設，此項假設稱之為虛無假設(null hypothesis)，以 $H_0$ 表示之，通常為研究者所欲拒絕，所以稱為虛無的假設。與此假設所產生相反決策目標的假設，則稱為對立假設 (alternative hypothesis)，以 $H_a$ 表示之。我們用下面 2 個例子說明假設建立的過程：

## 例 11.1

自動販賣機的製造廠商向飲料公司業務經理表示，他們所製造的產品均可按規格定量流出，其平均流量為 250cc。業務經理表示要隨機抽出 64 杯加以測量，以檢定製造廠商的宣稱是否確實。所以對此被懷疑的結論即為虛無假設 $H_0 : \mu = 250\text{cc}$，當承認虛無假設時，則表示製造廠商的宣稱是確實的，其相反的決策則為製造廠商的宣稱不確實，因此 $\mu \neq 250\text{cc}$

即為對立假設 $H_a$ 。所以

$$H_0 : \mu = 250 \text{cc}$$

$$H_a : \mu \neq 250 \text{cc} \quad \blacksquare$$

---

### 例 11.2

（續上題）有一消費者向消基會控訴，該自動販賣機的流量偏低，有欺騙顧客的嫌疑。因此消基會決定在市面上隨機抽出該廠牌的自動販賣機若干臺，測量 64 杯的流量，以檢定是否有欺騙顧客的行為。因此當承認 $H_0 : \mu = 250 \text{cc}$ 時，即表示並無欺騙顧客；反之，若 $\mu < 250 \text{cc}$，則消費者的控訴成立。而此時對 $\mu > 250 \text{cc}$ 的情況，自然不能視為對消費者的欺騙，所以假設建立的結果如下：

$$H_0 : \mu \geq 250 \text{cc}$$

$$H_a : \mu < 250 \text{cc} \quad \blacksquare$$

由上面兩個例子，可以了解統計檢定是一個 2 選 1 的決策問題，配合決策目標，將問題以相關的統計母數表達。

# 11.3　假設的檢定

以前面擲錢幣遊戲的決策過程來看，是先將 $p$ 等於 0.5 的假設應用於實際觀察到的樣本結果，再利用稀有事件的觀念作判斷。因此對於所建立之假設（即對某一母數的假設）的統計檢定，是先以虛無假設產生一個假設的母體分配。然後利用樣本資料計算與假設之母數有關的統計量，判斷此一樣本結果是否可提供充分的證據，顯示它的抽樣分配是由虛無假設所構成，此種基於虛無假設所形成的該統計量之抽樣分配稱為

虛無分配 (null distribution)。

例如對一常態母體的平均數假設為 $H_0 : \mu = \mu_0$，則假設的母體分配即為 $N(\mu_0, \sigma^2)$，若用以檢定的統計量為 $\overline{X}$，則其虛無分配為 $N(\mu_0, \sigma^2/n)$。依此抽樣分配觀察樣本結果發生的位置，判斷是否由假設之母體分配所構成，若樣本資料支持這虛無分配，則即可承認虛無假設。以例 11.1 為例，再假定母體為常態分配，且 $\sigma = 10$，因此假設的母體分配即為 $N(250, 10^2)$。由於所欲檢定的母數為 $\mu$，與 $\mu$ 最有關連的統計量或者可說對 $\mu$ 最佳的點估計即為 $\overline{X}$。此時檢定工作變成由抽樣所產生的樣本平均數是否可充分顯示其抽樣分配為 $N(250, 25/16)$。也就是說這些樣本資料是否可認為來自虛無假設的母體分配 $N(250, 10^2)$。判斷的方法我們進一步的使用擲錢幣的遊戲來解釋:

當 $n = 5,\ p = 0.5$，而 $x = 0$ 的位置如圖 11.1。

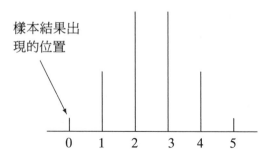

**圖** 11.1　$n = 5,\ P = 0.5$ 二項分配機率圖

在 5 次中，正面均不出現的情況 ($x = 0$) 在此分配的左端，遠離在 $H_0$ 下，大部分資料集中的所在。因此認為樣本結果是一個稀有事件，可以說與 $H_0$ 之間有非常明顯的差距。以例 11.1 的問題來看，在 $H_0$ 下，$\overline{X}$ 的抽樣分配為 $N(250, 25/16)$，而抽查 64 杯飲料的結果，我們自然不能要求它的平均數恰好等於 250cc 才承認虛無假設。也就是說雖然與 $H_0$ 有一點差距，但仍認為可以成立。除非樣本結果發生在虛無假設中稀有事件

的位置，導致兩者差距非常明顯，因而可拒絕虛無假設，如圖 11.2所示。

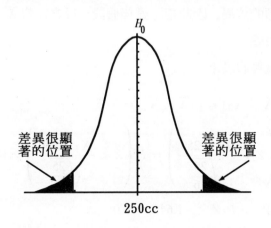

圖 11.2　常態分配差異顯著位置圖

　　這種以樣本結果與虛無假設之間的差異是否顯著所作之檢定，稱為顯著性檢定 (significance testing)。當我們選定認為樣本結果屬於虛無假設中的稀有事件之機率大小的標準後，即可產生拒絕或承認 $H_0$ 之決策法則。例如我們定出例 11.1 之虛無分配兩端 5% 的機率為稀有事件的位置，其所對應橫坐標 $\overline{X}$ 值分別為 $\overline{X}_1$ 及 $\overline{X}_2$，如圖 11.3。

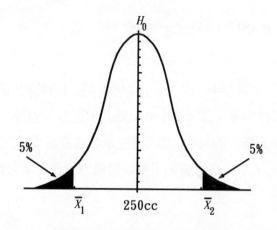

圖 11.3　差異顯著位置圖

當抽樣所得的 $\overline{X}$，若大於 $\overline{X}_2$ 或小於 $\overline{X}_1$ 時，則表示樣本結果與虛無假設有很明顯的差異，因此拒絕虛無假設；反之，若 $\overline{X}_1 < \overline{X} < \overline{X}_2$ 時，則承認虛無假設。

由於在虛無假設下

$$P(\overline{X} > \overline{X}_2) = P(\overline{X} < \overline{X}_1) = 0.05$$

$$P\left(Z > \frac{\overline{X}_2 - 250}{\sqrt{\dfrac{25}{16}}}\right) = P\left(Z < \frac{\overline{X}_1 - 250}{\sqrt{\dfrac{25}{16}}}\right) = 0.05$$

因 $P(Z > 1.645) = P(Z < -1.645) = 0.05$

所以

$$\frac{\overline{X}_2 - 250}{\sqrt{\dfrac{25}{16}}} = 1.645$$

因此

$$\overline{X}_2 = 250 + 1.645 \times \frac{5}{4} = 252.06$$

同理可得

$$\overline{X}_1 = 250 - 1.645 \times \frac{5}{4} = 247.94$$

決策法則即為

當 $\overline{X} < 247.94\text{cc}$ 或 $\overline{X} > 252.06\text{cc}$ 時，拒絕虛無假設。

當 $247.94\text{cc} < \overline{X} < 252.06\text{cc}$ 時，承認虛無假設。

所以說只要決定好 $\alpha$ 的大小，即可產生承認或拒絕虛無假設的決策法則。如何決定 $\alpha$ 的大小，必須要先了解以這種方式作決策判斷所可能產生的誤差是什麼？

# 11.4　第一型誤差與第二型誤差

統計檢定是依據樣本結果對虛無假設進行判斷，因此在真實情況不能確定的情形下，有判斷錯誤的可能。我們這種決策所造成的誤差分類為兩種：

(1)第一型誤差

當虛無假設是對的，但決策是拒絕虛無假設。

(2)第二型誤差

當虛無假設是錯的，但決策是承認虛無假設。

我們可將此項分類表格化如下：

| 決策行動＼真實狀況 | 虛無假設為對 | 虛無假設為錯 |
|---|---|---|
| 承認虛無假設 | 判斷正確 | 判斷錯誤<br>（第二型誤差） |
| 拒絕虛無假設 | 判斷錯誤<br>（第一型誤差） | 判斷正確 |

由於「虛無假設為對」及「虛無假設為錯」兩事件為互斥事件，而上述誤差均分別在不同條件下所發生，因此這兩種誤差是不可能同時出現。其個別發生機率可表示為

第一型誤差的發生機率 ＝ P（拒絕虛無假設｜虛無假設為對的）

第二型誤差的發生機率 ＝ P（承認虛無假設｜虛無假設為錯的）

通常我們以 $\alpha$ 代表第一型誤差的發生機率；$\beta$ 代表第二型誤差的發生機率。

---
### 例 11.3

（續例 11.1）設已知自動販賣機飲料流出量之 $\sigma$ 為 10cc。若所調查之 64 杯飲料的 $\overline{X} > 252.06\text{cc}$ 或 $\overline{X} < 247.94\text{cc}$ 時，則拒絕 $\mu = 250\text{cc}$ 之假設。試求在此決策法則下之 $\alpha$ 值為多少？

【解】

$\alpha = P$（拒絕虛無假設｜虛無假設為對的）

$\quad = P(\overline{X} > 252.06\text{cc}$ 或 $\overline{X} < 247.94\text{cc}|\mu = 250\text{cc})$

$\quad = P(\overline{X} > 252.06\text{cc}|\mu = 250\text{cc}) + P(\overline{X} < 247.94\text{cc}|\mu = 250\text{cc})$

$\quad = P\left(Z > \dfrac{252.06 - 250}{\sqrt{\dfrac{25}{16}}}\right) + P\left(Z < \dfrac{247.94 - 250}{\sqrt{\dfrac{25}{16}}}\right)$

$\quad = P(Z > 1.645) + P(Z < -1.645)$

$\quad = 0.05 + 0.05 = 0.1 \quad \blacksquare$

　　由上題可發現 $\alpha$ 的大小即為當初所設定樣本結果與虛無分配間有顯著差異位置所包含的機率，也就是說樣本結果顯示為稀有事件，因此我們認為與虛無假設有顯著差異，機率雖小然而也可能發生。此種關係可用圖 11.4 表示。

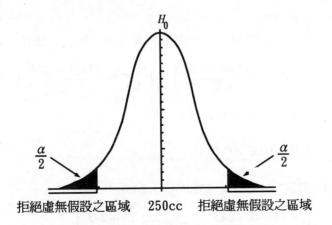

圖 11.4 拒絕區與 $\alpha$ 之關係圖

所以 $\alpha$ 可稱為表示有顯著差異位置之顯著水準 (significance level)。

第二型誤差所發生之機率 $\beta$, 則在對立假設為已知的情況下產生, 由於對立假設有很多, 以例 11.1 來說, $\mu \neq 250\text{cc}$, 今假定其為 $\mu = 245cc$, 則

$$\beta = P(247.94 < \overline{X} < 252.06 | \mu = 245)$$

$$= P\left( \frac{247.94 - 245}{1.25} < Z < \frac{252.06 - 245}{1.25} \right)$$

$$= P(2.35 < Z < 5.65)$$

$$= 0.0094$$

#### 例 11.4

（續例 11.3）假設決策法則改為「當 $\overline{X} < 247.44$ 或 $\overline{X} > 251.76$ 時, 拒絕虛無假設」且對立假設仍定為 245cc, 試求 $\alpha$ 與 $\beta$ 之值。

【解】

$$\alpha = P(\overline{X} < 247.44 | \mu = 250) + P(\overline{X} > 251.76 | \mu = 250)$$

$$= P\left(Z < \frac{247.44 - 250}{1.25}\right) + P\left(Z > \frac{251.76 - 250}{1.25}\right)$$

$$= P(Z < -2.05) + P(Z > 1.41)$$

$$= 0.02 + 0.08 = 0.1$$

$$\beta = P(247.44 < \overline{X} < 251.76 | \mu = 245)$$

$$= P\left(\frac{247.44 - 245}{1.25} < Z < \frac{251.76 - 245}{1.25}\right)$$

$$= P(1.95 < Z < 5.41)$$

$$= 0.0256 \quad \blacksquare$$

由上面例子可看出，雖然兩種決策法則

法則一： 當 $\overline{X} < 247.94$ 或 $\overline{X} > 252.06$ 時，拒絕虛無假設
法則二： 當 $\overline{X} < 247.44$ 或 $\overline{X} > 251.76$ 時，拒絕虛無假設

所產生之 $\alpha$ 值均為 0.1，但在對立假設 $\mu = 245$ 的情況下，第二型誤差的發生機率 $\beta$ 有大小的區分。當然我們希望發生誤差的機率愈小愈好。因此就這種情形來看，選擇例 11.3 的「法則一」較例 11.4 的「法則二」要有利。

# 11.5 顯著水準之決定與決策法則

考慮統計檢定的決策方式所可能產生之誤差後，我們希望選擇適當的方法來產生決策法則，使 $\alpha$ 及 $\beta$ 之值減少到最低。例如在例 11.3 的問

題中，我們所設定的 $\alpha$ 值為 0.1，若認為數值太大，可將決策法則向兩端移動，即可由拒絕區域之縮小而使 $\alpha$ 值減少，如圖 11.5 將決策法則改為「當 $\overline{X} > 253.56$ 或 $\overline{X} < 246.44$ 時，拒絕虛無假設」

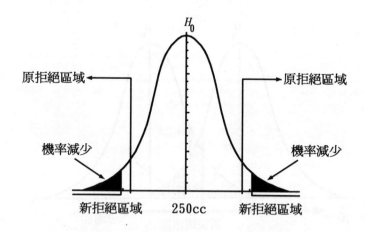

圖 11.5　拒絕區域縮小後對 $\alpha$ 之影響

此時我們計算 $\alpha$ 及 $\beta$ 之變化:

$$\alpha = P(\overline{X} < 246.44 | \mu = 250) + P(\overline{X} > 253.56 | \mu = 250)$$

$$= P\left( Z < \frac{246.44 - 250}{1.25} \right) + P\left( Z > \frac{253.56 - 250}{1.25} \right)$$

$$= P(Z < -2.85) + P(Z > 2.85)$$

$$= 0.044 < 0.1$$

$$\beta = P(246.44 < \overline{X} < 253.56 | \mu = 245)$$

$$= P\left( \frac{246.44 - 245}{1.25} < Z < \frac{253.56 - 245}{1.25} \right)$$

$$= P(1.15 < Z < 6.85)$$

$$=0.1251 > 0.0094$$

可發現當 $\alpha$ 減少時，將使 $\beta$ 隨之而增加；反之若 $\beta$ 減少，同樣亦使 $\alpha$ 隨之而增加，此種變化以圖 11.6 來解釋：

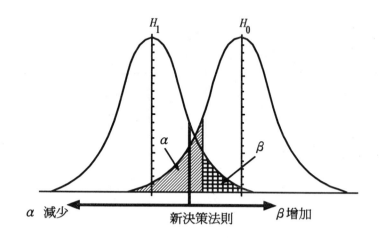

**圖 11.6　決策法則變更對 $\alpha$ 及 $\beta$ 之影響**

解決這個古典統計檢定的方法是：「將 $\alpha$ 固定大小，選擇使 $\beta$ 為最小的檢定方法。」

我們分成 2 個子題來說明：

**第 1 個子題：如何選定 $\alpha$ 的大小？**

首先由例 11.3 及例 11.4 $\alpha$ 的計算中可發現，當 $\alpha$ 的數值較小時，一方面代表第一型誤差發生的機率較少；另一方面表示所產生拒絕虛無假設之區域變窄，因此比較不容易拒絕虛無假設。所以古典統計檢定將 $\alpha$ 分成 3 種水準（如同信賴水準一樣） 0.1，0.05，0.01。而選擇水準的大小是以主觀方式判斷第一、二型誤差何者發生所引起的損失較嚴重而決定。如果認為第一型誤差所產生的損失較第二型誤差嚴重，則希望第一型誤差之發生機率較小，因此可選擇 $\alpha = 0.01$；反之，若認為第二型誤差

所產生的損失較第一型誤差嚴重，則希望第二型誤差之發生機率較小，也就是希望 $\beta$ 較小，因此可選擇較大的 $\alpha$，即 $\alpha = 0.1$ （因 $\alpha$ 增加時，$\beta$ 將減少）。

### 例 11.5

在例 11.1 所建立的假設下，判斷何者損失較嚴重？應如何選擇 $\alpha$ 的大小？

【解】

所建立的假設為

$$H_0 : \mu = 250\text{cc}$$

$$H_a : \mu \neq 250\text{cc}$$

若承認虛無假設，則表示自動販賣機的製造商宣稱是正確的，可以採用他的產品；反之，則認為他的宣稱不確實，將拒絕使用他的產品。第一型誤差的發生是在製造廠商的產品合乎規格，但卻決定不採用，其損失則為失去使用合格產品之機會；第二型誤差的發生是在製造廠商的產品不合規格，但卻決定採用，此時很明顯的產生採購錯誤的決策。在沒有其他因素的考慮下，我們可以主觀的認為第二型誤差所產生的損失較嚴重。因此為減少它的發生機率，可選擇較大的 $\alpha$，即 0.1 的顯著水準。 ∎

　　第 2 個子題：在 $\alpha$ 的大小決定後，如何作檢定可使 $\beta$ 為最小？

　　以前面例 11.1 問題來看，由於對立假設 $\mu \neq 250\text{cc}$，因此在虛無假設的兩邊（大於 250cc 或小於 250cc ）均有對立假設的可能，所以表示與虛無假設有顯著差異的位置，必須安排在虛無分配的兩端（由於母體為常態，分配的兩端為稀有事件的發生位置）。在例 11.4 的問題中，可看出將 $\alpha$ 平分在兩端，使 $\beta$ 值變得比其他情況的 $\beta$ 要小。事實上，可依常態

分配的特性, 證明:

當拒絕虛無假設區域為

$$\overline{X} < \overline{X}_1 \ \ 或 \ \ \overline{X} > \overline{X}_2 \ (\overline{X}_1 < \overline{X}_2)$$

若 $\qquad P(\overline{X} > \overline{X}_2 | \mu = \mu_0) = P(\overline{X} < \overline{X}_1 | \mu = \mu_0) = \alpha/2$

則 $\qquad \beta = P(\overline{X}_1 < \overline{X} < \overline{X}_2 | \mu = \mu_a)$

之值為最小。

對於這種最佳安排的檢定方法, 我們稱為兩端檢定 (two-tail testing)。

　　前面所介紹的檢定方法是針對假設為 $H_0 : \mu = \mu_0$, $H_a : \mu \neq \mu_\alpha$ 的型態。而在例11.2 中, 於不同的決策目標下, 產生另一種假設的表現, 即 $H_0 : \mu \geq 250\text{cc}$, $H_a : \mu < 250\text{cc}$。統計的假設檢定是先以虛無假設建立虛無分配, 然後以樣本結果進行檢定。如今在虛無假設中有許多種 $\mu(\mu \geq 250\text{cc})$, 然而在 $\mu = 250\text{cc}$ 時, 若承認虛無假設, 即表示該公司並無欺騙顧客之行為, 此時對其他的 $\mu_0(> 250\text{cc})$ 可不須再檢定; 在 $\mu = 250\text{cc}$ 時, 若拒絕虛無假設, 即表示樣本結果與 $\mu = 250\text{cc}$ 之間有顯著的差異, 因此與其他的 $\mu_0(> 250\text{cc})$ 之間的差異將更顯著, 決策結果仍舊是拒絕無假設。所以雖然虛無假設 $\mu \geq 250\text{cc}$ 有許多種, 但僅須按 $\mu = 250\text{cc}$ 作檢定即可。由於 250cc 的右邊都是虛無假設, 對立假設在虛無假設的左邊, $\alpha$ 的位置 (表達樣本結果與虛無假設有顯著差異的區域) 自然將集中於虛無分配的左端。事實上可證明: 在假設為 $H_0 : \mu \geq \mu_0$, $H_a : \mu < \mu_0$, 而決策法則為: 當 $\overline{X} < \overline{X}_1$ 時拒絕虛無假設, 若 $P(\overline{X} < \overline{X}_1) = \alpha$, 則 $\beta = P(\overline{X} > \overline{X}_1 | \mu = \mu_0)$ 為最小, 如圖 11.7。這種檢定方法我們稱為左端檢定 (left-tail testing)。

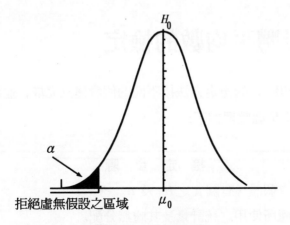

**圖** 11.7　*左端檢定*

以此類推，在假設為 $H_0 : \mu \leq \mu_0, H_a : \mu > \mu_0$，拒絕虛無假設之區域為 $\overline{X} > \overline{X}_2$ 時，若 $P(\overline{X} > \overline{X}_2) = \alpha$，則 $\beta = P(\overline{X} < \overline{X}_2 | \mu = \mu_0)$ 為最小，如圖 11.8。

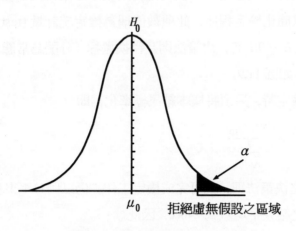

**圖** 11.8　*右端檢定*

這種檢定方法我們稱為右端檢定 (right-tail testing)。

# 11.6　母體平均數的檢定

前幾節已經將 $\mu$ 的檢定方法按不同的假設建立完成，並說明其檢定過程。茲將檢定步驟整理如下：

---

**檢 定 步 驟**

1.建立假設（有關 $\mu$ 之 $H_0$ 及 $H_a$。）

2.考慮所使用之統計量及其虛無分配。

3.選定 $\alpha$ 的大小及檢定方法（兩端檢定、右端檢定、左端檢定）。

4.產生決策法則——拒絕虛無假設之區域。

5.結論。

---

在實際檢定過程當中，我們常利用樣本結果轉換為在虛無分配下的標準值，以簡化檢定程序，此項數值稱為檢定統計量 (test statistics)。如例 11.1，在 $\alpha = 0.1$ 時，決策法則及轉換過程（分配為常態，將 $\overline{X}$ 改以 $Z$ 值表示），如圖 11.9。

因此檢定時，只須將樣本結果標準化，即

$$Z = \frac{\overline{X} - \mu_0}{\frac{\sigma}{\sqrt{n}}}$$

使用 $Z$ 值之決策法則，就可完成檢定工作。仍以例 11.1 來看，假定 64 杯隨機抽出之結果平均數為 246cc，因此

$$Z = \frac{246 - 250}{1.25} = -3.2 < -1.645$$

表示在拒絕虛無假設之區域內。

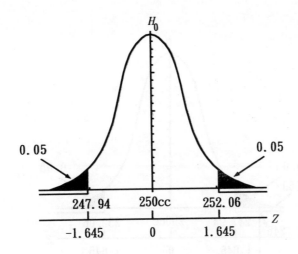

圖 11.9  $\overline{X}$ 改以 $Z$ 值表示之決策法則

　　另一種決策方式是計算樣本結果在虛無分配之機率位置，也就是衡量樣本結果在極端的機率，若此項機率比預定的有顯著差異位置的機率小時，即表示樣本結果在拒絕虛無假設之區域內。如前例樣本結果發生在虛無假設之左邊，因此計算在左端的機率，即

$$P(\overline{X} < 246) = P\left(Z < \frac{246 - 250}{1.25}\right) = P(Z < -3.2)$$

$$= 0.00069 < 0.05$$

如同前兩種方法一樣，三者均表示拒絕虛無假設

$$\overline{X} = 246 < 247.94$$

$$Z = -3.2 < -1.645$$

$$P(\overline{X} < 246) = 0.00069 < 0.05$$

如圖 11.10 所示。

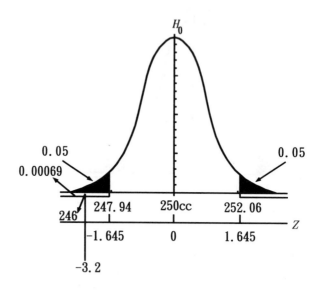

圖 11.10　3 種決策方式之比較

由於不同的檢定方式所比較的有顯著差異位置的機率不一樣, 為方便起見將左端檢定及右端檢定稱為一端檢定, 並設

$$P(Z > Z_\alpha) = \alpha \ \ 或 \ P(Z > Z_{\alpha/2}) = \frac{\alpha}{2}$$

$\bar{x}$ 代表實際獲得之樣本平均數, 則當使用

(1)兩端檢定時, 若

(i)$\bar{x} > \mu_0, \ P(\overline{X} > \bar{x}) < \dfrac{\alpha}{2}$

(ii)$\bar{x} < \mu_0, \ P(\overline{X} < \bar{x}) < \dfrac{\alpha}{2}$

則拒絕虛無假設。

(2)左端檢定時, 若 $P(\overline{X} < \bar{x}) < \alpha$, 則拒絕虛無假設。

(3)右端檢定時, 若 $P(\overline{X} > \bar{x}) < \alpha$, 則拒絕虛無假設。

為便於檢定，我們按下列情況作計算，而此一數值稱為機率值 (probability value)，簡稱 $p$ 值，即

(1)兩端檢定：

$\quad p$ 值 $= 2P(\overline{X} > \overline{x})$ 或 $2P(\overline{X} < \overline{x})$（按前述條件選擇）

(2)一端檢定：

$\quad p$ 值 $= P(\overline{X} > \overline{x})$ 或 $P(\overline{X} < \overline{x})$（按前述條件選擇）

檢定時只要 $p$ 值小於 $\alpha$，均拒絕虛無假設。

茲將對 $\mu$ 得各種檢定情況彙總如下表：

$$（顯著水準為 \alpha, \quad Z = \frac{\overline{x} - \mu_0}{\sigma/2}）$$

| 假　　　設 | 拒絕虛無假設 |
|---|---|
| | 兩端檢定 |
| $H_0 : \mu = \mu_0$ | (1) $|Z| > z_{\alpha/2}$ |
| $H_a : \mu \neq \mu_0$ | (2) $p$ 值 $< \alpha$ |
| | 右端檢定 |
| $H_0 : \mu \leq \mu_0$ | (1) $Z > z_\alpha$ |
| $H_a : \mu > \mu_0$ | (2) $p$ 值 $< \alpha$ |
| | 左端檢定 |
| $H_0 : \mu \geq \mu_0$ | (1) $Z < -z_\alpha$ |
| $H_a : \mu < \mu_0$ | (2) $p$ 值 $< \alpha$ |

然而上述公式母體標準差 $\sigma$ 須已知，因此在 $\sigma$ 未知情況下應按第十章考慮 $\overline{X}$ 的抽樣分配：

(1)當樣本數 $n$ 足夠大，$\dfrac{\overline{X} - \mu_0}{S/\sqrt{n}}$ 的抽樣分配近似標準常態分配（通常為 $n > 30$）。

(2)當樣本數 $n \leq 30$，則須使用 $t = \dfrac{\overline{X} - \mu_0}{S/\sqrt{n}}$ 分配。

茲將對 $\mu$ 的各種檢定在小樣本情況彙總如下表:

$$(\text{顯著水準為 } \alpha, \quad t = \frac{\overline{X} - \mu_0}{S/\sqrt{n}}, \quad p \text{ 值按 } t \text{ 分配計算})$$

| 假　　　　設 | 拒絕虛無假設 |
|---|---|
| $H_0 : \mu = \mu_0$<br>$H_a : \mu \neq \mu_0$ | 兩端檢定<br>$(1) \|t\| > t_{a/2}(\nu), \nu = n - 1$<br>$(2) p$ 值 $< \alpha$ |
| $H_0 : \mu \leq \mu_0$<br>$H_a : \mu > \mu_0$ | 右端檢定<br>$(1) t > t_\alpha(\nu), \nu = n - 1$<br>$(2) p$ 值 $< \alpha$ |
| $H_0 : \mu \geq \mu_0$<br>$H_a : \mu < \mu_0$ | 左端檢定<br>$(1) t < -t_\alpha(\nu), \nu = n - 1$<br>$(2) p$ 值 $< \alpha$ |

## 例 11.6

假設 5 年前調查文學類雜誌平均每本的售價為 75 元。今年隨機抽出 40 種同類型刊物, 調查其零售價為

| | | | | | | | | | |
|---|---|---|---|---|---|---|---|---|---|
| 78 | 91 | 81 | 78 | 74 | 98 | 76 | 68 | 75 | 86 |
| 72 | 73 | 75 | 83 | 84 | 73 | 76 | 82 | 75 | 83 |
| 76 | 80 | 81 | 67 | 66 | 67 | 80 | 75 | 67 | 73 |
| 65 | 74 | 71 | 77 | 79 | 69 | 66 | 68 | 89 | 73 |

在 $\alpha = 0.1$ 下, 是否可認為今年的售價較 5 年前提高? 並計算 $p$ 值。$(\sigma = 8.33)$

【解】

$H_0 : \mu \leq 75$ （代表售價未提高）

$H_a : \mu > 75$ （代表售價提高）

應採右端檢定，樣本數足夠大 $(n = 40)$，$\sigma$ 為已知，抽樣分配可使用常態分配，則拒絕虛無假設之區域為

$$Z > z_{0.1} = 1.28$$

因此

$$\overline{X} = \frac{3044}{40} = 76.1$$

$$Z = \frac{\overline{X} - \mu_0}{\sigma/\sqrt{n}} = \frac{76.1 - 75}{8.33/\sqrt{40}} = 0.84 < 1.28$$

承認虛無假設，在 $\alpha = 0.1$ 下，根據所抽樣的結果，沒有充分的證據顯示今年的平均售價較 5 年前提高。

$$p \text{ 值} = P(Z > 0.84) = 0.2005 > 0.1 \qquad ■$$

### 例 11.7

消費者權益組織認為某一牌麥粉每盒平均重量有低於標示重量 15oz 的嫌疑。今隨機抽出此牌麥粉 40 盒，測得重量如下：

| | | | | | | | | | |
|---|---|---|---|---|---|---|---|---|---|
| 14.8 | 15.1 | 15.2 | 15.4 | 14.8 | 14.6 | 14.7 | 14.5 | 14.8 | 15.4 |
| 14.3 | 14.5 | 15.2 | 14.6 | 15.4 | 15.4 | 14.5 | 14.7 | 14.7 | 15.3 |
| 15.3 | 14.5 | 14.0 | 14.2 | 14.6 | 15.0 | 15.1 | 14.9 | 14.9 | 14.8 |
| 15.0 | 14.4 | 15.4 | 14.3 | 15.4 | 14.9 | 15.2 | 14.6 | 15.1 | 14.7 |

由這項結果是否可顯示消費者權益組織的懷疑是正確的？（$\alpha = 0.05$, $\sigma = 0.5oz$）

【解】

$$H_0 : \mu \geq 15 \text{（代表消費者權益組織的懷疑不正確）}$$
$$H_a : \mu < 15 \text{（代表消費者權益組織的懷疑正確）}$$

應採左端檢定，樣本數足夠大 $(n = 40)$，$\sigma$ 為已知，抽樣分配可使用常態分配，則拒絕虛無假設之區域為

$$Z < -Z_{0.05} = -1.645$$

因此

$$\overline{X} = \frac{594.2}{40} = 14.855$$

$$Z = \frac{\overline{X} - \mu_0}{\sigma/\sqrt{n}} = \frac{14.855 - 15}{0.5/\sqrt{40}} = -1.834 < -1.645$$

拒絕虛無假設，在 $\alpha = 0.05$ 下，這項調查結果顯示消費者權益組織的懷疑是正確的。　■

## 例 11.8

一項醫學研究建議成年人每日鈣的吸收量為 800 毫克。一位營養師認為所得低於平均水準的人，每日鈣的吸收量有偏低的情況。今從這部份所得水準的人中，隨機抽出 50 人，並調查其每日鈣的吸收量如下：

| 879 | 1096 | 701 | 986 | 828 | 1077 | 703 | 633 | 1119 | 951 |
| 555 | 422 | 997 | 473 | 702 | 508 | 530 | 688 | 691 | 943 |
| 513 | 720 | 944 | 673 | 574 | 707 | 864 | 748 | 498 | 881 |
| 743 | 1199 | 655 | 599 | 792 | 1325 | 915 | 456 | 1043 | 1008 |
| 705 | 180 | 287 | 542 | 893 | 1052 | 473 | 739 | 642 | 915 |

在 $\alpha = 0.05$ 下，檢定這位營養師的話是否正確？

【解】

$$H_0 : \mu \geq 800 \text{（代表營養師的話不正確）}$$
$$H_a : \mu < 800 \text{（代表營養師的話正確）}$$

應採左端檢定，$\sigma$ 雖未知，但樣本數足夠大 $(n = 50)$，抽樣分配可使用常態分配，則拒絕虛無假設之區域為

$$Z < -Z_{0.05} = -1.645$$

因此

$$\overline{X} = \frac{37767}{50} = 755.3$$

$$S = \sqrt{\frac{31333629 - \frac{37767^2}{50}}{49}} = 239.3$$

$$Z = \frac{\overline{X} - \mu_0}{S/\sqrt{n}} = \frac{755.3 - 800}{239.3/\sqrt{50}} = -1.32 > -1.645$$

承認虛無假設，抽樣結果顯示並沒有充分的證據表示營養師的宣稱是正確的。 ∎

## 例 11.9

依據 1982 年資料，美國居民當年每戶能源支出平均為 \$1022。同年由高所得家庭中隨機抽出 15 戶，調查其能源支出結果如下：

| 1153 | 1249 | 1126 | 1053 | 1689 | 1514 | 1420 | 807 |
| 1130 | 1268 | 1610 | 1192 | 1104 | 1250 | 1084 | |

假設每年每一高所得家庭的能源支出形成常態分配，試在 $\alpha = 0.05$ 下，是否可認為高所得家庭的平均能源支出超過一般水準？

【解】

$H_0: \mu \leq 1022$（代表高所得家庭的平均能源支出未超過一般水準）

$H_a: \mu > 1022$（代表高所得家庭的平均能源支出超過一般水準）

應採右端檢定，$\sigma$ 未知，$n$ 為小樣本，抽樣分配應使用 $t$ 分配（自由度 $= 14$），則拒絕虛無假設之區域為

$$t > t_{0.05} = 1.761$$

因此

$$\overline{X} = \frac{18649}{15} = 1243.27$$

$$S = \sqrt{\frac{23932721 - \dfrac{18649^2}{15}}{14}} = 231.0$$

$$t = \frac{\overline{X} - \mu_0}{S/\sqrt{n}} = \frac{1243.27 - 1022}{231/\sqrt{15}} = 3.71 > 1.761$$

拒絕虛無假設，表示這項抽樣結果顯示高所得家庭的平均能源支出與一般支出水準有顯著差異，可以認為超過一般水準。　■

# 11.7　母體比率的檢定

如同第十章對 $p$ 的估計，我們僅介紹在足夠的樣本下，依中央極限定理使用常態分配對 $p$ 作檢定。由於已知虛無假設之 $p_0$，因此 $V(\hat{p}) = \dfrac{p_0(1-p_0)}{n}$，則 $\dfrac{\hat{p} - p_0}{\sqrt{\dfrac{p_0(1-p_0)}{n}}}$ 的抽樣分配近似為標準常態分配。

茲將對 $p$ 的各種檢定情況彙總如下表：

$$（顯著水準為 \alpha, \quad Z = \frac{\hat{p} - p_0}{\sqrt{\dfrac{p_0(1 - p_0)}{n}}}）$$

| 假　　　設 | 拒絕虛無假設 |
|---|---|
| | 兩端檢定 |
| $H_0 : p = p_0$ | $(1)\, |Z| > z_{\alpha/2}$ |
| $H_a : p \neq p_0$ | $(2)\, p$ 值 $< \alpha$ |
| | 右端檢定 |
| $H_0 : p \leq p_0$ | $(1)\, Z > z_{\alpha}$ |
| $H_a : p > p_0$ | $(2)\, p$ 值 $< \alpha$ |
| | 左端檢定 |
| $H_0 : p \geq p_0$ | $(1)\, Z < -z_{\alpha}$ |
| $H_a : p < p_0$ | $(2)\, p$ 值 $< \alpha$ |

### 例 11.10

在某次選舉投票前，進行一項抽樣調查，發現 379 人中有 225 人支持甲候選人，則在 $\alpha = 0.05$ 下，這項調查結果是否可認為當地選民超過一半的人會支持他？

【解】

$H_0 : p \leq 0.5$（代表未過一半的人會支持他）

$H_a : p > 0.5$（代表超過一半的人會支持他）

應採右端檢定，抽樣分配可使用常態分配，則拒絕虛無假設之區域為

$$Z > z_{0.05} = 1.645$$

因此

$$\hat{p} = \frac{225}{379} = 0.594$$

$$Z = \frac{0.594 - 0.5}{\sqrt{\dfrac{0.5(1 - 0.5)}{379}}} = 3.66 > 1.645$$

拒絕虛無假設，在 $\alpha = 0.05$ 下，樣本調查結果與虛無假設有顯著差異，因此可認為當地選民有過半數的人支持甲候選人。 ∎

# 11.8* 使用顯著性假設檢定應注意的問題

統計的假設檢定是依據樣本資料，在虛無假設下，說明實際觀察到的資料是否與虛無假設有顯著的差異。也就是說在固定的顯著水準下 $(\alpha)$，我們的樣本資料是否落在所指定的機率大小為 $\alpha$ 的範圍內，若落在此範圍，則稱樣本資料是稀有事件（在虛無假設下），表示與虛無假設有顯著的差異。因此 $\alpha$ 一方面表示我們拒絕相信虛無假設的指標，另一方面也表示當我們拒絕 $H_0$ 時所負擔的風險大小，即決策錯誤的發生機率。在第一章開始的第 3 則統計報導所提「收視率贏過對手 1 個百分點」，是否可表示真正超過對方？我們舉例來說明：

假定對手的收視率為 30%，今進行隨機抽樣 200 名觀眾，發現有 62 人觀看該節目，依據此項調查結果是否可認為收視率已超過對手？統計的檢定程序為

$H_0 : p \leq 0.3$（未超過對手）

$H_a : p > 0.3$（已超過對手）

$$Z = \frac{62/200 - 0.3}{\sqrt{\dfrac{0.3 \times 0.7}{200}}} = \frac{0.01}{0.0324} = 0.31$$

則 $p$ 值 $= P(Z > 0.31) = 0.3783$，表示在 $p = 0.3$ 的情況下， 200 個人中，仍然有 0.3783 的機率會發生有 62 人以上觀看該節目，也就是說此一情況並非是稀有事件。因此雖然調查結果超過對手 1 個百分點，但並不具有

充分的證據支持 $p > 0.3$。反過來說，若欲使超過對手 1 個百分點能當作支持 $p > 0.3$ 的充分證據時，則須在較大的樣本下才能成立。今舉例作計算，$\alpha$ 取為 0.01，則

$$p值 = P\left( Z > \frac{62/200 - 0.3}{\sqrt{\dfrac{0.3 \times 0.7}{n}}} \right) < 0.01$$

$$\frac{0.01}{\sqrt{\dfrac{0.21}{n}}} > 2.33$$

$$n > 11400$$

表示若隨機抽樣至少 11400 名觀眾，發現有 31%的人觀看該節目，此時才具有充分的證據支持 $p > 0.3$　（自然是在 $\alpha = 0.01$ 的風險下所作的決策）。

由以上的說明可以歸納有關統計檢定幾個應注意的問題：

### 1.承認與拒絕虛無假設的含意

如上例，在右端檢定時，若樣本結果發生在虛無假設的左邊，我們可以大膽的承認虛無假設（此時 $p$ 值至少是 0.5）。若樣本結果發生在虛無假設的右邊，我們就要判斷是一種偶然的巧合（在虛無假設是對的時，因抽樣關係隨機而產生）或是稀有現象？統計檢定就是幫助我們了解樣本結果發生在虛無假設下的機率證據，建立我們對承認或拒絕虛無假設的信心。因此當拒絕虛無假設時，我們認為依樣本所產生的結果，顯示與虛無假設有顯著的差異，此一現象出現在虛無假設之機率非常小（小於 $\alpha$，但並非不可能）；若承認虛無假設時，則表示樣本所產生的結果，顯示與虛無假設沒有顯著的差異，此一現象出現在虛無假設之機率並不小（大於 $\alpha$），所以沒有充分的證據拒絕虛無假設。按照我們通常所選擇的 $\alpha$ 大小，可以發現除非樣本結果與虛無假設之差距非常強烈，否則我

們不會拒絕虛無假設，正如同法院審判一樣，除非證據確鑿，否則不會
將嫌疑犯定罪。

### 2.統計檢定與實際應用

我們檢定結論認為有顯著差異是依據樣本結果在虛無假設下的抽樣
分配，所表現的位置來決定，因此還需要考慮在實際上應用的意義。也
就是統計上所講的顯著差異與應用者的角度有些許不同，譬如某一零件
的規格要求厚度為 0.5 公分，若實際抽出 1000 件作檢驗，求得平均數為
4.98 公分，標準差為 0.2 公分。在實際應用時，或許會認為 0.02 公分的
差距並不重要，可以接受這批產品。然而統計檢定卻是

$$Z = \frac{4.98 - 5}{\frac{0.2}{\sqrt{1000}}} = -3.16$$

$p$ 值為 0.000789，認為有顯著差異而拒絕接受。主要的原因是樣本數太大
所造成，也就是說 $p$ 值會受樣本大小的影響，當樣本數過大時，一點點
的差距會變成統計上有顯著的差異；反之，當樣本數較小時，很重要的
差距（由應用者的角度看）會變成統計上沒有顯著的差異。此種現象一
方面是統計檢定是考慮樣本資料發生在虛無假設下的機率性質，另一方
面則表示在一定的 $\alpha$ 大小下，樣本結果落在承認區即表示與虛無假設沒
有顯著差異，並不考慮與虛無假設的距離（雖在承認區內也有差距大小
之分），因此顯著性檢定被稱為守球門式檢定，如圖 11.11 所示。

### 3.顯著差異所代表之意義

檢定後認為有顯著差異其含意須小心解釋，正如同第六章所講到：
若兩變量直線相關很高時，並不表示兩者亦有高度的因果關係。當檢定
結果表示與虛無假設有顯著差異時，只告訴我們差異的確存在，並不能
告訴我們它為何存在。要了解差異的原因，必須從資料取得的源頭開始，
就該資料的專業背景來說明。如零件的厚度何以與原設計規格有差距，

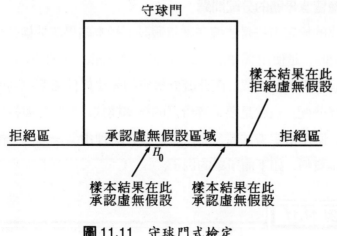

守球門

樣本結果在此
拒絕虛無假設

拒絕區　　承認虛無假設區域　　拒絕區
$H_0$

樣本結果在此　　樣本結果在此
承認虛無假設　　承認虛無假設

**圖** 11.11　守球門式檢定

檢定的結果僅表示這項差距存在，為何存在則要看生產過程中與原設計
規劃之環境有何出入來解釋。舉例而言，假設某人宣稱他有超能力，現
任意投擲一粒骰子，由此人控制出現為 6 點，結果在重複 720 次的丟擲
中，出現 143 次 6 點，因此取 $p$ 為出現 6 點之機率，對下列假設作檢定

$$H_0 : p = \frac{1}{6}$$

$$H_a : p > \frac{1}{6}$$

則樣本結果之 $p$ 值為

$$P\left( Z > \frac{143 - 720 \times \dfrac{1}{6}}{\sqrt{720 \times \dfrac{1}{6} \times \dfrac{5}{6}}} \right) = P(Z > 2.3) = 0.010724$$

$p$ 值很小，表示此一現象在虛無假設下恰巧出現之機率很小，這是說明
樣本結果與虛無假設有顯著差異，但並不表示此人具有超能力。因為這
種現象發生的可能原因之一是所投擲的骰子出現 6 點的機率偏高。

### 4.應留意母體的分配問題

前述的檢定方法是依據在虛無假設下樣本結果的抽樣分配，譬如對$\mu$作檢定時，是使用$\overline{X}$在$\mu = \mu_0$下的抽樣分配，來判斷樣本結果是否與虛無假設有顯著的差異。因此統計檢定的先決條件需要找到屬於樣本結果的抽樣分配，也就是要了解母體的機率模式。尤其是與抽樣分配無關的場合，使用檢定方法時，要注意是否在處理由某一母體分配所抽樣產生的樣本資料，如下面所舉的例子：

#### 例 11.11

依第七章 7.1 節所提臺灣地區歷年來出生嬰兒的男嬰比率是否與 0.52 有顯著的差異？

【解】

資料本身即為母體資料，不需作檢定，與 0.52 有一定的差異。也許資料本身存在調查誤差，但它屬於另外一種有關人口調查誤差的機率模式，以各年度男嬰比率而言，此項結果屬於母數，不涉及是否顯著差異的問題。　■

#### 例 11.12

5 個古代所認知的行星金、木、水、火、土，可按與地球體積是否相近分為類地行星（水星、金星、火星）與巨行星（木星、土星）。若以地球密度為 1，則 5 個行星的密度如下：

| 金星 | 水星 | 火星 | 土星 | 木星 |
|------|------|------|------|------|
| Venus | Mercury | Mars | Jupiter | Saturn |
| 0.94 | 0.68 | 0.71 | 0.24 | 0.12 |

則 3 個類地行星平均密度為 0.777；2 個巨行星平均密度為 0.18，兩者是

否可說有統計上顯著的差異？

【解】

資料並非由某一母體隨機抽樣產生，因此欲進行之統計檢定為無意義。

∎

# 重要名詞

| | |
|---|---|
| 機率證據 | 稀有事件 |
| 虛無假設 | 對立假設 |
| 虛無分配 | 顯著性檢定 |
| 決策法則 | 第一型誤差 |
| 第二型誤差 | 顯著水準 |
| 兩端檢定 | 左端檢定 |
| 右端檢定 | 一端檢定 |
| 機率值 | 守球門式檢定 |

# 習　題

11.1 一家減肥中心宣稱參加他們的減肥計劃，3 個月平均可減少體重 5 公斤。今隨機抽選 15 名參加者，檢定該中心的廣告是否誇大？對於這項檢定試問：

(a)何時發生第一型誤差？

(b)何時發生第二型誤差？

11.2 由 $\sigma = 25$ 之母體中隨機抽出 100 個資料，對下面假設作檢定

$$H_0 : \mu \geq 225$$
$$H_a : \mu < 225$$

若 $\overline{X} < 219$ 時，試求第一型誤差的發生機率？

11.3 將上題的 $\sigma$ 改為 40，則對所求答案有何影響？並作說明。

11.4 某公司考慮將舊型印表機全部更換為新型印表機。已知舊型印表機每分鐘打印 130 行，設 $\mu$ 代表新型印表機每分鐘打印的行數。試按下列不同情況分別說明假設的建立：

(a)該公司並不急於更換，除非新型印表機的性能遠超過舊型印表機才更換。

(b)該公司急於更換，只要新型印表機的性能不比舊型印表機的性能差，就考慮更換。

(c)說明上述 2 種檢定的差異。

11.5 一位大型超級市場的業務經理懷疑櫃員甲每日發生錯誤的次數偏高。根據過去的經驗顯示全部櫃員每月每人發生錯誤次數形成 $\mu = 18$，$\sigma = 5$ 的常態分配。他決定隨機選擇 10 個月，若該櫃員每月平均發生次數超過 20 次時，就被解雇。試求下列各機率：

(a)櫃員甲的工作品質並不壞, 但卻被解雇。

(b)櫃員甲每月發生次數平均為 21 次, 但卻決定繼續雇用他。

11.6 檢定心臟調整器的電池平均使用壽命之假設如下:

$$H_0 : \mu \leq 300 \text{ 天}, \quad H_a : \mu > 300 \text{ 天}$$

如果你是醫師, 試問

(a)第一型誤差與第二型誤差何者發生的損失較大?

(b)根據上述判斷, 應當選擇較大的 $\alpha$ 或較小的 $\alpha$?

11.7 某大百貨公司最近推出一連串的促銷活動, 在此之前長期觀察的記錄顯示, 顧客每次消費額平均為 875 元, 標準差 246 元, 且為常態分配。促銷活動實施後, 隨機抽出 16 名顧客, 求得消費額平均為 965 元。試問在顯著水準為 0.05 下, 此項資料是否可充分顯示促銷活動可提升消費者的平均消費額?

11.8 國片發行機構調查每一部國片在臺灣地區各城市上映的平均時間為 18 天, 標準差為 2.2 天。某城市片商認為在他們的地區, 國片平均上映時間較其他地區為低。因此隨機選出 35 部國片, 調查其在該地的上映天數, 求得平均天數為 17.2 天。試在 $\alpha = 0.1$ 下, 此項樣本結果是否可支持當地發行商的說法?

11.9 假設一般小汽車保養平均收費\$1440, 標準差為\$520。今針對 A 汽車修護廠, 隨機抽選 121 輛保養的小汽車, 調查其所收取的保養費, 結果平均為\$1510。則在顯著水準為 0.05 時, 此項資料是否可認為 A 汽車修護廠的收費水準較一般來的高?

11.10 環保署對全市進行長期觀察, 得知平均每區每天的垃圾量為 25000 立方公尺, 標準差為 4000 立方公尺。今對該市北區隨機抽選 64 天, 求得平均每日垃圾量為 28000 立方公尺, 則是否可認為北區的垃圾量與其他地區有顯著的不同?

11.11 超級市場欲調查其週圍 2 公里居民之每月平均收入是否超過\$36000。

今隨機抽選 60 家，求得 $\overline{X} = \$37600$, $S = \$1156$。試在 $\alpha = 0.05$ 下，應如何作結論？

11.12 貨運公司懷疑製造輪胎廠商所宣稱其產品平均可使用 4 萬公里有偏高之嫌。今隨機選出 40 個輪胎，隨意安裝在該公司的貨車上，求得平均使用公里數為 39000 公里，標準差為 2100 公里。試以 $\alpha = 0.01$，檢定此項樣本資料是否可支持貨運公司的懷疑？

11.13 根據 1980 年美國經濟分析局的報告，每位前往歐洲與地中海的美國遊客平均停留 21 天。隨機調查本年度前往該地區的 36 位美國遊客所停留的天數如下：

| 41 | 16 | 6 | 21 | 1 | 21 | 5 | 31 | 20 | 27 | 17 | 10 |
| 3 | 13 | 15 | 10 | 18 | 3 | 1 | 11 | 14 | 12 | 64 | 10 |
| 3 | 32 | 2 | 48 | 8 | 12 | 21 | 44 | 1 | 56 | 5 | 12 |

在 $\alpha = 0.01$ 下，這項資料是否可顯示，今年的遊客在停留日數方面不同於以往的遊客？

11.14 $A$ 牌成衣製造公司去年進行大規模市場調查發現，該產品市場知名度為 63%。今年底隨機調查 120 位消費者，訪問結果只有 62 位知道 $A$ 牌成衣。試在顯著水準為 0.01 下，此項調查結果是否顯示今年的知名度有下降的情形？

11.15 某位證券分析師認為，在一般情況下，每天各種股票的收盤價格上漲與下跌股票之比率相同。有一天 195 種股票中，有 106 種是上漲，則是否可認為該分析師的說法有誤？ $(\alpha = 0.01)$

11.16 依據經銷某牌洗衣機的代理商了解，全國地區該產品的使用者在一年內要求修護比率為 15%。今年在甲城市發現，120 臺的銷售量中，有 22 臺在 1 年內要求修理，則是否可認為在甲城市之使用者要求修護比率較全國其他地區的比率為高？ $(\alpha = 0.1)$

11.17 根據一項新產品廣告函反應率之研究發現，若反應率超過 6.5%
時，則可積極準備上市。今有項新產品，隨機抽選800位消費者，
並發出該產品之廣告函，結果有70人購買。此項資料是否可認為
這個產品可大量上市？ ($\alpha = 0.05$)

（以下各題母體均假設為常態）

11.18 火藥製造商發展新式的火藥，設計使槍彈的初速度為每秒3000英
呎。今以新式火藥所裝填的子彈8發作實驗，測量其最初速度如
下：

   3005 2925 2935 2965 2995 3005 2935 2905

試在 $\alpha = 0.05$ 下，檢定這項實驗資料是否可認為每秒平均初速度為
3000 英呎？

11.19 欲檢定糖尿病患者之平均年齡是否較10年前的50歲有降低的趨
勢，今隨機抽選15名患者，調查其年齡如下：

  48 51 54 64 10 31 38 23 45 60 45 77 60 65 43

試在 $\alpha = 0.05$ 下作檢定。

11.20 隨機抽出10個電池，進行耗電量實驗，結果如下（單位：小時）：

  90 110 110 98 105 130 110 88 95 100

試在顯著水準為0.01下，是否可認為電池的平均使用時間超過100
小時？

# 第十二章　兩組樣本資料之比較

　　由本章開始我們將前兩章所介紹的推論統計方法應用於種種不同的資料型態。按資料型態的複雜程度分成兩組樣本資料、多組獨立樣本資料、具關聯性樣本資料以及類別資料等四部份分別作討論。雖然資料型態有許多不同，但是統計推論的出發點都是一樣，首先對所感興趣的母數尋找一個理想的點估計，然後依此統計量（或相關統計量）之抽樣分配（此時已與原母體之母數無關，如 $Z$、$t$ 分配等）進行推論的工作。對於抽樣分配的考慮仍以母體為常態分配或在大樣本情況為主，有關檢定的穩健程序如無母數方法（使用類似第九章習題 9.4 的連串、9.5 的等級和之統計量）等則另有專門課程討論。然而我們要記得，在作推論之前，基本的資料檢視不可忽略，例如使用直方圖、箱形圖、散布圖等方法。

## 12.1　兩組樣本資料之問題

　　在許多場合我們需要處理兩組資料的問題，例如第二章例 2.3 中，要對有 10 年以上煙癮的人與沒有吸煙的人比較有關心臟病及肺癌的問題；在實例 2.9 沙克疫苗實驗問題中，需要比較實驗組與對照組兩組資料之不同。在第三章 3.4 節中，我們曾經使用次數分配表、次數多邊圖、直方圖及箱形圖作兩組以上資料之間的觀察比較。從資料間所顯示的差異可掌握問題的端倪，然而我們仍然需要建立一個有理論根據的推論程序，

以增強研究者的信心。

當我們處理兩個樣本資料之間的問題時，一般來說不可能將一個個資料相互比較，通常是利用它們的特徵值，求得普遍性的整體差異，例如：

(1)目前國小六年級學童平均身高比 10 年前增加多少公分？

(2)實驗組經過一段時間特定飲食控制後，每人血液中之膽固醇比實驗前平均減少多少？

(3)沙克疫苗實驗中，實驗組的感染比率與控制組有無顯著差異？

因此為使能夠做適當的比較，我們希望兩組資料具有相同單位。對於不同單位問題（如兩組資料為同一來源之身高與體重），分析的重點是在兩者的關連性，將留待第十四章再討論。

依據統計推論的程序，對於上述兩組資料差異的分析，需要選擇適當的統計量作估計，因此就要考慮它們的抽樣分配，所以也就涉及到兩組資料獨立性及其母體機率模式的問題。

# 12.2 來自獨立樣本之兩母體平均數差數的推論

我們首先考慮的樣本資料是由兩個常態母體獨立隨機抽樣分別產生兩組資料 $\{X_1, X_2, \cdots, X_{n_1}\}$ 與 $\{Y_1, Y_2, \cdots, Y_{n_2}\}$，如圖 12.1 所示。

當我們感興趣的是兩母體平均數的差數時，需要選擇一個適當的點估計，依據樣本平均數與常態分配的性質可知

$$E(\overline{X}_1 - \overline{X}_2) = E(\overline{X}_1) - E(\overline{X}_2) = \mu_1 - \mu_2$$

$$V(\overline{X}_1 - \overline{X}_2) = V(\overline{X}_1) + V(\overline{X}_2) = \frac{\sigma_1^2}{n_1} + \frac{\sigma_2^2}{n_2} \tag{12.1}$$

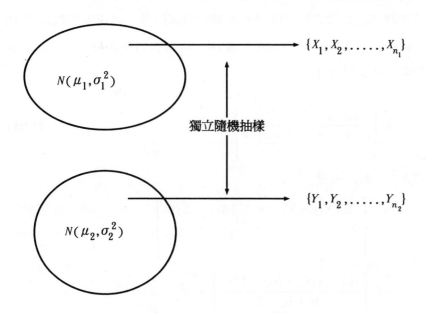

圖 12.1　兩組獨立隨機樣本

所以 $\overline{X}_1 - \overline{X}_2$ 為 $\mu_1 - \mu_2$ 之不偏估計式, 且具有常態分配, 即

$$\overline{X}_1 - \overline{X}_2 \sim N\left(\mu_1 - \mu_2, \frac{\sigma_1^2}{n_1} + \frac{\sigma_2^2}{n_2}\right) \tag{12.2}$$

也就是

$$\frac{\overline{X}_1 - \overline{X}_2 - (\mu_1 - \mu_2)}{\sqrt{\dfrac{\sigma_1^2}{n_1} + \dfrac{\sigma_2^2}{n_2}}} \sim N(0,1) \qquad \text{標準常態分配}$$

由於母體變異數大都未知, 因此需以樣本變異數作估計, 在 $n_1$, $n_2$ 均

為大樣本時, $\dfrac{\overline{X}_1 - \overline{X}_2 - (\mu_1 - \mu_2)}{\sqrt{\dfrac{S_1^2}{n_1} + \dfrac{S_2^2}{n_2}}}$ 的抽樣分配近似為常態分配。然而在

$n_1$, $n_2$ 為小樣本時, 其抽樣分配則較複雜, 需分成兩種情況討論:

### 1.兩母體標準差相等($\sigma_1 = \sigma_2 = \sigma$)

首先遭遇的問題是如何使用兩組資料對兩母體之共同變異數 $\sigma^2$ 作估計。在第十章習題 10.7 曾討論如何使用 $k$ 組資料對變異數作估計，事實上可證明，在此情況下

$$E\left[\frac{\sum\limits_{i=1}^{k}\sum\limits_{j=1}^{n_i}(X_{ij}-\overline{X}_i)^2}{n_1+n_2+\cdots+n_k-k}\right]=\sigma^2 \tag{12.3}$$

因此當 $k=2$ 時，可得

$$E\left[\frac{\sum\limits_{j=1}^{n_1}(X_{1j}-\overline{X}_1)^2+\sum\limits_{j=1}^{n_2}(X_{2j}-\overline{X}_2)^2}{n_1+n_2-2}\right]$$

$$=E\left[\frac{(n_1-1)S_1^2+(n_2-1)S_2^2}{n_1+n_2-2}\right]=\sigma^2$$

我們以此作為對兩母體變異數之估計，並設

$$S_p^2=\frac{\sum\limits_{j=1}^{n_1}(X_{1j}-\overline{X}_1)^2+\sum\limits_{j=1}^{n_2}(X_{2j}-\overline{X}_2)^2}{n_1+n_2-2}$$

$$=\frac{(n_1-1)S_1^2+(n_2-1)S_2^2}{n_1+n_2-2} \tag{12.4}$$

稱之為混合樣本變異數 (pooled sample variance)。依據抽樣分配的理論可知

$$t=\frac{\overline{X}_1-\overline{X}_2-(\mu_1-\mu_2)}{\sqrt{\dfrac{S_p^2}{n_1}+\dfrac{S_p^2}{n_2}}}$$

屬於自由度為 $n_1+n_2-2$ 之 $t$ 分配。

### 2.兩母體標準差不相等($\sigma_1 \neq \sigma_2$)

此時依據抽樣分配的理論可知

$$t = \frac{\overline{X}_1 - \overline{X}_2 - (\mu_1 - \mu_2)}{\sqrt{\dfrac{S_1^2}{n_1} + \dfrac{S_2^2}{n_2}}} \tag{12.5}$$

屬於自由度為 $\dfrac{\left(\dfrac{1}{n_1} + \dfrac{u}{n_2}\right)^2}{\dfrac{1}{n_1^2(n_1-1)} + \dfrac{u^2}{n_2^2(n_2-1)}}$ $\left(u = \dfrac{S_1^2}{S_2^2}\right)$ 之 $t$ 分配。

了解 $\overline{X}_1 - \overline{X}_2$ 的抽樣分配後，即可按 $t$ 分配的性質，如同對 $\overline{X}$ 一樣的方式進行統計推論。

### 例 12.1

隨機抽選兩種廠牌的輪胎各 100 個，檢驗它們使用到開始磨損的英哩數，其結果如下：

| 廠　　　　　牌 | 甲 | 乙 |
|---|---|---|
| 平均使用英哩數 | 26400 | 25100 |
| 標　準　差 | 1200 | 1400 |

試求兩個廠牌之輪胎平均使用哩程差數之 95% 的信賴區間。

【解】

$n_1 = n_2 = 100$ 為大樣本，信賴水準為 0.95，因此，

$\mu_1 - \mu_2$ 之信賴區間界限

$$= 26400 - 25100 \pm 1.96\sqrt{\frac{1200^2}{100} + \frac{1400^2}{100}}$$

$$= 1300 \pm 1.96 \times 184$$

$$= 1300 \pm 361$$

所得信賴區間為 $(939, 1661)$ 哩。　■

## 例 12.2

比較新舊配方肥料之效果，任選面積相同 80 塊田地，隨機平分後，分別
使用新舊兩種肥料。調查其收穫量，結果如下：

| 舊 肥 料 | | | | | 新 肥 料 | | | | |
|---|---|---|---|---|---|---|---|---|---|
| 109 | 101 | 97 | 98 | 100 | 105 | 109 | 110 | 118 | 109 |
| 98 | 98 | 94 | 99 | 104 | 113 | 111 | 111 | 99 | 112 |
| 103 | 88 | 108 | 102 | 106 | 106 | 117 | 99 | 107 | 119 |
| 97 | 105 | 102 | 104 | 101 | 110 | 111 | 103 | 110 | 108 |
| 101 | 100 | 105 | 110 | 96 | 104 | 102 | 111 | 114 | 114 |
| 102 | 95 | 100 | 95 | 109 | 122 | 117 | 101 | 109 | 109 |
| 91 | 98 | 103 | 91 | 95 | 102 | 109 | 103 | 109 | 106 |
| 106 | 98 | 101 | 99 | 96 | 107 | 107 | 111 | 128 | 109 |
| $\Sigma X_2 = 4015$ | | $\Sigma X_2^2 = 404163$ | | | $\Sigma X_1 = 4381$ | | $\Sigma X_1^2 = 481261$ | | |

由此資料是否可充分顯示新配方之肥料的確有較好的效果？ $(\alpha = 0.01)$

## 【解】

$\mu_1$，$\mu_2$ 分別代表新舊肥料使用後每塊田地之平均收穫量

$$H_0 : \mu_1 - \mu_2 = 0$$

$$H_a : \mu_1 - \mu_2 > 0$$

使用右端檢定

$$\overline{X}_1 = \frac{4381}{40} = 109.525$$

$$\overline{X}_2 = \frac{4015}{40} = 100.375$$

$$S_1^2 = \frac{481261 - \dfrac{4381^2}{40}}{39} = 36.7174$$

$$S_2^2 = \frac{404163 - \dfrac{4015^2}{40}}{39} = 29.676$$

$$Z = \frac{109.525 - 100.375}{\sqrt{\dfrac{36.7174}{40} + \dfrac{29.676}{40}}}$$

$$= \frac{9.25}{1.2883} = 7.18 > 2.33$$

拒絕虛無假設，在 $\alpha = 0.01$ 下，實驗結果顯示，新肥料之收穫量較舊肥料有顯著的增加，可以認為新肥料有較好的效果。　　■

## 例 12.3

一項依所得水準不同所進行的每日營養吸取量之調查報告顯示如下：（單位：毫克）

| 營養 | 高　所　得 | | | 低　所　得 | | |
|---|---|---|---|---|---|---|
| 每日獲取蛋白質 | 86.0 | 69.0 | 59.7 | 51.4 | 49.7 | 72.0 |
| | 80.2 | 68.6 | 78.1 | 76.7 | 65.8 | 55.0 |
| | 98.6 | 69.8 | 87.7 | 73.7 | 62.1 | 79.7 |
| | 77.2 | | | 66.2 | 75.8 | 65.4 |
| | | | | 65.5 | 62.0 | 73.3 |

假設兩母體（不同所得水準每日吸取之蛋白質量）為常態分配，且兩者之標準差相等。試求兩母體平均數差數 95% 之信賴區間。

【解】

依假設可知本題應使用自由度為 $10 + 15 - 2 = 23$ 的 $t$ 分配

$$\overline{X}_1 = \frac{774.9}{10} = 77.49$$

$$\overline{X}_2 = \frac{994.3}{15} = 66.29$$

$$S_1^2 = \frac{61203.83 - \dfrac{774.9^2}{10}}{9} = 128.537$$

$$S_2^2 = \frac{67086.15 - \dfrac{994.3^2}{15}}{14} = 84.094$$

$$S_p^2 = \frac{9 \times 128.537 + 14 \times 84.094}{10 + 15 - 2} = 101.48473$$

則兩母體平均數差數 95% 之信賴區間界限為

$$\overline{X}_1 - \overline{X}_2 \pm t_{0.025}(23) \sqrt{\frac{S_p^2}{n_1} + \frac{S_p^2}{n_2}}$$

$$= 77.49 - 66.29 \pm 2.069 \sqrt{\frac{101.4847}{10} + \frac{101.4847}{15}}$$

$$= 11.2 \pm 8.506$$

所求信賴區間為

(2.694,19.706) 毫克　　■

---

### 例 12.4

（續例 12.3）在 $\alpha = 0.05$ 下，是否可證明高所得的人每日蛋白質的吸取量較低所得的人為高?

【解】

$\mu_1$, $\mu_2$ 分別代表高、低所得者之平均每日蛋白質吸取量

$$H_0 : \mu_1 - \mu_2 \leq 0$$

$$H_a : \mu_1 - \mu_2 > 0$$

使用右端檢定

$$t = \frac{77.49 - 66.29}{\sqrt{\dfrac{101.4847}{10} + \dfrac{101.4847}{15}}} = 2.723 > t_{0.05}(23) = 1.714$$

拒絕虛無假設，在 $\alpha = 0.05$ 下，可認為高所得者平均每日吸取蛋白質量較低所得者為高。　■

**例 12.5**

（續例 12.4）假設兩母體標準差不相等，重作例 12.4。

**【解】**

自由度計算如下：

$$u = \frac{128.537}{84.094} = 1.5285$$

$$\nu = \frac{\left(\dfrac{1}{10} + \dfrac{1.5285}{15}\right)^2}{\dfrac{1}{10^2(10-1)} + \dfrac{1.5285^2}{15^2(15-1)}} = 23.6 \approx 24$$

$$t = \frac{77.49 - 66.29}{\sqrt{\dfrac{128.573}{10} + \dfrac{84.094}{15}}} = 2.6065 > t_{0.05}(24) = 1.711$$

結論相同。　■

# 12.3　來自成對樣本之兩母體平均數差數的推論

當兩組資料從同一來源產生時，稱為成對資料，以 $\{(X_i, Y_i)\ i = 1, 2, 3, \cdots, n\}$ 表示之。如圖 12.2 所示。

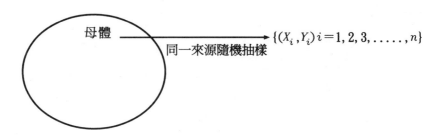

圖 12.2　成對資料

例如調查某一班學生統計學期中與期末兩次考試成績，雖然每一對資料來自同一個體，但各有其母體分配，我們仍假設為常態，此時 $X$ 與 $Y$ 彼此並非獨立，即 $COV(X,Y) = \rho\sigma_X\sigma_Y$。因此在考慮 $\overline{X} - \overline{Y}$ 的抽樣分配時（本節僅處理測量單位相同的成對資料），就不能使用前節所介紹的兩樣本平均數之抽樣分配。解決此問題的方法是使用每一對資料之差數來處理，即 $D_i = X_i - Y_i$。此一方法的優點，一方面可避開需考慮兩資料之相關係數的估計問題，另一方面在差數計算過程中，可自動消除相同的干擾因素，以增加推論的精確程度。我們用下面的例子與模式來說明：

　　研究一項減肥運動計劃的效果，如果我們隨機抽選兩組人，一組接受這項運動計劃；另一組未接受。經過一段時間後，調查他們的體重，得到兩組獨立樣本資料

$$\{X_1, X_2, \cdots, X_{n_1}\}$$
$$\{Y_1, Y_2, \cdots, Y_{n_2}\} \qquad （此時 X 與 Y 並非成對資料）$$

依此兩組樣本資料所計算之平均數的差數，來推論減肥運動計劃是否有效。然而我們知道每一個人體重的變化個別差異很大，所抽選接受實驗的兩組人，無法作到所受影響完全一致，在此因素干擾的情況下，兩組資料平均數之差就不能用來推論減肥計劃的效果。我們用下面的分析模

式來說明:

設　$\mu$ 代表全體對象的平均體重

$\alpha$ 代表接受減肥計劃所產生的效果

$\beta_1$ 代表實驗組本身個別因素所造成體重的差異

$\beta_2$ 代表控制組本身個別因素所造成體重的差異

$\varepsilon_1$，$\varepsilon_2$ 分別代表兩組之隨機性變動，並假設其分配均為 $N(0, \sigma^2)$

$$(12.6)$$

則構成此兩組獨立樣本資料的隨機模式為

$$X_i = \mu + \alpha + \beta_1 + \varepsilon_{1i} \quad (i = 1, 2, \cdots, n_1)$$
$$Y_i = \mu + \beta_2 + \varepsilon_{2i} \quad (i = 1, 2, \cdots, n_2) \tag{12.7}$$

所以

$$\overline{X} - \overline{Y} = \left( \mu + \alpha + \beta_1 + \frac{\Sigma \varepsilon_{1i}}{n_1} \right) - \left( \mu + \beta_2 + \frac{\Sigma \varepsilon_{2i}}{n_2} \right)$$

$$= \alpha + \beta_1 - \beta_2 + \overline{\varepsilon}_1 - \overline{\varepsilon}_2$$

$$= \alpha + \beta_1 - \beta_2 + \varepsilon$$

使用 $\overline{X} - \overline{Y}$ 所作之檢定或估計，均無法分辨是 $\alpha$ 或 $\beta_1 - \beta_2$ 所造成的差異。由於成對資料是來自同一個體，因此

$$X_i = \mu + \alpha + \beta + \varepsilon_{1i} \quad (i = 1, 2, \cdots, n_1)$$
$$Y_i = \mu + \beta + \varepsilon_{2i} \quad (i = 1, 2, \cdots, n_2) \tag{12.8}$$

所以

$$D_i = X_i - Y_i = \mu + \alpha + \beta + \varepsilon_{1i} - (\mu + \beta + \varepsilon_{2i})$$

$$= \alpha + \varepsilon_{1i} - \varepsilon_{2i}$$

$$= \alpha + \varepsilon_i$$

如此對 $D$ 所進行之推論，可反應實施減肥計劃的效果。

例 12.6

醫學研究人員設計一套運動課程，以減少高血壓患者之血壓。為決定這項課程是否有效，隨機選出 10 名高血壓患者，實施課程 1 個月，並記錄實驗前後之舒張血壓如下表:

| 實施前 ($X$) | 實施後 ($Y$) |
|:---:|:---:|
| 106 | 91 |
| 94 | 97 |
| 118 | 96 |
| 109 | 107 |
| 118 | 115 |
| 95 | 97 |
| 99 | 93 |
| 97 | 79 |
| 109 | 85 |
| 106 | 95 |

此項資料是否可充分表示這項運動課程有助血壓的降低? （$\alpha = 0.01$，假設由運動課程所造成血壓之改變近似於常態分配。）

【解】

$$H_0 : \mu_X - \mu_Y \leq 0$$

$$H_a : \mu_X - \mu_Y > 0$$

或

$$H_0 : \mu_D \leq 0 \ (D = X - Y)$$

$$H_a : \mu_D > 0$$

計算原資料各對之差數

| $D$ | 15 | −3 | 22 | 2 | 3 | −2 | 6 | 18 | 24 | 11 | 96 |
|:---:|:---:|:---:|:---:|:---:|:---:|:---:|:---:|:---:|:---:|:---:|:---:|
| $D^2$ | 225 | 9 | 484 | 4 | 9 | 4 | 36 | 324 | 576 | 121 | 1792 |

$$\overline{D} = \frac{96}{10} = 9.6$$

$$S_D^2 = \frac{1792 - \dfrac{96^2}{10}}{9} = 96.7111$$

$$t = \frac{9.6}{\sqrt{\dfrac{96.7111}{10}}} = 3.087 > t_{0.01}(9) = 2.821$$

拒絕虛無假設，在 $\alpha = 0.01$ 下，可認為這項運動課程使血壓降低。　∎

# 12.4　來自獨立樣本之兩母體比率差數的推論

　　當兩個樣本比率係分別來自兩個不同母體時，則與 $\hat{p}_1$ 為 $\hat{p}_2$ 獨立，如下圖所示：

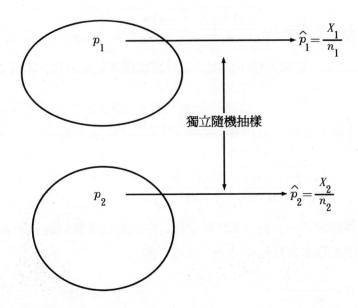

此時資料形態可用下表顯示：

| 反　　應 | 樣本一 | 樣本二 |
|---|---|---|
| 贊成 | $X_1$ | $X_2$ |
| 反對 | $n_1 - X_1$ | $n_2 - X_2$ |
| 合　　計 | $n_1$ | $n_2$ |

因此

$$E(\hat{p}_1 - \hat{p}_2) = E(\hat{p}_1) - E(\hat{p}_2) = p_1 - p_2$$

$$V(\hat{p}_1 - \hat{p}_2) = V(\hat{p}_1) + V(\hat{p}_2) = \frac{p_1(1-p_1)}{n_1} + \frac{p_2(1-p_2)}{n_2} \qquad (12.9)$$

在 $n_1$、$n_2$ 均為足夠大時，依據中央極限定理可得其近似抽樣分配為

$$\frac{\hat{p}_1 - \hat{p}_2 - (p_1 - p_2)}{\sqrt{\dfrac{p_1(1-p_1)}{n_1} + \dfrac{p_2(1-p_2)}{n_2}}} \sim N(0,1) \qquad (12.10)$$

與 $\mu_1 - \mu_2$ 相仿，可以產生對 $p_1 - p_2$ 之區間估計界限為

$$\hat{p}_1 - \hat{p}_2 \pm z_{\alpha/2} \sqrt{\frac{p_1(1-p_1)}{n_1} + \frac{p_2(1-p_2)}{n_2}}$$

由於 $p_1, p_2$ 未知，在較大樣本情況下，分別以樣本結果替代，求得信賴區間為

$$\left( \hat{p}_1 - \hat{p}_2 - z_{\alpha/2} \sqrt{\frac{\hat{p}_1(1-\hat{p}_1)}{n_1} + \frac{\hat{p}_2(1-\hat{p}_2)}{n_2}}, \hat{p}_1 - \hat{p}_2 \right.$$

$$\left. + z_{\alpha/2} \sqrt{\frac{\hat{p}_1(1-\hat{p}_1)}{n_1} + \frac{\hat{p}_2(1-\hat{p}_2)}{n_2}} \right) \qquad (12.11)$$

對虛無假設為 $p_1 - p_2 = 0$ 作檢定時，則由於在虛無假設 $p_1 = p_2$ 下，須先使用兩組樣本資料估計共同之比率，即

$$\hat{p} = \frac{X_1 + X_2}{n_1 + n_2} \qquad (12.12)$$

依此可計算檢定統計量為

$$Z = \frac{\hat{p}_1 - \hat{p}_2}{\sqrt{\dfrac{\hat{p}(1-\hat{p})}{n_1} + \dfrac{\hat{p}(1-\hat{p})}{n_2}}}$$　　　　　　(12.13)

## 例 12.7

實驗比較 $A$、$B$ 兩種品牌殺蟲液的功效。在兩間大小相同的房間內，各放入 1000 隻蚊子，同時使用 $A$、$B$ 兩牌之殺蟲液噴灑（份量一定）。經過相同時間後，各測得死於 $A$ 殺蟲液的有 825 隻，$B$ 殺蟲液的有 760 隻。試求兩牌殺蟲液可殺死蚊蟲比率差數95% 的信賴區間。

【解】

$p_A - p_B$之信賴區間界限

$$= 0.825 - 0.76 \pm 1.96\sqrt{\frac{.825 \times .175}{1000} + \frac{.76 \times .24}{1000}}$$

$$= 0.065 \pm 0.035$$

所求信賴區間為 $(0.030, 0.100)$　　■

## 例 12.8

由某一團體隨機抽出 400 位成年男子，發現有 132 位吸煙；抽出 350 位女子，發現有93 位吸煙。在顯著水準為0.05 下，這項資料是否顯示此一團體男性吸煙比率較女性為大?

【解】

令 $p_1$ 代表男性吸煙比率，$p_2$ 代表女性吸煙比率

$$H_0 : p_1 - p_2 \leq 0$$

$$H_a : p_1 - p_2 > 0$$

由於

$$\hat{p}_1 = 132/400 = 0.33$$

$$\hat{p}_2 = 93/350 = 0.266$$

因此共同比率為

$$\hat{p} = \frac{132 + 93}{400 + 350} = 0.3$$

則

$$Z = \frac{0.33 - 0.266}{\sqrt{\dfrac{0.3 \times 0.7}{400} + \dfrac{0.3 \times 0.7}{350}}} = 1.908 > 1.645$$

拒絕虛無假設，表示在顯著水準為 0.05 下，調查資料有充分的證據顯示男性吸煙比率較女性為高。　　■

若虛無假設為 $p_1 - p_2 = d_0 (\neq 0)$ 時，則檢定統計量為

$$Z = \frac{\hat{p}_1 - \hat{p}_2 - d_0}{\sqrt{\dfrac{\hat{p}_1(1 - \hat{p}_1)}{n_1} + \dfrac{\hat{p}_2(1 - \hat{p}_2)}{n_2}}}$$

# 12.5* 來自相依樣本之兩母體比率差數的推論

有許多場合我們所比較的兩組樣本比率並非是獨立，以下考慮兩種情況：

### 1.屬於多項分配的場合

多項分配為二項分配的推廣，假定每一次實驗有 $k$ 種結果，$p_i$ 代表

第 $i$ 種結果的發生機率，且 $\Sigma p_i = 1$。設 $X_i$ 為在 $n$ 次重複獨立實驗中，第 $i$ 種結果的發生次數，則 $X_1, X_2, \cdots, X_k$ 的聯合機率分配為

$$f(x_1, x_2, \cdots, x_k) = \frac{n!}{x_1! x_2! \cdots x_k!} p_1^{x_1} p_2^{x_2} \cdots p_k^{x_k}$$

$$\left( \sum_{i=1}^{k} p_i = 1, \ \sum_{i=1}^{k} x_i = n \right) \tag{12.14}$$

資料產生如下圖所示:

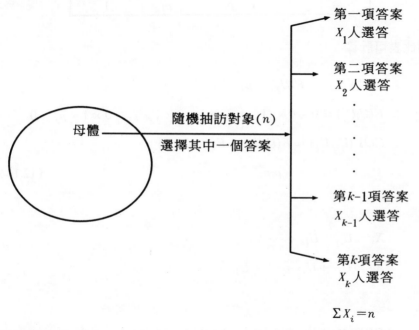

第一項答案
$X_1$ 人選答

第二項答案
$X_2$ 人選答

第 $k$-1 項答案
$X_{k-1}$ 人選答

第 $k$ 項答案
$X_k$ 人選答

母體　　隨機抽訪對象$(n)$　選擇其中一個答案

$\Sigma X_i = n$

樣本資料形式為

| 答　　案 | 第 1 項 | 第 2 項 | …… | 第 $k$ 項 | 合計 |
|---|---|---|---|---|---|
| 選答人數 | $X_1$ | $X_2$ | …… | $X_k$ | $n$ |

此時每一隨機變數的期望值及變異數與二項分配相仿，即

$$E(X_i) = np_i$$

$$V(X_i) = np_i(1 - p_i) \tag{12.15}$$

但 $X_i$ 與 $X_j$ $(i \neq j)$ 之間則不為獨立，為簡單起見，先考慮每一次實驗的結果，設 $U_i$ 代表第 $i$ 種結果的發生次數（在一次行為中不是 0 就是 1），則 $U_i$ 與 $U_j$ 聯合機率分配可表列如下（使用 $2 \times 2$ 關聯表）：

| $U_j$ \ $U_i$ | 0 | 1 | 合計 |
|---|---|---|---|
| 0 | $1 - p_i - p_j$ | $p_i$ | $1 - p_j$ |
| 1 | $p_j$ | 0 | $p_j$ |
| 合計 | $1 - p_i$ | $p_i$ | 1 |

依據此表可計算

$$E(U_i) = p_i, \quad E(U_j) = p_j$$

$$E(U_i U_j) = 0 \times 0 \times (1 - p_i - p_j) + 0 \times 1 \times p_i + 0 \times 1 \times p_j = 0$$

$$COV(U_i, U_j) = E(U_i U_j) - E(U_i)E(U_j)$$

$$= -p_i p_j \tag{12.16}$$

又

$$X_i = U_{i1} + U_{i2} + \cdots + U_{in}$$

$$X_j = U_{j1} + U_{j2} + \cdots + U_{jn}$$

因此

$$COV(X_i, X_j) = E(X_i X_j) - E(X_i)E(X_j)$$

$$= E(U_{i1} + U_{i2} + \cdots + U_{in})(U_{j1} + U_{j2} + \cdots + U_{jn})$$

$$- E(U_{i1} + U_{i2} + \cdots + U_{in})E(U_{j1} + U_{j2} + \cdots + U_{jn})$$

$$= E\left(\sum_{l=1}^{n} U_{il} U_{jl}\right) + E(\Sigma_{l \neq m} \Sigma U_{il} U_{im}) - n^2 p_i p_j$$

$$= 0 + n(n-1)p_i p_j - n^2 p_i p_j$$

$$= -n p_i p_j \tag{12.17}$$

所以

$$V(\hat{p}_1 - \hat{p}_2) = V(\hat{p}_1) + V(\hat{p}_2) - 2COV(\hat{p}_1, \hat{p}_2)$$

$$= \frac{p_1(1 - p_1)}{n} + \frac{p_2(1 - p_2)}{n} - 2\frac{-np_1p_2}{n^2}$$

$$= \frac{p_1 + p_2 - (p_1 - p_2)^2}{n} \qquad (12.18)$$

此處我們可使用兩組樣本比率來估計 $V(\hat{p}_1 - \hat{p}_2)$, 理論上可證明在大樣本時, $\hat{p}_1 - \hat{p}_2$ 的抽樣分配近似於常態分配, 即

$$\frac{\hat{p}_1 - \hat{p}_2 - (p_1 - p_2)}{\sqrt{\dfrac{\hat{p}_1 + \hat{p}_2 - (\hat{p}_1 - \hat{p}_2)^2}{n}}} \sim N(0, 1) \qquad (12.19)$$

(附註: 若為有限母體時, 應考慮抽樣比率 $n/N$ 對標準差的影響, 此處僅考慮很大母體問題, 因此可忽略。)

### 例 12.9

某日晚間 8 點隨機抽查 300 名觀看電視的觀眾, 其收看之電視臺如下:

| 電視臺 | 甲臺 | 乙臺 | 丙臺 | 其他 | 合計 |
|--------|------|------|------|------|------|
| 人　數 | 102  | 90   | 57   | 51   | 300  |

依據此項調查是否可認為甲臺之收視率較乙臺高出 2 個百分點? ($\alpha = 0.05$)

【解】

設 $p_1$ 為甲臺電視收視率, $p_2$ 為乙臺電視收視率

$$H_0 : p_1 - p_2 \leq 0.02$$

$$H_a : p_1 - p_2 > 0.02$$

$$\hat{p}_1 = \frac{102}{300} = 0.34$$

$$\hat{p}_2 = \frac{90}{300} = 0.3$$

$$Z = \frac{0.34 - 0.3 - 0.02}{\sqrt{\dfrac{0.34 + 0.3 - (0.34 - 0.3)^2}{300}}} = 0.4336 < 1.645$$

承認虛無假設，此項調查結果不能認為甲臺之收視率較乙臺高出 2 個百分點。　■

### 2.抽訪者對每一問題均回答

與多項分配不同，此時抽訪者須對每一項問題作回答，如下圖所示：

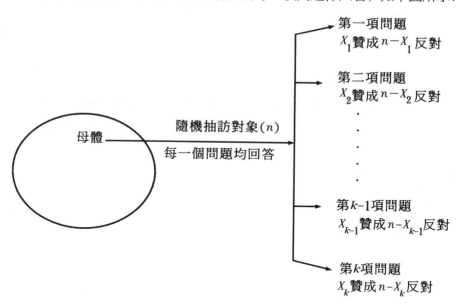

樣本資料形式為

| 題 目 | 第 1 題 | 第 2 題 | …… | 第 $k$ 題 |
|---|---|---|---|---|
| 贊成人數 | $X_1$ | $X_2$ | …… | $X_k$ |
| 反對人數 | $n - X_1$ | $n - X_2$ | …… | $n - X_k$ |
| 合 計 | $n$ | $n$ | …… | $n$ |

由於僅考慮其中兩個比率的問題（假設取第一、第二兩題為例），因此可改以 $2 \times 2$ 關聯表處理，設

　　　$X_{11}$ 代表第 1、2 題均贊成的人數，發生機率為 $p_{11}$

　　　$X_{12}$ 代表第 1 題贊成、第 1 題反對的人數，發生機率為 $p_{12}$

　　　$X_{21}$ 代表第 2 題贊成、第 1 題反對的人數，發生機率為 $p_{21}$

　　　$X_{22}$ 代表第 1、2 題均反對的人數，發生機率為 $p_{22}$

　　　$X_{1.}$ 代表第 1 題贊成的人數，發生機率為 $p_1$

　　　$X_{2.}$ 代表第 1 題反對的人數，發生機率為 $q_1$

　　　$X_{.1}$ 代表第 2 題贊成的人數，發生機率為 $p_2$

　　　$X_{.2}$ 代表第 2 題反對的人數，發生機率為 $q_2$　　　　　　（12.20）

可列表如下：

| 第 2 題 ＼ 第 1 題 | 贊 成 | 反 對 | 合 計 |
|---|---|---|---|
| 贊 成 | $X_{11}$ | $X_{21}$ | $X_{.1}$ |
| 反 對 | $X_{12}$ | $X_{22}$ | $X_{.2}$ |
| 合 計 | $X_{1.}$ | $X_{2.}$ | $n$ |

此處仍然考慮母體很大的情況，抽樣比率的影響可忽略。因此 4 個隨機變數 $X_{11}$、$X_{12}$、$X_{21}$、$X_{22}$ 形成多項分配，所以 $p_1 - p_2$ 點估計為

$$\hat{p}_1 - \hat{p}_2 = \frac{X_{1.} - X_{.1}}{n} = \frac{X_{11} + X_{12} - X_{11} - X_{21}}{n}$$

$$= \hat{p}_{12} - \hat{p}_{21}$$

依據多項分配的性質可知

$$E(\hat{p}_1 - \hat{p}_2) = p_1 - p_2 \tag{12.21}$$

$$V(\hat{p}_1 - \hat{p}_2) = V(\hat{p}_{12} - \hat{p}_{21}) = V(\hat{p}_{12}) + V(\hat{p}_{21}) - 2COV(\hat{p}_{12}, \hat{p}_{21})$$

$$= \frac{p_{12}(1 - p_{12})}{n} + \frac{p_{21}(1 - p_{21})}{n} - 2\frac{p_{12}p_{21}}{n}$$

$$= \frac{p_{12} + p_{21} - (p_{12} - p_{21})^2}{n} \tag{12.22}$$

我們可使用 $\hat{p}_{12}$, $\hat{p}_{21}$ 分別估計 $p_{12}$, $p_{21}$，因而可求得對 $\hat{p}_1 - \hat{p}_2$ 之標準差的估計方式，其有關的推論如同在多項分配時相同。然而我們往往僅能間接獲得 $p_1$, $p_2$ 的點估計 $\hat{p}_1$, $\hat{p}_2$，尤其在評估各種調查報告的誤差時最常遇到，如新聞媒體報導、研究摘要等。以下介紹一種尋求 $\hat{p}_1 - \hat{p}_2$ 標準差上下界的方法：

$$p_1 - p_2 = p_{11} + p_{12} - p_{11} - p_{21} = p_{12} - p_{21}$$

$$p_{12} + p_{21} = p_1 + p_2 - 2p_{11}$$

$$= 1 - q_1 + 1 - q_2 - 2(1 - q_1 - q_2 + p_{22})$$

$$= q_1 + q_2 - 2p_{22}$$

所以可知

$$d = |p_{12} - p_{21}| \le p_{12} + p_{21} \le \min\{p_1 + p_2, q_1 + q_2\}$$

且

$$p_{12} + p_{21} - (p_{12} - p_{21})^2 \ge d - d^2$$

因此

$$\frac{1}{n}d(1 - d) \le V(\hat{p}_1 - \hat{p}_2) \le \frac{1}{n}[\min\{p_1 + p_2, q_1 + q_2\} - (p_1 - p_2)^2]$$

$$\tag{12.23}$$

如此即可利用已知的 $\hat{p}_1$, $\hat{p}_2$ 作估計。

## 例 12.10

1991 年 2 月美國《時代雜誌》與 CNN 共同主持，在波斯戰灣爭結束後
1 星期，隨機電話抽訪 1000 名美國人的意見（對抗伊拉克戰爭的主要目
標）如下表：

| 問　　題 | 贊成比率 | 反對比率 |
|---|---|---|
| 1.強迫伊拉克離開科威特 | 93% | 5% |
| 2.摧毀伊拉克核武化武能力 | 90% | 7% |
| 3.使伊拉克無條件投降 | 72% | 22% |
| 4.解除海珊的權力 | 92% | 6% |
| 5.刺殺海珊 | 41% | 49% |

試求第 1 題與第 2 題贊成比率差數 95% 的信賴區間，依據此項調查結果
是否可認為兩者有顯著差異？

## 【解】

本題係對每一問題均作回答的情況，因此對兩個比率不可視為獨立，則

$$\hat{p}_1 = 0.93$$

$$\hat{p}_2 = 0.90$$

$$d = |p_{12} - p_{21}| = 0.03$$

$$\min\{\hat{p}_1 + \hat{p}_2, \hat{q}_1 + \hat{q}_2\} = \min\{0.93 + 0.90, 0.07 + 0.10\} = 0.17$$

因此

$$0.309 \times 10^{-4} \le V(\hat{p}_1 - \hat{p}_2) \le 1.691 \times 10^{-4}$$

所求信賴區間界限為

$$0.309 \times 10^{-4} \le V(\hat{p}_1 - \hat{p}_2) \le 1.691 \times 10^{-4}$$

$$0.03 \pm 1.96 \times \sqrt{1.691 \times 10^{-4}} = 0.03 \pm 0.0255$$

在虛無假設 $p_1 - p_2 = p_{12} - p_{21}$ 下，原樣本標準差的上下界改為

$$0 \le V(\hat{p}_1 - \hat{p}_2) \le \frac{1}{n} \min\{\hat{p}_1 + \hat{p}_2, \hat{q}_1 + \hat{q}_2\}$$

因此

$$Z = \frac{\hat{p}_1 - \hat{p}_2}{\sqrt{\frac{1}{n} \min\{\hat{p}_1 + \hat{p}_2, \hat{q}_1 + \hat{q}_2\}}} = \frac{0.03}{\sqrt{1.7 \times 10^{-4}}} = 2.30 > 1.96$$

拒絕虛無假設，表示兩者有顯著差異。（此處選擇較保守的方式作檢定，在取標準差為極大值時，為拒絕虛無假設，則若取極小值，亦將拒絕虛無假設。反之，在此情況下若為承認虛無假設時，則無法判斷有無顯著差異。）

附註：1.若考慮報導資料中因四捨五入所造成的誤差時，即 $0.93 \pm 0.005$，$0.90 \pm 0.005$，則原所計算之信賴區間最大將增加 $\pm 0.01$，推論的結果亦隨之受影響，如此可顯示數字魔術的威力。

　　　2.原始資料中每一問題的回答結果均含有「不知道」或「無反應」的情況，此處以考慮答案真正為贊成的比率問題，其他問題則忽略。

# 12.6　兩母體變異數之比較

在 12.2 討論過，當兩組樣本資料為小樣本時，須考慮它們的母體標準差之間的關係，因此有需要利用樣本資料檢定兩母體變異數是否相等。與此檢定有關的抽樣分配是 $F$ 分配，即

$$F = \frac{S_1^2/S_2^2}{\sigma_1^2/\sigma_2^2} \tag{12.24}$$

其機率函數之特徵受分子自由度 $\nu_1 = n_1 - 1$，分母自由度 $\nu_2 = n_2 - 1$ 的
影響。以三組不同 $\nu_1$，$\nu_2$ 為例，其圖形如下：

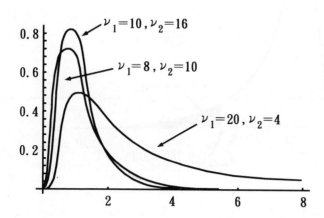

可依據不同分子、分母自由度，利用查表方式，得到滿足

$$P(F \geq F_\alpha(\nu_1, \nu_2)) = \alpha$$

且按 $F$ 分配的性質可知：

$$P\left(F \leq \frac{1}{F_\alpha(\nu_2, \nu_1)}\right) = \alpha$$

例如在 $\nu_1 = 10$，$\nu_2 = 16$ 時，可得（見附錄七）：

$$P(F \geq F_{0.05}(10, 16) = 2.4935) = 0.05$$

$$P(F \leq F_{0.05}(10, 16)) = P\left(F \leq \frac{1}{F_{0.05}(16, 10)}\right) = P\left(F \leq \frac{1}{2.8276}\right)$$

$$= P(F \leq 0.3537) = 0.05$$

如下圖：

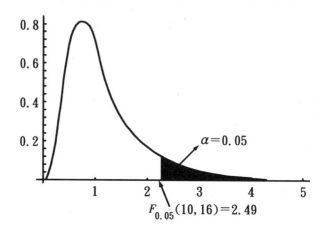

$$F_{0.05}(10, 16) = 2.49$$

## 例 12.11

依據例 12.3 樣本資料，檢定兩母體標準差是否可認為相等？ $(\alpha = 0.05)$

【解】

$$H_0 : \sigma_1^2 = \sigma_2^2$$

$$H_a : \sigma_1^2 \neq \sigma_2^2$$

在虛無假設下

$$F = \frac{S_1^2}{S_2^2} = \frac{128.537}{84.094} = 1.528 < F_{0.025}(9, 14) = 3.21$$

承認虛無假設，表示兩母體標準差沒有顯著差異。 ■

## 重要名詞

兩組獨立樣本          成對資料

兩樣本平均數差之抽樣分配      成對資料之隨機模式

兩樣本比率差之抽樣分配       $F$ 分配

兩組相依樣本　　　　　　　　　兩組獨立樣本之隨機模式

混合樣本變異數　　　　　　　　多項分配

共同樣本比率

# 習 題

12.1 新舊兩種教學方法進行試教測試，分別隨機選出兩組學生各 200 人，實施新舊兩種教學。根據教育專家的看法，新法的平均成績可較舊法多出 15 分，而且認為兩者標準差均為 16 分。試求實驗結果新法平均成績較舊法多出 12 分以下的機率為多少？

12.2 一個城市支持甲候選人的比率是 35%，乙候選人的比率是 48%。今隨機抽出 2000 人，平分成兩組，分別調查支持甲、乙候選人的情況。試求甲候選人的支持比率超過乙候選人之機率有多少？

12.3 （續前題）若對全部 2000 人調查其支持甲、乙兩候選人的情況，試求甲候選人的支持比率超過乙候選人之機率有多少？

12.4 檢查 A、B 兩種廠牌電腦，測試時記錄開機後發生失效的時間，其結果如下：

| | 獨立測試次數 | 平均發生時間 | 標準差 |
|---|---|---|---|
| A 牌 | 64 | 129 小時 | 8 小時 |
| B 牌 | 108 | 124 小時 | 17 小時 |

試求兩牌平均發生失效時間差數的 95% 信賴區間。

12.5 有 A、B 兩種方法訓練員工某種設備之組合。今為比較這兩種方法的優劣，從新進員工中隨機抽出兩組人（每組 $n$ 個人），分別以 A、B 兩種方法來訓練。訓練後測試每人組合該設備所耗費的時間。假設兩種方法所訓練之工人其標準差相等，而且兩組的全距估計為 8 分鐘。今欲使所估計之母數 $\mu_A - \mu_B$ 的誤差有 95% 的可能性在 1 分鐘以內，則每組應抽選多少人？

12.6 美國能源部調查使用天然氣與電力的家庭，他們 1 年的費用是否有

差別？今隨機分別抽出 30 戶家庭調查天然氣使用及 36 戶家庭電力
使用情形，結果如下：

| 天 然 氣 | | | 電 力 | | |
|---|---|---|---|---|---|
| 2002 | 1456 | 1394 | 1376 | 1452 | 1235 |
| 1541 | 1321 | 1338 | 1185 | 1327 | 1059 |
| 1495 | 1526 | 1358 | 1227 | 1102 | 1168 |
| 1801 | 1478 | 1376 | 1180 | 1221 | 1351 |
| 1579 | 1375 | 1664 | 1461 | 1102 | 976 |
| 1305 | 1458 | 1369 | 1379 | 987 | 1002 |
| 1495 | 1507 | 1636 | 1450 | 1177 | 1150 |
| 1698 | 1249 | 1377 | 1352 | 1266 | 1109 |
| 1648 | 1557 | 1491 | 949 | 1351 | 1259 |
| 1505 | 1355 | 1574 | 1179 | 1393 | 1456 |
| | | | 1480 | 1400 | 1070 |
| | | | 1014 | 1394 | 1532 |
| $\Sigma X = 44928, \Sigma X^2 = 68029844$ | | | $\Sigma X = 44771, \Sigma X^2 = 56633389$ | | |

在顯著水準為 0.05 時，這項資料是否可顯示兩種費用平均支出有
差別？

12.7 在同一條街上，對 $A$、$B$ 兩家自助餐進行抽樣調查，並記錄每位被
抽訪顧客的消費額，結果如下：

$$n_A=80,\ \overline{X}_A = \$64,\ S_A = \$16$$

$$n_B=100,\ \overline{X}_B = \$71,\ S_B = \$22$$

依據這項調查結果是否可認為兩家自助餐每位顧客平均消費額相
等？ $(\alpha = 0.05)$

12.8 教育研究機構進行大學生每週在學科上所花費時間之調查，其中有
一項資料如下：

| 調查對象 | 人數 | 平均花費時間 | 標準差 |
|---|---|---|---|
| 大學一年級 | 75 | 26.7 小時 | 3.9 小時 |
| 大學三年級 | 80 | 24.8 小時 | 4.6 小時 |

在 $\alpha = 0.05$ 下，是否可認為大學三年級學生所花時間較少？

12.9 對某一行業隨機抽出 30 家資本額在 2500 萬元以下的廠商，求得平均稅後淨利占銷貨收入之比率為 18%，標準差為 4%；另抽出 35 家資本額超過 2500 萬元的廠商，求得平均稅後淨利占銷貨收入之比率為 24%，標準差為 6%。試以 $\alpha = 0.05$ 檢定兩母體平均數是否有顯著差異？（假設兩母體均為常態）

12.10 隨機選出兩組病人，分別採用 $A$、$B$ 兩種不同治療高血壓的方法，得到下列實驗結果：

| | 病人數 | 血壓下降人數 |
|---|---|---|
| $A$ | 120 | 54 |
| $B$ | 150 | 54 |

依此實驗結果，是否可認為 $A$ 法較 $B$ 法為優？ $(\alpha = 0.05)$

12.11 推銷員宣稱他所出售的新型包裝機較舊有的快。今分別各實驗 10 次，記錄其包裝速度（單位：秒）如下：

| 新機器 | | 舊機器 | |
|---|---|---|---|
| 42.0 | 41.0 | 42.7 | 43.6 |
| 41.3 | 41.8 | 42.5 | 43.5 |
| 42.4 | 42.8 | 43.8 | 43.3 |
| 43.2 | 42.3 | 43.1 | 41.7 |
| 41.8 | 42.7 | 44.0 | 44.1 |
| $\Sigma X = 421.3$ | | $\Sigma X = 432.3$ | |
| $\Sigma X^2 = 17753.59$ | | $\Sigma X^2 = 18693.39$ | |

在 $\alpha = 0.05$ 下，推銷員的宣稱是否可靠？（假設包裝速度均為常態分配，且兩者標準差相等。）

12.12 為比較 $A$、$B$ 兩種廠牌尼龍繩的耐熱力，各抽選 12 綑，在一定溫度下記錄其發生斷裂的時間（單位：時），結果如下表：

| 廠牌 | 平均數 | 變異數 |
|------|--------|--------|
| $A$ | 10.4 | 14.08/11 |
| $B$ | 9.0 | 38.64/11 |

假設兩母體標準差相等，且均為常態分配。求兩母體平均壽命差數 95% 之信賴區間？

12.13 分別對 $A$、$B$ 兩所大學進行抽樣調查語文能力的測驗，結果分數如下：

A 校：　75　　88　　65　　95　　82　42　57　72　49　85　　90
　　　　100　　100　　100　　100

B 校：　95　　80　　72　　63　　45　81　92　50　72　100

試以 $\alpha = 0.01$，檢定 $A$、$B$ 兩校之平均成績有無顯著之差異？（假設兩母體均為常態且標準差相等）

12.14 隨機抽出 9 家上市公司股票，調查 83 年與 84 年每股發放之股利如下：

| 公　司 | 83 年 | 84 年 |
|--------|-------|-------|
| 1 | 1.40 | 2.50 |
| 2 | 1.30 | 1.50 |
| 3 | 3.60 | 4.60 |
| 4 | 3.50 | 3.10 |
| 5 | 2.50 | 2.10 |
| 6 | 3.20 | 2.80 |
| 7 | 1.10 | 1.60 |
| 8 | 2.00 | 0.90 |
| 9 | 2.70 | 0.50 |

(a)兩年所發股利之平均增減額為多少?

(b)依據此項資料是否可認為全部上市公司股票 84 年所發股利較 83 年為低?　$(\alpha = 0.05)$

12.15 依據習題 12.13 資料，在 $\alpha = 0.05$ 下，檢定兩母體標準差是否相等?

12.16 某日晚間 8 點隨機抽查 600 名觀看電視的觀眾，其收看之電視臺如下:

| 電視臺 | 甲臺 | 乙臺 | 丙臺 | 其他 | 合　計 |
|---|---|---|---|---|---|
| 人　數 | 186 | 159 | 121 | 134 | 600 |

依據此項調查是否可認為甲臺之收視率較乙臺為高?　$(\alpha = 0.05)$

# 第十三章 多組獨立樣本資料之比較——變異數分析

　　在前兩章中，我們對母體平均數的推論，都是針對單一母體的 $\mu$ 或 2 個母體平均數之差數 $\mu_1 - \mu_2$。然而在許多場合會遇到需要同時對好幾個母體的平均數作比較。例如某工廠有 4 部機器，現在對每部機器進行若干次實驗，以比較每部機器的性能有無顯著差異；又如有 5 種廠牌的輪胎，今隨機各抽出若干個產品，分裝在不同的車輛，由不同的駕駛員使用，記錄輪胎發生磨損所行駛的公里數，以比較那一廠牌的產品較好。如果使用前述檢定方法，即對下列各假設一一作檢定

$$H_0 : \mu_i - \mu_j = 0 \ (i \neq j)$$

$$H_a : \mu_i - \mu_j \neq 0 \tag{13.1}$$

若有 $k$ 個不同的母體要比較，則我們要檢定 $\binom{k}{2} = \dfrac{k(k-1)}{2}$ 次。變異數基本功能可對 $\mu_1, \mu_2, \cdots, \mu_k$ 等 $k$ 個平均數作整批的檢定，即

$$H_0 : \mu_1 = \mu_2 = \cdots = \mu_k$$

$$H_a : \mu_1, \mu_2, \cdots, \mu_{k-1}, \mu_k \quad \text{不全相等} \tag{13.2}$$

利用這種檢定方式，在配合實驗設計可以更有效的從事多項因素之間差異性的分析。

# 13.1 若干個母體平均數是否相等的檢定

　　為了方便起見，我們要對 3 個常態母體 $N(\mu_1, \sigma^2)$, $N(\mu_2, \sigma^2)$, $N(\mu_3, \sigma^2)$ 的平均數（注意：此時已假設 3 個母體標準差均相等），檢定 $\mu_1, \mu_2, \mu_3$ 是否相等? 首先考慮下面 2 個圖形，分別表示它們之間可能的情況：

　　(1)來自相同的常態母體，即 $\mu_1 = \mu_2 = \mu_3$。

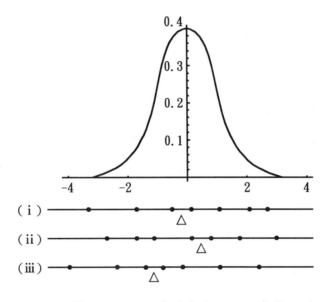

**圖 13.1　3 組資料來自相同的常態母體**

　　(2)來自不相同的常態母體，即設 $\mu_3 < \mu_1 < \mu_2$

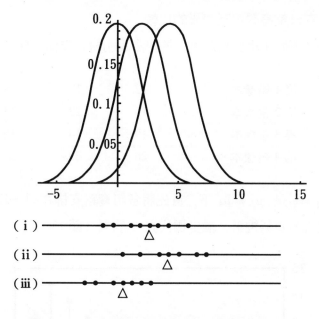

**圖**13.2　3 組資料來自相同的常態母體

　　從圖 13.1 可以發現 3 組資料彼此混雜在一起。整體而言，各組資料之分布狀況大致相同，因此可以說 $\mu_1 = \mu_2 = \mu_3$。由圖 13.2 來看，各組資料之分布壁壘分明，表示各組資料存在很明顯的不同。雖然 2 個圖形各組平均數（打△記號）的分布情況相同，但由於：

　　圖 13.1 各組資料分布較分散，因而使得 3 個平均數的差異並不很明顯，也就是說此 3 個平均數的差異狀況與各組資料相同，所以可認為 3 組資料來自相同的常態母體。

　　圖 13.2 各組資料分布較集中，因而使得 3 個平均數的差異變得很明顯，也就是說此 3 個平均數的差異狀況較各組資料之分布要分散。換句話說，各組的平均數之間之差異，遠大於各組內部的分散程度，所以可認為 3 組資料來自不同的常態母體。

　　由此可說明對平均數是否相同的檢定，轉變成各組資料平均數的差異與各組資料整體間相互差異的比較。

　　我們以下面 4 組資料為例，進一步說明檢定方法的建立：

| | | | |
|---|---|---|---|
| 第 1 組樣本 | 12 | 10 | 5 |
| 第 2 組樣本 | 15 | 22 | 14 |
| 第 3 組樣本 | 19 | 14 | 15 |
| 第 4 組樣本 | 26 | 29 | 32 |

在 $H_0 : \mu_1 = \mu_2 = \mu_3 = \mu_4$ 下，首先將各組資料安排在同一分布圖上，橫坐標代表各組資料編號，縱坐標代表 $X$ 資料（圖 13.3）。

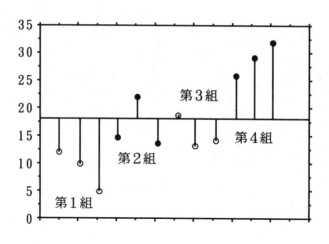

圖 13.3　各組資料分布圖

　　以 $X_{ij}$ 表示全部資料，$i$ 為組別數，$j$ 則為樣本編號。全部 資料的總平均數為 $\overline{\overline{X}} = \dfrac{\sum\limits_{j=1}^{3} \sum\limits_{i=1}^{4} X_{ij}}{12}$，$\overline{X}_i = \dfrac{\sum\limits_{j=1}^{3} X_{ij}}{3}$　則為第 $i$ 組樣本資料之平均數，

即　　　　$\overline{\overline{X}} = \dfrac{12 + 10 + 5 + \cdots + 32}{12} = \dfrac{213}{12}$

$$=17.75$$

$$\overline{X}_1=\frac{12+10+5}{3}=9$$

$$\overline{X}_2=\frac{15+22+14}{3}=17$$

$$\overline{X}_3=\frac{19+14+15}{3}=16$$

$$\overline{X}_4=\frac{26+29+32}{3}=29$$

在圖 13.3 中，以 $\overline{\overline{X}}=17.75$ 為中心線，每一點與中心線之距離的平方和，即表示全體資料的總差異（就如同變異數的計算方法）。以 $SST$ 代表，計算結果如下：

$$SST=\sum_{j=1}^{3}\sum_{i=1}^{4}(X_{ij}-\overline{\overline{X}})^2$$

$$=(12-17.75)^2+\cdots+(32-17.75)^2$$

$$=716.25$$

　　如今再以各組本身之平均數為中心，觀察各組資料內部的差異。由各組本身資料的分布可觀測到資料內部的變異，此種變異稱為組內變異；而由各組平均數之分布狀況可觀測到各組間的變異，此種變異稱為組間變異。變異數分析方法的建立就是要以樣本資料去估計這兩種變異數——組間變異數及組內變異數。

　　根據總差異平方和的分解原理，可產生變異計算的公式如下：

$$總差異\,(SST)=\sum_{j=1}^{3}\sum_{i=1}^{4}(X_{ij}-\overline{\overline{X}})^2$$

$$=\sum_{j=1}^{3}\sum_{i=1}^{4}[(X_{ij}-\overline{X}_i)+(\overline{X}_i-\overline{\overline{X}})]^2$$

$$=\sum_{j=1}^{3}\sum_{i=1}^{4}(X_{ij}-\overline{X}_i)^2+\sum_{j=1}^{3}\sum_{i=1}^{4}(\overline{X}_i-\overline{\overline{X}})^2$$

$$=\text{組內變異} + \text{組間變異} \qquad\qquad (13.3)$$

（式中平方展開知交叉項可證明為零，即 $\sum\limits_{j=1}^{3}\sum\limits_{i=1}^{4}(X_{ij}-\overline{X}_i)(\overline{X}_i-\overline{\overline{X}}) = 0$。）

　　我們以 $SSC$ 代表組間變異，$SSE$ 代表組內變異，因此延續前面的計算實例可得

$$SSC= \sum_{j=1}^{3}\sum_{i=1}^{4}(\overline{X}_i - \overline{\overline{X}})^2$$

$$=3\sum_{i=1}^{4}(\overline{X}_i - \overline{\overline{X}})^2$$

$$=3[(9-17.75)^2+(17-17.75)^2+(16-17.75)^2+(29-17.75)^2]$$

$$=3 \times 206.75$$

$$=620.25$$

$$SSE= \sum_{j=1}^{3}\sum_{i=1}^{4}(X_{ij}-\overline{X}_i)^2$$

$$=(12-9)^2 + (10-9)^2 + (5-9)^2$$

$$+(15-17)^2 + (22-17)^2 + (14-17)^2$$

$$+(19-16)^2 + (14-16)^2 + (15-16)^2$$

$$+(26-29)^2 + (29-29)^2 + (32-29)^2$$

$$=96$$

可得 $SSE + SSC = 96 + 620.25 = 716.25 = SST$。此種結果可用下面資料差異結構圖來表現：

$$\begin{bmatrix} 17.75 \end{bmatrix} + \begin{bmatrix} -8.75 \\ -0.75 \\ -1.75 \\ 11.25 \end{bmatrix} + \begin{bmatrix} 3 & 1 & -4 \\ -2 & 5 & -3 \\ 3 & -2 & -1 \\ -3 & 0 & 3 \end{bmatrix} = \begin{bmatrix} 12 & 10 & 5 \\ 15 & 22 & 14 \\ 19 & 14 & 15 \\ 26 & 29 & 32 \end{bmatrix}$$

　　總平均數　　+　　各組間差異　　+　　各組內差異　　=　　原始資料

$$\begin{bmatrix} -8.75 \\ -0.75 \\ -1.75 \\ 11.25 \end{bmatrix} + \begin{bmatrix} 3 & 1 & -4 \\ -2 & 5 & -3 \\ 3 & -2 & -1 \\ -3 & 0 & 3 \end{bmatrix} = \begin{bmatrix} 12 & 10 & 5 \\ 15 & 22 & 14 \\ 19 & 14 & 15 \\ 26 & 29 & 32 \end{bmatrix} - \begin{bmatrix} 17.75 \end{bmatrix}$$

$$\begin{bmatrix} -8.75 \\ -0.75 \\ -1.75 \\ 11.25 \end{bmatrix} + \begin{bmatrix} 3 & 1 & -4 \\ -2 & 5 & -3 \\ 3 & -2 & -1 \\ -3 & 0 & 3 \end{bmatrix} = \begin{bmatrix} -5.75 & -7.75 & -12.75 \\ -2.75 & 4.25 & -3.75 \\ 1.25 & -3.75 & -2.75 \\ 8.25 & 11.25 & 14.25 \end{bmatrix}$$

　　平方和　　　　　平方和　　　　　　　　平方和

$$\underset{(206.75 \times 3)}{620.25} \quad + \quad 96 \quad = \quad 716.25$$

圖 13.4　資料差異結構圖

設 $\sigma_e^2$ 代表 4 組資料母體的共同變異數，它的點估計相當於前一章所介紹的混合變異數，即

$$\hat{\sigma}_e^2 = S_p^2 = \frac{\sum\limits_{j=1}^{n_1}(X_{1j} - \overline{X}_1)^2 + \sum\limits_{j=1}^{n_2}(X_{2j} - \overline{X}_2)^2}{n_1 + n_2 - 2}$$

$$= \frac{(n_1 - 1)S_1^2 + (n_2 - 1)S_2^2}{n_1 + n_2 - 2} \tag{13.4}$$

如今則是對 4 個母體之共同變異數作推論，其結果僅需依據上式作推廣即可

$$\hat{\sigma}_e^2 = \frac{\sum\limits_{j=1}^{n_1}(X_{1j}-\overline{X}_1)^2 + \cdots + \sum\limits_{j=1}^{n_4}(X_{4j}-\overline{X}_4)^2}{n_1 + \cdots + n_4 - 4}$$

$$= \frac{\sum\limits_{i=1}^{4}\sum\limits_{j=1}^{3}(X_{ij}-\overline{X}_i)^2}{4 \times 3 - 4}$$

$$= \frac{SSE}{8} \tag{13.5}$$

$\sigma_c^2$ 代表 4 組資料以其各自平均數為主,所表示之組與組之間的差異。依據 $\sigma_{\overline{X}}^2 = \dfrac{\sigma^2}{n}$ 之結果,可得 $n\sigma_{\overline{X}}^2 = \sigma^2$ 之關係式,而產生 $\sigma_c^2$ 之點估計,即

$$\hat{\sigma}_c^2 = 3 \times \frac{(\overline{X}_1 - \overline{\overline{X}})^2 + \cdots + (\overline{X}_4 - \overline{\overline{X}})^2}{4-1}$$

$$= \frac{\sum\limits_{j=1}^{3}\sum\limits_{i=1}^{4}(\overline{X}_i - \overline{\overline{X}})^2}{3}$$

$$= \frac{SSC}{3} \tag{13.6}$$

對此兩變異數可進行下面的假設檢定

$$H_0 : \sigma_c^2 \le \sigma_e^2$$

$$H_a : \sigma_c^2 > \sigma_e^2 \tag{13.7}$$

若承認虛無假設,則表示各組之間的變異不大於各組內的變異,也就是各組資料的分散情況相同,因此各組母體平均數可認為相等。若拒絕虛無假設,則表示各組之間的變異遠大於各組內的變異,也就是各組資料的分散情況不同,因此各組母體平均數不相等。由前一章所介紹兩母體變異數之比較可知,在虛無假設下,檢定統計量

$$F = \frac{\hat{\sigma}_c^2/\sigma_c^2}{\hat{\sigma}_e^2/\sigma_e^2} = \frac{\hat{\sigma}_c^2}{\hat{\sigma}_e^2} \tag{13.8}$$

具有分子自由度為 $\nu_1$,分母自由度為 $\nu_2$ 的 $F$ 分配(此時 $\nu_1$ = 組數 $-1$,

$\nu_2 =$ 各組樣本數之總和減去組數，以前題為例 $\nu_1 = 3$，$\nu_2 = 8$）。檢定時，使用右端檢定，當檢定統計量 $F > F_\alpha(\nu_1, \nu_2)$ 時，則拒絕虛無假設，表示各組之間有顯著差異。

# 13.2　一因子變異數分析

前一節對變異數分析的方法是考慮多組不同來源資料（即個別來自 $N(\mu_i, \sigma^2)$，$i = 1, 2, \cdots, c$ 的分配），檢定它們的平均數是否相等？一般而言，資料來源不同可以當作在資料取得過程中（實驗或觀察），因給予不同的處理 (treatments) 或考慮不同水準 (levels) 方式所產生。例如對同型的機器 4 部，測試其每小時之生產量 6 次；依據東、西、南、北 4 區，觀察各經銷商去年之營業額等等，此處不同機器、不同地區即為處理或水準。由於不同處理或水準將產生對資料不同的效應，我們以 $\alpha_i$ 來表示第 $i$ 種處理或水準的效應，因此可模式化為

$$Y_{ij} = \mu + \alpha_i + \varepsilon_{ij} \tag{13.9}$$

其中 $i = 1, 2, \cdots, c$ 表示有 $c$ 種處理或水準，$j = 1, 2, \cdots, r$ 表示每種處理或水準各有 $r$ 個資料，而隨機變動量 $\varepsilon$ 符合 $N(0, \sigma^2)$ 之假設且彼此獨立，為方便起見，各處理或水準之效應中心化為 $\Sigma\alpha_i = 0$。因此各處理或水準的平均數即為

$$\mu_i = E(Y_{ij}) = \mu + \alpha_i, \quad i = 1, 2, \cdots, c \tag{13.10}$$

兩處理或水準之間的差，即為

$$\mu_i - \mu_j = \alpha_i - \alpha_j \ (i \neq j) \tag{13.11}$$

按模式（13.9），使用最小平方法可產生對 $\mu$ 及 $\alpha_i$ 的點估計為

$$\hat{\mu}=\overline{\overline{Y}} = \frac{\sum\limits_{i=1}^{c} \sum\limits_{j=1}^{r} Y_{ij}}{rc}$$

$$\hat{\alpha}_i=\overline{Y}_i - \overline{\overline{Y}} \quad \left(\overline{Y}_i = \frac{\sum\limits_{j=1}^{r} Y_{ij}}{r}\right) \tag{13.12}$$

依據差異成分之分解原理（如同公式（13.3））可知

$$\sum_{j=1}^{r} \sum_{i=1}^{c} (Y_{ij} - \overline{\overline{Y}})^2 = \sum_{j=1}^{r} \sum_{i=1}^{c} (Y_{ij} - \overline{Y}_i)^2 + \sum_{j=1}^{r} \sum_{i=1}^{c} (\overline{Y}_i - \overline{\overline{Y}})^2$$

對 $\sigma^2$（即各組內資料之共同變異數）之估計，則取

$$\hat{\varepsilon}=Y_{ij} - \hat{\mu} - \hat{\alpha}_i$$

$$=Y_{ij} - \overline{\overline{Y}} - (\overline{Y}_i - \overline{\overline{Y}})$$

$$=Y_{ij} - \overline{Y}_i$$

因此

$$\Sigma\hat{\varepsilon}^2 = \sum_{j=1}^{r} \sum_{i=1}^{c} (Y_{ij} - \overline{Y}_i)^2 = SSE$$

由於

$$E(\Sigma\hat{\varepsilon}^2)=E\left[\sum_{j=1}^{r} \sum_{i=1}^{c} (Y_{ij} - \overline{Y}_i)^2\right] = \sum_{i=1}^{c} E\left[\sum_{j=1}^{r} (Y_{ij} - \overline{Y}_i)^2\right]$$

$$=c(r-1)\sigma^2$$

所以

$$\hat{\sigma}^2 = \frac{\sum\limits_{j=1}^{r} \sum\limits_{i=1}^{c} (Y_{ij} - \overline{Y}_i)^2}{c(r-1)} = \frac{SSE}{c(r-1)} \tag{13.13}$$

而

$$E\left[\sum_{j=1}^{r}\sum_{i=1}^{c}(\overline{Y}_i-\overline{\overline{Y}})^2\right]=rE\left[\sum_{i=1}^{c}(\overline{Y}_i-\overline{\overline{Y}})^2\right]$$

$$=rE\left[\sum_{i=1}^{c}(\mu+\alpha_i+\overline{\varepsilon}_i-\mu-\overline{\overline{\varepsilon}})^2\right]$$

$$=rE\left[\sum_{i=1}^{c}(\overline{\varepsilon}_i-\overline{\overline{\varepsilon}})^2+2r\sum_{i=1}^{c}\alpha_i(\overline{\varepsilon}_i-\overline{\overline{\varepsilon}})+r\sum_{i=1}^{c}\alpha_i^2\right]$$

$$=(c-1)\sigma^2+r\sum_{i=1}^{c}\alpha_i^2 \qquad (13.14)$$

所以

$$E\left[\frac{\sum_{j=1}^{r}\sum_{i=1}^{c}(\overline{Y}_i-\overline{\overline{Y}})^2}{c-1}\right]=E\left[\frac{SSC}{c-1}\right]=\sigma^2+\frac{r}{c-1}\sum_{i=1}^{c}\alpha_i^2 \quad (13.15)$$

對不同處理或水準之效應是否相等的檢定（組間差異是否顯著），即可
表示為

$$H_0:\alpha_1=\alpha_2=\cdots=\alpha_c=0$$

$$H_a:\alpha_1,\alpha_2,\cdots,\alpha_c \quad 不全相等 \qquad (13.16)$$

或

$$H_0:\mu_1=\mu_2=\cdots=\mu_c$$

$$H_a:\mu_1,\mu_2,\cdots,\mu_c \quad 不全相等 \qquad (13.17)$$

或（公式（13.7））

$$H_0:\sigma_c^2\le\sigma_e^2$$

$$H_a:\sigma_c^2>\sigma_e^2$$

在虛無假設下，由於

$$E\left[\frac{SSE}{c(r-1)}\right]=E\left(\frac{SSC}{c-1}\right)=\sigma^2 \qquad (13.18)$$

則檢定統計量

$$F = \frac{SSC/(c-1)}{SSE/(rc-c)} \tag{13.19}$$

具有與公式（13.8）相同的抽樣分配。此種僅從單一因素來考慮處理或水準不同（組間差異）的變異數分析，稱為一因子變異數分析 (one-way analysis of variance)，為計算方便起見，利用一般化資料的形式與符號來表達，並可當作變異數分析之計算用表：

| 處理<br>樣本 | 1 | 2 | 3 | $\cdots$ | $c$ | |
|:---:|:---:|:---:|:---:|:---:|:---:|:---:|
| 1 | $Y_{11}$ | $Y_{21}$ | $Y_{31}$ | $\cdots$ | $Y_{c1}$ | |
| 2 | $Y_{12}$ | $Y_{22}$ | $Y_{32}$ | $\cdots$ | $Y_{c2}$ | |
| 3 | $Y_{13}$ | $Y_{23}$ | $Y_{33}$ | $\cdots$ | $Y_{c3}$ | |
| $\vdots$ | $\vdots$ | $\vdots$ | $\vdots$ | | $\vdots$ | |
| $r$ | $Y_{1r}$ | $Y_{2r}$ | $Y_{3r}$ | $\cdots$ | $Y_{cr}$ | |
| 合　　計 | $T_{1.}$ | $T_{2.}$ | $T_{3.}$ | $\cdots$ | $T_{c.}$ | $T$ |
| 各處理平均數 | $\overline{Y}_1$ | $\overline{Y}_2$ | $\overline{Y}_3$ | $\cdots$ | $\overline{Y}_c$ | $\overline{\overline{Y}}$ |

其中

$$T_i = \sum_{j=1}^{r} Y_{ij} \quad T = \sum_{j=1}^{r} \sum_{i=1}^{c} Y_{ij}$$

$$\overline{Y}_i = \frac{T_i}{r} \qquad \overline{\overline{Y}} = \frac{T}{rc} \tag{13.20}$$

可得

$$SST = \sum_{j=1}^{r} \sum_{i=1}^{c} (Y_{ij} - \overline{\overline{Y}})^2$$

$$SSC = \sum_{j=1}^{r} \sum_{i=1}^{c} (\overline{Y}_i - \overline{\overline{Y}})^2$$

$$SSE = \sum_{j=1}^{r} \sum_{i=1}^{c} (Y_{ij} - \overline{Y}_i)^2 = SST - SSC$$

我們利用第四章樣本變異數的化簡公式：

$$\Sigma(Y - \overline{Y})^2 = \Sigma Y^2 - \frac{(\Sigma Y)^2}{n}$$

處理上述平方和的計算：

$$SST = \sum_{j=1}^{r} \sum_{i=1}^{c} Y_{ij}^2 - \frac{T^2}{rc}$$

$$SSC = \frac{\sum_{i=1}^{c} T_i^2}{r} - \frac{T^2}{rc} \tag{13.21}$$

整個計算與檢定過程，可以彙總成表，稱之為變異數分析表：

### 變異數分析表

| 差異來源 | 平方和 $(SS)$ | 自由度 $(df)$ | 平方和之平均 | $F$ 值 |
|---|---|---|---|---|
| 處理不同 | $SSC$ | $c-1$ | $MSC = SSC/(c-1)$ | $F = \dfrac{MSC}{MSE}$ |
| 機率誤差 | $SSE$ | $rc-c$ | $MSE = SSE/(rc-c)$ | |
| 合　　計 | $SST$ | $rc-1$ | | |

### 例 13.1

（續例 4.27）將一個 45 名學童的班級隨機平分成 5 組，每組 9 人，分別施以 5 種不同的教材或方法（以 $A$、$B$、$C$、$D$、$E$ 表示），經過一段時間後測試每個學童的成績如下：

| 組　別 | 成 | | | | 績 | | | | |
|---|---|---|---|---|---|---|---|---|---|
| $A$ | 14 | 24 | 20 | 24 | 23 | 16 | 15 | 24 | 17 |
| $B$ | 23 | 13 | 19 | 21 | 13 | 20 | 19 | 16 | 21 |
| $C$ | 28 | 30 | 29 | 24 | 27 | 30 | 28 | 28 | 23 |
| $D$ | 19 | 28 | 26 | 26 | 19 | 24 | 24 | 23 | 22 |
| $E$ | 14 | 13 | 21 | 15 | 15 | 19 | 20 | 18 | 10 |

這個表的內容告訴我們不同的教學方法是否有顯著差異？ $(\alpha = 0.01)$

【解】

計算表如下：

| 組　別 | $A$ | $B$ | $C$ | $D$ | $E$ | 合　計 |
|---|---|---|---|---|---|---|
| | 14 | 23 | 28 | 19 | 14 | |
| | 24 | 13 | 30 | 28 | 13 | |
| | 20 | 19 | 29 | 26 | 21 | |
| | 24 | 21 | 24 | 26 | 15 | |
| | 23 | 13 | 27 | 19 | 15 | |
| | 16 | 20 | 30 | 24 | 19 | |
| | 15 | 19 | 28 | 24 | 20 | |
| | 24 | 16 | 28 | 23 | 18 | |
| | 17 | 21 | 23 | 22 | 10 | |
| $T_i$ | 177 | 165 | 247 | 211 | 145 | 945 |
| $T_i^2$ | 31329 | 27225 | 61009 | 44521 | 21025 | 185109 |

$$SST = 14^2 + 24^2 + \cdots + 18^2 + 10^2 - \frac{945^2}{45}$$

$$= 21041 - 19845 = 1196$$

$$SSC = \frac{185109}{9} - 19845 = 722.67$$

$$SSE = 1196 - 722.67 = 473.33$$

### 變異數分析表

| 差異來源 | 平方和 | 自由度 $(df)$ | 平方和之平均 | $F$ 值 |
|---|---|---|---|---|
| 處理不同 | 722.67 | 4 | 180.668 | $F = \dfrac{MSC}{MSE} = 15.27$ |
| 機率誤差 | 473.33 | 40 | 11.833 | $> F_{0.01}(4, 40) = 3.8283$ |
| 合　　計 | 1196 | 44 | | |

拒絕虛無假設，表示不同的教學方法有顯著的不同效果（此項結果可與第四章多組箱形圖比較之結論相同）。　■

在計算變異數時，常使用 $V(X-b)=V(X)$ 之性質，以簡化計算過程。以前題為例，任取 $b=20$ ，計算結果如下：

| 組　別 | $A$ | $B$ | $C$ | $D$ | $E$ | 合　計 |
|---|---|---|---|---|---|---|
| | −6 | 3 | 8 | −1 | −6 | |
| | 4 | −7 | 10 | 8 | −7 | |
| | 0 | −1 | 9 | 6 | 1 | |
| | 4 | 1 | 4 | 6 | −5 | |
| | 3 | −7 | 7 | −1 | −5 | |
| | −4 | 0 | 10 | 4 | −1 | |
| | −5 | −1 | 8 | 0 | | |
| | 4 | −4 | 8 | 3 | −2 | |
| | −3 | 1 | 3 | 2 | −10 | |
| $T_i$ | −3 | −15 | 67 | 31 | −35 | 45 |
| $T_i^2$ | 9 | 225 | 4489 | 961 | 1225 | 6909 |

$$SST=(-6)^2+4^2+\cdots+(-2)^2+(-10)^2-\frac{45^2}{45}$$

$$=1241-45=1196$$

$$SSC=\frac{6909}{9}-45=722.67$$

$$SSE=1196-722.67=473.33$$

結果相同。

在實際取得資料過程中，往往因種種因素使得每組樣本數不相等，

此時模式改為

$$Y_{ij} = \mu + \alpha_i + \varepsilon_{ij}, \quad j = 1, 2, \cdots, n_i \tag{13.22}$$

而計算公式稍作更改即可:

$$SST = \sum_{j=1}^{n_i} \sum_{i=1}^{c} Y_{ij}^2 - \frac{T^2}{\Sigma n_i}$$

$$SSC = \sum_{i=1}^{c} \frac{T_i^2}{n_i} - \frac{T^2}{\Sigma n_i} \tag{13.23}$$

**例 13.2**

由 4 種廠牌之玩具隨機抽出所使用之電池若干個,加以測試其使用壽命 (單位: 小時),其結果如下表:

| 廠　牌 | 一 | 二 | 三 | 四 | 合　計 |
|---|---|---|---|---|---|
| | 43 | 45 | 45 | 45 | |
| | 47 | 48 | 43 | 48 | |
| | 48 | 49 | 41 | 55 | |
| | 45 | 46 | 41 | 47 | |
| | 46 | 52 | 38 | 58 | |
| | 42 | 45 | 46 | 50 | |
| | 46 | 44 | 45 | 46 | |
| | 45 | 47 | 41 | 53 | |
| | 49 | | 43 | 56 | |
| | | | 41 | | |

試以 $\alpha = 0.05$,檢定不同廠牌所使用之電池,其壽命有無顯著差異?

**【解】**

取 $Y = X - 45$ 簡化計算過程

| 廠　牌 | 一 | 二 | 三 | 四 | 合　計 |
|---|---|---|---|---|---|
| | $-2$ | 0 | 0 | 0 | |
| | 2 | 3 | $-2$ | 3 | |
| 樣 | 3 | 4 | $-4$ | 10 | |
| | 0 | 1 | $-4$ | 2 | |
| | 1 | 7 | $-7$ | 13 | |
| | $-3$ | 0 | 1 | 5 | |
| 本 | 1 | $-1$ | 0 | 1 | |
| | 0 | 2 | $-4$ | 8 | |
| | 4 | | $-2$ | 11 | |
| | | | $-4$ | | |
| $T_i$ | 6 | 16 | $-26$ | 53 | 49 |
| $T_i^2$ | 36 | 256 | 676 | 2809 | |
| $T_i^2/n_i$ | 4 | 32 | 67.6 | 312.11 | 415.71 |

$$SST = (-2)^2 + 2^2 + \cdots + 8^2 + 11^2 - \frac{49^2}{9+8+10+9}$$

$$= 739 - 66.69 = 672.31$$

$$SSC = 415.71 - 66.69 = 349.02$$

### 變異數分析表

| 差異來源 | 平方和 | 自由度 $(df)$ | 平方和之平均 | $F$ 值 |
|---|---|---|---|---|
| 廠牌不同 | 349.02 | 3 | 116.34 | $F = \dfrac{MSC}{MSE} = 11.5$ |
| 機率誤差 | 323.29 | 32 | 10.1 | $> F_{0.05}(3,30) = 2.9223$ |
| | | | | $> F_{0.05}(3,32)$ |
| 合　　計 | 672.31 | 35 | | |

拒絕虛無假設，表示各廠牌間所使用之電池，其壽命有顯著的差異。

# 13.3 二因子變異數分析

當取得資料過程中，對所觀察或實驗之對象施以兩種因素的考慮，而每一因素均有兩個以上之處理或水準時，所進行的變異數分析，稱為二因子變異數分析(two-way analysis of variance)。例如：安排甲、乙、丙、丁 4 位技術師分別對 $A$、$B$、$C$ 3 部機器做測試操作，以了解不同技術師的能力與機器間的性能有無差異。此時不同技術師與不同機器兩種因素將產生兩種效應，分別以 $\alpha_i$、$\beta_j$ 表示之。因此可模式化為

$$Y_{ij} = \mu + \alpha_i + \beta_j + \varepsilon_{ij} \tag{13.24}$$

其中 $i = 1, 2, \cdots, c$ ， $j = 1, 2, \cdots, r$ 表示每一因素分別有 $c$ 種及 $r$ 種處理或水準，而隨機變動量 $\varepsilon$ 符合 $N(0, \sigma^2)$ 之假設且彼此獨立，為方便起見，此兩種因素分別稱為行因素與列因素，且各因素中處理或水準之效應均中心化為 $\Sigma\alpha_i = \Sigma\beta_j = 0$。因此各處理或水準的平均數即為

$$\mu_{i.} = E(Y_{ij}) = \mu + \alpha_i, \quad i = 1, 2, \cdots, c$$

$$\mu_{.j} = E(Y_{ij}) = \mu + \beta_j, \quad j = 1, 2, \cdots, r \tag{13.25}$$

按模式（13.24），使用最小平方法可產生對 $\mu$ 及 $\alpha_i$、$\beta_j$ 的點估計為

$$\hat{\mu} = \overline{\overline{Y}} = \frac{\sum\limits_{j=1}^{r} \sum\limits_{i=1}^{c} Y_{ij}}{rc}$$

$$\hat{\alpha}_i = \overline{Y}_{i.} - \overline{\overline{Y}} \quad \left( \overline{Y}_i = \frac{\sum\limits_{j=1}^{r} Y_{ij}}{r} \right)$$

$$\hat{\beta}_j = \overline{Y}_{.j} - \overline{\overline{Y}} \quad \left( \overline{Y}_{.j} = \frac{\sum\limits_{i=1}^{c} Y_{ij}}{c} \right) \tag{13.26}$$

如同一因子變異數分析一樣，依據差異分解原理可得：

$$\sum_{j=1}^{r} \sum_{i=1}^{c} (Y_{ij} - \overline{\overline{Y}})^2 = \sum_{j=1}^{r} \sum_{i=1}^{c} (Y_{ij} - \overline{Y}_{i.} - \overline{Y}_{.j} + \overline{\overline{Y}} + \overline{Y}_{i.} - \overline{\overline{Y}} + \overline{Y}_{.j} - \overline{\overline{Y}})^2$$

$$= \sum_{j=1}^{r} \sum_{i=1}^{c} (Y_{ij} - \overline{Y}_{i.} - \overline{Y}_{.j} + \overline{\overline{Y}})^2 + \sum_{j=1}^{r} \sum_{i=1}^{c} (\overline{Y}_{i.} - \overline{\overline{Y}})^2$$

$$+ \sum_{j=1}^{r} \sum_{i=1}^{c} (\overline{Y}_{.j} - \overline{\overline{Y}})^2$$

$$= \sum_{j=1}^{r} \sum_{i=1}^{c} [(Y_{ij} - \overline{\overline{Y}}) - (\overline{Y}_{i.} - \overline{\overline{Y}}) - (\overline{Y}_{.j} - \overline{\overline{Y}})]^2$$

$$+ \sum_{j=1}^{r} \sum_{i=1}^{c} (\overline{Y}_{i.} - \overline{\overline{Y}})^2 + \sum_{j=1}^{r} \sum_{i=1}^{c} (\overline{Y}_{.j} - \overline{\overline{Y}})^2 \tag{13.27}$$

因此

　　　　總差異 = 機率差異 + 行差異 + 列差異

或

$$SST = SSE + SSC + SSR$$

此種結果可依據本章 13.1 節資料，以下面資料差異結構圖來表現：

$$
\begin{bmatrix} 17.75 \end{bmatrix} +
\begin{bmatrix} -8.75 \\ -0.75 \\ -1.75 \\ 11.25 \end{bmatrix} +
\begin{bmatrix} .25 & 1 & -1.25 \end{bmatrix} +
\begin{bmatrix} 3 & 1 & -4 \\ -2 & 5 & -3 \\ 3 & -2 & -1 \\ -3 & 0 & 3 \end{bmatrix} =
\begin{bmatrix} 2.75 & 0 & -2.75 \\ -2.25 & 4 & -1.75 \\ 2.75 & -3 & 0.25 \\ -3.25 & -1 & 4.25 \end{bmatrix}
$$

總平均數 + 行效應 + 　列效應　 + 　機率誤差　 = 　　原始資料

對兩種因素不同的處理或水準之效應是否相等的檢定，即可表示為：

$$H_0 : \alpha_1 = \alpha_2 = \cdots = \alpha_c = 0$$

$$H_0 : \beta_1 = \beta_2 = \cdots = \beta_r = 0$$

530 統 計 學

$$H_a : \alpha_1, \alpha_2, \cdots, \alpha_c \qquad 不全相等$$

$$H_a : \beta_1, \beta_2, \cdots, \beta_r \qquad 不全相等 \tag{13.28}$$

或

$$H_0 : \mu_{1.} = \mu_{2.} = \cdots = \mu_{c.}$$

$$H_0 : \mu_{.1} = \mu_{.2} = \cdots = \mu_{.r}$$

$$H_a : \mu_{1.}, \mu_{2.}, \cdots, \mu_{c.} \qquad 不全相等$$

$$H_a : \mu_{.1}, \mu_{.2}, \cdots, \mu_{.r} \qquad 不全相等 \tag{13.29}$$

或

$$H_0 : \sigma_c^2 \le \sigma_e^2$$

$$H_0 : \sigma_r^2 \le \sigma_e^2$$

$$H_a : \sigma_c^2 > \sigma_e^2$$

$$H_a : \sigma_r^2 > \sigma_e^2 \tag{13.30}$$

此處 $\sigma_c^2, \sigma_r^2$ 分別代表行與列 2 種因素之變異數。在虛無假設下，其不偏點估計為

$$\hat{\sigma}_c^2 = \frac{\sum\limits_{j=1}^{r} \sum\limits_{i=1}^{c} (\overline{Y}_{i.} - \overline{\overline{Y}})^2}{c-1} = \frac{SSC}{c-1}$$

$$\hat{\sigma}_r^2 = \frac{\sum\limits_{j=1}^{r} \sum\limits_{i=1}^{c} (\overline{Y}_{.j} - \overline{\overline{Y}})^2}{r-1} = \frac{SSR}{r-1}$$

$$\hat{\sigma}_e^2 = \frac{\sum\limits_{j=1}^{r} \sum\limits_{i=1}^{c} (Y_{ij} - \overline{Y}_{i.} - \overline{Y}_{.j} + \overline{\overline{Y}})^2}{(r-1)(c-1)} = \frac{SSE}{(r-1)(c-1)} \tag{13.31}$$

計算公式表示如下：

$$T_{i.} = \sum_{j=1}^{r} Y_{ij} \qquad\qquad T = \sum_{j=1}^{r} \sum_{i=1}^{c} Y_{ij}$$

$$T_{.j} = \sum_{i=1}^{c} Y_{ij}$$

$$SST = \sum_{j=1}^{r} \sum_{i=1}^{c} Y_{ij}^2 - \frac{T^2}{rc}$$

$$SSC = \frac{\sum_{i=1}^{c} T_{i.}^2}{r} - \frac{T^2}{rc}$$

$$SSR = \frac{\sum_{j=1}^{r} T_{.j}^2}{c} - \frac{T^2}{rc} \tag{13.32}$$

整個計算與檢定過程，可以彙總成下表：

**變異數分析表**

| 差異來源 | 平方和 ($SS$) | 自由度 ($df$) | 平方和之平均 | $F$ 值 |
|---|---|---|---|---|
| 行因素不同 | $SSC$ | $c-1$ | $MSC=SSC/(c-1)$ | $F = \dfrac{MSC}{MSE}$ |
| 列因素不同 | $SSR$ | $r-1$ | $MSR=SSC/(r-1)$ | |
| 機率誤差 | $SSE$ | $(c-1)(r-1)$ | $MSE=SSE/(c-1)(r-1)$ | $F = \dfrac{MSR}{MSE}$ |
| 合　　計 | $SST$ | $rc-1$ | | |

**例 13.3**

將 $A$、$B$、$C$ 3 種不同包裝，在 3 週時間內，每週隨機分配於甲、乙、丙、丁 4 家超級市場內，並記錄其銷售數量如下：

**超 級 市 場**

| 甲 | 乙 | 丙 | 丁 |
|---|---|---|---|
| $A$　17 | $C$　21 | $A$　1 | $B$　22 |
| $C$　23 | $A$　15 | $B$　23 | $A$　6 |
| $B$　34 | $B$　26 | $C$　8 | $C$　16 |

試以 $\alpha = 0.05$，檢定不同的包裝及不同的超級市場對銷售量是否有顯著
影響?

【解】

| 包　裝 ＼ 超級市場 | 甲 | 乙 | 丙 | 丁 | $T_{.j}$ |
|---|---|---|---|---|---|
| $A$ | 17 | 15 | 1 | 6 | 39 |
| $B$ | 34 | 26 | 23 | 22 | 105 |
| $C$ | 23 | 21 | 8 | 16 | 68 |
| $T_{i.}$ | 74 | 62 | 32 | 44 | 212 |

$$SST = 17^2 + 34^2 + \cdots + 16^2 - \frac{212^2}{12}$$

$$= 940.67$$

$$SSC = \frac{74^2 + 62^2 + 32^2 + 44}{3} - \frac{212^2}{12}$$

$$= 348$$

$$SSR = \frac{39^2 + 105^2 + 68^2}{4} - \frac{212^2}{12}$$

$$= 547.17$$

### 變異數分析表

| 差異來源 | 平方和 $(SS)$ | 自由度 $(df)$ | 平方和之平均 | $F$ 值 |
|---|---|---|---|---|
| 超級市場不同 | 348.00 | 3 | $MSC = 116$ | $F = \dfrac{116}{7.58} = 15.3 > 4.76$ |
| 包裝不同 | 547.17 | 2 | $MSR = 273.58$ | $F = \dfrac{273.58}{7.58} = 36.09 > 5.14$ |
| 機率誤差 | 45.50 | 6 | $MSE = 7.58$ | |
| 合　　計 | 940.67 | 11 | | |

表示不同的超級市場與不同包裝，對銷售量均有顯著影響。　■

# 13.4* 含交互作用之二因子變異數分析

我們首先考慮一項最簡單的 $2 \times 2$ 實驗設計, 例如利用藥物或運動課程來控制高血壓, 可分成 4 種處理方式作比較, 即

| | |
|---|---|
| *A* | 使用藥物及運動課程 |
| *B* | 僅使用藥物 |
| *C* | 僅使用運動課程 |
| *D* | 兩者均不使用 |

隨機抽選 20 位病人作實驗, 結果如下表:

| 處 理 | *A* | *B* | *C* | *D* |
|---|---|---|---|---|
| | 158 | 188 | 186 | 185 |
| 樣 | 163 | 183 | 191 | 190 |
| | 173 | 198 | 196 | 195 |
| 本 | 178 | 178 | 181 | 200 |
| | 168 | 193 | 176 | 180 |
| 平均數 | 168 | 188 | 186 | 190 |

我們以一因子變異數作分析, 可得下面結果:

| 差異來源 | 平方和 | 自由度 (*df*) | 平方和之平均 | *F* 值 |
|---|---|---|---|---|
| 處理不同 | 1540 | 3 | 513.33 | $F = \dfrac{MSC}{MSE} = 8.213$ |
| 機率誤差 | 1000 | 16 | 62.5 | $> F_{0.01}(3, 16) = 5.29$ |
| 合　計 | 2540 | 19 | | |

　　表示不同處理有顯著差異，然而並不能分辨是藥物或運動課程的效果，因此需要考慮二因子變異數分析。我們以4種處理的平均數來觀察，即

| 有無使用運動課程　　　　有無使用藥物 | 有 | 無 |
|---|---|---|
| 有 | 168 | 188 |
| 無 | 186 | 190 |

依此資料使用二因子變異數分析，結果如下：

| 差異來源 | 平方和 $(SS)$ | 自由度 $(df)$ | $F$ 值 |
|---|---|---|---|
| 有無使用藥物 | 100 | 1 | $F = \dfrac{100}{64} = 1.5625$ |
| 有無使用運動 | 144 | 1 | $< F_{0.05}(1,1) = 161.4$ |
| 機率誤差 | 64 | 1 | $F = \dfrac{144}{64} = 2.25$ |
| | | | $< F_{0.05}(1,1) = 161.4$ |
| 合　　計 | 308 | 3 | |

可發現兩種因素所作之處理均無顯著之差異，主要是由於將各處理以平均方式消除本身的差別所致。然而我們用下列兩個散布圖作比較：

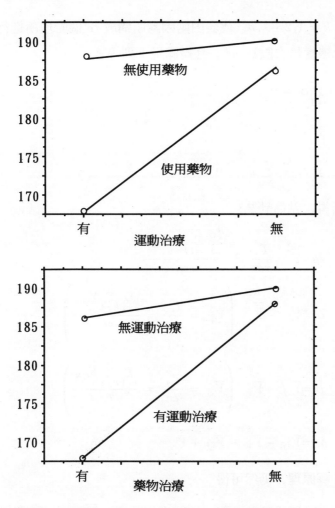

我們可發現單獨使用其中一種治療方法時，血壓降低的效果並不明顯，然而當兩種治療方法同時使用時，血壓降低的效果就非常明顯（觀察兩點之垂直差距）。這就是表示此兩因素具有交互作用 (interaction)。此時線性模式改為

$$Y_{ijk} = \mu + \alpha_i + \beta_j + \delta_{ij} + \varepsilon_{ijk} \tag{13.33}$$

其中增加的 $\delta_{ij}$ 代表因素一第 $i$ 個處理及因素二第 $j$ 個處理的交互作用

之效應，$k = 1, 2, \cdots, n$，代表由兩因素所構成 $rc$ 個處理所進行的實驗個數，因此總實驗次數為 $rcn$。且需滿足下列等式：

$$\sum_{i=1}^{c} \alpha_i = 0$$

$$\sum_{j=1}^{r} \beta_j = 0$$

$$\sum_{i=1}^{c} \delta_{ij} = \sum_{j=1}^{r} \delta_{ij} = 0 \qquad (13.34)$$

各效應所得之點估計為：

$$\hat{\mu} = \overline{\overline{\overline{Y}}} = \frac{T_{\ldots}}{rcn} = \frac{\sum\limits_{i=1}^{c} \sum\limits_{j=1}^{r} \sum\limits_{k=1}^{n} Y_{ijk}}{rcn}$$

$$\hat{\alpha}_i = \overline{Y}_{i..} - \overline{\overline{\overline{Y}}}, \quad \left( \overline{Y}_{i..} = \frac{T_{i..}}{rn} = \frac{\sum\limits_{j=1}^{r} \sum\limits_{k=1}^{n} Y_{ijk}}{rn} \right)$$

$$\hat{\beta}_i = \overline{Y}_{.j.} - \overline{\overline{\overline{Y}}}, \quad \left( \overline{Y}_{.j.} = \frac{T_{.j.}}{cn} = \frac{\sum\limits_{i=1}^{c} \sum\limits_{k=1}^{n} Y_{ijk}}{cn} \right)$$

$$\hat{\delta}_{ij} = \overline{Y}_{ij.} - \overline{Y}_{i..} - \overline{Y}_{.j.} + \overline{\overline{\overline{Y}}} \qquad (13.35)$$

依差異分解原理，仍然可得

$$\sum_{i=1}^{c} \sum_{j=1}^{r} \sum_{k=1}^{n} (Y_{ijk} - \overline{\overline{\overline{Y}}})^2 = \sum_{i=1}^{c} \sum_{j=1}^{r} \sum_{k=1}^{n} (\overline{Y}_{i..} - \overline{\overline{\overline{Y}}})^2 + \sum_{i=1}^{c} \sum_{j=1}^{r} \sum_{k=1}^{n} (\overline{Y}_{.j.} - \overline{\overline{\overline{Y}}})^2$$

$$+ \sum_{i=1}^{c} \sum_{j=1}^{r} \sum_{k=1}^{n} (\overline{Y}_{ij.} - \overline{Y}_{i..} - \overline{Y}_{.j.} + \overline{\overline{\overline{Y}}})^2$$

$$+ \sum_{i=1}^{c} \sum_{j=1}^{r} \sum_{k=1}^{n} (Y_{ijk} - \overline{Y}_{ij.})^2$$

$$SST = SSC + SSR + SSI + SSE \qquad (13.36)$$

其中 $SSI$ 代表交互作用之差異平方和。計算公式可寫為：

$$SST = \sum_{i=1}^{c} \sum_{j=1}^{r} \sum_{k=1}^{n} Y_{ijk}^2 - \frac{T_{\cdots}^2}{rcn}$$

$$SSC = \frac{\sum_{i=1}^{c} T_{i\cdot\cdot}^2}{rn} - \frac{T_{\cdots}^2}{rcn}$$

$$SSR = \frac{\sum_{j=1}^{r} T_{\cdot j\cdot}^2}{cn} - \frac{T_{\cdots}^2}{rcn}$$

$$SSE = \sum_{i=1}^{c} \sum_{j=1}^{r} \sum_{k=1}^{n} Y_{ijk}^2 - \frac{\sum_{i=1}^{c} \sum_{j=1}^{r} T_{ij\cdot}^2}{n} \qquad (13.37)$$

### 變異數分析表

| 差異來源 | 平方和($SS$) | 自由度($df$) | 平方和之平均 | $F$ 值 |
|---|---|---|---|---|
| 行因素不同 | $SSC$ | $c-1$ | $MSC = SSC/(c-1)$ | $F = \dfrac{MSC}{MSE}$ |
| 列因素不同 | $SSR$ | $r-1$ | $MSR = SSC/(r-1)$ | $F = \dfrac{MSI}{MSE}$ |
| 交互作用 | $SSI$ | $(c-1)(r-1)$ | $MSI = SSI/(c-1)(r-1)$ | $F = \dfrac{MSR}{MSE}$ |
| 機率誤差 | $SSE$ | $cr(k-1)$ | $MSE = SSE/cr(k-1)$ | |
| 合　　計 | $SST$ | $rck-1$ | | |

### 例 13.4

前述藥物與運動課程實驗資料如下：

| 運動課程 ＼ 藥物 | 有 | 無 |
|---|---|---|
| 有 | 158<br>163<br>173<br>178<br>168 | 188<br>183<br>198<br>178<br>193 |
| 無 | 186<br>191<br>196<br>181<br>176 | 185<br>190<br>195<br>200<br>180 |

試在 $\alpha = 0.05$ 下，進行二因子變異數分析。

## 【解】

為計算簡單起見，將原始資料每一個均減 180：

| 運動課程 ＼ 藥物 | 有 | | 無 | | 合計 |
|---|---|---|---|---|---|
| 有 | −22<br>−17<br>−7<br>−2<br>−12 | <br><br><br><br>−60 | 8<br>3<br>18<br>−2<br>13 | <br><br><br><br>40 | −20 |
| 無 | 6<br>11<br>16<br>1<br>−4 | <br><br><br><br>30 | 5<br>10<br>15<br>20<br>0 | <br><br><br><br>50 | 80 |
| 合計 | | −30 | | 90 | 60 |

$$SST = 484 + 289 + \cdots + 400 + 0 - \frac{3600}{20}$$

$$= 2720 - 180 = 2540$$

$$SSC = \frac{900 + 8100}{10} - 180 = 720$$

$$SSR = \frac{400 + 6400}{10} - 180 = 500$$

$$SSE = 2720 - \frac{3600 + 1600 + 900 + 2500}{5} = 1000$$

$$SSI = 2540 - 720 - 500 - 1000 = 320$$

### 變異數分析表

| 差異來源 | 平方和 ($SS$) | 自由度 ($df$) | 平方和之平均 | $F$ 值 |
|---|---|---|---|---|
| 有無藥物 | 720 | 1 | $MSC = 720$ | $F = 11.52$ |
| 有無運動 | 500 | 1 | $MSR = 500$ | $F = 8$ |
| 交互作用 | 320 | 1 | $MSI = 320$ | $F = 5.12$ |
| 機率誤差 | 1000 | 16 | $MSE = 62.5$ | |
| 合　　計 | 2540 | 19 | | |

3 個 $F$ 值均大於 $F_{0.05}(1, 16) = 4.49$，表示是否使用藥物、運動課程均有顯著差異，且具有明顯的交互作用，即同時使用藥物與運動課程效果最好。　■

# 重要名詞

| | |
|---|---|
| 組內變異 | 組間變異 |
| 總差異 | 差異平方和之分解原理 |
| 處理 | 水準 |
| 效應 | 一因子變異數分析 |
| 變異數分析表 | 二因子變異數分析 |
| 行效應 | 列效應 |
| 交互作用 | |

# 習 題

13.1 下表為 2 種燕麥在 8 塊田地每畝的產量（單位：公升）：

| A | 3248 | 3064 | 2272 | 3076 | 1700 | 1984 | 2512 | 1928 |
|---|------|------|------|------|------|------|------|------|
| B | 2264 | 2344 | 1816 | 1564 | 1712 | 2608 | 1628 | 2000 |

假設 2 種燕麥每畝產量為常態分配，且兩者標準差相等，試在 $\alpha = 0.01$ 下，以 $t$ 分配檢定兩母體平均數是否相等？若改以變異數分析作檢定，兩者有何關連？

13.2 測量 5 位送報生，在 1 小時內可送的份數，今隨機抽選 4 天，記錄早上 6:00 至 7:00 的送報份數如下：

| 送報生 | 甲 | 乙 | 丙 | 丁 | 戊 |
|--------|----|----|----|----|----|
| 樣 | 75 | 77 | 76 | 72 | 71 |
| | 70 | 71 | 76 | 74 | 70 |
| | 79 | 80 | 74 | 76 | 74 |
| 本 | 76 | 76 | 70 | 70 | 73 |

試在 $\alpha = 0.05$ 下，檢定 5 位送報生每小時的送出份數有無顯著差異？

13.3 隨機抽出 18 名工人，任意分成 3 組，分別實施 $A$、$B$、$C$ 3 種訓練方法，完成後分別測試每人成績如下（生產件數）：

| $A$ | 36 | 26 | 31 | 20 | 34 | 25 |
|-----|----|----|----|----|----|----|
| $B$ | 40 | 29 | 38 | 32 | 39 | 34 |
| $C$ | 32 | 18 | 23 | 21 | 33 | 27 |

按此結果檢定 3 種訓練方法的效果有無顯著差異?  $(\alpha = 0.05)$

13.4 抽查 4 家保全公司每週所接受顧客裝設申請案件如下 (週數不等):

| | | | | | |
|---|---|---|---|---|---|
| A | 15 | 17 | 14 | 12 | |
| B | 12 | 10 | 13 | 17 | |
| C | 11 | 14 | 13 | 15 | 12 |
| D | 13 | 12 | 12 | 14 | 10 | 9 |

不同保全公司每週所接受顧客裝設申請案件有無顯著差異?  $(\alpha = 0.05)$

13.5 分別由 4 處農場調查每塊田地 (面積相同, 塊數不同) 的收穫量 (單位: 公噸) 如下:

| | | | | | | | | |
|---|---|---|---|---|---|---|---|---|
| 1 | 79 | 48 | 57 | 82 | 69 | 79 | 78 | 92 |
| 2 | 67 | 75 | 73 | 77 | 52 | 69 | 71 | 82 | 51 |
| 3 | 68 | 75 | 84 | 73 | 81 | | | |
| 4 | 70 | 73 | 68 | 59 | 71 | 49 | 92 | 89 | 91 | 43 |

試檢定各農場間每塊田地收穫量有無顯著差異?  $(\alpha = 0.05)$

13.6* 調查 10 種股票連續 5 個交易日的投資報酬率, 得到下列每日結果:

| 平均數 | −0.117 | 0.010 | 0.105 | 0.047 | 0.106 |
|---|---|---|---|---|---|
| 變異數 | 0.660 | 0.518 | 0.626 | 0.469 | 0.456 |

試依此資料進行各日間 10 種股票的投資報酬率有無顯著差異? $(\alpha = 0.01)$

13.7 隨機調查 4 個週末及 4 家餐館當天晚上的消費總額 (單位: 萬元):

| 餐館＼週末 | 1 | 2 | 3 | 4 |
|---|---|---|---|---|
| 1 | 40 | 36 | 37 | 38 |
| 2 | 35 | 29 | 39 | 38 |
| 3 | 37 | 32 | 40 | 41 |
| 4 | 42 | 35 | 36 | 34 |

試檢定不同的餐館及不同的週末時間消費額有無顯著差異？$(\alpha = 0.05)$

13.8 隨機抽選一段時間 3 臺自動販賣機的銷售量如下：

| 飲料＼販賣機 | 1 | 2 | 3 |
|---|---|---|---|
| 咖 啡 | 22 | 24 | 16 |
| 汽 水 | 26 | 25 | 22 |
| 紅 茶 | 19 | 21 | 17 |
| 熱可可 | 16 | 20 | 15 |

試檢定不同的販賣機及不同的飲料消費額有無顯著差異？$(\alpha = 0.05)$

13.9 一項動物壽命實驗安排 3 種毒物及 $A, B, C, D$ 4 種處理，且每種情況進行 4 個實驗，所得結果如下（單位：時）：

| 毒物 | $A$ | | $B$ | | $C$ | | $D$ | |
|---|---|---|---|---|---|---|---|---|
| 1 | 3.1 | 4.5 | 8.2 | 11.0 | 4.3 | 4.5 | 4.5 | 7.1 |
| | 4.6 | 4.3 | 8.8 | 7.2 | 6.3 | 7.6 | 6.6 | 6.2 |
| 2 | 3.6 | 2.9 | 9.2 | 6.1 | 4.4 | 3.5 | 5.6 | 10.0 |
| | 4.0 | 2.3 | 4.9 | 12.4 | 3.1 | 4.0 | 7.1 | 3.8 |
| 3 | 2.2 | 2.1 | 3.0 | 3.7 | 2.3 | 2.5 | 3.0 | 3.6 |
| | 1.8 | 2.3 | 3.8 | 2.9 | 2.4 | 2.2 | 3.1 | 3.3 |

試在 $\alpha = 0.05$ 下，作含有交互作用之二因子變異數分析。

13.10 （續上題）將上述資料取倒數，可當作死亡率解釋，重作二因子變異數分析。

| 毒物 | A | | | | B | | C | | D |
|------|------|------|------|------|------|------|------|------|
| 1 | .323 | .222 | .122 | .091 | .233 | .222 | .222 | .141 |
| | .217 | .233 | .114 | .139 | .159 | .132 | .152 | .161 |
| 2 | .278 | .345 | .109 | .164 | .227 | .286 | .179 | .100 |
| | .250 | .435 | .205 | .081 | .323 | .250 | .141 | .263 |
| 3 | .455 | .476 | .333 | .270 | .435 | .400 | .333 | .278 |
| | .556 | .435 | .263 | .345 | .417 | .455 | .323 | .303 |

# 第十四章 雙變量關聯性樣本資料──直線迴歸分析

當變量間存在有關聯性時，我們有興趣了解它們之間具有何種形式的關聯？那一些變量的關聯性較強烈？是否可使用這種關聯性作預測上的應用？一方面我們希望找出具有關聯性的變量對某些現象作解釋；另一方面使用種種技巧來簡化我們所觀察的變量，使資料的特性能凸顯出來。這些處理方法均涉及非常複雜的統計理論，嚴格來說它是屬於多變量統計分析。

本章僅討論最基本的具有關聯性雙變量資料的統計方法。在第五、六章曾介紹過雙變量資料 $\{(X_i, Y_i), i = 1, 2, \cdots, n\}$ 的展現與計量方法，我們將 $X$ 資料當成自變數（或稱預測變數），用以觀察應變數（或稱反應變數）$Y$ 資料。然而當我們所觀察到的資料是來自由母體抽樣產生的樣本資料時，就須要考慮推論的問題，因此一系列有關母體模式、母數的估計與檢定等等就是本章所討論的重點。

## 14.1　線性迴歸模式

假設自變數 $X$ 與應變數 $Y$ 形成下面的直線模式關係

$$Y_i = \beta_0 + \beta_1 X_i + \varepsilon_i, \quad i = 1, 2, \cdots, n \tag{14.1}$$

其中 $\varepsilon$ 為隨機變數，滿足下列條件:

(1)$E(\varepsilon_i) = 0, \quad V(\varepsilon_i) = \sigma^2$

(2)$\varepsilon_i$ 的機率分配為常態

(3)$\varepsilon_i, \ \varepsilon_j (i \neq j)$彼此獨立 (14.2)

我們稱此為直線迴歸模式(line regression model)， $\beta_0$ 稱為迴歸常數 (regression constant)， $\beta_1$ 稱為迴歸係數 (regression coefficient)。第六章以電腦模擬

$$Y_i = 2 + 0.5X_i + \varepsilon_i$$

$$\varepsilon_i \sim N(0, 1)$$

模式 300 對資料如圖 14.1。

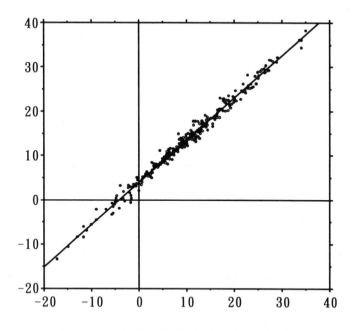

圖 14.1　直線迴歸模式電腦模擬資料

此時設 $X$ 為已知，依據期望值與變異數的性質可得 $Y$ 的條件期望值（條件平均數）與條件變異數，即

$$E(Y|X)=E(\beta_0 + \beta_1 X + \varepsilon) = \beta_0 + \beta_1 X = \mu_{Y|X}$$

$$V(Y|X)=V(\beta_0 + \beta_1 X + \varepsilon) = V(\varepsilon) = \sigma^2 \qquad (14.3)$$

因為隨機變數 $Y$ 係由常態隨機變數 $\varepsilon_i$ 之線性組合所構成，根據常態分配的性質可知 $Y$ 的機率模式亦為常態分配，即

$$Y \sim N(\beta_0 + \beta_1 X, \ \sigma^2) \qquad (14.4)$$

也就是說，在每一個不同的 $X$ 值已知下，$Y$ 都形成平均數不同，而標準差均相等的常態分配。換言之，在不同的 $X$ 所構成 $Y$ 的常態分配，其每一個條件平均數之連線為一直線方程式（稱為直線迴歸方程式），即

$$E(Y|X) = \beta_0 + \beta_1 X = \mu_{Y|X} \qquad (14.5)$$

可用圖 14.2 表示。

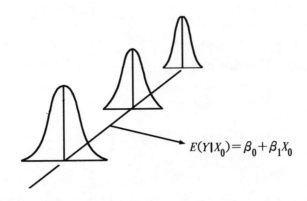

$$E(Y|X_0)=\beta_0+\beta_1 X_0$$

圖 14.2　雙變量常態機率模式

當自變數不只一個時，模式可推廣為線性迴歸模式 (linear regression model)，即

$$Y = \beta_0 + \beta_1 X_1 + \beta_2 X_2 + \cdots + \beta_p X + \varepsilon \qquad (14.6)$$

屬於複迴歸模式(multiple regression model)，相對於本章所要介紹的直線迴歸模式則稱為簡單迴歸模式 (simple regression model)。

# 14.2　直線迴歸模式中母數之點估計

在直線迴歸模式中所涉及的母數有 $\beta_0$、$\beta_1$ 及 $\sigma^2$ 3 個。由圖 14.1 電腦所模擬的資料散布圖可看出，大部分資料均集中在直線迴歸方程式周圍。因此我們可使用第六章所介紹的最小平方法對迴歸常數及迴歸係數作點估計，即

$$\hat{\beta}_1 = b = \frac{\Sigma(X - \overline{X})(Y - \overline{Y})}{\Sigma(X - \overline{X})^2}$$

$$\hat{\beta}_0 = a = \overline{Y} - b\overline{X} \qquad (14.7)$$

由於

$$Y = \beta_0 + \beta_1 X + \varepsilon$$

$$\overline{Y} = \beta_0 + \beta_1 \overline{X} + \overline{\varepsilon}$$

$$Y - \overline{Y} = \beta_1(X - \overline{X}) + \varepsilon - \overline{\varepsilon}$$

則

$$E(\hat{\beta}_1) = E\left[\frac{\Sigma(X - \overline{X})(Y - \overline{Y})}{\Sigma(X - \overline{X})^2}\right] = \frac{\Sigma(X - \overline{X})E(Y - \overline{Y})}{\Sigma(X - \overline{X})^2}$$

$$= \frac{\Sigma(X - \overline{X})E[\beta_1(X - \overline{X}) + \varepsilon - \overline{\varepsilon}]}{\Sigma(X - \overline{X})^2} = \beta_1$$

$$E(\hat{\beta}_0)=E(\overline{Y} - b\overline{X}) = E[\beta_0 + \overline{X}(\beta_1 - \hat{\beta}_1) + \overline{\varepsilon}] = \beta_0 \qquad (14.8)$$

所以兩者均為不偏估計式。利用變異數的性質可以證明出下列結果（細節從略）：

$$V(\hat{\beta}_1)=\frac{\sigma^2}{\Sigma(X - \overline{X})^2}$$

$$V(\hat{\beta}_0)=\frac{\sigma^2\Sigma X^2}{n\Sigma(X - \overline{X})^2} \qquad (14.9)$$

根據公式（14.5）可看出均屬於常態隨機變數的線性組合，因此

$$\hat{\beta}_1 \sim N\left(\beta_1, \frac{\sigma^2}{\Sigma(X - \overline{X})^2}\right)$$

$$\hat{\beta}_0 \sim N\left(\beta_0, \frac{\sigma^2\Sigma X^2}{n\Sigma(X - \overline{X})^2}\right) \qquad (14.10)$$

對於模式的變異數之估計可以使用殘差，即

$$\hat{\varepsilon} = Y - \hat{Y} = Y - \hat{\beta}_0 - \hat{\beta}_1 X$$

為取得變異數不偏點估計，設

$$\hat{\sigma}^2 = \frac{\Sigma\hat{\varepsilon}^2}{n - 2} = \frac{\Sigma(Y - \hat{Y})^2}{n - 2} \qquad (14.11)$$

則（證明從略）

$$E(\hat{\sigma}^2) = \sigma^2 \qquad (14.12)$$

# 14.3　有關迴歸模式的統計推論

在迴歸分析中最常使用推論的問題是對迴歸係數是否等於零作檢定以及利用自變數所作預測之信賴區間。

## 14.3.1 迴歸係數等於零之檢定

當一直線方程式的斜率等於零時，表示此直線為一水平線，因此無論 $X$ 變數如何變動均不影響 $Y$ 變數。所以在虛無假設 $\beta_1 = 0$ 的情況下，代表此一預測變數對反應變數不發生影響，也可以說明與所欲觀察的反應變數較沒有關聯。

依據機率理論可知（如同樣本平均數一樣）：

$$\frac{\hat{\beta}_1 - \beta_1}{\dfrac{\hat{\sigma}}{\sqrt{\Sigma(X - \overline{X})^2}}} \quad \text{的抽樣分配為自由度} = n - 2 \text{ 之 } t \text{ 分配}$$

因此可求得信賴水準為 $1 - \alpha$ 時，$\beta_1$ 之信賴區間界限為

$$\hat{\beta}_1 \pm t_{\alpha/2}(n-2)\frac{\hat{\sigma}}{\sqrt{\Sigma(X - \overline{X})^2}} \tag{14.13}$$

檢定迴歸係數是否為零的程序則為

$$H_0 : \beta_1 = 0$$

$$H_a : \beta_1 \neq 0$$

$$t = \frac{\hat{\beta}_1}{\dfrac{\hat{\sigma}}{\sqrt{\Sigma(X - \overline{X})^2}}} \tag{14.14}$$

當 $|t| \geq t_{\alpha/2}(n-2)$ 時，則拒絕虛無假設。

### 例 14.1

依據第六章例題 6.2 某公司 20 名職員月薪 $(Y)$ 與年齡 $(X)$ 資料，假設此項資料由一常態母體隨機抽樣產生，並符合線性迴歸模式條件（$X$ 為自變數）。試在 $\alpha = 0.05$ 下，檢定迴歸係數是否為零？

## 【解】

以原始資料求得直線方程式為

$$Y' = 16863 + 558.677X$$

例題 6.3 計算出下列結果

$$\Sigma(X - \overline{X})^2 = 2532.95$$

$$\Sigma(Y - \overline{Y})^2 = 1815800000$$

$$r = 0.6598$$

依據第六章公式（6.12）及（6.13）結果可知

$$R^2 = \frac{\Sigma(Y' - \overline{Y})^2}{\Sigma(Y - \overline{Y})^2} = 1 - \frac{\Sigma(Y - Y')^2}{1815800000} = 0.6598^2$$

$$\Sigma(Y - Y')^2 = 1815800000(1 - 0.6598^2) = 1025316800$$

因此

$$\hat{\sigma}^2 = \frac{1025316800}{20 - 2} = 56962044$$

$$\hat{\sigma} = 7547.32$$

所以

$$t = \frac{558.677}{\dfrac{7547.32}{\sqrt{2532.95}}} = 3.725 > t_{0.025}(18) = 2.101$$

拒絕虛無假設，表示迴歸係數不為零。　■

　　對迴歸係數是否為零作檢定，當拒絕虛無假設成立時，是表示所依據的資料與迴歸係數等於零的假設有顯著的差異，可以認為預測變數與

反應變數有關聯, 但無法說明關聯的程度有多大? 也許一點點? 也許很多? 我們需要使用相關係數作進一步判斷。

## 14.3.2　預測值的信賴區間

依據最小平方法所得迴歸常數與迴歸係數的點估計, 我們可以產生在已知 $X$ 情況下, 條件平均數與某一特定對象之預測值的估計, 即

$$\hat{\mu}_{Y|X} = \hat{\beta}_0 + \hat{\beta}_1 X$$

$$\hat{Y} = \hat{\beta}_0 + \hat{\beta}_1 X \tag{14.15}$$

（由於對某一特定對象預測時, 其隨機變數 $\varepsilon$ 無法預測, 因此兩者點估計相同）

其他有關性質如下:

$$E(\hat{\mu}_{Y|X}) = E(\hat{\beta}_0 + \hat{\beta}_1 X) = \beta_0 + \beta_1 X$$

$$E(\hat{Y}) = \beta_0 + \beta_1 X \tag{14.16}$$

$$V(\hat{\mu}_{Y|X}) = V(\hat{\beta}_0 + \hat{\beta}_1 X) = V[\overline{Y} + \hat{\beta}_1(X - \overline{X})]$$

$$= V(\overline{Y}) + V[\hat{\beta}_1(X - \overline{X})]$$

$$= \frac{\sigma^2}{n} + \frac{(X - \overline{X})^2 \sigma^2}{\Sigma(X - \overline{X})^2}$$

$$= \sigma^2 \left[ \frac{1}{n} + \frac{(X - \overline{X})^2}{\Sigma(X - \overline{X})^2} \right] \tag{14.17}$$

對 $\hat{Y}$ 而言, 因多出隨機變數 $\varepsilon$ 項, 所以

$$V(\hat{Y}) = V(\hat{\beta}_0 + \hat{\beta}_1 X + \varepsilon) = V[\overline{Y} + \hat{\beta}_1(X - \overline{X}) + \varepsilon]$$

$$= V(\overline{Y}) + V[\hat{\beta}_1(X - \overline{X})] + V(\varepsilon)$$

$$= \frac{\sigma^2}{n} + \frac{(X - \overline{X})^2 \sigma^2}{\Sigma (X - \overline{X})^2} + \sigma^2$$

$$= \sigma^2 \left[ 1 + \frac{1}{n} + \frac{(X - \overline{X})^2}{\Sigma (X - \overline{X})^2} \right] \tag{14.18}$$

此兩項點估計的抽樣分配與 $\hat{\beta}_0, \hat{\beta}_1$ 相同均為常態分配，因此在母體標準差未知的情況下

$$\frac{\hat{\mu}_{Y|X} - \beta_0 - \beta_1 X}{\hat{\sigma} \sqrt{\dfrac{1}{n} + \dfrac{(X - \overline{X})^2}{\Sigma (X - \overline{X})^2}}}, \quad \frac{\hat{Y} - Y}{\hat{\sigma} \sqrt{1 + \dfrac{1}{n} + \dfrac{(X - \overline{X})^2}{\Sigma (X - \overline{X})^2}}}$$

的抽樣分配均為自由度 $= n - 2$ 之 $t$ 分配。所以可求得信賴水準為 $1 - \alpha$ 時，$\mu_{Y|X}$ 之信賴區間界限為

$$\hat{\mu}_{Y|X} \pm t_{\alpha/2}(n - 2)\hat{\sigma} \sqrt{\frac{1}{n} + \frac{(X - \overline{X})^2}{\Sigma (X - \overline{X})^2}} \tag{14.19}$$

特定值 $Y$ 之信賴區間界限為

$$\hat{Y} \pm t_{\alpha/2}(n - 2)\hat{\sigma} \sqrt{1 + \frac{1}{n} + \frac{(X - \overline{X})^2}{\Sigma (X - \overline{X})^2}} \tag{14.20}$$

#### 例 14.2

（續例 14.1）

(1)試求年齡為 30 歲的職員，其平均月薪 95% 之信賴區間。

(2)已知一職員年齡為 30 歲，試求其月薪 95% 之信賴區間。

【解】

(1)年齡為 30 歲的職員之平均月薪 95% 之信賴區間界限

$$16863 + 558.677 \times 30 \pm 2.101 \times 7547.32 \sqrt{\frac{1}{20} + \frac{(30 - 38.55)^2}{2532.95}}$$

$$= 33623 \pm 4453$$

所求信賴區間 (29170,38076)

　　(2)已知一職員年齡為 30 歲其月薪 95% 之信賴區間界限

$$16863 + 558.677 \times 30 \pm 2.101 \times 7547.32 \sqrt{1 + \frac{1}{20} + \frac{(30-38.55)^2}{2532.95}}$$

$$= 33623 \pm 16470$$

所求信賴區間 (17153,50093)　■

　　根據公式（14.19）及（14.20）所求算之信賴區間，可看出當所使用的自變數愈接近 $\overline{X}$ 時，信賴區間長度將愈短；距離 $\overline{X}$ 愈遠時，信賴區間長度將愈長。所以對全部自變數範圍作預測值之信賴區間，則形成由中間（即 $\overline{X}$）向兩端擴散的帶狀圖形，如圖14.3 所示（以例 14.2 資料計算）。

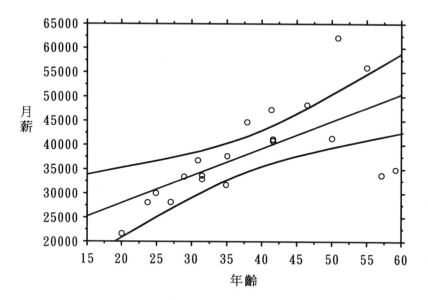

圖14.3　預測值之信賴區間

由這項結果發現在自變數範圍外所作之預測，其區間長度較範圍內所作要大很多，如此亦可印證第六章 6.3 節所提應注意的問題（參考圖 6.17）。考慮影響信賴區間長度的因素中，即

$$t_{\alpha/2}(n-2)\hat{\sigma}\sqrt{\frac{1}{n} + \frac{(X-\overline{X})^2}{\Sigma(X-\overline{X})^2}}$$

除 $n$ 的大小及 $X$ 距離 $\overline{X}$ 的遠近外，還有 $\Sigma(X-\overline{X})^2$ 的大小。當我們選擇的自變數較集中時，$\Sigma(X-\overline{X})^2$ 的值變小，因而會使信賴區間長度變大，影響估計的精確度。尤其在檢定時，由於

$$t = \frac{\hat{\beta}_1}{\dfrac{\hat{\sigma}}{\sqrt{\Sigma(X-\overline{X})^2}}}$$

因此將使 $t$ 的絕對值變小，而造成容易承認虛無假設。

# 14.4　虛變數的應用

當自變數為類別資料時，我們可使用虛變數 (dummy variables) 的方法來處理，例如二元類別變數性別、有無自用車等等。若類別超過兩個時，則將形成複迴歸，如第六章月薪與年齡資料中，教育程度的類別資料即可表示為

|  | $X_1$ | $X_2$ |
|---|---|---|
| 高中程度 | 0 | 0 |
| 大專程度 | 1 | 0 |
| 研究所程度 | 0 | 1 |

此時複迴歸模式為

$$Y = \beta_0 + \beta_1 X_1 + \beta_2 X_2 + \beta_3 X_3 + \varepsilon$$

（此處 $X_3$ 代表年齡資料）

此種方法亦可應用於含有季節變動因素之時間數列資料，即如

|  | $X_1$ | $X_2$ | $X_3$ |
|---|---|---|---|
| 第一季 | 0 | 0 | 0 |
| 第二季 | 1 | 0 | 0 |
| 第三季 | 0 | 1 | 0 |
| 第四季 | 0 | 0 | 1 |

此時複迴歸模式為

$$Y = \beta_0 + \beta_1 X_1 + \beta_2 X_2 + \beta_3 X_3 + \beta_4 t + \varepsilon$$

（此處 $t$ 代表時間資料）

## 例 14.3

續例 14.2 資料將教育程度使用虛變數表示如下:

| $X_3$ | $Y$ | $X_1$ | $X_2$ |
|---|---|---|---|
| 20 | 22000 | 0 | 0 |
| 24 | 28000 | 1 | 0 |
| 25 | 30000 | 0 | 1 |
| 27 | 28000 | 0 | 0 |
| 29 | 33500 | 0 | 1 |
| 31 | 37500 | 0 | 1 |
| 32 | 33000 | 1 | 0 |
| 32 | 34000 | 1 | 0 |
| 35 | 38000 | 1 | 0 |
| 35 | 32000 | 0 | 0 |
| 38 | 45000 | 0 | 1 |
| 41 | 47500 | 0 | 1 |
| 42 | 41000 | 1 | 0 |
| 42 | 41500 | 1 | 0 |
| 46 | 48000 | 1 | 0 |

| | | | |
|---|---|---|---|
| 50 | 42000 | 0 | 0 |
| 51 | 62000 | 1 | 0 |
| 55 | 56000 | 1 | 0 |
| 57 | 34000 | 0 | 0 |
| 59 | 35000 | 0 | 0 |

利用電腦軟體可得下面結果：

$$Y = 5631.9 + 11150X_1 + 12011X_2 + 642X_3$$

可以說大專程度平均比高中程度多出 11150 元；而研究所程度平均比高中程度多出 12011 元：年齡每增加 1 歲平均可增加 642 元。並計算出判定係數為

$$R^2 = 1 - \frac{\Sigma(Y - \hat{Y})^2}{\Sigma(Y - \overline{Y})^2} = 0.731$$

　　由於複迴歸的統計推論非常複雜，已超出本書範圍，然而都可以透過電腦軟體得到信賴區間或檢定結果。　■

# 14.5　迴歸分析中的變異數分析

　　依據第六章圖 6.11 的顯示及公式 (6.10) 的結果，可得

$$\Sigma(Y - \overline{Y})^2 = \Sigma(Y - Y')^2 + \Sigma(Y' - \overline{Y})^2$$

也就是說

　　　　$Y$ 資料的總差異＝無法使用 $X$ 資料解釋之差異 ＋使用 $X$ 資料
　　　　　　　　　預測所減少之差異

因此可設

$\sigma_r^2$ 代表經由迴歸所能解釋的母體變異數，也就是說明利用自變數 $X$，所能夠提供解釋 $Y$ 變量差異產生之原因。

$\sigma_e^2$ 代表不能經由迴歸所能解釋的母體變異數，也就是說明無法利用自變數 $X$ 解釋應變數的差異部份，換言之，表示這些差異沒有特殊原因之機率誤差。

其不偏點估計分別為

$$\hat{\sigma}_r^2 = \frac{\Sigma(\hat{Y} - \overline{Y})^2}{1} = \Sigma(\hat{Y} - \overline{Y})^2$$

$$\hat{\sigma}_e^2 = \frac{\Sigma(Y - \hat{Y})^2}{n - 2} = \hat{\sigma}^2$$

在常態分配的假設下，可得 $F = \dfrac{\dfrac{\hat{\sigma}_r^2}{\hat{\sigma}_e^2}}{\dfrac{\sigma_r^2}{\sigma_e^2}}$ 之抽樣分配為具有分子自由度為 1，分母自由度為 $n-2$ 的 $F$ 分配。

所以在檢定由迴歸所解釋的變異數是否遠超過無法解釋的變異數，即

$$H_0 : \sigma_r^2 \leq \sigma_e^2$$

$$H_a : \sigma_r^2 > \sigma_e^2$$

時，虛無假設代表 $X$ 變量並不能利用迴歸解釋 $Y$ 變量的差異，也可說明 $X$ 變量與 $Y$ 變量之關聯性較少，可表示成如下之變異數分析表：

| 差異來源 | 平方和 | 自由度 | 變異數點估計 | $F$ 值 |
|---|---|---|---|---|
| 迴　　歸 | $\Sigma(Y' - \overline{Y})^2$ | 1 | $\Sigma(Y' - \overline{Y})^2$ | $\dfrac{(n-2)\Sigma(Y' - \overline{Y})^2}{\Sigma(Y - Y')^2}$ |
| 機　　差 | $\Sigma(Y - Y')^2$ | $n-2$ | $\dfrac{\Sigma(Y - Y')^2}{n-2}$ | |
| 合　　計 | $\Sigma(Y - \overline{Y})^2$ | $n-1$ | | |

又

$$\frac{(n-2)\Sigma(Y'-\overline{Y})^2}{\Sigma(Y-Y')^2} = \frac{\Sigma(\overline{Y}-\hat{\beta}_1\overline{X}+\hat{\beta}_1 X - \overline{Y})^2}{\Sigma(Y-Y')^2/(n-2)}$$

$$= \frac{\hat{\beta}_1^2 \Sigma(X-\overline{X})^2}{\hat{\sigma}^2}$$

$$= \frac{\hat{\beta}_1^2}{\hat{\sigma}^2/\Sigma(X-\overline{X})^2} = t^2$$

（在 $H_0 : \beta_1 = 0$ 下之 $t$ 值）

### 例 14.4

根據例 14.1 資料編製迴歸分析之變異數分析表。

| 差異來源 | 平方和 | 自由度 | 變異數點估計 | $F$ 值 |
|---|---|---|---|---|
| 迴　歸 | 790483200 | 1 | 790483200 | 790483200/56962044 |
| 機　差 | 1025316800 | 18 | 56962044 | =13.877 |
| 合　計 | 1815800000 | 19 | | |

可印證 $F = 13.877 = 3.725^2 = t^2 > F_{0.05}(1, 18) = 4.41$，拒絕虛無假設，表示兩變量間有顯著的關聯。　∎

# 14.6*　模式假設的檢定問題

直線迴歸模式的基本假設是否滿足將會影響推論的可靠性，例如第六章 6.4 節中所討論的離群值，就是屬於資料分配不是常態的情況。 3 個迴歸的基本假設是:

(1)常態性

(2)同質性（ homoscedasticity ）

⑶隨機變動量之獨立性

通常我們使用對隨機變動量的估計值，及第六章所提殘差 $\hat{\varepsilon} = Y - \hat{Y}$ 作檢查。

## 14.6.1 殘差常態性檢定

由於在模式中假設 $\varepsilon$ 屬於常態分配之隨機變數，因此推論時即依此假設產生有關統計量之抽樣分配，例如對 $\beta_1 = 0$ 作檢定所使用的 $t$ 分配等。當常態假設有問題時，則將影響檢定的結論。然而因為 $t$ 分配具有穩健性（第十章 10.7 節），除非是樣本太小或為非常的不常態的情況。通常有兩種方法處理不符合常態假設的問題：

⑴檢定為非常態後，設法修正為常態，例如使用倒數、平方根、對數等轉換公式。

⑵使用不需假定為常態的穩健方法，如第六章 6.4 節。

我們使用第八章 8.9 節所介紹的方法來判斷，首先計算殘差 $\hat{\varepsilon}_i$，按大小順序排列後 $\hat{\varepsilon}_{(i)}$，依所對應的 $Z_{(i)}$ 值繪製散布圖。此種方法在小樣本時，容易受抽樣影響，較無法做適當判斷。若常態機率圖呈現為 $S$ 形狀，則表示資料為拖著長尾巴 (heavy-tailed) 或短尾巴 (light-tailed) 分配，拖著長尾巴分配是比常態分配有較多的極端值；短尾巴分配是比常態分配有較少的極端值。若常態機率圖呈現為"倒 J"字形或"J"字形，前者為右偏分配，含有較大的離群值；後者為左偏分配，含有較小的離群值，如下圖：

(1)拖著長尾巴分配

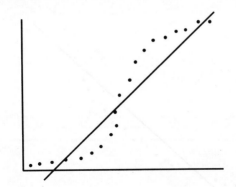

(2)短尾巴分配

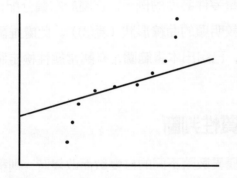

(3) "倒 J" 字形式

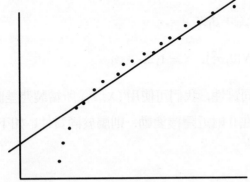

(4) "J" 字形式

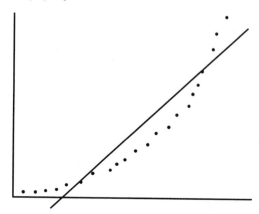

如第八章所舉零件壽命的例子，它屬於右偏分配，因此在常態機率圖形中，左方有較明顯的曲線形狀（見(3)）。此處推論時檢定統計量之抽樣分配較複雜，已超出本書範圍，有關常態性檢定將在第十五章介紹其他方法。

## 14.6.2 同質性判斷

當模式中的變異數隨不同的自變數而改變時，則稱為此模式具有異質性 (heterogeneous)，即

$$Y_i = \beta_0 + \beta_1 X_i + \varepsilon_i$$

$$\varepsilon_i \sim N(0, \sigma_i^2), \quad i = 1, 2, \cdots, n$$

反之，則稱為同質性，我們可使用 $(X_i, \hat{\varepsilon}_i)$ 所繪製殘差圖來觀察，若每一個殘差均圍繞在 0 附近隨機變動，則屬於同質性，如下圖：

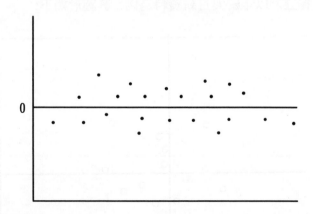

另外以年齡與月薪資料為例，結果如下：

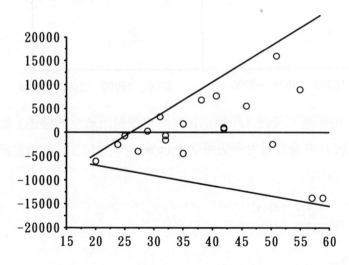

可發現當年齡增加時，殘差的變異性亦跟著增加，因此可判斷為具有異質性。解決的方法屬於迴歸分析的專門課程，此處不作深入探討。

## 14.6.3　殘差獨立性判斷

　　基本上仍然可以使用殘差作判斷，方法是先將自變數按大小順序排列，依此排列所計算之殘差為 $\hat{\varepsilon}_i$，觀察 $\hat{\varepsilon}_{i-1}$ 與 $\hat{\varepsilon}_i$ 之間是否有關聯，來判

斷殘差是否獨立。以年齡與月薪資料為例，其圖形如下：

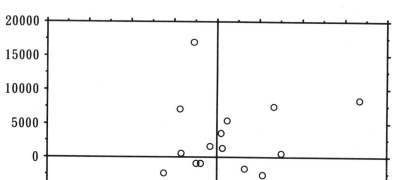

可看出相鄰兩個殘差（即表示相鄰兩自變數所產生的殘差）關聯性並不大。而統計推論方面大多使用Durbin-Watson檢定法，其檢定統計量為

$$d = \frac{\sum\limits_{i=2}^{n} (\hat{\varepsilon}_i - \hat{\varepsilon}_{i-1})^2}{\sum\limits_{i=1}^{n} \hat{\varepsilon}_i^2}$$

設 $r = \dfrac{\sum\limits_{i=2}^{n} (\hat{\varepsilon}_i - \overline{\hat{\varepsilon}})(\hat{\varepsilon}_{i-1} - \overline{\hat{\varepsilon}})}{\sum\limits_{i=1}^{n} (\hat{\varepsilon}_i - \overline{\hat{\varepsilon}})^2}$，可表示為相鄰兩殘差之直線相關係數，則經過一些代數處理，可得 $d \approx 2(1-r)$，因此當兩者關係十分密切時，$d$ 值將接近於 0 或 4 （由於正負相關之故），所以模式符合獨立的假設Durbin-Watson 的檢定統計量須接近 2，有關的檢定方法可參考迴歸分析的專門書籍。

# 重要名詞

| | |
|---|---|
| 自變數 | 預測變數 |
| 應變數 | 反應變數 |
| 直線迴歸模式 | 迴歸常數 |
| 迴歸係數 | 線性迴歸模式 |
| 複迴歸模式 | 簡單迴歸模式 |
| 樣本迴歸係數之抽樣分配 | 樣本迴歸的信賴區間 |
| 預測值的統計推論 | 虛變數 |
| 迴歸分析的變異數分析 | 同質性 |
| 異質性 | 拖著長尾巴分配 |
| 短尾巴分配 | "倒 J" 字形分配 |
| "J" 字形分配 | Durbin-Watson 檢定 |

## 習 題

14.1 已知按原始資料所求得之迴歸方程式為 $Y' = 1800 + 1.25X$, $Y$ 代表購物中心每月的營業額 (單位: 萬元), $X$ 代表在此月份中之營業時間 (單位: 時)。

    (a)分別指出方程式中 1800 及 1.25 之單位。

    (b)若下個月開放營業時間為 350 小時, 則預估營業額為多少?

    (c)若下個月不開放營業, 則依方程式作預測, 所得之營業額為多少?

    (d)若下個月不開放營業, 你將對其營業額作何預測?

    (e)為何(c)的答案不合理?

14.2 $Y$ 代表製造工廠的產量 (單位: 噸), $X$ 代表生產線上之作業時間 (單位: 時)。所配合之直線方程式為 $Y' = a + bX$, 試說明 $a$、$b$ 及 $\hat{\sigma}$ 之單位。

14.3 依據一項學童智商 $(Y)$ 與家長每月收入 $(X)$ 的研究顯示, 家長收入每多 1000 元時, 學童智商平均增加 2 點。試作:

    (a)由上面之陳述可求出下列那些結果:

$$\overline{X}, \ \overline{Y}, \ \hat{\beta}_0, \ \hat{\beta}_1, \ \hat{\sigma}, \ r$$

    (b)比較甲、乙兩生的狀況:

        甲生智商為 103, 家長每月收入 \$20000

        乙生智商為 119, 家長每月收入 \$25000

    在符合直線迴歸模式假設下, 說明那一位學童之智商其分配地位較收入水準高 (即有較大的 $Z$ 值)?

14.4 依據樣本數為 38, 所進行有關直線迴歸分析的計算結果如下:

$$\overline{X} = 7, \ \overline{Y} = 20$$

$$\Sigma(Y - \overline{Y})^2 = 900, \ \Sigma(X - \overline{X})^2 = 60$$

$$\Sigma(Y' - \overline{Y})^2 = 360$$

(a)求此方程式。

(b)此迴歸直線可解釋百分之多少的變異?

(c)在顯著水準為 0.05 下，檢定迴歸係數是否等於零?

14.5　依下面資料檢定 $H_0 : \beta_1 = 0$ 而 $H_a : \beta_1 \neq 0$　（$\alpha = 0.05$，$X$ 為自變數）：

$$n = 25, \ \Sigma X = 75, \ \Sigma Y = 50$$

$$\Sigma Y^2 = 228, \ \Sigma X^2 = 625, \ \Sigma XY = 30$$

14.6　依據第六章習題 6.5 的資料與計算結果，求此一特定對象罹患網膜症之機率 95% 的信賴區間。

14.7　依據第六章習題 6.6 的資料與計算結果，檢定 $H_0 : \beta_1 = 0$ 而 $H_a : \beta_1 \neq 0$　（$\alpha = 0.05$）。

14.8　依據第六章習題 6.7 的資料與計算結果，預測當 $P = 7$ 時，$Q$ 為多少? 並求其 99% 的信賴區間。

14.9　在 $X$ 與 $Y$ 的迴歸問題中，已知樣本大小為 20，以 $X$ 觀察 $Y$ 的迴歸直線之斜率是 1.52，樣本標準差為 50.355，而 $\Sigma X^2 - n\overline{X}^2 = 1200.37$，試求

(a)樣本迴歸係數標準差之估計值。

(b)在 $\alpha = 0.05$ 下，檢定 $H_0 : \beta_1 = 0$。

14.10　調查 8 名新任職的大學畢業生之在校學業成績與起薪（萬元），結果如下：

| 起　薪 | 成　績 |
|:---:|:---:|
| 3.3 | 89.3 |
| 2.7 | 74.5 |
| 2.7 | 78.2 |
| 2.1 | 61.3 |
| 2.4 | 72.6 |
| 3.0 | 81.5 |
| 2.2 | 66.3 |
| 2.4 | 69.8 |

已知某生在校成績為 85 分，求其起薪 95% 的信賴區間。

14.11 調查一百貨公司 8 家小吃部之店面大小（坪）與每月利潤（萬元），結果如下：

| 利　潤 | 店面大小 |
|:---:|:---:|
| 25 | 5.5 |
| 20 | 4.2 |
| 22 | 4.7 |
| 14 | 3.6 |
| 21 | 4.8 |
| 12 | 3.2 |
| 27 | 6.0 |
| 28 | 5.2 |

求當店面大小為 3.5 坪的小吃部，其平均利潤 95% 的信賴區間。

14.12 下表是某種廠牌 11 輛中古車使用 $X$ 年後之價格$(Y)$:

| X | Y |
|---|---|
| 5 | 80 |
| 7 | 57 |
| 6 | 58 |
| 6 | 55 |
| 5 | 70 |
| 4 | 88 |
| 7 | 43 |
| 6 | 60 |
| 5 | 69 |
| 5 | 63 |
| 2 | 118 |

今有一輛同一廠牌使用 3 年汽車，求其售價95% 的信賴區間。

14.13 從一林場隨機抽選 31 棵樹，調查其直徑 $X$ （呎）及材積 $Y$（立方呎）如下：

| X | Y | X | Y | X | Y |
|---|---|---|---|---|---|
| 8.3 | 10.3 | 8.6 | 10.3 | 8.8 | 10.2 |
| 10.5 | 16.4 | 10.7 | 18.8 | 10.8 | 19.7 |
| 11.0 | 15.6 | 11.0 | 18.2 | 11.1 | 22.6 |
| 11.2 | 19.9 | 11.3 | 24.2 | 11.4 | 21.0 |
| 11.4 | 21.4 | 11.7 | 21.3 | 12.0 | 19.1 |
| 12.9 | 33.8 | 13.3 | 27.4 | 13.7 | 25.7 |
| 13.8 | 24.9 | 14.0 | 34.5 | 14.2 | 31.7 |
| 14.5 | 36.3 | 16.0 | 38.3 | 16.3 | 42.6 |
| 17.3 | 55.4 | 17.5 | 55.7 | 17.9 | 58.3 |
| 18.0 | 51.5 | 18.0 | 51.0 | 20.6 | 77.0 |
| 12.9 | 22.2 |  |  |  |  |

試求一棵直徑為 15 呎的木材其材積95% 的信賴區間。

14.14 下表為某一社區 8 家房屋有關房間數 $(X_1)$，浴室套數 $(X_2)$，房屋價格 $(Y$，萬元$)$ 如下：

| $X_1$ | $X_2$ | $Y$ |
|---|---|---|
| 3 | 2 | 644.0 |
| 2 | 1 | 621.5 |
| 4 | 3 | 669.0 |
| 2 | 1 | 621.0 |
| 3 | 2 | 648.5 |
| 2 | 2 | 624.5 |
| 5 | 3 | 692.0 |
| 4 | 2 | 664.5 |

求得複迴歸線性方程式為

$$Y' = 575.96 + 20.67X_1 + 3.789X_2$$

試求

(a)房間數每增加一間房屋價格平均如何變動？

(b)浴室設備每增加一套房屋價格平均如何變動？

(c)判定係數。

14.15 調查 12 個家庭有關支出 $(Y)$、所得 $(X_1)$、及一家之主的性別（$X_2$，0 代表男性，1 代表女性），原始資料如下：

| $Y$ | $X_1$ | $X_2$ |
|---|---|---|
| 18535 | 22550 | 1 |
| 11350 | 14035 | 1 |
| 12130 | 13040 | 0 |
| 15210 | 17500 | 1 |
| 8680 | 9430 | 0 |
| 16760 | 20635 | 1 |
| 13480 | 16470 | 1 |
| 9680 | 10720 | 0 |
| 17840 | 22350 | 1 |
| 11180 | 12200 | 0 |
| 14320 | 16810 | 0 |
| 19800 | 23000 | 1 |

求得複迴歸線性方程式為

$$Y' = 1043 + 0.816X_1 - 827X_2$$

試作

(a)以 $X_1$ 估計 $Y$ 之迴歸直線，並繪入散布圖中。

(b)分別求出 $X_2 = 1$ 及 0 兩條直線，並繪入(a)圖中。

14.16*設自變數 $n$ 個點 $X_1, X_2, \cdots, X_n$，可事前安排在區間 $[-1,1]$ 內，在配合直線迴歸模式之假設下，如何安排 $X_i$，可使 $V(\hat{\beta}_1)$ 為最小?

14.17*依據一組資料所計算出直線迴歸分析的部份結果如下:

1.$Y' = 11.5 - 1.5X$

2.$H_0 : \beta_1 = 0 \ (\alpha = 0.05)$

$$t = \frac{\hat{\beta}_1 - \beta_1}{\hat{\sigma}/\Sigma(X - \overline{X})^2} = -4.087 < -t_{0.05}(2)$$

3.$\hat{\sigma}^2 = 1.75$

依此資料試完成此問題之變異數分析表。

14.18*甲研究員相信蛋產量 $(E)$ 是依賴雞的數量 $(C)$，因此

$$E = \alpha + \beta C + \varepsilon$$

乙研究員相信雞的數量 $(C)$ 是依賴蛋的產量 $(E)$，因此

$$C = -(\alpha/\beta) - (1/\beta)E - (\varepsilon/\beta)$$

如果兩人根據相同的樣本資料配合所建立之模式作計算，則兩者所產生之迴歸係數及相關係數是否相等?

14.19*試將下列模式轉換成線性形式:

(a)$Y = \dfrac{a}{b + cX}$

(b)$Y = ae^{-bX}$

(c)$Y=ab^X$

(d)$Y=\dfrac{X}{a+bX}$

(e)$Y=\dfrac{1}{1+e^{bX}}$

# 第十五章　類別資料之分析
## ——卡方檢定

對於類別資料我們僅在第三、五兩章介紹利用表格，點計類別次數，計算行列比率的整理方法。在統計推論方面的應用，依據單向關聯表可以對各類別間發生比率作比較，判斷其是否符合某種理論分配；由雙向關聯表則可衡量兩種類別間的關係，以判斷其發生機率是否獨立。由於所使用的抽樣分配為卡方分配 (chi-square distribution)，因此需要先了解此一分配的特性。

# 15.1　卡方分配

在第九章介紹樣本比率之抽樣分配時，說明當樣本數足夠大的情況下可使用常態分配，即

$$Z = \frac{\hat{p} - p}{\sqrt{\dfrac{p(1-p)}{n}}} \sim N(0,1)$$

經過一些代數過程，可得

$$Z^2 = \frac{(\hat{p}-p)^2}{\dfrac{p(1-p)}{n}} = \frac{(n\hat{p} - np)^2}{np(1-p)}$$

$$= \frac{(1-p)(n\hat{p} - np)^2 + p[n(1-\hat{p}) - n(1-p)]^2}{np(1-p)}$$

$$= \frac{(n\hat{p} - np)^2}{np} + \frac{[n(1 - \hat{p}) - n(1 - p)]^2}{n(1 - p)} \tag{15.1}$$

設 $X_1$、$X_2$ 為二項分配中發生與未發生的次數，並取 $e_1$、$e_2$ 為理論期望次數，則 (15.1) 式可改為

$$Z^2 = \frac{(n\hat{p} - np)^2}{np} + \frac{[n(1 - \hat{p}) - n(1 - p)]^2}{n(1 - p)}$$

$$= \frac{(X_1 - e_1)^2}{e_1} + \frac{(X_2 - e_2)^2}{e_2}$$

$$= \sum_{i=1}^{2} \frac{(X_i - e_i)^2}{e_i} \tag{15.2}$$

依據機率理論可知 $Z^2$ 形成一個自由度為 1 的卡方分配 (chi-square distribution)，其隨機變數以 $\chi^2(1)$ 表示之。此一抽樣分配如同 $t$ 分配一樣按不同自由度有一系列分配圖形，如下圖：

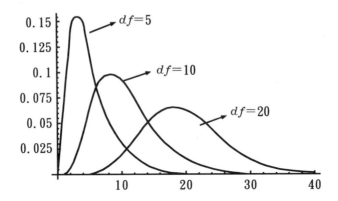

一般的形式為 $\chi^2(\nu)$，$\nu$ 為自由度，且

$$E[\chi^2(\nu)] = \nu$$

$$V[\chi^2(\nu)] = 2\nu$$

公式（15.2）係按二項分配所形成，只要樣本資料符合下列條件：

(1)由一母體抽樣產生的資料。

(2)每項結果為互斥,每一觀察值均僅屬於其中之一項。

(3) $e_i$ 至少為 5。

則可推廣至多項分配的場合, 即

$$\chi^2(k-1) = \sum_{i=1}^{k} \frac{(X_i - e_i)^2}{e_i}$$

為自由度等於 $k-1$ 之卡方分配(無其他的限制條件下)。滿足

$$P(\chi^2 \geq \chi^2_\alpha(\nu)) = \alpha$$

之 $\chi^2_\alpha(\nu)$ 可查附錄(八)卡方分配機率表。

# 15.2　適合度檢定

　　根據第十二章 12.5 節有關多項分配性質的討論可知, 每項的理論期望值為 $np_i$。因此我們可以利用卡方分配檢定一資料之分布是否符合某一理論分配, 此即為適合度檢定 (the test of goodness of fit)。 其虛無假設為符合某一理論分配, 所以 $\chi^2(k-1) = \sum_{i=1}^{k} \frac{(X_i - e_i)^2}{e_i}$ 之值愈大, 則表示實際發生次數與理論期望次數有明顯差距, 因此拒絕虛無假設, 由於卡方值必不為負值, 所以此種檢定屬於右端檢定。嚴格說來, 自由度 $k-1$ 是因為須滿足各項理論期望值之和必須為 $n$ 的限制條件, 因此自由度的計算等於

　　　　卡方值計算項數 $-1$

若在求算理論期望值過程中需要借用統計量作計算時, 則另須再減去所使用統計量之個數(參考第十章 10.3 節公式(10.17))。

**實例 15.1**

依據 J. M.Tanur *"Statistics: a guide to the unknown"* 一書資料，抽選自《美國名人錄 1951～1960》，354 人，調查其出生月份與死亡月份之差數（如 –1 代表死亡月份在出生月份之前一月；0 代表死亡月份與出生月份同一月；+1 代表死亡月份在出生月份之後一月，餘以此類推），產生下面結果：

| 差數 | –6 | –5 | –4 | –3 | –2 | –1 | 0 | 1 | 2 | 3 | 4 | 5 | 合計 |
|------|----|----|----|----|----|----|----|----|----|----|----|----|------|
| 人數 | 17 | 23 | 26 | 27 | 28 | 28 | 42 | 32 | 31 | 34 | 36 | 30 | 354 |

試按此資料檢定是否可認為在此一時期美國名人死亡月份較其出生月份延後？ $(\alpha = 0.05)$

【解】

$H_0$: 每一情況出現之機率均相等

$e_i = 354 \div 12 = 29.5$

$$\chi^2 = \frac{(17 - 29.5)^2}{29.5} + \frac{(23 - 29.5)^2}{29.5} + \cdots + \frac{(30 - 29.5)^2}{29.5}$$

$$= 13.788 < \chi^2_{0.05}(11) = 19.6751$$

承認虛無假設，不能認為死亡月份較其出生月份延後。 ■

**實例 15.2**

依據第八章實例 8.8 資料，在 $\alpha = 0.01$ 下，檢定實際成績次數是否符合 Poisson 分配?

【解】

| 成績 | 次數 | 理論次數 | $\dfrac{(x_i - e_i)^2}{e_i}$ |
|:---:|:---:|:---:|:---:|
| ≤65 | 44 | 24.7 | 15.08 |
| 66 | 65 | 62.1 | 0.14 |
| 67 | 133 | 143.8 | 0.81 |
| 68 | 263 | 267.4 | 0.07 |
| 69 | 425 | 414.8 | 0.25 |
| 70 | 546 | 550.5 | 0.04 |
| 71 | 634 | 640.3 | 0.06 |
| 72 | 717 | 661.5 | 4.66 |
| 73 | 586 | 615.1 | 1.38 |
| 74 | 506 | 520.2 | 0.39 |
| 75 | 391 | 403.2 | 0.37 |
| 76 | 286 | 288.6 | 0.02 |
| 77 | 177 | 191.7 | 1.13 |
| 78 | 108 | 118.6 | 0.95 |
| 79 | 68 | 69.1 | 0.02 |
| 80 | 48 | 37.8 | 2.75 |
| 81 | 27 | 19.7 | 2.70 |
| 82 | 11 | 9.6 | 0.20 |
| ≥83 | 11 | 8.1 | 1.04 |
| 合計 | 5046 | 5046.8 | 32.06 |

由於使用樣本平均數 9.3 估計母體分配之 $\lambda$，因此

$$自由度 = 項數 - 1 - 1 = 17$$

所以　　$\chi^2_{0.01}(17) = 33.4085 > 32.06$

承認虛無假設，表示與理論分配並無顯著差異。　　∎

---

**例 15.3**

依據第三章例 3.9 零件壽命資料，檢定其分配是否為常態分配？ $(\alpha = 0.1)$

【解】

首先計算原始資料之平均數、標準差分別為 47.9, 25.334，並分成 8 組如下：

| 組　　別 | 組次數 |
|---|---|
| 17.0～30.5 | 13 |
| 30.5～44.0 | 14 |
| 44.0～57.5 | 7 |
| 57.5～71.0 | 4 |
| 71.0～84.5 | 5 |
| 84.5～98.0 | 2 |
| 98.0～111.5 | 2 |
| 111.5～125.0 | 1 |
| 合　　計 | 48 |

依樣本結果計算每一組界之標準值，並按虛無假設求算其常態分配機率，然後計算各組之理論次數（合併未達 5 次之組別），結果如下：

| 組　　別 | 組次數 | Z 值 | 機　率 | 理論次數 | 卡方值 |
|---|---|---|---|---|---|
| 17.0～30.5 | 13 | $\leq -0.69$ | 0.2451 | 11.76 | 0.130 |
| 30.5～44.0 | 14 | $-0.69\sim -0.15$ | 0.1953 | 9.37 | 2.29 |
| 44.0～57.5 | 7 | $-0.15\sim 0.38$ | 0.2077 | 10.0 | 0.9 |
| 57.5～71.0 | 4 | $0.38\sim 0.91$ | 0.1703 | 8.17 | 2.13 |
| $\geq 71.0$ | 10 | $\geq 0.91$ | 0.1814 | 8.69 | 0.197 |
| 合　　計 | 48 | | 0.9998 | 47.9 | 5.647 |

自由度＝5－1－2＝2（使用兩個統計量估計母數），所以 $\chi^2_{0.1}(2) = 4.6052$

< 5.647，拒絕虛無假設，表示樣本資料與理論分配有顯著差異（在 $\alpha =$ 0.1 下）。　∎

# 15.3　獨立性檢定

雙向分類之關聯表最常見的分析方法是檢定此兩種分類之間是否獨立。設 $A$、$B$ 為此兩種分類，且 $A_i$，$i = 1, 2, \cdots, c$ 分成 $c$ 種，$B_j$，$j = 1, 2, \cdots, r$ 分成 $r$ 種。在兩種分類為獨立的假設下，可知

$$P(A_i \text{且} B_j) = P(A_i)P(B_j)$$

因此可得此事件之理論期望次數為 $e_{ij} = nP(A_i)P(B_j)$，而實際發生次數為 $n_{ij}$（按第五章 5.1 節關聯表符號之表示）。由於 $P(A_i)$ 及 $P(B_j)$ 均未知，須使用樣本結果作估計，即

$$\hat{P}(A_i) = \frac{n_{i.}}{n}$$

$$\hat{P}(B_j) = \frac{n_{.j}}{n}$$

$$\hat{e}_{ij} = n \times \frac{n_{i.}}{n} \times \frac{n_{.j}}{n} = \frac{n_{i.} \times n_{.j}}{n}$$

卡方值之計算則為

$$\chi^2 = \sum_{j=1}^{r} \sum_{i=1}^{c} \frac{(n_{ij} - \hat{e}_{ij})^2}{\hat{e}_{ij}}$$

此時由於我們使用 $c - 1$ 個樣本行的比率估計 $P(A_i)$（扣除總和等於 1 之條件），使用 $r - 1$ 個樣本列的比率估計 $P(B_j)$（亦扣除總和等於 1 之條件），所以

$$\text{自由度} = rc - 1 - (r - 1) - (c - 1) = (r - 1)(c - 1)$$

例 15.4

將第五章實例 5.3 9 位詩人按所屬朝代區分，形成如下之雙向關聯表：

| 數字<br>朝代 | 一 | 二 | 三 | 四 | 五 | 六 | 七 | 八 | 九 | 合　計 |
|---|---|---|---|---|---|---|---|---|---|---|
| 唐　朝 | 373 | 224 | 198 | 97 | 116 | 42 | 28 | 49 | 82 | 1209 |
| 宋　朝 | 201 | 54 | 85 | 40 | 30 | 15 | 11 | 16 | 29 | 481 |
| 合　計 | 574 | 278 | 283 | 137 | 146 | 57 | 39 | 65 | 111 | 1690 |
| 比　率 | .34 | .16 | .17 | .08 | .09 | .03 | .02 | .04 | .07 | |

試檢定：（$\alpha = 0.05$）

　　(1)兩朝代詩人對數字的喜好有無偏愛？

　　(2)唐、宋兩代詩人對數字的喜好有無不同？

【解】

　　(1)屬於適合度檢定，$H_0$：每一種數字喜愛均相同

　　　在 $H_0$，每一數字的期望次數 $= 1690 \div 9 = 188$

$$\chi^2 = \frac{(574 - 188)^2 + (278 - 188)^2 + \cdots + (111 - 188)^2}{188}$$

$$= 1228.22 > \chi^2_{0.05}(8) = 15.5073$$

　　　拒絕虛無假設，表示對數字的喜好有顯著的偏愛。

　　(2)屬於獨立性檢定，$H_0$：兩代詩人對數字的喜好均相同

　　　各項理論次數之計算：

$$\frac{1209 \times 574}{1690} = 411, \qquad \frac{481 \times 574}{1690} = 163$$

$$\frac{1209 \times 278}{1690} = 199, \qquad \frac{481 \times 278}{1690} = 79$$

$$\frac{1209 \times 283}{1690} = 202, \qquad \frac{481 \times 283}{1690} = 81$$

$$\frac{1209 \times 137}{1690} = 98, \qquad \frac{481 \times 137}{1690} = 39$$

$$\frac{1209 \times 146}{1690} = 104, \qquad \frac{481 \times 146}{1690} = 42$$

$$\frac{1209 \times 57}{1690} = 41, \qquad \frac{57 \times 481}{1690} = 16$$

$$\frac{1209 \times 39}{1690} = 28, \qquad \frac{39 \times 481}{1690} = 11$$

$$\frac{1209 \times 65}{1690} = 47, \qquad \frac{65 \times 481}{1690} = 19$$

$$\frac{1209 \times 111}{1690} = 79, \qquad \frac{111 \times 481}{1690} = 32$$

卡方值計算如下：

$$\chi^2 = \frac{(373-411)^2}{411} + \frac{(201-163)^2}{163} + \cdots + \frac{(29-32)^2}{32}$$

$$= 29.59 > \chi^2_{0.05}(8) = 15.5073$$

拒絕虛無假設，表示唐、宋兩代詩人對數字的喜好有顯著之不同。 ■

### 例 15.5

依據第五章例 5.1 資料檢定駕駛人有無繫安全帶與發生車禍駕駛人是否死亡有無顯著關聯？ $(\alpha = 0.05)$

【解】

表列括弧中數字為理論期望次數：

| 類　別 | 駕駛人死亡 | 駕駛人未死亡 | 合　計 |
|---|---|---|---|
| 未繫安全帶 | 20<br>(15) | 30<br>(35) | 50 |
| 繫安全帶 | 10<br>(15) | 40<br>(35) | 50 |
| 合　計 | 30 | 70 | 100 |

卡方值計算:

$$\chi^2 = \frac{(20-15)^2 + (10-15)^2}{15} + \frac{(30-35)^2 + (40-35)^2}{35}$$

$$= 4.76 > \chi^2_{0.05}(1) = 3.8415$$

拒絕虛無假設，表示駕駛人有無繫安全帶與發生車禍駕駛人死亡有顯著
關聯。

然而若按駕駛人當時是否超速所作之三向關聯表作檢定，則發現

(1)超速

| 類　　別 | 駕駛人死亡 | 駕駛人未死亡 | 合　計 |
|---|---|---|---|
| 未繫安全帶 | 18 | 12 | 30 |
| 繫安全帶 | 6 | 4 | 10 |
| 合　　計 | 24 | 16 | 40 |

(2)未超速

| 類　　別 | 駕駛人死亡 | 駕駛人未死亡 | 合　計 |
|---|---|---|---|
| 未繫安全帶 | 2 | 18 | 20 |
| 繫安全帶 | 4 | 36 | 40 |
| 合　　計 | 6 | 54 | 60 |

以上兩種情況，實際觀察值與在獨立假設下的理論次數完全相等，
表示均承認獨立的假設（卡方值為零），駕駛人有無繫安全帶與發生車
禍駕駛人死亡無關聯。本例是一個虛設的資料，並非否定安全帶的功能，
而是要強調經常在雙向關聯表的背後，隱藏一個主要的因素，這是我們
在使用卡方檢定作獨立性判斷時應特別注意的地方。 ∎

## 重要名詞

卡方分配　　　　　　　理論期望數

適合度檢定　　　　　　獨立性檢定

# 習　題

15.1 投擲骰子 360 次，以檢定骰子是否公平? ($\alpha = 0.05$)

| 點　　數 | 1 | 2 | 3 | 4 | 5 | 6 |
|---|---|---|---|---|---|---|
| 發生次數 | 57 | 46 | 68 | 52 | 72 | 65 |

15.2 根據 10 年來的記錄，某公司發生意外事件的情況是:

有 60 個月未發生意外; 有 31 個月發生 1 次意外;

有 22 個月發生 2 次意外; 有 7 個月發生 3 次意外;

試以 $\alpha = 0.05$，檢定某專家認為每月發生意外事件是 0, 1, 2, 3 次之機率分別為 0.4, 0.3, 0.2, 0.1。

15.3 5 枚硬幣同時丟擲 320 次，結果出現正面次數之情況如下:

| 正面次數 | 0 | 1 | 2 | 3 | 4 | 5 |
|---|---|---|---|---|---|---|
| 發生次數 | 12 | 51 | 88 | 105 | 59 | 5 |

試以 $\alpha = 0.05$，檢定 5 枚硬幣是否均為公平的?

15.4 依據第三章習題 3.9 所分組別，檢定乘客人數之分配是否為常態? ($\alpha = 0.05$)

15.5 依據第四章習題 4.4 資料，檢定每批不良品件數之分配是否為二項分配? ($\alpha = 0.05$)

15.6 訪問 320 名顧客對新發售的牙膏氣味與過去比較，其結果如下:

| 意　　見 | 成年男性 | 成年女性 | 小孩 |
|---|---|---|---|
| 喜　歡 | 52 | 56 | 45 |
| 沒有差別 | 15 | 23 | 11 |
| 不　喜　歡 | 33 | 51 | 34 |

試檢定消費者的不同對新牙膏氣味之意見有無關聯？ ($\alpha = 0.05$)

15.7 在某一次流行性感冒期間，對一群人作調查，以了解血型的不同與感冒之感染情況有無關聯？ ($\alpha = 0.05$)

| 血型<br>感冒 | A | B | AB | O |
|---|---|---|---|---|
| 嚴　重 | 34 | 57 | 82 | 55 |
| 輕　微 | 53 | 45 | 37 | 57 |
| 沒　有 | 213 | 198 | 181 | 188 |

15.8 隨機抽出 500 名各公司從業人員，調查他們的薪資與教育程度如下：

| 所得<br>學歷 | 低所得 | 中所得 | 高所得 |
|---|---|---|---|
| 碩士學位 | 36 | 128 | 124 |
| 學士學位 | 30 | 70 | 44 |
| 高中程度 | 15 | 34 | 19 |

試依據此項資料，檢定所得高低與學歷不同有無顯著關聯？ ($\alpha = 0.05$)

15.9 依據第五章實例 5.6 資料，是否可認為受雇員工年齡之不同與收入滿意程度兩者是獨立的？（提示：本資料為普查資料）

附錄

# 附錄㈠ 隨機號碼表

| 行<br>列 | 5 | 10 | 15 | 20 | 25 | 30 | 35 | 40 | 45 | 50 |
|---|---|---|---|---|---|---|---|---|---|---|
| 1 | 99008 | 86453 | 99980 | 86488 | 08956 | 03975 | 85323 | 84321 | 43062 | 76075 |
| 2 | 22895 | 63170 | 15033 | 23854 | 95394 | 24961 | 48737 | 59695 | 39995 | 28886 |
| 3 | 36866 | 18048 | 69384 | 32075 | 30640 | 76310 | 84961 | 76869 | 66692 | 86307 |
| 4 | 82140 | 86637 | 74299 | 55151 | 13630 | 49566 | 02818 | 39904 | 10818 | 87798 |
| 5 | 22871 | 26668 | 67327 | 10593 | 28563 | 38269 | 27400 | 25537 | 47555 | 68295 |
| 6 | 40037 | 12127 | 29726 | 43314 | 85155 | 27962 | 91587 | 86390 | 62961 | 63569 |
| 7 | 57548 | 76094 | 27560 | 68744 | 45204 | 39787 | 47468 | 98350 | 83251 | 52064 |
| 8 | 06087 | 35837 | 31224 | 89959 | 99287 | 67134 | 87159 | 84308 | 69884 | 75064 |
| 9 | 07210 | 01217 | 39780 | 26083 | 17753 | 20181 | 38351 | 99751 | 81494 | 63799 |
| 10 | 18576 | 81008 | 38874 | 21947 | 68662 | 81290 | 77344 | 41827 | 84778 | 04682 |
| 11 | 00178 | 16225 | 95656 | 30899 | 57829 | 58150 | 37831 | 51356 | 55977 | 88077 |
| 12 | 09123 | 16959 | 06102 | 16228 | 65012 | 78631 | 26620 | 88901 | 62261 | 90635 |
| 13 | 89427 | 92652 | 10256 | 38270 | 22910 | 46300 | 77770 | 19329 | 48762 | 12869 |
| 14 | 74994 | 88777 | 69939 | 71238 | 35269 | 21011 | 50426 | 79912 | 50344 | 04403 |
| 15 | 31435 | 87832 | 07658 | 30638 | 69737 | 24040 | 29996 | 48075 | 48698 | 87550 |
| 16 | 57440 | 74524 | 25066 | 09982 | 14362 | 77381 | 86178 | 55541 | 10473 | 24608 |
| 17 | 94092 | 80502 | 41642 | 01099 | 80215 | 60031 | 97915 | 05515 | 65946 | 32216 |
| 18 | 47231 | 39950 | 50351 | 41379 | 87133 | 35861 | 53485 | 07249 | 80146 | 45804 |
| 19 | 93136 | 20526 | 73082 | 87490 | 43487 | 69745 | 71678 | 25942 | 75941 | 30150 |
| 20 | 77870 | 45293 | 81038 | 07311 | 74274 | 75292 | 29112 | 25446 | 65743 | 98380 |
| 21 | 25549 | 98688 | 23984 | 12631 | 44003 | 72169 | 22275 | 01923 | 37124 | 00996 |
| 22 | 51415 | 12998 | 37520 | 59508 | 46170 | 71982 | 05162 | 85082 | 37817 | 89677 |
| 23 | 75536 | 45058 | 10656 | 62091 | 12772 | 13896 | 42260 | 27962 | 56927 | 19491 |
| 24 | 42658 | 35702 | 28239 | 61829 | 14642 | 15006 | 88030 | 83529 | 41780 | 82718 |
| 25 | 22766 | 86456 | 36467 | 35521 | 72868 | 35750 | 93506 | 56754 | 93804 | 69841 |
| 26 | 25954 | 45259 | 57794 | 77267 | 00319 | 55110 | 26666 | 10222 | 55985 | 27790 |
| 27 | 65006 | 68519 | 79410 | 05572 | 28554 | 14796 | 76453 | 54220 | 35617 | 18940 |
| 28 | 27913 | 12627 | 62931 | 08436 | 33022 | 98930 | 85413 | 66948 | 14753 | 69230 |
| 29 | 01462 | 56287 | 37782 | 59458 | 63388 | 88619 | 18130 | 19962 | 99546 | 50689 |
| 30 | 14677 | 70870 | 78480 | 26674 | 61192 | 89849 | 65351 | 17574 | 27885 | 58478 |
| 31 | 25689 | 27767 | 80584 | 56983 | 40051 | 73340 | 02334 | 97622 | 57477 | 12349 |
| 32 | 20760 | 63781 | 59591 | 23003 | 29463 | 12942 | 85359 | 57792 | 84159 | 36573 |

| 行\列 | 5 | 10 | 15 | 20 | 25 | 30 | 35 | 40 | 45 | 50 |
|---|---|---|---|---|---|---|---|---|---|---|
| 33 | 38643 | 37841 | 87521 | 23995 | 43552 | 60459 | 79958 | 85312 | 91868 | 71287 |
| 34 | 05878 | 71522 | 59420 | 11692 | 01733 | 44645 | 57827 | 02494 | 73647 | 67821 |
| 35 | 85624 | 67906 | 73225 | 42951 | 17084 | 02758 | 37306 | 59181 | 50953 | 52520 |
| 36 | 89644 | 27160 | 10041 | 17899 | 87881 | 39944 | 08102 | 55619 | 08022 | 78978 |
| 37 | 21281 | 36507 | 04267 | 66938 | 09070 | 60959 | 11077 | 32824 | 93646 | 49643 |
| 38 | 88307 | 92314 | 80412 | 88235 | 46830 | 89247 | 92170 | 43674 | 35181 | 55209 |
| 39 | 48982 | 01745 | 36240 | 33191 | 32811 | 67252 | 11247 | 76215 | 74541 | 72030 |
| 40 | 18045 | 49423 | 41381 | 02810 | 96534 | 11553 | 01985 | 00167 | 15234 | 16755 |
| 41 | 89378 | 65531 | 86050 | 21538 | 88858 | 46218 | 61595 | 24357 | 96307 | 49643 |
| 42 | 04042 | 44713 | 74050 | 81089 | 80287 | 51334 | 45800 | 98149 | 43737 | 67476 |
| 43 | 37045 | 05756 | 41763 | 92711 | 14389 | 68119 | 18726 | 90240 | 09009 | 92672 |
| 44 | 44356 | 54126 | 81091 | 84872 | 24679 | 84799 | 89329 | 85766 | 10267 | 70842 |
| 45 | 62400 | 10823 | 57501 | 87511 | 34791 | 58679 | 12138 | 48985 | 39593 | 53281 |
| 46 | 05946 | 01901 | 64640 | 00217 | 86026 | 36992 | 33994 | 02149 | 80937 | 24885 |
| 47 | 18511 | 97116 | 32335 | 45699 | 20302 | 41874 | 25693 | 61028 | 30979 | 63988 |
| 48 | 84626 | 44410 | 16125 | 85916 | 28076 | 97127 | 11678 | 74723 | 94100 | 64071 |
| 49 | 58924 | 20869 | 91624 | 44653 | 57043 | 73778 | 95001 | 92586 | 91652 | 85451 |
| 50 | 40124 | 24467 | 25794 | 29493 | 69243 | 64505 | 53271 | 94783 | 08748 | 08155 |
| 51 | 97743 | 96269 | 24937 | 65537 | 54208 | 70765 | 09600 | 66399 | 09248 | 54364 |
| 52 | 61924 | 56761 | 79513 | 44137 | 83694 | 81748 | 03481 | 89154 | 01732 | 04691 |
| 53 | 44969 | 03755 | 30211 | 55660 | 65915 | 20928 | 18047 | 82271 | 26309 | 29402 |
| 54 | 63370 | 74112 | 46873 | 14516 | 57772 | 68437 | 24556 | 63261 | 65137 | 98440 |
| 55 | 53058 | 81890 | 60765 | 42833 | 71475 | 61184 | 36332 | 95675 | 79167 | 29275 |
| 56 | 64786 | 06093 | 44610 | 75307 | 02059 | 47803 | 46437 | 13004 | 37375 | 30329 |
| 57 | 15581 | 60665 | 77663 | 90905 | 08256 | 81520 | 55114 | 46377 | 18964 | 46354 |
| 58 | 82522 | 18838 | 08489 | 27007 | 76464 | 03050 | 29777 | 44437 | 90472 | 27235 |
| 59 | 55053 | 58370 | 68493 | 41866 | 18295 | 79522 | 60344 | 83874 | 83657 | 27366 |
| 60 | 26834 | 93125 | 62237 | 30255 | 69263 | 04547 | 92803 | 72161 | 46131 | 89589 |
| 61 | 61903 | 70100 | 19001 | 49886 | 33933 | 27860 | 60345 | 43442 | 21238 | 32047 |
| 62 | 93174 | 13510 | 12666 | 96047 | 24292 | 39034 | 40313 | 68081 | 93094 | 36536 |
| 63 | 21252 | 79491 | 16482 | 62285 | 29944 | 86104 | 97237 | 62930 | 56775 | 06821 |
| 64 | 57200 | 76236 | 85476 | 82658 | 09142 | 63824 | 57211 | 40177 | 07132 | 75012 |
| 65 | 94101 | 23711 | 09553 | 88119 | 36659 | 74645 | 57468 | 46765 | 94303 | 93841 |
| 66 | 32653 | 67919 | 33348 | 02594 | 00651 | 41025 | 58215 | 79484 | 88532 | 12491 |
| 67 | 35134 | 70575 | 37989 | 05594 | 30598 | 09653 | 05075 | 98469 | 23898 | 30373 |
| 68 | 90508 | 83642 | 50820 | 63665 | 76712 | 07725 | 18925 | 28522 | 87958 | 68052 |
| 69 | 85293 | 98890 | 14610 | 24892 | 13444 | 27918 | 24332 | 54967 | 95504 | 67578 |
| 70 | 37240 | 83704 | 15784 | 69821 | 00884 | 18742 | 13606 | 61587 | 37541 | 29405 |

# 附錄㈡　二項分配機率表

$$P(X = x) = \binom{n}{x} p^x (1-p)^{n-x}$$

| $n$ | $x$ | 0.01 | 0.02 | 0.03 | 0.04 | 0.05 | 0.1 | 0.15 | 1/6 | 0.2 | 0.25 |
|---|---|---|---|---|---|---|---|---|---|---|---|
| 2 | 0 | 0.9801 | 0.9604 | 0.9409 | 0.9216 | 0.9025 | 0.81 | 0.7225 | 0.694444 | 0.64 | 0.5625 |
|  | 1 | 0.0198 | 0.0392 | 0.0582 | 0.0768 | 0.0950 | 0.18 | 0.2550 | 0.277778 | 0.32 | 0.3750 |
|  | 2 | 0.0001 | 0.0004 | 0.0009 | 0.0016 | 0.0025 | 0.01 | 0.0225 | 0.027778 | 0.04 | 0.0625 |
| 3 | 0 | 0.970299 | 0.941192 | 0.912673 | 0.884736 | 0.857375 | 0.729 | 0.614125 | 0.578703 | 0.512 | 0.421875 |
|  | 1 | 0.029403 | 0.057624 | 0.084681 | 0.110592 | 0.135375 | 0.243 | 0.325125 | 0.347223 | 0.384 | 0.421875 |
|  | 2 | 0.000297 | 0.001176 | 0.002619 | 0.004608 | 0.007125 | 0.027 | 0.057375 | 0.069445 | 0.096 | 0.140625 |
|  | 3 | 0.000001 | 0.000008 | 0.000027 | 0.000064 | 0.000125 | 0.001 | 0.003375 | 0.004630 | 0.008 | 0.015625 |
| 4 | 0 | 0.960596 | 0.922368 | 0.885293 | 0.849347 | 0.814506 | 0.6561 | 0.522006 | 0.482253 | 0.4096 | 0.316406 |
|  | 1 | 0.038812 | 0.075295 | 0.109521 | 0.141558 | 0.171475 | 0.2916 | 0.368475 | 0.385803 | 0.4096 | 0.421875 |
|  | 2 | 0.000588 | 0.002305 | 0.005081 | 0.008847 | 0.013538 | 0.0486 | 0.097538 | 0.115741 | 0.1536 | 0.210938 |
|  | 3 | 0.000004 | 0.000031 | 0.000105 | 0.000246 | 0.000475 | 0.0036 | 0.011475 | 0.015432 | 0.0256 | 0.046875 |
|  | 4 | 0.000000 | 0.000000 | 0.000001 | 0.000003 | 0.000006 | 0.0001 | 0.000506 | 0.000772 | 0.0016 | 0.003906 |
| 5 | 0 | 0.950990 | 0.903921 | 0.858734 | 0.815373 | 0.773781 | 0.59049 | 0.443705 | 0.401877 | 0.32768 | 0.237305 |
|  | 1 | 0.048030 | 0.092237 | 0.132794 | 0.169869 | 0.203627 | 0.32805 | 0.391505 | 0.401878 | 0.40960 | 0.395508 |
|  | 2 | 0.000970 | 0.003765 | 0.008214 | 0.014156 | 0.021434 | 0.07290 | 0.138178 | 0.160751 | 0.20480 | 0.263672 |
|  | 3 | 0.000010 | 0.000077 | 0.000254 | 0.000590 | 0.001128 | 0.00810 | 0.024384 | 0.032150 | 0.05120 | 0.087891 |
|  | 4 | 0.000000 | 0.000001 | 0.000004 | 0.000012 | 0.000030 | 0.00045 | 0.002152 | 0.003215 | 0.00640 | 0.014648 |
|  | 5 | 0.000000 | 0.000000 | 0.000000 | 0.000000 | 0.000000 | 0.00001 | 0.000076 | 0.000129 | 0.00032 | 0.000977 |
| 6 | 0 | 0.941480 | 0.885842 | 0.832972 | 0.782758 | 0.735092 | 0.531441 | 0.377149 | 0.334898 | 0.262144 | 0.177979 |
|  | 1 | 0.057059 | 0.108470 | 0.154572 | 0.195689 | 0.232134 | 0.354294 | 0.399335 | 0.401878 | 0.393216 | 0.355957 |
|  | 2 | 0.001441 | 0.005534 | 0.011951 | 0.020384 | 0.030544 | 0.098415 | 0.176177 | 0.200939 | 0.245760 | 0.296631 |
|  | 3 | 0.000019 | 0.000151 | 0.000493 | 0.001132 | 0.002143 | 0.014580 | 0.041453 | 0.053584 | 0.081920 | 0.131836 |
|  | 4 | 0.000000 | 0.000002 | 0.000011 | 0.000035 | 0.000085 | 0.001215 | 0.005486 | 0.008038 | 0.015360 | 0.032959 |
|  | 5 | 0.000000 | 0.000000 | 0.000000 | 0.000001 | 0.000002 | 0.000054 | 0.000387 | 0.000643 | 0.001536 | 0.004395 |
|  | 6 | 0.000000 | 0.000000 | 0.000000 | 0.000000 | 0.000000 | 0.000001 | 0.000011 | 0.000021 | 0.000064 | 0.000244 |
| 7 | 0 | 0.932065 | 0.868126 | 0.807983 | 0.751447 | 0.698337 | 0.478297 | 0.320577 | 0.279082 | 0.209715 | 0.133484 |
|  | 1 | 0.065904 | 0.124018 | 0.174924 | 0.219172 | 0.257282 | 0.372009 | 0.396007 | 0.390714 | 0.367002 | 0.311462 |
|  | 2 | 0.001997 | 0.007593 | 0.016230 | 0.027397 | 0.040624 | 0.124003 | 0.209651 | 0.234429 | 0.275251 | 0.311462 |
|  | 3 | 0.000034 | 0.000258 | 0.000837 | 0.001903 | 0.003563 | 0.022964 | 0.061662 | 0.078143 | 0.114688 | 0.173035 |
|  | 4 | 0.000000 | 0.000005 | 0.000026 | 0.000079 | 0.000188 | 0.002552 | 0.010882 | 0.015629 | 0.028672 | 0.057678 |
|  | 5 | 0.000000 | 0.000000 | 0.000000 | 0.000002 | 0.000006 | 0.000170 | 0.001152 | 0.001875 | 0.004301 | 0.011536 |
|  | 6 | 0.000000 | 0.000000 | 0.000000 | 0.000000 | 0.000000 | 0.000006 | 0.000068 | 0.000125 | 0.000358 | 0.001282 |
|  | 7 | 0.000000 | 0.000000 | 0.000000 | 0.000000 | 0.000000 | 0.000000 | 0.000002 | 0.000004 | 0.000013 | 0.000061 |
| 8 | 0 | 0.922745 | 0.850763 | 0.783743 | 0.721390 | 0.663420 | 0.430467 | 0.272491 | 0.232568 | 0.167772 | 0.100113 |
|  | 1 | 0.074565 | 0.138900 | 0.193916 | 0.240463 | 0.279335 | 0.382638 | 0.384692 | 0.372109 | 0.335544 | 0.266968 |

| $n$ | $\begin{matrix}p\\x\end{matrix}$ | 0.01 | 0.02 | 0.03 | 0.04 | 0.05 | 0.1 | 0.15 | 1/6 | 0.2 | 0.25 |
|---|---|---|---|---|---|---|---|---|---|---|---|
| 8 | 2 | 0.002636 | 0.009921 | 0.020991 | 0.035068 | 0.051456 | 0.148803 | 0.237604 | 0.260476 | 0.293601 | 0.311462 |
| | 3 | 0.000053 | 0.000405 | 0.001298 | 0.002922 | 0.005416 | 0.033067 | 0.083860 | 0.104191 | 0.146801 | 0.207642 |
| | 4 | 0.000001 | 0.000010 | 0.000050 | 0.000152 | 0.000356 | 0.004593 | 0.018499 | 0.026048 | 0.045875 | 0.086517 |
| | 5 | 0.000000 | 0.000000 | 0.000001 | 0.000005 | 0.000015 | 0.000408 | 0.002612 | 0.004168 | 0.009175 | 0.023071 |
| | 6 | 0.000000 | 0.000000 | 0.000000 | 0.000000 | 0.000000 | 0.000023 | 0.000230 | 0.000417 | 0.001147 | 0.003845 |
| | 7 | 0.000000 | 0.000000 | 0.000000 | 0.000000 | 0.000000 | 0.000001 | 0.000012 | 0.000024 | 0.000082 | 0.000366 |
| | 8 | 0.000000 | 0.000000 | 0.000000 | 0.000000 | 0.000000 | 0.000000 | 0.000000 | 0.000001 | 0.000003 | 0.000015 |
| 9 | 0 | 0.913517 | 0.833748 | 0.760231 | 0.692534 | 0.630249 | 0.387420 | 0.231617 | 0.193807 | 0.134218 | 0.075085 |
| | 1 | 0.083047 | 0.153137 | 0.211611 | 0.259700 | 0.298539 | 0.387420 | 0.367862 | 0.348852 | 0.301990 | 0.225254 |
| | 2 | 0.003355 | 0.012501 | 0.026179 | 0.043283 | 0.062850 | 0.172187 | 0.259667 | 0.279082 | 0.301990 | 0.300339 |
| | 3 | 0.000079 | 0.000595 | 0.001889 | 0.004208 | 0.007718 | 0.044641 | 0.106922 | 0.130238 | 0.176161 | 0.233597 |
| | 4 | 0.000001 | 0.000018 | 0.000088 | 0.000263 | 0.000609 | 0.007440 | 0.028303 | 0.039071 | 0.066060 | 0.116798 |
| | 5 | 0.000000 | 0.000000 | 0.000003 | 0.000011 | 0.000032 | 0.000827 | 0.004995 | 0.007814 | 0.016515 | 0.038933 |
| | 6 | 0.000000 | 0.000000 | 0.000000 | 0.000000 | 0.000001 | 0.000061 | 0.000588 | 0.001042 | 0.002753 | 0.008652 |
| | 7 | 0.000000 | 0.000000 | 0.000000 | 0.000000 | 0.000000 | 0.000003 | 0.000044 | 0.000089 | 0.000295 | 0.001236 |
| | 8 | 0.000000 | 0.000000 | 0.000000 | 0.000000 | 0.000000 | 0.000000 | 0.000002 | 0.000004 | 0.000018 | 0.000103 |
| | 9 | 0.000000 | 0.000000 | 0.000000 | 0.000000 | 0.000000 | 0.000000 | 0.000000 | 0.000000 | 0.000001 | 0.000004 |
| 10 | 0 | 0.904382 | 0.817073 | 0.737424 | 0.664833 | 0.598737 | 0.348678 | 0.196874 | 0.161505 | 0.107374 | 0.056314 |
| | 1 | 0.091352 | 0.166750 | 0.228069 | 0.277014 | 0.315125 | 0.387420 | 0.347425 | 0.323011 | 0.268435 | 0.187712 |
| | 2 | 0.004152 | 0.015314 | 0.031742 | 0.051940 | 0.074635 | 0.193710 | 0.275897 | 0.290710 | 0.301990 | 0.281568 |
| | 3 | 0.000112 | 0.000833 | 0.002618 | 0.005771 | 0.010475 | 0.057396 | 0.129834 | 0.155046 | 0.201327 | 0.250282 |
| | 4 | 0.000002 | 0.000030 | 0.000142 | 0.000421 | 0.000965 | 0.011160 | 0.040096 | 0.054266 | 0.088080 | 0.145998 |
| | 5 | 0.000000 | 0.000001 | 0.000005 | 0.000021 | 0.000061 | 0.001488 | 0.008491 | 0.013024 | 0.026424 | 0.058399 |
| | 6 | 0.000000 | 0.000000 | 0.000000 | 0.000001 | 0.000003 | 0.000138 | 0.001249 | 0.002171 | 0.005505 | 0.016222 |
| | 7 | 0.000000 | 0.000000 | 0.000000 | 0.000000 | 0.000000 | 0.000009 | 0.000126 | 0.000248 | 0.000786 | 0.003090 |
| | 8 | 0.000000 | 0.000000 | 0.000000 | 0.000000 | 0.000000 | 0.000000 | 0.000008 | 0.000019 | 0.000074 | 0.000386 |
| | 9 | 0.000000 | 0.000000 | 0.000000 | 0.000000 | 0.000000 | 0.000000 | 0.000000 | 0.000001 | 0.000004 | 0.000029 |
| | 10 | 0.000000 | 0.000000 | 0.000000 | 0.000000 | 0.000000 | 0.000000 | 0.000000 | 0.000000 | 0.000000 | 0.000001 |
| 11 | 0 | 0.895338 | 0.800731 | 0.715301 | 0.638239 | 0.568800 | 0.313811 | 0.167343 | 0.134588 | 0.085899 | 0.042235 |
| | 1 | 0.099482 | 0.179756 | 0.243350 | 0.292526 | 0.329305 | 0.383546 | 0.324843 | 0.296093 | 0.236223 | 0.154862 |
| | 2 | 0.005024 | 0.018342 | 0.037631 | 0.060943 | 0.086659 | 0.213081 | 0.286626 | 0.296094 | 0.295279 | 0.258104 |
| | 3 | 0.000152 | 0.001123 | 0.003492 | 0.007618 | 0.013683 | 0.071027 | 0.151743 | 0.177656 | 0.221459 | 0.258104 |
| | 4 | 0.000003 | 0.000046 | 0.000216 | 0.000635 | 0.001440 | 0.015784 | 0.053556 | 0.071062 | 0.110730 | 0.172069 |
| | 5 | 0.000000 | 0.000001 | 0.000009 | 0.000037 | 0.000106 | 0.002455 | 0.013232 | 0.019898 | 0.038755 | 0.080299 |
| | 6 | 0.000000 | 0.000000 | 0.000000 | 0.000002 | 0.000006 | 0.000273 | 0.002335 | 0.003980 | 0.009689 | 0.026766 |
| | 7 | 0.000000 | 0.000000 | 0.000000 | 0.000000 | 0.000000 | 0.000022 | 0.000294 | 0.000569 | 0.001730 | 0.006373 |
| | 8 | 0.000000 | 0.000000 | 0.000000 | 0.000000 | 0.000000 | 0.000001 | 0.000026 | 0.000057 | 0.000216 | 0.001062 |
| | 9 | 0.000000 | 0.000000 | 0.000000 | 0.000000 | 0.000000 | 0.000000 | 0.000002 | 0.000004 | 0.000018 | 0.000118 |
| | 10 | 0.000000 | 0.000000 | 0.000000 | 0.000000 | 0.000000 | 0.000000 | 0.000000 | 0.000000 | 0.000001 | 0.000008 |
| | 11 | 0.000000 | 0.000000 | 0.000000 | 0.000000 | 0.000000 | 0.000000 | 0.000000 | 0.000000 | 0.000000 | 0.000000 |
| 12 | 0 | 0.886385 | 0.784717 | 0.693842 | 0.612710 | 0.540360 | 0.282430 | 0.142242 | 0.112157 | 0.068719 | 0.031676 |
| | 1 | 0.107441 | 0.192176 | 0.257508 | 0.306355 | 0.341280 | 0.376573 | 0.301218 | 0.269176 | 0.206158 | 0.126705 |
| | 2 | 0.005969 | 0.021571 | 0.043803 | 0.070206 | 0.098792 | 0.230128 | 0.292358 | 0.296094 | 0.283468 | 0.232293 |
| | 3 | 0.000201 | 0.001467 | 0.004516 | 0.009751 | 0.017332 | 0.085233 | 0.171976 | 0.197396 | 0.236223 | 0.258104 |

| n | p<br>x | 0.01 | 0.02 | 0.03 | 0.04 | 0.05 | 0.1 | 0.15 | 1/6 | 0.2 | 0.25 |
|---|---|---|---|---|---|---|---|---|---|---|---|
| 12 | 4 | 0.000005 | 0.000067 | 0.000314 | 0.000914 | 0.002052 | 0.021308 | 0.068284 | 0.088828 | 0.132876 | 0.193578 |
| | 5 | 0.000000 | 0.000002 | 0.000016 | 0.000061 | 0.000173 | 0.003788 | 0.019280 | 0.028425 | 0.053150 | 0.103241 |
| | 6 | 0.000000 | 0.000000 | 0.000001 | 0.000003 | 0.000011 | 0.000491 | 0.003969 | 0.006633 | 0.015502 | 0.040149 |
| | 7 | 0.000000 | 0.000000 | 0.000000 | 0.000000 | 0.000000 | 0.000047 | 0.000600 | 0.001137 | 0.003322 | 0.011471 |
| | 8 | 0.000000 | 0.000000 | 0.000000 | 0.000000 | 0.000000 | 0.000003 | 0.000066 | 0.000142 | 0.000519 | 0.002390 |
| | 9 | 0.000000 | 0.000000 | 0.000000 | 0.000000 | 0.000000 | 0.000000 | 0.000005 | 0.000013 | 0.000058 | 0.000354 |
| | 10 | 0.000000 | 0.000000 | 0.000000 | 0.000000 | 0.000000 | 0.000000 | 0.000000 | 0.000001 | 0.000004 | 0.000035 |
| | 11 | 0.000000 | 0.000000 | 0.000000 | 0.000000 | 0.000000 | 0.000000 | 0.000000 | 0.000000 | 0.000000 | 0.000002 |
| | 12 | 0.000000 | 0.000000 | 0.000000 | 0.000000 | 0.000000 | 0.000000 | 0.000000 | 0.000000 | 0.000000 | 0.000000 |
| 13 | 0 | 0.877521 | 0.769022 | 0.673027 | 0.588201 | 0.513342 | 0.254187 | 0.120905 | 0.093464 | 0.054976 | 0.023757 |
| | 1 | 0.115230 | 0.204026 | 0.270599 | 0.318609 | 0.351234 | 0.367158 | 0.277371 | 0.243006 | 0.178671 | 0.102948 |
| | 2 | 0.006984 | 0.024983 | 0.050214 | 0.079652 | 0.110916 | 0.244772 | 0.293687 | 0.291607 | 0.268006 | 0.205896 |
| | 3 | 0.000259 | 0.001869 | 0.005694 | 0.012169 | 0.021405 | 0.099722 | 0.190033 | 0.213845 | 0.245672 | 0.251651 |
| | 4 | 0.000007 | 0.000095 | 0.000440 | 0.001268 | 0.002816 | 0.027701 | 0.083838 | 0.106923 | 0.153545 | 0.209709 |
| | 5 | 0.000000 | 0.000004 | 0.000025 | 0.000095 | 0.000267 | 0.005540 | 0.026631 | 0.038492 | 0.069095 | 0.125826 |
| | 6 | 0.000000 | 0.000000 | 0.000001 | 0.000005 | 0.000019 | 0.000821 | 0.006266 | 0.010265 | 0.023032 | 0.055922 |
| | 7 | 0.000000 | 0.000000 | 0.000000 | 0.000000 | 0.000001 | 0.000091 | 0.001106 | 0.002053 | 0.005758 | 0.018641 |
| | 8 | 0.000000 | 0.000000 | 0.000000 | 0.000000 | 0.000000 | 0.000008 | 0.000146 | 0.000308 | 0.001080 | 0.004660 |
| | 9 | 0.000000 | 0.000000 | 0.000000 | 0.000000 | 0.000000 | 0.000000 | 0.000014 | 0.000034 | 0.000150 | 0.000863 |
| | 10 | 0.000000 | 0.000000 | 0.000000 | 0.000000 | 0.000000 | 0.000000 | 0.000001 | 0.000003 | 0.000015 | 0.000115 |
| | 11 | 0.000000 | 0.000000 | 0.000000 | 0.000000 | 0.000000 | 0.000000 | 0.000000 | 0.000000 | 0.000001 | 0.000010 |
| | 12 | 0.000000 | 0.000000 | 0.000000 | 0.000000 | 0.000000 | 0.000000 | 0.000000 | 0.000000 | 0.000000 | 0.000001 |
| | 13 | 0.000000 | 0.000000 | 0.000000 | 0.000000 | 0.000000 | 0.000000 | 0.000000 | 0.000000 | 0.000000 | 0.000000 |
| 14 | 0 | 0.868746 | 0.753642 | 0.652836 | 0.564673 | 0.487675 | 0.228768 | 0.102770 | 0.077887 | 0.043980 | 0.017818 |
| | 1 | 0.122853 | 0.215326 | 0.282671 | 0.329393 | 0.359339 | 0.355861 | 0.253902 | 0.218082 | 0.153932 | 0.083150 |
| | 2 | 0.008066 | 0.028564 | 0.056826 | 0.089211 | 0.122932 | 0.257011 | 0.291240 | 0.283507 | 0.250139 | 0.180159 |
| | 3 | 0.000326 | 0.002332 | 0.007030 | 0.014868 | 0.025880 | 0.114227 | 0.205581 | 0.226806 | 0.250139 | 0.240212 |
| | 4 | 0.000009 | 0.000131 | 0.000598 | 0.001704 | 0.003746 | 0.034903 | 0.099767 | 0.124743 | 0.171971 | 0.220195 |
| | 5 | 0.000000 | 0.000005 | 0.000037 | 0.000142 | 0.000394 | 0.007756 | 0.035212 | 0.049897 | 0.085985 | 0.146796 |
| | 6 | 0.000000 | 0.000000 | 0.000002 | 0.000009 | 0.000031 | 0.001293 | 0.009321 | 0.014969 | 0.032244 | 0.073398 |
| | 7 | 0.000000 | 0.000000 | 0.000000 | 0.000000 | 0.000002 | 0.000164 | 0.001880 | 0.003422 | 0.009213 | 0.027961 |
| | 8 | 0.000000 | 0.000000 | 0.000000 | 0.000000 | 0.000000 | 0.000016 | 0.000290 | 0.000599 | 0.002015 | 0.008155 |
| | 9 | 0.000000 | 0.000000 | 0.000000 | 0.000000 | 0.000000 | 0.000001 | 0.000034 | 0.000080 | 0.000336 | 0.001812 |
| | 10 | 0.000000 | 0.000000 | 0.000000 | 0.000000 | 0.000000 | 0.000000 | 0.000003 | 0.000008 | 0.000042 | 0.000302 |
| | 11 | 0.000000 | 0.000000 | 0.000000 | 0.000000 | 0.000000 | 0.000000 | 0.000000 | 0.000001 | 0.000004 | 0.000037 |
| | 12 | 0.000000 | 0.000000 | 0.000000 | 0.000000 | 0.000000 | 0.000000 | 0.000000 | 0.000000 | 0.000000 | 0.000003 |
| | 13 | 0.000000 | 0.000000 | 0.000000 | 0.000000 | 0.000000 | 0.000000 | 0.000000 | 0.000000 | 0.000000 | 0.000000 |
| 15 | 0 | 0.860058 | 0.738569 | 0.633251 | 0.542086 | 0.463291 | 0.205891 | 0.087354 | 0.064905 | 0.035184 | 0.013363 |
| | 1 | 0.130312 | 0.226093 | 0.293776 | 0.338804 | 0.365756 | 0.343152 | 0.231232 | 0.194716 | 0.131941 | 0.066817 |
| | 2 | 0.009214 | 0.032299 | 0.063601 | 0.098818 | 0.134752 | 0.266896 | 0.285639 | 0.272603 | 0.230897 | 0.155907 |
| | 3 | 0.000403 | 0.002856 | 0.008524 | 0.017842 | 0.030733 | 0.128505 | 0.218430 | 0.236256 | 0.250139 | 0.225199 |
| | 4 | 0.000012 | 0.000175 | 0.000791 | 0.002230 | 0.004853 | 0.042835 | 0.115639 | 0.141754 | 0.187604 | 0.225199 |
| | 5 | 0.000000 | 0.000008 | 0.000054 | 0.000204 | 0.000562 | 0.010471 | 0.044895 | 0.062372 | 0.103182 | 0.165146 |
| | 6 | 0.000000 | 0.000000 | 0.000003 | 0.000014 | 0.000049 | 0.001939 | 0.013205 | 0.020791 | 0.042993 | 0.091748 |

| n | x | 0.01 | 0.02 | 0.03 | 0.04 | 0.05 | 0.1 | 0.15 | 1/6 | 0.2 | 0.25 |
|---|---|---|---|---|---|---|---|---|---|---|---|
| 15 | 7 | 0.000000 | 0.000000 | 0.000000 | 0.000001 | 0.000003 | 0.000277 | 0.002996 | 0.005346 | 0.013819 | 0.039320 |
| | 8 | 0.000000 | 0.000000 | 0.000000 | 0.000000 | 0.000000 | 0.000031 | 0.000529 | 0.001069 | 0.003455 | 0.013107 |
| | 9 | 0.000000 | 0.000000 | 0.000000 | 0.000000 | 0.000000 | 0.000003 | 0.000073 | 0.000166 | 0.000672 | 0.003398 |
| | 10 | 0.000000 | 0.000000 | 0.000000 | 0.000000 | 0.000000 | 0.000000 | 0.000008 | 0.000020 | 0.000101 | 0.000680 |
| | 11 | 0.000000 | 0.000000 | 0.000000 | 0.000000 | 0.000000 | 0.000000 | 0.000001 | 0.000002 | 0.000011 | 0.000103 |
| | 12 | 0.000000 | 0.000000 | 0.000000 | 0.000000 | 0.000000 | 0.000000 | 0.000000 | 0.000000 | 0.000001 | 0.000011 |
| | 13 | 0.000000 | 0.000000 | 0.000000 | 0.000000 | 0.000000 | 0.000000 | 0.000000 | 0.000000 | 0.000000 | 0.000001 |
| | 14 | 0.000000 | 0.000000 | 0.000000 | 0.000000 | 0.000000 | 0.000000 | 0.000000 | 0.000000 | 0.000000 | 0.000000 |
| 16 | 0 | 0.851458 | 0.723798 | 0.614254 | 0.520403 | 0.440127 | 0.185302 | 0.074251 | 0.054088 | 0.028147 | 0.010023 |
| | 1 | 0.137609 | 0.236342 | 0.303961 | 0.346935 | 0.370633 | 0.329426 | 0.209650 | 0.173081 | 0.112590 | 0.053454 |
| | 2 | 0.010425 | 0.036175 | 0.070506 | 0.108417 | 0.146302 | 0.274521 | 0.277478 | 0.259622 | 0.211106 | 0.133635 |
| | 3 | 0.000491 | 0.003445 | 0.010176 | 0.021081 | 0.035934 | 0.142344 | 0.228511 | 0.242314 | 0.246291 | 0.207876 |
| | 4 | 0.000016 | 0.000229 | 0.001023 | 0.002855 | 0.006147 | 0.051402 | 0.131058 | 0.157504 | 0.200111 | 0.225199 |
| | 5 | 0.000000 | 0.000011 | 0.000076 | 0.000285 | 0.000776 | 0.013707 | 0.055507 | 0.075602 | 0.120067 | 0.180159 |
| | 6 | 0.000000 | 0.000000 | 0.000004 | 0.000022 | 0.000075 | 0.002792 | 0.017958 | 0.027721 | 0.055031 | 0.110097 |
| | 7 | 0.000000 | 0.000000 | 0.000000 | 0.000001 | 0.000006 | 0.000443 | 0.004527 | 0.007920 | 0.019654 | 0.052427 |
| | 8 | 0.000000 | 0.000000 | 0.000000 | 0.000000 | 0.000000 | 0.000055 | 0.000899 | 0.001782 | 0.005528 | 0.019660 |
| | 9 | 0.000000 | 0.000000 | 0.000000 | 0.000000 | 0.000000 | 0.000005 | 0.000141 | 0.000317 | 0.001228 | 0.005825 |
| | 10 | 0.000000 | 0.000000 | 0.000000 | 0.000000 | 0.000000 | 0.000000 | 0.000017 | 0.000044 | 0.000215 | 0.001359 |
| | 11 | 0.000000 | 0.000000 | 0.000000 | 0.000000 | 0.000000 | 0.000000 | 0.000002 | 0.000005 | 0.000029 | 0.000247 |
| | 12 | 0.000000 | 0.000000 | 0.000000 | 0.000000 | 0.000000 | 0.000000 | 0.000000 | 0.000000 | 0.000003 | 0.000034 |
| | 13 | 0.000000 | 0.000000 | 0.000000 | 0.000000 | 0.000000 | 0.000000 | 0.000000 | 0.000000 | 0.000000 | 0.000004 |
| | 14 | 0.000000 | 0.000000 | 0.000000 | 0.000000 | 0.000000 | 0.000000 | 0.000000 | 0.000000 | 0.000000 | 0.000000 |
| 17 | 0 | 0.842943 | 0.709322 | 0.595826 | 0.499587 | 0.418120 | 0.166772 | 0.063113 | 0.045073 | 0.022518 | 0.007517 |
| | 1 | 0.144748 | 0.246091 | 0.313269 | 0.353874 | 0.374108 | 0.315013 | 0.189340 | 0.153249 | 0.095701 | 0.042596 |
| | 2 | 0.011697 | 0.040178 | 0.077510 | 0.117958 | 0.157519 | 0.280012 | 0.267304 | 0.245198 | 0.191403 | 0.113589 |
| | 3 | 0.000591 | 0.004100 | 0.011986 | 0.024575 | 0.041452 | 0.155562 | 0.235856 | 0.245198 | 0.239254 | 0.189316 |
| | 4 | 0.000021 | 0.000293 | 0.001297 | 0.003584 | 0.007636 | 0.060496 | 0.145676 | 0.171639 | 0.209347 | 0.220868 |
| | 5 | 0.000001 | 0.000016 | 0.000104 | 0.000388 | 0.001045 | 0.017477 | 0.066840 | 0.089252 | 0.136076 | 0.191419 |
| | 6 | 0.000000 | 0.000001 | 0.000006 | 0.000032 | 0.000110 | 0.003884 | 0.023590 | 0.035701 | 0.068038 | 0.127613 |
| | 7 | 0.000000 | 0.000000 | 0.000000 | 0.000002 | 0.000009 | 0.000678 | 0.006542 | 0.011220 | 0.026729 | 0.066845 |
| | 8 | 0.000000 | 0.000000 | 0.000000 | 0.000000 | 0.000001 | 0.000094 | 0.001443 | 0.002805 | 0.008353 | 0.027852 |
| | 9 | 0.000000 | 0.000000 | 0.000000 | 0.000000 | 0.000000 | 0.000010 | 0.000255 | 0.000561 | 0.002088 | 0.009284 |
| | 10 | 0.000000 | 0.000000 | 0.000000 | 0.000000 | 0.000000 | 0.000001 | 0.000036 | 0.000090 | 0.000418 | 0.002476 |
| | 11 | 0.000000 | 0.000000 | 0.000000 | 0.000000 | 0.000000 | 0.000000 | 0.000004 | 0.000011 | 0.000066 | 0.000525 |
| | 12 | 0.000000 | 0.000000 | 0.000000 | 0.000000 | 0.000000 | 0.000000 | 0.000000 | 0.000001 | 0.000008 | 0.000088 |
| | 13 | 0.000000 | 0.000000 | 0.000000 | 0.000000 | 0.000000 | 0.000000 | 0.000000 | 0.000000 | 0.000001 | 0.000011 |
| | 14 | 0.000000 | 0.000000 | 0.000000 | 0.000000 | 0.000000 | 0.000000 | 0.000000 | 0.000000 | 0.000000 | 0.000001 |
| | 15 | 0.000000 | 0.000000 | 0.000000 | 0.000000 | 0.000000 | 0.000000 | 0.000000 | 0.000000 | 0.000000 | 0.000000 |
| 18 | 0 | 0.834514 | 0.695135 | 0.577951 | 0.479603 | 0.397214 | 0.150095 | 0.053646 | 0.037561 | 0.018014 | 0.005638 |
| | 1 | 0.151730 | 0.255356 | 0.321746 | 0.359702 | 0.376308 | 0.300189 | 0.170406 | 0.135220 | 0.081065 | 0.033826 |
| | 2 | 0.013027 | 0.044296 | 0.084583 | 0.127395 | 0.168348 | 0.283512 | 0.255609 | 0.229873 | 0.172263 | 0.095841 |
| | 3 | 0.000702 | 0.004821 | 0.013952 | 0.028310 | 0.047256 | 0.168007 | 0.240574 | 0.245198 | 0.229684 | 0.170384 |
| | 4 | 0.000027 | 0.000369 | 0.001618 | 0.004423 | 0.009327 | 0.070003 | 0.159203 | 0.183899 | 0.215328 | 0.212980 |

| n | x | 0.01 | 0.02 | 0.03 | 0.04 | 0.05 | 0.1 | 0.15 | 1/6 | 0.2 | 0.25 |
|---|---|------|------|------|------|------|-----|------|-----|-----|------|
| 18 | 5 | 0.000001 | 0.000021 | 0.000140 | 0.000516 | 0.001374 | 0.021779 | 0.078665 | 0.102983 | 0.150730 | 0.198781 |
| | 6 | 0.000000 | 0.000001 | 0.000009 | 0.000047 | 0.000157 | 0.005243 | 0.030078 | 0.044626 | 0.081645 | 0.143564 |
| | 7 | 0.000000 | 0.000000 | 0.000000 | 0.000003 | 0.000014 | 0.000999 | 0.009099 | 0.015300 | 0.034991 | 0.082037 |
| | 8 | 0.000000 | 0.000000 | 0.000000 | 0.000000 | 0.000001 | 0.000153 | 0.002208 | 0.004208 | 0.012028 | 0.037600 |
| | 9 | 0.000000 | 0.000000 | 0.000000 | 0.000000 | 0.000000 | 0.000019 | 0.000433 | 0.000935 | 0.003341 | 0.013926 |
| | 10 | 0.000000 | 0.000000 | 0.000000 | 0.000000 | 0.000000 | 0.000002 | 0.000069 | 0.000168 | 0.000752 | 0.004178 |
| | 11 | 0.000000 | 0.000000 | 0.000000 | 0.000000 | 0.000000 | 0.000000 | 0.000009 | 0.000024 | 0.000137 | 0.001013 |
| | 12 | 0.000000 | 0.000000 | 0.000000 | 0.000000 | 0.000000 | 0.000000 | 0.000001 | 0.000003 | 0.000020 | 0.000197 |
| | 13 | 0.000000 | 0.000000 | 0.000000 | 0.000000 | 0.000000 | 0.000000 | 0.000000 | 0.000000 | 0.000002 | 0.000030 |
| | 14 | 0.000000 | 0.000000 | 0.000000 | 0.000000 | 0.000000 | 0.000000 | 0.000000 | 0.000000 | 0.000000 | 0.000004 |
| | 15 | 0.000000 | 0.000000 | 0.000000 | 0.000000 | 0.000000 | 0.000000 | 0.000000 | 0.000000 | 0.000000 | 0.000000 |
| 19 | 0 | 0.826169 | 0.681233 | 0.560613 | 0.460419 | 0.377354 | 0.135085 | 0.045599 | 0.031301 | 0.014412 | 0.004228 |
| | 1 | 0.158558 | 0.264151 | 0.329432 | 0.364499 | 0.377354 | 0.285180 | 0.152892 | 0.118943 | 0.068455 | 0.026779 |
| | 2 | 0.014414 | 0.048518 | 0.091698 | 0.136687 | 0.178746 | 0.285180 | 0.242829 | 0.214098 | 0.154023 | 0.080337 |
| | 3 | 0.000825 | 0.005611 | 0.016071 | 0.032273 | 0.053310 | 0.179558 | 0.242829 | 0.242644 | 0.218199 | 0.151748 |
| | 4 | 0.000033 | 0.000458 | 0.001988 | 0.005379 | 0.011223 | 0.079803 | 0.171409 | 0.194115 | 0.218199 | 0.202331 |
| | 5 | 0.000001 | 0.000028 | 0.000184 | 0.000672 | 0.001772 | 0.026601 | 0.090746 | 0.116469 | 0.163650 | 0.202331 |
| | 6 | 0.000000 | 0.000001 | 0.000013 | 0.000065 | 0.000218 | 0.006897 | 0.037366 | 0.054352 | 0.095462 | 0.157369 |
| | 7 | 0.000000 | 0.000000 | 0.000001 | 0.000005 | 0.000021 | 0.001423 | 0.012246 | 0.020188 | 0.044322 | 0.097419 |
| | 8 | 0.000000 | 0.000000 | 0.000000 | 0.000000 | 0.000002 | 0.000237 | 0.003242 | 0.006056 | 0.016621 | 0.048709 |
| | 9 | 0.000000 | 0.000000 | 0.000000 | 0.000000 | 0.000000 | 0.000032 | 0.000699 | 0.001480 | 0.005079 | 0.019845 |
| | 10 | 0.000000 | 0.000000 | 0.000000 | 0.000000 | 0.000000 | 0.000004 | 0.000123 | 0.000296 | 0.001270 | 0.006615 |
| | 11 | 0.000000 | 0.000000 | 0.000000 | 0.000000 | 0.000000 | 0.000000 | 0.000018 | 0.000048 | 0.000260 | 0.001804 |
| | 12 | 0.000000 | 0.000000 | 0.000000 | 0.000000 | 0.000000 | 0.000000 | 0.000002 | 0.000006 | 0.000043 | 0.000401 |
| | 13 | 0.000000 | 0.000000 | 0.000000 | 0.000000 | 0.000000 | 0.000000 | 0.000000 | 0.000001 | 0.000006 | 0.000072 |
| | 14 | 0.000000 | 0.000000 | 0.000000 | 0.000000 | 0.000000 | 0.000000 | 0.000000 | 0.000000 | 0.000001 | 0.000010 |
| | 15 | 0.000000 | 0.000000 | 0.000000 | 0.000000 | 0.000000 | 0.000000 | 0.000000 | 0.000000 | 0.000000 | 0.000001 |
| | 16 | 0.000000 | 0.000000 | 0.000000 | 0.000000 | 0.000000 | 0.000000 | 0.000000 | 0.000000 | 0.000000 | 0.000000 |
| 20 | 0 | 0.817907 | 0.667608 | 0.543794 | 0.442002 | 0.358486 | 0.121577 | 0.038760 | 0.026084 | 0.011529 | 0.003171 |
| | 1 | 0.165234 | 0.272493 | 0.336368 | 0.368335 | 0.377354 | 0.270170 | 0.136798 | 0.104336 | 0.057646 | 0.021141 |
| | 2 | 0.015856 | 0.052830 | 0.098830 | 0.145799 | 0.188677 | 0.285180 | 0.229338 | 0.198239 | 0.136909 | 0.066948 |
| | 3 | 0.000961 | 0.006469 | 0.018340 | 0.036450 | 0.059582 | 0.190120 | 0.242829 | 0.237887 | 0.205364 | 0.133896 |
| | 4 | 0.000041 | 0.000561 | 0.002411 | 0.006455 | 0.013328 | 0.089779 | 0.182122 | 0.202204 | 0.218199 | 0.189685 |
| | 5 | 0.000001 | 0.000037 | 0.000239 | 0.000861 | 0.002245 | 0.031921 | 0.102845 | 0.129410 | 0.174560 | 0.202331 |
| | 6 | 0.000000 | 0.000002 | 0.000018 | 0.000090 | 0.000295 | 0.008867 | 0.045373 | 0.064705 | 0.109100 | 0.168609 |
| | 7 | 0.000000 | 0.000000 | 0.000001 | 0.000007 | 0.000031 | 0.001970 | 0.016014 | 0.025882 | 0.054550 | 0.112406 |
| | 8 | 0.000000 | 0.000000 | 0.000000 | 0.000001 | 0.000003 | 0.000356 | 0.004592 | 0.008412 | 0.022161 | 0.060887 |
| | 9 | 0.000000 | 0.000000 | 0.000000 | 0.000000 | 0.000000 | 0.000053 | 0.001081 | 0.002243 | 0.007387 | 0.027061 |
| | 10 | 0.000000 | 0.000000 | 0.000000 | 0.000000 | 0.000000 | 0.000006 | 0.000210 | 0.000493 | 0.002031 | 0.009922 |
| | 11 | 0.000000 | 0.000000 | 0.000000 | 0.000000 | 0.000000 | 0.000001 | 0.000034 | 0.000090 | 0.000462 | 0.003007 |
| | 12 | 0.000000 | 0.000000 | 0.000000 | 0.000000 | 0.000000 | 0.000000 | 0.000004 | 0.000013 | 0.000087 | 0.000752 |
| | 13 | 0.000000 | 0.000000 | 0.000000 | 0.000000 | 0.000000 | 0.000000 | 0.000000 | 0.000002 | 0.000013 | 0.000154 |
| | 14 | 0.000000 | 0.000000 | 0.000000 | 0.000000 | 0.000000 | 0.000000 | 0.000000 | 0.000000 | 0.000002 | 0.000026 |
| | 15 | 0.000000 | 0.000000 | 0.000000 | 0.000000 | 0.000000 | 0.000000 | 0.000000 | 0.000000 | 0.000000 | 0.000003 |

| n | x | 0.01 | 0.02 | 0.03 | 0.04 | 0.05 | 0.1 | 0.15 | 1/6 | 0.2 | 0.25 |
|---|---|------|------|------|------|------|-----|------|-----|-----|------|
| 20 | 16 | 0.000000 | 0.000000 | 0.000000 | 0.000000 | 0.000000 | 0.000000 | 0.000000 | 0.000000 | 0.000000 | 0.000000 |
| 25 | 0 | 0.777821 | 0.603465 | 0.466975 | 0.360397 | 0.277390 | 0.071790 | 0.017198 | 0.010483 | 0.003778 | 0.000753 |
| | 1 | 0.196420 | 0.307890 | 0.361063 | 0.375413 | 0.364986 | 0.199416 | 0.075873 | 0.052413 | 0.023612 | 0.006271 |
| | 2 | 0.023808 | 0.075402 | 0.134003 | 0.187707 | 0.230518 | 0.265888 | 0.160672 | 0.125791 | 0.070835 | 0.025085 |
| | 3 | 0.001844 | 0.011798 | 0.031774 | 0.059962 | 0.093016 | 0.226497 | 0.217379 | 0.192880 | 0.135768 | 0.064106 |
| | 4 | 0.000102 | 0.001324 | 0.005405 | 0.013741 | 0.026926 | 0.138415 | 0.210986 | 0.212168 | 0.186681 | 0.117527 |
| | 5 | 0.000004 | 0.000114 | 0.000702 | 0.002405 | 0.005952 | 0.064594 | 0.156378 | 0.178221 | 0.196015 | 0.164538 |
| | 6 | 0.000000 | 0.000008 | 0.000072 | 0.000334 | 0.001044 | 0.023924 | 0.091987 | 0.118814 | 0.163346 | 0.182820 |
| | 7 | 0.000000 | 0.000000 | 0.000006 | 0.000038 | 0.000149 | 0.007215 | 0.044061 | 0.064499 | 0.110842 | 0.165408 |
| | 8 | 0.000000 | 0.000000 | 0.000000 | 0.000004 | 0.000018 | 0.001804 | 0.017495 | 0.029025 | 0.062349 | 0.124056 |
| | 9 | 0.000000 | 0.000000 | 0.000000 | 0.000000 | 0.000002 | 0.000379 | 0.005832 | 0.010965 | 0.029442 | 0.078109 |
| | 10 | 0.000000 | 0.000000 | 0.000000 | 0.000000 | 0.000000 | 0.000067 | 0.001647 | 0.003509 | 0.011777 | 0.041658 |
| | 11 | 0.000000 | 0.000000 | 0.000000 | 0.000000 | 0.000000 | 0.000010 | 0.000396 | 0.000957 | 0.004015 | 0.018936 |
| | 12 | 0.000000 | 0.000000 | 0.000000 | 0.000000 | 0.000000 | 0.000001 | 0.000082 | 0.000223 | 0.001171 | 0.007364 |
| | 13 | 0.000000 | 0.000000 | 0.000000 | 0.000000 | 0.000000 | 0.000000 | 0.000014 | 0.000045 | 0.000293 | 0.002455 |
| | 14 | 0.000000 | 0.000000 | 0.000000 | 0.000000 | 0.000000 | 0.000000 | 0.000002 | 0.000008 | 0.000063 | 0.000701 |
| | 15 | 0.000000 | 0.000000 | 0.000000 | 0.000000 | 0.000000 | 0.000000 | 0.000000 | 0.000001 | 0.000012 | 0.000171 |
| | 16 | 0.000000 | 0.000000 | 0.000000 | 0.000000 | 0.000000 | 0.000000 | 0.000000 | 0.000000 | 0.000002 | 0.000036 |
| | 17 | 0.000000 | 0.000000 | 0.000000 | 0.000000 | 0.000000 | 0.000000 | 0.000000 | 0.000000 | 0.000000 | 0.000006 |
| | 18 | 0.000000 | 0.000000 | 0.000000 | 0.000000 | 0.000000 | 0.000000 | 0.000000 | 0.000000 | 0.000000 | 0.000001 |
| | 19 | 0.000000 | 0.000000 | 0.000000 | 0.000000 | 0.000000 | 0.000000 | 0.000000 | 0.000000 | 0.000000 | 0.000000 |
| 30 | 0 | 0.739700 | 0.545484 | 0.401007 | 0.293858 | 0.214639 | 0.042391 | 0.007631 | 0.004213 | 0.001238 | 0.000179 |
| | 1 | 0.224152 | 0.333970 | 0.372068 | 0.367322 | 0.338903 | 0.141304 | 0.040398 | 0.025276 | 0.009285 | 0.001786 |
| | 2 | 0.032830 | 0.098828 | 0.166855 | 0.221924 | 0.258637 | 0.227656 | 0.103372 | 0.073301 | 0.033656 | 0.008631 |
| | 3 | 0.003095 | 0.018824 | 0.048164 | 0.086304 | 0.127050 | 0.236088 | 0.170259 | 0.136829 | 0.078532 | 0.026853 |
| | 4 | 0.000211 | 0.002593 | 0.010055 | 0.024273 | 0.045136 | 0.177066 | 0.202809 | 0.184719 | 0.132522 | 0.060420 |
| | 5 | 0.000011 | 0.000275 | 0.001617 | 0.005259 | 0.012353 | 0.102305 | 0.186107 | 0.192108 | 0.172279 | 0.104728 |
| | 6 | 0.000000 | 0.000023 | 0.000208 | 0.000913 | 0.002709 | 0.047363 | 0.136843 | 0.160090 | 0.179457 | 0.145456 |
| | 7 | 0.000000 | 0.000002 | 0.000022 | 0.000130 | 0.000489 | 0.018043 | 0.082796 | 0.109776 | 0.153821 | 0.166236 |
| | 8 | 0.000000 | 0.000000 | 0.000002 | 0.000016 | 0.000074 | 0.005764 | 0.042007 | 0.063121 | 0.110559 | 0.159309 |
| | 9 | 0.000000 | 0.000000 | 0.000000 | 0.000002 | 0.000010 | 0.001565 | 0.018121 | 0.030859 | 0.067564 | 0.129807 |
| | 10 | 0.000000 | 0.000000 | 0.000000 | 0.000000 | 0.000001 | 0.000365 | 0.006715 | 0.012961 | 0.035471 | 0.090865 |
| | 11 | 0.000000 | 0.000000 | 0.000000 | 0.000000 | 0.000000 | 0.000074 | 0.002155 | 0.004713 | 0.016123 | 0.055070 |
| | 12 | 0.000000 | 0.000000 | 0.000000 | 0.000000 | 0.000000 | 0.000013 | 0.000602 | 0.001492 | 0.006382 | 0.029065 |
| | 13 | 0.000000 | 0.000000 | 0.000000 | 0.000000 | 0.000000 | 0.000002 | 0.000147 | 0.000413 | 0.002209 | 0.013414 |
| | 14 | 0.000000 | 0.000000 | 0.000000 | 0.000000 | 0.000000 | 0.000000 | 0.000032 | 0.000100 | 0.000671 | 0.005430 |
| | 15 | 0.000000 | 0.000000 | 0.000000 | 0.000000 | 0.000000 | 0.000000 | 0.000006 | 0.000021 | 0.000179 | 0.001931 |
| | 16 | 0.000000 | 0.000000 | 0.000000 | 0.000000 | 0.000000 | 0.000000 | 0.000001 | 0.000004 | 0.000042 | 0.000603 |
| | 17 | 0.000000 | 0.000000 | 0.000000 | 0.000000 | 0.000000 | 0.000000 | 0.000000 | 0.000001 | 0.000009 | 0.000166 |
| | 18 | 0.000000 | 0.000000 | 0.000000 | 0.000000 | 0.000000 | 0.000000 | 0.000000 | 0.000000 | 0.000002 | 0.000040 |
| | 19 | 0.000000 | 0.000000 | 0.000000 | 0.000000 | 0.000000 | 0.000000 | 0.000000 | 0.000000 | 0.000000 | 0.000008 |
| | 20 | 0.000000 | 0.000000 | 0.000000 | 0.000000 | 0.000000 | 0.000000 | 0.000000 | 0.000000 | 0.000000 | 0.000002 |
| | 21 | 0.000000 | 0.000000 | 0.000000 | 0.000000 | 0.000000 | 0.000000 | 0.000000 | 0.000000 | 0.000000 | 0.000000 |

| n | x | 0.3 | 0.3125 | 1/3 | 0.35 | 0.375 | 0.4 | 0.4125 | 0.45 | 0.5 |
|---|---|---|---|---|---|---|---|---|---|---|
| 2 | 0 | 0.49 | 0.472656 | 0.444444 | 0.4225 | 0.390625 | 0.36 | 0.345156 | 0.3025 | 0.25 |
|   | 1 | 0.42 | 0.429687 | 0.444444 | 0.4550 | 0.468750 | 0.48 | 0.484688 | 0.4950 | 0.50 |
|   | 2 | 0.09 | 0.097656 | 0.111111 | 0.1225 | 0.140625 | 0.16 | 0.170156 | 0.2025 | 0.250 |
| 3 | 0 | 0.343 | 0.324951 | 0.296296 | 0.274625 | 0.244141 | 0.216 | 0.202779 | 0.166375 | 0.125 |
|   | 1 | 0.441 | 0.443115 | 0.444444 | 0.443625 | 0.439453 | 0.432 | 0.427131 | 0.408375 | 0.375 |
|   | 2 | 0.189 | 0.201416 | 0.222222 | 0.238875 | 0.263672 | 0.288 | 0.299900 | 0.334125 | 0.375 |
|   | 3 | 0.027 | 0.030518 | 0.037037 | 0.042875 | 0.052734 | 0.064 | 0.070189 | 0.091125 | 0.125 |
| 4 | 0 | 0.2401 | 0.223404 | 0.197531 | 0.178506 | 0.152588 | 0.1296 | 0.119133 | 0.091506 | 0.0625 |
|   | 1 | 0.4116 | 0.406189 | 0.395062 | 0.384475 | 0.366211 | 0.3456 | 0.334586 | 0.299475 | 0.2500 |
|   | 2 | 0.2646 | 0.276947 | 0.296296 | 0.310537 | 0.329590 | 0.3456 | 0.352383 | 0.367537 | 0.3750 |
|   | 3 | 0.0756 | 0.083923 | 0.098765 | 0.111475 | 0.131836 | 0.1536 | 0.164945 | 0.200475 | 0.2500 |
|   | 4 | 0.0081 | 0.009537 | 0.012346 | 0.015006 | 0.019775 | 0.0256 | 0.028953 | 0.041006 | 0.0625 |
| 5 | 0 | 0.16807 | 0.153590 | 0.131687 | 0.116029 | 0.095367 | 0.07776 | 0.069991 | 0.050328 | 0.03125 |
|   | 1 | 0.36015 | 0.349069 | 0.329218 | 0.312386 | 0.286102 | 0.25920 | 0.245711 | 0.205889 | 0.15625 |
|   | 2 | 0.30870 | 0.317335 | 0.329218 | 0.336416 | 0.343323 | 0.34560 | 0.345042 | 0.336909 | 0.31250 |
|   | 3 | 0.13230 | 0.144243 | 0.164609 | 0.181147 | 0.205994 | 0.23040 | 0.242263 | 0.275653 | 0.31250 |
|   | 4 | 0.02835 | 0.032783 | 0.041152 | 0.048770 | 0.061798 | 0.07680 | 0.085050 | 0.112767 | 0.15625 |
|   | 5 | 0.00243 | 0.002980 | 0.004115 | 0.005252 | 0.007416 | 0.01024 | 0.011943 | 0.018453 | 0.03125 |
| 6 | 0 | 0.117649 | 0.105593 | 0.087792 | 0.075419 | 0.059605 | 0.046656 | 0.041119 | 0.027681 | 0.015625 |
|   | 1 | 0.302526 | 0.287982 | 0.263375 | 0.243661 | 0.214577 | 0.186624 | 0.173227 | 0.135887 | 0.093750 |
|   | 2 | 0.324135 | 0.327252 | 0.329218 | 0.328005 | 0.321865 | 0.311040 | 0.304068 | 0.277950 | 0.234375 |
|   | 3 | 0.185220 | 0.198334 | 0.219479 | 0.235491 | 0.257492 | 0.276480 | 0.284659 | 0.303218 | 0.312500 |
|   | 4 | 0.059535 | 0.067614 | 0.082305 | 0.095102 | 0.115871 | 0.138240 | 0.149900 | 0.186066 | 0.234375 |
|   | 5 | 0.010206 | 0.012293 | 0.016461 | 0.020484 | 0.027809 | 0.036864 | 0.042100 | 0.060894 | 0.093750 |
|   | 6 | 0.000729 | 0.000931 | 0.001372 | 0.001838 | 0.002781 | 0.004096 | 0.004927 | 0.008304 | 0.015625 |
| 7 | 0 | 0.082354 | 0.072595 | 0.058528 | 0.049022 | 0.037253 | 0.027994 | 0.024158 | 0.015224 | 0.007813 |
|   | 1 | 0.247063 | 0.230985 | 0.204847 | 0.184776 | 0.156462 | 0.130637 | 0.118732 | 0.087194 | 0.054687 |
|   | 2 | 0.317652 | 0.314980 | 0.307270 | 0.298485 | 0.281632 | 0.261274 | 0.250096 | 0.214022 | 0.164062 |
|   | 3 | 0.226895 | 0.238621 | 0.256059 | 0.267871 | 0.281632 | 0.290304 | 0.292665 | 0.291848 | 0.273437 |
|   | 4 | 0.097241 | 0.108464 | 0.128029 | 0.144238 | 0.168979 | 0.193536 | 0.205488 | 0.238785 | 0.273437 |
|   | 5 | 0.025005 | 0.029581 | 0.038409 | 0.046600 | 0.060833 | 0.077414 | 0.086567 | 0.117221 | 0.164062 |
|   | 6 | 0.003572 | 0.004482 | 0.006401 | 0.008364 | 0.012167 | 0.017203 | 0.020260 | 0.031969 | 0.054687 |
|   | 7 | 0.000219 | 0.000291 | 0.000457 | 0.000643 | 0.001043 | 0.001638 | 0.002032 | 0.003737 | 0.007813 |
| 8 | 0 | 0.057648 | 0.049909 | 0.039018 | 0.031864 | 0.023283 | 0.016796 | 0.014193 | 0.008373 | 0.003906 |
|   | 1 | 0.197650 | 0.181488 | 0.156074 | 0.137262 | 0.111759 | 0.089580 | 0.079720 | 0.054808 | 0.031250 |
|   | 2 | 0.296475 | 0.288732 | 0.273129 | 0.258687 | 0.234693 | 0.209019 | 0.195908 | 0.156949 | 0.109375 |
|   | 3 | 0.254122 | 0.262483 | 0.273129 | 0.278586 | 0.281632 | 0.278692 | 0.275105 | 0.256826 | 0.218750 |
|   | 4 | 0.136137 | 0.149138 | 0.170706 | 0.187510 | 0.211224 | 0.232243 | 0.241449 | 0.262663 | 0.273437 |
|   | 5 | 0.046675 | 0.054232 | 0.068282 | 0.080773 | 0.101388 | 0.123863 | 0.135622 | 0.171925 | 0.218750 |
|   | 6 | 0.010002 | 0.012325 | 0.017071 | 0.021747 | 0.030416 | 0.041288 | 0.047612 | 0.070333 | 0.109375 |
|   | 7 | 0.001225 | 0.001601 | 0.002439 | 0.003346 | 0.005214 | 0.007864 | 0.009551 | 0.016441 | 0.031250 |
|   | 8 | 0.000066 | 0.000091 | 0.000152 | 0.000225 | 0.000391 | 0.000655 | 0.000838 | 0.001682 | 0.003906 |
| 9 | 0 | 0.040354 | 0.034313 | 0.026012 | 0.020712 | 0.014552 | 0.010078 | 0.008338 | 0.004605 | 0.001953 |
|   | 1 | 0.155650 | 0.140370 | 0.117055 | 0.100373 | 0.078580 | 0.060466 | 0.052690 | 0.033912 | 0.017578 |

| $n$ | $p$ $x$ | 0.3 | 0.3125 | 1/3 | 0.35 | 0.375 | 0.4 | 0.4125 | 0.45 | 0.5 |
|---|---|---|---|---|---|---|---|---|---|---|
| 9 | 2 | 0.266828 | 0.255218 | 0.234111 | 0.216188 | 0.188593 | 0.161243 | 0.147981 | 0.110986 | 0.070313 |
|  | 3 | 0.266828 | 0.270686 | 0.273129 | 0.271621 | 0.264030 | 0.250823 | 0.242437 | 0.211881 | 0.164062 |
|  | 4 | 0.171532 | 0.184559 | 0.204847 | 0.219386 | 0.237627 | 0.250823 | 0.255332 | 0.260036 | 0.246094 |
|  | 5 | 0.073514 | 0.083890 | 0.102423 | 0.118131 | 0.142576 | 0.167215 | 0.179276 | 0.212757 | 0.246094 |
|  | 6 | 0.021004 | 0.025421 | 0.034141 | 0.042406 | 0.057030 | 0.074318 | 0.083916 | 0.116049 | 0.164062 |
|  | 7 | 0.003858 | 0.004952 | 0.007316 | 0.009786 | 0.014665 | 0.021234 | 0.025251 | 0.040693 | 0.070313 |
|  | 8 | 0.000413 | 0.000563 | 0.000914 | 0.001317 | 0.002200 | 0.003539 | 0.004432 | 0.008323 | 0.017578 |
|  | 9 | 0.000020 | 0.000028 | 0.000051 | 0.000079 | 0.000147 | 0.000262 | 0.000346 | 0.000757 | 0.001953 |
| 10 | 0 | 0.028248 | 0.023590 | 0.017342 | 0.013463 | 0.009095 | 0.006047 | 0.004899 | 0.002533 | 0.000977 |
|  | 1 | 0.121061 | 0.107227 | 0.086708 | 0.072492 | 0.054570 | 0.040311 | 0.034395 | 0.020724 | 0.009766 |
|  | 2 | 0.233474 | 0.219328 | 0.195092 | 0.175653 | 0.147338 | 0.120932 | 0.108673 | 0.076303 | 0.043945 |
|  | 3 | 0.266828 | 0.265852 | 0.260123 | 0.252220 | 0.235741 | 0.214991 | 0.203474 | 0.166478 | 0.117188 |
|  | 4 | 0.200121 | 0.211473 | 0.227608 | 0.237668 | 0.247528 | 0.250823 | 0.250013 | 0.238367 | 0.205078 |
|  | 5 | 0.102919 | 0.115349 | 0.136565 | 0.153570 | 0.178220 | 0.200658 | 0.210649 | 0.234033 | 0.246094 |
|  | 6 | 0.036757 | 0.043693 | 0.056902 | 0.068910 | 0.089110 | 0.111477 | 0.123252 | 0.159568 | 0.205078 |
|  | 7 | 0.009002 | 0.011349 | 0.016258 | 0.021203 | 0.030552 | 0.042467 | 0.049451 | 0.074603 | 0.117188 |
|  | 8 | 0.001447 | 0.001934 | 0.003048 | 0.004281 | 0.006874 | 0.010617 | 0.013020 | 0.022890 | 0.043945 |
|  | 9 | 0.000138 | 0.000195 | 0.000339 | 0.000512 | 0.000917 | 0.001573 | 0.002032 | 0.004162 | 0.009766 |
|  | 10 | 0.000006 | 0.000009 | 0.000017 | 0.000028 | 0.000055 | 0.000105 | 0.000143 | 0.000341 | 0.000977 |
| 11 | 0 | 0.019773 | 0.016218 | 0.011561 | 0.008751 | 0.005684 | 0.003628 | 0.002878 | 0.001393 | 0.000488 |
|  | 1 | 0.093217 | 0.081090 | 0.063586 | 0.051832 | 0.037517 | 0.026605 | 0.022228 | 0.012538 | 0.005371 |
|  | 2 | 0.199750 | 0.184296 | 0.158964 | 0.139547 | 0.112550 | 0.088684 | 0.078034 | 0.051292 | 0.026855 |
|  | 3 | 0.256822 | 0.251313 | 0.238446 | 0.225421 | 0.202590 | 0.177367 | 0.164369 | 0.125899 | 0.080566 |
|  | 4 | 0.220133 | 0.228467 | 0.238446 | 0.242761 | 0.243108 | 0.236490 | 0.230815 | 0.206017 | 0.161133 |
|  | 5 | 0.132080 | 0.145388 | 0.166912 | 0.183005 | 0.204211 | 0.220724 | 0.226887 | 0.235983 | 0.225586 |
|  | 6 | 0.056606 | 0.066085 | 0.083456 | 0.098541 | 0.122526 | 0.147149 | 0.159303 | 0.193077 | 0.225586 |
|  | 7 | 0.017328 | 0.021456 | 0.029806 | 0.037900 | 0.052511 | 0.070071 | 0.079894 | 0.112837 | 0.161133 |
|  | 8 | 0.003713 | 0.004876 | 0.007451 | 0.010204 | 0.015753 | 0.023357 | 0.028048 | 0.046161 | 0.080566 |
|  | 9 | 0.000530 | 0.000739 | 0.001242 | 0.001831 | 0.003151 | 0.005190 | 0.006564 | 0.012589 | 0.026855 |
|  | 10 | 0.000045 | 0.000067 | 0.000124 | 0.000197 | 0.000378 | 0.000692 | 0.000922 | 0.002060 | 0.005371 |
|  | 11 | 0.000002 | 0.000003 | 0.000006 | 0.000010 | 0.000021 | 0.000042 | 0.000059 | 0.000153 | 0.000488 |
| 12 | 0 | 0.013841 | 0.011150 | 0.007707 | 0.005688 | 0.003553 | 0.002177 | 0.001691 | 0.000766 | 0.000244 |
|  | 1 | 0.071184 | 0.060818 | 0.046244 | 0.036753 | 0.025580 | 0.017414 | 0.014246 | 0.007523 | 0.002930 |
|  | 2 | 0.167790 | 0.152045 | 0.127171 | 0.108846 | 0.084412 | 0.063852 | 0.055014 | 0.033853 | 0.016113 |
|  | 3 | 0.239700 | 0.230371 | 0.211952 | 0.195365 | 0.168825 | 0.141894 | 0.128755 | 0.092326 | 0.053711 |
|  | 4 | 0.231140 | 0.235606 | 0.238446 | 0.236692 | 0.227914 | 0.212841 | 0.203406 | 0.169964 | 0.120850 |
|  | 5 | 0.158496 | 0.171350 | 0.190757 | 0.203920 | 0.218797 | 0.227030 | 0.228507 | 0.222498 | 0.193359 |
|  | 6 | 0.079248 | 0.090867 | 0.111275 | 0.128103 | 0.153158 | 0.176579 | 0.187181 | 0.212385 | 0.225586 |
|  | 7 | 0.029111 | 0.035403 | 0.047689 | 0.059125 | 0.078767 | 0.100902 | 0.112650 | 0.148945 | 0.193359 |
|  | 8 | 0.007798 | 0.010058 | 0.014903 | 0.019898 | 0.029538 | 0.042043 | 0.049434 | 0.076165 | 0.120850 |
|  | 9 | 0.001485 | 0.002032 | 0.003312 | 0.004762 | 0.007877 | 0.012457 | 0.015426 | 0.027696 | 0.053711 |
|  | 10 | 0.000191 | 0.000277 | 0.000497 | 0.000769 | 0.001418 | 0.002491 | 0.003249 | 0.006798 | 0.016113 |
|  | 11 | 0.000015 | 0.000023 | 0.000045 | 0.000075 | 0.000155 | 0.000302 | 0.000415 | 0.001011 | 0.002930 |
|  | 12 | 0.000001 | 0.000001 | 0.000002 | 0.000003 | 0.000008 | 0.000017 | 0.000024 | 0.000069 | 0.000244 |

| n | x | 0.3 | 0.3125 | 1/3 | 0.35 | 0.375 | 0.4 | 0.4125 | 0.45 | 0.5 |
|---|---|-----|--------|-----|------|-------|-----|--------|------|-----|
| 13 | 0 | 0.009689 | 0.007666 | 0.005138 | 0.003697 | 0.002220 | 0.001306 | 0.000993 | 0.000421 | 0.000122 |
| | 1 | 0.053981 | 0.045297 | 0.033399 | 0.025880 | 0.017319 | 0.011319 | 0.009067 | 0.004482 | 0.001587 |
| | 2 | 0.138808 | 0.123536 | 0.100196 | 0.083614 | 0.062350 | 0.045277 | 0.038197 | 0.022004 | 0.009521 |
| | 3 | 0.218127 | 0.205894 | 0.183692 | 0.165084 | 0.137170 | 0.110677 | 0.098337 | 0.066013 | 0.034912 |
| | 4 | 0.233708 | 0.233970 | 0.229615 | 0.222228 | 0.205755 | 0.184462 | 0.172613 | 0.135027 | 0.087280 |
| | 5 | 0.180289 | 0.191430 | 0.206653 | 0.215390 | 0.222216 | 0.221355 | 0.218153 | 0.198858 | 0.157104 |
| | 6 | 0.103022 | 0.116018 | 0.137769 | 0.154639 | 0.177773 | 0.196760 | 0.204228 | 0.216936 | 0.209473 |
| | 7 | 0.044152 | 0.052736 | 0.068884 | 0.083267 | 0.106664 | 0.131173 | 0.143394 | 0.177493 | 0.209473 |
| | 8 | 0.014192 | 0.017978 | 0.025832 | 0.033627 | 0.047999 | 0.065587 | 0.075511 | 0.108916 | 0.157104 |
| | 9 | 0.003379 | 0.004540 | 0.007175 | 0.010059 | 0.016000 | 0.024291 | 0.029455 | 0.049507 | 0.087280 |
| | 10 | 0.000579 | 0.000825 | 0.001435 | 0.002167 | 0.003840 | 0.006478 | 0.008272 | 0.016202 | 0.034912 |
| | 11 | 0.000068 | 0.000102 | 0.000196 | 0.000318 | 0.000628 | 0.001178 | 0.001584 | 0.003615 | 0.009521 |
| | 12 | 0.000005 | 0.000008 | 0.000016 | 0.000029 | 0.000063 | 0.000131 | 0.000185 | 0.000493 | 0.001587 |
| | 13 | 0.000000 | 0.000000 | 0.000001 | 0.000001 | 0.000003 | 0.000007 | 0.000010 | 0.000031 | 0.000122 |
| 14 | 0 | 0.006782 | 0.005270 | 0.003425 | 0.002403 | 0.001388 | 0.000784 | 0.000584 | 0.000232 | 0.000061 |
| | 1 | 0.040693 | 0.033537 | 0.023978 | 0.018116 | 0.011657 | 0.007314 | 0.005737 | 0.002655 | 0.000854 |
| | 2 | 0.113360 | 0.099086 | 0.007930 | 0.063407 | 0.045464 | 0.031694 | 0.026181 | 0.014119 | 0.005554 |
| | 3 | 0.194332 | 0.180157 | 0.155860 | 0.136569 | 0.109113 | 0.084517 | 0.073529 | 0.046209 | 0.022217 |
| | 4 | 0.229034 | 0.225196 | 0.214307 | 0.202227 | 0.180036 | 0.154948 | 0.141974 | 0.103971 | 0.061096 |
| | 5 | 0.196315 | 0.204724 | 0.214307 | 0.217783 | 0.216043 | 0.206598 | 0.199368 | 0.170134 | 0.122192 |
| | 6 | 0.126202 | 0.139584 | 0.160730 | 0.175902 | 0.194439 | 0.206598 | 0.209972 | 0.208801 | 0.183289 |
| | 7 | 0.061813 | 0.072511 | 0.091846 | 0.108247 | 0.133330 | 0.157408 | 0.168488 | 0.195242 | 0.209473 |
| | 8 | 0.023180 | 0.028840 | 0.040183 | 0.051001 | 0.069998 | 0.091821 | 0.103513 | 0.139776 | 0.183289 |
| | 9 | 0.006623 | 0.008739 | 0.013394 | 0.018308 | 0.027999 | 0.040809 | 0.048453 | 0.076241 | 0.122192 |
| | 10 | 0.001419 | 0.001986 | 0.003349 | 0.004929 | 0.008400 | 0.013603 | 0.017010 | 0.031190 | 0.061096 |
| | 11 | 0.000221 | 0.000328 | 0.000609 | 0.000965 | 0.001833 | 0.003298 | 0.004343 | 0.009280 | 0.022217 |
| | 12 | 0.000024 | 0.000037 | 0.000076 | 0.000130 | 0.000275 | 0.000550 | 0.000762 | 0.001898 | 0.005554 |
| | 13 | 0.000002 | 0.000003 | 0.000006 | 0.000011 | 0.000025 | 0.000056 | 0.000082 | 0.000239 | 0.000854 |
| | 14 | 0.000000 | 0.000000 | 0.000000 | 0.000000 | 0.000001 | 0.000003 | 0.000004 | 0.000014 | 0.000061 |
| 15 | 0 | 0.004748 | 0.003623 | 0.002284 | 0.001562 | 0.000867 | 0.000470 | 0.000343 | 0.000127 | 0.000031 |
| | 1 | 0.030520 | 0.024704 | 0.017127 | 0.012617 | 0.007806 | 0.004702 | 0.003611 | 0.001565 | 0.000458 |
| | 2 | 0.091560 | 0.078602 | 0.059946 | 0.047555 | 0.032786 | 0.021942 | 0.017748 | 0.008960 | 0.003204 |
| | 3 | 0.170040 | 0.154822 | 0.129883 | 0.110962 | 0.085244 | 0.063388 | 0.053998 | 0.031769 | 0.013885 |
| | 4 | 0.218623 | 0.211121 | 0.194825 | 0.179247 | 0.153440 | 0.126776 | 0.113740 | 0.077978 | 0.041656 |
| | 5 | 0.206130 | 0.211121 | 0.214307 | 0.212339 | 0.202540 | 0.185938 | 0.175693 | 0.140360 | 0.091644 |
| | 6 | 0.147236 | 0.159941 | 0.178589 | 0.190560 | 0.202540 | 0.206598 | 0.205598 | 0.191401 | 0.152740 |
| | 7 | 0.081130 | 0.093472 | 0.114807 | 0.131926 | 0.156246 | 0.177084 | 0.185601 | 0.201344 | 0.196381 |
| | 8 | 0.034770 | 0.042487 | 0.057404 | 0.071037 | 0.093747 | 0.118056 | 0.130315 | 0.164736 | 0.196381 |
| | 9 | 0.011590 | 0.015021 | 0.022324 | 0.029751 | 0.043749 | 0.061214 | 0.071165 | 0.104832 | 0.152740 |
| | 10 | 0.002980 | 0.004097 | 0.006697 | 0.009612 | 0.015750 | 0.024486 | 0.029980 | 0.051463 | 0.091644 |
| | 11 | 0.000581 | 0.000846 | 0.001522 | 0.002353 | 0.004295 | 0.007420 | 0.009568 | 0.019139 | 0.041656 |
| | 12 | 0.000083 | 0.000128 | 0.000254 | 0.000422 | 0.000859 | 0.001649 | 0.002239 | 0.005220 | 0.013885 |
| | 13 | 0.000008 | 0.000013 | 0.000029 | 0.000052 | 0.000119 | 0.000254 | 0.000363 | 0.000986 | 0.003204 |
| | 14 | 0.000001 | 0.000001 | 0.000002 | 0.000004 | 0.000010 | 0.000024 | 0.000036 | 0.000115 | 0.000458 |

| $n$ | $x$ | 0.3 | 0.3125 | 1/3 | 0.35 | 0.375 | 0.4 | 0.4125 | 0.45 | 0.5 |
|---|---|---|---|---|---|---|---|---|---|---|
| 15 | 15 | 0.000000 | 0.000000 | 0.000000 | 0.000000 | 0.000000 | 0.000001 | 0.000002 | 0.000006 | 0.000031 |
| 16 | 0 | 0.003323 | 0.002491 | 0.001522 | 0.001015 | 0.000542 | 0.000282 | 0.000201 | 0.000070 | 0.000015 |
|  | 1 | 0.022788 | 0.018116 | 0.012180 | 0.008748 | 0.005204 | 0.003009 | 0.002263 | 0.000918 | 0.000244 |
|  | 2 | 0.073248 | 0.061759 | 0.045673 | 0.035327 | 0.023419 | 0.015046 | 0.011916 | 0.005632 | 0.001831 |
|  | 3 | 0.146496 | 0.131004 | 0.106571 | 0.088770 | 0.065573 | 0.046810 | 0.039045 | 0.021505 | 0.008545 |
|  | 4 | 0.204048 | 0.193528 | 0.173177 | 0.155347 | 0.127866 | 0.101421 | 0.089097 | 0.057184 | 0.027771 |
|  | 5 | 0.209878 | 0.211121 | 0.207813 | 0.200757 | 0.184128 | 0.162273 | 0.150137 | 0.112288 | 0.066650 |
|  | 6 | 0.164904 | 0.175935 | 0.190495 | 0.198183 | 0.202540 | 0.198334 | 0.193262 | 0.168433 | 0.122192 |
|  | 7 | 0.100962 | 0.114243 | 0.136068 | 0.152448 | 0.173606 | 0.188889 | 0.193849 | 0.196869 | 0.174561 |
|  | 8 | 0.048678 | 0.058420 | 0.076538 | 0.092348 | 0.117184 | 0.141667 | 0.153120 | 0.181209 | 0.196381 |
|  | 9 | 0.018544 | 0.023604 | 0.034017 | 0.044201 | 0.062498 | 0.083951 | 0.095565 | 0.131788 | 0.174561 |
|  | 10 | 0.005563 | 0.007510 | 0.011906 | 0.016660 | 0.026249 | 0.039177 | 0.046969 | 0.075479 | 0.122192 |
|  | 11 | 0.001300 | 0.001862 | 0.003247 | 0.004893 | 0.008591 | 0.014246 | 0.017988 | 0.033685 | 0.066650 |
|  | 12 | 0.000232 | 0.000353 | 0.000676 | 0.001098 | 0.002148 | 0.003957 | 0.005262 | 0.011483 | 0.027771 |
|  | 13 | 0.000031 | 0.000049 | 0.000104 | 0.000182 | 0.000396 | 0.000812 | 0.001137 | 0.002891 | 0.008545 |
|  | 14 | 0.000003 | 0.000005 | 0.000011 | 0.000021 | 0.000051 | 0.000116 | 0.000171 | 0.000507 | 0.001831 |
|  | 15 | 0.000000 | 0.000000 | 0.000001 | 0.000002 | 0.000004 | 0.000010 | 0.000016 | 0.000055 | 0.000244 |
|  | 16 | 0.000000 | 0.000000 | 0.000000 | 0.000000 | 0.000000 | 0.000000 | 0.000001 | 0.000003 | 0.000015 |
| 17 | 0 | 0.002326 | 0.001713 | 0.001015 | 0.000660 | 0.000339 | 0.000169 | 0.000118 | 0.000039 | 0.000008 |
|  | 1 | 0.016949 | 0.013233 | 0.008627 | 0.006041 | 0.003456 | 0.001918 | 0.001413 | 0.000536 | 0.000130 |
|  | 2 | 0.058110 | 0.048120 | 0.034509 | 0.026024 | 0.016588 | 0.010231 | 0.007934 | 0.003511 | 0.001038 |
|  | 3 | 0.124522 | 0.109365 | 0.086272 | 0.070065 | 0.049765 | 0.034104 | 0.027854 | 0.014362 | 0.005188 |
|  | 4 | 0.186783 | 0.173989 | 0.150975 | 0.132045 | 0.104506 | 0.079576 | 0.068450 | 0.041128 | 0.018158 |
|  | 5 | 0.208129 | 0.205624 | 0.196268 | 0.184863 | 0.163030 | 0.137932 | 0.124958 | 0.087491 | 0.047211 |
|  | 6 | 0.178396 | 0.186930 | 0.196268 | 0.199084 | 0.195636 | 0.183909 | 0.175473 | 0.143168 | 0.094421 |
|  | 7 | 0.120145 | 0.133522 | 0.154210 | 0.168455 | 0.184457 | 0.192667 | 0.193607 | 0.184073 | 0.148376 |
|  | 8 | 0.064363 | 0.075865 | 0.096381 | 0.113383 | 0.138342 | 0.160556 | 0.169921 | 0.188256 | 0.185471 |
|  | 9 | 0.027584 | 0.034484 | 0.048191 | 0.061053 | 0.083005 | 0.107037 | 0.119306 | 0.154028 | 0.185471 |
|  | 10 | 0.009457 | 0.012540 | 0.019276 | 0.026300 | 0.039843 | 0.057087 | 0.067015 | 0.100818 | 0.148376 |
|  | 11 | 0.002579 | 0.003627 | 0.006133 | 0.009012 | 0.015213 | 0.024219 | 0.029943 | 0.052492 | 0.094421 |
|  | 12 | 0.000553 | 0.000824 | 0.001533 | 0.002426 | 0.004564 | 0.008073 | 0.010512 | 0.021474 | 0.047211 |
|  | 13 | 0.000091 | 0.000144 | 0.000295 | 0.000502 | 0.001053 | 0.002070 | 0.002839 | 0.006758 | 0.018158 |
|  | 14 | 0.000011 | 0.000019 | 0.000042 | 0.000077 | 0.000181 | 0.000394 | 0.000569 | 0.001580 | 0.005188 |
|  | 15 | 0.000001 | 0.000002 | 0.000004 | 0.000008 | 0.000022 | 0.000053 | 0.000080 | 0.000258 | 0.001038 |
|  | 16 | 0.000000 | 0.000000 | 0.000000 | 0.000001 | 0.000002 | 0.000004 | 0.000007 | 0.000026 | 0.000130 |
|  | 17 | 0.000000 | 0.000000 | 0.000000 | 0.000000 | 0.000000 | 0.000000 | 0.000000 | 0.000001 | 0.000008 |
| 18 | 0 | 0.001628 | 0.001177 | 0.000677 | 0.000429 | 0.000212 | 0.000102 | 0.000070 | 0.000021 | 0.000004 |
|  | 1 | 0.012562 | 0.009633 | 0.006090 | 0.004158 | 0.002287 | 0.001219 | 0.000879 | 0.000312 | 0.000069 |
|  | 2 | 0.045762 | 0.037218 | 0.025881 | 0.019030 | 0.011664 | 0.006906 | 0.005244 | 0.002172 | 0.000584 |
|  | 3 | 0.104598 | 0.090226 | 0.069017 | 0.054651 | 0.037324 | 0.024555 | 0.019637 | 0.009479 | 0.003113 |
|  | 4 | 0.168104 | 0.153794 | 0.129407 | 0.110352 | 0.083978 | 0.061387 | 0.051704 | 0.029084 | 0.011673 |
|  | 5 | 0.201725 | 0.195738 | 0.181170 | 0.166377 | 0.141083 | 0.114590 | 0.101649 | 0.066628 | 0.032684 |
|  | 6 | 0.187316 | 0.192772 | 0.196268 | 0.194107 | 0.183408 | 0.165518 | 0.154636 | 0.118113 | 0.070816 |
|  | 7 | 0.137620 | 0.150212 | 0.168229 | 0.179175 | 0.188649 | 0.189164 | 0.186127 | 0.165665 | 0.121399 |

| $n$ | $p$ / $x$ | 0.3 | 0.3125 | 1/3 | 0.35 | 0.375 | 0.4 | 0.4125 | 0.45 | 0.5 |
|---|---|---|---|---|---|---|---|---|---|---|
| 18 | 8 | 0.081098 | 0.093883 | 0.115658 | 0.132659 | 0.155635 | 0.173400 | 0.179692 | 0.186374 | 0.166924 |
| | 9 | 0.038618 | 0.047415 | 0.064254 | 0.079368 | 0.103757 | 0.128445 | 0.140185 | 0.169431 | 0.185471 |
| | 10 | 0.014895 | 0.019397 | 0.028914 | 0.038463 | 0.056029 | 0.077067 | 0.088585 | 0.124763 | 0.166924 |
| | 11 | 0.004643 | 0.006412 | 0.010514 | 0.015062 | 0.024449 | 0.037366 | 0.045235 | 0.074239 | 0.121399 |
| | 12 | 0.001161 | 0.001700 | 0.003067 | 0.004731 | 0.008557 | 0.014531 | 0.018527 | 0.035432 | 0.070816 |
| | 13 | 0.000230 | 0.000357 | 0.000708 | 0.001176 | 0.002370 | 0.004471 | 0.006004 | 0.013380 | 0.032684 |
| | 14 | 0.000035 | 0.000058 | 0.000126 | 0.000226 | 0.000508 | 0.001065 | 0.001506 | 0.003910 | 0.011673 |
| | 15 | 0.000004 | 0.000007 | 0.000017 | 0.000032 | 0.000081 | 0.000189 | 0.000282 | 0.000853 | 0.003113 |
| | 16 | 0.000000 | 0.000001 | 0.000002 | 0.000003 | 0.000009 | 0.000024 | 0.000037 | 0.000131 | 0.000584 |
| | 17 | 0.000000 | 0.000000 | 0.000000 | 0.000000 | 0.000001 | 0.000002 | 0.000003 | 0.000013 | 0.000069 |
| | 18 | 0.000000 | 0.000000 | 0.000000 | 0.000000 | 0.000000 | 0.000000 | 0.000000 | 0.000001 | 0.000004 |
| 19 | 0 | 0.001140 | 0.000809 | 0.000451 | 0.000279 | 0.000132 | 0.000061 | 0.000041 | 0.000012 | 0.000002 |
| | 1 | 0.009282 | 0.006991 | 0.004285 | 0.002853 | 0.001509 | 0.000772 | 0.000545 | 0.000181 | 0.000036 |
| | 2 | 0.035802 | 0.028598 | 0.019284 | 0.013825 | 0.008147 | 0.004631 | 0.003443 | 0.001335 | 0.000326 |
| | 3 | 0.086947 | 0.073661 | 0.054639 | 0.042183 | 0.027701 | 0.017495 | 0.013700 | 0.006191 | 0.001848 |
| | 4 | 0.149053 | 0.133929 | 0.109277 | 0.090857 | 0.066483 | 0.046654 | 0.038477 | 0.020262 | 0.007393 |
| | 5 | 0.191639 | 0.182630 | 0.163916 | 0.146768 | 0.119669 | 0.093309 | 0.081047 | 0.049733 | 0.022179 |
| | 6 | 0.191639 | 0.193699 | 0.191235 | 0.184401 | 0.167537 | 0.145147 | 0.132779 | 0.094945 | 0.051750 |
| | 7 | 0.152529 | 0.163512 | 0.177576 | 0.184401 | 0.186684 | 0.179706 | 0.173137 | 0.144267 | 0.096107 |
| | 8 | 0.098054 | 0.111485 | 0.133182 | 0.148939 | 0.168015 | 0.179706 | 0.182346 | 0.177055 | 0.144161 |
| | 9 | 0.051362 | 0.061936 | 0.081389 | 0.098020 | 0.123211 | 0.146427 | 0.156481 | 0.177055 | 0.176197 |
| | 10 | 0.022012 | 0.028153 | 0.040694 | 0.052780 | 0.073927 | 0.097618 | 0.109870 | 0.144863 | 0.176197 |
| | 11 | 0.007719 | 0.010470 | 0.016648 | 0.023253 | 0.036291 | 0.053246 | 0.063117 | 0.096974 | 0.144161 |
| | 12 | 0.002205 | 0.003173 | 0.005549 | 0.008347 | 0.014517 | 0.023665 | 0.029544 | 0.052895 | 0.096107 |
| | 13 | 0.000509 | 0.000777 | 0.001494 | 0.002420 | 0.004690 | 0.008495 | 0.011170 | 0.023303 | 0.051750 |
| | 14 | 0.000093 | 0.000151 | 0.000320 | 0.000559 | 0.001206 | 0.002427 | 0.003361 | 0.008171 | 0.022179 |
| | 15 | 0.000013 | 0.000023 | 0.000053 | 0.000100 | 0.000241 | 0.000539 | 0.000787 | 0.002229 | 0.007393 |
| | 16 | 0.000001 | 0.000003 | 0.000007 | 0.000013 | 0.000036 | 0.000090 | 0.000138 | 0.000456 | 0.001848 |
| | 17 | 0.000000 | 0.000000 | 0.000001 | 0.000001 | 0.000004 | 0.000011 | 0.000017 | 0.000066 | 0.000326 |
| | 18 | 0.000000 | 0.000000 | 0.000000 | 0.000000 | 0.000000 | 0.000001 | 0.000001 | 0.000006 | 0.000036 |
| | 19 | 0.000000 | 0.000000 | 0.000000 | 0.000000 | 0.000000 | 0.000000 | 0.000000 | 0.000000 | 0.000002 |
| 20 | 0 | 0.000798 | 0.000556 | 0.000301 | 0.000181 | 0.000083 | 0.000037 | 0.000024 | 0.000006 | 0.000001 |
| | 1 | 0.006839 | 0.005059 | 0.003007 | 0.001952 | 0.000993 | 0.000487 | 0.000337 | 0.000105 | 0.000019 |
| | 2 | 0.027846 | 0.021846 | 0.014285 | 0.009985 | 0.005658 | 0.003087 | 0.002248 | 0.000816 | 0.000181 |
| | 3 | 0.071604 | 0.059579 | 0.042854 | 0.032258 | 0.020368 | 0.012350 | 0.009469 | 0.004006 | 0.001087 |
| | 4 | 0.130421 | 0.115095 | 0.091064 | 0.073821 | 0.051940 | 0.034991 | 0.028256 | 0.013930 | 0.004621 |
| | 5 | 0.178863 | 0.167411 | 0.145703 | 0.127199 | 0.099724 | 0.074647 | 0.063487 | 0.036471 | 0.014786 |
| | 6 | 0.191639 | 0.190240 | 0.182129 | 0.171230 | 0.149586 | 0.124412 | 0.111439 | 0.074600 | 0.036964 |
| | 7 | 0.164262 | 0.172945 | 0.182129 | 0.184401 | 0.179503 | 0.165882 | 0.156489 | 0.122072 | 0.073929 |
| | 8 | 0.114397 | 0.127744 | 0.147980 | 0.161351 | 0.175016 | 0.179706 | 0.178547 | 0.162300 | 0.120134 |
| | 9 | 0.065370 | 0.077420 | 0.098653 | 0.115842 | 0.140013 | 0.159738 | 0.167151 | 0.177055 | 0.160179 |
| | 10 | 0.030817 | 0.038710 | 0.054259 | 0.068614 | 0.092408 | 0.117142 | 0.129097 | 0.159349 | 0.176197 |
| | 11 | 0.012007 | 0.015996 | 0.024663 | 0.033587 | 0.050405 | 0.070995 | 0.082402 | 0.118524 | 0.160179 |
| | 12 | 0.003859 | 0.005453 | 0.009249 | 0.013564 | 0.022682 | 0.035497 | 0.043393 | 0.072731 | 0.120134 |

| n | p / x | 0.3 | 0.3125 | 1/3 | 0.35 | 0.375 | 0.4 | 0.4125 | 0.45 | 0.5 |
|---|---|---|---|---|---|---|---|---|---|---|
| | 13 | 0.001018 | 0.001525 | 0.002846 | 0.004495 | 0.008375 | 0.014563 | 0.018749 | 0.036620 | 0.073929 |
| | 14 | 0.000218 | 0.000347 | 0.000711 | 0.001210 | 0.002512 | 0.004854 | 0.006582 | 0.014981 | 0.036964 |
| | 15 | 0.000037 | 0.000063 | 0.000142 | 0.000261 | 0.000603 | 0.001294 | 0.001849 | 0.004903 | 0.014786 |
| | 16 | 0.000005 | 0.000009 | 0.000022 | 0.000044 | 0.000113 | 0.000270 | 0.000406 | 0.001254 | 0.004621 |
| | 17 | 0.000001 | 0.000001 | 0.000003 | 0.000006 | 0.000016 | 0.000042 | 0.000067 | 0.000241 | 0.001087 |
| | 18 | 0.000000 | 0.000000 | 0.000000 | 0.000000 | 0.000002 | 0.000005 | 0.000008 | 0.000033 | 0.000181 |
| | 19 | 0.000000 | 0.000000 | 0.000000 | 0.000000 | 0.000000 | 0.000000 | 0.000001 | 0.000003 | 0.000019 |
| | 20 | 0.000000 | 0.000000 | 0.000000 | 0.000000 | 0.000000 | 0.000000 | 0.000000 | 0.000000 | 0.000001 |
| 25 | 0 | 0.000134 | 0.000085 | 0.000040 | 0.000021 | 0.000008 | 0.000003 | 0.000002 | 0.000000 | 0.000000 |
| | 1 | 0.001437 | 0.000971 | 0.000495 | 0.000283 | 0.000118 | 0.000047 | 0.000029 | 0.000007 | 0.000001 |
| | 2 | 0.007390 | 0.005298 | 0.002970 | 0.001829 | 0.000852 | 0.000379 | 0.000248 | 0.000065 | 0.000009 |
| | 3 | 0.024280 | 0.018462 | 0.011386 | 0.007551 | 0.003919 | 0.001937 | 0.001337 | 0.000407 | 0.000069 |
| | 4 | 0.057231 | 0.046155 | 0.031310 | 0.022364 | 0.012933 | 0.007104 | 0.005164 | 0.001830 | 0.000377 |
| | 5 | 0.103017 | 0.088114 | 0.065752 | 0.050576 | 0.032591 | 0.019891 | 0.015227 | 0.006290 | 0.001583 |
| | 6 | 0.147166 | 0.133506 | 0.109587 | 0.090778 | 0.065182 | 0.044203 | 0.035638 | 0.017155 | 0.005278 |
| | 7 | 0.171194 | 0.164715 | 0.148725 | 0.132676 | 0.106153 | 0.079986 | 0.067918 | 0.038097 | 0.014326 |
| | 8 | 0.165080 | 0.168458 | 0.167315 | 0.160742 | 0.143307 | 0.119980 | 0.107296 | 0.070133 | 0.032233 |
| | 9 | 0.133636 | 0.144636 | 0.158020 | 0.163489 | 0.162414 | 0.151086 | 0.142300 | 0.108387 | 0.060885 |
| | 10 | 0.091636 | 0.105190 | 0.126416 | 0.140852 | 0.155918 | 0.161158 | 0.159860 | 0.141889 | 0.097417 |
| | 11 | 0.053554 | 0.065200 | 0.086193 | 0.103423 | 0.127569 | 0.146507 | 0.153058 | 0.158306 | 0.132841 |
| | 12 | 0.026777 | 0.034576 | 0.050279 | 0.064971 | 0.089298 | 0.113950 | 0.125377 | 0.151110 | 0.154981 |
| | 13 | 0.011476 | 0.015716 | 0.025140 | 0.034984 | 0.053579 | 0.075967 | 0.088031 | 0.123636 | 0.154981 |
| | 14 | 0.004216 | 0.006123 | 0.010774 | 0.016147 | 0.027555 | 0.043410 | 0.052979 | 0.086705 | 0.132841 |
| | 15 | 0.001325 | 0.002041 | 0.003950 | 0.006376 | 0.012124 | 0.021222 | 0.027279 | 0.052023 | 0.097417 |
| | 16 | 0.000355 | 0.000580 | 0.001235 | 0.002146 | 0.004547 | 0.008843 | 0.011971 | 0.026603 | 0.060885 |
| | 17 | 0.000081 | 0.000140 | 0.000327 | 0.000612 | 0.001444 | 0.003121 | 0.004450 | 0.011523 | 0.032233 |
| | 18 | 0.000015 | 0.000028 | 0.000073 | 0.000146 | 0.000385 | 0.000925 | 0.001389 | 0.004190 | 0.014326 |
| | 19 | 0.000002 | 0.000005 | 0.000013 | 0.000029 | 0.000085 | 0.000227 | 0.000359 | 0.001263 | 0.005278 |
| | 20 | 0.000000 | 0.000001 | 0.000002 | 0.000005 | 0.000015 | 0.000045 | 0.000076 | 0.000310 | 0.001583 |
| | 21 | 0.000000 | 0.000000 | 0.000000 | 0.000001 | 0.000002 | 0.000007 | 0.000013 | 0.000060 | 0.000377 |
| | 22 | 0.000000 | 0.000000 | 0.000000 | 0.000000 | 0.000000 | 0.000001 | 0.000002 | 0.000009 | 0.000069 |
| | 23 | 0.000000 | 0.000000 | 0.000000 | 0.000000 | 0.000000 | 0.000000 | 0.000000 | 0.000001 | 0.000009 |
| | 24 | 0.000000 | 0.000000 | 0.000000 | 0.000000 | 0.000000 | 0.000000 | 0.000000 | 0.000000 | 0.000001 |
| | 25 | 0.000000 | 0.000000 | 0.000000 | 0.000000 | 0.000000 | 0.000000 | 0.000000 | 0.000000 | 0.000000 |
| 30 | 0 | 0.000023 | 0.000013 | 0.000005 | 0.000002 | 0.000001 | 0.000000 | 0.000000 | 0.000000 | 0.000000 |
| | 1 | 0.000290 | 0.000179 | 0.000078 | 0.000039 | 0.000014 | 0.000004 | 0.000002 | 0.000000 | 0.000000 |
| | 2 | 0.001801 | 0.001180 | 0.000567 | 0.000308 | 0.000118 | 0.000043 | 0.000025 | 0.000005 | 0.000000 |
| | 3 | 0.007203 | 0.005005 | 0.002647 | 0.001547 | 0.000660 | 0.000266 | 0.000165 | 0.000036 | 0.000004 |
| | 4 | 0.020838 | 0.015357 | 0.008932 | 0.005621 | 0.002672 | 0.001197 | 0.000783 | 0.000200 | 0.000026 |
| | 5 | 0.046440 | 0.036300 | 0.023224 | 0.015740 | 0.008337 | 0.004149 | 0.002859 | 0.000849 | 0.000133 |
| | 6 | 0.082928 | 0.068749 | 0.048384 | 0.035314 | 0.020842 | 0.011524 | 0.008363 | 0.002895 | 0.000553 |
| | 7 | 0.121854 | 0.107141 | 0.082944 | 0.065196 | 0.042874 | 0.026341 | 0.020132 | 0.008120 | 0.001896 |
| | 8 | 0.150141 | 0.140014 | 0.119233 | 0.100928 | 0.073958 | 0.050487 | 0.040639 | 0.019101 | 0.005451 |
| | 9 | 0.157291 | 0.155572 | 0.145729 | 0.132845 | 0.108471 | 0.082275 | 0.069748 | 0.038202 | 0.013325 |

| n | x \ p | 0.3 | 0.3125 | 1/3 | 0.35 | 0.375 | 0.4 | 0.4125 | 0.45 | 0.5 |
|---|---|---|---|---|---|---|---|---|---|---|
| 30 | 10 | 0.141562 | 0.148500 | 0.153015 | 0.150217 | 0.136674 | 0.115185 | 0.102842 | 0.065637 | 0.027982 |
| | 11 | 0.110308 | 0.122727 | 0.139105 | 0.147066 | 0.149099 | 0.139619 | 0.131287 | 0.097642 | 0.050876 |
| | 12 | 0.074852 | 0.088326 | 0.110125 | 0.125383 | 0.141644 | 0.147375 | 0.145952 | 0.126491 | 0.080553 |
| | 13 | 0.044418 | 0.055590 | 0.076240 | 0.093481 | 0.117673 | 0.136039 | 0.141892 | 0.143298 | 0.111535 |
| | 14 | 0.023115 | 0.030683 | 0.046289 | 0.061122 | 0.085733 | 0.110127 | 0.120974 | 0.142367 | 0.135435 |
| | 15 | 0.010567 | 0.014877 | 0.024687 | 0.035106 | 0.054869 | 0.078312 | 0.090602 | 0.124248 | 0.144464 |
| | 16 | 0.004246 | 0.006339 | 0.011572 | 0.017722 | 0.030864 | 0.048945 | 0.059638 | 0.095304 | 0.135435 |
| | 17 | 0.001498 | 0.002373 | 0.004765 | 0.007859 | 0.015250 | 0.026872 | 0.034484 | 0.064215 | 0.111535 |
| | 18 | 0.000464 | 0.000779 | 0.001721 | 0.003056 | 0.006609 | 0.012938 | 0.017487 | 0.037945 | 0.080553 |
| | 19 | 0.000126 | 0.000224 | 0.000543 | 0.001039 | 0.002504 | 0.005448 | 0.007754 | 0.019608 | 0.050876 |
| | 20 | 0.000030 | 0.000056 | 0.000149 | 0.000308 | 0.000826 | 0.001997 | 0.002995 | 0.008824 | 0.027982 |
| | 21 | 0.000006 | 0.000012 | 0.000036 | 0.000079 | 0.000236 | 0.000634 | 0.001001 | 0.003438 | 0.013325 |
| | 22 | 0.000001 | 0.000002 | 0.000007 | 0.000017 | 0.000058 | 0.000173 | 0.000288 | 0.001151 | 0.005451 |
| | 23 | 0.000000 | 0.000000 | 0.000001 | 0.000003 | 0.000012 | 0.000040 | 0.000070 | 0.000327 | 0.001896 |
| | 24 | 0.000000 | 0.000000 | 0.000000 | 0.000001 | 0.000002 | 0.000008 | 0.000014 | 0.000078 | 0.000553 |
| | 25 | 0.000000 | 0.000000 | 0.000000 | 0.000000 | 0.000000 | 0.000001 | 0.000002 | 0.000015 | 0.000133 |
| | 26 | 0.000000 | 0.000000 | 0.000000 | 0.000000 | 0.000000 | 0.000000 | 0.000000 | 0.000002 | 0.000026 |
| | 27 | 0.000000 | 0.000000 | 0.000000 | 0.000000 | 0.000000 | 0.000000 | 0.000000 | 0.000000 | 0.000004 |
| | 28 | 0.000000 | 0.000000 | 0.000000 | 0.000000 | 0.000000 | 0.000000 | 0.000000 | 0.000000 | 0.000000 |

# 附錄㈢　Poisson 分配機率表

$$P(X = x) = \frac{\lambda^x}{x!} e^{-\lambda}$$

| x＼λ | 0.1 | 0.2 | 0.3 | 0.4 | 0.5 | 0.6 | 0.7 | 0.8 | 0.9 | 1.0 |
|---|---|---|---|---|---|---|---|---|---|---|
| 0 | 0.904837 | 0.818731 | 0.740818 | 0.670320 | 0.606531 | 0.548812 | 0.496585 | 0.449329 | 0.406570 | 0.367879 |
| 1 | 0.090484 | 0.163746 | 0.222245 | 0.268128 | 0.303265 | 0.329287 | 0.347610 | 0.359463 | 0.365913 | 0.367879 |
| 2 | 0.004524 | 0.016375 | 0.033337 | 0.053626 | 0.075816 | 0.098786 | 0.121663 | 0.143785 | 0.164661 | 0.183940 |
| 3 | 0.000151 | 0.001092 | 0.003334 | 0.007150 | 0.012636 | 0.019757 | 0.028388 | 0.038343 | 0.049398 | 0.061313 |
| 4 | 0.000004 | 0.000055 | 0.000250 | 0.000715 | 0.001580 | 0.002964 | 0.004968 | 0.007669 | 0.011115 | 0.015328 |
| 5 | 0.000000 | 0.000002 | 0.000015 | 0.000057 | 0.000158 | 0.000356 | 0.000696 | 0.001227 | 0.002001 | 0.003066 |
| 6 | 0.000000 | 0.000000 | 0.000001 | 0.000004 | 0.000013 | 0.000036 | 0.000081 | 0.000164 | 0.000300 | 0.000511 |
| 7 | 0.000000 | 0.000000 | 0.000000 | 0.000000 | 0.000001 | 0.000003 | 0.000008 | 0.000019 | 0.000039 | 0.000073 |
| 8 | 0.000000 | 0.000000 | 0.000000 | 0.000000 | 0.000000 | 0.000000 | 0.000001 | 0.000002 | 0.000004 | 0.000009 |
| 9 | 0.000000 | 0.000000 | 0.000000 | 0.000000 | 0.000000 | 0.000000 | 0.000000 | 0.000000 | 0.000000 | 0.000001 |
| 10 | 0.000000 | 0.000000 | 0.000000 | 0.000000 | 0.000000 | 0.000000 | 0.000000 | 0.000000 | 0.000000 | 0.000000 |

| x＼λ | 1.1 | 1.2 | 1.3 | 1.4 | 1.5 | 1.6 | 1.7 | 1.8 | 1.9 | 2.0 |
|---|---|---|---|---|---|---|---|---|---|---|
| 0 | 0.332871 | 0.301194 | 0.272532 | 0.246597 | 0.223130 | 0.201897 | 0.182684 | 0.165299 | 0.149569 | 0.135335 |
| 1 | 0.366158 | 0.361433 | 0.354291 | 0.345236 | 0.334695 | 0.323034 | 0.310562 | 0.297538 | 0.284180 | 0.270671 |
| 2 | 0.201387 | 0.216860 | 0.230289 | 0.241665 | 0.251021 | 0.258428 | 0.263978 | 0.267784 | 0.269971 | 0.270671 |
| 3 | 0.073842 | 0.086744 | 0.099792 | 0.112777 | 0.125511 | 0.137828 | 0.149587 | 0.160671 | 0.170982 | 0.180447 |
| 4 | 0.020307 | 0.026023 | 0.032432 | 0.039472 | 0.047067 | 0.055131 | 0.063575 | 0.072302 | 0.081216 | 0.090224 |
| 5 | 0.004467 | 0.006246 | 0.008432 | 0.011052 | 0.014120 | 0.017642 | 0.021615 | 0.026029 | 0.030862 | 0.036089 |
| 6 | 0.000819 | 0.001249 | 0.001827 | 0.002579 | 0.003530 | 0.004705 | 0.006124 | 0.007809 | 0.009773 | 0.012030 |
| 7 | 0.000129 | 0.000214 | 0.000339 | 0.000516 | 0.000756 | 0.001075 | 0.001487 | 0.002008 | 0.002653 | 0.003437 |
| 8 | 0.000018 | 0.000032 | 0.000055 | 0.000090 | 0.000142 | 0.000215 | 0.000316 | 0.000452 | 0.000630 | 0.000859 |
| 9 | 0.000002 | 0.000004 | 0.000008 | 0.000014 | 0.000024 | 0.000038 | 0.000060 | 0.000090 | 0.000133 | 0.000191 |
| 10 | 0.000000 | 0.000001 | 0.000001 | 0.000002 | 0.000004 | 0.000006 | 0.000010 | 0.000016 | 0.000025 | 0.000038 |
| 11 | 0.000000 | 0.000000 | 0.000000 | 0.000000 | 0.000000 | 0.000001 | 0.000002 | 0.000003 | 0.000004 | 0.000007 |
| 12 | 0.000000 | 0.000000 | 0.000000 | 0.000000 | 0.000000 | 0.000000 | 0.000000 | 0.000000 | 0.000001 | 0.000001 |
| 13 | 0.000000 | 0.000000 | 0.000000 | 0.000000 | 0.000000 | 0.000000 | 0.000000 | 0.000000 | 0.000000 | 0.000000 |

| x＼λ | 2.1 | 2.2 | 2.3 | 2.4 | 2.5 | 2.6 | 2.7 | 2.8 | 2.9 | 3.0 |
|---|---|---|---|---|---|---|---|---|---|---|
| 0 | 0.122456 | 0.110803 | 0.100259 | 0.090718 | 0.082085 | 0.069948 | 0.067206 | 0.060810 | 0.055023 | 0.049787 |
| 1 | 0.257159 | 0.243767 | 0.230595 | 0.217723 | 0.205213 | 0.186062 | 0.181455 | 0.170268 | 0.159567 | 0.149361 |

| 2 | 0.270016 | 0.268144 | 0.265185 | 0.261268 | 0.256516 | 0.247463 | 0.244964 | 0.238375 | 0.231373 | 0.224042 |
|---|---|---|---|---|---|---|---|---|---|---|
| 3 | 0.189011 | 0.196639 | 0.203308 | 0.209014 | 0.213763 | 0.219417 | 0.220468 | 0.222484 | 0.223660 | 0.224042 |
| 4 | 0.099231 | 0.108151 | 0.116902 | 0.125409 | 0.133602 | 0.145912 | 0.148816 | 0.155739 | 0.162154 | 0.168031 |
| 5 | 0.041677 | 0.047587 | 0.053775 | 0.060196 | 0.066801 | 0.077625 | 0.080360 | 0.087214 | 0.094049 | 0.100819 |
| 6 | 0.014587 | 0.017448 | 0.020614 | 0.024078 | 0.027834 | 0.034414 | 0.036162 | 0.040700 | 0.045457 | 0.050409 |
| 7 | 0.004376 | 0.005484 | 0.006773 | 0.008255 | 0.009941 | 0.013077 | 0.013948 | 0.016280 | 0.018832 | 0.021604 |
| 8 | 0.001149 | 0.001508 | 0.001947 | 0.002477 | 0.003106 | 0.004348 | 0.004708 | 0.005698 | 0.006827 | 0.008102 |
| 9 | 0.000268 | 0.000369 | 0.000498 | 0.000660 | 0.000863 | 0.001285 | 0.001412 | 0.001773 | 0.002200 | 0.002701 |
| 10 | 0.000056 | 0.000081 | 0.000114 | 0.000159 | 0.000216 | 0.000342 | 0.000381 | 0.000496 | 0.000638 | 0.000810 |
| 11 | 0.000011 | 0.000016 | 0.000024 | 0.000035 | 0.000049 | 0.000083 | 0.000094 | 0.000126 | 0.000168 | 0.000221 |
| 12 | 0.000002 | 0.000003 | 0.000005 | 0.000007 | 0.000010 | 0.000018 | 0.000021 | 0.000029 | 0.000041 | 0.000055 |
| 13 | 0.000000 | 0.000001 | 0.000001 | 0.000001 | 0.000002 | 0.000004 | 0.000004 | 0.000006 | 0.000009 | 0.000013 |
| 14 | 0.000000 | 0.000000 | 0.000000 | 0.000000 | 0.000000 | 0.000001 | 0.000001 | 0.000001 | 0.000002 | 0.000003 |
| 15 | 0.000000 | 0.000000 | 0.000000 | 0.000000 | 0.000000 | 0.000000 | 0.000000 | 0.000000 | 0.000000 | 0.000001 |

| $x$ \ $\lambda$ | 3.1 | 3.2 | 3.3 | 3.4 | 3.5 | 3.6 | 3.7 | 3.8 | 3.9 | 4.0 |
|---|---|---|---|---|---|---|---|---|---|---|
| 0 | 0.045049 | 0.040762 | 0.036883 | 0.033373 | 0.030197 | 0.027324 | 0.024724 | 0.022371 | 0.020242 | 0.018316 |
| 1 | 0.139653 | 0.130439 | 0.121714 | 0.113469 | 0.105691 | 0.098365 | 0.091477 | 0.085009 | 0.078943 | 0.073263 |
| 2 | 0.216461 | 0.208702 | 0.200829 | 0.192897 | 0.184959 | 0.177058 | 0.169233 | 0.161517 | 0.153940 | 0.146525 |
| 3 | 0.223677 | 0.222616 | 0.220912 | 0.218617 | 0.215785 | 0.212469 | 0.208720 | 0.204588 | 0.200122 | 0.195367 |
| 4 | 0.173350 | 0.178093 | 0.182252 | 0.185825 | 0.188812 | 0.191222 | 0.193066 | 0.194359 | 0.195119 | 0.195367 |
| 5 | 0.107477 | 0.113979 | 0.120286 | 0.126361 | 0.132169 | 0.137680 | 0.142869 | 0.147713 | 0.152193 | 0.156293 |
| 6 | 0.055530 | 0.060789 | 0.066158 | 0.071604 | 0.077098 | 0.082608 | 0.088103 | 0.093551 | 0.098925 | 0.104196 |
| 7 | 0.024592 | 0.027789 | 0.031189 | 0.034779 | 0.038549 | 0.042484 | 0.046568 | 0.050785 | 0.055115 | 0.059540 |
| 8 | 0.009529 | 0.011116 | 0.012865 | 0.014781 | 0.016865 | 0.019118 | 0.021538 | 0.024123 | 0.026869 | 0.029770 |
| 9 | 0.003282 | 0.003952 | 0.004717 | 0.005584 | 0.006559 | 0.007647 | 0.008854 | 0.010185 | 0.011643 | 0.013231 |
| 10 | 0.001018 | 0.001265 | 0.001557 | 0.001899 | 0.002296 | 0.002753 | 0.003276 | 0.003870 | 0.004541 | 0.005292 |
| 11 | 0.000287 | 0.000368 | 0.000467 | 0.000587 | 0.000730 | 0.000901 | 0.001102 | 0.001337 | 0.001610 | 0.001925 |
| 12 | 0.000074 | 0.000098 | 0.000128 | 0.000166 | 0.000213 | 0.000270 | 0.000340 | 0.000423 | 0.000523 | 0.000642 |
| 13 | 0.000018 | 0.000024 | 0.000033 | 0.000043 | 0.000057 | 0.000075 | 0.000097 | 0.000124 | 0.000157 | 0.000197 |
| 14 | 0.000004 | 0.000006 | 0.000008 | 0.000011 | 0.000014 | 0.000019 | 0.000026 | 0.000034 | 0.000044 | 0.000056 |
| 15 | 0.000001 | 0.000001 | 0.000002 | 0.000002 | 0.000003 | 0.000005 | 0.000006 | 0.000009 | 0.000011 | 0.000015 |
| 16 | 0.000000 | 0.000000 | 0.000000 | 0.000001 | 0.000001 | 0.000001 | 0.000001 | 0.000002 | 0.000003 | 0.000004 |
| 17 | 0.000000 | 0.000000 | 0.000000 | 0.000000 | 0.000000 | 0.000000 | 0.000000 | 0.000000 | 0.000001 | 0.000001 |
| 18 | 0.000000 | 0.000000 | 0.000000 | 0.000000 | 0.000000 | 0.000000 | 0.000000 | 0.000000 | 0.000000 | 0.000000 |

| $x$ \ $\lambda$ | 4.1 | 4.2 | 4.3 | 4.4 | 4.5 | 4.6 | 4.7 | 4.8 | 4.9 | 5.0 |
|---|---|---|---|---|---|---|---|---|---|---|
| 0 | 0.016573 | 0.014996 | 0.013569 | 0.012277 | 0.011109 | 0.010052 | 0.009095 | 0.008230 | 0.007447 | 0.006738 |
| 1 | 0.067948 | 0.062981 | 0.058345 | 0.054020 | 0.049990 | 0.046238 | 0.042748 | 0.039503 | 0.036488 | 0.033690 |
| 2 | 0.139293 | 0.132261 | 0.125441 | 0.118845 | 0.112479 | 0.106348 | 0.100457 | 0.094807 | 0.089396 | 0.084224 |

| x | | | | | | | | | | |
|---|---|---|---|---|---|---|---|---|---|---|
| 3 | 0.190368 | 0.185165 | 0.179799 | 0.174305 | 0.168718 | 0.163068 | 0.157383 | 0.151691 | 0.146014 | 0.140374 |
| 4 | 0.195127 | 0.194424 | 0.193284 | 0.191736 | 0.189808 | 0.187528 | 0.184925 | 0.182029 | 0.178867 | 0.175467 |
| 5 | 0.160004 | 0.163316 | 0.166224 | 0.168728 | 0.170827 | 0.172525 | 0.173830 | 0.174748 | 0.175290 | 0.175467 |
| 6 | 0.109336 | 0.114321 | 0.119127 | 0.123734 | 0.128120 | 0.132270 | 0.136167 | 0.139798 | 0.143153 | 0.146223 |
| 7 | 0.064040 | 0.068593 | 0.073178 | 0.077775 | 0.082363 | 0.086920 | 0.091426 | 0.095862 | 0.100207 | 0.104445 |
| 8 | 0.032820 | 0.036011 | 0.039333 | 0.042776 | 0.046329 | 0.049979 | 0.053713 | 0.057517 | 0.061377 | 0.065278 |
| 9 | 0.014951 | 0.016805 | 0.018793 | 0.020913 | 0.023165 | 0.025545 | 0.028050 | 0.030676 | 0.033416 | 0.036266 |
| 10 | 0.006130 | 0.007058 | 0.008081 | 0.009202 | 0.010424 | 0.011751 | 0.013184 | 0.014724 | 0.016374 | 0.018133 |
| 11 | 0.002285 | 0.002695 | 0.003159 | 0.003681 | 0.004264 | 0.004914 | 0.005633 | 0.006425 | 0.007294 | 0.008242 |
| 12 | 0.000781 | 0.000943 | 0.001132 | 0.001350 | 0.001599 | 0.001884 | 0.002206 | 0.002570 | 0.002978 | 0.003434 |
| 13 | 0.000246 | 0.000305 | 0.000374 | 0.000457 | 0.000554 | 0.000667 | 0.000798 | 0.000949 | 0.001123 | 0.001321 |
| 14 | 0.000072 | 0.000091 | 0.000115 | 0.000144 | 0.000178 | 0.000219 | 0.000268 | 0.000325 | 0.000393 | 0.000472 |
| 15 | 0.000020 | 0.000026 | 0.000033 | 0.000042 | 0.000053 | 0.000067 | 0.000084 | 0.000104 | 0.000128 | 0.000157 |
| 16 | 0.000005 | 0.000007 | 0.000009 | 0.000012 | 0.000015 | 0.000019 | 0.000025 | 0.000031 | 0.000039 | 0.000049 |
| 17 | 0.000001 | 0.000002 | 0.000002 | 0.000003 | 0.000004 | 0.000005 | 0.000007 | 0.000009 | 0.000011 | 0.000014 |
| 18 | 0.000000 | 0.000000 | 0.000001 | 0.000001 | 0.000001 | 0.000001 | 0.000002 | 0.000002 | 0.000003 | 0.000004 |
| 19 | 0.000000 | 0.000000 | 0.000000 | 0.000000 | 0.000000 | 0.000000 | 0.000000 | 0.000001 | 0.000001 | 0.000001 |
| 20 | 0.000000 | 0.000000 | 0.000000 | 0.000000 | 0.000000 | 0.000000 | 0.000000 | 0.000000 | 0.000000 | 0.000000 |

| λ / x | 5.1 | 5.2 | 5.3 | 5.4 | 5.5 | 5.6 | 5.7 | 5.8 | 5.9 | 6.0 |
|---|---|---|---|---|---|---|---|---|---|---|
| 0 | 0.006097 | 0.005517 | 0.004992 | 0.004517 | 0.004087 | 0.003698 | 0.003346 | 0.003028 | 0.002739 | 0.002479 |
| 1 | 0.031093 | 0.028686 | 0.026455 | 0.024390 | 0.022477 | 0.020708 | 0.019072 | 0.017560 | 0.016163 | 0.014873 |
| 2 | 0.079288 | 0.074584 | 0.070107 | 0.065852 | 0.061812 | 0.057983 | 0.054355 | 0.050923 | 0.047680 | 0.044618 |
| 3 | 0.134790 | 0.129279 | 0.123856 | 0.118533 | 0.113323 | 0.108234 | 0.103275 | 0.098452 | 0.093771 | 0.089235 |
| 4 | 0.171857 | 0.168063 | 0.164109 | 0.160020 | 0.155819 | 0.151528 | 0.147167 | 0.142755 | 0.138312 | 0.133853 |
| 5 | 0.175294 | 0.174785 | 0.173955 | 0.172821 | 0.171401 | 0.169711 | 0.167770 | 0.165596 | 0.163208 | 0.160623 |
| 6 | 0.149000 | 0.151480 | 0.153660 | 0.155539 | 0.157117 | 0.158397 | 0.159382 | 0.160076 | 0.160488 | 0.160623 |
| 7 | 0.108557 | 0.112528 | 0.116343 | 0.119987 | 0.123449 | 0.126717 | 0.129782 | 0.132635 | 0.135268 | 0.137677 |
| 8 | 0.069205 | 0.073143 | 0.077077 | 0.080991 | 0.084871 | 0.088702 | 0.092470 | 0.096160 | 0.099760 | 0.103258 |
| 9 | 0.039216 | 0.042261 | 0.045390 | 0.048595 | 0.051866 | 0.055193 | 0.058564 | 0.061970 | 0.065398 | 0.068838 |
| 10 | 0.020000 | 0.021976 | 0.024057 | 0.026241 | 0.028526 | 0.030908 | 0.033382 | 0.035943 | 0.038585 | 0.041303 |
| 11 | 0.009273 | 0.010388 | 0.011591 | 0.012882 | 0.014263 | 0.015735 | 0.017298 | 0.018952 | 0.020696 | 0.022529 |
| 12 | 0.003941 | 0.004502 | 0.005119 | 0.005797 | 0.006537 | 0.007343 | 0.008216 | 0.009160 | 0.010175 | 0.011264 |
| 13 | 0.001546 | 0.001801 | 0.002087 | 0.002408 | 0.002766 | 0.003163 | 0.003603 | 0.004087 | 0.004618 | 0.005199 |
| 14 | 0.000563 | 0.000669 | 0.000790 | 0.000929 | 0.001087 | 0.001265 | 0.001467 | 0.001693 | 0.001946 | 0.002228 |
| 15 | 0.000191 | 0.000232 | 0.000279 | 0.000334 | 0.000398 | 0.000472 | 0.000557 | 0.000655 | 0.000765 | 0.000891 |
| 16 | 0.000061 | 0.000075 | 0.000092 | 0.000113 | 0.000137 | 0.000165 | 0.000199 | 0.000237 | 0.000282 | 0.000334 |
| 17 | 0.000018 | 0.000023 | 0.000029 | 0.000036 | 0.000044 | 0.000054 | 0.000067 | 0.000081 | 0.000098 | 0.000118 |
| 18 | 0.000005 | 0.000007 | 0.000008 | 0.000011 | 0.000014 | 0.000017 | 0.000021 | 0.000026 | 0.000032 | 0.000039 |

| x | | | | | | | | | | |
|---|---|---|---|---|---|---|---|---|---|---|
| 19 | 0.000001 | 0.000002 | 0.000002 | 0.000003 | 0.000004 | 0.000005 | 0.000006 | 0.000008 | 0.000010 | 0.000012 |
| 20 | 0.000000 | 0.000000 | 0.000001 | 0.000001 | 0.000001 | 0.000001 | 0.000002 | 0.000002 | 0.000003 | 0.000004 |
| 21 | 0.000000 | 0.000000 | 0.000000 | 0.000000 | 0.000000 | 0.000000 | 0.000000 | 0.000001 | 0.000001 | 0.000001 |
| 22 | 0.000000 | 0.000000 | 0.000000 | 0.000000 | 0.000000 | 0.000000 | 0.000000 | 0.000000 | 0.000000 | 0.000000 |

| $\lambda$ / $x$ | 6.1 | 6.2 | 6.3 | 6.4 | 6.5 | 6.6 | 6.7 | 6.8 | 6.9 | 7.0 |
|---|---|---|---|---|---|---|---|---|---|---|
| 0 | 0.002243 | 0.002029 | 0.001836 | 0.001662 | 0.001503 | 0.001360 | 0.001231 | 0.001114 | 0.001008 | 0.000912 |
| 1 | 0.013681 | 0.012582 | 0.011569 | 0.010634 | 0.009772 | 0.008978 | 0.008247 | 0.007574 | 0.006954 | 0.006383 |
| 2 | 0.041729 | 0.039006 | 0.036441 | 0.034029 | 0.031760 | 0.029629 | 0.027628 | 0.025750 | 0.023990 | 0.022341 |
| 3 | 0.084848 | 0.080612 | 0.076527 | 0.072595 | 0.068814 | 0.065183 | 0.061702 | 0.058368 | 0.055178 | 0.052129 |
| 4 | 0.129393 | 0.124948 | 0.120530 | 0.116151 | 0.111822 | 0.107553 | 0.103351 | 0.099225 | 0.095182 | 0.091226 |
| 5 | 0.157860 | 0.154936 | 0.151868 | 0.148674 | 0.145369 | 0.141969 | 0.138490 | 0.134946 | 0.131351 | 0.127717 |
| 6 | 0.160491 | 0.160100 | 0.159461 | 0.158585 | 0.157483 | 0.156166 | 0.154648 | 0.152939 | 0.151053 | 0.149003 |
| 7 | 0.139856 | 0.141803 | 0.143515 | 0.144992 | 0.146234 | 0.147243 | 0.148020 | 0.148569 | 0.148895 | 0.149003 |
| 8 | 0.106640 | 0.109897 | 0.113018 | 0.115994 | 0.118815 | 0.121475 | 0.123967 | 0.126284 | 0.128422 | 0.130377 |
| 9 | 0.072278 | 0.075707 | 0.079113 | 0.082484 | 0.085811 | 0.089082 | 0.092286 | 0.095415 | 0.098457 | 0.101405 |
| 10 | 0.044090 | 0.046938 | 0.049841 | 0.052790 | 0.055777 | 0.058794 | 0.061832 | 0.064882 | 0.067935 | 0.070983 |
| 11 | 0.024450 | 0.026456 | 0.028545 | 0.030714 | 0.032959 | 0.035276 | 0.037661 | 0.040109 | 0.042614 | 0.045171 |
| 12 | 0.012429 | 0.013669 | 0.014986 | 0.016381 | 0.017853 | 0.019402 | 0.021027 | 0.022728 | 0.024503 | 0.026350 |
| 13 | 0.005832 | 0.006519 | 0.007263 | 0.008064 | 0.008926 | 0.009850 | 0.010837 | 0.011889 | 0.013005 | 0.014188 |
| 14 | 0.002541 | 0.002887 | 0.003268 | 0.003687 | 0.004144 | 0.004644 | 0.005186 | 0.005774 | 0.006410 | 0.007094 |
| 15 | 0.001033 | 0.001193 | 0.001373 | 0.001573 | 0.001796 | 0.002043 | 0.002317 | 0.002618 | 0.002949 | 0.003311 |
| 16 | 0.000394 | 0.000462 | 0.000540 | 0.000629 | 0.000730 | 0.000843 | 0.000970 | 0.001113 | 0.001272 | 0.001448 |
| 17 | 0.000141 | 0.000169 | 0.000200 | 0.000237 | 0.000279 | 0.000327 | 0.000382 | 0.000445 | 0.000516 | 0.000596 |
| 18 | 0.000048 | 0.000058 | 0.000070 | 0.000084 | 0.000101 | 0.000120 | 0.000142 | 0.000168 | 0.000198 | 0.000232 |
| 19 | 0.000015 | 0.000019 | 0.000023 | 0.000028 | 0.000034 | 0.000042 | 0.000050 | 0.000060 | 0.000072 | 0.000085 |
| 20 | 0.000005 | 0.000006 | 0.000007 | 0.000009 | 0.000011 | 0.000014 | 0.000017 | 0.000020 | 0.000025 | 0.000030 |
| 21 | 0.000001 | 0.000002 | 0.000002 | 0.000003 | 0.000003 | 0.000004 | 0.000005 | 0.000007 | 0.000008 | 0.000010 |
| 22 | 0.000000 | 0.000000 | 0.000001 | 0.000001 | 0.000001 | 0.000001 | 0.000002 | 0.000002 | 0.000003 | 0.000003 |
| 23 | 0.000000 | 0.000000 | 0.000000 | 0.000000 | 0.000000 | 0.000000 | 0.000000 | 0.000001 | 0.000001 | 0.000001 |
| 24 | 0.000000 | 0.000000 | 0.000000 | 0.000000 | 0.000000 | 0.000000 | 0.000000 | 0.000000 | 0.000000 | 0.000000 |

| $\lambda$ / $x$ | 7.1 | 7.2 | 7.3 | 7.4 | 7.5 | 7.6 | 7.7 | 7.8 | 7.9 | 8.0 |
|---|---|---|---|---|---|---|---|---|---|---|
| 0 | 0.000825 | 0.000747 | 0.000676 | 0.000611 | 0.000553 | 0.000500 | 0.000453 | 0.000410 | 0.000371 | 0.000335 |
| 1 | 0.005858 | 0.005375 | 0.004931 | 0.004523 | 0.004148 | 0.003803 | 0.003487 | 0.003196 | 0.002929 | 0.002684 |
| 2 | 0.020797 | 0.019352 | 0.018000 | 0.016736 | 0.015555 | 0.014453 | 0.013424 | 0.012464 | 0.011569 | 0.010735 |
| 3 | 0.049219 | 0.046444 | 0.043799 | 0.041282 | 0.038889 | 0.036614 | 0.034455 | 0.032407 | 0.030465 | 0.028626 |
| 4 | 0.087364 | 0.083599 | 0.079934 | 0.076372 | 0.072916 | 0.069567 | 0.066326 | 0.063193 | 0.060169 | 0.057252 |
| 5 | 0.124057 | 0.120382 | 0.116703 | 0.113031 | 0.109375 | 0.105742 | 0.102142 | 0.098581 | 0.095067 | 0.091604 |
| 6 | 0.146800 | 0.144458 | 0.141989 | 0.139405 | 0.136718 | 0.133940 | 0.131082 | 0.128156 | 0.125171 | 0.122138 |

| | | | | | | | | | | |
|---|---|---|---|---|---|---|---|---|---|---|
| 7 | 0.148897 | 0.148586 | 0.148074 | 0.147371 | 0.146484 | 0.145421 | 0.144191 | 0.142802 | 0.141264 | 0.139587 |
| 8 | 0.132146 | 0.133727 | 0.135118 | 0.136318 | 0.137329 | 0.138150 | 0.138783 | 0.139232 | 0.139499 | 0.139587 |
| 9 | 0.104249 | 0.106982 | 0.109596 | 0.112084 | 0.114440 | 0.116660 | 0.118737 | 0.120668 | 0.122449 | 0.124077 |
| 10 | 0.074017 | 0.077027 | 0.080005 | 0.082942 | 0.085830 | 0.088661 | 0.091427 | 0.094121 | 0.096735 | 0.099262 |
| 11 | 0.047774 | 0.050418 | 0.053094 | 0.055797 | 0.058521 | 0.061257 | 0.063999 | 0.066740 | 0.069473 | 0.072190 |
| 12 | 0.028267 | 0.030251 | 0.032299 | 0.034408 | 0.036575 | 0.038796 | 0.041066 | 0.043381 | 0.045736 | 0.048127 |
| 13 | 0.015438 | 0.016754 | 0.018137 | 0.019586 | 0.021101 | 0.022681 | 0.024324 | 0.026029 | 0.027794 | 0.029616 |
| 14 | 0.007829 | 0.008616 | 0.009457 | 0.010353 | 0.011304 | 0.012312 | 0.013378 | 0.014502 | 0.015684 | 0.016924 |
| 15 | 0.003706 | 0.004136 | 0.004602 | 0.005107 | 0.005652 | 0.006238 | 0.006867 | 0.007541 | 0.008260 | 0.009026 |
| 16 | 0.001644 | 0.001861 | 0.002100 | 0.002362 | 0.002649 | 0.002963 | 0.003305 | 0.003676 | 0.004078 | 0.004513 |
| 17 | 0.000687 | 0.000788 | 0.000902 | 0.001028 | 0.001169 | 0.001325 | 0.001497 | 0.001687 | 0.001895 | 0.002124 |
| 18 | 0.000271 | 0.000315 | 0.000366 | 0.000423 | 0.000487 | 0.000559 | 0.000640 | 0.000731 | 0.000832 | 0.000944 |
| 19 | 0.000101 | 0.000119 | 0.000141 | 0.000165 | 0.000192 | 0.000224 | 0.000260 | 0.000300 | 0.000346 | 0.000397 |
| 20 | 0.000036 | 0.000043 | 0.000051 | 0.000061 | 0.000072 | 0.000085 | 0.000100 | 0.000117 | 0.000137 | 0.000159 |
| 21 | 0.000012 | 0.000015 | 0.000018 | 0.000021 | 0.000026 | 0.000031 | 0.000037 | 0.000043 | 0.000051 | 0.000061 |
| 22 | 0.000004 | 0.000005 | 0.000006 | 0.000007 | 0.000009 | 0.000011 | 0.000013 | 0.000015 | 0.000018 | 0.000022 |
| 23 | 0.000001 | 0.000002 | 0.000002 | 0.000002 | 0.000003 | 0.000004 | 0.000004 | 0.000005 | 0.000006 | 0.000008 |
| 24 | 0.000000 | 0.000000 | 0.000001 | 0.000001 | 0.000001 | 0.000001 | 0.000001 | 0.000002 | 0.000002 | 0.000003 |
| 25 | 0.000000 | 0.000000 | 0.000000 | 0.000000 | 0.000000 | 0.000000 | 0.000000 | 0.000001 | 0.000001 | 0.000001 |
| 26 | 0.000000 | 0.000000 | 0.000000 | 0.000000 | 0.000000 | 0.000000 | 0.000000 | 0.000000 | 0.000000 | 0.000000 |

| $x$ \ $\lambda$ | 8.1 | 8.2 | 8.3 | 8.4 | 8.5 | 8.6 | 8.7 | 8.8 | 8.9 | 9.0 |
|---|---|---|---|---|---|---|---|---|---|---|
| 0 | 0.000304 | 0.000275 | 0.000249 | 0.000225 | 0.000203 | 0.000184 | 0.000167 | 0.000151 | 0.000136 | 0.000123 |
| 1 | 0.002459 | 0.002252 | 0.002063 | 0.001889 | 0.001729 | 0.001583 | 0.001449 | 0.001326 | 0.001214 | 0.001111 |
| 2 | 0.009958 | 0.009234 | 0.008560 | 0.007933 | 0.007350 | 0.006808 | 0.006304 | 0.005836 | 0.005402 | 0.004998 |
| 3 | 0.026886 | 0.025239 | 0.023683 | 0.022213 | 0.020826 | 0.019517 | 0.018283 | 0.017120 | 0.016025 | 0.014994 |
| 4 | 0.054443 | 0.051740 | 0.049142 | 0.046648 | 0.044255 | 0.041961 | 0.039765 | 0.037664 | 0.035656 | 0.033737 |
| 5 | 0.088198 | 0.084854 | 0.081576 | 0.078369 | 0.075233 | 0.072174 | 0.069192 | 0.066289 | 0.063467 | 0.060727 |
| 6 | 0.119067 | 0.115967 | 0.112847 | 0.109716 | 0.106581 | 0.103449 | 0.100328 | 0.097224 | 0.094143 | 0.091090 |
| 7 | 0.137778 | 0.135848 | 0.133805 | 0.131659 | 0.129419 | 0.127094 | 0.124693 | 0.122224 | 0.119696 | 0.117116 |
| 8 | 0.139500 | 0.139244 | 0.138823 | 0.138242 | 0.137508 | 0.136626 | 0.135604 | 0.134446 | 0.133162 | 0.131756 |
| 9 | 0.125550 | 0.126866 | 0.128025 | 0.129026 | 0.129869 | 0.130554 | 0.131084 | 0.131459 | 0.131682 | 0.131756 |
| 10 | 0.101696 | 0.104031 | 0.106261 | 0.108382 | 0.110388 | 0.112277 | 0.114043 | 0.115684 | 0.117197 | 0.118580 |
| 11 | 0.074885 | 0.077550 | 0.080179 | 0.082764 | 0.085300 | 0.087780 | 0.090197 | 0.092547 | 0.094823 | 0.097020 |
| 12 | 0.050547 | 0.052993 | 0.055457 | 0.057935 | 0.060421 | 0.062909 | 0.065393 | 0.067868 | 0.070327 | 0.072765 |
| 13 | 0.031495 | 0.033426 | 0.035407 | 0.037435 | 0.039506 | 0.041617 | 0.043763 | 0.045941 | 0.048147 | 0.050376 |
| 14 | 0.018222 | 0.019578 | 0.020991 | 0.022461 | 0.023986 | 0.025565 | 0.027196 | 0.028877 | 0.030608 | 0.032384 |
| 15 | 0.009840 | 0.010703 | 0.011615 | 0.012578 | 0.013592 | 0.014657 | 0.015773 | 0.016941 | 0.018161 | 0.019431 |
| 16 | 0.004981 | 0.005485 | 0.006025 | 0.006604 | 0.007221 | 0.007878 | 0.008577 | 0.009318 | 0.010102 | 0.010930 |

| 17 | 0.002374 | 0.002646 | 0.002942 | 0.003263 | 0.003610 | 0.003985 | 0.004389 | 0.004823 | 0.005289 | 0.005786 |
|---|---|---|---|---|---|---|---|---|---|---|
| 18 | 0.001068 | 0.001205 | 0.001357 | 0.001523 | 0.001705 | 0.001904 | 0.002122 | 0.002358 | 0.002615 | 0.002893 |
| 19 | 0.000455 | 0.000520 | 0.000593 | 0.000673 | 0.000763 | 0.000862 | 0.000971 | 0.001092 | 0.001225 | 0.001370 |
| 20 | 0.000184 | 0.000213 | 0.000246 | 0.000283 | 0.000324 | 0.000371 | 0.000423 | 0.000481 | 0.000545 | 0.000617 |
| 21 | 0.000071 | 0.000083 | 0.000097 | 0.000113 | 0.000131 | 0.000152 | 0.000175 | 0.000201 | 0.000231 | 0.000264 |
| 22 | 0.000026 | 0.000031 | 0.000037 | 0.000043 | 0.000051 | 0.000059 | 0.000069 | 0.000081 | 0.000093 | 0.000108 |
| 23 | 0.000009 | 0.000011 | 0.000013 | 0.000016 | 0.000019 | 0.000022 | 0.000026 | 0.000031 | 0.000036 | 0.000042 |
| 24 | 0.000003 | 0.000004 | 0.000005 | 0.000006 | 0.000007 | 0.000008 | 0.000009 | 0.000011 | 0.000013 | 0.000016 |
| 25 | 0.000001 | 0.000001 | 0.000002 | 0.000002 | 0.000002 | 0.000003 | 0.000003 | 0.000004 | 0.000005 | 0.000006 |
| 26 | 0.000000 | 0.000000 | 0.000000 | 0.000001 | 0.000001 | 0.000001 | 0.000001 | 0.000001 | 0.000002 | 0.000002 |
| 27 | 0.000000 | 0.000000 | 0.000000 | 0.000000 | 0.000000 | 0.000000 | 0.000000 | 0.000000 | 0.000001 | 0.000001 |
| 28 | 0.000000 | 0.000000 | 0.000000 | 0.000000 | 0.000000 | 0.000000 | 0.000000 | 0.000000 | 0.000000 | 0.000000 |

| $x$ \ $\lambda$ | 9.1 | 9.2 | 9.3 | 9.4 | 9.5 | 9.6 | 9.7 | 9.8 | 9.9 | 10.0 |
|---|---|---|---|---|---|---|---|---|---|---|
| 0 | 0.000112 | 0.000101 | 0.000091 | 0.000083 | 0.000075 | 0.000068 | 0.000061 | 0.000055 | 0.000050 | 0.000045 |
| 1 | 0.001016 | 0.000930 | 0.000850 | 0.000778 | 0.000711 | 0.000650 | 0.000594 | 0.000543 | 0.000497 | 0.000454 |
| 2 | 0.004624 | 0.004276 | 0.003954 | 0.003655 | 0.003378 | 0.003121 | 0.002883 | 0.002663 | 0.002459 | 0.002270 |
| 3 | 0.014025 | 0.013113 | 0.012256 | 0.011452 | 0.010696 | 0.009987 | 0.009322 | 0.008698 | 0.008114 | 0.007567 |
| 4 | 0.031906 | 0.030160 | 0.028496 | 0.026911 | 0.025403 | 0.023969 | 0.022606 | 0.021311 | 0.020082 | 0.018917 |
| 5 | 0.058069 | 0.055494 | 0.053002 | 0.050593 | 0.048266 | 0.046020 | 0.043855 | 0.041770 | 0.039763 | 0.037833 |
| 6 | 0.088072 | 0.085091 | 0.082154 | 0.079262 | 0.076421 | 0.073632 | 0.070899 | 0.068224 | 0.065609 | 0.063055 |
| 7 | 0.114493 | 0.111834 | 0.109147 | 0.106438 | 0.103714 | 0.100981 | 0.098246 | 0.095514 | 0.092790 | 0.090079 |
| 8 | 0.130236 | 0.128609 | 0.126883 | 0.125065 | 0.123160 | 0.121178 | 0.119123 | 0.117004 | 0.114827 | 0.112599 |
| 9 | 0.131683 | 0.131467 | 0.131113 | 0.130623 | 0.130003 | 0.129256 | 0.128388 | 0.127405 | 0.126310 | 0.125110 |
| 10 | 0.119832 | 0.120950 | 0.121935 | 0.122786 | 0.123502 | 0.124086 | 0.124537 | 0.124857 | 0.125047 | 0.125110 |
| 11 | 0.099133 | 0.101158 | 0.103090 | 0.104926 | 0.106661 | 0.108293 | 0.109819 | 0.111236 | 0.112542 | 0.113736 |
| 12 | 0.075176 | 0.077555 | 0.079895 | 0.082192 | 0.084440 | 0.086634 | 0.088770 | 0.090843 | 0.092847 | 0.094780 |
| 13 | 0.052623 | 0.054885 | 0.057156 | 0.059431 | 0.061706 | 0.063976 | 0.066236 | 0.068481 | 0.070707 | 0.072908 |
| 14 | 0.034205 | 0.036067 | 0.037968 | 0.039904 | 0.041872 | 0.043869 | 0.045892 | 0.047937 | 0.050000 | 0.052077 |
| 15 | 0.020751 | 0.022121 | 0.023540 | 0.025006 | 0.026519 | 0.028076 | 0.029677 | 0.031319 | 0.033000 | 0.034718 |
| 16 | 0.011802 | 0.012720 | 0.013683 | 0.014691 | 0.015746 | 0.016846 | 0.017992 | 0.019183 | 0.020419 | 0.021699 |
| 17 | 0.006318 | 0.006884 | 0.007485 | 0.008123 | 0.008799 | 0.009513 | 0.010266 | 0.011058 | 0.011891 | 0.012764 |
| 18 | 0.003194 | 0.003518 | 0.003867 | 0.004242 | 0.004644 | 0.005074 | 0.005532 | 0.006021 | 0.006540 | 0.007091 |
| 19 | 0.001530 | 0.001704 | 0.001893 | 0.002099 | 0.002322 | 0.002563 | 0.002824 | 0.003105 | 0.003408 | 0.003732 |
| 20 | 0.000696 | 0.000784 | 0.000880 | 0.000986 | 0.001103 | 0.001230 | 0.001370 | 0.001522 | 0.001687 | 0.001866 |
| 21 | 0.000302 | 0.000343 | 0.000390 | 0.000442 | 0.000499 | 0.000563 | 0.000633 | 0.000710 | 0.000795 | 0.000889 |
| 22 | 0.000125 | 0.000144 | 0.000165 | 0.000189 | 0.000215 | 0.000245 | 0.000279 | 0.000316 | 0.000358 | 0.000404 |
| 23 | 0.000049 | 0.000057 | 0.000067 | 0.000077 | 0.000089 | 0.000102 | 0.000118 | 0.000135 | 0.000154 | 0.000176 |
| 24 | 0.000019 | 0.000022 | 0.000026 | 0.000030 | 0.000035 | 0.000041 | 0.000048 | 0.000055 | 0.000064 | 0.000073 |

| x \ λ | 9.1 | 9.2 | 9.3 | 9.4 | 9.5 | 9.6 | 9.7 | 9.8 | 9.9 | 10.0 |
|---|---|---|---|---|---|---|---|---|---|---|
| 25 | 0.000007 | 0.000008 | 0.000010 | 0.000011 | 0.000013 | 0.000016 | 0.000018 | 0.000022 | 0.000025 | 0.000029 |
| 26 | 0.000002 | 0.000003 | 0.000003 | 0.000004 | 0.000005 | 0.000006 | 0.000007 | 0.000008 | 0.000010 | 0.000011 |
| 27 | 0.000001 | 0.000001 | 0.000001 | 0.000001 | 0.000002 | 0.000002 | 0.000002 | 0.000003 | 0.000004 | 0.000004 |
| 28 | 0.000000 | 0.000000 | 0.000000 | 0.000000 | 0.000001 | 0.000001 | 0.000001 | 0.000001 | 0.000001 | 0.000001 |
| 29 | 0.000000 | 0.000000 | 0.000000 | 0.000000 | 0.000000 | 0.000000 | 0.000000 | 0.000000 | 0.000000 | 0.000001 |
| 30 | 0.000000 | 0.000000 | 0.000000 | 0.000000 | 0.000000 | 0.000000 | 0.000000 | 0.000000 | 0.000000 | 0.000000 |

# 附錄㈣ 常態分配機率表

$$p(0 \leq Z \leq z) = \int_0^z \frac{1}{\sqrt{2\pi}} e^{-\frac{z^2}{2}} dz$$

| z | 0.00 | 0.01 | 0.02 | 0.03 | 0.04 | 0.05 | 0.06 | 0.07 | 0.08 | 0.09 |
|---|------|------|------|------|------|------|------|------|------|------|
| 0.0 | 0.000000 | 0.003989 | 0.007978 | 0.011967 | 0.015953 | 0.019939 | 0.023922 | 0.027903 | 0.031881 | 0.035856 |
| 0.1 | 0.039828 | 0.043795 | 0.047758 | 0.051717 | 0.055670 | 0.059618 | 0.063559 | 0.067495 | 0.071424 | 0.075345 |
| 0.2 | 0.079260 | 0.083166 | 0.087064 | 0.090954 | 0.094835 | 0.098706 | 0.102568 | 0.106420 | 0.110261 | 0.114092 |
| 0.3 | 0.117911 | 0.121719 | 0.125516 | 0.129300 | 0.133072 | 0.136831 | 0.140576 | 0.144309 | 0.148027 | 0.151732 |
| 0.4 | 0.155422 | 0.159097 | 0.162757 | 0.166402 | 0.170031 | 0.173645 | 0.177242 | 0.180822 | 0.184386 | 0.187933 |
| 0.5 | 0.191462 | 0.194974 | 0.198468 | 0.201944 | 0.205401 | 0.208840 | 0.212260 | 0.215661 | 0.219043 | 0.222405 |
| 0.6 | 0.225747 | 0.229069 | 0.232371 | 0.235653 | 0.238914 | 0.242154 | 0.245373 | 0.248571 | 0.251748 | 0.254903 |
| 0.7 | 0.258036 | 0.261148 | 0.264238 | 0.267305 | 0.270350 | 0.273373 | 0.276373 | 0.279350 | 0.282305 | 0.285236 |
| 0.8 | 0.288145 | 0.291030 | 0.293892 | 0.296731 | 0.299546 | 0.302337 | 0.305106 | 0.307850 | 0.310570 | 0.313267 |
| 0.9 | 0.315940 | 0.318589 | 0.321214 | 0.323814 | 0.326391 | 0.328944 | 0.331472 | 0.333977 | 0.336457 | 0.338913 |
| 1.0 | 0.341345 | 0.343752 | 0.346136 | 0.348495 | 0.350830 | 0.353141 | 0.355428 | 0.357690 | 0.359929 | 0.362143 |
| 1.1 | 0.364334 | 0.366500 | 0.368643 | 0.370762 | 0.372857 | 0.374928 | 0.376976 | 0.378999 | 0.381000 | 0.382977 |
| 1.2 | 0.384930 | 0.386860 | 0.388767 | 0.390651 | 0.392512 | 0.394350 | 0.396165 | 0.397958 | 0.399727 | 0.401475 |
| 1.3 | 0.403199 | 0.404902 | 0.406582 | 0.408241 | 0.409877 | 0.411492 | 0.413085 | 0.414656 | 0.416207 | 0.417736 |
| 1.4 | 0.419243 | 0.420730 | 0.422196 | 0.423641 | 0.425066 | 0.426471 | 0.427855 | 0.429219 | 0.430563 | 0.431888 |
| 1.5 | 0.433193 | 0.434478 | 0.435744 | 0.436992 | 0.438220 | 0.439429 | 0.440620 | 0.441792 | 0.442947 | 0.444083 |
| 1.6 | 0.445201 | 0.446301 | 0.447384 | 0.448449 | 0.449497 | 0.450529 | 0.451543 | 0.452540 | 0.453521 | 0.454486 |
| 1.7 | 0.455435 | 0.456367 | 0.457284 | 0.458185 | 0.459071 | 0.459941 | 0.460796 | 0.461636 | 0.462462 | 0.463273 |
| 1.8 | 0.464070 | 0.464852 | 0.465621 | 0.466375 | 0.467116 | 0.467843 | 0.468557 | 0.469258 | 0.469946 | 0.470621 |
| 1.9 | 0.471283 | 0.471933 | 0.472571 | 0.473197 | 0.473810 | 0.474412 | 0.475002 | 0.475581 | 0.476148 | 0.476705 |
| 2.0 | 0.477250 | 0.477784 | 0.478308 | 0.478822 | 0.479325 | 0.479818 | 0.480301 | 0.480774 | 0.481237 | 0.481691 |
| 2.1 | 0.482136 | 0.482571 | 0.482997 | 0.483414 | 0.483823 | 0.484222 | 0.484614 | 0.484997 | 0.485371 | 0.485738 |
| 2.2 | 0.486097 | 0.486447 | 0.486791 | 0.487126 | 0.487455 | 0.487776 | 0.488089 | 0.488396 | 0.488696 | 0.488989 |
| 2.3 | 0.489276 | 0.489556 | 0.489830 | 0.490097 | 0.490358 | 0.490613 | 0.490863 | 0.491106 | 0.491344 | 0.491576 |

| z | 0.00 | 0.01 | 0.02 | 0.03 | 0.04 | 0.05 | 0.06 | 0.07 | 0.08 | 0.09 |
|---|------|------|------|------|------|------|------|------|------|------|
| 2.4 | 0.491802 | 0.492024 | 0.492240 | 0.492451 | 0.492656 | 0.492857 | 0.493053 | 0.493244 | 0.493431 | 0.493613 |
| 2.5 | 0.493790 | 0.493963 | 0.494132 | 0.494297 | 0.494457 | 0.494614 | 0.494766 | 0.494915 | 0.495060 | 0.495201 |
| 2.6 | 0.495339 | 0.495473 | 0.495604 | 0.495731 | 0.495855 | 0.495975 | 0.496093 | 0.496207 | 0.496319 | 0.496427 |
| 2.7 | 0.496533 | 0.496636 | 0.496736 | 0.496833 | 0.496928 | 0.497020 | 0.497110 | 0.497197 | 0.497282 | 0.497365 |
| 2.8 | 0.497445 | 0.497523 | 0.497599 | 0.497673 | 0.497744 | 0.497814 | 0.497882 | 0.497948 | 0.498012 | 0.498074 |
| 2.9 | 0.498134 | 0.498193 | 0.498250 | 0.498305 | 0.498359 | 0.498411 | 0.498462 | 0.498511 | 0.498559 | 0.498605 |
| 3.0 | 0.498650 | 0.498694 | 0.498736 | 0.498777 | 0.498817 | 0.498856 | 0.498893 | 0.498930 | 0.498965 | 0.498999 |
| 3.1 | 0.499032 | 0.499065 | 0.499096 | 0.499126 | 0.499155 | 0.499184 | 0.499211 | 0.499238 | 0.499264 | 0.499289 |
| 3.2 | 0.499313 | 0.499336 | 0.499359 | 0.499381 | 0.499402 | 0.499423 | 0.499443 | 0.499462 | 0.499481 | 0.499499 |
| 3.3 | 0.499517 | 0.499533 | 0.499550 | 0.499566 | 0.499581 | 0.499596 | 0.499610 | 0.499624 | 0.499638 | 0.499650 |
| 3.4 | 0.499663 | 0.499675 | 0.499687 | 0.499698 | 0.499709 | 0.499720 | 0.499730 | 0.499740 | 0.499749 | 0.499758 |
| 3.5 | 0.499767 | 0.499776 | 0.499784 | 0.499792 | 0.499800 | 0.499807 | 0.499815 | 0.499821 | 0.499828 | 0.499835 |
| 3.6 | 0.499841 | 0.499847 | 0.499853 | 0.499858 | 0.499864 | 0.499869 | 0.499874 | 0.499879 | 0.499883 | 0.499888 |
| 3.7 | 0.499892 | 0.499896 | 0.499900 | 0.499904 | 0.499908 | 0.499912 | 0.499915 | 0.499918 | 0.499922 | 0.499925 |
| 3.8 | 0.499928 | 0.499931 | 0.499933 | 0.499936 | 0.499938 | 0.499941 | 0.499943 | 0.499946 | 0.499948 | 0.499950 |
| 3.9 | 0.499952 | 0.499954 | 0.499956 | 0.499958 | 0.499959 | 0.499961 | 0.499963 | 0.499964 | 0.499966 | 0.499967 |

# 附錄㈤ 常態機率圖 $Z_{(i)}$ 值表

$$P(Z \leq z_{(i)}) = \frac{i - 0.5}{n}$$

| $i$ | $n=10$ | $n=11$ | $n=12$ | $n=13$ | $n=14$ | $n=15$ | $n=16$ | $n=17$ | $n=18$ | $n=19$ | $n=20$ |
|---|---|---|---|---|---|---|---|---|---|---|---|
| 1 | $-1.64485$ | $-1.69062$ | $-1.73166$ | $-1.76883$ | $-1.80274$ | $-1.83391$ | $-1.86273$ | $-1.88951$ | $-1.91451$ | $-1.93793$ | $-1.95996$ |
| 2 | $-1.03643$ | $-1.09680$ | $-1.15035$ | $-1.19838$ | $-1.24187$ | $-1.28155$ | $-1.31801$ | $-1.35170$ | $-1.38299$ | $-1.41219$ | $-1.43953$ |
| 3 | $-0.67449$ | $-0.74786$ | $-0.81222$ | $-0.86942$ | $-0.92082$ | $-0.96742$ | $-1.00999$ | $-1.04913$ | $-1.08532$ | $-1.11896$ | $-1.15035$ |
| 4 | $-0.38532$ | $-0.47279$ | $-0.54852$ | $-0.61514$ | $-0.67449$ | $-0.72791$ | $-0.77642$ | $-0.82079$ | $-0.86163$ | $-0.89943$ | $-0.93459$ |
| 5 | $-0.12566$ | $-0.22988$ | $-0.31864$ | $-0.39573$ | $-0.46371$ | $-0.52440$ | $-0.57913$ | $-0.62890$ | $-0.67449$ | $-0.71650$ | $-0.75542$ |
| 6 | $0.12566$ | $0.00000$ | $-0.10463$ | $-0.19403$ | $-0.27188$ | $-0.34069$ | $-0.40225$ | $-0.45785$ | $-0.50849$ | $-0.55492$ | $-0.59776$ |
| 7 | $0.38532$ | $0.22988$ | $0.10463$ | $0.00000$ | $-0.08964$ | $-0.16789$ | $-0.23720$ | $-0.29931$ | $-0.35549$ | $-0.40672$ | $-0.45376$ |
| 8 | $0.67449$ | $0.47279$ | $0.31864$ | $0.19403$ | $0.08964$ | $0.00000$ | $-0.07841$ | $-0.14799$ | $-0.21043$ | $-0.26699$ | $-0.31864$ |
| 9 | $1.03643$ | $0.74786$ | $0.54852$ | $0.39573$ | $0.27188$ | $0.16789$ | $0.07841$ | $0.00000$ | $-0.06969$ | $-0.13231$ | $-0.18912$ |
| 10 | $1.64485$ | $1.09680$ | $0.81222$ | $0.61514$ | $0.46371$ | $0.34069$ | $0.23720$ | $0.14799$ | $0.06969$ | $0.00000$ | $-0.06271$ |
| 11 | * | $1.69062$ | $1.15035$ | $0.86942$ | $0.67449$ | $0.52440$ | $0.40225$ | $0.29931$ | $0.21043$ | $0.13231$ | $0.06271$ |
| 12 | * | * | $1.73166$ | $1.19838$ | $0.92082$ | $0.72791$ | $0.57913$ | $0.45785$ | $0.35549$ | $0.26699$ | $0.18912$ |
| 13 | * | * | * | $1.76882$ | $1.24187$ | $0.96742$ | $0.77642$ | $0.62890$ | $0.50849$ | $0.40672$ | $0.31864$ |
| 14 | * | * | * | * | $1.80274$ | $1.28155$ | $1.00999$ | $0.82079$ | $0.67449$ | $0.55492$ | $0.45376$ |
| 15 | * | * | * | * | * | $1.83391$ | $1.31801$ | $1.04913$ | $0.86163$ | $0.71650$ | $0.59776$ |
| 16 | * | * | * | * | * | * | $1.86273$ | $1.35170$ | $1.08532$ | $0.89943$ | $0.75541$ |
| 17 | * | * | * | * | * | * | * | $1.88951$ | $1.38299$ | $1.11896$ | $0.93459$ |
| 18 | * | * | * | * | * | * | * | * | $1.91451$ | $1.41219$ | $1.15035$ |
| 19 | * | * | * | * | * | * | * | * | * | $1.93793$ | $1.43953$ |
| 20 | * | * | * | * | * | * | * | * | * | * | $1.95996$ |

| $i$ | $n=21$ | $n=22$ | $n=23$ | $n=24$ | $n=25$ | $n=26$ | $n=27$ | $n=28$ | n-29 | $n=30$ |
|---|---|---|---|---|---|---|---|---|---|---|
| 1 | −1.98075 | −2.00042 | −2.01909 | −2.03683 | −2.05375 | −2.06990 | −2.08536 | −2.10017 | −2.11438 | −2.12805 |
| 2 | −1.46523 | −1.48947 | −1.51239 | −1.53412 | −1.55477 | −1.57444 | −1.59322 | −1.61117 | −1.62836 | −1.64485 |
| 3 | −1.17976 | −1.20741 | −1.23349 | −1.25816 | −1.28155 | −1.30378 | −1.32496 | −1.34517 | −1.36449 | −1.38299 |
| 4 | −0.96742 | −0.99820 | −1.02715 | −1.05447 | −1.08032 | −1.10484 | −1.12814 | −1.15035 | −1.17155 | −1.19182 |
| 5 | −0.79164 | −0.82549 | −0.85725 | −0.88715 | −0.91537 | −0.94208 | −0.96742 | −0.99153 | −1.01450 | −1.03643 |
| 6 | −0.63748 | −0.67449 | −0.70910 | −0.74159 | −0.77219 | −0.80109 | −0.82846 | −0.85445 | −0.87917 | −0.90273 |
| 7 | −0.49720 | −0.53752 | −0.57511 | −0.61029 | −0.64335 | −0.67449 | −0.70392 | −0.73181 | −0.75829 | −0.78350 |
| 8 | −0.36611 | −0.40998 | −0.45074 | −0.48878 | −0.52440 | −0.55788 | −0.58946 | −0.61931 | −0.64760 | −0.67449 |
| 9 | −0.24104 | −0.28881 | −0.33301 | −0.37410 | −0.41246 | −0.44843 | −0.48225 | −0.51416 | −0.54434 | −0.57297 |
| 10 | −0.11965 | −0.17175 | −0.21972 | −0.26415 | −0.30548 | −0.34410 | −0.38033 | −0.41441 | −0.44659 | −0.47704 |
| 11 | 0.00000 | −0.05700 | −0.10920 | −0.15731 | −0.20189 | −0.24340 | −0.28222 | −0.31864 | −0.35293 | −0.38532 |
| 12 | 0.11965 | 0.05700 | 0.00000 | −0.05225 | −0.10043 | −0.14512 | −0.18676 | −0.22571 | −0.26228 | −0.29674 |
| 13 | 0.24104 | 0.17175 | 0.10920 | 0.05225 | 0.00000 | −0.04822 | −0.09297 | −0.13469 | −0.17374 | −0.21043 |
| 14 | 0.36611 | 0.28881 | 0.21972 | 0.15731 | 0.10043 | 0.04822 | 0.00000 | −0.04478 | −0.08654 | −0.12566 |
| 15 | 0.49720 | 0.40998 | 0.33301 | 0.26415 | 0.20189 | 0.14512 | 0.09297 | 0.04478 | 0.00000 | −0.04179 |
| 16 | 0.63748 | 0.53752 | 0.45074 | 0.37410 | 0.30548 | 0.24340 | 0.18676 | 0.13469 | 0.08654 | 0.04179 |
| 17 | 0.79164 | 0.67449 | 0.57511 | 0.48878 | 0.41246 | 0.34410 | 0.28222 | 0.22571 | 0.17374 | 0.12566 |
| 18 | 0.96742 | 0.82549 | 0.70910 | 0.61029 | 0.52440 | 0.44843 | 0.38033 | 0.31864 | 0.26228 | 0.21043 |
| 19 | 1.17976 | 0.99820 | 0.85725 | 0.74159 | 0.64335 | 0.55788 | 0.48225 | 0.41441 | 0.35293 | 0.29674 |
| 20 | 1.46523 | 1.20741 | 1.02715 | 0.88715 | 0.77219 | 0.67449 | 0.58946 | 0.51416 | 0.44659 | 0.38532 |
| 21 | 1.98075 | 1.48947 | 1.23349 | 1.05447 | 0.91537 | 0.80109 | 0.70392 | 0.61931 | 0.54434 | 0.47704 |
| 22 | * | 2.00042 | 1.51239 | 1.25816 | 1.08032 | 0.94208 | 0.82846 | 0.73181 | 0.64760 | 0.57297 |
| 23 | * | * | 2.01909 | 1.53412 | 1.28155 | 1.10484 | 0.96742 | 0.85445 | 0.75829 | 0.67449 |
| 24 | * | * | * | 2.03683 | 1.55477 | 1.30378 | 1.12814 | 0.99153 | 0.87917 | 0.78350 |
| 25 | * | * | * | * | 2.05375 | 1.57445 | 1.32496 | 1.15035 | 1.01450 | 0.90273 |
| 26 | * | * | * | * | * | 2.06990 | 1.59322 | 1.34517 | 1.17155 | 1.03643 |
| 27 | * | * | * | * | * | * | 2.08536 | 1.61117 | 1.36449 | 1.19182 |
| 28 | * | * | * | * | * | * | * | 2.10017 | 1.62836 | 1.38299 |
| 29 | * | * | * | * | * | * | * | * | 2.11438 | 1.64485 |
| 30 | * | * | * | * | * | * | * | * | * | 2.12805 |

# 附錄(六)　$t$ 分配機率表

$$P(t \geq t_\alpha(\nu)) = \alpha$$

| $\nu$ \ $\alpha$ | 0.20 | 0.15 | 0.1 | 0.05 | 0.025 | 0.02 | 0.01 | 0.005 |
|---|---|---|---|---|---|---|---|---|
| 1 | 1.37640 | 1.96260 | 3.07770 | 6.31380 | 12.70620 | 15.89460 | 31.82060 | 63.65700 |
| 2 | 1.06066 | 1.38621 | 1.88562 | 2.91999 | 4.30265 | 4.84873 | 6.96456 | 9.92485 |
| 3 | 0.97847 | 1.24978 | 1.63774 | 2.35336 | 3.18245 | 3.48191 | 4.54070 | 5.84091 |
| 4 | 0.94096 | 1.18957 | 1.53321 | 2.13187 | 2.77645 | 2.99853 | 3.74696 | 4.60410 |
| 5 | 0.91954 | 1.15577 | 1.47592 | 2.01505 | 2.57058 | 2.75651 | 3.36493 | 4.03215 |
| 6 | 0.90570 | 1.13416 | 1.43976 | 1.94318 | 2.44691 | 2.61225 | 3.14267 | 3.70745 |
| 7 | 0.89603 | 1.11916 | 1.41492 | 1.89459 | 2.36463 | 2.51675 | 2.99795 | 3.49948 |
| 8 | 0.88889 | 1.10815 | 1.39682 | 1.85955 | 2.30601 | 2.44899 | 2.89646 | 3.35539 |
| 9 | 0.88340 | 1.09972 | 1.38304 | 1.83311 | 2.26216 | 2.39844 | 2.82144 | 3.24986 |
| 10 | 0.87906 | 1.09306 | 1.37220 | 1.81246 | 2.22814 | 2.35932 | 2.76378 | 3.16928 |
| 11 | 0.87555 | 1.08767 | 1.36343 | 1.79589 | 2.20099 | 2.32814 | 2.71808 | 3.10582 |
| 12 | 0.87261 | 1.08321 | 1.35622 | 1.78229 | 2.17882 | 2.30272 | 2.68100 | 3.05456 |
| 13 | 0.87015 | 1.07947 | 1.35017 | 1.77093 | 2.16037 | 2.28161 | 2.65031 | 3.01228 |
| 14 | 0.86806 | 1.07629 | 1.34503 | 1.76131 | 2.14480 | 2.26379 | 2.62450 | 2.97686 |
| 15 | 0.86625 | 1.07355 | 1.34061 | 1.75305 | 2.13145 | 2.24855 | 2.60248 | 2.94672 |
| 16 | 0.86467 | 1.07114 | 1.33679 | 1.74589 | 2.11991 | 2.23537 | 2.58349 | 2.92078 |
| 17 | 0.86328 | 1.06903 | 1.33340 | 1.73961 | 2.10982 | 2.22387 | 2.56694 | 2.89824 |
| 18 | 0.86205 | 1.06717 | 1.33040 | 1.73407 | 2.10093 | 2.21370 | 2.55238 | 2.87844 |
| 19 | 0.86095 | 1.06551 | 1.32773 | 1.72914 | 2.09303 | 2.20470 | 2.53948 | 2.86095 |
| 20 | 0.85997 | 1.06402 | 1.32534 | 1.72473 | 2.08598 | 2.19666 | 2.52798 | 2.84534 |
| 21 | 0.85908 | 1.06267 | 1.32320 | 1.72075 | 2.07963 | 2.18943 | 2.51765 | 2.83137 |
| 22 | 0.85828 | 1.06145 | 1.32124 | 1.71715 | 2.07390 | 2.18289 | 2.50832 | 2.81878 |

| $\alpha$ $\nu$ | 0.20 | 0.15 | 0.1 | 0.05 | 0.025 | 0.02 | 0.01 | 0.005 |
|---|---|---|---|---|---|---|---|---|
| 23 | 0.85754 | 1.06034 | 1.31946 | 1.71388 | 2.06866 | 2.17694 | 2.49987 | 2.80734 |
| 24 | 0.85685 | 1.05932 | 1.31784 | 1.71089 | 2.06390 | 2.17156 | 2.49217 | 2.79694 |
| 25 | 0.85624 | 1.05838 | 1.31635 | 1.70814 | 2.05954 | 2.16659 | 2.48511 | 2.78744 |
| 26 | 0.85567 | 1.05752 | 1.31499 | 1.70562 | 2.05553 | 2.16203 | 2.47863 | 2.77871 |
| 27 | 0.85514 | 1.05673 | 1.31370 | 1.70331 | 2.05183 | 2.15783 | 2.47266 | 2.77068 |
| 28 | 0.85465 | 1.05599 | 1.31253 | 1.70113 | 2.04841 | 2.15394 | 2.46714 | 2.76326 |
| 29 | 0.85419 | 1.05530 | 1.31143 | 1.69914 | 2.04523 | 2.15033 | 2.46202 | 2.75639 |
| 30 | 0.85377 | 1.05466 | 1.31042 | 1.69726 | 2.04227 | 2.14699 | 2.45726 | 2.75000 |
| 40 | 0.85070 | 1.05005 | 1.30308 | 1.68385 | 2.02108 | 2.12292 | 2.42326 | 2.70446 |
| 50 | 0.84887 | 1.04729 | 1.29873 | 1.67591 | 2.00856 | 2.10872 | 2.40327 | 2.67780 |
| 100 | 0.84523 | 1.04183 | 1.29007 | 1.66024 | 1.98398 | 2.08089 | 2.36423 | 2.62592 |
| $\infty$ | 0.84166 | 1.03649 | 1.28164 | 1.64501 | 1.96020 | 2.05402 | 2.32672 | 2.57632 |

# 附錄㈦ F分配機率表

$$P(F > F_\alpha(\nu_1, \nu_2)) = \alpha$$

（其中 $\nu_1$ 代表分子自由度； $\nu_2$ 代表分母自由度）

## (1)分子自由度 = 1

| α＼分母自由度 | 1 | 2 | 3 | 4 | 5 | 6 | 7 | 8 | 9 | 10 | 11 | 12 |
|---|---|---|---|---|---|---|---|---|---|---|---|---|
| 0.01 | 4052.2 | 98.503 | 34.1162 | 21.1977 | 16.2583 | 13.7452 | 12.2464 | 11.2586 | 10.5616 | 10.0443 | 9.6461 | 9.3304 |
| 0.025 | 647.8 | 38.506 | 17.4439 | 12.2179 | 10.0070 | 8.8132 | 8.0727 | 7.5709 | 7.2093 | 6.9367 | 6.7242 | 6.5538 |
| 0.05 | 161.4 | 18.513 | 10.1280 | 7.7086 | 6.6079 | 5.9874 | 5.5915 | 5.3177 | 5.1174 | 4.9646 | 4.8443 | 4.7472 |

| α＼分母自由度 | 13 | 14 | 15 | 16 | 17 | 18 | 19 | 20 | 21 | 22 | 23 | 24 |
|---|---|---|---|---|---|---|---|---|---|---|---|---|
| 0.01 | 9.0738 | 8.8617 | 8.6831 | 8.5310 | 8.3998 | 0.2377 | 0.2381 | 8.0960 | 8.0166 | 7.9455 | 7.8811 | 7.8290 |
| 0.025 | 6.4143 | 6.2980 | 0.2417 | 5.8715 | 6.1995 | 6.1151 | 6.0420 | 0.2414 | 5.8267 | 5.7863 | 5.7498 | 5.7167 |
| 0.05 | 4.6672 | 4.6001 | 4.5431 | 4.4940 | 4.4513 | 4.4139 | 4.3808 | 4.3513 | 4.3249 | 4.3010 | 4.2794 | 4.2597 |

| α＼分母自由度 | 25 | 26 | 27 | 28 | 29 | 30 | 35 | 40 | 50 | 60 |
|---|---|---|---|---|---|---|---|---|---|---|
| 0.01 | 7.7698 | 7.7213 | 7.6767 | 7.6356 | 7.5977 | 7.5625 | 7.4191 | 7.3141 | 0.2419 | 7.0772 |
| 0.025 | 5.6864 | 5.6586 | 5.6331 | 5.6096 | 5.5878 | 5.5676 | 5.4848 | 5.4239 | 0.2457 | 5.2857 |
| 0.05 | 4.2417 | 4.2252 | 4.21001 | 4.1960 | 4.1830 | 4.1709 | 4.1214 | 4.0848 | 0.25202 | 4.0012 |

## (2)分子自由度 = 2

| α＼分母自由度 | 1 | 2 | 3 | 4 | 5 | 6 | 7 | 8 | 9 | 10 | 11 | 12 |
|---|---|---|---|---|---|---|---|---|---|---|---|---|
| 0.01 | 4999.5 | 99.000 | 30.8165 | 18.0000 | 13.2740 | 10.9248 | 9.5466 | 8.6491 | 8.0215 | 7.5594 | 7.2057 | 6.9266 |
| 0.025 | 799.5 | 39.000 | 16.0441 | 10.6491 | 8.4336 | 7.2599 | 6.5416 | 6.0595 | 5.7147 | 5.4564 | 5.2559 | 5.0959 |
| 0.05 | 199.5 | 19.000 | 9.5521 | 6.9443 | 5.7861 | 5.1433 | 4.7375 | 4.4590 | 4.2565 | 4.1029 | 3.98230 | 3.8853 |

| α＼分母自由度 | 13 | 14 | 15 | 16 | 17 | 18 | 19 | 20 | 21 | 22 | 23 | 24 |
|---|---|---|---|---|---|---|---|---|---|---|---|---|
| 0.01 | 6.7010 | 6.5149 | 6.3589 | 6.2263 | 6.1122 | 6.0129 | 5.9259 | 5.8489 | 5.7804 | 5.7190 | 5.6638 | 5.6136 |
| 0.025 | 4.9653 | 4.8567 | 4.7651 | 4.6867 | 4.6189 | 4.5597 | 4.5075 | 4.4613 | 4.4199 | 4.3828 | 4.3492 | 4.3187 |
| 0.05 | 3.8056 | 3.7389 | 3.6824 | 3.6338 | 3.5916 | 3.5546 | 3.5219 | 3.4928 | 3.4668 | 3.4434 | 3.4221 | 3.4028 |

| α＼分母自由度 | 25 | 26 | 27 | 28 | 29 | 30 | 35 | 40 | 50 | 60 |
|---|---|---|---|---|---|---|---|---|---|---|
| 0.01 | 5.5680 | 5.5264 | 5.4881 | 5.4529 | 5.4205 | 5.3901 | 5.2679 | 5.1785 | 5.0566 | 4.9774 |
| 0.025 | 4.2909 | 4.2655 | 4.2421 | 4.2205 | 4.2006 | 4.1821 | 4.1065 | 4.0510 | 3.9749 | 3.9254 |
| 0.05 | 3.3852 | 3.3690 | 3.3542 | 3.3404 | 3.3277 | 3.3158 | 3.2674 | 3.2317 | 3.1826 | 3.1504 |

## (3)分子自由度 ＝ 3

| 分母自由度<br>α | 1 | 2 | 3 | 4 | 5 | 6 | 7 | 8 | 9 | 10 | 11 | 12 |
|---|---|---|---|---|---|---|---|---|---|---|---|---|
| 0.01 | 5403.3 | 99.166 | 29.4575 | 16.6944 | 12.0600 | 9.7796 | 8.4513 | 7.5910 | 6.9919 | 6.5524 | 6.2168 | 5.9526 |
| 0.025 | 864.2 | 39.166 | 15.4394 | 9.9792 | 7.7636 | 6.5989 | 5.8898 | 5.4160 | 5.0781 | 4.8256 | 4.6301 | 4.4742 |
| 0.05 | 215.7 | 19.164 | 9.2766 | 6.5914 | 5.4095 | 4.7571 | 4.3469 | 4.0662 | 3.8626 | 3.7083 | 3.5874 | 3.4903 |

| 分母自由度<br>α | 13 | 14 | 15 | 16 | 17 | 18 | 19 | 20 | 21 | 22 | 23 | 24 |
|---|---|---|---|---|---|---|---|---|---|---|---|---|
| 0.01 | 5.7394 | 5.5639 | 5.4170 | 5.2922 | 5.1850 | 5.0919 | 5.0103 | 4.9382 | 4.8741 | 4.8167 | 4.7649 | 4.7181 |
| 0.025 | 4.3472 | 4.2417 | 4.1528 | 4.0768 | 4.0112 | 3.9539 | 3.9035 | 3.8587 | 3.8188 | 3.7829 | 3.7505 | 3.7211 |
| 0.05 | 3.4105 | 3.3439 | 3.2874 | 3.2389 | 3.1967 | 3.1599 | 3.1274 | 3.0984 | 3.0725 | 3.0491 | 3.0280 | 3.0088 |

| 分母自由度<br>α | 25 | 26 | 27 | 28 | 29 | 30 | 35 | 40 | 50 | 60 |
|---|---|---|---|---|---|---|---|---|---|---|
| 0.01 | 4.6755 | 4.6366 | 4.6009 | 4.5681 | 4.5378 | 4.5098 | 4.3958 | 4.3126 | 4.1994 | 4.1259 |
| 0.025 | 3.6943 | 3.6697 | 3.6472 | 3.6264 | 3.6072 | 3.5894 | 3.5167 | 3.4633 | 3.3902 | 3.3425 |
| 0.05 | 2.9913 | 2.9752 | 2.9604 | 2.9467 | 2.9340 | 2.9223 | 2.8742 | 2.8387 | 2.7900 | 2.7581 |

## (4)分子自由度 ＝ 4

| 分母自由度<br>α | 1 | 2 | 3 | 4 | 5 | 6 | 7 | 8 | 9 | 10 | 11 | 12 |
|---|---|---|---|---|---|---|---|---|---|---|---|---|
| 0.01 | 5624.6 | 99.249 | 28.7101 | 15.9774 | 11.3920 | 9.1483 | 7.8466 | 7.0061 | 6.4221 | 5.9943 | 5.6683 | 5.4120 |
| 0.025 | 864.2 | 39.166 | 15.4394 | 9.9792 | 7.7636 | 6.5989 | 5.8898 | 5.4160 | 5.0781 | 4.8256 | 4.6301 | 4.4742 |
| 0.05 | 224.6 | 19.247 | 9.1172 | 6.3882 | 5.1922 | 4.5337 | 4.1203 | 3.8379 | 3.6331 | 3.4781 | 3.3567 | 3.2592 |

| 分母自由度<br>α | 13 | 14 | 15 | 16 | 17 | 18 | 19 | 20 | 21 | 22 | 23 | 24 |
|---|---|---|---|---|---|---|---|---|---|---|---|---|
| 0.01 | 5.2053 | 5.0354 | 4.8932 | 4.7726 | 4.6690 | 4.5790 | 4.5003 | 4.4307 | 4.3688 | 4.3134 | 4.2636 | 4.2185 |
| 0.025 | 4.3472 | 4.2417 | 3.8043 | 3.7294 | 3.6648 | 3.6084 | 3.5587 | 3.5147 | 3.4754 | 3.4402 | 3.4083 | 3.3794 |
| 0.05 | 3.1792 | 3.1123 | 3.0556 | 3.0070 | 2.9647 | 2.9278 | 2.8951 | 2.8661 | 2.8401 | 2.8167 | 2.7955 | 2.7763 |

| 分母自由度<br>α | 25 | 26 | 27 | 28 | 29 | 30 | 35 | 40 | 50 | 60 |
|---|---|---|---|---|---|---|---|---|---|---|
| 0.01 | 4.1775 | 4.1400 | 4.10562 | 4.0740 | 4.0449 | 4.0179 | 3.9083 | 3.8283 | 3.7196 | 3.6491 |
| 0.025 | 3.3530 | 3.3289 | 3.3067 | 3.2863 | 3.2674 | 3.2499 | 3.1785 | 3.1261 | 3.0544 | 3.0077 |
| 0.05 | 2.7587 | 2.7426 | 2.7278 | 2.7141 | 2.7014 | 2.6897 | 2.6415 | 2.6060 | 2.5572 | 2.5252 |

## (5)分子自由度 = 5

| 分母自由度 \ α | 1 | 2 | 3 | 4 | 5 | 6 | 7 | 8 | 9 | 10 | 11 | 12 |
|---|---|---|---|---|---|---|---|---|---|---|---|---|
| 0.01 | 5763.6 | 99.299 | 28.2371 | 15.5219 | 10.9670 | 8.7459 | 7.4605 | 6.6318 | 6.0570 | 5.6363 | 5.3160 | 5.0644 |
| 0.025 | 921.8 | 39.298 | 14.8849 | 9.3645 | 7.1464 | 5.9876 | 5.28534 | 4.8173 | 4.4845 | 4.2361 | 4.0440 | 3.8912 |
| 0.05 | 230.2 | 19.296 | 9.0135 | 6.2561 | 5.0503 | 4.3874 | 3.9716 | 3.6875 | 3.4817 | 3.3258 | 3.2039 | 3.1059 |

| 分母自由度 \ α | 13 | 14 | 15 | 16 | 17 | 18 | 19 | 20 | 21 | 22 | 23 | 24 |
|---|---|---|---|---|---|---|---|---|---|---|---|---|
| 0.01 | 4.8617 | 4.6950 | 4.5556 | 4.4374 | 4.3359 | 4.2479 | 4.1708 | 4.1027 | 4.0422 | 3.9880 | 3.9392 | 3.8951 |
| 0.025 | 3.7667 | 3.6634 | 3.5764 | 3.5022 | 3.4380 | 3.3820 | 3.3327 | 3.2891 | 3.2501 | 3.2151 | 3.1835 | 3.1548 |
| 0.05 | 3.0255 | 2.9583 | 2.9013 | 2.8524 | 2.8100 | 2.7729 | 2.7401 | 2.7101 | 2.6848 | 2.6613 | 2.6400 | 2.6207 |

| 分母自由度 \ α | 25 | 26 | 27 | 28 | 29 | 30 | 35 | 40 | 50 | 60 |
|---|---|---|---|---|---|---|---|---|---|---|
| 0.01 | 3.8550 | 3.8183 | 3.7848 | 3.7539 | 3.7254 | 3.6990 | 3.5919 | 3.5138 | 3.4077 | 3.3389 |
| 0.025 | 3.1287 | 3.1048 | 3.0828 | 3.0626 | 3.0438 | 3.0267 | 2.9557 | 2.9037 | 2.8327 | 2.7863 |
| 0.05 | 2.6030 | 2.5868 | 2.5719 | 2.5581 | 2.5454 | 2.5336 | 2.4852 | 2.4495 | 2.4004 | 2.3683 |

## (6)分子自由度 = 6

| 分母自由度 \ α | 1 | 2 | 3 | 4 | 5 | 6 | 7 | 8 | 9 | 10 | 11 | 12 |
|---|---|---|---|---|---|---|---|---|---|---|---|---|
| 0.01 | 5859.0 | 99.333 | 27.9115 | 15.2069 | 10.6723 | 8.4662 | 7.1914 | 6.3707 | 5.8018 | 5.3858 | 5.0692 | 4.8206 |
| 0.025 | 937.1 | 39.331 | 14.7347 | 9.1973 | 6.9777 | 5.8198 | 5.1186 | 4.6517 | 4.3197 | 4.0721 | 3.8807 | 3.7283 |
| 0.05 | 234.0 | 19.329 | 8.9406 | 6.1631 | 4.9503 | 4.2839 | 3.8660 | 3.5806 | 3.3738 | 3.2172 | 3.0946 | 2.9961 |

| 分母自由度 \ α | 13 | 14 | 15 | 16 | 17 | 18 | 19 | 20 | 21 | 22 | 23 | 24 |
|---|---|---|---|---|---|---|---|---|---|---|---|---|
| 0.01 | 4.6204 | 4.4558 | 4.31822 | 4.20163 | 4.1015 | 4.0146 | 3.9386 | 3.8714 | 3.8117 | 3.7583 | 3.7102 | 3.6667 |
| 0.025 | 3.6043 | 3.5014 | 3.41467 | 3.3406 | 3.2767 | 3.2209 | 3.1719 | 3.1283 | 3.0895 | 3.0546 | 3.0232 | 2.9946 |
| 0.05 | 2.9153 | 2.8478 | 2.7905 | 2.7413 | 2.6987 | 2.6613 | 2.6283 | 2.5990 | 2.5727 | 2.5491 | 2.5277 | 2.5082 |

| 分母自由度 \ α | 25 | 26 | 27 | 28 | 29 | 30 | 35 | 40 | 50 | 60 |
|---|---|---|---|---|---|---|---|---|---|---|
| 0.01 | 3.6272 | 3.5911 | 3.5580 | 3.5276 | 3.4995 | 3.4735 | 3.3679 | 3.2910 | 3.1864 | 3.1187 |
| 0.025 | 2.9686 | 2.9447 | 2.9228 | 2.9027 | 2.8840 | 2.8667 | 2.7961 | 2.7444 | 2.6736 | 2.6274 |
| 0.05 | 2.4904 | 2.4741 | 2.4591 | 2.4453 | 2.4324 | 2.4205 | 2.3718 | 2.3359 | 2.2864 | 2.2541 |

## (7)分子自由度 = 7

| 分母自由度<br>α | 1 | 2 | 3 | 4 | 5 | 6 | 7 | 8 | 9 | 10 | 11 | 12 |
|---|---|---|---|---|---|---|---|---|---|---|---|---|
| 0.01 | 5928.3 | 99.356 | 27.6718 | 14.9758 | 10.4555 | 8.2601 | 6.9929 | 6.1777 | 5.6129 | 5.2002 | 4.8861 | 4.6395 |
| 0.025 | 948.2 | 39.355 | 14.6245 | 9.0741 | 6.8531 | 5.6955 | 4.9950 | 4.5286 | 4.1971 | 3.9498 | 3.7586 | 3.6065 |
| 0.05 | 236.8 | 19.353 | 8.8867 | 6.0944 | 4.8759 | 4.2066 | 3.7871 | 3.5005 | 3.2928 | 3.1355 | 3.0124 | 2.9134 |

| 分母自由度<br>α | 13 | 14 | 15 | 16 | 17 | 18 | 19 | 20 | 21 | 22 | 23 | 24 |
|---|---|---|---|---|---|---|---|---|---|---|---|---|
| 0.01 | 4.4410 | 4.2779 | 4.1416 | 4.0260 | 3.9267 | 3.8406 | 3.7653 | 3.6987 | 3.6396 | 3.5867 | 3.5390 | 3.4959 |
| 0.025 | 3.4827 | 3.3799 | 3.2934 | 3.2195 | 3.1556 | 3.0999 | 3.0509 | 3.0074 | 2.9686 | 2.9338 | 2.9024 | 2.8738 |
| 0.05 | 2.8321 | 2.7642 | 2.7066 | 2.6572 | 2.6143 | 2.5767 | 2.5435 | 2.5140 | 2.4876 | 2.4638 | 2.4422 | 2.4226 |

| 分母自由度<br>α | 25 | 26 | 27 | 28 | 29 | 30 | 35 | 40 | 50 | 60 |
|---|---|---|---|---|---|---|---|---|---|---|
| 0.01 | 3.4568 | 3.4210 | 3.3882 | 3.3581 | 3.3303 | 3.3045 | 3.2000 | 3.1238 | 3.0202 | 2.9531 |
| 0.025 | 2.8478 | 2.8240 | 2.8021 | 2.7820 | 2.7633 | 2.7460 | 2.6755 | 2.6238 | 2.5530 | 2.5068 |
| 0.05 | 2.4047 | 2.3883 | 2.3732 | 2.3593 | 2.3463 | 2.3343 | 2.2852 | 2.2490 | 2.1992 | 2.1665 |

## (8)分子自由度 = 8

| 分母自由度<br>α | 1 | 2 | 3 | 4 | 5 | 6 | 7 | 8 | 9 | 10 | 11 | 12 |
|---|---|---|---|---|---|---|---|---|---|---|---|---|
| 0.01 | 5981.0 | 99.374 | 27.4892 | 14.7990 | 10.2893 | 8.1017 | 6.8401 | 6.0289 | 5.4671 | 5.0567 | 4.7445 | 4.4994 |
| 0.025 | 956.7 | 39.373 | 14.5399 | 8.9796 | 6.7572 | 5.5997 | 4.8994 | 4.4333 | 4.1020 | 3.8549 | 3.6638 | 3.5112 |
| 0.05 | 238.9 | 19.371 | 8.8453 | 6.0410 | 4.8183 | 4.1468 | 3.7257 | 3.4381 | 3.2296 | 3.0717 | 2.9480 | 2.8486 |

| 分母自由度<br>α | 13 | 14 | 15 | 16 | 17 | 18 | 19 | 20 | 21 | 22 | 23 | 24 |
|---|---|---|---|---|---|---|---|---|---|---|---|---|
| 0.01 | 4.3021 | 4.1340 | 4.0045 | 3.8896 | 3.9710 | 3.7054 | 3.6305 | 3.5644 | 3.5057 | 3.4530 | 3.4057 | 3.3629 |
| 0.025 | 3.3880 | 3.2853 | 3.1988 | 3.1248 | 3.0690 | 3.0053 | 2.9563 | 2.9128 | 2.8740 | 2.8391 | 2.8077 | 2.7791 |
| 0.05 | 2.7669 | 2.6987 | 2.6408 | 2.5911 | 2.5480 | 2.5102 | 2.4768 | 2.4471 | 2.4205 | 2.3965 | 2.3748 | 2.3551 |

| 分母自由度<br>α | 25 | 26 | 27 | 28 | 29 | 30 | 35 | 40 | 50 | 60 |
|---|---|---|---|---|---|---|---|---|---|---|
| 0.01 | 3.3239 | 3.2884 | 3.2558 | 3.2259 | 3.1982 | 3.1726 | 3.0687 | 2.9930 | 2.8900 | 2.8233 |
| 0.025 | 2.7531 | 2.7293 | 2.7074 | 2.6872 | 2.6686 | 2.6513 | 2.5807 | 2.5289 | 2.4579 | 2.4117 |
| 0.05 | 2.3371 | 2.3205 | 2.3053 | 2.2913 | 2.2783 | 2.2662 | 2.2167 | 2.1802 | 2.1299 | 2.0970 |

## (9)分子自由度 = 9

| 分母自由度＼α | 1 | 2 | 3 | 4 | 5 | 6 | 7 | 8 | 9 | 10 | 11 | 12 |
|---|---|---|---|---|---|---|---|---|---|---|---|---|
| 0.01 | 6022.4 | 99.388 | 27.3454 | 14.6591 | 10.1578 | 7.9761 | 6.7188 | 5.9104 | 5.3511 | 4.9424 | 4.6316 | 4.3875 |
| 0.025 | 963.3 | 39.386 | 14.4731 | 8.9047 | 6.6811 | 5.5234 | 4.8233 | 4.3573 | 4.0260 | 3.7790 | 3.5879 | 3.4359 |
| 0.05 | 240.5 | 19.385 | 8.8124 | 5.9988 | 4.7725 | 4.0990 | 3.6767 | 3.3882 | 3.1789 | 3.0205 | 2.8962 | 2.7964 |

| 分母自由度＼α | 13 | 14 | 15 | 16 | 17 | 18 | 19 | 20 | 21 | 22 | 23 | 24 |
|---|---|---|---|---|---|---|---|---|---|---|---|---|
| 0.01 | 4.1911 | 4.0297 | 3.8948 | 3.7804 | 3.6823 | 3.5971 | 3.5225 | 3.4567 | 3.3982 | 3.3458 | 3.2984 | 3.2560 |
| 0.025 | 3.3121 | 3.2093 | 3.1227 | 3.04886 | 2.9849 | 2.9291 | 2.8802 | 2.8366 | 2.7977 | 2.7628 | 2.7313 | 2.7027 |
| 0.05 | 2.7145 | 2.6458 | 2.5876 | 2.5377 | 2.4943 | 2.4564 | 2.4227 | 2.3928 | 2.3661 | 2.3419 | 2.3201 | 2.3003 |

| 分母自由度＼α | 25 | 26 | 27 | 28 | 29 | 30 | 35 | 40 | 50 | 60 |
|---|---|---|---|---|---|---|---|---|---|---|
| 0.01 | 3.2172 | 3.1818 | 3.1494 | 3.1196 | 3.0920 | 3.0665 | 2.9630 | 2.8876 | 2.7850 | 2.7185 |
| 0.025 | 2.6766 | 2.6528 | 2.6309 | 2.6107 | 2.5920 | 2.5746 | 2.5039 | 2.4519 | 2.3808 | 2.3344 |
| 0.05 | 2.2821 | 2.2655 | 2.2501 | 2.2360 | 2.2229 | 2.2107 | 2.1608 | 2.1240 | 2.0734 | 2.0401 |

## (10)分子自由度 = 10

| 分母自由度＼α | 1 | 2 | 3 | 4 | 5 | 6 | 7 | 8 | 9 | 10 | 11 | 12 |
|---|---|---|---|---|---|---|---|---|---|---|---|---|
| 0.01 | 6055.8 | 99.399 | 27.2288 | 14.5459 | 10.0510 | 7.8742 | 6.6201 | 5.8143 | 5.2565 | 4.8492 | 4.5393 | 4.2961 |
| 0.025 | 968.6 | 39.397 | 14.4190 | 8.8439 | 6.6192 | 5.4613 | 4.7611 | 4.2952 | 3.9639 | 3.7168 | 3.5257 | 3.3736 |
| 0.05 | 241.9 | 19.396 | 8.7857 | 5.9644 | 4.7351 | 4.0600 | 3.6365 | 3.3472 | 3.1373 | 2.9782 | 2.8536 | 2.7534 |

| 分母自由度＼α | 13 | 14 | 15 | 16 | 17 | 18 | 19 | 20 | 21 | 22 | 23 | 24 |
|---|---|---|---|---|---|---|---|---|---|---|---|---|
| 0.01 | 4.1003 | 3.9394 | 3.8049 | 3.6909 | 3.5931 | 3.5082 | 3.4338 | 3.3682 | 3.3098 | 3.2576 | 3.2100 | 3.1681 |
| 0.025 | 3.2497 | 3.1469 | 3.0602 | 2.9862 | 2.9222 | 2.8664 | 2.8173 | 2.7737 | 2.7348 | 2.6998 | 2.6682 | 2.6396 |
| 0.05 | 2.6710 | 2.6022 | 2.5437 | 2.4935 | 2.4499 | 2.4117 | 2.3779 | 2.3479 | 2.3210 | 2.2967 | 2.2747 | 2.2544 |

| 分母自由度＼α | 25 | 26 | 27 | 28 | 29 | 30 | 35 | 40 | 50 | 60 |
|---|---|---|---|---|---|---|---|---|---|---|
| 0.01 | 3.1294 | 3.0941 | 3.0618 | 3.0320 | 3.0045 | 2.9791 | 2.8758 | 2.8006 | 2.6981 | 2.6318 |
| 0.025 | 2.6135 | 2.5896 | 2.5676 | 2.5473 | 2.5286 | 2.51119 | 2.4403 | 2.38826 | 2.3168 | 2.2702 |
| 0.05 | 2.2365 | 2.2197 | 2.2043 | 2.1901 | 2.1769 | 2.1646 | 2.1143 | 2.0773 | 2.0261 | 1.9926 |

## (11)分子自由度 = 12

| 分母自由度<br>α | 1 | 2 | 3 | 4 | 5 | 6 | 7 | 8 | 9 | 10 | 11 | 12 |
|---|---|---|---|---|---|---|---|---|---|---|---|---|
| 0.01 | 6106.3 | 99.416 | 27.0518 | 14.3736 | 9.8883 | 7.7184 | 6.4691 | 5.6667 | 5.1114 | 4.7059 | 4.3974 | 4.1553 |
| 0.025 | 976.7 | 39.414 | 14.3369 | 8.7512 | 6.5246 | 5.3663 | 4.6659 | 4.1997 | 3.8682 | 3.6210 | 3.4296 | 3.2773 |
| 0.05 | 243.9 | 19.412 | 8.7446 | 5.9118 | 4.6777 | 3.9999 | 3.5747 | 3.2839 | 3.0730 | 2.9130 | 2.7876 | 2.6867 |

| 分母自由度<br>α | 13 | 14 | 15 | 16 | 17 | 18 | 19 | 20 | 21 | 22 | 23 | 24 |
|---|---|---|---|---|---|---|---|---|---|---|---|---|
| 0.01 | 3.9603 | 3.8001 | 3.6662 | 3.5527 | 3.4552 | 3.3706 | 3.2965 | 3.2311 | 3.1730 | 3.1209 | 3.0740 | 3.0316 |
| 0.025 | 3.1532 | 3.0502 | 2.9633 | 2.8891 | 2.8249 | 2.7689 | 2.7196 | 2.6758 | 2.6368 | 2.6017 | 2.5699 | 2.5412 |
| 0.05 | 2.6037 | 2.5343 | 2.4753 | 2.4247 | 2.3807 | 2.3421 | 2.3080 | 2.2776 | 2.2504 | 2.2258 | 2.2036 | 2.1834 |

| 分母自由度<br>α | 25 | 26 | 27 | 28 | 29 | 30 | 35 | 40 | 50 | 60 |
|---|---|---|---|---|---|---|---|---|---|---|
| 0.01 | 2.9931 | 2.9579 | 2.9256 | 2.8959 | 2.8685 | 2.8431 | 2.7400 | 2.6648 | 2.5625 | 2.4961 |
| 0.025 | 2.5149 | 2.4909 | 2.4688 | 2.4484 | 2.4295 | 2.4120 | 2.3406 | 2.2882 | 2.2162 | 2.1692 |
| 0.05 | 2.1649 | 2.1479 | 2.1323 | 2.1179 | 2.1045 | 2.0921 | 2.0411 | 2.0035 | 1.9515 | 1.9174 |

## (12)分子自由度 = 14

| 分母自由度<br>α | 1 | 2 | 3 | 4 | 5 | 6 | 7 | 8 | 9 | 10 | 11 | 12 |
|---|---|---|---|---|---|---|---|---|---|---|---|---|
| 0.01 | 6142.6 | 99.428 | 26.9240 | 14.2486 | 9.7700 | 7.6050 | 6.3590 | 5.55898 | 5.0052 | 4.6009 | 4.2932 | 4.0518 |
| 0.025 | 982.5 | 39.425 | 14.2768 | 8.6838 | 6.4556 | 5.29682 | 4.5961 | 4.1297 | 3.7980 | 3.5504 | 3.3589 | 3.2062 |
| 0.05 | 245.4 | 19.424 | 8.7149 | 5.8734 | 4.6358 | 3.9559 | 3.5293 | 3.2374 | 3.0255 | 2.8648 | 2.7387 | 2.6371 |

| 分母自由度<br>α | 13 | 14 | 15 | 16 | 17 | 18 | 19 | 20 | 21 | 22 | 23 | 24 |
|---|---|---|---|---|---|---|---|---|---|---|---|---|
| 0.01 | 3.8574 | 3.6975 | 3.5634 | 3.4506 | 3.3533 | 3.2689 | 3.1949 | 3.1296 | 3.0715 | 3.0195 | 2.9727 | 2.9303 |
| 0.025 | 3.0819 | 2.9786 | 2.8915 | 2.8171 | 2.7526 | 2.6964 | 2.6469 | 2.6030 | 2.5638 | 2.5285 | 2.4966 | 2.4677 |
| 0.05 | 2.5536 | 2.4837 | 2.4244 | 2.3733 | 2.3290 | 2.2900 | 2.2556 | 2.2250 | 2.1975 | 2.1727 | 2.1502 | 2.1298 |

| 分母自由度<br>α | 25 | 26 | 27 | 28 | 29 | 30 | 35 | 40 | 50 | 60 |
|---|---|---|---|---|---|---|---|---|---|---|
| 0.01 | 2.8918 | 2.8566 | 2.8243 | 2.7946 | 2.7672 | 2.7418 | 2.6387 | 2.5634 | 2.4609 | 2.3944 |
| 0.025 | 2.4413 | 2.4171 | 2.3949 | 2.3744 | 2.3554 | 2.3378 | 2.2659 | 2.2130 | 2.1404 | 2.0929 |
| 0.05 | 2.1111 | 2.0940 | 2.0782 | 2.0635 | 2.0500 | 2.0374 | 1.9858 | 1.9476 | 1.8949 | 1.8602 |

## ⒀分子自由度 = 16

| 分母自由度<br>α | 1 | 2 | 3 | 4 | 5 | 6 | 7 | 8 | 9 | 10 | 11 | 12 |
|---|---|---|---|---|---|---|---|---|---|---|---|---|
| 0.01 | 6170.1 | 99.436 | 26.8269 | 14.1535 | 9.6802 | 7.5187 | 6.2750 | 5.4766 | 4.9240 | 4.5205 | 4.2134 | 3.9724 |
| 0.025 | 986.9 | 39.435 | 14.2315 | 8.6326 | 6.4032 | 5.2439 | 4.5429 | 4.0761 | 3.7441 | 3.4963 | 3.3044 | 3.1515 |
| 0.05 | 246.5 | 19.433 | 8.6923 | 5.8441 | 4.6038 | 3.9223 | 3.4944 | 3.2016 | 2.9890 | 2.8276 | 2.7009 | 2.5989 |

| 分母自由度<br>α | 13 | 14 | 15 | 16 | 17 | 18 | 19 | 20 | 21 | 22 | 23 | 24 |
|---|---|---|---|---|---|---|---|---|---|---|---|---|
| 0.01 | 3.7783 | 3.6187 | 3.4853 | 3.3721 | 3.2748 | 3.1904 | 3.1165 | 3.0512 | 2.9931 | 2.9411 | 2.8943 | 2.8519 |
| 0.025 | 3.0269 | 2.9234 | 2.8361 | 2.7614 | 2.6968 | 2.6404 | 2.5907 | 2.5465 | 2.5071 | 2.4717 | 2.4397 | 2.4106 |
| 0.05 | 2.5149 | 2.4446 | 2.3849 | 2.3335 | 2.2888 | 2.2496 | 2.2149 | 2.1840 | 2.1563 | 2.1313 | 2.1086 | 2.0880 |

| 分母自由度<br>α | 25 | 26 | 27 | 28 | 29 | 30 | 35 | 40 | 50 | 60 |
|---|---|---|---|---|---|---|---|---|---|---|
| 0.01 | 2.8133 | 2.7781 | 2.7458 | 2.7161 | 2.6886 | 2.6632 | 2.5599 | 2.4844 | 2.3816 | 2.3148 |
| 0.025 | 2.3840 | 2.3597 | 2.3373 | 2.3167 | 2.2976 | 2.2799 | 2.2075 | 2.1542 | 2.0810 | 2.0330 |
| 0.05 | 2.0691 | 2.0518 | 2.0358 | 2.0210 | 2.0074 | 1.9946 | 1.9424 | 1.9038 | 1.8503 | 1.8151 |

## ⒁分子自由度 = 18

| 分母自由度<br>α | 1 | 2 | 3 | 4 | 5 | 6 | 7 | 8 | 9 | 10 | 11 | 12 |
|---|---|---|---|---|---|---|---|---|---|---|---|---|
| 0.01 | 6191.5 | 99.443 | 26.7509 | 14.0796 | 9.6096 | 7.4507 | 6.2089 | 5.4116 | 4.8599 | 4.4569 | 4.1503 | 3.9095 |
| 0.025 | 990.3 | 39.442 | 14.1960 | 8.5926 | 6.3619 | 5.2022 | 4.5008 | 4.0338 | 3.7015 | 3.4534 | 3.2612 | 3.1081 |
| 0.05 | 247.3 | 19.440 | 8.6745 | 5.8211 | 4.5785 | 3.8957 | 3.4669 | 3.1733 | 2.9600 | 2.7981 | 2.6709 | 2.5684 |

| 分母自由度<br>α | 13 | 14 | 15 | 16 | 17 | 18 | 19 | 20 | 21 | 22 | 23 | 24 |
|---|---|---|---|---|---|---|---|---|---|---|---|---|
| 0.01 | 3.7156 | 3.5561 | 3.4228 | 3.3096 | 3.2124 | 3.1280 | 3.0541 | 2.9887 | 2.9306 | 2.8786 | 2.8317 | 2.7892 |
| 0.025 | 2.9832 | 2.8795 | 2.7919 | 2.7170 | 2.6522 | 2.5956 | 2.5457 | 2.5014 | 2.4618 | 2.4262 | 2.3940 | 2.3648 |
| 0.05 | 2.4841 | 2.4134 | 2.3533 | 2.3016 | 2.2567 | 2.2172 | 2.1823 | 2.1511 | 2.1232 | 2.0980 | 2.0752 | 2.0543 |

| 分母自由度<br>α | 25 | 26 | 27 | 28 | 29 | 30 | 35 | 40 | 50 | 60 |
|---|---|---|---|---|---|---|---|---|---|---|
| 0.01 | 2.7506 | 2.7153 | 2.6830 | 2.6532 | 2.6257 | 2.6003 | 2.4967 | 2.4210 | 2.3178 | 2.2507 |
| 0.025 | 2.3381 | 2.3137 | 2.2912 | 2.2704 | 2.2512 | 2.2334 | 2.1605 | 2.1068 | 2.0330 | 1.9846 |
| 0.05 | 2.0353 | 2.0178 | 2.0017 | 1.9868 | 1.9730 | 1.9601 | 1.9074 | 1.8682 | 1.8141 | 1.7785 |

## ⒂分子自由度 = 20

| 分母自由度 / α | 1 | 2 | 3 | 4 | 5 | 6 | 7 | 8 | 9 | 10 | 11 | 12 |
|---|---|---|---|---|---|---|---|---|---|---|---|---|
| 0.01 | 6208.7 | 99.449 | 26.6898 | 14.0196 | 9.5527 | 7.3958 | 6.1554 | 5.3591 | 4.8080 | 4.4054 | 4.0991 | 3.8584 |
| 0.025 | 993.1 | 39.448 | 14.1674 | 8.5600 | 6.3286 | 5.1684 | 4.4668 | 3.9995 | 3.6669 | 3.4186 | 3.2262 | 3.0728 |
| 0.05 | 248.0 | 19.446 | 8.6602 | 5.8026 | 4.5582 | 3.8742 | 3.4445 | 3.1504 | 2.9365 | 2.7740 | 2.6465 | 2.5436 |

| 分母自由度 / α | 13 | 14 | 15 | 16 | 17 | 18 | 19 | 20 | 21 | 22 | 23 | 24 |
|---|---|---|---|---|---|---|---|---|---|---|---|---|
| 0.01 | 3.6646 | 3.5052 | 3.3719 | 3.2587 | 3.1615 | 3.0771 | 3.0031 | 2.9377 | 2.8796 | 2.8275 | 2.7805 | 2.7380 |
| 0.025 | 2.9477 | 2.8437 | 2.7559 | 2.6808 | 2.6158 | 2.5590 | 2.5089 | 2.4645 | 2.4248 | 2.3890 | 2.3567 | 2.3273 |
| 0.05 | 2.4589 | 2.3879 | 2.3276 | 2.2756 | 2.2304 | 2.1907 | 2.1555 | 2.1242 | 2.0960 | 2.0707 | 2.0476 | 2.0267 |

| 分母自由度 / α | 25 | 26 | 27 | 28 | 29 | 30 | 35 | 40 | 50 | 60 |
|---|---|---|---|---|---|---|---|---|---|---|
| 0.01 | 2.6993 | 2.6640 | 2.6316 | 2.6017 | 2.5742 | 2.5487 | 2.4448 | 2.3689 | 2.2652 | 2.1978 |
| 0.025 | 2.3005 | 2.2759 | 2.2533 | 2.2324 | 2.2131 | 2.1952 | 2.1218 | 2.0677 | 1.9933 | 1.9445 |
| 0.05 | 2.0075 | 1.9899 | 1.9736 | 1.9586 | 1.9446 | 1.9317 | 1.8784 | 1.8389 | 1.7841 | 1.7480 |

## ⒃分子自由度 = 25

| 分母自由度 / α | 1 | 2 | 3 | 4 | 5 | 6 | 7 | 8 | 9 | 10 | 11 | 12 |
|---|---|---|---|---|---|---|---|---|---|---|---|---|
| 0.01 | 6239.8 | 99.458 | 26.5791 | 13.9109 | 9.4491 | 7.2960 | 6.0580 | 5.2632 | 4.7130 | 4.3111 | 4.0051 | 3.7647 |
| 0.025 | 998.1 | 39.458 | 14.1155 | 8.5010 | 6.2679 | 5.1069 | 4.4046 | 3.9367 | 3.6035 | 3.3546 | 3.1617 | 3.0078 |
| 0.05 | 249.3 | 19.456 | 8.6342 | 5.7688 | 4.5209 | 3.8348 | 3.4036 | 3.1082 | 2.8932 | 2.7298 | 2.6014 | 2.4977 |

| 分母自由度 / α | 13 | 14 | 15 | 16 | 17 | 18 | 19 | 20 | 21 | 22 | 23 | 24 |
|---|---|---|---|---|---|---|---|---|---|---|---|---|
| 0.01 | 3.5710 | 3.4116 | 3.2782 | 3.1650 | 3.0677 | 2.9831 | 2.9089 | 2.8434 | 2.7851 | 2.7328 | 2.6857 | 2.6430 |
| 0.025 | 2.8822 | 2.7777 | 2.6894 | 2.6138 | 2.5484 | 2.4912 | 2.4408 | 2.3959 | 2.3558 | 2.3198 | 2.2871 | 2.2574 |
| 0.05 | 2.4123 | 2.3407 | 2.2797 | 2.2272 | 2.1815 | 2.1413 | 2.1057 | 2.0739 | 2.0454 | 2.0197 | 1.9963 | 1.9750 |

| 分母自由度 / α | 25 | 26 | 27 | 28 | 29 | 30 | 35 | 40 | 50 | 60 |
|---|---|---|---|---|---|---|---|---|---|---|
| 0.01 | 2.6041 | 2.5686 | 2.5360 | 2.5060 | 2.4783 | 2.4526 | 2.3480 | 2.2714 | 2.1667 | 2.0984 |
| 0.025 | 2.2303 | 2.2055 | 2.1826 | 2.1615 | 2.1419 | 2.1237 | 2.0493 | 1.9943 | 1.9186 | 1.8687 |
| 0.05 | 1.9555 | 1.9375 | 1.9210 | 1.9057 | 1.8915 | 1.8783 | 1.8239 | 1.7835 | 1.7274 | 1.6902 |

## (17)分子自由度 = 30

| 分母自由度<br>α | 1 | 2 | 3 | 4 | 5 | 6 | 7 | 8 | 9 | 10 | 11 | 12 |
|---|---|---|---|---|---|---|---|---|---|---|---|---|
| 0.01 | 6260.6 | 99.464 | 26.5048 | 13.8377 | 9.3793 | 7.2286 | 5.9920 | 5.1981 | 4.6486 | 4.2469 | 3.9411 | 3.7008 |
| 0.025 | 1001.4 | 39.465 | 14.0807 | 8.4614 | 6.2269 | 5.0652 | 4.3624 | 3.8940 | 3.5604 | 3.3110 | 3.1176 | 2.9633 |
| 0.05 | 250.1 | 19.462 | 8.6166 | 5.7459 | 4.4958 | 3.8082 | 3.3758 | 3.0794 | 2.8637 | 2.6996 | 2.5705 | 2.4663 |

| 分母自由度<br>α | 13 | 14 | 15 | 16 | 17 | 18 | 19 | 20 | 21 | 22 | 23 | 24 |
|---|---|---|---|---|---|---|---|---|---|---|---|---|
| 0.01 | 3.5070 | 3.3476 | 3.2141 | 3.1007 | 3.0032 | 2.9185 | 2.8442 | 2.7785 | 2.7110 | 2.6675 | 2.6202 | 2.5773 |
| 0.025 | 2.8373 | 2.7324 | 2.6894 | 2.6138 | 2.5484 | 2.4912 | 2.4408 | 2.3959 | 2.3558 | 2.3198 | 2.2871 | 2.2574 |
| 0.05 | 2.3803 | 2.3082 | 2.2468 | 2.1938 | 2.1477 | 2.1072 | 2.0712 | 2.0391 | 2.0103 | 1.9842 | 1.9605 | 1.9390 |

| 分母自由度<br>α | 25 | 26 | 27 | 28 | 29 | 30 | 35 | 40 | 50 | 60 |
|---|---|---|---|---|---|---|---|---|---|---|
| 0.01 | 2.5383 | 2.5026 | 2.4699 | 2.4397 | 2.4118 | 2.3860 | 2.2806 | 2.2034 | 2.0976 | 2.0285 |
| 0.025 | 2.2303 | 2.2055 | 2.1826 | 2.1615 | 2.0923 | 2.0740 | 1.9986 | 1.9429 | 1.8659 | 1.8152 |
| 0.05 | 1.9192 | 1.9010 | 1.8842 | 1.8687 | 1.8543 | 1.8409 | 1.7856 | 1.7443 | 1.6872 | 1.6491 |

# 附錄⑻　卡方分配機率表

$$P(\chi^2 \geq \chi^2_\alpha(\nu)) = \alpha$$

| ν＼α | 0.100 | 0.05 | 0.025 | 0.01 | 0.005 |
|---|---|---|---|---|---|
| 1 | 2.7055 | 3.8415 | 5.0239 | 6.6349 | 7.8795 |
| 2 | 4.6052 | 5.9915 | 7.3778 | 9.2103 | 10.5966 |
| 3 | 6.2514 | 7.8147 | 9.3484 | 11.3449 | 12.8382 |
| 4 | 7.7794 | 9.4877 | 11.1433 | 13.2767 | 14.8603 |
| 5 | 9.2364 | 11.0705 | 12.8325 | 15.0863 | 16.7496 |
| 6 | 10.6446 | 12.5916 | 14.4494 | 16.8119 | 18.5476 |
| 7 | 12.0170 | 14.0671 | 16.0128 | 18.4753 | 20.2778 |
| 8 | 13.3616 | 15.5073 | 17.5346 | 20.0902 | 21.9550 |
| 9 | 14.6837 | 16.9190 | 19.0228 | 21.6660 | 23.5893 |
| 10 | 15.9872 | 18.3070 | 20.4832 | 23.2093 | 25.1882 |
| 11 | 17.2750 | 19.6751 | 21.9201 | 24.7250 | 26.7569 |
| 12 | 18.5493 | 21.0261 | 23.3367 | 26.2170 | 28.2996 |
| 13 | 19.8119 | 22.3620 | 24.7356 | 27.6882 | 29.8194 |
| 14 | 21.0641 | 23.6848 | 26.1190 | 29.1413 | 31.3194 |
| 15 | 22.3071 | 24.9958 | 27.4884 | 30.5779 | 32.8013 |
| 16 | 23.5418 | 26.2963 | 28.8454 | 32.0001 | 34.2674 |
| 17 | 24.7690 | 27.5871 | 30.1910 | 33.4085 | 35.7182 |
| 18 | 25.9894 | 28.8693 | 31.5264 | 34.8053 | 37.1564 |
| 19 | 27.2036 | 30.1435 | 32.8523 | 36.1907 | 38.5820 |
| 20 | 28.4120 | 31.4104 | 34.1696 | 37.5662 | 39.9968 |
| 21 | 29.6151 | 32.6706 | 35.4789 | 38.9322 | 41.4011 |
| 22 | 30.8133 | 33.9245 | 36.7808 | 40.2895 | 42.7960 |
| 23 | 32.0069 | 35.1724 | 38.0755 | 41.6382 | 44.1808 |
| 24 | 33.1962 | 36.4150 | 39.3641 | 42.9798 | 45.5586 |
| 25 | 34.3816 | 37.6525 | 40.6466 | 44.3144 | 46.9285 |
| 26 | 35.5632 | 38.8852 | 41.9233 | 45.6419 | 48.2903 |
| 27 | 36.7412 | 40.1133 | 43.1946 | 46.9631 | 49.6452 |
| 28 | 37.9159 | 41.3372 | 44.4608 | 48.2783 | 50.9936 |
| 29 | 39.0875 | 42.5570 | 45.7224 | 49.5881 | 52.3360 |
| 30 | 40.2560 | 43.7730 | 46.9793 | 50.8922 | 53.6720 |

# 附錄㈨ 部份習題解答

## 第一章

1.4 本地的家庭主婦, 家庭主婦一個月中平均花多少時間逛街買衣服, 500 位家庭主婦。

1.5 27436 件理賠案, 平均每一件交通事故的理賠金額, 800 件理賠案。

1.6 罹患肝癌的病人, 3 個月內癌細胞受控制的情況, 250 名病人, 新的治療方法較以往的有效──推論統計; 癌細胞受控制的百分比 45% 及 20% ──敍述統計。

1.7 臺灣地區國小學童, 國小學童平均蛀牙個數, 6000 位學童, 敍述統計。

1.8 到關渡地區過冬的濱鷸鳥, 雌雄判斷及所佔比率, 377 隻。

1.9 接受與不接受雷射治療的中年眼盲病患, 兩母體的失明比率, 各 224 位病人, 接受與不接受雷射治療失明比率之差異。

1.10 敍述統計: 628, 45%; 推論統計: 80%。

1.11 中華百貨公司的消費者, 推論統計。

## 第二章

2.1 觀察研究, 敍述統計。

2.2 觀察研究; (1), (4)為連續計量資料; (2), (7)為二元類別資料; (3)為無秩序類別資料; (5), (6)為離散計量資料。

2.3 設計研究, 有秩序類別資料。

2.4 $A$ 被選出之機率為 0.5, $B$, $C$ 被選出之機率為 0.25。

**2.5** 僅 $AB$, $CD$ 合併選出，其他 $AC, AD, \cdots$ 等情況不可能出現，所以不是公平的隨機實驗。

**2.6** 被選之機率均為 $\dfrac{10}{40}$。

**2.7** 低估，低估，高估，高估（節目性質不同，結果可能不同）。

**2.8** 屬母體不明確的抽樣。

**2.9** 定性資料(1), (4)；離散計量資料(2), (3)；連續計量資料(5), (6)。

**2.11** 連續計量資料，無秩序類別資料，離散計量資料，有秩序類別資料，二元類別資料，連續計量資料。

**2.12** (1)連續計量資料 (2)無秩序類別資料 (3)連續計量資料 (4)離散計量資料 (5)離散計量資料 (6)無秩序類別資料。

## 第三章

**3.1**

| $N$ | $L$ | $B$ | $J$ | $K$ | $M$ | $Q$ | $P$ | $R$ | $A$ | $C$ | $F$ | $T$ |
|---|---|---|---|---|---|---|---|---|---|---|---|---|
| 41 | 14 | 6 | 5 | 5 | 5 | 5 | 4 | 3 | 2 | 1 | 1 | 1 |

**3.2** 使用圓形圖。

**3.3** 分別計算各業佔當年生產毛額的百分比，然後以長條圖並利用不同圖案區分各業表達。

**3.7**

| 不良數 | 0 | 1 | 2 | 3 | 4 | 5 | 合計 |
|---|---|---|---|---|---|---|---|
| 箱　數 | 8 | 13 | 6 | 1 | 1 | 1 | 30 |

**3.8** (a), (d)可以；(b), (c)不可以。

**3.10** 7 組，5，3　8　13　18　23，10.5~15.5，5　30　60　55　40　10　5，83%。

**3.15** 53, 86, 88%。

**3.16** 西區，東區 0.8　西區 0.53，28700，西區。

**3.19** 勉強 60 分的人數較多。

**3.20** $B$ 組，不可以。

**3.21** 30, 3, 21, 304, 73.3%。

**3.22** 81.8%。

## 第四章

**4.1** 83.6 個月。

**4.2** 甲、丙超載。

**4.3** 40 公克。

**4.4** 2.5475 件， 0.002548， 0.0504。

**4.5** 1082.67, 926.67, 804.67, 1270.33; 1027.5, 1010, 1025.75; 3 年產量標準差分別為 314.15, 428.24, 313.19, 因此以 83 年各季產量較集中。

**4.7** (1) 5.64, 4.5, 4.5 (2) 3.3。

**4.8** 94 元， 91 元， 100 元， 97.3 元。

**4.9** (a) $\overline{X} = 7.6$, $Me = 7$, $R = 11$, $S = 4.45$, $Mo =$ none (b) $\overline{X} = 5.33$, $Me = 5.5$, $R = 7$, $S = 2.805$, $Mo = 4,8$ (c) $\overline{X} = 5 = Me = Mo$, $R = 0$, $S = 0$ (d) $\overline{X} = 0.88$, $Me = 2$, $R = 12$, $S = 3.888$, $Mo = 0,2,4$ (e) $\overline{X} = 0.44$, $Me = 1$, $Mo = 0,1,2$, $R = 6$, $S = 1.944$。

**4.10** 取中位數 28.85℃ 或刪除第 4 筆，求其餘資料之算術平均數 29℃。

**4.11** $\overline{X} = 1.7$, $Me = 1.5$, $Mo = 1$, $S = 1.38$。

**4.13** (a) 13.2, 12.6 (b) 應刪除意外情況。

**4.14** $\overline{X} = 477.25$, $Me = 454$, $S = 197.319$, 因有離群值，須使用中位數。

**4.15** (a) $\overline{X} = 52$, $Me = 50$, $Mo = 50$, $S = 15.095$ (b) $52 \times 140 = 7280$。

**4.16** 算術平均數增加 1406250, 中位數不變。

**4.17** (b) $\overline{X_1} = 20$, $S_1 = 5.94$, $\overline{X_2} = 20$, $S_2 = 14.72$。

**4.18** (a) 一個單峰對稱資料 (b) 6 倍 (c) 每一資料必相等 (d) 表示這組資料可能相等或為 $S = 1$ 的資料 (e) 無誤。

**4.19**　左偏，右偏，左偏，近似對稱，對稱雙峰分配，單峰近似對稱。

**4.20**　有設限資料，須採中位數計算。

**4.24**　不應在此林場購買。

**4.25**　表現很理想。

**4.26**　$\mu = \dfrac{402}{7}$, $\sigma = \dfrac{80}{7}$。

**4.27**　70%, 93%, 99%。

**4.28**　(b) 242.4, 242, 20, 7.797; 266.4, 265, 17, 6.427; 274.8, 277, 17, 7.12; 305, 305, 28, 10.344; (c) 254.4, 254, 45, 14.331; (d) 289.9, 286, 53, 17.984; (e) 258.6, 257.5, 52, 18.47; (f) 285.7, 282.5, 60, 21.904。

**4.29**　74.17%, 94.17%, 100%。

**4.33**　45 元，50 元及 60 元，55 元。

**4.34**　甲班；甲班；乙班；甲班；52,96; 40,98。

## 第五章

**5.1**

| 看電視＼性別 | 男 | 女 | 合計 |
|---|---|---|---|
| 不　看 | 6 | 4 | 10 |
| 偶而看 | 30 | 10 | 40 |
| 經常看 | 84 | 66 | 150 |
| 合　計 | 120 | 80 | 200 |

**5.2**

| 血壓＼體重 | 49 以下 | 50 至 59 | 60 以上 | 合計 |
|---|---|---|---|---|
| 高　血　壓 | 0 | 0 | 2 | 2 |
| 疑似高血壓 | 1 | 1 | 0 | 2 |
| 正　常　值 | 1 | 9 | 0 | 10 |
| 低　血　壓 | 1 | 0 | 0 | 1 |
| 合　　計 | 3 | 10 | 2 | 15 |

5.3 行的相對次數表示各部機器的不良率，列的相對次數表示各部機器的生產比率。

5.4 (a)丙，(b)丙，(c)甲，(d)丁，(e)期末考，(f)期中考，(g)正相關。

## 第六章

6.1 $Y_4$。

6.2 不可能沒有身高。

6.3

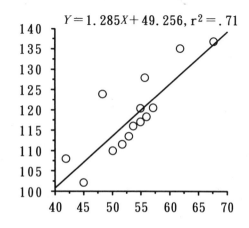

$Y = 1.285X + 49.256, r^2 = .71$

6.4 $r = 0.297$。

6.5 $Y' = 0.115 + 0.022X, \ 0.555$。

6.6 (a) $S' = -4.62 + 2.32T$ (b)平均可增加 2.32 單位。

6.7 (a) $Q' = 214.89 - 11.39P$ (b)平均減少 11.39 單位 (c) $r = 0.98$。

6.8 $Y = -\dfrac{6200}{9} + \dfrac{250F}{9}$。

6.9 $-0.898$。

6.10 $0.958$。

6.11 $0.981$。

6.12 $0.995$。

**6.13** $Y' = 3297.169 - 27.821X$, $Y' = -1473.228 + 61.449X$, $Y' = -7184.816 +$

$139.527X$; $960.205$, $3688.488$, $4535.452$。

**6.15** (a) $16.6$　(b) $\hat{m}_t = 13.6 + 0.6t$。

**6.16** $-2.56, -2.16, -1.96, -4.28, -5.42, -6.30, -6.28, 2.14, 20.36, 7.70, -0.52, -0.74$。

## 第七章

**7.1** *ABC ABD ABE ACD ACE ADE BCD BCE BDE CDE*; $\dfrac{3}{10}$。

**7.2** 每一種組合可再分成 6 種，如 *ABC* 可有 $A_1B_2C_3$　$A_1B_3C_2$　$A_3B_2C_1$

$A_3B_1C_2$　$A_2B_1C_3$　$A_2B_3C_1$ 總共 60 種；$\dfrac{12}{60}$。

**7.3** $53$。

**7.4** $0.5, 0.5, 0.25, 0.75$。

**7.5** $0.48, 0.44, 0.08, 0.92$。

**7.6** $\dfrac{437}{1500}, \dfrac{1063}{1500}, 0.4, 0.2, \dfrac{72}{1500}, \dfrac{184}{1500}, 0, \dfrac{228}{1500}, \dfrac{1135}{1500}, 1, \dfrac{114}{300}, \dfrac{36}{437}$。

**7.7** $\dfrac{21}{2584}$。

**7.8** $\dfrac{21}{1292}$。

**7.9** $0.79515, 0.01445, 0.99965$。

**7.10** $0.1, 0.4375, \dfrac{24}{35}$。

**7.11** $0.7$。

**7.12** 出入廚房與樓梯人數並不相同。

**7.13** 第 1 次出現正面與第 2 次出現正面有同時出現的可能，兩者並非是

互斥事件。

**7.15** 第 1 種方式機會均等；第 2 種方式在不投返的情況下機會均等。

**7.16** $0.5, 0.45, \dfrac{1}{3}$，非獨立。

**7.17** $0.08; 0.56; 0.08; \dfrac{1}{7}; 1$。

7.18 $\dfrac{1011}{2090}$, $\dfrac{565}{2090}$, 無法求算, $\dfrac{684}{1340}$, $\dfrac{225}{1011}$。

7.19 $\dfrac{5}{14}$, $\dfrac{11}{14}$, $\dfrac{1}{14}$。

7.20 0.005985。

7.21 $P(x) = \begin{cases} \dfrac{1}{6}, & x = 1,2,3,4 \\ \dfrac{1}{3}, & x = 5 \end{cases}$

7.22 $x$ 等於 4,5,6,7,8,9,10,11 的機率分別為 $\dfrac{1}{495}$, $\dfrac{4}{495}$, $\dfrac{10}{495}$, $\dfrac{20}{495}$, $\dfrac{35}{495}$, $\dfrac{56}{495}$, $\dfrac{84}{495}$, $\dfrac{285}{495}$。

7.23 是，是，不是，是。

7.24 不需調整。

7.25 110, 140, 130; 訂購 4 個。

7.26 4.6, 2.04;

| $s$ | 0 | 1 | 2 | 3 | 4 |
|---|---|---|---|---|---|
| $P(s)$ | 0.3 | 0.2 | 0.3 | 0.1 | 0.1 |

; 1.5, 1.65。

7.27 180。

7.28 9167。

7.29 23.6。

7.30 9.76。

第八章

8.1 0.913862。

8.2 0.9224, 0.3456。

8.3 0.984099。

8.4 9, 0.402746。

8.5 $\dfrac{4}{35}$, $\dfrac{18}{35}$。

8.6 $\dfrac{2}{13}$。

**8.7** 不是，是，不是，不是。

**8.8** 1.25, 0.9, 0.75, 0.75。

**8.9** 0.64, 0.7。

**8.10** 0.875, 5.646。

**8.11** 0.158655, 0.372079, 0.041809, 0.570223。

**8.12** 1.96, −1.90, 2.576, 2.576。

**8.13** 0.158655, 0.977250。

**8.14** 0.9545, 0.002555, 5.5。

**8.15** 8856, 4650。

**8.16** 55.785, 67.14, 82.86, 94.215。

## 第九章

**9.1**

| $\overline{x}$ | 0 | 0.5 | 1 | 1.5 | 2 |
|---|---|---|---|---|---|
| $P(\overline{x})$ | $\dfrac{1}{36}$ | $\dfrac{1}{9}$ | $\dfrac{5}{18}$ | $\dfrac{1}{3}$ | $\dfrac{1}{4}$ |

**9.2** 投返抽樣

| $\overline{x}$ | 2 | 2.5 | 3 | 4 | 4.5 | 6 |
|---|---|---|---|---|---|---|
| $P(\overline{x})$ | .16 | .32 | .16 | .16 | .16 | .04 |

不投返抽樣

| $\overline{x}$ | 2 | 2.5 | 3 | 4 | 4.5 |
|---|---|---|---|---|---|
| $P(\overline{x})$ | .1 | .4 | .1 | .2 | .2 |

**9.3** 不投返抽樣

| $R$ | 2 | 4 | 6 | 8 | 10 | 14 |
|---|---|---|---|---|---|---|
| $P(R)$ | .1 | .3 | .2 | .1 | .2 | .1 |

| $S^2$ | 1 | 4 | 9 | 16 | 25 | 49 |
|---|---|---|---|---|---|---|
| $P(S^2)$ | .1 | .3 | .2 | .1 | .2 | .1 |

投返抽樣

| $R$ | 0 | 2 | 4 | 6 | 8 | 10 | 14 |
|---|---|---|---|---|---|---|---|
| $P(R)$ | .2 | .08 | .24 | .16 | .08 | .16 | .08 |

| $S^2$ | 0 | 1 | 4 | 9 | 16 | 25 | 49 |
|---|---|---|---|---|---|---|---|
| $P(S^2)$ | .2 | .08 | .24 | .16 | .08 | .16 | .08 |

9.4

| $r$ | 2 | 3 | 4 | 5 | 6 | 7 |
|---|---|---|---|---|---|---|
| $P(r)$ | $\frac{2}{35}$ | $\frac{5}{35}$ | $\frac{12}{35}$ | $\frac{9}{35}$ | $\frac{6}{35}$ | $\frac{1}{35}$ |

9.5

| $T$ | 6 | 7 | 8 | 9 | 10 | 11 | 12 | 13 | 14 | 15 | 16 | 17 | 18 |
|---|---|---|---|---|---|---|---|---|---|---|---|---|---|
| $P(T)$ | $\frac{1}{35}$ | $\frac{1}{35}$ | $\frac{2}{35}$ | $\frac{3}{35}$ | $\frac{4}{35}$ | $\frac{4}{35}$ | $\frac{5}{35}$ | $\frac{4}{35}$ | $\frac{4}{35}$ | $\frac{3}{35}$ | $\frac{2}{35}$ | $\frac{1}{35}$ | $\frac{1}{35}$ |

9.6    0.241964, 0.013553。

9.7    0.010444。

## 第十章

10.1　4, 36; 100, 1850。

10.2　12, 6; 6679.17, 1.941。

10.3　35, 6.91, $\dfrac{1}{7}$。

10.5　$\Sigma x_i = 0$ 時點估計為 $\dfrac{1}{4}$；$\Sigma x_i = 1$ 時點估計為 $\dfrac{1}{4}$；$\Sigma x_i = 2$ 時點估
計為 $\dfrac{1}{2}$；$\Sigma x_i = 3, 4$ 時點估計為 $\dfrac{3}{4}$。

10.6　偏低, 偏低, 不偏, 不偏。

10.7　$\dfrac{\Sigma n_i S_i^2}{\Sigma n_i - k}$。

10.9　$\alpha = \dfrac{\sigma_2^2 - \rho \sigma_1 \sigma_2}{\sigma_1^2 + \sigma_2^2 - 2\rho \sigma_1 \sigma_2}$。

10.10　$\dfrac{6}{9}$。

10.11　347.5。

10.12　(3.112, 3.348)。

10.13　(4.392, 17.308)。

10.14　(1.343, 2.357)。

10.15　58.92%, 49。

10.16　(41.99, 58.01); (36.47, 63.53)。

10.17　(440.15, 518.98)。

10.18　(0.139, 0.193)。

10.19　(0.703, 0.721), (0.7022, 0.7218)。

10.20　1522。

10.21　(6.241, 7.588); 105。

## 第十一章

11.2　0.0082。

11.3　0.0668。

11.5　0.0103, 0.26435。

11.6　第一型誤差，較小的 $\alpha$。

11.7　$z = 1.46 < 1.645$。

11.8　$z = -2.15 < -1.28$。

11.9　$z = 1.48 < 1.645$。

11.10　$z = 6 > 2.575$。

11.11　$z = 10.72 > 1.645$。

11.12　$z = -3.01 < -2.33$。

11.13　$z = -1.275 > -2.33$。

11.14　$z = -2.571 < -2.33$。

11.15　$z = 1.229 < 2.575$。

11.16　$z = 1.02 < 1.28$。

11.17　$z = 2.586 > 1.645$。

11.18　$t = -2.97 < -2.365$。

11.19　$t = -0.536 > -1.761$。

11.20　$t = 0.923 > 2.821$。

## 第十二章

12.1　0.0304。

12.2　0.0000。

12.3　$P\{Z > 6.5) = 0$。

12.4　(1.242, 8.758)。

12.5　14。

12.6　$z = 6.32 > 1.96$。

12.7　$z = -2.469 < -1.96$。

**12.8**　$z = 2.779 > 1.96$。

**12.9**　$z = 4.80 > 1.96$。

**12.10**　$z = 1.5 < 1.645$。

**12.11**　$t = 3.427 > 1.734$。

**12.12**　$(0.09,\ 2.71)$。

**12.13**　$t = 0.644 < 2.807$。

**12.14**　$t = -0.547 > -1.86$。

**12.15**　$F = 1.106 < 3.7980$。

**12.16**　$z = 1.454 < 1.645$。

## 第十三章

**13.1**　$t = 1.926$。

**13.2**　$F = 1.087 < 3.06$。

**13.3**　$F = 4.769 > 3.68$。

**13.4**　$F = 1.468 < 3.29$。

**13.5**　$F = 0.40$。

**13.6**　$F = 0.7715$。

**13.7**　$F = 1.66;\ F = 0.3$ 均小於 $5.41$。

**13.8**　$F = 11.15 > 5.14;\ F = 12.54 > 4.76$。

**13.9**　$F = 23.53;\ F = 13.99;\ F = 1.88$。

**13.10**　$F = 72.625;\ F = 28.33;\ F = 1.083$。

## 第十四章

**14.1**　萬元、萬元／時；　2237.5 萬元；　1800 萬元；　0。

**14.2**　噸、噸／時、噸。

**14.4**　$\hat{Y} = 2.85 + 2.45X$；40%；$t = 4.9 > 2.04$。

14.5    $t = -3 < -2.069$。

14.6    $(0.471, \ 0.639)$。

14.7    $t = 10.076 > 2.306$。

14.8    $(106.547, \ 163.759)$。

14.9    $1.4543, \ t = 1.046 < 2.101$。

14.10    $(1.842, \ 2.328)$ 萬元。

14.11    $(11.681, \ 17.309)$。

14.12    $(84.08, \ 116.58)$ 百元。

14.13    $(30.271, \ 48.029)$ 立方呎。

14.14    $20.67, \ 3.79, \ 0.9963$。

14.15    $Y' = 1684 + 0.748X$；男性 $Y' = 1043 + 0.816X$，女性 $Y' = 216 + 0.816X$。

14.16    使用第四章標準差的範圍。

## 第十五章

15.1    $\chi^2 = 8.38 < 11.07$。

15.2    $\chi^2 = 5.94 < 7.815$。

15.3    $\chi^2 = 6.23 < 11.07$。

15.4    $\chi^2 = 5.346 < 7.8147$。

15.5    $\chi^2 = 153.62 > 11.0705$。

15.6    $\chi^2 = 2.77 < 9.488$。

15.7    $\chi^2 = 28.20 > 12.592$。

15.8    $\chi^2 = 12.30 < 9.488$。

# 三民大專用書書目——國父遺教

| 書名 | 作者 | | 著/編 | 服務機構 |
|---|---|---|---|---|
| 三民主義 | 孫 | 文 | 著 | |
| 三民主義要論 | 周 | 世輔 | 編著 | 前政治大學 |
| 大專聯考三民主義複習指要 | 涂 | 子麟 | 著 | 中 山 大 學 |
| 建國方略建國大綱 | 孫 | 文 | 著 | |
| 民權初步 | 孫 | 文 | 著 | |
| 國父思想 | 涂 | 子麟 | 著 | 中 山 大 學 |
| 國父思想 | 涂 林 | 子 金 麟 朝 | 編著 | 中 山 大 學<br>臺 灣 師 大 |
| 國父思想新論 | 周 | 世輔 | 著 | 前政治大學 |
| 國父思想要義 | 周 | 世輔 | 著 | 前政治大學 |
| 國父思想綱要 | 周 | 世輔 | 著 | 前政治大學 |
| 中山思想新詮<br>——總論與民族主義 | 周 周 | 世 陽 輔 山 | 著 | 前政治大學<br>臺 灣 大 學 |
| 中山思想新詮<br>——民權主義與中華民國憲法 | 周 周 | 世 陽 輔 山 | 著 | 前政治大學<br>臺 灣 大 學 |
| 國父思想概要 | 張 | 鐵君 | 著 | |
| 國父遺教概要 | 張 | 鐵君 | 著 | |
| 國父遺教表解 | 尹 | 讓轍 | 著 | |
| 三民主義要義 | 涂 | 子麟 | 著 | 中 山 大 學 |
| 國父思想（修訂新版） | 周 周 | 世 陽 輔 山 | 著 | 前政治大學<br>臺 灣 大 學 |

# 三民大專用書書目——會計・審計・統計

# 三民大專用書書目——經濟・財政

| 書名 | 著者 | | 服務機關 |
|---|---|---|---|
| 經濟學新辭典 | 高叔康 | 編著 | |
| 經濟學通典 | 林華德 | 著 | 國際票券公司 |
| 經濟思想史 | 史考特 | 著 | |
| 西洋經濟思想史 | 林鐘雄 | 著 | 臺灣大學 |
| 歐洲經濟發展史 | 林鐘雄 | 著 | 臺灣大學 |
| 近代經濟學說 | 安格爾 | 著 | |
| 比較經濟制度 | 孫殿柏 | 著 | 前政治大學 |
| 經濟學原理 | 歐陽勛 | 著 | 前政治大學 |
| 經濟學導論 | 徐育珠 | 著 | 南康乃狄克州立大學 |
| 經濟學概要 | 趙鳳培 | 著 | 前政治大學 |
| 經濟學 | 歐陽勛、黃仁德 | 著 | 政治大學 |
| 通俗經濟講話 | 邢慕寰 | 著 | 香港大學 |
| 經濟學（上）（下） | 陸民仁 | 編著 | 前政治大學 |
| 經濟學（上）（下） | 陸民仁 | 著 | 前政治大學 |
| 經濟學概論 | 陸民仁 | 著 | 前政治大學 |
| 國際經濟學 | 白俊男 | 著 | 東吳大學 |
| 國際經濟學 | 黃智輝 | 著 | 東吳大學 |
| 個體經濟學 | 劉盛男 | 著 | 臺北商專 |
| 個體經濟分析 | 趙鳳培 | 著 | 前政治大學 |
| 總體經濟分析 | 趙鳳培 | 著 | 前政治大學 |
| 總體經濟學 | 鍾甦生 | 著 | 西雅圖銀行 |
| 總體經濟學 | 張慶輝 | 著 | 政治大學 |
| 總體經濟理論 | 孫震 | 著 | 工研院 |
| 數理經濟分析 | 林大侯 | 著 | 臺灣綜合研究院 |
| 計量經濟學導論 | 林華德 | 著 | 國際票券公司 |
| 計量經濟學 | 陳正澄 | 著 | 臺灣大學 |
| 經濟政策 | 湯俊湘 | 著 | 前中興大學 |
| 平均地權 | 王全祿 | 著 | 考試委員 |
| 運銷合作 | 湯俊湘 | 著 | 前中興大學 |
| 合作經濟概論 | 尹樹生 | 著 | 中興大學 |
| 農業經濟學 | 尹樹生 | 著 | 中興大學 |
| 凱因斯經濟學 | 趙鳳培 | 譯著 | 前政治大學 |
| 工程經濟 | 陳寬仁 | 著 | 中正理工學院 |

# 三民大專用書書目 —— 心理學

# 三民大專用書書目 —— 美術